# 呼和浩特经济统计年鉴

HOHHOT ECONOMIC STATISTICAL YEARBOOK

**2018**

（总第二十七期）

呼 和 浩 特 市 统 计 局
国家统计局呼和浩特调查队 编

图书在版编目(CIP)数据

呼和浩特经济统计年鉴. 2018 / 呼和浩特市统计局
编. -- 北京 : 中国统计出版社, 2018.11
ISBN 978-7-5037-8734-8

Ⅰ. ①呼… Ⅱ. ①呼… Ⅲ. ①区域经济-统计资料-呼和浩特-2018-年鉴 Ⅳ. ①F127.261-54

中国版本图书馆 CIP 数据核字(2018)第 243238 号

**呼和浩特统计年鉴-2018**

作　　者/ 呼和浩特市统计局
责任编辑/ 陈越月　王建生
装帧设计/ 综合科
出版发行/ 中国统计出版社
地　　址/ 北京市丰台区西三环南路甲 6 号 邮政编码/100073
电　　话/ 邮购(010)63376909 书店(010)68783171
网　　址/ http://csp.stats.gov.cn
印　　刷/ 内蒙古宏业包装印务有限公司
经　　销/ 新华书店
开　　本/ 890mm×1240mm 1/16
字　　数/ 501 千字
印　　张/ 30.75
版　　别/ 2018 年 11 月第 1 版
版　　次/ 2018 年 11 月第 1 次印刷
定　　价/ 300 元

如有印装差错，由本社发行部调换。

# 编 辑 说 明

《呼和浩特经济统计年鉴—2018》是一部具有地方特色的系列性的综合信息资料工具书。本书运用大量的统计数据和文字，全面、系统、翔实地反映了2017年呼和浩特市经济、社会发展状况。

本《年鉴》共分四部分：特载、统计资料、法规与规章和社会经济大事记。统计资料由二十二部分组成：行政区划和自然概况、综合、国民经济核算、人口、劳动力和职工工资、固定资产投资、财政税收、物价、人民生活、城市概况、农业、工业、能源和环境、建筑业、运输邮电业、批发零售贸易和餐饮业、对外贸易和旅游业、金融保险、教育科技及文化事业、体育卫生及其他事业、旗县区统计资料、省会城市主要指标。每部分统计资料之后都附有主要统计指标解释。

《年鉴》中特载、法规与规章、社会经济大事记三部分由市有关部门提供；统计资料来自政府统计部门和业务部门年度统计数据。《年鉴》中综合部分的价值量指标除说明外均为当年价格，国民经济核算指标、农业总产值、工农业增加值增长速度按可比价格计算。人口部分除特别说明外，所有数据均为公安部门提供的户籍人口数。对外贸易部分的数据取自海关部门。旗、县、区部分的工业、社会消费品零售总额、建筑业的相关指标，都按在地范围统计。农业部分，因国家对农业数据进行核实修订，2017年部分指标数据未反馈。固定资产投资，其中按国民经济行业分的投资规模及个数、新增固定资产、财务拨款和房屋建筑面积及价值表中均不含房地产开发；固定资产投资统计口径为城乡500万元以上。本《年鉴》历史资料，对个别数据进行了调整，若与往年数据不一致，概以本《年鉴》为准。部分统计资料的总计数或相对数由于单位取舍不同而产生的计算误差均未做机械调整。《年鉴》中使用的符号："空格"表示没有此项数据、数据不详或数据为零；"…"表示数据不足最小计量单位；"#"表示其中项。

《呼和浩特经济统计年鉴—2018》在编辑过程中，得到了有关部门和单位的大力支持与协助，在此谨致谢意。

《呼和浩特经济统计年鉴》编辑部

2018年11月

# 目　　录

## 第一部分　特　　载



## 第二部分　统计资料

### 行政区划和自然概况



### 综　　合



### 国民经济核算



### 人　　口



### 劳动力和职工工资

## 固定资产投资



## 财政税收



## 物　价



## 人民生活



## 城市概况

## 农　　业



## 工　　业



## 能源和环境



## 建 筑 业



## 运输、邮电业



## 批发零售贸易和餐饮业

### 对外贸易和旅游业



### 金融、保险



### 教育、科技及文化事业



### 体育、卫生及其他事业



### 旗、县、区统计资料



### 省会城市主要经济指标

## 第三部分　法规与规章



## 第四部分　社会经济大事记

# CONTENTS

# 第一部分

# 特　　载

# 政府工作报告

## ——2018年1月6日在呼和浩特市第十五届人民代表大会第一次会议上

呼和浩特市市长 冯玉臻

各位代表：

现在，我代表市人民政府向大会报告工作，请予审议，并请各位政协委员和列席会议的同志们提出意见。

**一、过去五年及2017年工作回顾**

过去五年是我市全面建成小康社会进程中极为重要的五年。面对经济社会发展一系列深刻变化和诸多困难挑战，在以习近平同志为核心的党中央坚强领导下，我们深入贯彻党中央、国务院各项决策，全面落实自治区党委、政府和市委各项部署，坚持稳中求进工作总基调，统筹推进"五位一体"总体布局、协调推进"四个全面"战略布局，求真务实，迎难而上，全面完成"十二五"规划，顺利推进"十三五"规划，实现了新常态下的新发展。

——经济发展稳中有进。过去五年，我们坚定不移贯彻新发展理念，全力以赴保持经济稳定增长。预计地区生产总值由2012年的2459亿元增加到2017年的3100亿元，年均增长8%。人均GDP由8.4万元提高到10.3万元。规模以上工业增加值年均增长10.5%。一般公共预算收入年均增长6.1%。五年累计完成固定资产投资8200亿元，实现社会消费品零售总额6800亿元，均是上个五年的1.8倍。

——转型升级步伐坚实。三次产业结构由4.9：32.6：62.5调整为3.7：28.3：68.0。都市型现代农牧业健康发展。粮经饲比例由79：12：9调整为59：18：23，27.8万户农民融入农牧业产业化链条并广泛受益。工业结构进一步优化。绿色食品加工、电力等优势特色产业稳步发展，伊利、蒙牛进入全球乳企十强，"中国乳都"复评成功，电力总装机超过1200万千瓦，硅材料产能位居世界前列。新能源汽车、新材料、生物医药等战略性新兴产业加速发展，占全市规模以上工业产值比重超过28%。传统服务业加速转型，新兴服务业蓬勃发展，金融业增加值实现翻番，旅游收入、接待人数稳居全区首位，电子商务、现代会展、文化创意等新业态迅速发展。创新成为驱动发展的重要动能，科技对经济增长的贡献率提高到52%，乳业、光伏等领域一批研发应用技术处于国内外领先水平，蒙草公司荣获中国质量奖提名奖，赛科星等9家企业荣获自治区主席质量奖。

——城乡面貌明显改善。新型城镇化加速推进，城镇化率达到69%。深入实施了老城区改造和新建区提质工程，大力推进地上路网及地下管网互联互通，累计完成城中村（棚户区）改造1828万平方米，新增市政道路960万平方米、园林绿化3.1万亩、地下管网2900公里。加快打造立体化交通体系，二环快速路建成通车，地铁1、2号线一期工程全面推进，新增一级以上高等级公路460公里，呼包鄂集、呼准鄂动车组通车运行，呼张高铁呼集段投入运营。新机场迁建获得国务院、中央军委立项批复和国家发改委可研批复，白塔机场成为我国第32座旅客吞吐量千万级机场。深入开展了治山、治水、治气、治土专项行动，完成造林绿化198万亩，城市空气质量位居北方15个省会城市前列。大力推进美丽乡村建设，城乡基础设施一体化和公共服务均等化水平显著提升。

——民生保障持续提高。市本级累计投入各类民生资金1128.5亿元，占一般公共预算支出64%。城乡常住居民人均可支配收入年均增长8%，分别达到43000元和15700元。建设各类就业创业基地和孵化器43个，城镇登记失业率始终控制在4%以内。覆盖城乡居民的社会保障体系更加健全，养老、医疗、低保等保障标准逐年提高。建成各类保障性住房9.9万套，改造农村危旧房3.1万户，整治老旧小区1394个，为4.8万户居民解决了房屋产权办证难问题。大力推进精准脱贫，10.2万人实现动态稳定脱贫。积极发展教育、医疗卫生事业，入园难、上学难、看病难等问题得到有效缓解。精神文明创建活动扎实开展，覆盖城乡的四级公共文化网络基本形成。社会治理不断加强，安全生产形势平稳，基本公共服务满意度位居全国前列。

——改革开放深入推进。供给侧结构性改革取得阶段性成果，"三去一降一补"任务全面落实。"放管服"改革成效明显，市本级行政许可事项减少33.8%，净增市场主体9.5万户。财税金融、国企国资、农业农村、户籍制度、医疗卫生、生态文明等领域改革取得重要进展。主动参与中蒙俄经济走廊建设，建成全区电子口岸公共服务平台，开通国际快件入境通道和俄蒙出口通道。着力加强与环渤海、呼包银榆经济区各城市间的交流合作，积极引领呼包鄂协同发展，构建形成区域联动发展的新格局。累计引进国内资金3200亿元，实际利用外资31.5亿美元，实现外贸进出口总额87.8亿美元。

——政府建设不断加强。深入开展党的群众路线教育实践活动、"三严三实"专题教育和"两学一做"学习教育，严格落实中央八项规定精神、国务院"约法三章"和自治区28条配套规定,市本级"三公"经费压减15.4%,行政效能进一步提升。大力推进法治政府建设,开展行政执法"三项制度"试点工作,全面推行政府权责清单制度,建成行政执法监督平台。办理人大代表建议1002件、政协委员提案2835件。完善政务公开和新闻发布制度,开通"呼和浩特发布"微信公众号,进一步畅通政府与群众的沟通渠道。严格落实党风廉政建设各项要求,保持惩治腐败的高压态势,营造了风清气正、干事创业的良好氛围。

各位代表,刚刚过去的2017年,在市委的正确领导下,我们全面落实市委十二届二次全会、市十四届人大五次会议部署要求,全力推进"五项重点工作""17个领域关键任务",团结带领全市人民,砥砺前行、奋力攻坚,圆满完成自治区成立70周年庆祝活动、第二届中蒙博览会承办任务,成功举办第26届中国金鸡百花电影节、京蒙(呼和浩特)高端产业对接大会、首届呼和浩特国际美食博览会等重大活动。

以高度的政治自觉,深入学习宣传贯彻党的十九大精神,对中央巡视"回头看"、中央环保督察、自治区党委巡视反馈问题进行全面整改。稳步化解政府债务,着力解决经济数据虚增问题,对部分经济指标进行调减,进一步压实总量、提高质量。预计全年地区生产总值同比增长6%左右,居民消费价格涨幅1.4%。城乡常住居民人均可支配收入分别增长8%左右,高于经济增速。一般公共预算收入剔除虚增空转、综合考虑营改增等因素,按可比口径增长4.1%,税收收入占比提高到83.4%。持续加强节能减排,生态环境质量得到改善。

一年来,我们主要做了以下工作:

一是着力提升经济发展质量。以供给侧结构性改革为主线,全面完成去产能任务,退出炼铁产能55万吨。全年销售商品房530万平方米,商品房待售面积下降20%,房地产市场平稳有序。通过改组组建内蒙古青城国有资本运营公司、盘活国有经营性资产、加强政府投资项目审批管理、置换债券等措施,有效防范化解财政金融风险。积极开展电力多边交易、物流降本增效、"营改增"、中小企业减税降负等工作,为各类企业降低成本6.5亿元。在产业发展、社会民生、生态环保等领域,启动实施468个亿元以上重点项目,累计完成投资813亿元,发展短板得到明显改善。规模以上工业企业利润实现翻番,全社会用电量增长11%,公路货运周转量增长14.2%,反映经济运行的先行指标表现良好,稳中提质的内涵式发展特征更加明显。

二是持续推进产业转型升级。制定出台加快传统产业绿色化改造、发展循环经济、促进乳业升级等一系列政策,为产业转型升级提供了有力的制度保障。坚持以创新驱动转型,设立12亿元科技创新基金、1亿元旅游业发展基金,启动建设呼和浩特科技城,培育国家级高新技术企业68家、创新创业平台29个。加快发展都市型农牧业,新建休闲观光示范区13个,打造"一村一品"专业村54个,产业化龙头企业实现销售收入1650亿元,居全区首位。大力发展战略性新兴产业,积极支持工业园区、重点企业开展产业升级、技术改造,托清清洁能源基地建设进展顺利,中环四期、晶环蓝宝石二期扩能、沃特玛新能源汽车产业园一期等重大项目投产运行。加快发展现代服务业,大数据服务器装机能力突破70万台,旅游接待人数、旅游收入分别增长13%和23%,现代服务业对经济增长的贡献率达到40%。

三是大力提升城市宜居水平和承载力。启动实施巴彦路、昭乌达路、昭君路、金海路快速路改造提升和三环快速路工程,打通"断头路"13条,新建续建道路8条,维修改造主次干道32条、小街巷265条。深入开展五大类25个方面的城市环境综合整治专项行动,着力提升城市宜居水平。对833个住宅小区及配套设施进行了改造升级,拆除凉房9.8万间、违建3万处。574个小区新进驻专业物业服务企业,为1085个小区配套基本物业服务。清理各类垃圾233万吨,清除"三乱"广告355万处,新建、改造、回购、租赁公厕3085座。全面提升城市美化绿化水平,对62条主次干道、2108栋建筑实施景观改造,利用渣土山、边角地新建改建公园绿地179处、1.6万亩。全面规范城市管理秩序,清理取缔店外出摊7.3万处、流动摊贩7万处、占道经营1.3万处,完成1148个小区、24条道路"蜘蛛网"整治。制定疏堵保畅三年行动计划,开通学生公交专线10条,打通微循环线路10条,新增公交线路10条,购买公交车386辆,施划停车泊位1.8万个。对1.5万家餐饮单位实施"厨房革命",规范网络订餐商户7000家,对全市2587家"小饭桌"进行备案管理,未发生重特大食品药品安全事故。

四是全面启动和林格尔新区建设。按照"生态产业化、产业生态化、城市景观化、建设现代化"原则,高起点编制完成新区总体规划和海绵城市、综合管廊等13个专项规划。启动建设金融小镇、数聚小镇、教育小镇、颐养小镇等产业发展平台,微软创新孵化器、公安部第一研究所数据中心、货车帮信息平台、蒙牛全球电商平台、白云电器智能电网装备制造等一批填补自治区产业空白的重点项目签约落地。实施"两河一廊道"生态治理工程,开工建设金盛快速路改造、核心区主次干道、地下综合管廊、水电气暖等基础设施工程,和林格尔新区建设扎实起步。

五是深入推进生态文明建设。积极开展大气污染防治,10蒸吨以下燃煤锅炉全部实现拆并整合,完成8台火电机组超低排放改造,盛乐电厂热源入呼工程投入使用,淘汰黄标车2899辆。扎实开展水污染防治,积极落实"河长制",基本完成5座污水处理厂深度处理和提标扩建,3个入黄断面水质全面达标,大黑河入黄断面水质明显改善。实施"揽山入城"

战略，制定重点生态功能区产业准入负面清单，全面关停大青山内工矿企业，完成林业生态建设45万亩。

六是扎实做好民生保障工作。制定出台12项精准扶贫具体措施，年度脱贫任务全面完成。大力扶持创新创业，新增城镇就业4.1万人，转移农村劳动力就业27.9万人。进一步提高社会保障标准和救助水平，各类社会保险征缴额达到152亿元，企业退休人员养老金人均每月达到2430元，城市和农村低保标准分别提高到每人每月620元和每人每年5200元，为城乡社会救助对象、贫困家庭大学生、重度及部分困难残疾人、大病患者等群体发放救助金5.6亿元。分配公租房7252套，改造棚户区住房2.3万套，解决了1.4万户群众回迁安置遗留问题。

推动教育优先发展，新建、改扩建中小学及幼儿园11所，新增学位数1.4万个。加快推进医疗体制改革，建成医联体31个，家庭医生签约居民131.1万人，52家公立医院全部取消药品加成，累计为患者节省费用5.2亿元。积极创建国家公共文化服务体系示范区，启动内蒙古革命历史博物馆等10个重点文化场馆建设，大青山社会主义核心价值观公园投入使用，《驼道》等民族舞剧走上全国和世界舞台。体育事业快速发展，人均体育场地达到2.2平方米，高于全国平均水平。

全力推进平安首府建设。开展了覆盖所有行业和地区的安全生产大排查、大整治，全年安全生产事故下降30.3%。持续加强信访积案化解，信访批次和人次分别下降23.6%和19.3%。加快社会治安防控体系建设，刑事案件发案下降3.8%，破案提升18.7%，累计309天无“两抢”案件发生。注重军民融合发展，国防动员、民兵应急力量建设得到加强。民族、宗教、人防、气象、防震减灾、粮食、慈善、档案、史志、红十字、外事侨务、工青妇幼等各项工作取得了新成绩。

各位代表，过去五年的成绩来之不易，这是以习近平同志为核心的党中央坚强领导、亲切关怀的结果，是自治区党委、政府和市委正确领导、统筹指挥的结果，是市人大、市政协监督支持、共同努力的结果，是全市各族人民守望相助、团结奋斗的结果。在此，我代表市人民政府，向全市各族人民，向辛勤工作在各条战线的广大干部群众，向所有关心支持呼和浩特建设发展的各族各界朋友们，表示衷心的感谢！

在总结成绩的同时，我们也清醒地认识到，我市欠发达的基本市情没有根本改变，发展不平衡不充分的问题仍然突出，满足广大人民群众日益增长的美好生活需要更为迫切。主要表现在：经济发展水平不高，现代化农业体系尚未建立，战略性新兴产业和现代服务业发展还处于起步阶段，工业集群化发展的规模小、链条短、关联度低，对市场的影响力和经济的拉动作用不强。首府科技、人才、资本等要素相对集聚的优势没有得到充分发挥，经济增长内生动力不足。区域影响力和竞争力不够，对呼包鄂协同发展引领带动不强，呼包银榆经济区中心城市作用发挥不明显，融入并参与环渤海经济区、京津冀协同发展程度较低。城市规划、建设、管理的体制机制与建设现代化首府城市的要求还有一定差距，需要我们加快改革的步伐。水、气超标排放问题依然突出，大青山破坏山体修复任务艰巨，城区地下水超采严重，生态保护和污染治理任重道远。房产“办证难”、教育“择校热”、医疗“看病难”、交通“出行堵”等问题还比较突出，与广大人民群众的要求还存在较大差距。同时，一些地方和部门还不同程度地存在工作不实、效率不高等问题，一些干部担当作为意识、依法行政意识有待提高。对此，我们将坚持问题导向，强化责任担当，努力把各项工作做得更好，让全市各族人民感受到实实在在的变化和成效！

**二、今后五年主要工作**

各位代表，今后五年是“两个一百年”的历史交汇期，我们既要奋力夺取全面建成小康社会的伟大胜利，实现第一个百年奋斗目标，又要乘势而上，开启全面建设社会主义现代化国家新征程，向第二个百年奋斗目标进军。

新的历史方位、新的伟大征程，预示着新的发展机遇，也面临着新的前进挑战。综合分析判断，我市仍处于大有可为的重要战略机遇期。当前，全球经济新一轮科技革命和产业变革迅速兴起，新经济、新业态、新技术日新月异。我国经济发展进入了新时代，经济已由高速增长阶段转向高质量发展阶段。国家“一带一路”建设、中蒙俄经济走廊建设深入推进，作为“一带一路”的重要节点和向北开放的前沿城市，我们将承担更加重要的职责。我市是呼包银榆经济区的中心城市、呼包鄂榆城市群的核心区域，随着呼和浩特高铁时代的到来、呼和浩特新机场的建设，我市作为国家综合交通枢纽城市的作用将进一步凸显，区域协同联动将更加紧密，人才、资金、技术等发展要素将加速集聚，这将有力助推我市加快建设现代化区域性中心城市。特别是随着京津冀协同发展战略的加快推进，北京疏解非首都功能各项部署的深化落实，为我们大规模承接产业项目转移带来前所未有的重大机遇。自治区举全区之力建设和林格尔新区，打造区域经济发展新引擎，必将有力推动首府改革发展各项事业实现重大跨越。只要我们抓住机遇、谋在新处、干在实处，一定能够在新的征程中打造出更加亮丽的风景线、谱写出更加华美的新篇章。

今后五年，我们要努力实现地区生产总值、规模以上工业增加值、固定资产投资、一般公共预算收入、城乡常住居民人均可支配收入等主要指标年均增速高于全国、全区平均水平；在全面建成小康社会、开启社会主义现代化建设新征程中，走在全区12个盟市前列、走在5个少数民族自治区首府城市前列、走在西部11个省会城市前列；综合实力在全国27个省会城市中赶超进位、在全国百强城市中赶超进位。

我们要牢牢把握发展第一要务不动摇，紧紧围绕改造提升传统产业、加快发展战略性新兴产业和现代服务业，不断做精一产、做强二产、做优三产，加快培育新产业新经济新动能，推动高质量发展，努力打造区域发展重要增长极；全面提升城市功能品质和宜居宜业水平，加快构建内联外通的现代立体交通枢纽，持续增强城市的吸引力、影响力和带动力，积极引领呼包鄂、呼包银榆经济区协同发展，深度融入京津冀协同发展战略，努力打造现代化区域性中心城市；主动服务和融入"一带一路"建设，着力创新与俄蒙合作机制，完善口岸、跨境运输等开放基础设施，建设若干开放合作平台，扶持特色产业开放发展，积极参与中蒙俄经济走廊建设，努力打造国家向北开放桥头堡的重要支撑；坚持以人民为中心的发展思想，紧扣我国社会主要矛盾变化，狠抓民生改善和公共服务体系建设，全力改善生态环境，推进社会治理共建共治共享，努力打造充满活力、美丽宜居、和谐幸福的首善之区。

各位代表，蓝图宏伟远大、前景壮丽光明。实现好这些发展目标，我们要把握好以下原则：

——坚持创新驱动。充分发挥首府优势，整合利用各类创新资源，激发创新活力，建设一批原创型、突破型的实验室和科创中心，打造一批引领型、示范型的创新企业和产业园区，全面推进科技成果转化应用，加快形成以创新为引领的经济体系和发展模式。

——坚持产业拉动。加大战略性新兴产业、现代服务业特别是财源产业项目的培育引进力度，增加高质量的有效投资，培育更多顶天立地的支柱产业，带动经济发展质量变革、效率变革、动力变革，提高全要素生产率，实现经济社会发展质量效益的全面提升。

——坚持改革推动。强化问题导向，坚持市场经济改革方向，把制度建设摆在突出位置，着力在转变政府职能、提高行政效能上下功夫，在优化营商环境、激发各类市场主体活力和创造力上见实效，切实构建系统完备、科学规范、运行高效的体制机制，不断为经济社会发展注入新的动力。

——坚持开放带动。遵循互惠互利、共建共享原则，实行引进来与走出去并重、对内开放和对外开放并重，全方位开展对外交流合作，以开放带动思想的解放、理念的转变、产业的多元、布局的优化、动力的转换。

——坚持人才促动。树立强烈的人才意识，大力实施"人才强市"战略，突出需求引领，坚持引育并重，以更大的力度、更优的制度，全力引进人才，全面用好人才，充分释放人才的创新创造活力，为经济社会发展提供强有力的智力支持。

——坚持生态联动。牢固树立和践行绿水青山就是金山银山的发展理念，统筹推进经济社会发展与生态环境保护，以经济发展推进生态治理，以生态优良促进经济发展，实现美丽与发展双赢。

今后五年，我们的重点任务是：

一是全力打造具有首府特色的现代化经济体系。深入落实乡村振兴战略，按照产业兴旺、生态宜居、乡风文明、治理有效、生活富裕的总要求，坚持以工补农、以城带乡，加快推进农业农村现代化。巩固和完善农村基本经营制度，强化龙头带动和利益联结，促进农村一二三产业融合发展，做精都市型农业，推进农业由增产导向转为提质导向。大力推进工业强市战略，实施工业倍增计划，工业产值实现翻番。进一步调整优化工业布局，提高产业集群化发展水平，把和林格尔新区核心区、金山国家级高新技术产业开发区、托清工业集中区打造成为新的增长极。发挥大数据产业优势，推动信息化与工业化深度融合，推动绿色农畜产品加工、电力能源、石油化工等传统优势产业向中高端迈进，生物科技、新材料、装备制造、电子信息等战略性新兴产业向新增长领域发展。激发和保护企业家精神，大力发展实体经济，扶持壮大民营经济，打造20户以上百亿元企业，培育一批有创新能力的排头兵企业，扶持一批"专精特新"中小企业。适应消费升级需求，创新服务业发展模式，大力发展数字经济，提升物流、电商、金融、会展、文创、旅游、健康等新兴服务业发展水平，将文化产业和旅游产业打造为新的支柱产业，新兴服务业产值占比持续提升。突出创新对现代化经济体系的战略支撑，加快建设呼和浩特科技城，科技对经济增长贡献率提高到60%左右。

二是积极推动城乡区域协调发展。进一步完善覆盖城乡、内联外通的立体交通网络，推动京呼高铁建成通车，争取启动我市到银川、南宁高铁项目，打造区域性高铁枢纽。加快呼和浩特新机场综合交通枢纽建设，完善市域高等级公路体系。加强电源电网、输电通道、天然气管道等基础设施建设，加快移动互联网、物联网、智慧城市等信息基础网络布局，构建符合实际、适度超前的基础设施体系。抓好中心城区规划建设，加快城市快速路、轨道交通等城市公共交通体系构建，打造更加宜居的现代化首府城市。统筹推进和林格尔新区与中心城区规划建设，推动基础设施、产业发展互动互促。强化旗县所在地、工业园区、旅游小镇建设，打造一批特色村庄和特色集镇，加快农业转移人口市民化，缩小城乡、区域间发展差异。

三是全面建设"美丽青城"。加强对城市生态系统的保护与建设。坚持节约优先、保护优先、自然恢复为主的方针，培育形成节约资源、保护环境的空间格局、产业结构和生产生活方式。建立健全绿色低碳循环发展的经济体系，积极发展节能环保、清洁生产、清洁能源产业。统筹山水林田湖草系统治理，开展国土绿化行动，加强大青山自然保护区、黄河沿岸和其他生态脆弱区保护，抓好"两山一川"生态建设，五年累计造林绿化面积达到100万亩以上。持续开展大气污染防治行动，强力推动达标排放。加快城区地下水超采区综合治理，到2020年基本实现采补平衡。深入开展水和土壤污染防治，主城区、重点集镇、工业园区污水和固体废物实现全收集、全处理，让首府的天更蓝、山更绿、水更清、空气更清新。

四是大力推进文化强市建设。培育和践行社会主义核心价值观，加强思想道德建设，深化群众性精神文明创建活动，启动新一轮全国文明城市创建。树立首府意识，不断增强广大市民作为首府人的自豪感和建设好首府的责任感。加强意识形态工作，强化阵地建设和管理，特别是加强互联网建设与管理，营造清朗的网络空间。大力弘扬中华优秀传统文化，加强文物保护利用和文化遗产传承。深入挖掘民族文化内涵，整合草原文化资源，打造草原文化核心区。适应多层次、个性化文化发展需求，推出更多群众喜闻乐见、独具地方特色的文艺精品和文化活动，打造文化名片和文化品牌。完善公共文化服务体系，深入实施文化惠民工程。健全现代文化产业体系和市场体系，积极发展出版、影视、动漫、文化创意等文化产业，推动文化产业与大数据、旅游、体育、健康、养老、会展等产业深度融合，培育和壮大新型文化业态，文化及相关产业增加值占 GDP 比重达到 5% 左右。

五是着力打造全面对外开放新格局。加强与“一带一路”沿线国家交流，积极开展经贸、文化、旅游、教育、会展等方面合作。创新与俄蒙合作机制，推进中蒙俄货运大通道建设，打造中蒙俄经济走廊核心节点。全力争取中蒙自由贸易试验区、国家跨境电子商务综合试验区申报建设，持续办好中蒙博览会。推进电子口岸、航空口岸建设，提升天津“无水港”服务能力。深度融入京津冀协同发展战略，积极承接北京产业项目转移。全方位加强与呼包银榆经济区各城市合作，进一步发挥对呼包鄂协同发展的引领带动作用，推动产业布局、基础设施建设、社会保障等方面共建共享。

六是加快补齐民生社会事业短板。坚决打赢精准脱贫攻坚战，到 2020 年，贫困人口年人均收入全部达到 4000 元以上，武川、清水河两个贫困县“摘帽”。以加快教育现代化为目标，制定实施中小学、幼儿园三年发展行动计划，着力解决“择校热”“大班额”等突出问题，努力推进教育公平。深入推进健康呼和浩特建设，深化医疗卫生体制改革，优化医疗卫生资源配置，积极引进和嫁接优质医疗资源，加强基层医疗卫生机构建设，每千人拥有床位数增加到 5.5 张，切实解决“看病难”“看病贵”问题。实施全民参保计划，加大社会救助和住房保障力度。坚持人人尽责、人人享有，不断在幼有所育、学有所教、劳有所得、病有所医、老有所养、住有所居、弱有所扶上取得新进展。

**三、对 2018 年政府工作的建议**

今年是贯彻落实党的十九大精神的开局之年，是改革开放 40 周年，是决胜全面建成小康社会和实施“十三五”规划承上启下的关键一年。做好今年的工作，要全面贯彻党的十九大精神，以习近平新时代中国特色社会主义思想为指导，深入贯彻习近平总书记考察内蒙古重要讲话精神，认真落实自治区党委、政府和市委各项决策部署，坚持稳中求进工作总基调，坚持新发展理念，紧扣我国社会主要矛盾变化，按照高质量发展的要求，统筹推进“五位一体”总体布局、协调推进“四个全面”战略布局，坚持以供给侧结构性改革为主线，扎实推进稳增长、促改革、调结构、惠民生、防风险各项工作，大力推进改革开放，切实打好防范化解重大风险、精准脱贫、污染防治三大攻坚战，坚决守好发展、生态、民生三条底线，加快培育具有首府特色的现代化经济体系，加快形成共建共治共享的社会治理体系，加快构建支撑有力的服务保障体系，奋力开启首府现代化建设新征程。

今年全市经济社会发展的主要预期目标是：地区生产总值增长 7% 左右，居民消费价格涨幅 3% 左右，城乡常住居民人均可支配收入分别增长 8% 左右。城镇新增就业 4 万人左右，城镇调查失业率控制在 5% 左右，城镇登记失业率控制在 3.8% 以内。单位地区生产总值能耗完成自治区下达的目标。供给侧结构性改革取得实质性进展。政府债务化解完成年度任务，财政金融风险得到有效防控。经济结构加快调整，发展动能接续转化，发展的质量和效益不断提高。

（一）坚决打好三大攻坚战，务求取得扎实进展

坚决打好防范化解重大风险攻坚战。针对我市经济运行风险总体可控，但金融和债务风险特别是隐性债务风险较大的实际，进一步加强政府债务管理，打好预算安排、债权置换、资产重组、资源盘活等组合拳，稳妥有序化解存量债务。强化财政约束，严格规范地方政府投资项目、举债融资等行为，从严从紧控制政府债务增量。力争全年化解政府债务 300 亿元左右，到 2021 年将政府债务率降到合理水平。政府投资和民生项目坚持尽力而为、量力而行，调整优化财政支出结构，压缩一般性支出。严厉打击非法集资等违法违规金融活动，密切关注房地产、养老保险基金、国有企业债务等方面的风险，加强农村高利贷综合治理，坚决守住不发生系统性金融风险的底线。

坚决打好精准脱贫攻坚战。统筹精准脱贫与农村经济社会发展，把扶贫工作与产业发展、生态建设、基础条件改善、社会保障相结合，用发展的办法帮助贫困人口稳定脱贫，夯实贫困人口稳定增收基础，建立精准扶贫长效机制。持续推进集中贫困村易地搬迁，注重贫困边缘人群帮扶。坚持大扶贫格局，广泛动员全社会力量参与扶贫攻坚，推行贫困户种养殖保险保障服务。做实做细建档立卡工作，提高贫困识别、帮扶、退出精准度。实行扶贫与“扶智”“扶志”相结合，激发贫困人口内生动力。完善驻村干部帮扶管理制度，严肃查处扶贫工作不正之风。年内力争现行标准下建档立卡贫困人口全部实现动态稳定脱贫。

坚决打好污染防治攻坚战。高度重视大气污染防治，开

展10蒸吨以上分散燃煤锅炉综合整治,完成全部火电机组超低排放改造。加大城市扬尘污染管控力度,建成区全面禁止小煤炉烟煤散烧,有序推进煤改气、煤改电,确保空气质量稳居北方城市前列。深入实施"水十条",加强水污染防治,启动班定营污水处理厂三期扩建,提升城镇污水处理能力,消除城市黑臭水体。全面落实"土十条",开展土壤环境质量详查,提升土壤环境信息化管理水平,推进土壤污染防治。坚决执行最严格的环保制度,落实企业主体责任,提升环境监察执法能力,推进能源、冶金、建材、化工等行业的清洁生产改造。持续抓好中央环保督察和自治区环保大检查反馈问题整改,确保环保突出问题得到有效解决。

(二)大力推进工业强市战略,全面提升工业对经济社会发展的支撑带动作用

推动工业布局优化调整。按照工业园区化、园区特色化发展思路,打破行政区划限制,完善各园区发展定位和利益共享机制,科学调整优化工业布局,启动实施城区及周边工业企业搬迁计划,推进园区加快转型,推动产业集中集聚发展。围绕园区功能定位,加快完善基础配套,充分留足发展空间,不断提升承载保障能力。年内力争百亿元级企业达到5个,新增规模以上工业企业15户,工业总产值达到1400亿元,工业增加值占GDP比重超过22%。

积极推动传统产业转型升级。开展乳业升级行动,支持伊利、蒙牛等企业利用全球资源,强化研发生产,开展国际合作,建设乳业科技创新园区、乳业标准创新中心,打造"中国乳都"升级版。支持蒙草、蒙羊等优势企业开拓市场、做大规模,加快实施圣牧乳业、正大食品等重点食品加工项目,做大做亮绿色农畜产品加工业品牌。继续抓好和林电厂、环聚新能源等重大能源项目建设,打造全国重要的清洁能源输出基地。大力发展现代化工产业,加快实施久泰煤制乙二醇项目,争取恒德环保催化剂、兰宇环保脱硫氨水等精细化工项目落地建设。推动创维电视机项目搬迁,引导液晶电视企业调整产品结构,加大高端产品研发生产比例,提高转化增值效率和市场竞争力。

更加注重战略性新兴产业培育发展。以大数据云计算产业为基础,加快发展新一代信息技术产业,强化移动互联网、大数据、物联网、人工智能研发与应用,规划建设中国北方数据资源汇聚中心、政务服务云计算中心。加快发展工业互联网,推动信息技术与实体经济、公共服务深度融合。积极推进高端装备制造产业发展,开工建设开沃汽车整装项目,尽快形成新能源汽车整车制造能力。加强与航天科工、航天科技等企业合作,布局建设高性能医疗器械、航空装备制造项目。发挥新材料产业竞争优势,开发电子级硅材料、高纯铝、石墨烯、特殊镁合金等新型材料,加快建设中环光伏四期扩能、爱迩电子材料产业园等项目,形成多元化新材料产业集群。培育壮大动物疫苗、生物制品生产规模,推动金宇国际生物科技产业园、健隆10万吨水溶膳食纤维、世纪福康中药口服液项目建成投产,构建高端生物科技产业体系。积极发展环保节能产业,实施金诚环保粉煤灰砖、日盛煤矸石分子筛等资源综合利用项目。力争战略性新兴产业产值占规模以上工业产值比重超过30%。

(三)以发展新兴服务业为重点,进一步优化服务业结构

持续增强电子商务竞争力。支持本土电商企业通过共建联盟、并购重组做大规模,引导生产企业搭建线上销售平台,打造特色化、专业化的电子商务品牌。鼓励国内外知名电商企业在我市建设仓储基地。加快发展农村电子商务,实施电子商务物流配送进农村示范项目。积极开拓跨境电子商务直购模式,打通国内国际两个市场,全年力争完成电子商务交易额900亿元。

加快发展现代物流业。基本完成大型物流基地分类布局,完善二级以下物流网点和终端物流站点设置,建设物流总部基地、集散货物转运基地和物流综合服务基地。实施新华文化物流、九州通医药物流等项目,丰富现代物流业经营业态。以沙良物流园信息系统为支撑,建设物流公共信息平台,实现物流服务全过程信息管理。

大力发展特色文化产业和文化事业。弘扬民族文化,彰显地域特色,积极发展民族服饰及工艺品加工、设计等产业,组织编排一批特色鲜明、内涵丰富的大型实景及舞台演出精品剧目,推出一批文化体验项目,打造一批具有民族特色和地域特色的文化品牌活动。组建市直属乌兰牧骑,建设乌兰牧骑宫,鼓励创作更多接地气、传得开、留得下的优秀作品。积极筹办马术等赛事活动,发展马文化产业。加快文化创意、新闻出版、影视制作等产业发展,规划建设影视、动漫文化创意产业园,创办世界民族电影博览会,打造一批有市场、有前景的新型文化业态。做好民族民间文物收集和展陈,加快推进群艺馆、文化客厅等重点文化场馆项目,启动建设丰州故城遗址公园、"国家的孩子"主题公园,办好昭君文化节和全国少数民族文化旅游艺术活动。深入实施文化惠民工程,丰富群众性文化活动。

努力开创旅游业发展新格局。高起点编制旅游总体发展规划,因地制宜编制主题化、个性化的旅游专项规划。全面落实旅游发展奖励政策,推动旅游业由门票经济向区景一体、产业一体转变。进一步完善旅游景区及配套服务设施建设,积极推进2个国家5A级旅游景区资源评价,争创1个国家级休闲度假区,建设17个乡村旅游示范村,积极创建国家全域旅游示范区。创新旅游宣传手段,加快建设智慧旅游平台。推动旅游与文化、体育、演艺等领域融合,组建呼和浩特体育产业发展公司,开发运营精品体育赛事和演艺节目,举办国际马拉松比赛,不断丰富旅游产品业态和发展模式,以"一业兴"

带动“百业旺”。

全力促进金融业及总部经济健康发展。完善企业总部引进落户支持政策，健全服务保障机制，积极打造总部经济基地。推动方鼎金荣等企业总部落户，平安、广发、浙商、恒生等金融分支机构入驻。健全企业上市挂牌扶持与奖补政策，强化场外培育，推动4家企业在主板、新三板上市，12家企业在自治区股权交易中心挂牌。完善政府融资担保体系、贷款风险补偿机制，加快形成融资功能完备、市场监管有效的多层次资本市场体系。

扶持壮大会展经济。支持举办产品展示、商品销售等服务类展会，鼓励创设草原民族特色、科技创新、研发应用等推广类展会，办好第二届国际美食博览会、茶博会、国际汽车展、绿色农畜产品博览会等大型会展活动，打造一批叫得响的知名会展品牌。年内争取举办大型展会20场以上，成交额及意向协议总金额超过70亿元。

积极推进健康养老、家政等服务业发展。高标准建设健康管理中心，加快实施市第一医院、蒙中医院医养结合项目，推进日间照料、农村养老幸福院等养老设施建设，积极打造全区领先的智慧养老信息服务平台。建设全市统一的家政服务平台，规范家政服务行业管理，提高专业化服务水平。出台促进物业管理、家政服务业发展意见，各类住宅小区实现二级以上物业管理全覆盖。

推动餐饮、商贸等传统服务业提质增效。全面整顿规范消费市场，改善消费环境。在中心城区打造11条各具特色的美食街，鼓励商业综合体多元化经营，构建线上线下融合发展、传统现代互促互补的发展格局。

（四）深入落实乡村振兴战略，加快农业农村现代化进程。制定乡村振兴三年行动计划，投入4亿元引导资金，设立乡村振兴基金，推动农村产业发展和基础设施建设。

努力做精都市型农业。坚持质量兴农、绿色兴农，深化农业供给侧结构性改革。围绕乳业升级行动计划，推进牧场标准化建设和优质牧草规模化种植，提升完善10个标准化奶牛规模养殖场，牛奶产量达到180万吨。支持肉羊标准化生产基地建设，肉羊饲养量达到500万只，规模化养殖水平超过60%。持续推进“菜篮子”工程，开展蔬菜价格保险试点，本地蔬菜供给率夏秋季稳定在65%左右、冬春季提高到30%。出台专项政策，鼓励发展生态农业、观光农业、体验农业、创意农业，提高农业效益。鼓励发展农业生产性服务业，推进农产品精深加工。积极发展“互联网+现代农业”，加快构建现代农业产业体系、生产体系、经营体系。认真落实国家农业产业竞争力提升科技行动，提高农业生产科技水平。

强化乡村振兴制度性供给。坚持农民家庭经营主体地位，发展多种形式适度规模经营，培育新型农业经营主体。完善龙头企业与农民利益联结机制，促进家庭经营与现代农业发展有机衔接。全面完成农村土地、草原确权登记颁证工作，实现农村房地一体不动产统一登记。落实农村土地承包关系稳定并长久不变政策，开展农村土地“三权分置”改革试点。完成各旗县区土地流转平台和土地纠纷仲裁机构建设。推进农村土地经营权抵押贷款，加快建立更加完善的农业担保机制。开展基层政务公开标准化规范化试点建设，推进决策、执行、管理、服务、结果“五公开”。

加强农村基础设施建设。探索建立涉农资金统筹整合长效机制，拓宽投融资渠道，保障农村基础设施建设投入稳定增长。大力发展高效节水农业，新增节水灌溉面积20万亩。高度重视农业生态环保，推动农药使用量持续下降，施肥结构进一步优化，提升畜禽粪污无害化处理和秸秆资源化利用水平。以农村垃圾、污水治理、厕所建设和村容村貌提升为主要内容，开展农村人居环境整治三年行动计划，加快补齐农村发展建设短板。

（五）全力推动和林格尔新区建设，着力打造经济发展新引擎

积极引导战略性新兴产业布局。争取国家互联网骨干直联点、国际通信专用通道、绿色金融改革创新试验区、国家康复示范产业综合创新试点落户新区，培育打造引领未来发展的基础支撑优势和核心竞争优势。全力争取国务院信息中心灾备中心、京东“亚洲一号”现代化物流园、航天九院无人机、清华同方空气热源泵清洁能源、银帝集团智能交通等项目落地，全面形成产业大发展、项目大建设的生动局面。强化同美国硅谷、北京中关村及国内外一流科研机构和企业合作交流，推动建立直接合作关系，打造科技成果转化、产业转移承接、人才智力集聚的新高地。

全面推进产城融合发展。按照森林小镇、生态社区的建设理念，高标准打造数聚小镇、金融小镇、教育小镇、颐养小镇，为项目引进落地、产业培育发展搭建基础保障平台。完成金盛快速路提升改造工程，加快实施宝贝河、什拉乌素河治理工程和核心区生态绿化工程，整体推进市政设施、地下综合管廊建设，尽快构建“双城两轴五心”空间体系和“三横五纵”？结构性路网体系。

全面提升公共服务保障能力。以智慧政务平台建设为切入点，着力优化管理机构设置及运转机制，加快完善新区项目引进落地服务保障流程，扎实推进各项政策落地实施，全力打造更加精简高效、执行有力的政务服务环境。加快建设公共服务设施，开工建设大数据应用学院、中小学、医院项目，不断完善新区配套服务功能。推进新区总体规划和各类专项规划审核报批，争取“国家级新区”正式批复。

（六）强化稳增长各类要素保障，推进发展动能转换

深入推进科技创新。抓住获批国家创新型城市的机遇，实施创新企业培育、创新载体建设、研发机构创新升级等八项

工程，持续激发创新动力。用好创新引导基金，加大对科技型企业扶持力度，年内力争新增高新技术企业50户。支持和林格尔农业科技园创建国家农业高新技术产业开发区。完成呼和浩特科技城规划及城市设计，启动800亩科技城示范园建设。新建科技企业孵化器2个、众创空间及星创天地10个，新组建院士工作站2家，培育打造创新研发机构10家。依托企业、高校、科研院所，建设科技成果中试、熟化基地，组织好专利交易、实用高新技术成果转化等活动。

持续增加有效投资。紧紧围绕补短板和优化供给结构，加强产业、民生、基础设施等各领域项目建设，全年争取实施亿元以上项目300个，完成固定资产投资900亿元。加快完善公路路网体系，实施省道311线武川至杨树坝公路、国道110线毕克齐至协力气公路和7个县域公路项目，争取呼武公路大青山隧道引线工程年底通车。开工建设呼和浩特新机场，稳步推进呼张高铁等重点铁路项目建设。深化投融资体制改革，修订完善鼓励民间投资、加大金融扶持等意见办法，大力支持民营企业发展，鼓励将营利性公益项目向社会开放，支持民间资本参与PPP合作项目，进一步扩大民间投资，充分调动市场主体投资积极性。

大力开展招商引资。坚持招商引资全市“一盘棋”，完善招商引资政策体系，编制全市统一的项目资源库。强化市重大项目办招商引资职能，建设招商引资信息平台。立足大招商、招大商、引群商，强化旗县区招商引资主体责任，引导支持各地区组建专门招商队伍，营造集中全力抓招商的浓厚氛围。创新招商引资模式，强化商会招商、园区招商、产业链招商。全面兑现落实招商引资政策，优化投资环境，以诚对企、以信纳商，打开以商招商、以企引企通道。抓住北京疏解非首都功能有利契机，力争引进落地一批新兴产业项目、文化创意项目、劳动密集型服务项目及科研机构。全年引进项目280个以上，引进国内外到位资金600亿元。

加快释放改革动能。深入推进供给侧结构性改革，深化要素市场化配置改革，重点在“破”“立”“降”上下功夫，全面巩固去产能成效，多措并举消化商品房库存420万平方米，持续降低实体经济成本。加大“放管服”改革力度，加快推进相对集中行政许可权改革，实行“一枚印章管审批”，推行“清单标准化”。深化公共资源交易体制改革，推进公共资源配置信息公开，维护市场公平竞争秩序。深化财税体制改革，强化财政收入质量管理，非税收入占比控制在20%以内。推进国有资产监管运行改革，加快青城国有资本运营公司市场化步伐，基本完成公交总公司体制机制改革。推进公交、用水等价费改革，健全完善价格形成机制。

积极扩大对外开放。全面落实第二届中蒙博览会合作成果，不断加强同俄蒙及欧亚地区的经贸、产业和人文交流合作，赴印尼举办呼和浩特合作交流推介会。利用沙良物流园天津无水港、白塔空港通关便利优势，加快打造国际化的铁路、航空口岸。积极支持货运航空公司在我市开通国际国内航线，带动临空产业发展。支持外贸企业开展国际合作，加快发展外向型经济。进一步深化与京津冀地区的沟通对接、合作交流，强化呼包鄂协作，打造联系更加紧密的区域发展共同体。

（七）进一步完善提升中心城市功能品质，全面增强城镇集聚带动作用

着力增强规划引领作用。强化城市规划委员会职能，制定全面加强规划工作指导意见，完善规划审批流程，提高群众参与度，强化规划执行的严肃性、权威性，让“规划先行、引领建设”成为铁规铁律。启动新一轮城市总规修编，开展城市“双修”等14项专项规划编制，建设“多规合一”信息平台。推行乡镇规划委员会制度，加强乡镇、农村规划编制和管理，完善城乡规划体系。

继续加强中心城区改造建设。完善城市道路体系，加快推进巴彦路、金海路等快速路改造提升工程和三环快速路建设，争取年内实现通车。实施53项道路桥梁通道建设工程，维修改造小街巷73条。实现地铁1、2号线一期工程车站主体结构封顶，区间隧道部分洞通。改造棚户区10036户、363万平方米。深入落实国家老旧小区改造试点城市任务，提标改造老旧小区78个。开展水源地保护、应急水厂、污水处理、雨污分流、热源点建设等工程，启动2个千吨垃圾处理厂建设项目，规划建设再生资源市场。推进陕京四线天然气直供，实现城市双气源供应。全年铺设各类给排水管网203公里，更新改造市区老旧燃气管网60公里、供热管网300公里，进一步提升城市基础保障能力。全面提升城市园林绿化水平，实施废弃地绿化项目1个，新建公园2处，打造千亩丁香园、蒙草草博园，新增绿化面积2400亩、新植树木3000万棵。

全力推动城市管理向精细化迈进。进一步完善城市管理委员会职能，实现区域、部门协同管理、联动执法，构建更为精细的长效管理机制。继续深入开展城市环境综合整治行动，巩固整治成果，延伸整治触角，提高整治标准，积极创建国家卫生城市。强化环卫作业标准化管理，城市道路机械化清扫率稳定在80%以上，新建青城驿站500座，建设各类便民市场40个，实现建成区餐厨垃圾处置全覆盖。加强施工组织管理，切实减少施工对交通、环境等方面的影响。加快整合各类资源和管理平台，全面推进“智慧呼和浩特”建设，形成覆盖全市、统筹利用、统一指挥、统一调度的数据共享管理平台。实施居民小区拆墙透绿试点、小区庭院绿化等工程，依靠管理提升城市品位、丰富城市内涵、彰显城市魅力。

深入开展疏堵保畅专项行动。成立交通管理委员会，建立交通治堵联席会议制度，强化部门联动。大力推进公交优先发展，新建公交场站13个，购置新能源公交车500辆，施划公交专用线路326公里，新增公交线路11条，运行学生专用

公交线路12条,开设高峰区间线路5条、定制公交线路3条,新建人行过街天桥10座。开展占道建筑清理、线杆迁移专项整治,打通9条"断头路",畅通道路微循环。在城区各级各类道路全面施划停车位,引导机关、企事业单位停车场逐步向社会开放,建设10座立体停车场,新增停车泊位2万个。加强网约车监管。优化交通组织,系统规划设计和改造交通标识标线,完善智能交通控制指挥平台。开通交通服务手机平台,调动市民参与交通治堵积极性,实现违章随拍上传、一般交通事故后台快赔、违章行为线上处理。

集中扶持重点城镇建设。按照生产空间集约高效、生活空间宜居适度、生态空间山清水秀的总体要求,不断强化城镇产业功能定位,加快培育农产品加工、商贸物流、创新研发、旅游度假等专业特色小城镇。提升城镇基础设施和公共服务设施建设水平,完善公共服务和居住功能,提高人口集聚和带动乡村的能力。

(八)全面加强生态保护建设,着力提升生态保障能力

持续推进生态保护修复。以主要山脉、交通干线、主干河流为重点,以土默川平原为主体,扎实推进国家重大生态修复工程。巩固提升大青山前坡、蛮汗山等重点区域治理成效,全部清理关停各类自然保护区内工矿企业,推进矿区生态修复治理,实施大青山自然保护区7条沟系治理工程。启动呼包鄂沿黄生态走廊和阴山北麓绿化工程,全面加大绿化造林力度,全年完成生态建设25万亩。

落实最严格的水资源管理制度。加强地下水资源保护,通过完善引黄入呼设施、强化再生水利用、实施农田高效节水等措施,加快推进地下水超采区综合治理,有效降低地下水超采规模。铺设托清工业园区再生水利用专线,再生水利用率超过50%。全面落实"河长制"、推行"湖长制",推进大黑河全域、浑河等7条河流治理工程,加强哈素海湿地保护,启动哈素海调水工程,推动河湖水系连通,促进水资源高效利用。

加快生态文明制度建设。深入实施主体功能区战略,划定生态保护红线。全面推开领导干部自然资源资产离任审计,健全自然资源资产产权制度,改革生态环境监管体制,研究建立市场化多元化生态补偿机制。

(九)着力保障和改善民生,全力开创共建共治共享社会治理新格局

大力促进就业创业。深入推进"首创助航"品牌行动,进一步完善就业创业扶持政策,加快建设各旗县区劳动用工综合服务市场,突出抓好高校毕业生、去产能企业分流职工、农村富余劳动力三大群体就业工作。高度关注破产转制企业职工安置,化解结构性失业矛盾。加强对灵活就业、新型就业形态的支持。全面落实就业援助政策,规范公益性岗位开发和管理,抓好"零就业家庭"就业援助工作。

扎牢民生社会保障网。认真落实全民参保计划,推进机关事业单位人员养老保险并轨。以非公企业职工、个体工商户、灵活就业人员和农民工为重点,扩大社会保险覆盖面。加大困难群众生活保障力度,做好医疗救助与临时救助。加快完善"一门受理、协同办理"机制,确保困难群众求助有门、受助及时。加强农村留守儿童关爱保护和城乡困境儿童保障,关心帮助军烈属和孤寡老人,全面落实残疾人"两项补贴"制度。加强社区、家庭适老化设施改造,支持老年人居住比例高的住宅楼加装电梯。完善解决房地产遗留问题措施,加快解决"办证难""回迁难"等问题。推动公租房租售并举,试点出售公租房4173套、27.3万平方米。加快住房制度改革和长效机制建设,提供更多优质生态住房产品。

优先发展教育事业。持续加大教育投入,大力推进教育资源布局优化调整,新建改扩建公办中小学9所、幼儿园9所。实施学前教育、特殊教育提升行动,强化婴幼儿照护、儿童早期教育服务能力建设。抓好校长、教师队伍建设和名师培养,鼓励优质学校集团化办学,支持通过引进、联合等方式与国内知名学校合作办学,促进优质教育资源均衡共享发展。支持和规范社会力量兴办教育。高度重视民族教育发展,启动建设15年一贯制蒙古族学校。完善职业教育培训体系,规划建设职业教育园区,深化产教融合、校企合作,培养适应转型发展的产业工人和技术队伍。

加快建设健康呼和浩特。加大公立医院改革力度,推动市级以下医院构建现代医院管理制度。认真落实分级诊疗制度,加快医联体、名医工作室建设,提升基层医疗机构业务能力。深入推进"三医联动",持续降低药品价格,推进区内、跨省异地就医结算。支持社会力量提供多层次多样化医疗服务,扩大医疗服务有效供给。优化医疗卫生资源布局,启动市四区中心医院改扩建,与国内区内大型医疗机构打造联合体。加快市第二医院迁建、市第三医院康复中心项目建设,新建10个社区卫生服务中心。启动"关爱老年人、贫困人口光明行"项目,开展送健康进社区活动。深入推进计划生育服务管理改革,促进人口均衡发展。

积极推动社会治理创新。加强基层民主政治和社区服务体系建设,完成第十届村委会换届选举。继续优化完善社区基础设施,打造100个服务创新示范社区,开展农村社区建设试点。全面提升社会信用体系试点城市建设水平,打造全市统一的信用管理平台,完善守信激励与失信惩戒机制,优化信用环境。全力抓好"治欠保支"工作,切实维护农民工合法权益。加强民族团结进步创建,促进各民族交流交融。全力维护宗教和谐稳定。重视蒙古语文推广,开通蒙古语文信息化综合平台,开办蒙古语电视频道。大力发展红十字事业,依法推进公益和慈善事业健康发展。充分发挥工会、共青团、妇联、残联等群团组织作用,切实保障妇女、儿童、老人、残疾人合法权益。落实信访工作责任制,依法及时就地解决群众合

理诉求。持之以恒抓好安全生产，严格落实企业主体责任、部门监管责任、政府属地责任，加强安全基础设施建设，做好防震减灾、气象等工作。加强城市消防能力建设，新建1326个消火栓、56个消防水鹤，建设243个社区微型消防站。扎实推进“双安双创”工作，巩固“厨房革命”成果，全面提升食品药品安全治理能力。加强全面质量监管，开展质量提升行动。加强国防教育，推进军民融合发展，维护军人军属合法权益。深入推进平安首府建设，严厉打击各类违法犯罪活动，进一步提高人民群众安全感。

（十）加强政府自身建设，不断提升政务服务水平。为政之要，首善其身。市政府将加快职能转变，规范行政行为，优化服务效能，强化责任担当，努力建设人民满意的学习型、法治型、高效型、廉洁型政府。

坚持党的领导。牢固树立“四个意识”，坚定“四个自信”，坚决维护以习近平同志为核心的党中央权威和集中统一领导，严格遵守政治纪律和政治规矩，严肃党内政治生活，始终在思想上政治上行动上同以习近平同志为核心的党中央保持高度一致。全面贯彻党的基本理论、基本路线、基本方略，坚决落实自治区党委、政府和市委各项决策部署，确保首府各项工作始终沿着正确的方向扎实推进。深入落实党组工作条例，充分发挥政府党组把方向、管大局、保落实的重要作用，确保政令畅通、令行禁止、步调一致，不折不扣完成各项任务。

大兴学习之风。围绕新时代新部署新要求，牢固树立终身学习理念，持续深化干部队伍学习教育，全力打造学习型政府。深入推进“两学一做”学习教育常态化制度化，扎实开展“不忘初心、牢记使命”主题教育，用习近平新时代中国特色社会主义思想武装头脑、指导实践、推动工作。全面开展党员干部学习培训，通过外出交流、轮岗实践、专题研讨等不同形式，强化政治理论、先进理念、业务知识等学习，加快建设高素质专业化干部队伍，培养专业能力，弘扬专业精神，增强科学发展本领，不断提高广大干部把握发展规律、分析研判形势、推动高质量发展的能力。

推进依法行政。牢固树立法治思维，认真执行“三重一大”决策制度，深入推进行政执法“三项制度”试点工作，完善决策前风险评估、合法性审查、公平性竞争审查制度，使政府的一切权力在法治轨道上运行。认真办理人大代表建议和政协委员提案，自觉接受人大法律监督、政协民主监督和社会舆论监督，主动听取民主党派、工商联、党外知识分子联谊会和社会各界意见建议。抓好“七五”普法，引导全民自觉守法、遇事找法、解决问题靠法。

提升行政效能。大兴调查研究之风，推进干部走基层访民情，解决好群众最关心、最直接、最现实的利益问题。加强诚信政府建设，坚决杜绝“新官不理旧账”等问题，坚决惩治“推绕拖”等反映强烈问题，严厉整肃庸政、懒政、怠政行为。适应群众需求，优化办事流程，不断提高行政效率和服务水平。增强抓落实的本领，坚持说实话、谋实事、求实效，勇于担当作为，奋力攻坚克难，用钉钉子精神、蒙古马精神做实、做细、做好各项工作。

全面从严治党。严格落实党风廉政建设责任，不断加大腐败问题整治力度，巩固反腐败压倒性态势。巩固落实中央八项规定精神成果，持续整治“四风”问题，坚决反对特权思想和特权现象。深入贯彻国家监察体制改革要求，全力支持监察委开展工作。加大对重点项目、重点领域、大额支出的审计力度。完善激励机制和容错纠错机制，为那些敢担当、做实事、不谋私的干部撑腰鼓劲，营造干事创业的良好氛围。

各位代表，新的征程已经开启。让我们更加紧密地团结在以习近平同志为核心的党中央周围，深入学习贯彻党的十九大精神，按照总书记“建设亮丽内蒙古·共圆伟大中国梦”的重要指示，把人民对美好生活的向往作为奋斗目标，在自治区党委、政府和市委的坚强领导下，紧紧依靠全市各族人民，守望相助，锐意进取，埋头苦干，为决胜全面建成小康社会、加快首府社会主义现代化建设而努力奋斗！

# 呼和浩特市人民代表大会常务委员会工作报告

## ——2018年1月8日在呼和浩特市第十五届人民代表大会第一次会议上

呼和浩特市人大常委会主任　云建东

各位代表：

现在，我受市十四届人大常委会委托，向大会报告五年来的主要工作，请予审议。

过去五年工作回顾市十四届人大常委会任期的五年，是党和国家发展进程中极不平凡的五年，是改革开放和社会主义现代化建设取得历史性成就的五年，也是社会主义民主政治建设取得重大进展的五年。在这一历史时期，以习近平同志为核心的党中央团结带领全国各族人民坚定不移走中国特色社会主义政治发展道路，坚持党的领导、人民当家作主、依法治国有机统一，推进社会主义民主法治建设，推动人民代表大会制度与时俱进。习近平总书记提出的一系列具有重大理论和实践创新意义的新思想新论断新要求，为在新的历史起点上坚持和完善人民代表大会制度，奠定了坚实的理论和实践基础。人民代表大会制度的根本政治制度作用得到更好发挥，我国社会主义民主政治的优越性得到充分彰显，人大工作呈现出勃勃生机和活力。

五年来，市十四届人大常委会全面学习贯彻党的十八大、十九大精神，以邓小平理论、“三个代表”重要思想、科学发展观、习近平新时代中国特色社会主义思想为指导，以时不我待的历史主动、勇毅笃行的履职自觉和锐意开拓的政治担当，坚韧而进、积极创新、善于作为，在自治区党委和市委坚强领导下，围绕全市工作大局，认真履行宪法和法律赋予的职责。市十四届人大一次会议以来，常委会完成立法项目22件，其中制定5件、修改14件、废止3件，开展法规清理3次、备案审查规范性文件81件、新制定立法工作制度6个，立法工作呈现分量加重、节奏加快、质量提高的特点。检查14部法律法规的实施情况，听取审议市政府、市法院、市检察院81个工作报告，通过26个决议，开展5次专题询问和100多项专题调研，监督工作在实践中不断完善，针对性和实效性进一步增强。审议通过关于代表议案审议结果的报告8个、关于个别代表资格的报告5个，决定和批准任免一批国家机关工作人员，人大各项工作在以往基础上又取得新进展新成效，为发展社会主义民主政治，为首府经济社会各项事业发展提供了有力法治保障。

**一、坚持党对人大工作的领导，全力推动人民代表大会制度在首府的生动实践**

中国共产党的领导是中国特色社会主义最本质的特征。常委会始终把毫不动摇地坚持党的领导作为人大工作的根本保证，贯彻到人大工作的各方面、全过程。

坚定正确的政治方向，推动落实全面从严治党。常委会始终坚持贯彻落实党的主张和决策部署。通过多种形式及时传达学习党的十八大、十九大精神，认真学习贯彻习近平新时代中国特色社会主义思想。坚决同以习近平同志为核心的党中央保持高度一致，坚定“四个自信”，增强“四个意识”，坚定维护中央权威，做到思想上拥护核心、政治上维护核心、行动上紧跟核心。常委会党组始终坚持落实主体责任和意识形态领域工作责任，按照中央和自治区党委、市委部署，认真开展党的群众路线教育实践活动和“三严三实”专题教育、推进“两学一做”学习教育常态化制度化，坚持以纪律从严治党，经过照镜子、正衣冠、咬耳朵、扯袖子、红红脸、出出汗，党员干部理想信念更加坚定、党性更加坚强。坚决执行党章，遵守党规，制定《重大事项向市委请示报告制度》、《服务联系群众制度》、《民主生活会制度》等党组制度，严格执行党风廉政建设责任制，深入推进正风肃纪，自觉严肃党内政治生活，营造了良好的政治生态。

发挥常委会党组领导作用，推动人大工作完善发展。常委会党组强化使命担当，树立“一线”意识，保持“一线”状态，发挥“一线”作用，不断提高决策能力和领导水平，积极探索人大行权履职的有效方式，扎实推进各项工作有序开展。着力抓好《中央转发中共全国人大常委会党组关于加强县乡人大工作和建设的若干意见》、自治区党委和市委关于推动人大工作与时俱进完善发展的意见等一系列重要文件的贯彻落实。制定《关于推动人大工作与时俱进完善发展努力在更多方面走在全区前列的意见》，全方位推动我市人大工作在新起点上实现新跨越，争当全区人大工作的排头兵。深入旗县区、乡镇开展调研指导，在全市各地推动形成了支持和配合各级人大发挥职能作用的浓厚氛围。市、旗县区人大机构名称不统一，旗县区人大专门委员会设置不到位，乡镇人大力量薄弱等一些人大系统的难题逐步得到解决。

落实市委决策部署，做好收关之年重点工作。刚刚过去的2017年是本届市人大常委会履职的收关之年。市人大常委会按照自治区党委常委、市委书记云光中在市人大调研时提出的“五个更加注重”的要求，进一步服务改革发展、促进民生改善，进一步强化立法引领、做实人大监督，进一步发挥代表作用、加强自身建设，圆满完成各项目标任务。除常规工作外，常委会还重点做了以下工作：

一是协助市委召开全市人大工作会议。统筹抓好各旗县区对会议精神的贯彻落实。按照会议要求，全市各级人大进一步主动适应人民群众新期待，紧紧围绕全市工作大局，找准角色定位，把握工作规律，依法履行职责，各项工作迈上新的台阶；

二是强化人大履职实效。为在换届之年保持奋发有为的工作状态，常委会着力严肃各项工作和会议纪律。加大列席常委会会议情况和审议意见落实情况的督促检查，建立健全监督检查问题清单向媒体公布机制，并明确要求“一府两院”领导和政府组成部门负责人主动接受监督，列席常委会会议听取意见，人大审议质量和审议意见办理成效进一步增强，全社会的人大意识有了新的提高；

三是聚焦发力补足首府工业短板。按照市委安排部署，为打造自治区和我市工业经济发展新的增长极，常委会领导班子强化对和林格尔国家级新区重要组团——托清经济开发区一体化发展工作的统筹协调，建立完善县域和园区间合作共建机制，形成充分、适用、有效的运行管理体系，取得良好工作成效。2017年，托清经济开发区增量配电业务试点项目列入国家发改委国家能源局改革试点名单，“中国首届高岭土产业发展与合作洽谈交流会”成功举办，煤化工等一批工业项目顺利落地。

四是积极参与全市城市环境综合整治专项行动。常委会响应市委号召，开展全市城市环境综合整治督导和专项视察，做到党组领导率先垂范、班子成员以上率下、组成人员尽心履职、人大代表献计出力、机关干部主动参与。在市委的先行决策和直接领导下，通过开展"厕所革命"、"厨房革命"、垃圾清理、"三乱"广告清除、老旧小区改造、公园绿地建设等，极大改善了广大群众的工作生活环境，城市基础设施建设水平和服务功能明显增强，城市面貌焕然一新。为了将综合整治中有效管用的工作方法、管理模式进一步上升为制度规范，常委会及时启动了城市综合管理条例的起草工作，经过专家学者和有关方面多方论证，已完成19稿的修改任务，通过法制手段建立提升城市精细化治理水平长效机制。

五是统筹指导三级人大换届选举工作。2017年是市县乡三级人大换届选举之年。常委会认真贯彻落实中央、自治区党委、市委的决策部署，坚持党的领导，充分发扬民主，组成四个由市人大常委会领导班子成员分别担任组长的换届选举工作指导组，深入九个旗县区及乡镇，统筹指导全市三级人大代表换届选举工作，依法抓好选区划分、选民登记、候选人提名、选举投票等重点环节。常委会指导组始终把换届纪律挺在前面，在协调指导、督促检查上下功夫，确保换届选举风清气正，依法开展。经过大力宣传，精心组织，广泛发动，全市登记选民174.6万人，参加旗县区代表投票选举的选民达146万人，参选率为83.6%；乡镇登记选民92.4万人，参加乡镇代表选举的选民达75.9万人，参选率为82.1%。通过依法选举，三级人大代表换届选举任务圆满完成。

**二、发挥立法主导作用，为首府改革发展稳定提供有力法制保障**

立法是全面依法治国的前提和基础。市人大常委会坚持科学立法、民主立法、依法立法，不断强化立法主导作用，优化立法组织协调、完善立法工作机制，提高立法质量，努力发挥好立法对地方发展的保障和推动作用。

坚持围绕中心工作立法，服务首府改革发展大局。常委会紧扣服务大局的立法主线不放松，通过立法助推城乡发展。适时修正城乡规划条例，为提升我市城乡建设发展水平提供了法制保障。为实施国家创新战略，解决科技支撑产业核心竞争力不强、科技人才集聚优势没有充分发挥等问题，制定科学技术进步促进条例，以立法推动我市建设国家级创新型城市。针对市民反映强烈的擅自挖掘占用道路影响交通问题，常委会修改城市道路设施管理条例，严格规范挖掘占用道路审批流程、明确施工时限，要求地下管网集中施工，力求避免反复开挖道路。为推进政府转变职能、提高行政效能，常委会就行政审批制度改革开展专项调研，并按照"重大改革要于法有据"的原则，及时废止了与改革发展和现实情况不相适应的私营企业权益保护条例、传染病防治条例、职业病防治监督条例；修改了民办教育促进条例、牛的人工授精管理办法、旅游管理条例、国家建设项目审计办法，使法规符合全面深化改革需要和上位法规定。为更好的通过地方立法推进全面依法治市，市十四届人大五次会议对市人大及其常委会立法条例进行了全面修改和完善，从规范立法权限，发挥人大立法主导作用，深入推进科学、民主、依法立法方面进一步完善立法体制、规范立法程序。条例增加了常委会对五年立法规划和年度计划的统筹，从多角度增加了充分发挥人大代表作用的具体规定，补充和完善了新的立法起草方式和草案表决方式，明确了立法论证、听证、评估的法定情形，保障人大立法工作在立项、起草、审议、表决各个环节发挥主导作用。

坚持围绕民生福祉立法，维护最广大人民群众根本利益。"水、气、暖"是百姓生活的保障线，也是城市建设与发展的生命线，常委会立足民生保障，制定供水用水条例和燃气条例，适时修改供热条例。针对老旧小区供水设施失管失修，居民用水困难的实际情况，在立法中强化了供水企业的维修养护责任，并明确二次供水设施改造以政府和供水企业投入为主。为保障燃气使用安全，在条例中强化安全防范、应急处置和保障措施，健全工作机制，赋予入户查表人员安全检查指导的责任，并将用户室内燃气管道、计量表等设施纳入企业维护范围，形成多层级的安全保障体系。为保障群众冬季采暖，在修改供热条例时，进一步强化了政府、企业的责任，增设了用于供热不达标等情况对用户赔偿的供热质量保证金，切实维护了群众权益。安居才能乐业，常委会针对近年来房市出现的问题，结合国家新的房地产行业政策，及时修正了房地产交易管理条例，为首府房地产交易市场健康有序发展提供了法制保障。立足民族教育发展需要，结合教育体制改革，及时修改民族教育条例，为培养少数民族人才、传承发展少数民族传统文化起到促进作用。针对地名（路名）命名更名中反映出的问题，修改地名管理条例，为提升我市地名（路名）命名的科学化水平，方便群众出行，传承保护历史文化，彰显地方特色发挥了积极作用。

坚持围绕绿色发展立法，推进生态环境保护法制建设。我市水土流失问题严重，地下水资源缺乏，生态系统脆弱，保护水土资源是首府永续发展的千年大计。常委会适时修订水土保持条例，明确重点保护区和治理区的范围，完善预防和治理措施，有效保护和合理利用水土资源、防治水土流失，维护长远发展。为巩固森林城市、园林城市建设成果，常委会及时修订城市绿化条例，提升绿化覆盖率，健全绿线保护体系，为新建区域"居民出行300米见绿，500米见园"的标准提供了法制依据。修改全民义务植树条例，转变以处罚为支撑的管理意识，突出大力倡导全民义务植树的理念。制定古树名木保护条例，以法的刚性保护好大自然和前人留给我们的珍贵遗产，优化城市生态品质，丰富城市人文环境。持续开展大青山生态保护等立法调研，通过多种立法实践，加强生态文明法制建设。

**三、实施正确有效监督，促进全市经济社会各项事业发展**

本届以来，常委会认真履行宪法法律赋予的监督权，坚持问题导向，选择好角度、掌握好尺度、把握好力度，推动法律制度落地生根，寓支持于监督之中，与"一府两院"真正形成解决问题、改进工作、促进发展的合力。

强化经济领域监督，助力经济发展行稳致远。常委会紧密围绕全市经济工作重点，政府工作难点，群众关心热点开展监督。有针对性地听取和审议国民经济和社会发展计划执行、国有资产管理、政府性债务管理、棚户区贷款资金使用、非公经济发展、旅游整体规划编制及旅游规范管理情况等20余个专项报告。就财政专项资金绩效评价、公共交通发展、全口径预算监督、大数据产业发展、改善企业经营环境等20余项经济社会发展中的重大问题进行调研。推动政府认真贯彻党的决策部署，主动适应经济发展新常态，深入推进供给侧结构性改革，做好"三去一降一补"工作，加快实现新旧发展动能转换，切实防范和化解风险，不断提高公共服务水平，确保实现"十三五"良好开局。重农固本是安民之基。常委会始终关注"三农"问题，通过视察我市设施蔬菜基地建设、林业产业发展、精准扶贫，调研农村土地流转、农村饮用水安全工程情况，检查农产品质量安全法贯彻实施情况，促进我市新农村建设、现代化设施农业建设和农民增产增收。

强化全口径预决算监督，为人民管好钱袋子。按照十八大"加强对政府全口径预算决算的审查和监督"要求和《预算法》规定，常委会积极推动预算审查监督从程序性向实质性转变，听取和审议我市预算、审计等工作情况报告，认真审查和批准决算，重点审查市人大批准的预算及预算决议执行情况、重点支出资金到位和使用情况。2013年起，将社会保险基金纳入审查监督范围，2015年起，将国有资本经营预算提交人代会审查，实现四本预算同时提交审查，政府全部收支纳入预算管理。注重制度建设，出台《关于预算审查前听取人大代表和社会各界建议办法》，拓宽代表和公众对预算审查工作的参与。制定《关于审计查出问题整改情况向市人大常委会报告制度》，督促政府及审计部门不断加大整改和问责力度，促进财政工作公开、透明，推动政府不断提高依法行政、科学理财水平。

强化社会领域监督，破解民生重点问题。针对人民群众普遍关心的教育、医疗、公共服务等社会问题，常委会听取和审议全市中小学、幼儿园建设和贷款使用、医药卫生体制改革、公共体育服务建设、公共文化服务体系建设等多项工作报告，对《呼和浩特市城市中小学幼儿园规划条例》、红十字会"一法一办法"、科学技术进步"一法两条例"、科学技术普及"一法一条例"开展执法检查。督促政府加大教育投入，不断满足各族人民群众对优质教育的需求；要求政府积极稳妥推进医改，实现医疗资源优化配置；支持政府兴建一批科学文化场馆和健身基础设施，构建现代城乡文体服务体系，更多地惠及普通群众。

安全无小事，责任大于天。常委会高度重视人民群众生命财产安全，连续几年对我市安全生产工作进行监督。听取和审议市政府安全生产监督管理工作情况报告，开展消防法、特种设备法执法检查，全面了解我市安全生产监督管理工作情况，提出了重点领域存在的安全隐患问题，督促政府加强消防设施、老旧电梯、液化石油气瓶的无缝隙监管，推动全市安全形势持续稳定向好，安全事故防控能力不断加强，安全生产基础进一步夯实。

民以食为天，食以安为先。常委会高度重视人民群众"舌尖上的安全"，连续几年对我市食品安全工作进行监督。听取和审议全市餐饮服务食品安全工作情况的报告，开展食品安全法和动物防疫条例执法检查，跟踪督查《关于加强我市食品安全监管工作的议案》(2014年第1号)。2017年，以庆祝自治区成立70周年为契机，结合全市城市环境卫生综合整治专项行动"明厨亮灶"要求，再次对新修订的食品安全法贯彻实施情况开展执法检查，要求政府不断强化责任意识，巩固完善监管机制，从根本上提升我市食品安全监管水平。

民族团结是各族人民的生命线，做好首府民族工作对自治区的民族团结进步事业具有重要意义。常委会从不同角度加大监督力度，对我市民族事业发展、社区民族工作、宗教工作开展视察调研，对民族教育"一法一条例"，社会市面蒙汉文并用管理条例进行执法检查，特别针对社会市面蒙文牌匾使用不规范等问题加大监督力度，跟踪督促整改，取得显著成效，推动了首府各民族共同团结奋斗，共同繁荣发展。

强化法治建设监督，促进公正司法和依法行政。习近平总书记强调，要让人民群众在每一个司法案件中感受到公平正义。常委会围绕"两院"贯彻实施修改后的刑诉法，法院执行工作，检察院反贪污贿赂、规范司法行为和侦查监督，公安机关基层基础建设等多项工作开展监督，对治安管理处罚法实施情况开展执法检查。督促司法机关牢固树立正确司法理念，深化司法改革，推进司法队伍专业化、职业化建设，不断提升审判质效和办案水平，坚守司法公平正义的红线。常委会持续跟踪监督法官、检察官断档、司法救助金使用困难等问题。督促全市各地加快补齐空置政法编，推动解决了事业编超编、政法编空置这一老大难问题。要求市政府适时设立司法救助金并列入市本级财政预算，使无法获得有效赔偿当事人的合法权益得到保障。调研全市"六五""七五"普法工作情况，作出"七五"普法决议，推动全社会形成学法、尊法、守法、用法的良好法治氛围。加强人大信访工作，五年来，共接待群众来信来访4624件(次),重点对涉法涉诉信访件进行归类分析督办,督促化解了一批群众利益诉求问题。认真开展规范性文件备案审查工作,审查数量逐年上升,有力维护了法制统一,促进了依法行政。

强化生态环境监督,促进人与自然和谐共生。党的十九大报告中强调,必须树立和践行绿水青山就是金山银山的理念,像对待生命一样对待生态环境。常委会坚持推进绿色发展,围绕城乡一体化、大气污染防治、污水处理、重点区域绿化、年度环境状况和环境保护目标完成、城区河道综合治理和生态恢复等工作进行深入监督,将《治理城区黑臭水体的议案》、《全面开展大青山前坡生态工程建设与保护的议案》分别列为2016、2017年度1号议案进行重点督办。经过综合施策,我市环境空气质量明显改善,园林绿化成果进一步巩固,各项环境质量指标达到国家考核要求,加快了美丽首府建设步伐。

**四、做好讨论决定重大事项和任免工作,把党的主张转化为人民共同意志**

常委会坚持从政治上把握、在大局下行动,大事要事敢于担当、善于作为,确保党的主张通过法定程序成为国家意志。贯彻落实中办〔2017〕10号文件精神,自治区党委、市委关于政府重大事项向人大及其常委会报告制度,修改讨论决定重大事项的规定,推动市政府出台组成部门向本级人大常委会及有关委员会报告年度工作的制度,在全区率先建立人大行使讨论决定重大事项权"制度+清单"工作模式,督促市政府在作出地名(路名)更名、建设二环快速路、地铁1、2线等重点工程、开展普法等决策时,向常委会作报告。坚持问题导向,依法推进工作。围绕城市卫生基础设施建设,加强城市卫生管理工作,创建国家卫生城市的重大问题,听取和审议关于创建国家卫生城市进展情况的报告,提出要把创卫工作作为城市工作的一场硬仗来打,打好打胜,为首府人民打造一个整洁舒适宜居的生活环境。围绕水资源管理工作中的重大问题,听取和审议关于全市饮用水源地保护工作情况报告,组织委员和代表实地查看水源地一级和二级保护区,对水资源优化配置,科学保护、全面节约,提出具体要求。根据首府经济社会发展需要,及时审议市政府提请的农村牧区改善人居环境项目列入预算、发行平安养老保险债权计划,设立美丽乡村产业基金、经济技术开发区城市发展基金等议案,作出决定要求政府依法办理。

坚持党管干部原则与人大依法任免相统一,通过法定程序,保证市委提名的人选成为地方国家机关领导人员。根据新形势新任务和新要求,修订人事任免工作办法,进一步规范工作程序,认真组织实施任前法律知识考试、任职表态发言,提高被任命人员的法律意识、责任意识和宗旨意识。落实宪法宣誓制度,制定宪法宣誓办法,大力弘扬宪法精神。本届以来,共任免国家机关工作人员413人(次),为地方国家机关正常运转提供了组织保障。

**五、提高代表工作水平,更好地发挥代表参与管理地方国家事务的作用**

尊重代表的权利就是尊重人民的权利,保障代表依法履职就是保证人民当家作主。常委会始终把充分发挥代表作用作为坚持和完善人民代表大会制度的重要内容,在总结实践经验的基础上,不断优化服务保障,进一步做好代表工作。

加强履职平台建设,促进代表履职常态化。常委会通过健全主任会议组成人员、常委会委员联系代表制度,搭建代表联系人民群众的信息网络,打通了常委会同人大代表和人民群众联系的"最后一公里"。在全市建成118个"人大代表之家"、158个代表工作室(站、点),实现了"人大代表之家"在旗县区、乡镇、街道的全覆盖。各级人大充分利用"家"的平台定期开展与选民见面、代表述职、学习培训、便民服务等代表活动,织密代表联系选民的网络。同时,不断探索建"家"新模式,指导赛罕区人大常委会成立了自治区首个跨区域、全链条、涵盖五级人大代表的农业专业"人大代表之家"。成立专业代表小组,与教育界、企业界、以及军地共建等专业性质的代表之家相互融合,利用代表专业优势,凝聚各行业集体智慧,围绕我市重大项目、重点工程以及老百姓关心的焦点问题开展调研,提出有针对性、有操作性的意见、建议,得到有关部门高度重视。建立人大代表手机短信和微信公众号平台,丰富代表信息收集和反馈手段,实现了五级人大代表之间的良性互动。

办理好代表议案建议,增强代表履职实效。常委会高度重视议案建议反映的问题,进一步规范办理程序,完善督办机制,提升办理质量。进一步完善《呼和浩特市人民代表大会代表建议、批评和意见办理办法》,跟进落实会议督办、视察督办、跟踪督办制度,进一步规范了办理程序。探索建议办理监督工作推进机制,既监督建议答复情况也监督承诺事项落实情况,并依托代表网络数据服务平台对建议办理情况进行实时动态管理。邀请政协委员共同督办社会关心关注的建议,通过市属主流媒体和人大网站,公布代表建议办理情况的报告,主动接受社会监督。五年来,经市人代会主席团确定的各项代表议案5件,代表提出建议804件已全部办理完毕。在办理议案建议过程中,市政府高度重视,主要领导亲自部署,相关部门认真研究,制定行之有效的措施并加以落实,办理质量得到明显提高。

认真组织代表活动,提升代表履职能力。常委会紧紧围绕提高代表履职能力,不断改进闭会期间代表活动方式。本届以来,常委会有序推进人大代表向原选举单位报告履职情况,并接受评议。有针对性地组织代表专题调研,并相继开展了"人大代表在你身边"和"助力精准扶贫——人大代表在行动”等系列主题活动,引导代表依法履职、为民履职、主动履职,不断提高代表履职积极性。加强代表法律和相关业务知识培训,结合实际,完善培训内容。五年来,共举办各类代表培训29期,组织代表参加自治区人大常委会的培训17期,培训各级人大代表2600余人(次),广大代表的责任意识和履职意识明显提高。

**六、加强自身建设,提升人大工作整体水平**

常委会着力提升依法履职能力,切实加强自身建设,为各项工作的顺利开展提供保障。

抓好学习教育,强化干部队伍建设。在市委高度重视下,着力加强组成人员和人大机关干部队伍建设。设立常委会机关党组,强化党对机关工作的领导。抓好机关干部的学习培训,提升人大机关工作人员的政治素质、法律素质、工作能力。坚持党组中心组理论学习会、严格民主生活会和“三会一课”制度,坚决执行全面从严治党各项规定,全面落实讲政治、守纪律新要求,深入扎实抓好机关党风廉政建设和反腐败斗争,努力使人大机关成为人民信赖的机关。连续三年通过自治区公务员考试招录法律、财经、环保等领域的专业人才,不断优化干部队伍结构。

夯实基础工作,提升履职效能。结合贯彻上级有关文件精神,制定和完善了一系列制度规定和操作规程,使机关工作进一步制度化、规范化。修改常委会议事规则,制定常委会会议列席人员管理办法,进一步完善常委会会议制度,规范会务管理,提高会议议事效能和质量。加强对专门委员会的领导,强化协调配合,形成工作合力。承办全国五民族自治区首府人大工作经验交流会,有力推动了民族地区人大工作。先后组团、随自治区人大代表团出访俄罗斯、蒙古国、澳大利亚、新西兰等国家,与有关城市进行了深入友好的工作沟通,达成了从人大常委会、议会、公民代表会议方面建立经常性合作交流机制,共同促进经济、贸易、文化、旅游等领域合作的意向,巩固发展了友城关系。

重视意识形态领域工作,做好新闻宣传和理论研究。加强与宣传部门和新闻媒体的联系协调,全力落实意识形态领域工作的各项责任。常委会办公厅出台《关于加强全市各级人大机关信息化建设工作的实施方案》,建立面向人大代表、社会公众、机关工作人员的网络交互平台。出台新闻信息考评办法、充实通信员队伍,优质高效起草报送新闻信息。以人代会、常委会会议和代表视察、调研等活动宣传报道为重点,拓宽报道渠道,活跃宣传形式,深化宣传主题,讲好人大故事,传播人大声音。成立人大工作研究会,为人大工作提供理论支撑,推动人大工作与时俱进完善发展。

过去五年工作的体会

回顾过去五年,市十四届人大及其常委会承上启下、砥砺前行,积极探索,为推动人民代表大会制度和人大工作与时俱进创新发展,积累了新的经验。

第一,坚定正确的政治方向是做好人大工作的根本。方向决定成败,目标引领未来。我们始终坚持党的领导,坚定不移走中国特色社会主义发展道路;始终坚守党的政治纪律、政治规矩,坚决在思想上政治上行动上同以习近平同志为核心的党中央保持高度一致;始终坚持重大事项向市委请示报告制度,把党的领导贯穿于依法履职的全过程。实践证明,只有坚持党对人大工作的绝对领导,讲政治、守规矩,切实增强政治意识、大局意识、核心意识、看齐意识,人大工作才能不断向前发展,不断迈上新台阶。

第二,围绕中心服务大局是人大工作的永恒主题。我们始终把围绕中心、服务大局作为重要工作原则,紧紧围绕市委重大决策部署,努力找准人大工作的切入点和着力点。无论是立法、监督、重大事项决定,还是其他事务性工作,只要有利于全市经济社会发展,我们都全力支持,切实把促进发展落实到依法行使的各项职权中,体现在依法作出的各项决议决定上。实践证明,只有不断强化中心意识、大局意识,人大工作才能在保障和促进经济社会持续健康发展中发挥重要的职能作用,才能有所作为、彰显成效。

第三,科学民主依法立法是做好立法工作的基本遵循。党中央全面依法治国的战略部署,对立法工作提出了新的更高要求,我们坚持以立法质量为核心,扎实推进科学立法、民主立法、依法立法。通过加强制度建设,进一步健全和完善了以人大为主导的立法工作机制。整编常委会立法工作规则,并针对立法关键环节配套制定实施性规定。建立委托第三方起草法规机制,在全区首次尝试以政府购买社会服务的方式,委托法律服务机构起草条例草案,并将委托第三方起草逐步纳入常态化的立法程序。与政协共同制定立法协商民主工作的意见,深入开展立法协商,为民主立法注入了新内涵。深化建设基层立法联系点,协助常委会收集立法相关信息、反映立法需求、参与立法调研、评估和课题研究。严格按照宪法法律设定的程序和权限开展立法工作,防止部门利益法制化。实践证明,只有做到科学立法、民主立法、依法立法,才能真正实现宪法法律至上,才能真正立出良法、促进发展、保障善治。

第四,与时俱进开拓创新是做好监督工作的不竭动力。常委会不懈探索主动实践,积极运用监督工作新标尺,不断健全完善监督工作机制,综合运用多种监督方式,全要素、全链条、全流程开展监督,规范和约束“一府两院”权力运行。研究制定专题询问暂行办法,依法开展专题询问,更好地推动专题询问工作常态化、制度化、科学化,有力提升了监督质效。做好会前调研视察,把随机抽查与明察暗访相结合,全面深入掌握真实情况。做好会中审议,在着力提升组成人员审议发言质量基础上,邀请代表特别是在基层工作的代表列席常委会会议,并在会议期间专门召开代表座谈会,充分听取代表的意见建议。邀请公民旁听常委会会议，增强人大工作的公开化和透明度，扩大监督工作的群众基础，更好地反映人民群众诉求。做好会后督办，针对人大审议意见落实情况持续开展跟踪监督，主流媒体跟踪报道，公开监督过程。实践证明，人大监督工作只有结合新时代的要求，不断探索建立合理有效的监督机制，不断科学整合合理有效的监督手段，才能切实提升监督实效，促进"一府两院"工作开展。

第五，保证代表行使权利是做好人大工作的活力源泉。人大代表是国家权力机关的组成人员，我们始终坚持代表的主体地位，搭建代表履职平台，健全代表服务机制，优化代表履职环境，把加强和改进代表工作，作为坚持和完善人民代表大会制度的重要内容。始终坚持密切联系群众，建立健全代表联系群众制度、全面建设"人大代表之家"，有效地推动了我市人大工作完善发展，再上台阶。实践证明，只有密切常委会与人大代表、代表与人民群众的联系，真诚倾听代表呼声，真实反映群众愿望，人大工作才有肥沃的"土壤"、坚实的根基。

各位代表，过去的五年，是我市民主法治建设扎实推进的五年，是人大工作为首府经济社会发展作出积极贡献的五年。我们赢得的每一个进步，都是市委坚强领导和自治区人大正确指导的结果。我们取得的每一项成绩，都离不开全体人大代表、常委会组成人员的尽心履职，离不开各专门委员会、机关各部门及其工作人员的辛勤努力，离不开市政府、市政协、市法院、市检察院、市警备区和各级人大的协同奋斗，更离不开社会各界和全市各族人民的关心支持。在此，我谨代表市十四届人大常委会，向大家表示最崇高的敬意和最衷心的感谢！

在总结成绩和经验的同时，我们也清醒地认识到，常委会工作与党和人民的期盼、与新形势新任务对人大工作提出的新要求相比，还存在一些差距和不足，主要是：立法主导作用还有待于进一步强化；监督实效还有待于进一步增强；决定重大事项机制还有待于进一步完善；代表作用还有待于进一步发挥；人大自身建设还有待于进一步加强，等等。面对这些问题和不足，新一届人大常委会应当高度重视，并在今后的工作中不断改进和完善。

今后五年的主要工作思路和2018年工作建议

各位代表、同志们：

党的十九大对全面建成小康社会，夺取新时代中国特色社会主义伟大胜利，实现中华民族伟大复兴的中国梦作出了新的战略部署，也为新时代社会主义民主法治建设开启了新的历史征程。当前和今后一个时期，市人大及其常委会要全面贯彻党的十九大精神，以习近平新时代中国特色社会主义思想为指导，更加紧密地团结在以习近平同志为核心的党中央周围，坚持党的领导、人民当家作主和依法治国有机统一，坚持和完善人民代表大会制度，维护宪法法律权威，按照全市人大工作会议的安排部署和总结、继承、完善、提高的原则，紧扣社会主要矛盾变化，按照高质量发展要求，统筹推进"五位一体"总体布局，协调推进"四个全面"战略布局，进一步发挥立法引领推动作用，实行正确有效监督，支持和保障代表依法履职，在新时代探索新实践、展现新作为，为首府决胜全面建成小康社会，打造祖国北疆亮丽风景线作出新的贡献。

**一、走进新时代，深入学习贯彻党的十九大精神，在推动人大各项工作上展现新作为**

党的十九大报告指出："人民代表大会制度是坚持党的领导、人民当家作主、依法治国有机统一的根本政治制度安排，必须长期坚持、不断完善。要支持和保证人民通过人民代表大会行使国家权力。发挥人大及其常委会在立法工作中的主导作用，健全人大组织制度和工作制度，支持和保证人大依法行使立法权、监督权、决定权、任免权，更好发挥人大代表作用，使各级人大及其常委会成为全面担负起宪法法律赋予的各项职责的工作机关，成为同人民群众保持密切联系的代表机关。"这些论断立意高远、主题鲜明、内涵丰富，是在新的历史条件下对人民代表大会制度作出的新定位，极大地丰富和发展了马克思主义政权学说，为新时代的人大工作指明了方向、提供了遵循。站在新的历史起点上，市人大常委会要把深入学习领会和全面贯彻落实党的十九大精神作为首要政治任务，走进新时代、肩负新使命，努力推动人大工作完善发展，确保党的十九大精神在首府人大落地生根，开花结果。

要紧密结合人大工作实际抓好贯彻落实。常委会党员干部和人大代表要在全面系统学习的基础上，重点学习领会党的十九大报告关于人大工作的新要求，以此统一思想行动、武装头脑、指导实践、推动工作。继续通过党组会、主任会、机关支部会、讲党课等多种形式，全方位深入抓好十九大精神的学习宣传。深刻领会和把握习近平新时代中国特色社会主义思想的历史地位、重大意义和科学内涵，切实把这一强大思想武器转化为"四个意识"的高度自觉，转化为推进首府民主法治事业发展的实际成效。

要紧密结合围绕中心助推发展抓好贯彻落实。党的十九大报告把"坚持新发展理念"提升到新时代中国特色社会主义思想和基本方略的高度。市人大及其常委会要切实提高认识，自觉将人大工作融入市委贯彻"五位一体"中国特色社会主义事业总体布局的战略决策之中，将促进首府经济社会发展的重大部署纳入人大工作的重要内容和年度计划，在融入和服务大局中加强对"一府一委两院"的监督与支持，在推动创新、协调、绿色、开放、共享发展中，依法维护人民群众的根本利益，为首府坚决打好防范化解重大风险、精准脱贫、污染防治的攻坚战，坚决守好发展、民生、生态三条底线，决胜全面建成小康社会提供有力法治保障。

要紧密结合推进依法治市抓好贯彻落实。党的十九大报告突出强调“法治”建设的重大意义，明确全面推进依法治国总目标是建设中国特色社会主义法治体系、建设社会主义法治国家，指出全面依法治国就是要“坚定不移走中国特色社会主义法治道路，完善以宪法为核心的中国特色社会主义法律体系”。这些论断为我们实施依法治市提供了遵循。市人大常委会要以学习贯彻十九大精神为契机，科学把握立法规律，不断提高立法精细化水平，积极开展地方立法工作，进一步加强法律监督力度，有效推进依法治市进程。

要紧密结合提升服务代表能力和水平抓好贯彻落实。人大代表是全市贯彻落实党的十九大精神、凝聚发展合力的重要力量。常委会要着力在提高代表服务质量、组织代表开展各项履职活动上下功夫，积极为代表履职提供必要保障，打造必要平台，激发广大代表在首府经济社会发展中更大作为、更多奉献。通过引导代表密切联系群众，开展政策宣传、释疑解惑、化解矛盾等工作，发挥桥梁和纽带作用，推动全社会学习贯彻党的十九大精神，营造和谐民风，维护社会稳定，使人民获得感和幸福感更加充实、更有保障。

**二、立足新时代，强化人大立法主导作用，在科学民主依法立法工作上展现新作为**

习近平总书记指出：全面依法治国是国家治理的一场革命，必须坚持厉行法治，推进科学立法、严格执法、公正司法、全面守法。常委会要继续注重对法治需求比较迫切的地方特定性事务进行立法。坚持“党委领导、人大主导、政府依托、各方参与”的科学立法工作格局，加强对立法工作的组织协调和综合指导，强化协同配合，从体制机制和工作程序上有效防止部门利益的法制化，增强立法的及时性、系统性、针对性、有效性。做好市人大有关专门委员会、常委会工作机构组织起草重要法规草案工作。扩大公民对立法的有序参与，健全法规草案公众意见采纳反馈机制，增强民意和认同基础。按照科学化、程序化相统一的原则，开展立法项目征集和论证工作。开展法规通过前评估和立法后评估工作，落实立法协调机制，强化统一审议，深化立法论证，进一步提高立法质量，努力使每一项立法都符合宪法法律，反映社情民意，保障改革发展。

在科学制定五年立法规划的基础上，2018 年，市人大常委会要在城乡建设与管理、环境保护、历史文化保护等方面制定出台具有地方特色、务实管用的地方性法规。住房问题涉及千家万户，事关百姓民生。常委会拟制定房屋安全管理条例，为促进全社会合理使用、管理房屋，及时发现治理房屋安全隐患，确保住房安全提供法制保障。拟制定大青山生态保护条例，开展再生水利用立法调研，建设北疆亮丽风景线，打造生态宜居首府。继续制定城市综合管理条例，开展物业管理立法调研，建立城市精细化治理长效机制。

**三、服务新时代，坚持问题导向，在实施正确有效监督上展现新作为**

常委会要围绕市委的总体部署，坚持以人民为中心的发展思想，坚持问题导向，加大监督力度，保证宪法法律正确有效实施，促进依法行政、公正司法，形成加强和改进工作的合力，推动解决人大代表、人民群众普遍关注的热点、难点问题，推动解决制约全面建成小康社会的短板和瓶颈问题，促进经济平稳健康发展和社会和谐稳定。

着力助推监察体制改革，拓宽监督领域。深化国家监察体制改革是一项事关全局的重大政治体制改革，是深入学习贯彻党的十九大精神的重要体现。本次会议，我们将首次选举产生市监察委员会。监察委员会的成立，将整合反腐败资源力量、扩大监察范围、丰富监察手段，实现对行使公权力的公职人员监察全面覆盖。这是加强对权力运行的制约和监督，让人民监督权力，让权力在阳光下运行，把权力关进制度笼子里的重要举措，对进一步坚持和发展中国特色国家监督体系、丰富和完善人民代表大会制度，具有重大而深远的影响。今年，常委会拟听取和审议市监察委员会组建情况及深化国家监察体制改革试点情况的报告。我们要主动学习，加强调研，积极探索，全力助推监察体制改革在首府顺利开展，监督支持好监察委员会工作。与此同时，还要建立健全对“一府一委两院”的长效监督工作机制。常委会将结合听取审议专项工作报告，启动对市政府及其组成部门、监察委、“两院”的工作评议和满意度测评，评议结果将报送市委并向全社会公布，切实体现出人大监督刚性，发挥人大推动有关方面改进工作的建设性、促进性作用。

着力做好财政经济监督，推动科学发展。严格贯彻实施《预算法》，推动加强对政府全口径预决算的审查和监督，今年拟听取和审议预算、决算、审计报告、审计查出问题整改情况的报告，围绕《预算法》实施、非税收入规范管理等进行专题监督，做好预算审查前听取人大代表和社会各界意见建议的相关工作。贯彻落实党中央关于加强人大预决算审查监督改革的部署，研究建立向人大常委会报告国有资产管理情况的制度。全面贯彻中央经济工作会议和自治区党委十届五次全会暨全区经济工作会议精神，坚持不懈地学习贯彻习近平新时代中国特色社会主义经济思想，牢牢把握高质量发展这一根本要求，围绕建设现代化经济体系战略目标，全面做好稳增长、促改革、调结构、惠民生、防风险各项工作。今年拟听取和审议国民经济和社会发展计划执行，“十三五”规划纲要实施情况中期评估，国有大中型企业经营管理情况的专项工作报告，对农业供给侧结构性改革、农田水利发展开展专题监督，加强对国民经济运行情况的跟踪和分析，推动首府经济发展补齐短板，实现质量变革、效率变革、动力变革。

着力加强宪法法律实施，推进法治建设。加强宪法实施监督和宪法宣传教育，弘扬宪法精神，依法组织市人大及其常委会选举、决定任命的国家工作人员进行宪法宣誓。以依法行政为监督重点，促进法律法规贯彻实施。今年拟对科学技术进步法等法律法规开展执法检查，不断优化科技创新环境，增强我市经济竞争力。拟听取和审议全市审判机关、检察机关深化司法改革，公安机关行政执法全过程记录制度落实情况等专项工作报告，调研我市“七五”普法中期工作进展情况。进一步加强规范性文件备案审查制度和能力建设，开展备案审查信息化平台建设，加大对法制统一的监督力度。

着力解决民生重点问题，增进人民福祉。围绕食品安全、“小饭桌”、医疗药品等人民群众最关心、最现实的利益问题，综合运用多种监督形式，促进问题解决，让改革和发展成果更多更公平惠及人民群众。今年拟对食品安全法执法检查审议意见及问题清单办理、林业重大生态修复工程、现代公共文化服务体系建设、精准扶贫精准脱贫等工作开展专题监督。对我市加快推进农村学校“大通铺”改善建设工作、“小饭桌”、中蒙医药发展等工作进行调研。继续对全面开展大青山前坡生态工程建设与保护、治理城区黑臭水体等事项进行跟踪监督，直至见到成效。

围绕推动市委决策部署贯彻落实，健全事前报审制度，依法行使重大事项决定权；坚持党管干部原则和人大依法行使任免权相结合，依法任免国家机关工作人员。加强对任命干部的依法监督，适时组织专题培训，促进国家机关工作人员增强宪法意识、法律意识、人大意识和公仆意识。

**四、适应新时代，保障和维护代表主体地位，在联系服务代表工作上展现新作为**

要加强常委会同代表的联系，充分发挥代表作用。坚持和完善代表列席常委会会议、集中视察、执法检查、专题调研、工作评议、常委会组成人员联系代表等制度。开展走访代表活动，征求代表意见，及时办理反馈。畅通代表知情知政渠道，为代表履职创造良好条件。要进一步发挥代表在闭会期间的作用。搭建代表履职平台，完善代表小组活动，完成代表之家“提档升级”工作。加强代表和选民的联系，保障选民诉求及时传达。要进一步做好议案和建议的督办工作，推动政府建立议案建议办理进度和处理意见公开机制，接受代表和群众监督。深入开展“双联”活动，完善代表履职激励、考核机制。同时，要严肃政治纪律、廉洁纪律、群众纪律、工作纪律、生活纪律，始终树立代表良好形象。

**五、面向新时代，提升人大履职能力，在做好常委会自身建设上展现新作为**

坚持和依靠党的领导，坚持人大工作正确的政治方向，始终保持和市委的工作合力。加强机关党建工作，2018年在人大机关开展“不忘初心、牢记使命”主题教育，用习近平新时代中国特色社会主义思想武装头脑，推动机关党员干部更加自觉地为实现新时代党的历史使命不懈奋斗。全面落实从严治党要求，严肃党内政治生活，严守党的政治纪律和政治规矩，推进“两学一做”学习教育常态化制度化，围绕中央、自治区党委和全市发展大局，精心组织中心组学习和法制讲座，开展互动交流，提高学习质量。贯彻执行民主集中制原则，完善议事机制和工作运行机制，充分发挥专门委员会和人大机关作用，进一步加强常委会履职能力建设。树立正确选人用人导向，坚持五湖四海、任人唯贤，坚持事业为上、公道正派，坚持德才兼备、以德为先，加大机关干部的培养、交流、使用力度。高度重视意识形态领域工作，继续加强和改进人大宣传报道，树立践行社会主义核心价值观。支持人大工作研究会工作，提升全市人大理论研究水平。

各位代表，同志们！市十四届人大常委会已经圆满完成了历史使命，市十五届人大常委会即将依法选举产生。新时代赋予人大工作新的使命，新的使命要求展现新的作为。我们坚信，新一届市人大及其常委会，一定能够在自治区党委和市委坚强领导下，在自治区人大正确指导下，充分发挥地方国家权力机关的作用，更好地担负起推进我市社会主义民主法治建设的历史重任。让我们紧密团结在以习近平同志为核心的党中央周围，在习近平新时代中国特色社会主义思想的指引下，不忘初心，牢记使命，锐意进取，开拓创新，为首府决胜全面建成小康社会，打造祖国北疆亮丽风景线提供良好法治保障，奋力谱写无愧于新时代的崭新篇章！

# 中国人民政治协商会议
# 呼和浩特市第十二届委员会常务委员会工作报告

## ——在政协呼和浩特市第十三届委员会第一次会议上

（2018 年 1 月 5 日）

孙建华

各位委员、同志们：

我代表政协呼和浩特市第十二届委员会常务委员会，向大会报告工作，请予审议，并请列席会议的同志提出意见。

**一、过去五年工作的回顾**

政协呼和浩特市第十二届委员会任期的五年，是我市全面建成小康社会进程中极为重要的五年，是全市各级政协在继承中发展、在发展中创新的五年。五年来，以习近平同志为核心的中共中央高度重视人民政协工作，出台一系列重要文件，对政协工作作出战略部署。习近平总书记立足时代和全局高度，着眼坚持和发展中国特色社会主义、建设社会主义政治文明、推动社会主义协商民主广泛多层制度化发展，就人民政协工作发表一系列重要讲话，作出一系列重要指示，为人民政协工作在新的征程上开拓奋进指明了方向、提供了遵循。自治区党委、市委也及时出台相应文件，有力推动了政协协商民主制度化、规范化、程序化水平的提高。

五年来，十二届政协常委会在中共呼和浩特市委的坚强领导下，高举中国特色社会主义伟大旗帜，深入学习贯彻中共十八大和十八届三中、四中、五中、六中、七中全会及中共十九大精神，以习近平新时代中国特色社会主义思想为指导，牢牢把握团结和民主两大主题，围绕中心、服务大局，努力推进政治协商有方、民主监督有效、参政议政有为、自身建设有力，不断提高政协协商民主水平，汇聚正能量，发出好声音，为推动首府改革发展稳定贡献了政协力量。

（一）政治引领，确保履职方向

充分发挥政协党组的领导作用，坚持把学习摆在重要位置，始终牢牢把握正确的履职方向。

发挥党组的政治引领作用。认真贯彻落实中共中央、自治区党委和市委的决策部署，发挥好党组把方向、管大局、保落实的作用，始终在思想上政治上行动上同以习近平同志为核心的中共中央保持高度一致。市政协党组加强对机关党组和专委会工作的领导，坚持每月听取机关党组、每两月听取专委会工作汇报制度。党组每年向市委作一次全面工作汇报，遇有重大问题及时请示报告。制定了《市政协党组意识形态工作责任制实施方案》，明确分工，落实责任，牢牢把握意识形态领域的主动权、话语权，认真履行党组抓意识形态工作主体责任。

突出抓好理论武装。分层次制定学习计划，通过内容丰富、形式多样的学习活动，认真学习、深刻领会习近平新时代中国特色社会主义思想，特别是习近平总书记关于社会主义协商民主和人民政协的重要思想、重要论断和重要部署，使委员和政协工作者牢固树立“四个意识”，坚定“四个自信”。先后举办政协常委会专题辅导讲座 20 余次，组织政协委员学习培训 10 期，实现了每一位市政协委员届内至少参加一次集中培训的目标。

认真落实全面从严治党新要求。深入开展党的群众路线教育实践活动和“三严三实”专题教育，积极推进“两学一做”学习教育常态化制度化。市政协党员领导带头学习、带头讲党课、带头发言讨论，带头落实“三会一课”制度，落实全面从严治党各项新规定、新要求。认真履行党风廉政建设主体责任，从严抓好班子、带好队伍，努力建设清正廉洁的政协机关和干部队伍。

（二）聚焦中心，助推改革发展

认真贯彻落实习近平总书记“建言建在需要时，议政议在点子上，监督监在关键处”的重要指示精神，坚持围绕中心、服务大局，聚焦市委、市政府重大决策部署和重点工作，把协商民主贯穿政治协商、民主监督、参政议政全过程，扎实开展协商议政。

助推深化改革。围绕我市深化行政审批制度改革、深化行政执法体制改革、中小学招生改革开展了调研、视察活动，分析研究我市深化改革中面临的一些问题，积极建言献策。围绕放宽市场准入政策、加快我市民营经济发展开展了调研和协商，对于进一步消除市场壁垒、加快“三证合一”进度起到了有力的推动作用。不断健全和完善市政协协商民主制度机制，积极探索提高政协履职水平的有效举措，为推进我市民主政治领域的改革作出了贡献。

助推首府发展。围绕县域经济发展、大数据产业发展、民营经济发展、科技型中小微企业发展、云计算产业发展、招商引资、有序推进农民工转移、推进农牧业品牌战略、“双创”中心和众创空间建设、文化产业发展、旅游品牌创建、地方戏曲传承与发展、创建国家公共文化服务示范区、文化旅游融合发展、传统村落保护和建设等内容开展调研和协商,为市委、市政府科学决策提供了重要参考。一些建议得到市委、市政府主要领导、分管领导批示,有关部门积极研究采纳。其中,针对我市企业获得驰名商标、著名商标、知名商标以及地理标志商标奖励多年兑现难的问题,通过协商市政府列入2017年预算予以解决;关于旅游品牌创建的协商成果,得到时任市委和市政府主要领导批示,要求有关部门研究制定马产业和相关产业发展规划,相关建议已列入我市“十三五”规划。常委会还围绕我市融入国家“一带一路”、中俄蒙经济走廊建设、和林格尔新区的规划和建设以及“十三五”规划的制定和实施,提出针对性较强的建议,对相关工作产生了积极影响。

助推民生改善。围绕重点民生问题年年聚焦、接力建言,多维度查找不足、多层次协商讨论,促进有关问题的解决。连续四年对我市养老服务业进行调研协商,推动我市出台了《关于加快发展养老服务业的实施意见》《政府购买居家养老服务实施方案(试行)》等文件。连续几年对我市设施蔬菜基地建设、“小饭桌”管理、公共交通建设等开展专题调研协商。还围绕棚户区和老旧小区改造、食品安全监管、医患纠纷依法公平公正处理、农村人居环境整治与后续管理、教育均衡发展、社会治安综合治理等涉及人民群众切身利益的重点民生工作开展调研协商、委员视察、提案督办,积极建言献策,推动了民生问题的解决。其中,关于推动我市公共交通发展的专题协商,促进了公交优先战略的实施,助推市财政拨付1亿元为公交公司职工缴纳养老保险,解决了公交职工面临的最大民生难题。连续三年对大青山前坡生态治理进行调研和视察,开展了大气和水环境综合治理等调研协商,为我市打造“绿水青山”建言献策。2017年关于大青山前坡生态建设工程的视察报告得到市委主要领导高度评价,批示市政府有关领导专题研究。

助推脱贫攻坚。围绕生态移民、农民权益保障、返乡农民工就业创业、推进农村电子商务、城乡一体化发展等内容开展调研协商,为助推全市脱贫攻坚建言献策、献计出力。市政协领导包村包户精准扶贫、市政协机关干部一对一精准扶贫,有力地推动了全市脱贫攻坚工作。

此外,市政协主席、副主席按照市委安排,认真做好市级领导五级示范抓引领、指导非公经济和社会组织基层党建、联系知识分子等工作,2017年重点抓了重大项目和重点工程、城市环境综合整治、安全生产以及食品药品等各领域的安全、信访积案“百日攻坚”化解行动四项重点工作,助推我市改革发展稳定。

(三)求实创新,推进协商有方

发挥人民政协作为协商民主重要渠道和专门协商机构的作用,形成以全体会议为龙头,以专题议政性常委会议和专题协商会为重点,以对口协商会、提案办理协商会、界别协商会等为常态的协商议政新格局。为提高全体会议协商质量,每年邀请市委书记和党政有关领导听取委员大会发言,并请市委书记发表讲话;邀请市长、副市长和市委有关领导出席市党政领导与政协各界别委员代表座谈会,与委员代表面对面交流协商。这两项内容已连续坚持了13年,成为全体会议的两大亮点,不仅受到委员们的极大关注,也得到了上级政协的充分肯定,2016年我市出台的关于加强政协协商民主建设的实施意见已将其制度化。

积极推进政协协商民主制度化、规范化、程序化。深入贯彻落实中央和各级党委加强政协协商民主建设文件精神,不断规范年度协商计划的内容、形式和程序,形成了市委、市政府、市政协联合下发年度协商计划的新机制,确保了年度协商计划制定和实施的权威性和严肃性。加强与市委、市政府及有关部门的工作衔接,协商前的准备工作越来越程序化,使协商活动更加务实、有效。

创新选题方式、提高选题质量。协商、调研题目的选择坚持贴近中心和大局、贴近民生、贴近自身能力,注重“小切口”选题,力争“小题目”做出大文章、“小切口”牵动大政策。在广泛征集、多轮筛选的基础上,将政协选题和市委、市政府点题、出题有机结合起来,使政协履行职能与市委、市政府的工作同心同向、同频共振。

不断加大协商密度,扩大协商参与面。年度协商计划议题从2014年的6个增加到2017年的10个,基本达到了月协商的密度。要求每位市政协常委每年自选2个议题,至少参加2次协商活动;每位委员自选1个议题,至少参加1次协商活动,以扩大委员协商参与面,进一步发挥委员的主体作用。

把面对面协商作为主要形式,让委员、专家、群众当“主角”。政协选好议题,搭建好平台,选好“领言人”,让委员、专家学者、人民群众当“主角”,请市政府相关领导及部门负责人与他们就一个议题面对面进行协商,把通过文件来往的间接建言议政变成了面对面直接协商议政,使协商更加直接、更加务实、更有成效。

加强对旗县区政协协商民主建设的指导。采取调研、座谈等形式指导旗县区贯彻落实加强政协协商民主建设的有关文件,专门调阅各旗县区政协的年度协商计划,积极推动旗县区政协协商民主制度化、规范化、程序化。及时总结部分旗县区政协在街道办事处和乡镇成立委员联络站和联络室的新尝试,积极探索协商民主向基层延伸的新形式、新途径。

(四)发挥优势,推动监督有效

发挥协商式监督的优势和特色,不断改进和加强民主监督，注重把握监督方向和原则、节奏和力度，努力协助市委和市政府解决问题、改进工作、增进团结、凝心聚力。2017 年，认真贯彻中央、自治区党委关于加强和改进人民政协民主监督工作文件精神，起草了我市贯彻落实意见，积极推进民主监督制度化、规范化、程序化。

改进民主监督方式。改进民主评议政府部门工作，探索性地开展了“专项民主评议”工作，先后对我市老旧小区供排水管网改造和饮水安全工程、义务教育均衡发展、重点旅游项目建设进行了专项评议。评议中让委员、群众、专家学者面对面指出问题、提出意见建议，力求反映人民群众和服务对象的意见和要求，取得了较好效果。

拓宽民主监督渠道。尝试开展监督性调研、视察活动，先后围绕肉类食品市场管理、科技服务平台建设、BRT 建设和运营、法院司法公开、检察院检务公开、公安局信息化建设等内容开展了监督性调研、视察，不断探索提高民主监督实效的方法和途径。通过推荐监督员、评议员及参与法院的“公众开放日”庭审活动等形式，不断加强政风、行风、作风的监督，积极拓宽民主监督渠道，进一步发挥民主监督作用。

（五）数质并举，促进参政有为

经常性工作在注重数量的同时，更加注重质量，力求言之有据、言之有理、言之有度、言之有序，用好政协的话语权和影响力，使参政议政更有作为。

不断提高提案工作质量。五年来共收到提案 3281 件，立案 3011 件，注重数量的同时，更加注重质量。通过学习培训、示范引导、加强审查以及参与提案办理“倒逼”，不断提高提案质量。建立了共同交办机制，每年由市委、政府、政协共同召开提案交办会。积极开展网上提案办理，推动提案和提案办理质量的双提升。完善提案办理制度，修订了《提案工作条例》，制定了《网上提案办理系统管理办法》。完善政协主席会议成员督办重点提案制度，建立了专委会督办重点提案制度，坚持每年开展 20 多次提案协商督办活动。尝试三级政协联合督办、个案督办、急案快办等提案办理新方法，不断加强提案办理工作。每年选取 1－2 件重点提案进行提案办理专题协商，大大提高了提案办理质量。关于解决富邦商务中心住宅小区消防验收问题、车站东西街老旧小区天然气入户问题、原三角公司企业转制遗留问题等提案的落实，解决了涉及老百姓切身利益或多年遗留的老大难问题。

不断提高专题调研质量。常委会明确提出专题调研要精准建言、精准议政。调研活动邀请相关专家和专业技术人员、知情群众参加，优化了调研人员结构。传统方法和信息技术有机结合，域内调研和域外调研相辅相成，进一步拓展了调研的深度和广度。五年来，围绕推进光伏产业做大做强、失地农民问题、新农村建设、大众创业促进就业等形成调研报告 50 余篇。关于有序推进农民工转移的调研报告被时任市委主要领导批示以《呼党办通报》转发全市，其他不少调研报告被《呼和浩特经济》《学习与工作》《决策参考》等刊物登载。

不断提高社情民意信息质量。充分发挥社情民意信息“短、平、快”的特点，以经济社会发展重要问题和关系群众切身利益的实际问题为重点，不断增强报送信息的针对性和时效性。完善了《关于进一步加强反映社情民意信息工作的意见》《关于进一步加强反映社情民意信息工作的实施办法》等制度，规范了信息审核、签发、反馈等工作，使社情民意信息质量进一步提高。五年来，共收到来稿 2845 篇，编印《呼和浩特社情民意》535 期，被自治区政协采用 122 篇，共有 56 篇得到自治区及我市主要领导的批示，连续多年在市委的信息工作评比中名列前茅。

不断提高视察活动质量。出台了《委员视察考察条例》，每年制定包括常委视察、委员视察和界别视察的视察计划，推动了视察活动的制度化、规范化、程序化。围绕经济社会发展重要问题和重大民生问题，先后组织开展了 80 余项视察活动，形成视察报告 20 多篇，数量和质量均有了较大提升。视察活动不仅为委员知情明政创造了条件，而且有针对性地提出了具体建议，促进了相关工作。

（六）突出主题，广泛汇聚力量

坚持把大团结、大联合贯穿于政协履行职能全过程，努力营造民主和谐、和衷共济的氛围，最大限度调动全市各族各界人士支持、参与首府改革发展的积极性，画好最大同心圆。保障各民主党派、工商联、无党派人士的民主权利，年度协商计划、调研课题都充分听取党派、工商联的意见，通过联合开展调研、视察活动及党派提案、大会发言，为他们在政协平台上建言献策创造更好的条件，进一步加强合作共事。积极学习宣传贯彻党的民族宗教政策，围绕民族教育发展、蒙医药发展、城市民族工作、清真食品市场管理、社会市面蒙汉两种文字并用等内容开展调研、协商和视察，促进民族团结进步，不断巩固各民族守望相助、团结奋斗的共同思想基础。通过组织宗教界人士开展学习、视察、参观及走访宗教场所等活动，加强与宗教界人士的联系，促进宗教界的团结和睦。加强党外知识分子、新的社会阶层人士和非公有制经济人士的团结引领，邀请外地内蒙古商会会长通过列席全体会议建言献策，为助推首府发展广泛汇聚力量。

（七）建章立制，力促履职有序

按照十八大以来党中央及各级党委的新要求，对政协各项规章制度进行系统梳理，共制定和修订了 5 大类 40 余项制度，形成涵盖主要工作领域、适应机关工作需要的制度体系框架，力争使履行职能的各个环节都有章可循、有据可依。修订了全体会议、常委会工作规则和专委会通则，进一步规范了全体会议、常委会议协商议政和专委会工作；制定了《各专委会联系界别的安排意见》《界别活动组安排意见》《界别活动组管理办法》《优秀界别活动组评选办法》等制度，促进了界别作用的发挥；制定了《大会发言选定规则》，规范了大会发言工作；逐一修订机关管理制度，进一步完善机关管理体制和运行机制，构建务实管用、协同配套的机关管理制度体系，不断提高机关服务管理的科学化水平。

（八）求精求新，强化自身有力

常委会坚持把加强自身建设作为一项重要任务，以提高“四个能力”为重点，着力提高委员、机关干部的履职能力。

加强政协界别建设。通过组织建设、经费保障等措施，有力推动界别活动的开展，进一步促进界别作用的发挥。建立了主席、副主席和专委会联系界别制度，将27个界别划分为17个界别活动组，每年召开界别工作会议，表彰优秀界别活动组，交流界别活动经验。各界别活动组每年安排近40项界别活动，调研、视察、送医送药送文化下乡、“文明与我同成长”系列活动以及书法讲座、葫芦丝培训、捐资助学、扶贫帮困、倡议无偿献血等公益活动，增强了政协工作的活力和政协组织的凝聚力，扩大了政协的影响。

加强委员队伍建设。落实习近平总书记对政协委员提出的“懂政协、会协商、善议政”“守纪律、讲规矩、重品行”新要求，着力提高广大委员的政治把握能力、调查研究能力、联系群众能力、合作共事能力，引导政协委员勇于担当责任、提高能力素质、保持良好形象，模范遵守宪法法律和政协章程，自觉践行社会主义核心价值观，当好界别群众的代表、本职工作的模范、政协履职的主体。修订了《市政协委员履职考评暂行办法》，完善了考核机制，认真考核并通报委员年度履职情况，增强委员的责任意识、履职意识。制定了《加强委员履职服务和管理办法》，积极搭建委员履职平台，努力为委员履职创造更好的条件、提供更好的服务。

加强政协机关建设。不断加强政协机关的政治建设、思想建设、组织建设、作风建设、纪律建设，努力建设学习型、创新型、服务型机关。认真落实习近平总书记提出的“信念坚定、为民服务、勤政务实、敢于担当、清正廉洁”的好干部标准，着力加强机关干部队伍建设。认真践行党的群众路线，不断改进机关作风，机关的服务保障能力有了新提升。

此外，充分发挥文史资料“存史、资政、团结、育人”的作用，多渠道挖掘整理史料，出版了《呼和浩特人物传记》《归绥地区抗日斗争通志》《青城谭故》《绥蒙邮政史话》，编撰了《呼和浩特政协志（续）》。重视政协理论研究工作，每年召开专题研讨会，专门召开了全市政协工作经验交流会，推动理论与实践创新。不断提升《呼和浩特政协》杂志质量，改版升级了市政协网站，建立了微信公众号，进一步加强市政协履职成果和委员风采的宣传，扩大了政协影响。积极配合全国政协、自治区政协和其他省市政协来我市开展调研考察活动，努力展示我市经济社会发展成果。

各位委员、各位同志，五年来，市政协常委会将改革创新精神贯穿于履行职能的各方面和全过程，推动人民政协事业在继承、发展、创新中开创了新局面，取得了新成效，积累了新经验。这是深入学习贯彻习近平新时代中国特色社会主义思想的结果，是中共中央和各级党委对政协工作越来越重视的结果，是市委正确领导的结果，是市政府及各有关部门大力支持的结果，也是社会各方面积极配合的结果，同时也凝结着全市各级政协组织、政协各参加单位、广大政协委员的心血和智慧，融汇了政协工作者的辛劳和汗水。在此，我代表十二届政协常委会，向所有关心、支持政协工作的各位领导和同志们，向市政协各参加单位、各级政协委员和各级政协机关的同志们，致以崇高的敬意和衷心的感谢！

回顾五年来的工作，我们深深地体会到，做好新形势下政协工作：一是必须坚持党的领导，牢固树立“四个意识”，确保政协工作的正确方向；二是必须把围绕中心、服务大局作为政协履行职能的基本原则，围绕中心谋划工作，紧贴中心开展工作；三是必须坚持大团结大联合，广泛汇聚发展合力；四是必须充分发挥委员的主体作用，不断提高履职成效；五是必须不断开拓创新，确保政协工作的生机和活力。

同时，我们也清醒地认识到，我们的工作与政协承担的职责使命、与市委的要求和人民群众的期望相比，还有一些需要改进和完善的地方。一是新形势下研究新情况、解决新问题的能力还需进一步提高；二是推进政协协商民主创新发展的方法、途径还需进一步探索；三是民主监督的意识和机制、制度还需进一步加强；四是委员的主体作用还需进一步发挥；五是提案、专题调研、社情民意信息的质量还需进一步提升，等等。这些都需要我们在今后的工作中不断努力。

**二、今后五年工作的建议**

各位委员，中共十九大开启了全面建设社会主义现代化强国的新征程，对新时代中国特色社会主义发展作出战略安排，为人民政协事业发展提供了新的机遇和广阔的空间，也提出了新的更高要求。今后五年，市政协工作应坚持以中共十九大精神为统领，坚持以习近平新时代中国特色社会主义思想为指导，牢牢把握团结和民主两大主题，围绕中心、服务大局，真诚协商、务实监督、深入议政，多建诤言，共谋良策，推动我市重要决策部署落地见效，促进人民福祉不断改善，为推动我市改革发展稳定作出更大贡献。

（一）深入学习贯彻中共十九大精神，不断加强党对政协工作的领导

要把学习贯彻中共十九大精神作为当前和今后一个时期人民政协的首要政治任务，迅速兴起学习贯彻中共十九大精神的热潮，并不断引向深入。要坚持系统全面、突出重点，把学习贯彻中共十九大精神聚焦到中国特色社会主义进入新时代、我国社会主要矛盾转变等重大政治论断，聚焦到结合实际

学习领会习近平新时代中国特色社会主义思想，聚焦到贯彻落实中共十九大提出的各项战略任务上来。要深入学习贯彻习近平新时代中国特色社会主义思想，把坚持和发展中国特色社会主义作为巩固共同思想政治基础的主轴，把为决胜全面建成小康社会、夺取新时代中国特色社会主义伟大胜利献计出力作为工作主线，充分发挥思想引领、协调关系、汇聚力量、建言献策、服务大局的重要作用。要牢固树立“四个意识”，坚决维护以习近平同志为核心的中共中央权威，坚决服从中共中央集中统一领导，确保人民政协事业沿着正确的政治方向前进。要坚持把中国共产党的先进性和民主党派的进步性统一起来，推动参加人民政协的各党派团体和各族各界人士自觉维护中国共产党的领导核心地位。要落实党领导各项工作的体制机制，确保把中共中央、各级党委的决策部署贯彻到人民政协各项工作之中。

进一步抓好市政协党组自身建设，提高政治站位，发挥好政治引领作用，推动中共界别更好地发挥作用，推动政协委员中的共产党员发挥先锋模范作用，推动各界委员用科学理论武装头脑、指导实践。认真抓好机关党建工作，压实全面从严治党主体责任，打造忠诚干净担当的党员干部队伍。全面落实党组抓意识形态工作责任制，掌握意识形态主动权，积极为全市意识形态工作建言献策、献计出力。

(二)聚焦中心任务，把协商民主贯穿政治协商、民主监督、参政议政全过程

要围绕落实中共十九大战略部署，聚焦全市中心任务，贯彻新发展理念，为决胜全面建成小康社会，推动实施科教兴国战略、人才强国战略、创新驱动发展战略、乡村振兴战略、区域协调发展战略、可持续发展战略、军民融合发展战略、就业优先战略、健康中国战略、国家安全战略凝心聚力，瞄准抓重点、补短板、强弱项，紧扣打好防范化解重大风险、精准脱贫、污染防治的攻坚战献计献策。围绕“五位一体”总体布局和“四个全面”战略布局，按照高质量发展的要求，就推动供给侧结构性改革和建设现代化经济体系、发展社会主义民主政治、推动文化繁荣兴盛、加强和创新社会治理、提高保障和改善民生水平、建设美丽呼和浩特及“一带一路”建设等调研议政。围绕实现新的“两步走”战略目标，选择一些战略性、前瞻性重大议题资政建言。

健全人民政协协商民主制度体系，规范协商内容、协商程序，提高协商民主制度化、规范化、程序化水平。完善协商议政格局，全体会议协商着眼于全市整体工作，常委会议协商围绕全市重点工作，专题协商侧重一个方面的工作，对口协商、界别协商突出一项工作，提案办理协商一事一议，努力实现分层次、有侧重、全方位的协商。

充分发挥协商式监督的特色和优势，重点加强对市委、市政府重要决策部署贯彻落实情况的监督。不断完善民主监督形式，增加监督性议题在年度协商计划中的比例，增加政协全体会议、常委会议大会发言以及重点提案监督性内容的比重，开展对涉及改革发展稳定重大问题的监督性视察，着力把民主监督贯穿到会议、提案、专题调研、大会发言、社情民意信息等工作中，活跃有序地开展好民主监督工作。

坚持求真、求深、求实，不断提高参政议政质量。要在反映问题上“求真”，敢于讲实情、说真话，实事求是地提出问题，客观公正地反映真相；要在分析原因上“求深”，在掌握大量真实材料的基础上，进行全面、深刻、系统地分析、研究和论证，揭示本质和规律；要在提出建议上“求实”，把宏观建言与微观献策有机结合起来，使所提建议具有更强的针对性和可操作性，建务实之言、献管用之策。

(三)坚持以人民为中心的思想，努力做到履职为民

破解新时代社会主要矛盾，满足人民日益增长的美好生活需要，必须始终坚持人民立场。要准确把握我国发展新的历史方位、社会主要矛盾变化，围绕着力解决好发展不平衡、不充分问题，始终恪守以人民为中心的履职理念和价值追求，围绕“幼有所育、学有所教、劳有所得、病有所医、老有所养、住有所居、弱有所扶”等重大民生问题，开展好调研视察、协商议政、提案督办、社情民意反映等工作，积极协助市委和市政府做好保障和改善民生工作，补齐民生短板，化解有关矛盾，努力做到政治协商关注民生政策落实，民主监督推动民生问题解决，参政议政服务民生事业发展，更好地推动社会公平正义。

(四)凝心聚力，为首府改革发展稳定广泛汇聚正能量

建设新时代中国特色社会主义，需要最大限度地凝聚共识、凝聚人心、凝聚力量。要认真贯彻落实中共十九大关于巩固和发展最广泛爱国统一战线的战略部署，充分发挥统一战线组织功能作用，牢牢把握大团结、大联合的主题，不断拓展各民主党派在人民政协参政议政平台，巩固同各民主党派、工商联和无党派人士的合作共事，把方方面面的智慧和力量凝聚到实现市委提出的各项奋斗目标上来，不断增强决胜全面建成小康社会的社会基础和政治基础。

认真贯彻落实党的民族政策和宗教政策，推动深化民族团结进步教育，铸牢中华民族共同体意识，加强各民族交往交流交融，促进各民族像石榴籽一样紧紧抱在一起，共同团结奋斗、共同繁荣发展。全面贯彻党的宗教工作基本方针，积极引导宗教与社会主义社会相适应。

加强党外知识分子工作，做好新阶层人士工作，推动构建亲清新型政商关系，促进非公有制经济健康发展和非公有制经济人士健康成长，为助推首府发展广泛汇聚正能量。

(五)着力加强自身建设，不断提高履职能力

着眼新时代新任务的要求，坚持从政协工作的实际和特点出发，扎实推进理论创新、制度创新、实践创新，全面加强自身建设，不断提高政协的履职能力和工作成效。一是统筹好

政协参加单位、界别、专委会的力量，使其有机结合、形成合力。二是切实增强界别的代表性，开展形式多样、丰富多彩的界别活动，努力使界别活动向经常化、有特色、求实效方面推进。三是高度重视专委会建设，不断提高聚焦中心工作和重大民生问题开展调研协商的能力，充分发挥专委会在政协的基础作用。四是从制度、机制、考核入手，加强委员的学习培训和教育管理，不断激发委员履职的责任感、使命感、荣誉感，激励委员勤勉履职、扎实工作，不负人民期望，不负时代重托。五是加强机关干部的学习培训，提高理论和业务素质，增强大局意识、创新意识、服务意识，推进机关工作制度化、规范化、程序化，不断提高政协机关的综合服务水平。

**三、2018 年主要工作的建议**

2018 年是深入贯彻落实中共十九大精神的第一年，是决胜全面建成小康社会的关键一年，是改革开放 40 周年，也是十三届政协的开局之年。新的一年，市政协常委会要紧紧围绕今后五年的总体工作思路，以高度的政治责任感、锐意进取的工作劲头和崭新的工作面貌，积极履职尽责，努力实现本届政协工作的良好开局。重点抓好六个方面的工作：

（一）围绕学习贯彻中共十九大精神，扎实抓好思想政治建设

积极组织和推动广大政协委员原原本本地学习十九大报告，通过集中培训、专题辅导、理论研讨、交流发言等多种形式，不断深化学习效果，切实把全体委员和机关干部的思想和行动统一到中共十九大精神上来。要坚持学以致用、学用结合，把学习贯彻中共十九大精神同学习贯彻习近平总书记考察内蒙古重要讲话精神结合起来，同推进“两学一做”学习教育常态化制度化结合起来，同即将开展的“不忘初心、牢记使命”主题教育结合起来，同贯彻落实中央、自治区经济工作会议和市委十二届四次全会的部署结合起来，学思践悟，融会贯通，推动政协工作紧跟新时代步伐，不断创新发展。

认真落实党要管党、全面从严治党的要求，进一步加强党建工作，更好地发挥市政协党组的政治引领作用，确保党的路线方针政策在政协得到全面贯彻落实。增强对意识形态工作重要性的认识，党组要认真落实主体责任，扎实做好意识形态工作。

（二）围绕经济社会发展重要问题，积极开展政治协商

围绕我市融入国家“一带一路”战略和中俄蒙经济走廊建设、建立健全城市综合管理长效机制、加快大数据与实体经济深度融合、加快战略性新兴产业培育发展、推进首府全域旅游提质升级、加大清洁能源利用、助推首府文化繁荣兴盛、推进脱贫攻坚等重要问题，深入开展协商议政，切实在围绕中心、服务大局中贡献政协智慧和力量。

（三）围绕重要决策部署的贯彻落实，积极开展民主监督

深入学习贯彻中共中央、自治区党委加强和改进人民政协民主监督工作文件精神，重点对市委、市政府重要决策部署的贯彻落实进行监督。年内围绕财政预算、城市管理、大气污染治理等内容开展 3 次专项民主评议活动。围绕重点提案组织开展 20 次以上提案跟踪督办活动。围绕大青山前坡生态治理、水资源综合利用、老旧小区物业规范化管理等内容开展 3 次监督性视察。围绕依法治市开展 1 次监督性调研。

（四）围绕重要民生问题的解决，积极开展参政议政

坚持以人民为中心的履职理念，年内就我市深化中小学招生制度改革、医养结合试点城市建设、住房养老等社会保障体系建设、打造健康呼和浩特、老旧楼房加装电梯等民生问题，开展好调研、提案督办、反映社情民意等工作，积极协助市委、市政府做好保障和改善民生工作。围绕发展都市型现代农业、农村基础设施建设、社区卫生服务、文化体育设施建设等重要民生问题组织开展视察活动。

（五）着力抓好经常性工作，不断提高履职成效

着力抓好提案工作。在“提”的环节，要坚持数质并重、质量为先，按照有情况、有分析、有建议和严肃性、科学性、可行性的要求，不断提高提案质量；在“交”的环节，要完善市委、政府、政协共同交办机制，做到高规格交办，健全协商沟通机制，实现精准交办；在“办”的环节，要建立健全联系沟通、办理询问、研讨交流机制，把沟通协商作为提案办理的必经环节，抓好高层办理协商、现场办理协商和联合办理协商，提高提案办理水平。不断完善网上提案办理工作，继续坚持重点提案办理制度，加大提案督办力度，进一步提高提案的落实率。

着力抓好专题调研工作。建立健全调研课题遴选机制，精准选题、精选人员、精心部署，进一步提高专题调研质量。要改变专题调研重调查、轻研究的现象，在深入分析研究方面下功夫，力争提出有高度、有深度、有针对性的建议。要注重通过建议案、专题报告、提案、社情民意信息等形式多途径转化调研成果，使专题调研在有效转化中产生更好的效果。

着力抓好社情民意信息工作。要进一步拓宽思路，不断开辟反映社情民意的新途径、新渠道，力争通过各种履职形式产生更多高质量的社情民意信息。要对相近、相似的社情民意进行整理和提炼，或者以社情民意为线索开展视察和调研，以提高社情民意信息的质量，更好地发挥其作用。

着力抓好视察工作。视察活动要做到视察与知情明政相结合，通过视察了解全市重要决策、重点项目的相关情况；视察与提案办理相结合，促进提案的落实；视察与专题调研相结合，促进调研成果的转化。

（六）围绕提高“四个能力”，大力加强自身建设

适应政协换届后形势和任务的需要，围绕提高政治把握、调查研究、联系群众和合作共事的能力，大力加强自身建设。

一是认真抓好新一届市政协领导班子和常委会自身建设，带头形成学习的风气，带头遵守各项规章制度，带头履行

职责,带领委员圆满完成全年各项任务。要重视专委会建设,加大对新任专委会主任、副主任的培训、实践锻炼力度,使其尽快胜任本职工作。

二是积极搭建履职平台,加强与各民主党派、工商联和无党派人士的合作共事。优化界别活动组设置,增强人民政协界别的代表性,充分发挥界别的作用。

三是教育和引导政协委员强化政治意识、委员意识、主体意识、群众意识,让委员有能力、有作为、有情怀,自觉保持良好形象,带头践行社会主义核心价值观,以发展大局为重,以民生关切为念,在政协工作中履职尽责,在本职岗位上建功立业,在界别群众中示范引领,切实承担起政协委员的责任和使命。

四是市政协机关干部要按照"能写、能干、能说"的要求,勤奋学习,不断提高能力素质。要坚定理想信念,增强"四个意识";爱岗敬业,强化责任担当;团结协作,发挥整体合力。要健全和完善制度,加强规范化管理,狠抓机关效能建设,努力营造勤政廉政务实高效的政协机关。

各位委员,我们伟大的祖国已阔步走进中国特色社会主义新时代。新时代赋予新使命,新使命要有新作为。让我们紧密团结在以习近平同志为核心的中共中央周围,全面贯彻中共十九大精神,在中共呼和浩特市委的坚强领导下,不忘初心、牢记使命,开拓创新、奋发有为,不断开创政协工作新局面,为建设美丽呼和浩特、谱写人民美好生活新篇章而努力奋斗!

# 关于呼和浩特市2017年国民经济和社会发展计划执行情况与2018年国民经济和社会发展计划草案的报告

## ——2018年1月6日在呼和浩特市第十五届人民代表大会第一次会议上

呼和浩特市发展和改革委员会

各位代表:

受市人民政府委托,我向大会提出2017年国民经济和社会发展计划执行情况与2018年国民经济和社会发展计划草案,请予审议,并请市政协委员和列席会议的同志们提出意见。

**一、2017年国民经济和社会发展计划执行情况**

今年以来,在市委的领导下,全市各地各部门认真贯彻中央、自治区各项决策部署,坚持稳中求进工作总基调,牢固树立和践行新发展理念,全面落实市委十二届二次全会精神以及"五项重点工作""17个领域关键任务",着力推进稳增长、促改革、调结构、惠民生、防风险各项工作,较好地完成了年初确定的各项目标任务。

(一)经济增长稳中提质。初步预计,地区生产总值增长6%,规模以上工业增加值增长6%,固定资产投资完成1500亿元,一般公共预算收入完成201.6亿元,社会消费品零售总额增长7.5%,城乡常住居民人均可支配收入均增长8%。尽管主要经济指标完成情况较年初预期目标有差距,但从支撑经济增长的要素指标看,反映经济走势的工业用电量、公路货运周转量、金融机构贷款余额分别增长11%、14.2%和12%,体现经济增长质量和效益的工业主营业务收入、利润分别增长9%、100%,税收占一般公共预算收入的比重提高到83.4%,城乡居民收入增长高于经济增速2个百分点,主要污染物排放量持续下降,经济稳中提质态势明显。

(二)转型升级步伐加快。三次产业从2016年的3.6∶27.9∶68.5调整为3.7∶28.3∶68,经济增长的协调性不断增强。一是农业现代化有序推进。种植业结构继续优化,粮经饲比例由2016年的61∶17∶22调整为59∶18∶23,全年粮食产量126万吨。都市型农业健康发展,新建休闲观光示范区13家,打造"一村一品"专业村54个,培育现代青年农牧场主、农村青年创业致富"领头雁"60人、新型职业农民678人。农牧业产业化水平进一步提升,全市324家农牧业产业化龙头企业预计实现销售收入1650亿元,居全区首位。

二是工业结构不断优化。进一步完善了产业支持政策,出台了《关于打造"中国乳都"升级版的若干意见》《七大战略性新兴产业"十三五"发展规划纲要》,起草了《关于优化工业布局促进工业经济健康发展的意见》《调整产业布局实施企业搬迁工作方案》。优势特色产业集聚发展,绿色食品加工、电力能源、电子信息等六大优势产业预计完成产值1070亿元,占规模以上工业产值的比重达83%。战略性新兴产业加快发展,装备制造、新材料、节能环保等七大战略性新兴产业产值预计增长10%,对规模以上工业产值贡献率达17%。工业品牌价值不断攀升,伊利在全球乳制品品牌价值排行榜居首，蒙牛成功入选全球乳业十强并荣获自治区主席质量奖，全市又有32种工业品获得“内蒙古名牌产品”称号，获奖产品数量居全区之首。

三是现代服务业拉动有力。金融、旅游、现代物流、大数据云计算、电子商务等行业加速增长，现代服务业对经济增长的贡献率达到40%。金融业健康发展，中国进出口银行、安盛天平财险分支机构开业，伊利集团发起设立了惠商互联网小额贷款公司，全年金融机构存贷款余额预计为6000亿元和7900亿元，占全区的比重超过1/3。旅游业辐射带动能力增强，出台了促进旅游业加快发展的实施意见，开展了全域旅游示范旗县区创建活动，预计旅游接待人数3900万人次、实现收入760亿元，分别增长13%和23%。现代物流体系日臻完善，全市具有一定规模的物流园区9家，快递法人企业73家，与10多个国家开通了快递业务，预计全年快递业务量为5380万件、收入11.7亿元，分别增长45%和40%。大数据云计算产业发展提速，中国电信、中国联通、中国移动三大数据中心装机能力超过70万台，反映大数据云计算产业发展态势的信息传输、计算机服务和软件业用电量增长20%以上。电子商务规模不断壮大，电子商务集聚区办公面积增至20万平方米，600多家电商服务企业签约入园，县级公共服务中心和村级电商服务站覆盖50%以上乡村，全年电子商务交易额预计增长30%。

（三）发展动能不断增强。一是重大项目带动有力。全年组织实施亿元以上项目468个，开复工351个，完成投资813亿元，分别增长26.1%、9%和6.6%。年初计划实施的重点项目有序推进，新机场试验段批复开工，呼张高铁呼市至集宁段开通运行，地铁一二号线盾构进展顺利，巴彦路等快速路改造提升工程启动实施，沃特玛新能源汽车产业园一期投产，浪潮大数据产业园、碳谷富勒烯等项目完成年度投资计划，久泰煤制乙二醇项目奠基，经济增长后劲不断增强。

二是消费需求稳中有增。社会消费品零售总额预计完成1590亿元，增长7.5%。从销售地看，城镇仍是消费的重点区域。城乡社会消费品零售额预计完成1450亿元、140亿元，分别增长7.6%和6%。从消费形态看，餐饮收入较快增长，商品零售额比重较高。餐饮收入预计完成235亿元，增长9.6%；商品零售额预计完成1355亿元，占比85%，特别是体现消费升级的体育娱乐用品类、化妆品类零售额增幅均超过10%，快于社会消费品零售总额增速。

三是实体经济稳定增长。积极发挥重点企业引领带动作用，推动12户重点工业企业扭亏，全年新增15户规模以上工业企业，规模以上工业企业预计完成产值1300亿元，增长8%；全年新增规模以上服务业企业43家，达到358家，实现营业收入预计为560亿元，增长15%。支持中小企业创新发展，启动建设双创科技园区，培育国家级高新技术企业68户，新增自治区众创空间试点15家、“星创天地”试点单位14家，每万人拥有有效发明专利达到5.7件，居全区首位。

（四）和林格尔新区建设扎实起步、呼包鄂协同发展推动有力。和林格尔新区建设方面，总体规划已通过国家发改委部务会议。组织编制了新区生态、交通、海绵城市、防洪等13个专项规划。研究完善了新区组织机构和教育、卫生计生、土地收储等管理体制。组建成立了投资、基础设施开发、产业发展3个国有公司，推动以宝贝河综合治理为重点的“两河一廊道”生态治理、核心区主次干道、供电供暖等基础设施建设，启动建设数聚小镇、金融小镇、教育小镇、颐养小镇等产业发展平台，全面拉开新区核心区建设框架。呼包鄂协同发展方面，举办了2017年市长联席会议，达成了10项共识，明确了率先突破的15项工作任务，在推动基础设施互联互通、产业发展互补互促、公共服务共建共享、要素配置对接对流方面开展了积极探索。

（五）供给侧结构性改革不断深化。“三去一降一补”年度任务顺利完成。去产能方面，蒙丰特钢55万吨炼铁生产线全部拆除并通过专家组验收，关闭小散企业26户。去库存方面，全年销售商品房530万平方米，商品房待售面积下降20%。去杠杆方面，出台规范政府债务、政府投资项目审批管理等一系列指导意见，全年共争取地方政府债券230.9亿元，减少债务利息近6.6亿元；规范发展小额贷款公司、融资担保公司，有效防范化解金融风险。降成本方面，统筹推进电力多边交易、物流降本增效行动、“营改增”、中小企业减税降负等工作，为企业降低成本近6.5亿元。补短板方面，薄弱环节得到加强，全年基础设施投资增长8.5%，民生支出占一般公共预算支出达到73.2%。

（六）改革开放取得新突破。一是重点领域和关键环节改革继续加力。“放管服”改革持续深化，制定公布“八张清单”，全面推行“双随机、一公开”“二十七证合一”。商事制度改革成效明显，全年新登记各类市场主体58141户，增长14.2%，平均每天新增160户。社会信用体系建设加快推动，制定出台了《进一步加快全市信用体系建设的实施意见》等系列文件，建立了“红黑名单”发布制度。国企改革稳步实施，印发了《市直属国有企业负责人基本年薪基数认定暂行办法》等5项配套制度，深入推进国有企业职工家属区“三供一业”分离移交工作，着手组建内蒙古青城国有资本运营公司。卫生体制改革取得新进展，全面启动了跨省异地结算，医联体建设、医养结合试点工作进展顺利，得到国务院督导组的充分肯定。

二是对内对外交流日趋活跃。圆满完成了自治区成立70周年庆祝活动，成功举办了第二届中蒙博览会、第26届全国金鸡百花电影节、京蒙（呼和浩特）高端产业对接会，组织开展国际汽车博览会、药交会等大型专业会展活动，首府影响力和吸引力进一步增强,全年引进项目到位资金约540亿元。

(七)生态环境明显好转。生态绿化工程加快推进,实施"揽山入城"战略,制定重点生态功能区产业准入负面清单,完成林业生态建设45万亩,新建改建公园、绿地179处、1.6万亩。水系治理工程全面铺开,大黑河城区段综合治理工程全部完工,哈拉更沟综合治理工程基本完成,公主府等5座污水处理厂深度处理和提标扩建基本完成。大气污染防治驰而不息,京能盛乐热电"引热入呼"工程投入运行,拆并整合10蒸吨以下燃煤锅炉181台,淘汰黄标车2899辆。

(八)社会民生保障有力。一是社会事业加快发展。坚持教育优先发展战略,新建改扩建中小学、幼儿园11所,新增学位数1.4万个,公开招聘教师834名。加快医疗体制改革,全市52家公立医院全部取消药品加成,累计为患者节省费用5.2亿元,建成31个医联体,家庭医生签约居民131.1万人。文体事业全面发展,积极推进国家公共文化服务体系示范区创建,开展第十二届"文化进社区"大型公益活动,全年完成惠民演出769场;安装15条健身路径,举办84项大型群众体育活动,人均体育场地面积达到2.2平方米,高于全国平均水平。

二是民生工作扎实推进。全力做好精准扶贫,出台促进脱贫攻坚12项举措,累计投入各类扶贫专项资金近4亿元,年度脱贫任务全面完成。积极开展创业就业,全年新增城镇就业4.1万人,农村劳动力转移就业27.9万人,全部超额完成任务。社会救助标准大幅提高,城市居民低保标准从每人每月565元、515元统一提高到每人每月620元,农村居民低保标准从每人每年3744元提高到每人每年5200元,为城乡社会救助对象、贫困家庭大学生、大病患者等群体发放救助金5.6亿元。物价水平温和上涨,居民消费价格累计上涨1.4%。稳步实施安居工程,分配公共租赁住房7252套,实施棚户区住房改造2.3万套,改造升级833个住宅小区及配套设施。深入开展厕所革命、厨房革命、老旧小区改造等25个方面城市环境综合整治专项行动,首府的美誉度、群众的幸福感明显上升。

在肯定成绩的同时,我们也清醒地看到,在新时代、新方位、新常态下,我市经济社会还存在发展不平衡不充分的问题。一是工业发展降速,传统服务业比重较高,经济转型升级压力较大。二是重点项目储备不够、结构不优,民间投资、工业投资、房地产投资增长放缓,投资内生动力不足。三是一般公共预算收入下降,强弱项、补短板任务繁重,财政收支矛盾突出。四是金融支持实体经济仍需加强,非公有制经济总量占地区生产总值的比重仍需提高。对于这些问题,我们将以更加积极的态势、更加有力的措施,认真加以解决。

**二、2018年国民经济和社会发展的主要任务**

2018年是贯彻落实党的十九大精神的开局之年,是改革开放40周年,是决胜全面建成小康社会和实施"十三五"规划承上启下的关键一年。做好全年经济工作,要全面贯彻党的十九大精神,以习近平新时代中国特色社会主义思想为指导,深入贯彻习近平总书记考察内蒙古重要讲话精神,认真落实自治区党委、政府和市委各项决策部署,坚持稳中求进工作总基调,坚持新发展理念,紧扣我国社会主要矛盾变化,按照高质量发展的要求,统筹推进"五位一体"总体布局、协调推进"四个全面"战略布局,坚持以供给侧结构性改革为主线,扎实推进稳增长、促改革、调结构、惠民生、防风险各项工作,大力推进改革开放,切实打好防范化解重大风险、精准脱贫、污染防治三大攻坚战,坚决守好发展、生态、民生三条底线,加快培育具有首府特色的现代化经济体系,加快形成共建共治共享的社会治理体系,加快构建支撑有力的服务保障体系,奋力开启首府现代化建设新征程。

2018年国民经济和社会发展主要预期目标是:地区生产总值增长7%左右,居民消费价格涨幅3%左右,城乡常住居民人均可支配收入分别增长8%左右。城镇新增就业4万人左右,城镇调查失业率控制在5%左右,城镇登记失业率控制在3.8%以内。单位地区生产总值能耗完成自治区下达的目标。供给侧结构性改革取得实质性进展。政府债务化解完成年度任务,财政金融风险得到有效防控。经济结构加快调整,发展动能接续转化,发展的质量和效益不断提高。实现上述目标,重点抓好以下工作:

(一)聚焦乡村振兴战略,在做精都市型农业上迈出新步伐。按照产业兴旺、生态宜居、乡风文明、治理有效、生活富裕的总要求,制定出台乡村振兴三年行动计划,建立建全城乡融合发展体制机制和政策体系,投入4亿元引导资金,设立乡村振兴基金。坚持质量兴农、绿色兴农,做精都市型农业。围绕打造"中国乳都"升级版,积极开展粮改饲和种养结合模式,全年种植青贮玉米100万亩、优质饲草150万亩,实施奶牛标准化养殖和智慧乳业项目,牛奶产量达到180万吨。围绕加快肉羊产业化进程,推动肉羊饲养量达到500万只,规模化养殖水平超过60%。围绕发展农业休闲观光旅游,深入推进"一村一品"、"一镇一业"等特色产业和乡村旅游基地建设,全年培育农民专业合作社、家庭农场各300个,新建特色休闲农业带9处,让农民成为现代农业发展的参与者和受益者。

(二)聚焦工业强市战略,在做强工业、优化结构上迈出新步伐。坚持传统优势特色产业升级与战略性新兴产业培育同步用力,加强项目布局与园区功能调整同步发力,推动互联网、大数据、人工智能和实体经济深度融合,集中各种要素资源做强工业。一是推动传统优势特色产业转型升级。全面落实《关于打造"中国乳都"升级版的若干意见》,制定出台电力能源、石油化工、生物医药、新材料、新一代电子信息产业指导意见,建设乳业科技创新园区、乳业标准创新中心,加快圣牧高科、富有联合圣牧、正大食品等绿色食品产业项目建设，建成华能和林电厂、环聚新能源等电源点项目，开工建设久泰煤制乙二醇项目，争取恒德环保催化剂、兰宇环保脱硫氨水等精细化工项目落地，全年新增规模以上工业企业15家。二是加快培育战略性新兴产业。立足《中国制造2025》试点示范城市创建工作，全面落实《七大战略性新兴产业"十三五"发展规划纲要》，开工建设沃特玛新能源汽车产业园二期、开沃汽车整装项目，加强与航天科工、航天科技等企业合作，规划建设高性能医疗器械、航空装备项目，构建装备制造产业集群；推动中环光伏四期扩能、爱迩电子材料产业园等项目建设，做强光伏制造产业集群；加快金宇国际生物科技产业园、健隆10万吨水溶膳食纤维、世纪福康中药口服液等项目建设，打造高端生物科技产业体系。力争战略性新兴产业产值占规模以上工业产值比重超过30%。三是启动实施工业布局优化调整。出台《关于优化工业布局促进工业经济健康发展的意见》《调整产业布局实施企业搬迁工作方案》，进一步完善各园区发展定位和利益共享机制，有序开展城区重化工、大工业项目外迁计划，新建现代化工、黄原胶等项目全部布局托清经济开发区，推动托清经济开发区向千亿级园区迈进。城区工业园区重点发展智能型、高端型、服务型、绿色型产业。

（三）聚焦服务业提质增效战略，在加快现代服务业发展上迈出新步伐。巩固提升传统服务业，重点发展现代服务业，加快实施《现代服务业发展三年行动计划（2016—2018）》，全面落实《服务业创新发展纲要（2017—2025）》。一是加快发展文化旅游产业。深入实施"旅游+"战略，积极创建国家全域旅游示范区，推动景点景区旅游向全域旅游转变，建设大青山前坡呼和塔拉生态旅游区、托县黄河旅游小镇等旅游综合体，提升昭君文化旅游区、清水河老牛湾国家地质公园等精品景区，实施革命历史博物馆、乌兰牧骑艺术宫、非遗馆等文旅项目，构建"一业兴、百业旺"的文化旅游新格局。二是建设高效便捷的现代物流体系。完善优化城发恼包快递电商产业园，实现快件100%集聚；改造升级沙尔营物流园区，引导二手车交易市场、再生资源回收企业、报废汽车拆解企业入驻园区；以沙良物流园信息系统为基础，加快物流信息平台建设，实现互联网+物流的生产经营模式；完善旗县集中仓储中心和乡镇配送中心，建立市、县、乡、村四级物流配送体系。三是推进金融业健康快速发展。加大平安、浙商、恒生、广发银行的引进力度，吸引国内知名金融机构在我市设立数据备份中心、研发中心、结算中心，规范发展金融租赁、财务公司等互补型金融机构，鼓励各类金融机构向县域、村镇和社区延伸，切实发挥金融支持实体经济的作用。四是加强大数据产业延伸应用。紧抓自治区获批国家大数据综合实验区的契机，跟踪引进国内外知名云计算技术和服务企业，举办呼和浩特大数据产业博览会和第三届呼和浩特云计算产业高峰论坛，积极争取成为国家骨干网直连点，力争全年新增服务器能力30万台。五是推动电子商务融合发展。整合提升新城区鸿盛电子商务园区，推动九州大健康电商产业园建设，加快农村电子商务品牌建设，提高羊绒、农畜产品、奶制品、民族工艺品、旅游等特色产业电子商务应用水平，力争全年完成电子商务交易额900亿元。六是做大做强会展业。支持举办产品展示、商品销售等服务类展会，鼓励创设草原民族特色、科技创新、研发应用等推广类展会，办好第二届国际美食博览会、茶博会、国际汽车展、绿色农畜产品博览会等大型会展活动，培育一批知名会展品牌，年内争取举办大型展会20场以上，成交额及意向协议金额超过70亿元。七是积极发展健康养老产业。高标准建设健康管理中心，加快实施市第一医院及蒙中医院医养结合项目，推进日间照料、农村养老幸福院等养老设施建设，建设全区领先的智慧养老信息服务平台，将健康养老产业打造成为服务业新的增长极。八是完善提升家政服务业。出台促进物业管理、家政服务业发展意见，各类住宅小区实现二级以上物业管理全覆盖。建设全市统一的家政服务平台，规范家政服务行业管理，提高专业化服务水平。

（四）聚焦有效投资，在增强经济发展后劲上迈出新步伐。坚持抓重点、补短板、强弱项，发挥投资对优化供给结构的关键作用。发挥重大项目支撑作用，全年争取实施亿元以上重点项目300个，力争完成投资900亿元，重点推动新机场开工建设，地铁1号线洞通、2号线主体全面施工，加快推进巴彦路、金海路等快速路改造提升工程和三环快速路建设，实施桥梁通道建设工程53项。努力扩大民间投资，制定完善促进民间投资的政策措施，鼓励非公有制经济进入文化旅游、教育、医疗、养老、污水处理、交通基础设施等社会事业和公用事业，引导更多资金投入实体经济。大力开展招商引资工作，营造"亲""清"新型政商关系，切实发挥和林格尔新区、旗县区、开发区招商引资主体责任，"走出去"、"引进来"，开展定向招商、以商招商、以信纳商，跟踪落实京蒙（呼和浩特）高端产业对接会签约项目，再洽谈落地一批北京疏解非首都功能外迁的新型产业项目、文化创意项目、劳动密集型项目以及科研机构，为全市发展注入强大动力。

（五）聚焦打造发展新引擎，在推动和林格尔新区建设上迈出新步伐。坚持规划引领，出台新区总体规划和各类专项规划，全力推动和林格尔新区报批取得重要进展。完善产业布局，全力推进数聚小镇、金融小镇、教育小镇、颐养小镇建设，争取国际通信专用通道、绿色金融改革创新试验区、国家康复示范产业综合创新试点落户。加快项目集聚，推进微软创新孵化器、货车帮信息平台、蒙牛电商平台、国信优易大数据清洗加工车间、东方国信BIM产业基地、公安部第一研究所数据中心等项目建设，积极争取银帝、腾讯、京东"亚洲一号"现代物流园、航天九院无人机等项目落地。同时，围绕产业布局、项目集聚，继续完善基础设施，开工建设大数据应用学院、中小学、医院项目，推动金盛快速路提升改造主体完工、“两河一廊道”全面开工，整体推进市政设施、地下综合管廊建设，推动新区尽快形成生产力。

（六）聚焦区域发展新格局，在推进呼包鄂协同发展上迈出新步伐。进一步完善组织机构和定期协商联络机制，推动首届市长联席会议达成的10项共识、15项率先突破的工作任务取得新进展。基础设施一体化方面，推动呼准鄂铁路运行，实施省道311线武川至杨树坝公路、国道110线毕克齐至协力气公路项目，争取完成清水河冯家塔至老牛湾旅游公路、呼和浩特至毛岱公路项目建设。产业协同化方面，发挥水煤组合、技术互补等优势，会商启动一批合作项目，加快推进呼包鄂沿黄经济带建设。生态共建方面，启动呼包鄂沿黄生态走廊和阴山北麓绿化工程。旅游联动方面，构建呼包鄂旅游协同发展联盟，实施呼包鄂全域旅游战略，打造一批呼包鄂大景区和区域精品旅游线路。金融协作方面，发挥首府金融中心的引领作用，启动组建区域融资担保联盟，推动跨区域融资担保行业健康规范发展，为呼包鄂产业联动、项目共建提供金融支持。

（七）聚焦决胜全面建成小康社会，在坚决打好三大攻坚战上迈出新步伐。打好防范化解重大风险、精准脱贫、污染防治三大攻坚战，是今后三年的重点任务，力争今年取得重要进展，为今后两年工作奠定良好基础。一是坚决打好防范化解重大风险攻坚战。全面落实《政府投资项目审批管理办法》《政府投资项目资金管理办法》等规范化解政府债务系列制度，发挥预算安排、资产重组、资源盘活等组合拳作用，稳妥有序化解存量债务；强化财政约束，严格规范地方政府投资项目、举债融资等行为，从严从紧控制政府债务增量，力争全年化解政府债务300亿元左右，到2021年将政府债务率降到合理水平。加强小额贷款公司、融资担保公司等地方金融机构监管，严控非法集资等违法违规金融活动，密切关注房地产、养老保险基金、国有企业债务等方面的风险，加强农村高利贷综合治理，坚决守住不发生区域性金融风险的底线。二是坚决打好精准脱贫攻坚战。统筹精准脱贫与农村经济社会发展，把扶贫工作与产业发展、生态建设、基础条件改善、社会保障相结合，夯实贫困人口稳定增收基础，建立精准扶贫长效机制。持续推进集中贫困村异地搬迁，注重贫困边缘人群帮扶。坚持大扶贫格局，广泛动员全社会力量参与扶贫攻坚，推行贫困户养殖保险保障服务。将扶贫与扶志、扶智有机结合，激发贫困人口内生脱贫动力，年内力争现行标准下建档立卡贫困人口全部动态稳定脱贫。三是坚决打好污染防治攻坚战。加强水污染防治，深入落实“水十条”，消除城市黑臭水体，启动班定营污水处理厂三期扩建。推进土壤污染防治，加快落实“土十条”，着手制定土地休耕计划，引导降低化肥农药使用量，实施粪污资源化利用、种养循环一体化、畜禽规模化养殖污染防治等项目。强化大气污染防治，构建以热电联产为主、清洁能源为辅的供热机制，启动实施10蒸吨以上燃煤锅炉综合整治，火电机组全部完成超低排放改造，建成区全面禁止小煤炉烟煤散烧，有序推进煤改气、煤改电，加大城市扬尘污染管控力度，打好蓝天保卫战，确保空气质量稳居北方城市前列。

（八）聚焦生态文明，在实施全域治理保护上迈出新步伐。牢固树立和践行绿水青山就是金山银山的发展理念，统筹山水林田湖草系统治理。巩固提升大青山前坡综合治理成果，继续清理关停各类自然保护区内工矿企业，推进矿区生态修复治理，实施大青山自然保护区7条沟系治理工程。全面落实“河长制”、推行“湖长制”，推进大黑河全域、浑河等7条河流治理工程建设，加强哈素海湿地保护，启动哈素海调水工程，推动河湖水系连通。组织实施京津风沙源治理、天然林保护和新一轮退耕还林工程，完成生态建设25万亩。加快生态文明制度建设，深入实施主体功能区战略，划定生态保护红线，健全自然资源资产产权制度，研究建立市场化多元化生态补偿机制。

（九）聚焦改革开放，在提升经济发展活力上迈出新步伐。一是深化供给侧结构性改革。重点在“破”、“立”、“降”上下功夫。破除无效供给，巩固去产能成效，严格执行质量、环保、能耗、安全等法规标准，坚决不上过剩、落后产能项目，着力构建供需动态平衡的产业格局。大力培育新动能，加快发展战略性新兴产业，强化科技创新，年内新增高新技术企业50户、科技企业孵化器2个、院士工作站2家、创新研发机构10家，切实发挥创新是引领发展第一动力的作用。落实减税清费政策，持续降低用能、用水、物流等生产性成本和制度性交易成本，促进实体经济加快发展。二是启动建立多主体供应、多渠道保障、租购并举的住房制度。支持专业化住房租赁企业与库存地产企业合作，通过抵顶抵押方式完善商品房建设手续，全年消化商品房库存面积420万平方米。推动公租房租售并举，试点出售公租房4173套、27.3万平方米。三是深化重点领域和关键环节改革。扭住“放管服”改革不松劲，加快推进相对集中行政许可权改革，实行“一枚印章管审批”，推行“清单标准化”，巩固提升商事制度改革成效。深化公共资源交易体制改革，全面推进全流程电子化，建设统一高效的专家库、交易主体诚信库。深入推进“信用呼和浩特”建设，不断完善制度体系和平台功能。推进国有资产监管运行改革，加快内蒙古青城国有资本运营公司市场化步伐，基本完成公交总公司体制机制改革。有序推进公交、用水等价费改革，健全完善价格形成机制。持续推进农村土地制度改革，完成农村承包地确权登记颁证，开展农村土地“三权分置”试点工作。四是深化开放合作。主动融入“一带一路”建设，深度融入中蒙俄经济走廊建设，全面落实第二届中蒙博览会合作成果。积极参与京津冀协同发展，紧盯北京疏解非首都功能外迁企业，开展点对点的跟进洽谈，促成一批项目落地。不断深化同长三角、珠三角等地区的合作交流，力争在高新技术引进、高端产业项目承接等方面取得新成绩。全年引进区内外项目到位资金突破600亿元。

（十）聚焦民生保障，在增进民生福祉上迈出新步伐。一是巩固提升25个方面城市环境综合整治成果。实施棚户区住房改造10036户、363万平方米，维修改造小街巷73条，城市道路机械化清扫率稳定在80%以上，开展疏堵保畅专项行动，建设10座立体停车场，新增停车泊位2万个。二是保持就业稳定。落实高校毕业生就业创业促进计划，拓展农民工就业创业渠道，深入推进“首创助航”品牌行动，高度关注破产转制企业职工安置，化解结构性失业矛盾，全年新增城镇就业4万人，转移就业农村富余劳动力28.5万人。三是加强各项社会事业建设。坚持教育优先发展战略，新建改扩建公办中小学9所、幼儿园9所，启动建设15年一贯制蒙古族学校，逐步满足各类教育需求。推动文化事业繁荣发展，举办好民间艺术节、民俗文化节，继续实施文化惠民工程，全年开展惠民演出800场。推进健康呼和浩特建设，启动市四区中心医院扩建计划，加强慢性病分级管理，新建10个社区卫生服务中心，进一步完善城乡医疗救助制度，为群众提供全方位全周期健康服务。

各位代表、各位委员，进入新时代，立足新方位，面对新目标，我们将全面贯彻党的十九大精神，以习近平新时代中国特色社会主义思想为指导，在市委的坚强领导下，创新思路，卯足干劲，狠抓落实，为“建设亮丽内蒙古、共圆伟大中国梦”作出积极贡献，为决胜全面建成小康社会而努力奋斗！

# 关于呼和浩特市2017年预算执行情况和2018年预算（草案）的报告

## ——2018年1月6日在呼和浩特市第十五届人民代表大会第一次会议上

呼和浩特市财政局

各位代表：

受市人民政府委托，现将我市2017年预算执行情况和2018年预算（草案）的报告提交本次人民代表大会审议，并请市政协各位委员和列席会议的同志们提出意见。

**一、过去五年工作总结**

2013年以来，面对严峻复杂的国内外经济形势，在市委的科学指导下，在市人大的有效监督下，全市各级财政部门深入学习贯彻党的十八大精神和习近平总书记系列讲话，特别是考察内蒙古重要讲话精神，充分发挥财政职能作用，服务首府经济社会发展，不断完善预算管理改革，积极应对各种挑战，各方面工作取得了显著成效。

（一）财政收入规模稳步增长，财政实力进一步增强

在促进全市经济发展的基础上，我市各级财政、税务部门通力合作，强化财政收入管理，保障财政收入应收尽收，实现地方财力稳定增长。过去五年全市一般公共预算收入实现1112.2亿元，年均增速6.13%，是上一个五年全市一般公共预算收入645.9亿元的1.7倍。在收入平稳增长的同时，进一步优化财政收入结构，五年来，税收收入平均占比76.4%，较上一个五年税收收入平均占比提高了6.2个百分点。地方财政收入的持续稳定增长，为保障市委各项方针政策的落实提供了财力保障。

（二）财政支出规模不断扩大，财政支出结构不断优化

在财政收入稳定增长的基础上，财政支出规模和效益也不断提高。过去五年，全市一般公共预算总支出1788.6亿元，较上一个五年全市一般公共预算总支出1006.6亿元增加782亿元，增长78%。财政支出规模稳步扩大，财政支出结构不断优化，财政履行职能的能力持续进步，财政保障经济和社会全面发展的能力明显加强，推动改革和促进发展维护稳定的能力显著提高。财政资金在保工资、保运转基础上，将更多资金向教育、科学、文化、医疗卫生、社会保障就业、农林水等关系民生的重点领域倾斜。

（三）基本公共服务体系不断完善，民生保障水平显著提高

过去五年，全市各级财政部门不断加大基本公共服务领域的投入力度，有力促进了全市经济社会各项事业的快速发展。全市农林水事务累计支出193.73亿元，用于扶贫攻坚、改善农田水利建设，现代农牧业发展，“一卡通”，农资综合补贴和农牧业良种补贴，肉羊、肉牛、玉米、蔬菜、马铃薯等优势

特色产业发展;累计投入教育资金231.68亿元,用于改善贫困地区办学条件、“两免”政策补助、低保家庭大学生补助,现代职业教育和义务教育,持续完善学生资助体系,扩大资助范围;累计投入科学技术资金17.22亿元,用于重大科技研究、自主创新和推动科技成果转化;累计投入文化体育与传媒发展资金52.16亿元,用于加快推进文化惠民工程、新闻出版广播电视和体育事业发展;累计投入社会保障与就业资金197.64亿元,用于支持社会保障体系建设,完善社会救助、社会保障标准、高校毕业生的就业创业扶持补助、就业困难人员的生活补贴及再就业职业培训补贴等;累计投入医疗卫生与计划生育补助资金105.67亿元,用于提高新农合、城镇居民医保和基本公共卫生服务财政补助标准,启动公立医院改革试点,实施基本药物零差率销售财政补助;累计投入城乡社区事务资金486亿元,用于城乡社区公共设施和城乡社区环境卫生支出;累计投入节能环保资金43.44亿元,

用于持续改善城乡环境质量、支持绿色清洁生产,建立我市生态环境综合治理体系;累计投入住房保障补助资金63.73亿元,用于城市棚户区改造、公共租赁住房、廉租住房等保障性住房建设及城市老旧小区翻新改造;累计投入交通运输补助资金54.37亿元,用于城乡道路基础设施建设、新能源汽车和60岁以上老人免费乘车补贴等,极大地改善了城乡居民的乘车环境和出行效率。

(四)财政职能作用充分发挥,宏观调控能力显著增强

认真贯彻国家、自治区宏观经济政策,合理调整支出结构,充分发挥财政资金的政策导向和示范引导作用,促进全市经济结构战略性调整、产业合理布局和经济增长方式的转变,不断提高经济发展的质量和效益。一是落实结构性减税政策,积极推进我市“营改增”改革,对小型微利企业实行税收减免政策,降低企业运营成本,扶持企业发展。二是继续清理行政事业性收费和政府性基金,取消不合理的涉企收费项目,降低收费标准。三是积极发挥财政资金“四两拨千斤”作用,助推第三产业转型升级,形成了以服务业为主导,多元发展、多极支撑的产业格局,优化经济结构,不断增强造血功能。四是重视研发及科技成果转化,积极鼓励企业创新,提升企业市场竞争能力。五是促进节能减排和环境保护,支持重点节能工程、重点地区重点流域污染防治、水源地建设保护、农村环境综合治理、大青山前坡治理等环保工程。六是积极筹集资金,及时偿还各类政府性债务,确保无一例逾期债务发生,切实维护了政府信誉,有力地化解政府性债务风险,为首府的改革与发展营造了良好的投融资环境。

(五)财政管理不断优化,财政科学化精细化管理逐步加强

党的十八大以来,各级财政部门妥善应对“三期叠加”挑战,主动适应经济新常态,在一些制度创新和关键节点上取得了新突破。逐步推进预算管理改革,科学编报四本预算,提高预算编制水平,数据实现动态管理,确保预算规范运行;积极推进预决算公开,指导并监督旗县区及市本级各部门依法依规公开预决算,接受社会的监督;深入推进国库管理制度改革,出台系列制度文件,确保财政预算执行的严肃性、科学性、及时性;推进财政资金整合,盘活财政存量资金,发挥财政资金使用效益;完善政府债务管理体系,政府债务全部纳入预算管理,建立规范合理的地方政府债务管理及风险预警机制,制定科学可行的化解政府债务实施方案;政府采购制度不断健全,管理体制机制不断完善,采购效率稳步提高;资产管理更加科学规范,严格资产处置审批程序,加大资产清查力度;构建政府和社会资本合作机制,吸引社会资本参与公益性项目建设;稳步推进政府购买公共服务工作,不断扩大政府购买公共服务范围;开展专项支出绩效评价,不断加强对财政资金使用效益监管;税收制度改革深入推进,将各项减税政策落到实处;财政内控体系建设基本完成,财政工作法治化、规范化再上新台阶。

总体来看,过去五年,我市财政工作取得了一定成绩,体现在全面优化财政收支结构,全面深化预算管理改革,全面推进从严治党和依法行政依法理财,全面争取中央及自治区政策和资金支持,有力地保障了我市财政平稳运行和财政职能作用的充分发挥。在肯定成绩的同时,我们也要看到存在的问题和不足,主要是传统财源萎缩,后续财源不稳固,增收压力大;财政公共保障能力与基本公共服务需求之间矛盾仍然突出;预算管理改革有待继续深化,政府间事权和支出责任划分有待进一步科学规范;财政法治建设和监督管理有待进一步加强。这些问题,需要在今后高度重视,认真研究,并采取切实有效措施加以解决。

**二、2017年预算执行情况**

2017年,面对错综复杂的经济形势和繁重艰巨的改革发展稳定任务,各级政府及其财税部门在市委的正确领导下,在市人大及其常委会的有效监督下,认真贯彻落实自治区和市委重大战略部署,圆满完成了各项工作任务。

(一)全市财政预算执行情况

1、一般公共预算收支情况

2017年全市一般公共预算收入完成2016251万元,完成调整预算数2127516万元的94.8%,同口径下降23%,剔除虚增空转和营改增政策等因素影响,按可比口径增长4.1%,非税收入占比16.6%,比上年同期下降13.2个百分点。全市一般公共预算收入未能完成调整预算数的主要原因是:为落实中央巡视组提出的虚增空转财政收入问题,全市各级财税部门认真贯彻落实中央、自治区及市委加强财政收入管理要求,加大对财政收入真实性的检查核实,确保财政收入真实性和准确性,夯实了财政收入基数。

2017年全市一般公共预算支出完成4022699万元，剔除历年虚增财政收入形成的支出因素，同口径增加453445万元，增长127%。根据《内蒙古自治区财政厅关于转贷2017年新增地方政府债券资金的通知》(内财预〔2017〕733号)等文件要求，2017年发行地方政府一般债券177900万元，已上报市人大常委会进行预算调整，其中安排市本级项目133000万元，安排旗县区项目44900万元，重点用于我市重点项目和市政网建设等社会事业。

需要说明的是，2017年底，自治区又下达我市新增地方政府债券资金52931.5万元，主要用于教育发展和校园足球建设10000万元、提升基层布病防治能力建设126万元、用于支持远程医疗项目建设1805.5万元、公益性项目建设和青少年足球设施建设41000万元。由于上述新增债券资金于2017年底下达，无法单独上报市人大常委会进行预算调整，特向本次人代会报告。

2、政府性基金预算执行情况

2017年全市政府性基金收入完成631448万元，上年结余46780万元；全市政府性基金支出完成638722万元。

3、国有资本经营预算执行情况

2017年全市国有资本经营预算收入完成18570万元，完成年初预算数7948万元的235.4%，完成比例较高的主要原因是：按照《内蒙古自治区直属企业国有资本经营收益收取管理办法》规定，金融集团应交利润由成本法核算变为权益法核算，并对以前年度国有资本经营收益进行清算，实现历年补缴金额11269万元。全市国有资本经营预算支出15558万元，国有资本经营预算调入一般公共预算资金3012万元，统筹用于社会保障事业支出。由于市本级一般公共预算财力有限，国有资本经营预算超收收入全部用于国有企业职工安置，由于资金使用已是年底，无法单独报请人大进行预算调整，特向本次市人民代表大会报告。

市属国有企业全部在市本级管理，全市国有资本经营预算与市本级国有资本经营预算一致，在市本级预算执行情况中不再报告。

4、社会保险基金预算执行情况

收入预算执行情况。2017年全市社保基金预计完成收入1521209万元，完成年初预算1443355万元的105%。其中企业职工基本养老保险基金收入527298万元，完成年初预算476548万元的110%；机关事业单位养老保险基金收入587738万元，完成年初预算577881万元的102%；失业保险基金收入25398万元，完成年初预算36950万元的69%，收入完成比例较低的主要原因是2017年人社部将缴费比例从1.5%调整到1%；城镇职工基本医疗保险基金收入206493万元，完成年初预算183855万元的112%；工伤保险基金收入14336万元，完成年初预算12841万元的116%；生育保险基金收入13255万元，完成年初预算11838万元的112%；城乡居民社会养老保险基金收入53048万元，完成年初预算50085万元的106%；城乡居民基本医疗保险基金收入93643万元，完成年初预算93717万元的100%。

支出预算执行情况。2017年全市社保基金预计完成支出1592367万元，完成预算1507636万元的106%。其中企业职工基本养老保险基金支出663550万元，完成年初预算627552万元的106%；机关事业单位养老保险基金支出566795万元，完成年初预算538070万元的105%；失业保险基金支出25963万元，完成年初预算26227万元的99%；城镇职工基本医疗保险基金支出183401万元，完成年初预算178544万元的103%；工伤保险基金支出5266万元，完成年初预算6483万元的81%，完成比例较低的主要原因是今年以来各部门加强安全生产监管，工伤人员大幅减少；生育保险基金支出10650万元，完成年初预算10308万元的103%；城乡居民社会养老保险基金支出43963万元，完成年初预算41510万元的106%；城乡居民基本医疗保险基金支出92779万元，完成年初预算78942万元的117%。

以上数据为预计执行数，正式决算数经上级财政部门审核批复后，依照相关规定向人大常委会再做具体报告。社会保险基金预算采取全市统编模式，市本级预算执行情况中不再重复报告。

(二)本级人民代表大会批准财政预算决议执行情况

1、一般公共预算执行情况

一般公共预算支出完成情况。2017年财政部门认真执行市十四届人大五次会议批准的预算，市本级一般公共预算支出完成1796898万元，市本级人大常委会批准的调整预算支出1414429万元已执行完毕。市本级一般公共预算支出具体情况是：

——一般公共服务支出81334万元，主要用于市本级党政机关行使一般公共服务职能的人员经费、公用经费、专项业务费等事务性支出。

——国防支出1125万元，主要用于人防工程建设及预备役部队地方补助等。

——公共安全支出131849万元，主要用于公安、司法部门的机构运转及办案经费，武警、消防部队补助经费等。

——教育支出84646万元，主要用于各类学校运行及基础设施建设、支持义务教育均衡发展和学前教育发展、提升现代职业教育质量、“两免”等各类教育补助支出。

——科技支出5765万元，主要用于科技重大专项、科技创新引导、应用技术研究开发及科技政策兑现、支持科普惠农、社区科普益民活动等。

——文化体育与传媒支出106406万元，主要用于文化体育场馆建设、非物质文化遗产保护、乌兰夫故居文物保护、爱国主义教育基地建设、各类节庆、广场消夏等惠民活动补贴、“村村通”维护运行及全民健身补助等。

——社会保障与就业支出208524万元,主要用于公益岗位补贴、高龄老人津贴补助、城乡低保、五保、城镇“三无”人员、孤残人员补助、城乡居民基本养老保险财政补助、安置残疾人就业补贴、创业发展及民政福利事业支出等。

——医疗卫生与计划生育支出130056万元,主要用于医疗保险、疾病预防控制、农村医疗救助补助、公立医院改革、计划生育服务补助、食品药品安全监测等。

——节能环保支出9750万元,主要用于污染源自动监控、渗滤液扩建工程、脱硫环保项目、大气及水污染治理、污水处理厂运营政府补贴等。

——城乡社区事务支出744602万元,主要用于重点工程项目建设及偿还历年工程欠款、城市环境卫生整治、城市园林绿化维护、棚户区改造市政供排水管网工程、政府债务偿还、城市维护费、城市管理及规划设计补助、环卫车辆购置等。

——农林水事务支出47383万元,主要用于水务信息系统建设、绕城高速公路绿化、脱贫攻坚、地下水资源保护与开发利用、河道治理、现代设施农业建设、村级公益事业建设“一事一议”财政奖补、农林业保险保费补贴、森林病虫害防治、防火、防汛抗旱等。

——交通运输支出65452万元,主要用于机场迁建和轨道交通建设前期工作,城乡公路工程建设与维护,治理公路超限超载,公共交通运营补贴等。

——资源勘探信息等事务支出9384万元,主要用于支持中小企业发展、工业转型升级发展、安全生产监管等。

——金融、商业服务业支出53931万元,主要用于全域旅游标志导向系统建设、外贸企业能力建设、快递电商产业园补贴资金、民贸民品贷款贴息、支持品牌旅游景区建设、新农村现代流通服务网络工程等。

——国土海洋气象等事务支出8101万元,主要用于城镇村地籍调查、不动产测量、地震台网运行、城市(镇)周边永久基本农田划定、土地矿产执法等。

——住房保障支出28760万元,主要用于保障性安居工程配套、公共租赁住房物业管理及维修维护、行政事业单位在职人员住房公积金、新职工购房补贴、老职工一次性住房货币化补贴等。

——粮油物资储备支出2055万元,主要用于储备肉补贴、粮油仓储设施维修改造、认缴玉米收购贷款信用保证金等。

——其他支出62859万元,主要用于偿还政府债务支出等。由于预算安排的预留增人增资、政府采购、部分政府债务偿还等项目在具体执行过程中根据资金投向调剂到相应类款,从而减少“其他支出”类款。

——债务付息支出14888万元,主要用于政府债券付息支出。

——债券发行费用支出28万元,主要用于发行政府债券相关费用支出。

向下级财政转移支付情况。2017年上级财政对我市旗县区转移支付964193万元。其中:财力性转移支付411029万元,占转移支付总额的42.6%,主要用于国家规定的各类政策性补助及民生领域投入;专项转移支付553164万元,占转移支付总额的57.4%,主要用于国家及自治区对农业、教育、社保等专项补助。

上级财政补助资金的安排和使用情况。2017年上级财政下达我市补助资金1676985万元,其中:财力性转移支付734518万元(返还性转移支付332543万元,一般性转移支付401975万元),占转移支付总额的43.8%;专项转移支付942467万元,占转移支付总额的56.2%。已下达旗县区964193万元,市本级执行531421万元,待执行181371万元,市本级执行的补助资金主要用于国家及自治区规定的政策性及民生补助支出。

财政超收收入使用情况。2017年市本级一般公共预算收入完成308206万元,较调整预算收入数180447万元超收127759万元,超收收入主要来源是《自治区人民政府关于印发〈全面推开营改增试点后调整自治区与盟市增值税收入划分过渡方案〉的通知》(内政发〔2017〕34号)文件出台后,原作为自治区本级固定收入的部分重点企业,于11月底下划我市管理,同时市本级非税收入实现部分超收。为落实中央加强地方政府债务管理,防范地方金融风险,化解地方政府存量债务的要求,超收收入全部用于偿还政府债务到期本息,在此,特别向市人民代表大会报告,对年度财政收支进行调整。

2、政府性基金预算执行情况

2017年市本级政府性基金收入完成612639万元。其中本年政府性基金收入531082万元,完成年初政府性基金预算收入234045万元的227%,完成比例较高的主要原因是今年以来土地收储部门加大土地出让力度,土地出让金收入大幅增长,按照政府性基金“以收定支”管理要求,超收收入全部用于土地出让支出和偿还政府债务,特报请人民代表大会对政府性基金预算进行调整;上年结转收入20088万元;上级补助收入23469万元;自治区转贷地方专项债券收入38000万元。

2017年市本级政府性基金支出完成553931万元,其中市本级安排支出528513万元,补助下级支出25418万元。市本级支出具体情况是:

——国有土地使用权出让收入安排的支出458227万元。主要用于兑付土地前期成本,老旧住宅小区综合整治、城市基础设施建设等。

——国有土地收益基金及对应专项债务收入安排的支出21531万元，主要用于土地收购补偿。

——城市基础设施配套费安排的支出25477万元。主要用于供热管网改造、园林绿化等。

——其他政府性基金支出23278万元。主要用于污水处理、车辆通行费、彩票公益金安排的支出等。

（三）2017年重点工作

2017年在市委的正确领导和市人大的有效监督下，全市各级政府和部门积极应对错综复杂的经济形势，坚持稳中求进工作总基调，以提供发展质量和效益为中心，防范和化解地方金融风险，确保了财政工作规范平稳运行。

1、落实中央巡视整改，加强财政收入征收管理

全市各级政府及其财税部门按照自治区和市委的决策部署，全面落实中央巡视整改要求，转变思想观念，从重视数量向提升质量转变。完善收入征管制度建设，制定了《呼和浩特市人民政府关于加强财政收入管理严肃财经纪律的通知》等制定文件，提升收入征管法治化、规范化水平，对历年财政收入水分进行压减，在上报市人大常委会调减2017年一般公共预算收入63亿元的基础上，对财政收入水分进一步清理核查，再次对全市一般公共预算收入水分进行压减，切实夯实了财政收入基数。同时，加强财源建设，加大招商引资力度，积极扶持中小企业发展，发掘和培育新的经济增长点，提高收缴管理水平，确保各项财政收入及时入库。通过共同努力，全年一般公共财政预算收入完成201.6亿元，非税收入占比16.6%，比上年同期下降13.2个百分点，进一步优化了财政收入结构。

2、进一步优化支出结构，保障民生及重点项目支出

按照国家强化民生托底和自治区加强“保工资、保民生、保基本运转”工作要求，进一步优化支出结构，大力压缩部门一般性支出，统筹资金用于支持全市民生及重点项目支出，切实发挥财政资金使用效益。同时充分发挥财政资金引导作用，促进产业结构调整升级。

一是确保民生支出足额到位不留缺口。2017年全市各类民生支出共计294.6亿元，占总支出的73.2%，确保民生资金足额到位不留缺口，切实提升广大人民群众的获得感和幸福感。加大“三农”投入，促进农业发展和农民增收。全年投入农村扶贫资金4.7亿元，现代农业基础设施建设资金1亿元，切实改善农村人口生活条件，引导农村产业发展；发放农业支持保护补贴2.9亿元；玉米生产者补贴3.9亿元；惠农“一卡通”发放范围扩大到65类82项，发放资金18.46亿元，全市39.7万农户、近193万人次受益；争取自治区“一事一议”奖补资金3259万元，市本级拨付配套资金2500万元，重点对乡村街道硬化、小型农田水利建设、人畜饮水工程等涉及农村生产生活的建设项目进行补助。积极落实各项教育经费保障政策，促进教育事业健康有序发展。全年教育支出53.56亿元，积极落实各项教育经费保障政策，促进教育事业健康有序发展。扩大高中阶段“两免”政策实施范围，使全市53526名普通高中学生和29798名中职学生全部享受“两免”教育惠民政策。进一步完善教育资助体系，对蒙语授课幼儿园实施每年每人免保教费550元的政策；对2507名义务教育阶段双语授课住宿生、53986名高中阶段学生的助学金、住宿费及高等职业教育奖助学金等予以保障。市本级进一步加大对旗县区教育补助力度，累计下达旗县区教育补助资金159867万元，有力支持了旗县区教育事业发展。继续加大社会保障和就业资金保障力度。全年社会保障和就业支出44.72亿元，认真落实城乡居民最低生活保障、农村五保、城镇“三无人员”、孤儿供养等各项民生政策；进一步提高社会救助标准，城市居民最低生活保障标准由原来的市四区每人每月565元、旗县每人每月515元统一提高到每人每月620元；农村居民最低生活保障标准由原来的每人每年3744元提高到每人每年5200元，特困人员供养中农村牧区五保对象供养集中供养标准由原来的每人每年8200元提高到每人每年9672元；分散供养标准由原来的每人每年4800元提高到每人每年6760元；自2017年1月1日起，实行80岁以上老年人高龄津贴普惠制，将全市25045名80岁以上老年人纳入高龄津贴补助范围；对原国有集体企业大龄下岗失业人员进行社会保险救助，拨付资金5000万元。积极支持医疗保障体系改革。全年医疗卫生与计划生育支出25.96亿元，切实保障城镇职工基本医疗保险、城镇居民基本医疗保险和新农合资金需求；推动我市医药卫生体制改革工作，拨付公立医院补助支出9726万元；切实解决了农村留守儿童、老年人就医需求，拨付乡村医生巡诊补助资金42.6万元。积极筹集资金，改善城镇居民居住条件。全年住房保障支出10.33亿元，重点用于老旧小区改造、公租房补贴；拨付市本级行政事业单位老职工住房补贴资金1575万元，共补助66个单位，817名职工。加大文化体育投入。2017年全市文化体育与传媒支出18.76亿元，其中市本级投入群众体育场馆建设38191万元；对504场文化下乡惠民演出、文化进社区和12796场农村公益电影放映进行演出场次补助，对春节元宵节文化庙会和广场消夏等群众性文化活动进行经费保障。加快道路升级改造，改善市民乘车环境。2017年全市交通运输支出10.25亿元，对全市公路、道路进行维修整治；安排公交运营及租用新能源车辆补贴34210万元，极大地改善了市民乘车环境和出行效率。

二是发挥财政资金引导作用，促进经济结构调整。积极调整产业结构布局，加大对增值税主要来源的第二产业、实体经济和创新产业的扶持力度，报请市人大常务会调整年度预算项目资金3亿元，用于扶持二、三产业发展。利用各类财政资金，拨付企业技术改造、新兴战略产业发展及中小企业发展

3.47 亿元，对企业改善投融资环境和技术创新起到了积极的作用。通过从财政资金引导、向旗县区超调库款和加大地方政府债券对旗县区转贷力度等一系列政策措施，积极支持旗县区经济平稳健康发展，鼓励和扶持旗县区加快转变经济发展方式。

3、加强政府债务管理，防控债务风险，维护政府信誉

一是成立了规范政府债务管理防范财政金融风险工作领导小组，制定了《关于坚决贯彻落实习近平总书记重要批示精神进一步做好规范政府债务管理防范财政金融风险工作的意见》、《关于规范地方政府债务管理防范金融风险工作方案》等文件，确保债务工作有规可依、长效监管有章可循。

二是严控新增债务，将债务管理纳入考核体系，规范政府举债及与社会资本合作行为，源头管债控债，合法合规举债用债。

三是化解存量债务。制定了《呼和浩特市政府债务化解工作方案》，在 2021 年底，将政府债务率降到合理水平。

四是防范债务和金融风险，按债务风险程度对各旗县区实行分类管理，建立跨部门联合管控机制，深化投融资体制改革，发挥政府资金引导作用。

五是继续完善政府债务预算管理制度，明确债务偿还的主体、条件及内容，对纳入清理甄别范围的到期政府债务及时进行偿还，全年共偿还各类政府债务 74.07 亿元，无一例逾期债务发生。同时，积极争取地方政府债券额度，三年共争取地方政府债券 756.53 亿元，使用置换债券偿还到期贷款本金后，平均拉长债务偿还时限 6.25 年，减少债务利息近 19.53 亿元，切实降低了债务成本，有效缓解了财政偿债压力，降低财政运行风险。

4、推进预算管理制度改革，提高财政管理水平

一是改进预算管理制度。完善"四本预算"全口径预算编制，推行"零基预算、综合预算"的基础上，统筹政府性基金和国有资本经营收入调入一般预算的管理；升级财政综合管理信息系统，建立完善部门基础信息数据库，实现动态管理，提升预算编制准确性、合理性和科学性；推进《呼和浩特财政发展第十三个五年规划》贯彻落实，积极协调中国财政科学研究院提出编制中期财政规划的意见建议，完成了《呼和浩特市中期财政规划研究》的调研工作，认真总结现行财政收支运行情况，科学合理测算未来几年财政收支状况，提高财政政策的前瞻性、有效性和可持续性；制定《呼和浩特市本级项目支出预算管理办法》，规定了项目支出预算管理应当遵循的六原则、项目库设立与管理要求，明确项目库实行滚动管理。

二是深化国库收付管理。为了顺应国库支付电子化改革，进一步完善制度建设，简化工作流程，制定《呼和浩特市（本级）国库集中支付管理流程》，对改革后财政直接支付业务流程、财政专户管理流程、动态监控业务流程做出具体规定，确保我市国库支付电子化改革后，财政集中支付工作顺利衔接、有序进行。

三是规范政府采购管理。为进一步在旗县区推广政府采购系统，制定印发了《呼和浩特市旗县区政府采购监管平台实施方案》，督促和指导旗县区上线工作，目前，所有旗县区政府采购系统已全部上线运行，达到我市政府采购业务全流程操作电子化、全过程监控网络化，提升了采购工作管理水平和工作效率，促进政府采购规范化、科学化、精细化管理，使政府采购真正成为公开透明、公平竞争的"阳光采购"。下发了《关于进一步规范政府采购代理业务的通知》，规范了预算单位委托政府采购代理采购业务的行为，强化了预算单位的主体责任，进一步规范政府采购行为，依法受理政府采购投诉事项，有效维护了政府采购公平、公正的市场秩序。

四是加强绩效评价管理改革。聘请专家对 2016 年 20 项财政支出绩效评价报告进行评审，将部分评价结果应用到 2017 年度部门预算编制，并要求被评价单位要对绩效报告中存在的问题进行整改落实。继续开展财政支出项目绩效评价工作，2017 年选取 12 个项目进行财政重点绩效评价；推进项目预算绩效目标管理，指导本级部门设定绩效目标，要求预算单位对纳入主管部门项目库并向财政申报的项目必须编制绩效目标，在 2018 年部门预算编制中基本实现绩效目标全覆盖。

五是推进融资体制改革。继续推广政府和社会资本合作模式（PPP），发挥财政资金引导作用，吸引社会资本参与公益性项目建设，全市共有 34 个项目纳入 PPP 项目库，总投资 1371.64 亿元。目前轨道交通 1、2 号线工程，辛辛板、章盖营和公主府污水处理厂扩建及提标改造工程，班定营污水处理厂改扩建工程、托县燃气利用工程和金山高新技术开发区新能源产业园项目 6 个项目落地，总投资 428.92 亿元，占入库项目总投资的 31.3%。通过采取政府和社会资本合作模式（PPP）进行公益性项目建设，既缓解了我市财力不足的困难，也确保了各类民生项目的顺利实施，对促进全市经济社会事业快速发展起到了积极作用。

六是推进财政监督检查工作。制定了《关于加强行政事业单位会计专项工作监督检查的实施方案》，进一步规范行政事业单位会计核算和内部管理。对呼和浩特市 2016 年度中小企业发展专项资金的管理和使用情况进行监督检查，涉及 6 个旗县区和 5 个市属单位，共查出滞留资金 1.76 亿元。对市本级规划局及所属 11 家事业单位的会计信息质量和呼市所辖土左旗、和林县、托县、清水河县四个旗县的财政专项扶贫资金管理使用情况进行了全面检查，通过检查发现违规问题金额共计 1.28 亿元。

5、强化财政部门自身建设，确保依法行政依法理财

按照市委的总体部署，全市财税系统认真学习贯彻党的十九大精神，扎实推进“两学一做”教育活动，广泛征求各方面意见和建议，深入推进依法行政依法理财工作。

一是扎实推进机关党建工作。深入学习宣传贯彻党的十九大精神，第一时间传达学习中央、自治区党委和市委决策部署，加强意识形态责任制，在政治上、思想上坚决同以习近平同志为核心的党中央保持高度一致。进一步完善党组工作制度，基层党组织认真落实党支部“三会一课”、“三项制度”，要求全体党员干部树立知责、明责、尽责意识，推进“两学一做”学习教育常态化制度化。

二是着力抓好党风廉政建设。建立健全党风廉政建设制度和覆盖财政工作的问责机制，针对重大问题及时对班子成员和处级以上干部进行约谈，积极推进“雁过拔毛”式腐败问题集中整治工作，针对6项任务进行全面排查。

三是深入推进“两依”工作。通过强化制度建设、主抓基层法治建设、以普法推动财政业务工作、组织干部学习培训、开展文件清理等措施，深入强化依法行政依法理财意识，推进法治财政建设，被自治区财政厅评为全区法制财政建设先进单位。

总之，经过全市财税干部的共同努力，2017年我市财政预算执行情况总体良好。但是我们也要清醒地看到，财政运行和工作中还存在一些不容忽视的问题。一是整体形势仍不容乐观，财政收入增速持续放缓的局面没有改变，新增税源不足，缺乏新的经济增长点，财政收入的可持续性不强；二是财政支出刚性增长趋势没有改变，财政收支矛盾突出，预算平衡难度加大；三是按照《呼和浩特市政府债务化解工作方案》在2021年底将政府债务率降到合理水平目标要求，化解存量债务进一步加大了财政支出压力；四是面对经济新常态，财政预算管理工作仍存在一定差距，各项增收节支措施有待进一步完善。对于这些问题，我们将高度重视，在今后的工作中认真加以解决。

**三、2018年预算草案**

2018年是贯彻十九大精神的开局之年，是决胜全面建成小康社会、实施“十三五”规划承上启下的关键一年，做好今年各项财政工作，对于保持经济平稳运行，维护社会和谐稳定，具有十分重要的意义。2018年预算编制的指导思想是：全面贯彻党的十九大精神，以习近平新时代中国特色社会主义思想为指导，按照十九大提出的加快建立现代财政制度和建立权责清晰、财力协调、区域均衡的中央和地方财政关系财税体制改革目标要求，认真落实自治区党委、政府、市委决策部署，坚持稳中求进工作总基调，坚持“五位一体”总体布局和“四个全面”战略布局，坚持以供给侧结构性改革为主线，有效实施积极财政政策，更好发挥财政政策在稳增长和调结构中的重要作用；进一步落实减税降费政策，减轻企业负担，鼓励创新发展；深化财税体制改革，完善预算管理制度，推进预算公开透明；落实全国金融工作会议精神，统筹资金化解政府债务，防范化解债务风险；调整优化支出结构，强化民生托底，优先安排“保工资、保民生、保基本运转”预算支出，从严控制财政一般性支出，盘活财政存量、优化财政增量，统筹兼顾、量入为出，切实保障重点支出；完善政府预算体系，加强全口径预算管理，强化预算执行监督，严肃财经纪律，推进预算绩效管理，提高预算透明度，逐步建立与实现现代化相适应的现代财政制度。

按照上述指导思想，2018年市本级预算编制主要体现了深化改革科学规范、围绕中心保障重点、统筹财力硬化约束、零基预算综合预算和公开透明注重绩效五项原则，切实压缩部门一般性支出，集中财力保障各类民生项目及重点建设项目支出。

（一）全市财政预算安排情况

1、一般公共预算收支安排情况

2018年，全市一般公共预算收入预计实现2137200万元，同比增长6%。根据全市收入预算预计情况，全市一般公共预算支出预计实现3238712万元。

2、政府性基金预算安排情况

全市政府性基金预算收入安排2353355万元，较2017年实际完成数631448万元增加1721907万元，增长273%，增长的主要原因是按照化解政府债务工作方案，加大对现有储备土地出让力度和历年欠缴土地出让收入征缴力度，预计实现土地出让收入2302000万元。具体安排为：国有土地收益基金收入110412万元，农业土地开发资金收入11516万元，国有土地使用权出让收入2180072万元，城市基础设施配套费收入36608万元，污水处理费收入9300万元，上年结转收入5447万元。

按照政府性基金“以收定支”的预算编制原则，全市政府性基金预算支出安排2353355万元，相应安排各项支出。

3、国有资本经营预算安排情况

根据《市委办公厅、政府办公厅关于印发〈呼和浩特市进一步深化国有企业改革的意见〉的通知》（呼党办发〔2013〕10号）有关规定，按照党的十八届三中全会“提高国有资本收益上缴公共财政比例，2020年提高到30%”的要求，市国有资产监督管理委员会确定了2018年国有资本收益18%的上缴比例。

按此测算，2018年市本级国有资本经营收入安排9981.9万元，较2017年实际完成数减少8588.1万元，主要原因是2017年金融集团应交利润由成本法核算变为权益法核算，并对以前年度国有资本经营收益进行清算，一次性补缴收入11269.18万元，加大了2017年收入基数。按照国有资本经营预算“以收定支、统筹兼顾、突出重点”的原则，2018年市本级国有资本经营预算支出安排9981.9万元，主要用于补充社保基金支出9505.4万元和国资委开展国有企业年度审计及经营业绩考核工作经费等支出476.5万元。

4、社会保险基金预算安排情况

收入预算安排情况。2018年全市社会保险基金预计收入1332992万元。具体包括：企业职工基本养老保险基金预计收入645413万元；机关事业单位养老保险基金预计收入228564万元，较2017年预计完成数587738万元减少359174万元，减少的主要原因是2017年预计收入中包含以前年度未缴费用，2018年预计收入为当年收入数；失业保险基金预计收入52162万元；城镇职工基本医疗保险基金预计收入217490万元；工伤保险基金预计收入15021万元；生育保险基金预计收入14029万元；城乡居民基本医疗保险基金预计收入102767万元；城乡居民社会养老保险基金预计收入57546万元。

支出预算安排情况。2018年全市社会保险基金预计支出1316302万元。具体包括：企业职工基本养老保险基金预计支出703742万元；机关事业单位养老保险基金预计支出220894万元；失业保险基金预计支出32987万元；城镇职工基本医疗保险基金预计支出192850万元；工伤保险基金预计支出5560万元；生育保险基金预计支出11247万元；城乡居民基本医疗保险基金预计支出101474万元；城乡居民社会养老保险基金预计支出47548万元。

结余情况。2018年预计社会保险基金收支结余16690万元，年末滚存结余1063730万元。

由于我市各项社会保险基金已实现市级统筹，各项保险的预算按全市口径编报，因此不单独编制本级社保基金预算。

（二）市本级财政预算安排情况

1、一般公共预算（地方收支财力）安排情况

按照《预算法》规定，市本级一般公共预算由呼和浩特市人民代表大会审查和批准。现将有关情况说明如下：

一般公共预算总财力安排情况。按照我市现行财政体制划定的收入范围和目前自治区财政厅已确定对我市补助数额，结合财政部《关于完善政府预算体系有关问题的通知》（财预〔2014〕368号）和国务院《关于印发推进财政资金统筹使用方案的通知》（国发〔2015〕35号）有关要求，2018年市本级一般公共财政预算总财力预计1613332万元。其中，市本级一般公共预算收入安排309635万元，上级转移性收入603044万元，旗县区及开发区财力上解684469万元，纳入预算管理教育收费16184万元。

一般公共预算支出安排情况。根据“统筹兼顾、突出重点、有保有压”及收支平衡的支出预算编制原则，2018年市本级一般公共预算总支出安排1613332万元，其中本级一般公共预算支出安排1228743万元；转移性支出安排368405万元（上解自治区支出82288万元；按政策和体制规定返还和补助旗县区286117万元）；纳入预算管理的教育收费安排支出16184万元。

一般公共预算支出具体安排情况。根据2018年市本级一般公共预算财力，安排市本级预算支出1244927万元。其中，市本级一般公共预算支出1228743万元，纳入预算管理的教育收费支出16184万元。具体支出安排情况如下：

基本支出预算安排306873万元。基本支出预算包括人员经费、公用经费。其中：一般公共预算财力安排的基本支出306647万元；纳入预算管理的教育收费安排的基本支出226万元。

项目支出预算安排938054万元。其中：一般公共预算财力安排922096万元；纳入预算管理的教育收费安排15958万元。

按政府收支分类功能科目划分，各类支出安排情况如下：

——一般公共服务类支出84816万元。按支出类别分：基本支出38861万元，项目支出45955万元。主要用于市本级党政机关行使一般公共服务职能的各项经费支出。项目主要包括民族工作经费、大学生村官津补贴、人大代表和政协委员活动经费、创城经费、社区网格化经费等。

——国防支出4075万元。主要是根据人防易地建设费收入相应安排的人防工程建设及驻呼部队支出。

——公共安全支出126892万元。按支出类别分：基本支出37490万元，项目支出89402万元。项目主要包括公安、司法办案及执法业务经费、平安首府建设、消防设备购置经费、普法经费等。

——教育支出90459万元。其中，一般公共预算资金74286万元，纳入预算管理的教育收费16173万元。按支出类别分：基本支出40530万元，项目支出49929万元。项目主要包括民族教育专项资金、落实各项教育政策配套经费、教育事业发展、全市新建学校建设、对旗县区教育补助等。

——科学技术支出13706万元。按支出类别分：基本支出1110万元，项目支出12596万元。项目主要包括支持大中型企业技术研发资金、重大科技专项、科技创业服务中心建设、科普经费等。

——文化体育与传媒支出29259万元。按支出类别分：基本支出10771万元，项目支出18488万元。项目主要包括公共文化建设、文物保护、文化下乡、无线覆盖运行维护费、体育场馆建设等。

——社会保障与就业支出199628万元。按支出类别分：基本支出71090万元，项目支出128538万元。项目主要包括财政对企业职工养老保险基金补助、城市低保市级匹配资金、农村低保市级匹配资金、农村五保户供养资金、公益性岗位补贴、企业退休人员冬季采暖补助、城镇及农村居民社会养老保

险资金、城市低保教育救助资金、70 岁以上城镇居民老年生活补贴、孤儿养育补助经费、80 岁以上城乡高龄津贴、社会救助扩面提标、国有企业职工安置等。

——医疗卫生与计划生育支出 59466 万元。其中，一般公共预算资金 59455 万元，纳入预算管理的教育收费 11 万元。按支出类别分：基本支出 27103 万元，项目支出 32363 万元。项目主要包括军休干部及包干家属医疗补贴、社区卫生服务中心建设、农村新型合作医疗配套经费、公共卫生均等化服务补助、农村医疗补助、城镇居民医疗保险补贴、优抚对象医疗补助、城市医疗救助、离休人员医疗费、健康光明行、计划生育事业费等。

——节能环保支出 5901 万元。按支出类别分：基本支出 2429 万元，项目支出 3472 万元。项目主要包括环境污染治理、环境执法能力建设、环境生态监测及环境保护宣传等。

——城乡社区事务支出 120632 万元。按支出类别分：基本支出 25678 万元，项目支出 94954 万元。项目主要包括城市维护费、城市园林绿化维护、环卫工人绩效工资、青城驿站、环卫基础设施建设等。

——农林水事务支出 67105 万元。按支出类别分：基本支出 14632 万元，项目支出 52473 万元。项目主要包括防汛及抗旱经费、林业及生态建设经费、村级“一事一议”奖补资金、饮水安全专项、产业扶贫、健康扶贫资金等。

——交通运输支出 163917 万元。按支出类别分：基本支出 5285 万元，项目支出 158632 万元，项目主要包括重点公路建设、航线补贴、公交公司运营补贴、农村公路养护及运输管理稽查经费等。

——资源勘探电力信息等事务支出 1666 万元。按支出类别分：基本支出 1217 万元，项目支出 449 万元。项目支出主要是安全生产监督管理支出。

——商业服务业等事务支出 6983 万元。按支出类别分：基本支出 927 万元，项目支出 6056 万元，项目支出主要包括旅游事业支出、现代流通服务网络建设等。

——国土资源气象等事务 11260 万元。按支出类别分：基本支出 4754 万元，项目支出 6506 万元。项目主要包括集体土地确权登记、国土信息建设经费、土地监察执法经费、土地整治规划经费、不动产登记等。

——住房保障支出 33162 万元。按支出类别分：基本支出 24996 万元，项目支出 8166 万元。基本支出主要是各单位为职工缴纳的住房公积金及新职工购房补贴等，项目支出主要是公租房住房补贴、老职工一次性住房货币化补贴资金等。

——预备费 15000 万元，占一般公共预算支出的 1.5%，根据《预算法》要求，按照预算支出额的 1% －3% 设置预备费，用于当年预算执行中的自然灾害救灾开支及其他难以预见的特殊开支。

——其他支出 211000 万元。具体项目包括预留增人增资 50000 万元、偿还政府性债务 150000 万元、税收代征手续费 5000 万元、基建审价费 3000 万元、项目前期手续费 3000 万元。

2、政府性基金预算安排情况

收入预算安排情况。市本级政府性基金预算收入安排 2168033 万元，增长原因已在全市政府性基金预算中进行说明。具体安排为：国有土地收益基金收入 102500 万元，农业土地开发资金收入 6804 万元，国有土地使用权出让收入 2009082 万元，城市基础设施配套费收入 35000 万元，污水处理费收入 9200 万元，上年结转收入 5447 万元。

支出预算安排情况。按照政府性基金预算“以收定支”的预算编制原则，市本级基金支出 2168033 万元，支出重点用于兑付土地前期成本、偿还政府性债务、加强保障性安居工程建设、完善城市基础设施配套建设等。按政府收支分类科目具体划分为：

——城乡社区事务支出 2162586 万元，用于征地拆迁补偿、失地农民社保缴费、城市绿化维护、政府债务偿还、重点道路建设、城市维护费等。

——其他支出 5447 万元，上级下达结转资金，用于福利彩票、体育彩票机构业务费用及社会公益事业发展。

由于国有资本经营预算仅市本级进行编制，社会保险基金预算采取全市统编模式，在全市预算安排中已进行了报告，在此不再重复。

3、开发区预算编制情况

根据开发区单独管理、封闭运行的管理体制，结合《市人大常委会关于加快部门预算公开和将开发区预决算纳入市本级监督管理的意见》要求，将开发区 2017 年预算执行情况及 2018 年预算编制草案一并提交本次人民代表大会进行审议。

**四、2018 年重点工作**

2018 年是贯彻十九大精神的开局之年，是决胜全面建成小康社会、实施“十三五”规划承上启下的关键一年，做好今年的财政工作具有重大意义。为了适应经济由高速增长向高质量发展，保持经济运行合理区间，各级政府及财税部门将进一步解放思想、深化改革，着力加大体制机制、政策制度和管理方式的创新力度，重点做好以下工作。

（一）加强财源建设，完善收入征管

从目前财政收入情况看，整体形势仍不容乐观，影响财政收入最主要的因素仍是新增税源不足，缺乏新的经济增长点，财政收入的可持续性不强。经济决定财政，为促进经济持续健康发展，需要在招商引资、支持中小企业发展、重点项目投产达效、调整产业结构等几个关键因素上下功夫、做文章，涵养培植财源，实现财政收入平稳增长，为经济发展提供财力支持，形成良性循环。进一步加强盘活财政存量资金工作，用活用好各类间歇资金，用于支持全市经济社会各项事业发展。加大对旗县区转移支付力度，帮助旗县区争取投资，支持新增重点项目投产达效，引导带动旗县区经济发展。在加强财源建设的同时，加强组织财政收入管理工作，切实提升财政收入质量。积极支持执收部门依法依规加强税收及非税收入征管，加强各征收管理部门的相互协调配合，完善征管措施、技术手段和激励约束机制，形成齐抓共管、依法组织收入的良好局面，确保各项收入及时足额入库。

（二）支持供给侧改革，落实减税降费政策

统筹利用现有财政资金渠道，着力振兴实体经济，提高供给体系质量，推动经济发展质量变革、效率变革、动力变革，用好工业企业结构调整专项资金，促进企业转型升级。实施创新驱动发展战略，优化科技投入，健全技术创新引导支持机制，促进科技成果转化。支持大众创业、万众创新，加快发展现代服务业，培育壮大新动能。贯彻落实各项减税降费政策，继续清理规范涉企收费，为企业减轻负担，促进企业健康发展。自 2018 年 1 月 1 日起，依法征收环境保护税，不再征收排污费。

（三）落实十九大惠民政策，保障改善民生水平

积极贯彻党的十九大提出的各项惠民政策，完善财政投入机制，切实保障和改善民生。稳步扩大普惠性学前教育资源，巩固完善城乡义务教育经费保障机制，强化教育经费管理，提高资金使用效益，推动城乡义务教育一体化发展；认真落实全民参保计划，推进机关事业单位养老保险并轨改革，扩大社会保险覆盖面；加大困难群众生活保障力度，做好医疗救助与临时救助，做到老有所养、病有所医；加大对公立医院改革支持力度，深入推进“三医联动”，降低药品价格，支持市四区中心医院改扩建和康复中心建设；积极稳妥做好我市国有企业转制和人员安置工作，做好国有企业职教幼教退休教师待遇专项补助资金的申请清算工作。

（四）加强政府债务管理，有序推进债务化解

严格落实国家、自治区及我市政府债务管理相关制度规定，确保债务工作有规可依、长效监管、有章可循。严控新增债务，加大财政约束力度，有效抑制不具备还款能力的项目建设，规范政府举债及与社会资本合作行为，合法合规举债用债，依法开好举债“前门”，保障重点领域合理融资需求。按照《呼和浩特市政府债务化解工作方案》在 2021 年底将政府债务率降到合理水平目标要求，化解存量债务，建立债务台账，对政府债务实行分类管理；制定化解计划，按照债务“谁举借、谁使用、谁偿还”的原则，提出有效的债务化解措施和计划。依法依规开展存量政府债务置换工作，防范债务和金融风险，促进我市财政金融健康发展。

（五）支持脱贫攻坚，推进农村产业脱贫

通过争取转移支付、财政预算安排、整合涉农资金、盘活财政存量等方式，加大对脱贫攻坚保障力度，对下转移支付资金重点向贫困地区倾斜。加大财政奖补力度，推动农业发展和财政补助扶持模式创新，充分调动农民参与积极性，培育壮大贫困地区村级集体经济，加快农牧业现代化建设步伐；依托首府市场优势，探索都市现代农业融合新途径，充分利用好首府市场资源，以需求为导向，提高农业附加值，促进现代农业发展和农民持续增收。进一步加大涉农资金整合力度，最大限度发挥资金效益。努力加强对供销系统“新网工程”建设投入力度，优选项目，构筑新农村流通网络服务体系全方位运行。

（六）推进各项改革任务，创新财政管理方式

一是推进财政事权和支出责任改革。研究市本级与旗县区事权和支出责任划分意见，选取部分领域率先启动改革。深入贯彻落实《预算法》和《法治政府建设实施纲要》，进一步深化财政“放管服”改革，提升财政法制化水平。

二是完善“四本预算”全口径预算编制。统筹政府性基金和国有资本经营收入调入一般预算的管理，升级财政综合管理信息系统，提升预算编制准确性、合理性和科学性。、

三是继续完善财政一体化信息系统和财政国库电子化支付项目，启动智慧财政项目。按照自治区财政厅统一部署，启动国库集中支付电子化改革，力争在 6 月底前上线实施。

四是推进市人大与财政部门预算联网监督系统建设，为人大及其常委会履行预决算审查职责提供技术支撑，提高审查监督效率，增强审查监督实效。

五是继续深入推进我市政府购买服务工作。

六是完善投融资机制。继续大力推广 PPP 模式，强化对 PPP 项目的监管，对 PPP 项目库进行规范清理，有效防控财政风险。配合相关部门做好我市轨道交通 1、2 号线与中国政企基金 24 亿元合作项目的落地工作。

七是加强绩效评价管理。实现市本级部门项目支出绩效目标管理全覆盖，逐步建立绩效运行跟踪监控机制，促进绩效目标的顺利实现。继续开展财政重点绩效评价工作，积极对社会公众比较关注的重大民生项目、重点项目支出进行绩效评价。加强绩效评价结果的应用，提高部门预算编制的科学性和有效性。

（七）全面从严治党，提升队伍建设水平

深入学习宣传贯彻党的十九大精神，加强意识形态责任制，在政治上、思想上坚决同以习近平同志为核心的党中央保持高度一致。把党建工作与业务工作摆在同等重要位置，坚持“两手抓”，进一步履行好管党治党责任，认真落实“三会一课”、“三项制度”，要求全体党员干部树立知责、明责、尽责意识，推进“两学一做”学习教育常态化制度化，强化党风廉政建设“两个责任”落实，将全面从严治党真正落到实处。抓好财政机关作风建设，强化财政干部能力建设，完善内控制度建设，打造纪律严明、勇于创新、敢于担当、业务精湛、服务高效

的财政队伍，提升依法行政、依法理财能力。严肃财经纪律，自觉接受人大、纪检监察、审计和社会的监督，严格遵守《预算法》等财税法律法规，依法建立科学民主决策制度，规范财政执法行为。

各位代表、各位委员，2018 年是贯彻落实党的十九大精神开局之年，是改革开放 40 周年，也是全面贯彻落实自治区党委、政府和市委战略部署的关键之年，做好今年财政工作，对完成今年人代会批准的年度预算，实现市委确定重点工作目标，意义十分重大。我们将在市委的坚强领导下，积极接受市人大及其常委会的法律监督、工作监督和市政协的民主监督，把握好新常态下的趋势性变化，坚持稳中求进的总基调，坚定信心，把握机遇，攻坚克难，扎实工作，深化财税体制改革，加强财政预算管理，努力完成全年预算目标和财政改革发展各项任务，为全市经济社会事业发展做出积极贡献。

# 呼和浩特市 2017 年国民经济和社会发展统计公报

呼和浩特市统计局

(2018 年 3 月 28 日)

2017 年以来，面对错综复杂的宏观环境和经济下行压力，在呼和浩特市委、市政府的正确领导下，全市坚决贯彻落实"创新、协调、绿色、开放、共享"发展理念和国家、自治区关于经济工作的决策部署，坚持稳中求进的总基调，着力推进供给侧结构性改革，主动适应经济发展新常态，全年经济保持了平稳运行。

## 一、综合

2017 年，初步核算，全市实现生产总值按可比价格计算，比上年增长 5.0%。分产业看，第一产业增加值增长 2.8%；第二产业增加值增长 2.6%；第三产业增加值增长 6.1%。三次产业的比例为 3.9:27.6:68.5。

2017 年，城市居民消费价格总水平比上年上涨 1.4%。上涨幅度与上年同期持平。八大类消费价格均不同程度的上涨。医疗保健、衣着、居住、生活用品及服务、其他用品和服务、食品烟酒、交通和通信、教育文化和娱乐类价格水平分别上涨 2.8%、2.7%、2.6%、1.6%、1.6%、0.7%、0.4% 和 0.1%。农村地区生活消费品价格总水平比上年上涨 1.7%。八大类商品，除食品、家庭设备及用品、交通类价格分别比上年下降 0.8%、0.9%、1.1% 外，其他均上涨，医疗保健、服务项目、住房、文教娱乐用品和衣着类分别比上年上涨 19.2%、4.6%、2.0%、0.9% 和 0.3%。农业生产资料价格总水平比上年上涨 1.2%，其中，燃料上涨 10.2%，种子上涨 2.7%，产品畜上涨 0.5%，饲料上涨 0.3%。

2017 年，全市一般公共预算收入 201.6 亿元，比上年下降 23.0%。其中，税收收入 168.2 亿元，占一般公共预算收入的比重为 83.4%，比上年提高 14.6 个百分点。国内增值税 56.6 亿元，增长 23.0%；个人所得税 9.9 亿元，下降 25.7%；城市维护建设税 15.0 亿元，增长 3.6%；耕地占用税 28.8 亿元，增长 2.9%。全市一般公共预算支出 402.3 亿元，比上年下降 4.4%，其中，教育支出 53.6 亿元，增长 1.6%；社会保障和就业支出 44.7 亿元，增长 12.7%；医疗卫生与计划生育支出 26.0 亿元，增长 5.0%；城乡社区支出 110.6 亿元，下降 19.4%。

## 二、农 业

2017 年，全市农作物播种面积 446.4 千公顷，比上年下降 2.9%。农作物中，粮食作物播种面积 313.6 千公顷，比上年增长 0.5%，粮食产量 130.9 万吨，比上年增长 0.1%。其中，玉米播种面积 174.6 千公顷，比上年增长 1.0%，产量 95.2 万吨，比上年增长 0.8%；马铃薯播种面积 53.2 千公顷，比上年下降 3.0%，产量 19.2 万吨，比上年下降 4.7%；油料播种面积 62.2 千公顷，比上年下降 8.9%，产量 10.8 万吨，比上年下降 18.3%。

2017 年末，全市牲畜存栏头数 235.7 万头(只)，比上年增长 4.9%。其中，大牲畜存栏 35.4 万头，比上年下降 6.5%；小牲畜存栏 200.3 万只，比上年增长 7.2%。全年肉类总产量 10.4 万吨，比上年下降 2.0%；禽蛋产量 3.9 万吨，比上年增长 13.8%；牛奶产量 195.6 万吨，比上年下降 0.4%。

## 三、工业

2017 年，全市规模以上工业增加值比上年增长 6.1%，其中，国有企业增加值下降 10.3%；股份合作企业增加值下降 20.3%；股份制企业增加值增长 10.3%；外商及港澳台商投资企业增加值下降 5.2%。在规模以上工业企业中，轻工业企业增加值增长 6.6%；重工业企业增加值增长 5.8%。

从主要工业产品产量看，饲料 83.5 万吨，增长 2.2%；液体乳 129.4 万吨，增长 2.7%；卷烟 184.5 亿支，下降 5.4%；发电量 532.1 亿千瓦时，增长 21.9%；原油加工量 447.2 万吨，增长 9.3%；烧碱 25.9 万吨，增长 6.3%；单晶硅 3.0 万吨，增长1.2倍；多晶硅0.5万吨，增长2.6%；原铝28.1万吨，增长0.5%。

2017年，全市规模以上工业企业实现主营业务收入比上年增长10.9%；利润总额比上年增长99.4%；利税总额比上年增长47.5%；亏损企业亏损额比上年下降68.6%。全年规模以上工业企业产品销售率98.7%，比上年下降2.0个百分点。

**四、固定资产投资**

2017年，全市固定资产投资完成1490.8亿元，比上年下降19.4%。分产业看，第一产业投资118.3亿元，增长167.7%；第二产业投资266.8亿元，下降25.5%。其中工业完成投资266.5亿元，下降25.4%；第三产业投资1105.7亿元，下降23.6%。

全年房地产开发投资238.4亿元，下降54.2%。商品房销售面积316.5万平方米，比上年下降25.6%；商品房销售额206.1亿元，比上年下降24.6%。

**五、国内贸易和对外经济**

2017年，全市社会消费品零售总额实现1571.0亿元，比上年增长6.0%。按经营单位所在地分，城镇实现零售额1416.9亿元，增长5.8%；乡村实现零售额154.1亿元，增长8.5%。按消费形态分，商品零售额1335.7亿元，增长5.4%；餐饮收入235.3亿元，增长10.0%。

从限额以上商品零售额来看，在限额以上企业商品零售额中，粮油和食品类实现零售额32.0亿元，比上年下降37.5%；服装鞋帽针纺织品类实现零售额46.4亿元，下降12.6%；石油及制品类零售额59.0亿元，增长8.6%；汽车类零售额174.8亿元，增长4.1%，这四大类零售额共计占限上零售额的比重达68.5%，比上年提升1.7个百分点。

2017年，全市海关进出口总额16.0亿美元，比上年增长22.2%。其中，出口7.6亿美元，增长11.9%；进口8.4亿美元，增长33.4%。

**六、交通和邮电**

2017年，全市公路货运量19076万吨，比上年增长13.0%，公路货运周转量371.7亿吨公里，增长14.1%；公路客运量434.5万人，比上年下降6.7%，公路客运周转量11.6亿人公里，下降10.0%。

2017年，全市完成邮电业务总量73.4亿元，比上年下降10.7%。其中，邮政业务总量13.6亿元，增长34.7%；电信业务总量60.8亿元，下降16.9%。年末本地网固定电话用户57.2万户；年末移动电话437.8万户。

**七、金融和保险业**

2017年末，全市金融机构人民币存款余额6312.6亿元，比年初增长2.2%。其中，住户存款余额1953.4亿元，增长4.7%；非金融企业存款余额2732.8亿元，增长7.9%。年末金融机构人民币贷款余额7646.0亿元，比年初增长8.4%。其中，住户贷款余额1043.1亿元，增长4.6%；非金融企业及机关团体贷款余额6602.6亿元，增长9.1%。住户贷款中，短期贷款余额268.8亿元，下降17.0%；中长期贷款余额774.3亿元，增长15.0%。

2017年，全市保险业实现保费收入118.8亿元，比上年增长20.5%。其中，财产险保费收入37.3亿元，增长11.1%；人身险保费收入81.5亿元，增长25.4%。全市保险业累计赔付支出31.4亿元，比上年增长19.3%。其中，财产险保险赔付支出18.1亿元，增长20.5%；人身险保险赔付支出13.4亿元，增长17.6%。

**八、科学技术和教育**

2017年，全市财政科学技术支出36607万元，比上年下降14.4%，争取国家及自治区支持资金8028万元，项目228项。年内专利申请量3653件，授权专利1889件。安排重大科技专项经费5500万元。

2017年末，全市共有普通高校24所，成人高校1所，中等职业教育学校60所，普通中学104所，小学206所，幼儿园359所。全年普通高校招生6.9万人，与上年持平；毕业生6.4万人，比上年增长3.1%；年末在校生23.9万人，增长0.4%。普通中学招生5.0万人，增长12.1%；毕业生4.8万人，比上年下降3.0%；年末在校生14.1万人，增长0.7%。小学招生2.9万人，下降5.3%；毕业生2.9万人，增长20.8%；年末小学在校生17.5万人，下降0.2%。年末在园幼儿7.3万人，增长9.2%。

**九、文化、卫生和体育**

全市拥有艺术表演团体7个，文化馆11个，公共图书馆11个，博物馆5个。全市拥有广播电视台7座，广播综合人口覆盖率99.4%，全市有线电视用户46.7万户，有线电视入户率45.3%，电视综合人口覆盖率99.4%。

年末全市共有卫生机构2065个，其中医院108个，医院拥有病床17788张。全市拥有卫生技术人员26498人，其中，执业医师（助理）医师10225人。

全市有体育场27个，体育馆9个，室内游泳池（馆）29个。

**十、资源、环境**

2017年，林业全年完成人工造林面积19.4千公顷。四旁（零星）植树96万株。当年苗木产量7160万株。

2017年，全市消减二氧化硫6600.3吨，氮氧化物12029.1吨，化学需氧量5879.3吨，氨氮729.6吨。饮用水水源地水质100%达标。

**十一、人口与人民生活和社会保障**

2017年末，全市常住人口311.5万人，比上年增加2.6万人。其中，城镇人口215.2万人，比上年增加4.5万人，城镇化率69.1%。户籍人口242.9万人，其中，男性人口122.4万人，全年出生人口2.9万人，死亡人口2.8万人。

2017年，全市城镇常住居民人均可支配收入43518元，比上年增长8.2%，城镇常住居民人均生活消费支出29458元，比上年增长3.9%。农村常住居民人均可支配收入达15710元，比上年增长8.2%，农村常住居民人均生活消费支出15257元，比上年增长6.3%。

2017年末，全市城镇新增就业人员4.2万人，城镇失业人员再就业0.8万人。城镇登记失业率3.65%。

2017年末城乡居民社会养老保险制度已覆盖到全市9个旗县区，参保人数达64.0万人，享受待遇人数20.4万人，城镇职工养老保险参保人数达43.1万人，医疗保险、失业、工伤和生育保险参保人数达211.9万人、50.5万人、40.3万人和37.2万人。

2017年末，全市共保障城乡低保对象68509户，受益人数达114530人，其中城市低保障对象10571户，17212人，全年累计发放低保资金9856万元，农村低保对象57938户，97318人，发放农村低保资金34106万元。

注：本公报指标数均为快报数。

# 内蒙古自治区2017年国民经济和社会发展统计公报

内蒙古自治区统计局

（2018年3月25日）

2017年，在以习近平同志为核心的党中央坚强领导下，全区认真学习贯彻党的十九大精神，以习近平新时代中国特色社会主义思想为指导，坚持稳中求进工作总基调，坚定不移贯彻新发展理念，坚持以提高发展质量和效益为中心，统筹推进“五位一体”总体布局和协调推进“四个全面”战略布局，以供给侧结构性改革为主线，统筹推进稳增长、促改革、调结构、惠民生、防风险各项工作，经济社会保持平稳健康发展。

## 一、综　合

年末全区常住人口为2528.6万人，比上年增加8.5万人。其中，城镇人口为1568.2万人，乡村人口为960.4万人；常住人口城镇化率达62.0%，比上年提高0.8个百分点。男性人口为1305.2万人，女性人口为1223.4万人。全年出生人口为23.9万人，出生率为9.47‰；死亡人口为14.5万人，死亡率为5.74‰；人口自然增长率为3.73‰。

初步核算，全区实现地区生产总值16103.2亿元，按可比价格计算，比上年增长4.0%。其中，第一产业增加值1647.2亿元，增长3.7%；第二产业增加值6408.6亿元，增长1.5%；第三产业增加值8047.4亿元，增长6.1%；三次产业比例为10.2:39.8:50.0。第一、二、三产业对生产总值增长的贡献率分别为10.3%、14.8%和74.9%。人均生产总值达到63786元，比上年增长3.6%。

全年居民消费价格总水平比上年上涨1.7%。分城乡看，城市上涨1.7%，农村牧区上涨1.6%。分八大类消费类别看，呈现“七升一降”。衣着上涨1.3%，生活用品及服务上涨0.7%，教育文化和娱乐上涨1.0%，医疗保健上涨10.0%，居住价格上涨1.7%，交通和通信上涨1.4%，其他用品和服务上涨1.2%；食品烟酒价格下降0.2%。从工业生产者角度看，工业生产者购进价格和出厂价格分别上涨6.3%和10.6%。固定资产投资价格上涨3.4%，农产品生产价格下降4.4%。

年末全区城镇非私营单位就业人员283.9万人。年末城镇登记失业率为3.63%。全年失业人员实现再就业人数为5.7万人。

全年完成一般公共预算收入1703.4亿元，比上年下降14.4%，如果剔除2016年虚增因素，比上年增长14.6%；一般公共预算支出4523.1亿元，比上年增长0.2%。分旗县看，全区103个旗县市区一般公共预算收入均超过亿元，其中，一般公共预算收入超60亿元的旗县2个，超20亿元的旗县7个，超10亿元的旗县30个。全区财政用于民生方面支出达3158.1亿元，占一般公共预算支出的69.8%；财政扶贫支出121亿元，增长1.1倍。

## 二、农牧业

全年农作物总播种面积798.3万公顷，比上年增长0.8%。其中，粮食作物播种面积575.8万公顷，下降0.5%；经济作物播种面积222.5万公顷，增长4.1%。粮食总产量达2768.4万吨，比上年下降0.4%；油料产量222.7万吨，增长1.2%；甜菜产量363.0万吨，增长36.4%；蔬菜产量1364.6万吨，下降9.2%；水果（含果用瓜）产量340.8万吨，增长7.7%。

全区牧业年度牲畜存栏头数达12614.8万头（只），比上年下降7.2%；牲畜总增头数7148.6万头（只），总增率达52.6%。牧业年度良种及改良种牲畜总头数11392.9万头

(只),良种及改良种牲畜比重90.3%。全年肉类总产量267.6万吨,比上年增长3.4%。其中,猪肉产量达到73.5万吨,增长2.0%;牛肉产量达到59.5万吨,增长7.0%;羊肉产量达到104.1万吨,增长5.2%。牛奶产量693.0万吨,下降5.6%;禽蛋产量53.2万吨,下降8.3%。

年末全区农牧业机械总动力3484万千瓦,比上年同口径增长4.6%;综合机械化水平达到83.5%。

**三、工业和建筑业**

全年全部工业增加值5109.0亿元,比上年增长3.6%。其中,规模以上工业企业增加值增长3.1%。在规模以上工业企业中,国有控股企业增加值增长15.3%,股份制企业增加值增长2.8%,外商及港澳台投资企业增加值增长5.8%。在规模以上工业企业中,轻工业增加值下降9.7%;重工业增加值增长5.4%。

从主要工业产品产量看,全区原煤产量达90597.3万吨,比上年增长7.1%;焦炭产量3046.4万吨,增长8.2%;天然气产量299.5亿立方米,增长0.1%;发电量达到4435.9亿千瓦小时,增长12.3%,其中,风力发电量551.4亿千瓦小时,增长18.8%;钢材产量2002.7万吨,增长18.0%;铝材产量214.6万吨,下降9.1%。

全区规模以上工业企业实现主营业务收入比上年增长13.7%;实现利润增长1.2倍。全年规模以上工业企业产品销售率98.2%,产成品库存额增长8.8%。

全年建筑业增加值1300.7亿元,比上年下降5.9%。全区具有建筑业资质等级的建筑施工企业1010家,比上年增加19家;施工企业房屋建筑施工面积5453.9万平方米,下降13.3%;竣工房屋面积2031.5万平方米,下降20.0%;房屋建筑竣工率37.2%。全年具有建筑业资质等级的建筑企业实现利润56.6亿元,比上年增长13.2%。

**四、固定资产投资**

全年全社会固定资产投资总额14404.6亿元,比上年下降6.9%。其中,500万元以上项目完成固定资产投资14219.3亿元,下降7.0%。从投资主体看,国有经济单位投资6647.5亿元,集体单位投资92.6亿元,个体投资225.5亿元,其他经济类型单位投资7439.0亿元。从三次产业投资看,第一产业投资891.1亿元,增长15.0%;第二产业投资5617.6亿元,下降13.4%;第三产业投资7895.9亿元,增长11.6%。按项目隶属关系分,地方项目完成投资13746.6亿元,中央项目完成投资657.9亿元。

新开工项目17404个,下降11.5%;在建项目投资总规模39027.9亿元,增长5.6%。全年房地产开发投资额889.7亿元。商品房待售面积1265.6万平方米,下降8.6%。

**五、国内贸易**

全年社会消费品零售总额7160.2亿元,比上年增长6.9%。按经营单位所在地分,城镇实现社会消费品零售额6454.6亿元,占社会消费品零售总额的90.1%,增长6.6%;乡村实现社会消费品零售额705.6亿元,增长9.5%。

**六、对外经济**

全年海关进出口总额942.4亿元(人民币,下同),比上年增长22.8%。其中,出口总额334.8亿元,增长15.8%;进口总额607.7亿元,增长27.0%。从主要贸易方式看,一般贸易进出口额达535.3亿元,占进出口总额的56.8%;边境小额贸易进出口额达302.9亿元;加工贸易进出口额达22.7亿元。

全年实际使用外商直接投资额31.5亿美元。年内全区在工商部门注册的外商投资企业3453家,比上年增加91家。新设立外商投资企业50家。

**七、交通、邮电和旅游业**

全年完成货物运输总量22.7亿吨,比上年增长13.5%。完成货物运输周转量5206.5亿吨公里,增长16.9%。

全年完成旅客运输总量16061.3万人,比上年下降3.8%。完成旅客运输周转量362.8亿人公里,下降3.3%。

年末全区民用汽车保有量498.0万辆,比上年增长13.3%;其中,本年新注册汽车53.7万辆。年末私人轿车保有量277.0万辆,增长10.3%;其中,本年新注册轿车27.6万辆,增长5.3%。

全年邮电业务总量516.9亿元,比上年增长86.7%。其中,电信业务总量(按2015年不变价计算)482.6亿元,增长98.0%;邮政业务总量(按2010年不变价计算)34.3亿元,增长25.9%。年末本地固定电话用户232.3万户,下降13.3%;移动电话用户2841.2万户,增长15.0%。全区移动电话普及率达到113.2户/百人。年末互联网用户2854.3万户,增长15.9%。其中,移动互联网用户2360.3万户,增长15.4%;互联网宽带用户494万户,增长18.4%。

全年实现旅游总收入3440.1亿元,比上年增长26.7%。接待入境旅游人数184.8万人次,增长3.9%;旅游外汇收入12.5亿美元,增长9.4%。国内旅游人数11461.2万人次,增长19.1%;国内旅游收入3358.6亿元,增长27.4%。

**八、金融**

年末全区金融机构人民币存款余额22952.8亿元,比年初增加1787.2亿元,比上年增长8.4%。其中,住户存款余额10730.0亿元,比年初增加769.1亿元,增长7.7%;非金融企业存款余额6748.1亿元,比年初增加793.9亿元,增长13.2%;广义政府存款余额4286.5亿元,比年初减少33.6亿元,下降0.7%。年末全区金融机构人民币贷款余额21456.0亿元,比年初增加2095.0亿元,增长10.8%。其中,住户贷款余额5220.1亿元,比年初增加601.2亿元,增长13.0%;非金融企业及机关团体贷款余额16234.8亿元,比年初增加

1495.1亿元，增长10.1%。

年末全区保险机构共有2826家，比上年增加97家。全年保险业实现原保险保费收入569.9亿元，增长17.1%。全年保险业累计赔付支出186.5亿元，增长35.4%。全年全区人寿保险实现原保险保费收入306.0亿元，累计赔付49.4亿元。农业保险稳步推进，全年全区农业保险实现原保险保费收入32.5亿元，累计赔付支出43.3亿元，支农惠农力度进一步得到加强。

**九、人民生活和社会保障**

全年全体居民人均可支配收入26212元，比上年增长8.6%，扣除价格因素后实际增长6.8%。全体居民人均生活消费支出18946元，增长4.8%。

城镇常住居民人均可支配收入35670元，比上年增长8.2%，扣除价格因素后实际增长6.4%。从主要收入构成看，工资性收入21707元，增长6.6%；经营净收入6349元，增长16.2%；财产净收入1824元，增长5.3%；转移净收入5789元，增长6.8%。城镇常住居民人均生活消费支出23638元，增长3.9%。农村牧区常住居民人均可支配收入12584元，比上年增长8.4%，扣除价格因素后实际增长6.7%。从主要收入构成看，工资性收入2649元，增长8.2%；经营净收入6385元，增长2.7%；财产净收入515元，增长13.8%；转移净收入3036元，增长21.8%。农村牧区常住居民人均生活消费支出12184元，增长6.3%。城镇居民家庭恩格尔系数为27.4%，农村牧区居民家庭恩格尔系数为27.8%，分别比上年下降0.9个和1.5个百分点。

年末全区参加城镇职工基本养老保险人数694.3万人，比上年增长6.0%；参加城乡居民社会养老保险人数743.4万人，增长1.0%。参加失业保险职工人数247.1万人，增长2.5%；领取失业保险金人数5.3万人，下降18.3%。参加基本养老保险的离退休人员226.6万人，下降4.2%。参加基本医疗保险人数2161.5万人，参加基本医疗保险的职工人数495.1万人，增长1.4%。养老金社会化发放率100%。

**十、教育、科学技术和文化体育**

年末全区共有普通高等学校53所；全年招收学生13.6万人，增长2.0%；在校学生44.8万人，增长2.6%，其中，少数民族在校学生11.7万人，少数民族在校学生中有蒙古族学生10.1万人；毕业学生11.8万人，增长5.7%。年末全区有研究生培养单位10个，招收研究生7176人，增长11.7%；在校研究生2.0万人，增长6.6%，其中，少数民族在校研究生5580人，少数民族在校研究生中有蒙古族研究生4907人。年末有普通高中293所，全年招收学生14.4万人，下降2.3%；在校学生43.6万人，下降2.9%，其中，少数民族学生13.2万人，少数民族在校学生中有蒙古族学生11.9万人；毕业学生15.3万人。年末有初中683所，全年招收学生22.5万人，增长13.9%；在校学生61.9万人，增长1.0%，其中，少数民族学生17.8万人，少数民族在校学生中有蒙古族学生15.8万人；毕业学生21.5万人。年末有小学1658所，招收学生21.6万人，下降5.1%；在校学生132.5万人，下降1.0%；毕业学生22.6万人，增长13.8%。全区幼儿园在园幼儿人数64万人，增长5.4%。全区初中阶段毛入学率98.88%，小学适龄儿童入学率100%。

全年共取得重大科技成果533项，其中，基础理论成果110项，应用技术成果421项，软科学成果2项。获得国家级奖励的科技成果1项。全年专利申请11701件，授权专利6271件。年内共签订各类技术合同数3766个。合同成交金额162.8亿元，增长12.9%。其中，区内成交技术金额14.3亿元，向区外输出技术成交金额5.3亿元，吸纳区外技术成果金额143.2亿元。

全区共有49个有产品质量检验证书的机构，其中，国家检测中心6个。

年末全区有艺术表演团体98个，其中，乌兰牧骑71个；艺术表演场所21个。现拥有文化馆120座，公共图书馆117座，博物馆93座，档案馆139座，已开放各类档案343.3万卷。年末全区广播综合人口覆盖率99.24%，电视综合人口覆盖率99.22%。年末全区有线广播电视用户385.6万户。自治区和盟市两级出版报纸27974万份，出版各类期刊1382万册，出版图书5966万册。全年生产故事影片7部，蒙语译制片100部。

年内全区体育健儿在国内外重大竞赛中获奖牌222枚。其中，国外获奖牌35枚，国内获奖牌187枚。

**十一、卫生和社会服务**

年末全区共有卫生机构24217个，其中，医院775个，农村牧区卫生院1314个，疾病预防控制机构119个，妇幼卫生机构113个，专科疾病防治院(所)51个。年末全区医疗卫生单位拥有病床15.0万张，增长8.0%，其中，医院拥有病床11.9万张，乡镇卫生院拥有病床2.2万张，妇幼卫生机构拥有病床0.4万张。全区拥有卫生技术人员18.0万人，增长5.8%，其中，执业医师、助理医师7.0万人，注册护士7.2万人。农村牧区拥有村卫生室1.4万个，拥有乡村医生和卫生员1.8万人。

年末全区城镇建立各种社区服务设施4469个，比上年增长7.5%。其中，社区服务中心984个。全区各类社会福利院床位1.7万张，各类福利院收养人数0.8万人。全年共有162.9万人得到国家最低生活保障救济。全年筹集社会福利资金17.6亿元，销售社会福利彩票62.7亿元，分别增长8.6%和8.1%。接受社会捐赠93.5万元。

**十二、资源、环境**

初步统计，全年完成营造林面积99.9万公顷。其中，人工造林34.2万公顷，飞播造林6.8万公顷，封山育林13.8万公顷，完成中、幼林抚育(作业)面积3.1万公顷。完成退耕还林和荒山荒地造林面积3.2万公顷，完成天然林资源保护工程造林面积5.9万公顷，完成京津风沙源治理工程造林面积8.6万公顷，完成“三北”防护林五期工程造林面积12.6万公顷。年末全区森林面积2487.9万公顷，森林覆盖率达21.03%。

全区确定的自然保护区182个。其中，国家级自然保护区29个，自治区级自然保护区60个。自然保护区面积1267.7万公顷。其中，国家级自然保护区面积426.2万公顷。优于城市居住区声环境质量标准的城市比例为16.7%。

初步核算，万元生产总值能耗比上年下降1.6%，万元工业增加值能耗(1)增长2.5%。全年规模以上工业综合能源消费量(2)增长5.7%，其中，七大高耗能行业综合能源消费量增长6.2%。主要耗能工业企业(3)吨原煤生产综合能耗下降8.3%，单位电石生产综合能耗下降2.2%，吨水泥综合能耗增长3.1%，吨钢综合能耗增长1.4%。

**注释：**

本公报中数据均为初步统计数。部分数据因四舍五入的原因，存在着与分项合计不等的情况。

(1)规模以上工业口径，按当量值计算。

(2)规模以上工业综合能源消费量口径，按当量值计算。

(3)主要耗能工业企业是指年综合能源消费量1万吨标准煤及以上的规模以上工业企业。

# 中华人民共和国2017年国民经济和社会发展统计公报

中华人民共和国国家统计局

2018年2月28日

2017年，各地区各部门在以习近平同志为核心的党中央坚强领导下，不断增强政治意识、大局意识、核心意识、看齐意识，深入贯彻落实党的十八大和十八届三中、四中、五中、六中、七中全会精神，认真学习贯彻党的十九大精神，以习近平新时代中国特色社会主义思想为指导，按照中央经济工作会议和《政府工作报告》部署，坚持稳中求进工作总基调，坚定不移贯彻新发展理念，坚持以提高发展质量和效益为中心，统筹推进“五位一体”总体布局和协调推进“四个全面”战略布局，以供给侧结构性改革为主线，统筹推进稳增长、促改革、调结构、惠民生、防风险各项工作，经济运行稳中有进、稳中向好、好于预期，经济社会保持平稳健康发展。

## 一、综合

初步核算，全年国内生产总值[2]827122亿元，比上年增长6.9%。其中，第一产业增加值65468亿元，增长3.9%；第二产业增加值334623亿元，增长6.1%；第三产业增加值427032亿元，增长8.0%。第一产业增加值占国内生产总值的比重为7.9%，第二产业增加值比重为40.5%，第三产业增加值比重为51.6%。全年最终消费支出对国内生产总值增长的贡献率为58.8%，资本形成总额贡献率为32.1%，货物和服务净出口贡献率为9.1%。全年人均国内生产总值59660元，比上年增长6.3%。全年国民总收入[3]825016亿元，比上年增长7.0%。

年末全国大陆总人口139008万人，比上年末增加737万人，其中城镇常住人口81347万人，占总人口比重(常住人口城镇化率)为58.52%，比上年末提高1.17个百分点。户籍人口城镇化率为42.35%，比上年末提高1.15个百分点。全年出生人口1723万人，出生率为12.43‰；死亡人口986万人，死亡率为7.11‰；自然增长率为5.32‰。全国人户分离的人口[4]2.91亿人，其中流动人口[5]2.44亿人。

年末全国就业人员77640万人，其中城镇就业人员42462万人。全年城镇新增就业1351万人，比上年增加37万人。年末城镇登记失业率为3.90%，比上年末下降0.12个百分点。全国农民工[7]总量28652万人，比上年增长1.7%。其中，外出农民工17185万人，增长1.5%；本地农民工11467万人，增长2.0%。

全年居民消费价格比上年上涨1.6%。工业生产者出厂价格上涨6.3%。工业生产者购进价格上涨8.1%。固定资产投资价格上涨5.8%。农产品生产者价格[8]下降3.5%。

12月份70个大中城市新建商品住宅销售价格月同比上涨的城市个数为61个，比1月份减少5个；下降的为9个，增加5个。

年末国家外汇储备31399亿美元，比上年末增加1294亿美元。全年人民币平均汇率为1美元兑6.7518元人民币，比上年贬值1.6%。

供给侧结构性改革扎实推进。全年全国工业产能利用率[10]为77.0%，比上年提高3.7个百分点。其中，煤炭开采和洗选业产能利用率为68.2%，比上年提高8.7个百分点；黑色金属冶炼和压延加工业产能利用率为75.8%，提高4.1个百分点。年末商品房待售面积58923万平方米，比上年末减少10616万平方米。其中，商品住宅待售面积30163万平方米，减少10094万平方米。年末规模以上工业企业资产负债率为55.5%，比上年末下降0.6个百分点。全年规模以上工业企业每百元主营业务收入中的成本为84.92元，比上年下降0.25元；每百元主营业务收入中的费用为7.77元，下降0.2元。全年生态保护和环境治理业、公共设施管理业、农业固定资产投资（不含农户）分别比上年增长23.9%、21.8%和16.4%。

新动能新产业新业态加快成长。全年规模以上工业战略性新兴产业[11]增加值比上年增长11.0%。高技术制造业[12]增加值增长13.4%，占规模以上工业增加值的比重为12.7%。装备制造业[13]增加值增长11.3%，占规模以上工业增加值的比重为32.7%。全年新能源汽车产量69万辆，比上年增长51.2%；智能电视产量9666万台，增长3.8%；工业机器人产量13万台（套），增长81.0%；民用无人机产量290万架，增长67.0%。全年规模以上服务业[14]中，战略性新兴服务业[15]营业收入41235亿元，比上年增长17.3%；实现营业利润7446亿元，增长30.2%。全年高技术产业投资[16]42912亿元，比上年增长15.9%，占固定资产投资（不含农户）的比重为6.8%；工业技术改造投资[17]105912亿元，增长16.3%，占固定资产投资（不含农户）的比重为16.8%。全年网上零售额[18]71751亿元，比上年增长32.2%。其中网上商品零售额54806亿元，增长28.0%，占社会消费品零售总额的比重为15.0%。在网上商品零售额中，吃类商品增长28.6%，穿类商品增长20.3%，用类商品增长30.8%。2016年末全国25.1%的村有电子商务配送站点。

发展质量效益改善。全年全国一般公共预算收入172567亿元，比上年增长7.4%[19]。其中税收收入144360亿元，比上年增加13999亿元，增长10.7%。全年规模以上工业企业实现利润75187亿元，比上年增长21.0%。分经济类型看，国有控股企业实现利润16651亿元，比上年增长45.1%；集体企业400亿元，下降8.5%，股份制企业52404亿元，增长23.5%，外商及港澳台商投资企业18753亿元，增长15.8%；私营企业23753亿元，增长11.7%。分门类看，采矿业实现利润4587亿元，比上年增长2.6倍；制造业66511亿元，增长18.2%；电力、热力、燃气及水生产和供应业4089亿元，下降10.7%。全年规模以上服务业企业实现营业利润23645亿元，比上年增长24.5%。全年全员劳动生产率[20]为101231元/人，比上年提高6.7%。全年制造业产品质量合格率[21]为93.71%。

**二、农业**

全年粮食种植面积11222万公顷，比上年减少81万公顷。其中，小麦种植面积2399万公顷，减少20万公顷；稻谷种植面积3018万公顷，减少0.2万公顷；玉米种植面积3545万公顷，减少132万公顷。棉花种植面积323万公顷，减少12万公顷。油料种植面积1420万公顷，增加7万公顷。糖料种植面积168万公顷，减少1万公顷。

全年粮食产量61791万吨，比上年增加166万吨，增产0.3%。其中，夏粮产量14031万吨，增产0.8%；早稻产量3174万吨，减产3.2%；秋粮产量44585万吨，增产0.4%。全年谷物产量56455万吨，比上年减产0.1%。其中，稻谷产量20856万吨，增产0.7%；小麦产量12977万吨，增产0.7%；玉米产量21589万吨，减产1.7%。

全年棉花产量549万吨，比上年增产3.5%。油料产量3732万吨，增产2.8%。糖料产量12556万吨，增产1.7%。茶叶产量255万吨，增产6.0%。

全年猪牛羊禽肉产量8431万吨，比上年增长0.8%。其中，猪肉产量5340万吨，增长0.8%；牛肉产量726万吨，增长1.3%；羊肉产量468万吨，增长1.8%；禽肉产量1897万吨，增长0.5%。禽蛋产量3070万吨，下降0.8%。牛奶产量3545万吨，下降1.6%。年末生猪存栏43325万头，下降0.4%；生猪出栏68861万头，增长0.5%。

全年水产品产量6938万吨，比上年增长0.5%。其中，养殖水产品产量5281万吨，增长2.7%；捕捞水产品产量1656万吨，下降5.8%。

全年木材产量7682万立方米，比上年下降1.2%。

全年新增耕地灌溉面积109万公顷，新增高效节水灌溉面积144万公顷。

**三、工业和建筑业**

全年全部工业增加值279997亿元，比上年增长6.4%。规模以上工业增加值增长6.6%。在规模以上工业中，分经济类型看，国有控股企业增长6.5%；集体企业增长0.6%，股份制企业增长6.6%，外商及港澳台商投资企业增长6.9%；私营企业增长5.9%。分门类看，采矿业下降1.5%，制造业增长7.2%，电力、热力、燃气及水生产和供应业增长8.1%。

全年规模以上工业中，农副食品加工业增加值比上年增长6.8%，纺织业增长4.0%，化学原料和化学制品制造业增长3.8%，非金属矿物制品业增长3.7%，黑色金属冶炼和压延加工业增长0.3%，通用设备制造业增长10.5%，专用设备制造业增长11.8%，汽车制造业增长12.2%，电气机械和器材制造业增长10.6%，计算机、通信和其他电子设备制造业增长13.8%，电力、热力生产和供应业增长7.8%。六大高耗能行业[22]增加值增长3.0%，占规模以上工业增加值的比重为29.7%。

年末全国发电装机容量177703万千瓦，比上年末增长7.6%。其中[26]，火电装机容量110604万千瓦，增长4.3%；水电装机容量34119万千瓦，增长2.7%；核电装机容量3582万千瓦，增长6.5%；并网风电装机容量16367万千瓦，增长10.5%；并网太阳能发电装机容量13025万千瓦，增长68.7%。

全年全社会建筑业增加值55689亿元，比上年增长4.3%。全国具有资质等级的总承包和专业承包建筑业企业实现利润7661亿元，增长9.7%。其中国有控股企业2313亿元，增长15.1%。

**四、固定资产投资**

全年全社会固定资产投资641238亿元，比上年增长7.0%[27]。其中固定资产投资（不含农户）631684亿元，增长7.2%。分区域看[28]，东部地区投资265837亿元，比上年增长8.3%；中部地区投资163400亿元，增长6.9%；西部地区投资166571亿元，增长8.5%；东北地区投资30655亿元，增长2.8%。

在固定资产投资（不含农户）中，第一产业投资20892亿元，比上年增长11.8%；第二产业投资235751亿元，增长3.2%；第三产业投资375040亿元，增长9.5%。基础设施投资[29]140005亿元，增长19.0%，占固定资产投资（不含农户）的比重为22.2%。民间固定资产投资[30]381510亿元，增长6.0%，占固定资产投资（不含农户）的比重为60.4%。六大高耗能行业投资64430亿元，下降1.8%，占固定资产投资（不含农户）的比重为10.2%。

全年房地产开发投资109799亿元，比上年增长7.0%。其中住宅投资75148亿元，增长9.4%；办公楼投资6761亿元，增长3.5%；商业营业用房投资15640亿元，下降1.2%。

全年全国城镇棚户区住房改造开工609万套，棚户区改造基本建成604万套，公租房基本建成82万套。全年全国农村地区建档立卡贫困户危房改造152.5万户[33]。

**五、国内贸易**

全年社会消费品零售总额366262亿元，比上年增长10.2%。按经营地统计，城镇消费品零售额314290亿元，增长10.0%；乡村消费品零售额51972亿元，增长11.8%。按消费类型统计，商品零售额326618亿元，增长10.2%；餐饮收入额39644亿元，增长10.7%。

在限额以上企业商品零售额中，粮油、食品、饮料、烟酒类零售额比上年增长9.7%，服装、鞋帽、针纺织品类增长7.8%，化妆品类增长13.5%，金银珠宝类增长5.6%，日用品类增长8.0%，家用电器和音像器材类增长9.3%，中西药品类增长12.4%，文化办公用品类增长9.8%，家具类增长12.8%，通讯器材类增长11.7%，建筑及装潢材料类增长10.3%，汽车类增长5.6%，石油及制品类增长9.2%。

**六、对外经济[34]**

全年货物进出口总额277923亿元，比上年增长14.2%。其中，出口153321亿元，增长10.8%；进口124602亿元，增长18.7%。货物进出口差额（出口减进口）28718亿元，比上年减少4734亿元。对“一带一路”[35]沿线国家进出口总额73745亿元，比上年增长17.8%。其中，出口43045亿元，增长12.1%；进口30700亿元，增长26.8%。

全年服务进出口[36]总额46991亿元，比上年增长6.8%。其中，服务出口15407亿元，增长10.6%；服务进口31584亿元，增长5.1%。服务进出口逆差16177亿元。

全年吸收外商直接投资（不含银行、证券、保险）新设立企业35652家，比上年增长27.8%。实际使用外商直接投资金额8776亿元（折1310亿美元），增长7.9%，增速比上年加快3.8个百分点。其中“一带一路”沿线国家对华直接投资新设立企业3857家，增长32.8%；对华直接投资金额374亿元（折56亿美元）。全年高技术制造业实际使用外资666亿元，增长11.3%。

全年对外直接投资额（不含银行、证券、保险）8108亿元，按美元计价为1201亿美元，比上年下降29.4%。其中，对“一带一路”沿线国家直接投资额144亿美元。

全年对外承包工程业务完成营业额11383亿元，按美元计价为1686亿美元，比上年增长5.8%。其中，对“一带一路”沿线国家完成营业额855亿美元，增长12.6%，占对外承包工程业务完成营业额比重为50.7%。对外劳务合作派出各类劳务人员52万人，增长5.7%。

**七、交通、邮电和旅游**

全年货物运输总量479亿吨，比上年增长9.3%。货物运输周转量196130亿吨公里，增长5.1%。全年规模以上港口完成货物吞吐量126亿吨，比上年增长6.4%，其中外贸货物吞吐量40亿吨，增长5.7%。规模以上港口集装箱吞吐量23680万标准箱，增长8.3%。

全年旅客运输总量185亿人次，比上年下降2.6%。旅客运输周转量32813亿人公里，增长5.0%。

年末全国民用汽车保有量21743万辆（包括三轮汽车和低速货车820万辆），比上年末增长11.8%，其中私人汽车保有量18695万辆，增长12.9%。民用轿车保有量12185万辆，增长12.0%，其中私人轿车11416万辆，增长12.5%。

全年完成邮政行业业务总量[37]9764亿元，比上年增长32.0%。邮政业全年完成邮政函件业务31.5亿件，包裹业务0.3亿件，快递业务量400.6亿件；快递业务收入4957亿元。全年完成电信业务总量[38]27557亿元，比上年增长76.4%。电信业全年新增移动电话交换机容量[39]23646万户，达到242186万户。年末全国电话用户总数161125万户，其中移动电话用户141749万户。移动电话普及率上升至102.5部/百人。固定互联网宽带接入用户[40]34854万户，比上年增加5133万户，其中固定互联网光纤宽带接入用户[41]29392万户，比上年增加6627万户；移动宽带用户[42]113152万户，增加19077万户。移动互联网接入流量246亿G，比上年增长162.7%。互联网上网人数7.72亿人，增加4074万人，其中手机上网人数[43]7.53亿人，增加5734万人。互联网普及率达到55.8%，其中农村地区互联网普及率达到35.4%。软件和信息技术服务业[44]完成软件业务收入 55037 亿元,比上年增长 13.9%。

全年国内游客 50 亿人次,比上年增长 12.8%;国内旅游收入 45661 亿元,增长 15.9%。入境游客 13948 万人次,增长 0.8%。其中,外国人 2917 万人次,增长 3.6%;香港、澳门和台湾同胞 11032 万人次,与上年持平。在入境游客中,过夜游客 6074 万人次,增长 2.5%。国际旅游收入 1234 亿美元,增长 2.9%。国内居民出境 14273 万人次,增长 5.6%。其中因私出境 13582 万人次,增长 5.7%;赴港澳台出境 8698 万人次,增长 3.6%。

**八、金融**

年末广义货币供应量(M2)余额 167.7 万亿元,比上年末增长 8.2%;狭义货币供应量(M1)余额 54.4 万亿元,增长 11.8%;流通中货币(M0)余额 7.1 万亿元,增长 3.4%。

全年社会融资规模增量[45] 19.4 万亿元,按可比口径计算比上年多 1.6 万亿元;年末社会融资规模存量[46] 174.6 万亿元,比上年末增长 12.0%。年末全部金融机构本外币各项存款余额 169.3 万亿元,比年初增加 13.7 万亿元,其中人民币各项存款余额 164.1 万亿元,增加 13.5 万亿元。全部金融机构本外币各项贷款余额 125.6 万亿元,增加 13.6 万亿元,其中人民币各项贷款余额 120.1 万亿元,增加 13.5 万亿元。

年末主要农村金融机构(农村信用社、农村合作银行、农村商业银行)人民币贷款余额 149820 亿元,比年初增加 15602 亿元。全部金融机构人民币消费贷款余额 315194 亿元,增加 64717 亿元。其中,个人短期消费贷款余额 68041 亿元,增加 18724 亿元;个人中长期消费贷款余额 247154 亿元,增加 45993 亿元。

全年上市公司通过境内市场累计筹资 40836 亿元,比上年减少 12244 亿元。其中,首次公开发行 A 股完成申购 419 只,筹资 2186 亿元;A 股现金再融资(包括公开增发、定向增发、配股、优先股) 9209 亿元,减少 4178 亿元;上市公司通过沪深交易所发行债券(包括公司债、可转债、可交换债和企业资产支持证券)筹资 28105 亿元,减少 8563 亿元。全年全国中小企业股份转让系统[47] 新增挂牌公司 2176 家,筹资 1336 亿元,减少 3.95%。

全年发行公司信用类债券[48] 5.64 万亿元,比上年减少 2.59 万亿元。

全年保险公司原保险保费收入[49] 36581 亿元,比上年增长 18.2%。其中,寿险业务原保险保费收入 21456 亿元,健康险和意外伤害险业务原保险保费收入 5291 亿元,财产险业务原保险保费收入 9835 亿元。支付各类赔款及给付 11181 亿元。其中,寿险业务给付 4575 亿元,健康险和意外伤害险赔款及给付 1518 亿元,财产险业务赔款 5087 亿元。

**九、居民收入消费和社会保障**

全年全国居民人均可支配收入[50] 25974 元,比上年增长 9.0%,扣除价格因素,实际增长 7.3%。全国居民人均可支配收入中位数[51] 22408 元,增长 7.3%。按常住地分,城镇居民人均可支配收入 36396 元,比上年增长 8.3%,扣除价格因素,实际增长 6.5%。城镇居民人均可支配收入中位数 33834 元,增长 7.2%。农村居民人均可支配收入 13432 元,比上年增长 8.6%,扣除价格因素,实际增长 7.3%。农村居民人均可支配收入中位数 11969 元,增长 7.4%。按全国居民五等份收入分组[52],低收入组人均可支配收入 5958 元,中等偏下收入组人均可支配收入 13843 元,中等收入组人均可支配收入 22495 元,中等偏上收入组人均可支配收入 34547 元,高收入组人均可支配收入 64934 元。全国农民工人均月收入 3485 元,比上年增长 6.4%。

全国居民人均消费支出 18322 元,比上年增长 7.1%,扣除价格因素,实际增长 5.4%。按常住地分,城镇居民人均消费支出 24445 元,增长 5.9%,扣除价格因素,实际增长 4.1%;农村居民人均消费支出 10955 元,增长 8.1%,扣除价格因素,实际增长 6.8%。恩格尔系数为 29.3%,比上年下降 0.8 个百分点,其中城镇为 28.6%,农村为 31.2%。

按照每人每年 2300 元(2010 年不变价)的农村贫困标准计算,2017 年,年末农村贫困人口 3046 万人,比上年末减少 1289 万人[53];贫困发生率[54] 3.1%,比上年下降 1.4 个百分点。贫困地区[55] 农村居民人均可支配收入 9377 元,比上年增长 10.5%,扣除价格因素,实际增长 9.1%。

年末全国参加城镇职工基本养老保险人数 40199 万人,比上年末增加 2269 万人。参加城乡居民基本养老保险人数 51255 万人,增加 408 万人。参加基本医疗保险人数 117664 万人,增加 43272 万人。其中,参加职工基本医疗保险人数 30320 万人,增加 789 万人;参加城乡居民基本医疗保险人数 87343 万人[56],增加 42483 万人。参加失业保险人数 18784 万人,增加 695 万人。年末全国领取失业保险金人数 220 万人。参加工伤保险人数 22726 万人,增加 836 万人,其中参加工伤保险的农民工 7807 万人,增加 297 万人。参加生育保险人数 19240 万人,增加 789 万人。年末全国共有 1264 万人享受城市居民最低生活保障,4047 万人享受农村居民最低生活保障,467 万人享受农村特困人员[57] 救助供养。全年资助 5203 万人参加基本医疗保险,医疗救助 3536 万人次。国家抚恤、补助各类优抚对象 859 万人。

**十、教育、科学技术和文化体育**

全年研究生教育[58] 招生 80.5 万人,在学研究生 263.9 万人,毕业生 57.8 万人。普通本专科招生 761.5 万人,在校生 2753.6 万人,毕业生 735.8 万人。中等职业教育[59] 招生 582.4 万人,在校生 1592.5 万人,毕业生 496.9 万人。普通高中招生 800.1 万人,在校生 2374.5 万人,毕业生 775.7 万人。初中招生 1547.2 万人,在校生 4442.1 万人,毕业生 1397.5

万人。普通小学招生1766.6万人，在校生10093.7万人，毕业生1565.9万人。特殊教育招生11.1万人，在校生57.9万人，毕业生6.9万人。学前教育在园幼儿4600.1万人。九年义务教育巩固率为93.8%，高中阶段毛入学率为88.3%。

全年研究与试验发展（R&D）经费支出17500亿元，比上年增长11.6%，与国内生产总值之比为2.12%，其中基础研究经费920亿元。全年国家重点研发计划共安排42个重点专项1115个科技项目，国家科技重大专项共安排454个课题，国家自然科学基金共资助43935个项目。截至年底，累计建设国家重点实验室503个，国家工程研究中心131个，国家工程实验室217个，国家企业技术中心1276家。国家科技成果转化引导基金累计设立5支子基金，资金总规模247.2亿元。全年境内外专利申请369.8万件，授予专利权183.6万件；PCT专利申请受理量[60]为5.1万件。截至年底，有效专利714.8万件，其中境内有效发明专利135.6万件，每万人口发明专利拥有量9.8件。全年共签订技术合同36.8万项，技术合同成交金额13424亿元，比上年增长17.7%。

全年成功完成17次宇航发射。首颗高轨道高通量通信卫星实践十三号、首颗大型硬X射线空间探测卫星“慧眼”卫星成功发射；北斗导航全球卫星系统组网首发双星成功发射；天舟一号货运飞船成功发射，完成与天宫二号交会对接。“墨子号”量子卫星成功实现预定科学目标，暗物质粒子探测卫星“悟空”发现反常电子信号，C919大型客机、“鲲龙”AG600水陆两栖飞机首飞成功。

年末全国共有产品检测实验室35000个，其中国家检测中心739个。全国现有产品质量、体系认证机构401个，已累计完成对140250个企业的产品认证。全国共有法定计量技术机构4037个，全年强制检定计量器具8326万台（件）。全年制定、修订国家标准3811项，其中新制定2684项。

年末全国文化系统共有艺术表演团体2054个，博物馆3217个。全国共有公共图书馆3162个，总流通[61]72641万人次；文化馆3327个。有线电视实际用户2.20亿户，其中有线数字电视实际用户1.98亿户。年末广播节目综合人口覆盖率为98.7%，电视节目综合人口覆盖率为99.1%。全年生产电视剧310部13310集，电视动画片83599分钟。全年生产故事影片798部，科教、纪录、动画和特种影片[62]172部。出版各类报纸368亿份，各类期刊26亿册，图书90亿册（张），人均图书拥有量[63]6.49册（张）。年末全国共有档案馆4237个，已开放各类档案13806万卷（件）。2016年，文化及相关产业增加值30785亿元，比上年增长13.0%；占国内生产总值的比重为4.14%，比上年提高0.19个百分点。

全年我国运动员在24个运动大项中获得106个世界冠军，共创6项世界纪录。全年我国残疾人运动员在11项国际赛事中获得160个世界冠军。2016年，体育产业增加值6475亿元，比上年增长17.8%；占国内生产总值的比重为0.9%，比上年提高0.1个百分点。

**十一、卫生和社会服务**

年末全国共有医疗卫生机构99.5万个，其中医院3.0万个，在医院中有公立医院1.2万个，民营医院1.8万个；基层医疗卫生机构94.0万个，其中乡镇卫生院3.7万个，社区卫生服务中心（站）3.5万个，门诊部（所）23.0万个，村卫生室63.8万个；专业公共卫生机构2.2万个，其中疾病预防控制中心3482个，卫生监督所（中心）3133个。年末卫生技术人员891万人，其中执业医师和执业助理医师335万人，注册护士379万人。医疗卫生机构床位785万张，其中医院609万张，乡镇卫生院125万张。全年总诊疗人次[64]81.0亿人次，出院人数[65]2.4亿人。

年末全国共有各类提供住宿的社会服务机构3.2万个，其中养老服务机构2.9万个，儿童服务机构656个。社会服务床位[66]749.5万张，其中养老服务床位714.2万张，儿童服务床位9.6万张。年末共有社区服务中心2.5万个，社区服务站13.9万个。

**十二、资源、环境和安全生产**

全年全国国有建设用地供应总量[67]60万公顷，比上年增长16.4%。其中，工矿仓储用地12万公顷，增长1.6%；房地产用地[68]11.5万公顷，增长7.2%；基础设施等用地36.5万公顷，增长26.1%。

全年水资源总量28675亿立方米。全年平均降水量640毫米。年末全国监测的604座大型水库蓄水总量3518亿立方米，比上年末蓄水量有所增加。全年总用水量6090亿立方米，比上年增长0.8%。其中，生活用水增长2.8%，工业用水增长0.2%，农业用水增长0.6%，生态补水增长1.7%。万元国内生产总值用水量[69]78立方米，比上年下降5.6%。万元工业增加值用水量49立方米，下降5.9%。人均用水量439立方米，比上年增长0.3%。

全年完成造林面积736万公顷，其中人工造林面积390万公顷，占全部造林面积的53.0%。森林抚育面积830万公顷。截至年底，自然保护区达到2750个，其中国家级自然保护区463个。新增水土流失治理面积5.6万平方公里。

初步核算，全年能源消费总量44.9亿吨标准煤，比上年增长2.9%。煤炭消费量增长0.4%，原油消费量增长5.2%，天然气消费量增长14.8%，电力消费量增长6.6%。煤炭消费量占能源消费总量的60.4%，比上年下降1.6个百分点；天然气、水电、核电、风电等清洁能源消费量占能源消费总量的20.8%，上升1.3个百分点。全国万元国内生产总值能耗下降3.7%。重点耗能工业企业单位烧碱综合能耗下降0.3%，吨水泥综合能耗下降0.1%，吨钢综合能耗下降0.9%，吨粗铜综合能耗下降4.8%，每千瓦时火力发电标准煤耗下降

0.8%。全国万元国内生产总值二氧化碳排放下降5.1%。

近岸海域417个海水水质监测点中,达到国家一、二类海水水质标准的监测点占67.8%,三类海水占10.1%,四类、劣四类海水占22.1%。

在监测的338个地级及以上城市中,城市空气质量达标的城市占29.3%,未达标的城市占70.7%。细颗粒物(PM2.5)未达标城市(基于2015年PM2.5年平均浓度未达标的262个城市)年平均浓度48微克/立方米,比上年下降5.9%。

在监测的323个城市中,城市区域声环境质量好的城市占5.9%,较好的占65.0%,一般的占27.9%,较差的占0.9%,差的占0.3%。

全年平均气温为10.39℃,比上年上升0.03℃。共有8个台风登陆。

全年农作物受灾面积1848万公顷,其中绝收183万公顷。全年因洪涝和地质灾害造成直接经济损失1910亿元,因旱灾造成直接经济损失375亿元,因低温冷冻和雪灾造成直接经济损失19亿元,因海洋灾害造成直接经济损失58亿元。全年大陆地区共发生5.0级以上地震13次,成灾11次,造成直接经济损失148亿元。全年共发生森林火灾3223起,森林火灾受害森林面积2.5万公顷。

全年各类生产安全事故共死亡37852人。工矿商贸企业就业人员10万人生产安全事故死亡人数1.639人,比上年下降3.7%;道路交通事故万车死亡人数2.06人,下降3.7%;煤矿百万吨死亡人数0.106人,下降32.1%。

**注释:**

[1]本公报中数据均为初步统计数。各项统计数据均未包括香港特别行政区、澳门特别行政区和台湾省。部分数据因四舍五入的原因,存在着与分项合计不等的情况。

[2]国内生产总值、各产业增加值和人均国内生产总值绝对数按现价计算,增长速度按不变价格计算。

[3]国民总收入,原称国民生产总值,是指一个国家或地区所有常住单位在一定时期内所获得的初次分配收入总额。它等于国内生产总值加上来自国外的初次分配收入净额。

[4]人户分离的人口是指居住地与户口登记地所在的乡镇街道不一致且离开户口登记地半年及以上的人口。

[5]流动人口是指人户分离人口中扣除市辖区内人户分离的人口。市辖区内人户分离的人口是指一个直辖市或地级市所辖区内和区与区之间,居住地和户口登记地不在同一乡镇街道的人口。

[6]2017年年末,0－14岁(含不满15周岁)人口为23348万人,15－59岁(含不满60周岁)人口为91570万人。

[7]年度农民工数量包括年内在本乡镇以外从业6个月及以上的外出农民工和在本乡镇内从事非农产业6个月及以上的本地农民工两部分。

[8]农产品生产者价格是指农产品生产者直接出售其产品时的价格。

[9]居住类价格包括租赁房房租、住房保养维修及管理、水电燃料等价格。

[10]产能利用率是指实际产出与生产能力(均以价值量计量)的比率。企业的实际产出是指企业报告期内的工业总产值;企业的生产能力是指报告期内,在劳动力、原材料、燃料、运输等保证供给的情况下,生产设备(机械)保持正常运行,企业可实现的、并能长期维持的产品产出。

[11]工业战略性新兴产业包括节能环保产业,新一代信息技术产业,生物产业,高端装备制造产业,新能源产业,新材料产业,新能源汽车产业等七大产业中的工业相关行业。

[12]高技术制造业包括医药制造业,航空、航天器及设备制造业,电子及通信设备制造业,计算机及办公设备制造业,医疗仪器设备及仪器仪表制造业,信息化学品制造业。

[13]装备制造业包括金属制品业,通用设备制造业,专用设备制造业,汽车制造业,铁路、船舶、航空航天和其他运输设备制造业,电气机械和器材制造业,计算机、通信和其他电子设备制造业,仪器仪表制造业。

[14]规模以上服务业包括年营业收入1000万元及以上,或年末从业人员50人及以上的交通运输、仓储和邮政业,信息传输、软件和信息技术服务业,房地产业(不含房地产开发经营),租赁和商务服务业,科学研究和技术服务业,水利、环境和公共设施管理业,教育,卫生和社会工作;年营业收入500万元及以上,或年末从业人员50人及以上的居民服务、修理和其他服务业,文化、体育和娱乐业法人单位。

[15]战略性新兴服务业包括节能环保产业,新一代信息技术产业,生物产业,高端装备制造产业,新能源产业,新材料产业,新能源汽车产业等七大产业中的服务业相关行业。

[16]高技术产业投资包括医药制造、航空航天器及设备制造等六大类高技术制造业投资和信息服务、电子商务服务等九大类高技术服务业投资。

[17]工业技术改造投资是指工业企业利用新技术、新工艺、新设备、新材料对现有设施、工艺条件及生产服务等进行改造提升,实现内涵式发展的投资活动。

[18]网上零售额是指通过公共网络交易平台(主要从事实物商品交易的网上平台,包括自建网站和第三方平台)实现的商品和服务零售额。其中,网上零售额包括的服务,以及少部分用于生产经营用或被转卖的商品不统计在社会消费品零售总额中。

[19]为推进财政资金统筹使用,2017年1月1日起将新增建设用地土地有偿使用费、南水北调工程基金、烟草企业上缴专项收入3项政府性基金调整转列一般公共预算。为此,

在2016年基数中考虑3项政府性基金转列一般公共预算的影响,并以此为基础计算同口径同比增减额和增减幅。

[20]全员劳动生产率为国内生产总值(以2015年价格计算)与全部就业人员的比率。

[21]制造业产品质量合格率是指以产品质量检验为手段,按照规定的方法、程序和标准实施质量抽样检测,判定为质量合格的样品数占全部抽样样品数的百分比,统计调查样本覆盖制造业的29个行业。

[22]六大高耗能行业包括石油加工、炼焦和核燃料加工业,化学原料和化学制品制造业,非金属矿物制品业,黑色金属冶炼和压延加工业,有色金属冶炼和压延加工业,电力、热力生产和供应业。

[23]火电包括燃煤发电量,燃油发电量,燃气发电量,余热、余压、余气发电量,垃圾焚烧发电量,生物质发电量。

[24]钢材产量数据中含企业之间重复加工钢材约24000万吨。

[25]移动通信手持机、钢材2016年产量根据有关专项调查进行了调整,2017年产量增速均按可比口径计算。

[26]少量发电装机容量(如地热等)公报中未列出。

[27]根据第三次农业普查结果对2016年固定资产投资基数进行调整,2017年增速按可比口径计算。

[28]固定资产投资(不含农户)按东部、中部、西部和东北地区计算的合计数据小于全国数据,是因为有部分跨地区的投资未计算在地区数据中。其中,东部地区是指北京、天津、河北、上海、江苏、浙江、福建、山东、广东和海南10省(市);中部地区是指山西、安徽、江西、河南、湖北和湖南6省;西部地区是指内蒙古、广西、重庆、四川、贵州、云南、西藏、陕西、甘肃、青海、宁夏和新疆12省(区、市);东北地区是指辽宁、吉林和黑龙江3省。

[29]基础设施投资是指建造或购置为社会生产和生活提供基础性、大众性服务的工程和设施的支出。公报中的基础设施投资包括交通运输、邮政业,电信、广播电视和卫星传输服务业,互联网和相关服务业,水利、环境和公共设施管理业投资。

[30]民间固定资产投资是指具有集体、私营、个人性质的内资企事业单位以及由其控股(包括绝对控股和相对控股)的企业单位建造或购置固定资产的投资。

[31]房地产业投资除房地产开发投资外,还包括建设单位自建房屋以及物业管理、中介服务和其他房地产投资。

[32]高速铁路是指线路最大速度200公里/小时及以上的铁路和200公里/小时以下仅运行动车组列车的铁路。

[33]各省(自治区、直辖市)汇总上报截至2017年12月底建档立卡贫困户农村危房改造实际竣工数。

[34]货物进出口、服务进出口、吸收外资采用人民币计价。对外投资和对外承包工程由于技术原因仍主要沿用美元计价。

[35]"一带一路"是指"丝绸之路经济带"和"21世纪海上丝绸之路"。

[36]服务进出口按照《国际收支手册(第六版)》标准统计,增速按可比口径计算。

[37]邮政行业业务总量按2010年价格计算。

[38]电信业务总量按2015年价格计算。

[39]移动电话交换机容量是指移动电话交换机根据一定话务模型和交换机处理能力计算出来的最大同时服务用户的数量。

[40]固定互联网宽带接入用户是指报告期末在电信企业登记注册,通过xDSL、FTTx+LAN、FTTH/O以及其他宽带接入方式和普通专线接入公众互联网的用户。

[41]固定互联网光纤宽带接入用户是指报告期末在电信企业登记注册,通过FTTH或FTTO方式接入公众互联网的用户。

[42]移动宽带用户是指报告期末在计费系统拥有使用信息,占用3G或4G网络资源的在网用户。

[43]手机上网人数是指过去半年通过手机接入并使用互联网的6周岁及以上中国居民数量。

[44]软件和信息技术服务业包括软件开发,信息系统集成服务,信息技术咨询服务,数据处理和存储服务,集成电路设计和其他信息技术服务等行业。

[45]社会融资规模增量是指一定时期内实体经济(境内非金融企业和个人)从金融体系获得的资金总额。

[46]社会融资规模存量是指一定时期末(月末、季末或年末)实体经济(境内非金融企业和个人)从金融体系获得的资金余额。

[47]全国中小企业股份转让系统又称"新三板",是2012年经国务院批准设立的全国性证券交易场所。

[48]公司信用类债券包括非金融企业债务融资工具、企业债券以及公司债、可转债等。

[49]原保险保费收入是指保险企业确认的原保险合同保费收入。

[50]全国居民收入名义增速快于分城乡居民收入增速的原因是:在城镇化过程中,一部分在农村收入较高的人口进入城镇地区,但在城镇属于较低收入人群,他们的迁移对城乡居民收入均有拉低作用。但无论在城镇还是农村,其收入增长效应都会体现在全体居民收入增长中。

[51]人均收入中位数是指将所有调查户按人均收入水平从低到高(或从高到低)顺序排列,处于最中间位置调查户的人均收入。

[52]全国居民五等份收入分组是指将所有调查户按人

均收入水平从高到低顺序排列，平均分为五个等份，处于最高20%的收入群体为高收入组，依此类推依次为中等偏上收入组、中等收入组、中等偏下收入组、低收入组。

[53]减贫人口等于当年贫困人口减去上年贫困人口，也相当于当年脱贫人口减去当年返贫人口。

[54]贫困发生率是指贫困人口占目标调查人口的比重。

[55]贫困地区包括集中连片特困地区和片区外的国家扶贫开发工作重点县，原共有832个县。2017年开始将新疆阿克苏地区纳入贫困监测范围。

[56]参加城乡居民基本医疗保险人数增加较多，一是原参加新型农村合作医疗人员并入城乡居民基本医疗保险参保人员统计；二是开展全民参保登记，基本医疗保险覆盖面进一步扩大。

[57]农村特困人员是指无劳动能力，无生活来源，无法定赡养、抚养、扶养义务人或者其法定义务人无履行义务能力的农村老年人、残疾人以及未满16周岁的未成年人。

[58]2017年研究生招生、在学研究生指标口径发生变化（增加非全日制研究生）。

[59]中等职业教育包括普通中专、成人中专、职业高中和技工学校。

[60]PCT专利申请受理量是指国家知识产权局作为PCT专利申请受理局受理的PCT专利申请数量。PCT(Patent Cooperation Treaty)即专利合作条约，是专利领域的一项国际合作条约。

[61]总流通人次是指本年度内到图书馆场馆接受图书馆服务的总人次，包括借阅书刊、咨询问题以及参加各类读者活动等。

[62]特种影片是指那些采用与常规影院放映在技术、设备、节目方面不同的电影展示方式，如巨幕电影、立体电影、立体特效(4D)电影、动感电影、球幕电影等。

[63]人均图书拥有量是指在一年内全国平均每人能拥有的当年出版图书册数。

[64]总诊疗人次指所有诊疗工作的总人次数，包括门诊、急诊、出诊、预约诊疗、单项健康检查、健康咨询指导（不含健康讲座）人次。

[65]出院人数指报告期内所有住院后出院的人数，包括医嘱离院、医嘱转其他医疗机构、非医嘱离院、死亡及其他人数，不含家庭病床撤床人数。

[66]社会服务床位数除收养性机构外，还包括救助类机构、社区类机构以及军休所、军供站等机构的床位。

[67]国有建设用地供应总量是指报告期内市、县人民政府根据年度土地供应计划依法以出让、划拨、租赁等方式将土地使用权提供给单位或个人使用的国有建设用地总量。

[68]房地产用地是指商服用地和住宅用地的总和。

[69]万元国内生产总值用水量、万元工业增加值用水量和万元国内生产总值能耗按2015年价格计算。

**资料来源：**

本公报中户籍人口城镇化率、民用汽车、交通事故数据来自公安部；城镇新增就业、登记失业率、社会保障、技工学校数据来自人力资源社会保障部；外汇储备、汇率数据来自外汇局；财政数据来自财政部；制造业产品质量合格率、质量检验、国家标准制定修订等数据来自质检总局；水产品产量数据来自农业部；木材产量、林业、森林火灾数据来自林业局；灌溉面积、水资源、水土流失治理数据来自水利部；发电装机容量、新增220千伏及以上变电设备数据来自中电联；新建铁路投产里程、增新建铁路复线投产里程、电气化铁路投产里程、铁路运输数据来自铁路总公司；新改建公路里程、港口万吨级码头泊位新增通过能力、公路运输、水运、港口货物吞吐量数据来自交通运输部；新增民用运输机场、民航数据来自民航局；新增光缆线路长度、电信业务总量、电话交换机容量、电话用户、宽带用户、移动互联网接入流量、上网人数、互联网普及率、软件业务收入等数据来自工业和信息化部；棚户区住房改造、公租房、农村地区建档立卡贫困户危房改造数据来自住房城乡建设部；货物进出口数据来自海关总署；服务进出口、外商直接投资、对外直接投资、对外承包工程、对外劳务合作等数据来自商务部；管道数据来自中石油、中石化、中海油；邮政业务数据来自邮政局；农村地区互联网普及率数据来自中国互联网络信息中心；旅游数据来自旅游局、公安部；货币金融、公司信用类债券数据来自人民银行；上市公司数据来自证监会；保险业数据来自保监会；城乡低保、农村特困人员救助供养、社会服务、农作物受灾面积、洪涝地质灾害造成直接经济损失、旱灾造成直接经济损失、低温冷冻和雪灾造成直接经济损失来自民政部；教育数据来自教育部；重点研发计划、科技重大专项、国家重点实验室、科技成果转化引导基金、技术合同等数据来自科技部；自然科学基金项目数据来自自然基金委；国家工程研究中心、国家工程实验室、企业技术中心、万元国内生产总值二氧化碳排放等数据来自发展改革委；专利数据来自知识产权局；宇航发射数据来自国防科工局；艺术表演团体、博物馆、公共图书馆、文化馆数据来自文化部；广播电视、电影、报纸、期刊、图书数据来自新闻出版广电总局；档案数据来自档案局；体育数据来自体育总局；残疾人运动员数据来自中国残联；卫生数据来自卫生计生委；国有建设用地供应数据来自国土资源部；自然保护区、环境监测数据来自环境保护部；平均气温、登陆台风数据来自气象局；海洋灾害造成直接经济损失数据来自海洋局；地震次数、地震灾害直接经济损失数据来自地震局；安全生产数据来自安全监管总局；其他数据均来自国家统计局。

# 第二部分　统计资料

## 行政区划和自然概况

# 1-1 行政区划

单位:个

| 项目 | 乡 | 镇 | 街道办事处 | 社区居委会 | 村民委员会 |
|---|---|---|---|---|---|
| 全市 | 16 | 29 | 31 | 308 | 965 |
| 市区 |  | 6 | 31 | 252 | 180 |
| 新城区 |  | 1 | 8 | 48 | 24 |
| 回民区 |  | 1 | 7 | 57 | 5 |
| 玉泉区 |  | 1 | 8 | 58 | 50 |
| 赛罕区 |  | 3 | 8 | 89 | 101 |
| 旗县 | 16 | 23 |  | 56 | 760 |
| 土左旗 | 2 | 7 |  | 13 | 296 |
| 托县 |  | 5 |  | 15 | 120 |
| 和林县 | 4 | 4 |  | 12 | 148 |
| 清水河县 | 4 | 4 |  | 6 | 103 |
| 武川县 | 6 | 3 |  | 10 | 93 |
| 经济技术开发区 |  |  |  |  | 25 |

# 1-2 土地面积

单位:平方公里

| 项目 | 指标值 | 构成(%) | 项目 | 指标值 | 构成(%) |
|---|---|---|---|---|---|
| 总面积 | 17186.1 | 100.0 |  |  |  |
| 按行政区划分 |  |  | 旗县 | 15121.0 | 88.0 |
| 市区 | 2065.1 | 12.0 | 土左旗 | 2765.0 | 16.1 |
| #建城区 |  |  | 托县 | 1407.8 | 8.2 |
| 新城区 | 660.6 | 3.9 | 和林县 | 3447.8 | 20.1 |
| 回民区 | 194.4 | 1.1 | 清水河县 | 2818.1 | 16.4 |
| 玉泉区 | 207.2 | 1.2 | 武川县 | 4682.3 | 27.2 |
| 赛罕区 | 1002.9 | 5.8 |  |  |  |

# 1－3 人口密度

| 项　目 | 土地面积（平方公里） | 人口数（人） | 人口密度（人/平方公里） |
| --- | --- | --- | --- |
| 全　市 | 17186 | 2428516 | 141 |
| 市　区 | 2065 | 1347110 | 652 |
| 旗　县 | 15121 | 1081406 | 72 |
| 土左旗 | 2765 | 362561 | 131 |
| 托　县 | 1408 | 202333 | 144 |
| 和林县 | 3448 | 202587 | 59 |
| 清水河县 | 2818 | 141958 | 50 |
| 武川县 | 4682 | 171967 | 37 |

# 1－4 河流、湖泊

| 项　目 | 主河流长度（公里） | 面　积（平方公里） | 项　目 | 主河流长度（公里） | 面　积（平方公里） |
| --- | --- | --- | --- | --- | --- |
| 市级河流 | | | 什拉乌素河（和林县段） | 20.6 | |
| 什拉乌素河 | 99.6 | | 宝贝河（和林县段） | 80.2 | |
| 红　河 | 122.0 | | 黄　河（清水河县段） | 65.0 | |
| 美岱沟 | 71.5 | | 清水河 | 58.0 | |
| 黄　河 | 102.5 | | 巴拉干河（武川县段） | 18.9 | |
| 环城河 | 56.0 | | 塔布河（武川县段） | 53.0 | |
| 大黑河 | 152.0 | | 大黑河（赛罕区段） | 57.3 | |
| 县级河流 | | | 小黑河（赛罕区段） | 13.4 | |
| 大黑河（土左旗段） | 36.5 | | 市级湖泊 | | |
| 小黑河（土左旗段） | 9.0 | | 哈素海 | | 27.2 |
| 黄　河（托县段） | 37.5 | | 县级湖泊 | | |
| 大黑河（托县段） | 44.9 | | 南　湖 | | 1.4 |

# 1－5 气象资料(一)

| 月 份 | 气温(℃) | | | 降水日数(天) | 降水量(毫米) | 日最大降水量(毫米) | 日照时数(小时) |
|---|---|---|---|---|---|---|---|
| | 平均 | 最高 | 最低 | | | | |
| 全年 | 8.6 | 35.4 | －20.5 | 66 | 355.0 | 45.4 | 2740.8 |
| 一 月 | －8.4 | 8.6 | －20.5 | 1 | 3.3 | 3.3 | 201.3 |
| 二 月 | －5.1 | 9.7 | －19.9 | 2 | 14.5 | 11.1 | 192.8 |
| 三 月 | 1.8 | 15.1 | －10.7 | 6 | 25.1 | 8.3 | 216.6 |
| 四 月 | 11.4 | 28.2 | －3.0 | 4 | 3.7 | 2.9 | 258.8 |
| 五 月 | 18.6 | 35.1 | 1.7 | 6 | 29.2 | 19.4 | 314.5 |
| 六 月 | 21.9 | 32.7 | 8.1 | 12 | 73.2 | 45.4 | 268.2 |
| 七 月 | 25.2 | 35.4 | 14.9 | 12 | 89.1 | 31.2 | 254.6 |
| 八 月 | 21.6 | 32.6 | 9.7 | 9 | 68.9 | 21.3 | 250.6 |
| 九 月 | 17.4 | 30.1 | －0.2 | 7 | 25.0 | 15.3 | 248.4 |
| 十 月 | 8.0 | 21.3 | －7.1 | 7 | 23.0 | 6.1 | 146.5 |
| 十一月 | －2.3 | 13.8 | －15.5 | 0 | 0.0 | 0.0 | 186.4 |
| 十二月 | －7.5 | 7.4 | －16.5 | 0 | 0.0 | 0.0 | 202.1 |

# 1－6 气象资料(二)

| 地 区 | 最高气温 | | 最低气温 | | 最大风速 | | 初霜日 | 终霜日 | 无霜日(天) |
|---|---|---|---|---|---|---|---|---|---|
| | 极值(℃) | 日 期 | 极值(℃) | 日 期 | 极值(米/秒) | 日 期 | | | |
| 市 区 | 35.4 | 7月12日 | －20.5 | 1月20日 | 17.8 | 6月2日 | 9月27日 | 4月17日 | 145 |
| 土左旗 | 36.7 | 7月13日 | －21.3 | 1月20日 | 20.6 | 7月11日 | 9月27日 | 4月17日 | 153 |
| 托 县 | 37.8 | 7月13日 | －25.2 | 1月30日 | 23.9 | 5月5日 | 9月27日 | 5月4日 | 153 |
| 和林县 | 37.1 | 7月13日 | －21.8 | 1月20日 | 23.4 | 5月19日 | 9月27日 | 5月4日 | 145 |
| 清水河县 | 35.8 | 7月13日 | －21.5 | 1月30日 | 27.9 | 7月7日 | 9月27日 | 5月4日 | 152 |
| 武川县 | 32.9 | 7月19日 | －27.3 | 11月8日 | 24.1 | 5月5日 | 9月9日 | 5月4日 | 109 |

# 主要统计指标解释

**行政区划** 国家为进行分级管理而划分的地方。根据宪法规定,我国行政区划是全国分为省、自治区、直辖市;省、自治区分为自治州、县、自治县、市;县、自治县分为乡、镇。直辖市和较大的市分为区、县。自治州分为县、自治县、市。省下设的地区、县下设的区以及市属区下设的街道办事处都是它们上一级的派出机构。

**土地面积** 指某一国家或某一地区所辖范围内的全部地域面积。土地包括耕地、荒山、荒地、林地、草原、道路、建筑物占地、河流、湖泊、水库等。按照地形的不同,一般可分为山地、高原、盆地、平原、丘陵。地形分类因各地区特点而异。以下地形的地貌特征是:

(1)平原 地面平坦,地面坡度小于5度,地表组织物质以第四纪松散堆积物为主。

(2)丘陵 地面波状起伏,脉络不明显,丘顶多呈浑圆状,间有峰脊,坡度大多在25度以下,相对高度在200米以下,地表多为基岩裸露。

(3)山地 地面起伏大,线状伸延,脉络清楚,相对高度大于200米,坡度大于25度,地表切割深,多为基岩裸露。

**水域面积** 指内陆水域,海涂和水利设施用地的面积。包括河流、湖泊、水库、坑塘、苇地(连片生长芦苇的土地)海涂、溪沟渠道的全部面积。不包括河堤以及耕地、园地、草场内临时沟渠和末级固定的沟渠的面积。

**人口密度** 指一定地理(政治的、行政区域的、自然的、经济的、城乡的)范围内的人口数与相应土地面积的比值,反映一定地理范围内人口集居的稀密状况。计算公式为:

$$人口密度=\frac{某地理范围内的总人口}{某地理范围内的土地面积}$$

计算结果表明每一平方公里内有多少人口。

**年平均气温** 指空气日平均温度一年内的平均值。计算方法为全年逐日累计平均气温除以365天,或逐月累计月平均气温除以12个月。

**年最高气温** 指一年内最高的日平均气温值。

**年最低气温** 指一年内最低的日平均气温值。

**降水量** 指一定时段内,降到平地上的降水(包括液态水和固态水)所积成的水层深度,以毫米数(mm)表示。测算时,固态水(如冰、雪)要折合成液态水。

# 第二部分　统计资料

## 综　　合

# 2－1 青城一日

| 指 标 | 单 位 | 1978 年 | 2000 年 | 2005 年 | 2010 年 | 2015 年 | 2017 年 |
|---|---|---|---|---|---|---|---|
| 全市每天创造的财富 | | | | | | | |
| 地方财政总收入 | 万元 | 39 | 350 | 1352 | 6615 | 6778 | 5521 |
| 财政支出 | 万元 | 27 | 544 | 1976 | 4854 | 9881 | 11041 |
| 发 电 量 | 万千瓦时 | 84 | 266 | 5563 | 9661 | 11854 | 14577 |
| 水 泥 | 吨 | 523 | 2822 | 4236 | 14347 | 17208 | 10689 |
| 化肥(按 100% 折纯) | 吨 | 60 | 549 | 704 | 1493 | 884 | 475 |
| 乳 制 品 | 吨 | | 98 | 5555 | 4587 | 4665 | 3712 |
| 卷 烟 | 箱 | 192 | 603 | 712 | 986 | 1178 | 1011 |
| 电 视 机 | 台 | 3 | 1419 | 6551 | 5599 | 7301 | 3765 |
| 全市每天消费(销售)量 | | | | | | | |
| 社会消费品零售额 | 万元 | 94 | 3455 | 8353 | 20729 | 37083 | 43040 |
| 城乡居民消费总额 | 万元 | 76 | 1749 | 4389 | 11552 | 22792 | 24550 |
| 平均每人消费总额 | 元 | 0.5 | 8.4 | 16.6 | 41 | 75 | 79 |

2－1续表

| 指　　标 | 单位 | 1978年 | 2000年 | 2005年 | 2010年 | 2015年 | 2017年 |
|---|---|---|---|---|---|---|---|
| 全市每天其他经济活动 | | | | | | | |
| 固定资产投资额 | 万元 | 37 | 1885 | 11513 | 24143 | 44346 | 40843 |
| 公路客运量 | 万人 | 0.3 | 5.8 | 10.3 | 4.4 | 1.5 | 1.2 |
| 公路货运量 | 万吨 | 2.0 | 5.8 | 16.8 | 22.2 | 42.3 | 52.3 |
| 市内公共交通客运量 | 万人次 | | 11.5 | 46.2 | 123.2 | 110.6 | 117.8 |
| 进出口总额 | 万美元 | | 159 | 292 | 413 | 568 | 438 |
| #出　口 | | | 140 | 163 | 208 | 342 | 209 |
| 接待旅游者人数 | 人次 | | 4567 | 10740 | 35933 | 83765 | 107063 |
| 邮电业务总量 | 万元 | 1 | 324 | 852 | 2222 | 1786 | 2038 |
| 邮寄函件 | 万件 | 2 | 6 | 5 | 3 | 2 | 1 |
| 用电量 | 万千瓦时 | | 625 | 1282 | 3479 | 5142 | 5969 |
| 人均生活用水 | 升 | 11 | 203 | 175 | 87.6 | 91.1 | 115 |
| 全市每天人口变动及婚姻 | | | | | | | |
| 出　生 | 人 | 73 | 86 | 58 | 75 | 65 | 79 |
| 死　亡 | 人 | 25 | 62 | 68 | 49 | 30 | 77 |
| 结　婚 | 对 | | 24 | 33 | 59 | 56 | 53 |
| 离　婚 | 对 | | 4 | 5 | 9 | 15 | 18 |

# 2－2　平均每人主要社会经济活动

| 指　　标 | 单 位 | 1978 年 | 2000 年 | 2005 年 | 2010 年 | 2015 年 | 2017 年 |
|---|---|---|---|---|---|---|---|
| 地区生产总值 | 元 | 347 | 8231 | 29562 | 65518 | 101492 | |
| 地方财政总收入 | 元 | 92 | 613 | 2304 | 8651 | 8124 | 6496 |
| 农牧业生产 | | | | | | | |
| 粮　　食 | 千克 | 162 | 404 | 536 | 416 | 428 | 459 |
| 油　　料 | 千克 | 4 | 37 | 28 | 13 | 31 | 37 |
| 蔬菜及食用菌 | 千克 | 106 | 291 | 209 | 257 | 231 | 192 |
| 年末大牲畜 | 头 | 0.1 | 0.1 | 0.4 | 0.3 | 0.2 | |
| #奶　牛 | 头 | | | 0.3 | 0.3 | 0.2 | |
| 猪牛羊肉 | 千克 | 5 | 39 | 48 | 33 | 32 | |
| 奶　　类 | 千克 | | 121 | 1064 | 1095 | 943 | |
| 禽　　蛋 | 千克 | 0.6 | 15 | 16 | 11 | 11 | |
| 主要工业产品产量 | | | | | | | |
| 发 电 量 | 千瓦小时 | 201 | 466 | 9484 | 12632 | 14207 | 17152 |
| 水　　泥 | 千克 | 125 | 494 | 722 | 1877 | 2062 | 1258 |
| 化　　肥(按 100% 折纯) | 千克 | 14 | 96 | 120 | 196 | 106 | 56 |
| 乳 制 品 | 千克 | | 17 | 947 | 600 | 559 | 437 |
| 电 视 机 | 台/万人 | | 2485 | 11167 | 7321 | 8750 | 4431 |
| 批发零售贸易、餐饮业 | | | | | | | |
| 社会消费品零售额 | 元 | 224 | 6048 | 14240 | 27107 | 44444 | 50432 |
| 人民生活 | | | | | | | |
| 在岗职工年平均工资 | 元 | 639 | 7548 | 19715 | 37685 | 53698 | 63084 |
| 城镇居民人均可支配收入 | 元 | | 5582 | 12150 | 25174 | 37362 | 43518 |
| 城镇居民人均消费性支出 | 元 | | 4613 | 8768 | 16624 | 26547 | 29458 |
| 农民人均纯收入 | 元 | | 2539 | 4631 | 8746 | 13491 | 15710 |
| 农民人均消费性支出 | 元 | | 1558 | 2767 | 5526 | 13223 | 15257 |
| 个人储蓄存款 | 元 | 36 | 7291 | 17728 | 33311 | 55293 | 62973 |
| 城镇居民居住建筑面积 | 平方米 | | 17.2 | 24.8 | 30.2 | 32.1 | 32.8 |
| 农村居民居住建筑面积 | 平方米 | | 20 | 22.6 | 27.3 | 31.3 | 31.8 |
| 移动电话 | 部/万人 | | | 4619 | 9887 | 11039 | 14113 |

注:1. 自 2014 年起财政收支为公共财政预算口径。自 2014 年起城乡居民收入指标调整为城乡常住居民人均可支配收入。自 2015 年起个人储蓄存款指标调整为住户储蓄存款,两者不可比。自 2015 年起固定资产投资指标口径调整为 500 万元以上计划投资项目。

# 2－3 国民经济和社会发

| 指　　标 | 单 位 | 总 量 指 标 | | | | | |
|---|---|---|---|---|---|---|---|
| | | 1978 年 | 2000 年 | 2005 年 | 2010 年 | 2015 年 | 2017 年 |
| 人 口 | | | | | | | |
| 年末总人口 | 万人 | 154.0 | 209.2 | 213.5 | 229.6 | 238.6 | 242.9 |
| 就　　业 | | | | | | | |
| 从业人员 | 万人 | 64.6 | 122.7 | 145.8 | 165.5 | 178.2 | 179.5 |
| 第一产业 | | 34.9 | 44.2 | 44.3 | 41.8 | 36.3 | 36.1 |
| 第二产业 | | 15.9 | 33.8 | 43.1 | 50.8 | 54.1 | 54.5 |
| 第三产业 | | 13.8 | 44.7 | 58.4 | 72.9 | 87.8 | 88.9 |
| 国民经济核算 | | | | | | | |
| 地区生产总值 | 亿元 | 5.4 | 199.9 | 743.7 | 1865.7 | 3090.5 | |
| 第一产业 | 亿元 | 1.2 | 22.3 | 47.2 | 91.3 | 126.2 | |
| 第二产业 | 亿元 | 2.5 | 75.1 | 277.8 | 679.0 | 867.1 | |
| #工　　业 | 亿元 | 2.1 | 65.4 | 221.3 | 557.1 | 678.6 | |
| 第三产业 | 亿元 | 1.7 | 102.5 | 418.7 | 1095.4 | 2097.2 | |
| 人均地区生产总值 | 元 | 347 | 8231 | 29562 | 65518 | 101492 | |
| 财　　政 | | | | | | | |
| 地方财政总收入 | 亿元 | 1.4 | 12.8 | 49.3 | 241.5 | 247.4 | 201.5 |
| 财政支出 | 亿元 | 1.0 | 19.9 | 72.1 | 177.2 | 360.6 | 403.0 |
| 农 牧 业 | | | | | | | |
| 农林牧渔业从业人员 | 万人 | 34.9 | 43.8 | 43.1 | 40.6 | 35.7 | 34.9 |
| 农林牧渔业总产值 | 亿元 | 1.6 | 40.4 | 82.6 | 162.4 | 225.3 | 190.2 |
| 主要农畜产品产量 | | | | | | | |
| 粮　　食 | 万吨 | 24.7 | 84.2 | 114.8 | 116.1 | 130.3 | 142.3 |
| 油　　料 | 万吨 | 0.6 | 7.8 | 6.1 | 3.5 | 9.6 | 11.4 |
| 猪牛羊肉产量 | 吨 | 7997 | 82125 | 103491 | 91879 | 96166 | |
| 牛　　奶 | 吨 | 45 | 234334 | 2278051 | 3056401 | 2872088 | |
| 年末牲畜总头数 | 万头、只 | 137.6 | 188.7 | 199.2 | 261.7 | 269.6 | |
| 大 牲 畜 | 万头 | 18.7 | 28.3 | 75.4 | 76.3 | 64.0 | |
| 羊 | 万只 | 86.5 | 118.2 | 93.1 | 156.2 | 179.4 | |
| 生　猪 | 万口 | 32.4 | 42.2 | 30.7 | 29.2 | 26.2 | |

注：地方财政总收支、固定资产投资、城镇居民人均可支配收入、农民人均纯收入和个人储蓄存款余额指标口径调整数据不可比。

# 展总量与速度指标

| 速度指标(%) | | | | | | | | |
|---|---|---|---|---|---|---|---|---|
| 指数(2017年比以下各年) | | | | | 平均增长速度 | | | |
| 1978年 | 2000年 | 2005年 | 2010年 | 2015年 | 1979－2017 | 2001－2005 | 2006－2010 | 2011－2015 |
| | | | | | | | | |
| 157.7 | 116.1 | 113.8 | 105.8 | 101.8 | 1.2 | 0.4 | 1.5 | 0.8 |
| | | | | | | | | |
| 277.9 | 146.3 | 123.1 | 108.5 | 100.7 | 2.7 | 3.5 | 2.6 | 1.5 |
| 103.4 | 81.7 | 81.5 | 86.4 | 99.4 | 0.1 | … | －1.1 | －2.8 |
| 342.8 | 161.2 | 126.5 | 107.3 | 100.7 | 3.2 | 5.0 | 3.3 | 1.3 |
| 644.2 | 198.9 | 152.2 | 121.9 | 101.3 | 4.9 | 5.5 | 4.5 | 3.8 |
| | | | | | | | | |
| | | | | | | 25.8 | 15.8 | 9.7 |
| | | | | | | 13.0 | 5.8 | 4.3 |
| | | | | | | 27.3 | 17.0 | 10.6 |
| | | | | | | 25.9 | 18.1 | 11.3 |
| | | | | | | 26.9 | 15.9 | 9.6 |
| | | | | | | 24.1 | 13.8 | 7.8 |
| | | | | | | | | |
| | | | | | | 31.0 | | |
| | | | | | | 29.4 | | |
| | | | | | | | | |
| 100.0 | 79.7 | 81.0 | 86.0 | 97.8 | 1.0 | －0.3 | －1.2 | －2.5 |
| 11887.5 | 470.8 | 230.3 | 117.1 | 84.4 | 13.0 | 11.2 | 14.5 | 3.6 |
| | | | | | | | | |
| 576.1 | 169.0 | 124.0 | 122.6 | 109.2 | 4.6 | 6.4 | 0.2 | 2.3 |
| 1900.0 | 146.2 | 186.9 | 325.7 | 118.8 | 7.8 | －4.8 | －10.5 | 22.4 |
| | | | | | | 4.7 | －2.4 | 0.9 |
| | | | | | | 57.6 | 6.1 | －1.2 |
| | | | | | | 1.1 | 5.6 | 0.6 |
| | | | | | | 21.6 | 0.2 | －3.5 |
| | | | | | | －4.6 | 10.9 | 2.8 |
| | | | | | | －6.2 | －1.0 | －2.1 |

2－3 续表 1

| 指　　标 | 单 位 | 总 量 指 标 | | | | | |
|---|---|---|---|---|---|---|---|
| | | 1978 年 | 2000 年 | 2005 年 | 2010 年 | 2015 年 | 2017 年 |
| 规模以上工业 | | | | | | | |
| 主要产品产量 | | | | | | | |
| 配、混合饲料 | 万吨 | | 13.3 | 37.8 | 63.2 | 81.7 | 83.5 |
| 液 体 乳 | 万吨 | | 11.8 | 198.6 | 156.3 | 164.7 | 129.4 |
| 卷　　烟 | 万箱 | 7.0 | 22.0 | 26.0 | 36.0 | 43.0 | 37.0 |
| 原油加工量 | 万吨 | | 116.0 | 107.7 | 125.6 | 369.4 | 447.2 |
| 化肥（折纯） | 万吨 | 2.2 | 20.0 | 25.7 | 30.4 | 32.3 | 17.3 |
| 电 视 机 | 万台 | 0.1 | 51.8 | 239.1 | 204.4 | 266.5 | 137.4 |
| 发 电 量 | 亿千瓦小时 | 3.1 | 9.7 | 203.1 | 352.6 | 432.7 | 532.1 |
| 固定资产投资 | | | | | | | |
| 固定资产投资总额 | 亿元 | 1.3 | 68.8 | 420.2 | 881.2 | 1618.6 | 1490.8 |
| 房地产开发 | 亿元 | | 11.8 | 35.9 | 254.4 | 509.0 | 238.4 |
| 竣工的住宅面积 | 万平方米 | | 160.0 | 296.2 | 538.0 | 399.4 | 405.8 |
| 国内贸易 | | | | | | | |
| 社会消费品零售总额 | 亿元 | 3.4 | 126.1 | 307.8 | 756.6 | 1353.5 | 1571.0 |
| 对外经济贸易 | | | | | | | |
| 进出口总额 | 万美元 | | 7001 | 106455 | 150604 | 207275 | 159913 |
| #出口总额 | 万美元 | | 5216 | 59411 | 75912 | 124736 | 76267 |
| 运输、邮电 | | | | | | | |
| 公路客运量 | 万人 | 104 | 2101 | 3764 | 1605 | 551 | 435 |
| 公路货运量 | 万吨 | 730 | 2105 | 6131 | 8116 | 15440 | 19076 |
| 公路旅客周转量 | 万人公里 | 7148 | 219849 | 415628 | 405585 | 149908 | 116011 |
| 公路货运周转量 | 万吨公里 | 11894 | 155116 | 741851 | 2736375 | 3009718 | 3717243 |
| 邮电业务总量 | 万元 | 361 | 118213 | 311128 | 811047 | 652055 | 743781 |

| 速度指标(%) | | | | | | | | |
|---|---|---|---|---|---|---|---|---|
| 指数(2017年比以下各年) | | | | | 平均增长速度 | | | |
| 1978年 | 2000年 | 2005年 | 2010年 | 2015年 | 1979－2017 | 2001－2005 | 2006－2010 | 2011－2015 |
| | | | | | | | | |
| | | | | | | | | |
| | 627.8 | 220.9 | 132.1 | 102.2 | | 23.2 | 10.8 | 5.3 |
| | 1096.6 | 65.2 | 82.8 | 78.6 | | 75.9 | －4.7 | 1.1 |
| 528.6 | 168.2 | 142.3 | 102.8 | 86.0 | 4.4 | 3.4 | 6.7 | 3.6 |
| | 385.5 | 415.2 | 356.1 | 121.1 | | －1.5 | 3.1 | 24.1 |
| 786.4 | 86.5 | 67.3 | 56.9 | 53.6 | 5.4 | 5.1 | 3.4 | 1.2 |
| 137400.0 | 265.3 | 57.5 | 67.2 | 51.6 | 20.4 | 35.8 | －3.1 | 5.4 |
| 17164.5 | 5485.6 | 262.0 | 150.9 | 123.0 | 14.1 | 83.7 | 11.7 | 4.2 |
| | | | | | | | | |
| 114676.9 | 2166.9 | 354.8 | 169.2 | 92.1 | 19.8 | 43.6 | 16.0 | |
| | 4313.6 | 1417.8 | 200.1 | 100.0 | | 24.9 | 47.9 | 14.9 |
| | 253.6 | 137.0 | 75.4 | 101.6 | | 13.1 | 12.7 | －5.8 |
| | | | | | | | | |
| 45911.5 | 1245.8 | 510.4 | 207.6 | 116.1 | 17.0 | 19.5 | 19.7 | 12.3 |
| | | | | | | | | |
| | 2284.1 | 150.2 | 106.2 | 77.2 | | 72.3 | 7.2 | 6.6 |
| | 1462.2 | 128.4 | 100.5 | 61.1 | | 62.7 | 5.0 | 10.4 |
| | | | | | | | | |
| 418.3 | 20.7 | 11.6 | 27.1 | 78.9 | 3.7 | 12.4 | －15.7 | －19.3 |
| 2613.2 | 906.2 | 311.1 | 235.0 | 123.5 | 8.7 | 23.8 | 5.8 | 13.7 |
| 1623.0 | 52.8 | 27.9 | 28.6 | 77.4 | 7.4 | 13.6 | －0.5 | －18.1 |
| 31253.1 | 2396.4 | 501.1 | 135.8 | 123.5 | 15.9 | 36.8 | 29.8 | 1.9 |
| 206033.5 | 629.2 | 239.1 | 91.7 | 114.1 | 21.6 | 21.4 | 21.1 | －4.3 |

2－3续表2

| 指　　标 | 单位 | 总量指标 | | | | | |
|---|---|---|---|---|---|---|---|
| | | 1978年 | 2000年 | 2005年 | 2010年 | 2015年 | 2017年 |
| 金融保险 | | | | | | | |
| 金融机构各项存款 | 亿元 | 8.7 | 311.6 | 803.9 | 2678.9 | 5364.7 | 6312.6 |
| 金融机构各项贷款 | 亿元 | 5.3 | 261.2 | 874.0 | 2522.5 | 6073.9 | 7646.0 |
| 保费收入 | 万元 | | 40002 | 116996 | 371460 | 819983 | 1188146 |
| 保费支出 | 万元 | | 14975 | 21864 | 96532 | 245356 | 314330 |
| 教　　育 | | | | | | | |
| 专任教师数 | | | | | | | |
| 普通高校 | 人 | 2150 | 5307 | 8553 | 12107 | 12152 | 12102 |
| 中等职业学校 | 人 | 781 | 1796 | 563 | 1108 | 2098 | 2045 |
| 普通中学 | 人 | 8369 | 7098 | 8349 | 9088 | 10857 | 11022 |
| 小　　学 | 人 | 9584 | 11270 | 10348 | 10201 | 8955 | 8685 |
| 在校学生数 | | | | | | | |
| 普通高校 | 万人 | 0.70 | 4.37 | 13.57 | 21.53 | 23.52 | 23.93 |
| 中等职业学校 | 万人 | 0.49 | 3.93 | 3.77 | 7.16 | 4.21 | 4.05 |
| 普通中学 | 万人 | 13.36 | 11.48 | 14.91 | 15.66 | 14.63 | 14.07 |
| 小　　学 | 万人 | 20.18 | 20.62 | 18.53 | 17.75 | 16.95 | 17.47 |
| 卫　　生 | | | | | | | |
| 卫生医疗机构数 | 个 | 478 | 199 | 199 | 1860 | 2011 | 2065 |
| 医疗机构床位数 | 张 | 4188 | 7441 | 8828 | 12675 | 17750 | 20680 |
| 卫生技术人员数 | 人 | 6467 | 10879 | 10868 | 16627 | 21778 | 26498 |
| 人民生活 | | | | | | | |
| 城镇居民人均可支配收入 | 元 | | 5354 | 12150 | 25174 | 37362 | 43518 |
| 农牧民人均纯收入 | 元 | | 2539 | 4631 | 8746 | 13491 | 15710 |
| 个人储蓄存款余额 | 亿元 | 0.5 | 152.5 | 379.6 | 929.8 | 1684.0 | 1953.4 |
| 物价总指数(上年=100) | | | | | | | |
| 居民消费价格指数 | % | 101.0 | 103.0 | 101.5 | 102.6 | 101.8 | 101.4 |

注:2015年个人储蓄存款指标口径调整为住户存款,和以前年度不可比。

| 速度指标(%) | | | | | | | | |
|---|---|---|---|---|---|---|---|---|
| 指数(2017年比以下各年) | | | | | 平均增长速度 | | | |
| 1978年 | 2000年 | 2005年 | 2010年 | 2015年 | 1979-2017 | 2001-2005 | 2006-2010 | 2011-2015 |
| | | | | | | | | |
| 72558.6 | 2025.9 | 785.2 | 235.6 | 117.7 | 18.4 | 20.9 | 27.2 | 14.9 |
| 144264.2 | 2927.3 | 874.8 | 303.1 | 125.9 | 20.5 | 27.3 | 23.6 | 19.2 |
| | 2970.2 | 1015.5 | 319.9 | 144.9 | | 23.9 | 26.0 | 17.2 |
| | 2099.0 | 1437.7 | 325.6 | 128.1 | | 7.9 | 34.6 | 20.5 |
| | | | | | | | | |
| | | | | | | | | |
| 562.9 | 228.0 | 141.5 | 100.0 | 99.6 | 4.5 | 10.0 | 7.2 | 0.1 |
| 261.8 | 113.9 | 363.2 | 184.6 | 97.5 | 2.5 | -20.7 | 14.5 | 13.6 |
| 131.7 | 155.3 | 132.0 | 121.3 | 101.5 | 0.7 | 3.3 | 1.7 | 3.6 |
| 90.6 | 77.1 | 83.9 | 85.1 | 97.0 | -0.3 | -1.7 | -0.3 | -2.6 |
| | | | | | | | | |
| 3418.6 | 547.6 | 176.3 | 111.1 | 101.7 | 9.5 | 25.4 | 9.7 | 1.8 |
| 826.5 | 103.1 | 107.4 | 56.6 | 96.2 | 5.6 | -0.8 | 13.7 | -10.1 |
| 109.5 | 127.4 | 98.1 | 93.4 | 100.0 | 0.2 | 5.4 | 1.0 | -1.4 |
| 86.6 | 84.7 | 94.3 | 98.4 | 103.1 | -0.4 | -2.1 | -0.9 | -0.9 |
| | | | | | | | | |
| 432.0 | 1037.7 | 1037.7 | 111.0 | 102.7 | 3.8 | | 56.4 | 1.6 |
| 493.8 | 277.9 | 234.3 | 163.2 | 116.5 | 4.2 | 3.5 | 7.5 | 7.0 |
| 409.7 | 243.6 | 243.8 | 159.4 | 121.7 | 3.7 | | 8.9 | 5.5 |
| | | | | | | | | |
| | 812.8 | 358.2 | 172.9 | 116.5 | | 17.8 | 15.7 | |
| | 618.7 | 339.2 | 179.6 | 116.4 | | 12.8 | 13.6 | |
| 390680.0 | 1280.9 | 514.6 | 210.1 | 116.0 | | 20.0 | 19.6 | |
| | | | | | | | | |
| 755.8 | 143.7 | 135.5 | 119.6 | 102.8 | 5.3 | 1.2 | 2.5 | 3.1 |

# 2-4 城乡居民物质文化生活主要指标

| 指　　标 | 单 位 | 2016年 | 2017年 | 2017年比2016年增长% |
|---|---|---|---|---|
| 就　　业 | | | | |
| 城镇登记失业率 | % | 3.66 | 3.65 | -0.01 |
| 收　　入 | | | | |
| 城镇常住居民人均可支配收入 | 元 | 40220 | 43518 | 8.2 |
| 农村常住居民人均可支配收入 | 元 | 14517 | 15710 | 8.2 |
| 在岗职工平均工资 | 元 | 56213 | 63084 | 12.2 |
| 消费水平 | | | | |
| 居民人均消费水平 | 元 | 26935 | 28769 | 5.1 |
| 城镇居民 | 元 | 32443 | 34017 | 3.2 |
| 农村居民 | 元 | 15312 | 17043 | 9.6 |
| 储　　蓄 | | | | |
| 个人储蓄存款 | 万元 | 18660141 | 19534119 | 4.7 |
| 人均储蓄 | 元 | 60693 | 62973 | 3.8 |
| 住　　房 | | | | |
| 城镇常住居民自有住房面积 | 平方米 | 32.3 | 32.8 | 1.5 |
| 农村常住居民自有住房面积 | 平方米 | 31.3 | 31.8 | 1.6 |
| 交　　通 | | | | |
| 城镇每百户拥有助力车 | 辆 | 51 | 43 | -15.7 |
| 农民每百户拥有助力车 | 辆 | 62 | 69 | 11.3 |
| 城市每万人拥有公交车辆 | 辆 | 12.4 | 13.7 | 10.5 |
| 文　　化 | | | | |
| 城镇每百户拥有彩色电视机 | 台 | 101 | 102 | 1.0 |
| 农村每百户拥有电视机 | 台 | 102 | 101 | -1.0 |
| 城镇每百户拥有电脑 | 台 | 62 | 67 | 8.1 |
| 农村每百户拥有电脑 | 台 | 31 | 31 | |
| 教　　育 | | | | |
| 学龄儿童入学率 | % | 100 | 100 | 0.0 |
| 每万人拥有在校大学生数 | 人 | 1121 | 1034 | -7.8 |
| 卫　　生 | | | | |
| 每万人拥有医院病床 | 张 | 54 | 57 | 5.6 |
| 每万人拥有医生数 | 人 | 31 | 33 | 6.5 |

注:城镇登记失业率为增减百分点。

# 第二部分　统计资料

## 国民经济核算

# 3－1 历年地区生产总值指数

（以上年为100）

单位：%

| 年 份 | 地 区<br>生产总值 | 第一产业 | 第二产业 | #工 业 | 第三产业 | 人均地区<br>生产总值 |
|---|---|---|---|---|---|---|
| 1949 | | | | | | |
| 1950 | 118.3 | 111.9 | 141.1 | 139.4 | 138.2 | 114.8 |
| 1951 | 99.3 | 94.9 | 129.4 | 142.9 | 103.6 | 92.5 |
| 1952 | 141.1 | 138.7 | 146.9 | 133.7 | 146.2 | 134.2 |
| 1953 | 112.7 | 105.2 | 148.2 | 142.3 | 118.6 | 109.1 |
| 1954 | 123.3 | 122.6 | 111.3 | 129.7 | 132.9 | 118.5 |
| 1955 | 87.8 | 78.0 | 107.3 | 114.1 | 103.0 | 84.7 |
| 1956 | 134.4 | 125.4 | 171.2 | 144.2 | 131.9 | 129.1 |
| 1957 | 95.9 | 80.6 | 103.9 | 108.3 | 118.8 | 91.0 |
| 1958 | 119.2 | 107.4 | 158.8 | 174.2 | 109.6 | 114.9 |
| 1959 | 112.0 | 98.4 | 126.8 | 129.3 | 115.7 | 107.0 |
| 1960 | 119.3 | 96.9 | 142.0 | 147.7 | 120.6 | 108.9 |
| 1961 | 73.3 | 94.4 | 51.5 | 59.2 | 80.8 | 70.8 |
| 1962 | 86.4 | 90.1 | 77.8 | 78.3 | 89.0 | 88.4 |
| 1963 | 109.3 | 117.9 | 104.6 | 101.7 | 103.8 | 108.1 |
| 1964 | 116.5 | 121.0 | 113.6 | 100.2 | 113.3 | 113.0 |
| 1965 | 112.4 | 92.2 | 139.8 | 146.3 | 119.1 | 108.9 |
| 1966 | 120.2 | 113.7 | 131.8 | 130.4 | 117.5 | 117.3 |
| 1967 | 100.5 | 112.8 | 91.7 | 95.3 | 96.7 | 98.6 |
| 1968 | 108.6 | 102.5 | 111.0 | 114.0 | 113.3 | 106.5 |
| 1969 | 100.0 | 99.1 | 88.1 | 85.8 | 110.4 | 97.5 |
| 1970 | 115.0 | 104.0 | 149.1 | 161.0 | 102.8 | 112.7 |
| 1971 | 114.2 | 116.8 | 115.6 | 116.0 | 110.8 | 111.6 |
| 1972 | 96.8 | 100.3 | 103.3 | 102.1 | 87.2 | 93.8 |
| 1973 | 109.3 | 117.3 | 106.9 | 105.1 | 103.4 | 105.8 |
| 1974 | 95.7 | 102.5 | 82.1 | 78.5 | 103.5 | 93.6 |
| 1975 | 112.0 | 103.6 | 128.0 | 129.4 | 106.9 | 109.5 |
| 1976 | 105.7 | 98.9 | 108.0 | 106.0 | 111.1 | 104.7 |
| 1977 | 99.5 | 101.6 | 101.3 | 103.6 | 95.4 | 95.5 |
| 1978 | 98.5 | 74.6 | 115.3 | 120.3 | 105.2 | 97.7 |

3－1 续表

单位:%

| 年 份 | 地 区<br>生产总值 | 第一产业 | 第二产业 | #工 业 | 第三产业 | 人均地区<br>生产总值 |
|---|---|---|---|---|---|---|
| 1979 | 117.2 | 122.7 | 122.1 | 118.5 | 106.6 | 113.3 |
| 1980 | 101.6 | 110.8 | 105.0 | 113.1 | 88.3 | 99.9 |
| 1981 | 106.1 | 97.7 | 101.8 | 100.0 | 123.0 | 105.4 |
| 1982 | 116.1 | 124.1 | 111.2 | 110.8 | 116.0 | 113.1 |
| 1983 | 113.4 | 108.5 | 110.6 | 111.8 | 121.8 | 113.1 |
| 1984 | 119.4 | 129.3 | 111.9 | 118.1 | 120.3 | 118.5 |
| 1985 | 112.4 | 78.3 | 138.4 | 116.7 | 113.4 | 110.9 |
| 1986 | 104.3 | 86.9 | 99.4 | 104.3 | 122.3 | 103.6 |
| 1987 | 102.5 | 91.3 | 107.4 | 111.0 | 101.9 | 100.7 |
| 1988 | 119.4 | 137.9 | 106.8 | 115.9 | 127.4 | 118.6 |
| 1989 | 101.8 | 78.2 | 109.7 | 108.4 | 103.9 | 98.4 |
| 1990 | 110.1 | 134.7 | 105.4 | 97.6 | 107.1 | 109.2 |
| 1991 | 106.1 | 106.3 | 105.6 | 111.1 | 106.4 | 105.2 |
| 1992 | 115.7 | 108.4 | 119.4 | 116.1 | 114.8 | 112.7 |
| 1993 | 122.5 | 122.2 | 129.3 | 133.0 | 115.3 | 121.8 |
| 1994 | 124.3 | 114.6 | 129.9 | 134.1 | 120.4 | 122.8 |
| 1995 | 105.0 | 103.8 | 96.5 | 95.9 | 115.6 | 104.3 |
| 1996 | 113.5 | 119.1 | 113.1 | 113.1 | 109.3 | 112.6 |
| 1997 | 109.5 | 102.3 | 107.1 | 106.7 | 112.1 | 107.4 |
| 1998 | 112.8 | 106.2 | 109.5 | 108.3 | 113.5 | 112.1 |
| 1999 | 111.2 | 95.9 | 110.6 | 110.6 | 118.2 | 109.3 |
| 2000 | 114.7 | 112.0 | 114.0 | 112.6 | 116.2 | 113.8 |
| 2001 | 121.0 | 99.0 | 125.3 | 120.8 | 122.7 | 119.7 |
| 2002 | 130.9 | 127.4 | 130.0 | 130.2 | 132.2 | 129.5 |
| 2003 | 125.7 | 118.1 | 125.3 | 121.2 | 127.2 | 124.4 |
| 2004 | 122.9 | 110.3 | 124.0 | 126.5 | 124.1 | 120.9 |
| 2005 | 128.6 | 112.1 | 132.3 | 131.0 | 128.6 | 126.5 |
| 2006 | 118.1 | 108.6 | 122.4 | 125.0 | 116.4 | 116.3 |
| 2007 | 118.1 | 103.7 | 119.3 | 122.8 | 118.8 | 116.1 |
| 2008 | 114.1 | 107.8 | 113.2 | 113.0 | 115.2 | 112.2 |
| 2009 | 115.9 | 104.3 | 117.2 | 116.0 | 116.1 | 113.7 |
| 2010 | 113.0 | 104.7 | 113.3 | 114.3 | 113.3 | 110.9 |
| 2011 | 111.3 | 105.1 | 110.7 | 111.9 | 112.2 | 107.3 |
| 2012 | 110.9 | 104.5 | 111.4 | 110.0 | 111.1 | 109.5 |
| 2013 | 110.0 | 105.3 | 115.0 | 117.2 | 107.9 | 108.3 |
| 2014 | 108.0 | 103.1 | 108.2 | 109.3 | 108.3 | 106.5 |
| 2015 | 108.3 | 103.3 | 108.0 | 108.2 | 108.8 | 107.2 |
| 2016 | 107.7 | 103.0 | 108.7 | 108.5 | 107.7 | 106.7 |
| 2017 | 105.0 | 102.8 | 102.6 | 105.8 | 106.1 | 104.1 |

# 3－2 地区生产总值构成及增速

（按当年价格计算）

单位：%

| 指　　标 | 构　成 | 2017年比2016年增长 |
|---|---|---|
| 地区生产总值 | 100.0 | 5.0 |
| 第一产业 | 3.9 | 2.8 |
| 第二产业 | 27.6 | 2.6 |
| 工　业 | 20.1 | 5.8 |
| 建筑业 | 7.5 | －4.8 |
| 第三产业 | 68.5 | 6.1 |
| 交通运输、仓储和邮政业 | 6.3 | 8.6 |
| 批发和零售业 | 12.6 | 3.5 |
| 住宿和餐饮业 | 11.0 | 5.5 |
| 金融业 | 10.2 | 3.8 |
| 房地产业 | 4.6 | －1.0 |
| 营利性服务业 | 15.2 | 19.4 |
| 非营利性服务业 | 8.6 | －4.7 |
| 人均地区生产总值（元） |  | 4.1 |

# 主要统计指标解释

**生产总值** 是按市场价格计算的生产总值的简称,它是一个国家或地区所有常住单位在一定时期内生产活动的最终成果。生产总值有三种表现形态,即价值形态、收入形态和产品形态。从价值形态看,它是所有常住单位在一定时期内所生产的全部货物和服务价值超过同期投入的全部非固定资产货物和服务价值的差额,即所有常住单位的增加值之和;从收入形态看,它是所有常住单位在一定时期内所创造并分配给我们常住单位和非常住单位的初次分配收入之和;从产品形态看,它是最终使用的货物和服务减去进口货物和服务。在核算中,生产总值的三种表现形态表现为三种计算方法,即生产法、收入法和支出法。三种方法分别从不同的方面反映生产总值及其构成。

**总产出** 是一定时期内生产的所有货物和服务的价值。它是货物和服务的全部价值,包括转移价值和新增价值两部分。总产出用生产者价格估价。

**中间投入** 是常住单位在生产或提供货物与服务过程中消耗和使用的所有非固定资产货物和服务价值。中间投入也称为中间消耗。计入中间投入应按生产过程中实际使用的数量计算。一般采用市场购买者价格计价。

**增加值** 是生产货物或提供服务过程中增加的价值,也称为追加价值,就是总产出与中间投入之间的差额。

**总消费** 是指常住单位在一定时期内对于货物和服务的全部最终消费,也就是常住单位为满足人们物质、文化和精神生活的需要,从本国经济领土或外国购买的货物和服务。不包括非常住居民在本国经济领土内的消费。总消费分为居民消费和社会消费。(1)居民消费是指常住居民在核算期内对于货物和服务的全部最终消费。(2)社会消费指政府部门的总产出扣除销售收入后的价值。换句话讲,就是指社会公共服务部门将其生产活动总成果提供给政府,由政府部门购买并提供给全社会享用的消费品和劳务。

**总投资** 是指常住单位在核算期内对固定资产和库存的投资支出合计,分为固定资产形成和库存增加两部分。(1)固定资产形成是指常住单位在核算期内购置、转入和为自用而生产的固定资产,扣除已有固定资产的销售和转出后的价值。(2)库存增加即存货变动,是指常住单位在核算期内库存实物量变动的市场价值。

**当年价格** 指报告期的实际价格。使用当年计算的价格数字,是为了使国民经济各项指标互相衔接,便于考察当年的社会经济效益,便于生产和流通、生产和分配、生产和消费进行经济核算和综合平衡。

按当年价格计算的价值指标,在不同年份之间进行对比时,因为已含有各年间价格变动的因素,不能确切反映实物量的增减变动。因此,必须消除价格变动因素。在计算增长速度时都使用按可比价格计算的数字。

**可比价格** 指在计算不同时期的价值指标时扣除了价格变动因素,而确切表示物量的变化。按可比价格计算有两种方法:一种是直接用产品产量乘其不变价格,一种是用指数法换算。

**不变价格** 用某一时期的同类产品的平均价格作为固定价格,来计算各时期的产品价值。随着工农业产品价格水平的变化,国家统计局先后五次制定了全国统一的工业品不变价格和农业品不变价格,从 1949 年到 1957 年使用 1952 年工(农)业产品不变价格,从 1957 年到 1971 年使用 1957 年不变价格,从 1971 年到 1981 年使用 1970 年不变价格,从 1981 年到 1990 年使用 1980 年不变价格,从 1990 年开始使用 1990 年不变价格。

# 第二部分　统计资料

## 人　　口

# 4－1 历年人口数据

单位：万人、‰

| 年　份 | 总人口 | #男 | #城镇人口 | 出生率 | 死亡率 |
|---|---|---|---|---|---|
| 1949 | 62.8 | 36.0 | 14.6 | 22.6 | 10.1 |
| 1950 | 66.7 | 38.4 | 15.5 | 23.2 | 9.8 |
| 1951 | 72.0 | 41.9 | 15.8 | 24.4 | 9.2 |
| 1952 | 74.0 | 43.2 | 15.7 | 26.3 | 10.3 |
| 1953 | 76.8 | 44.8 | 15.2 | 26.1 | 10.4 |
| 1954 | 80.1 | 46.6 | 16.2 | 38.5 | 12.0 |
| 1955 | 82.5 | 48.0 | 15.7 | 30.6 | 10.0 |
| 1956 | 86.9 | 50.8 | 20.5 | 28.2 | 8.6 |
| 1957 | 91.9 | 54.1 | 23.0 | 29.8 | 9.4 |
| 1958 | 93.4 | 54.5 | 23.2 | 26.4 | 8.4 |
| 1959 | 100.3 | 58.9 | 29.1 | 27.5 | 9.5 |
| 1960 | 111.9 | 65.7 | 40.2 | 28.4 | 9.1 |
| 1961 | 108.0 | 62.6 | 34.5 | 25.0 | 8.8 |
| 1962 | 107.1 | 61.6 | 31.1 | 34.0 | 10.2 |
| 1963 | 110.0 | 63.0 | 31.0 | 37.2 | 9.4 |
| 1964 | 113.8 | 64.8 | 34.4 | 36.7 | 11.8 |
| 1965 | 117.6 | 66.9 | 37.1 | 28.1 | 9.3 |
| 1966 | 119.4 | 67.8 | 37.2 | 23.7 | 8.1 |
| 1967 | 121.6 | 69.0 | 38.3 | 20.3 | 7.3 |
| 1968 | 124.7 | 70.4 | 38.5 | 28.0 | 7.2 |
| 1969 | 127.8 | 72.1 | 39.1 | 27.3 | 6.6 |
| 1970 | 130.1 | 72.7 | 39.3 | 27.5 | 7.0 |
| 1971 | 133.7 | 74.3 | 40.4 | 22.7 | 5.8 |

4－1 续表 1

单位：万人、‰

| 年　份 | 总人口 | #男 | #城镇人口 | 出生率 | 死亡率 |
|---|---|---|---|---|---|
| 1972 | 138.5 | 76.4 | 43.6 | 25.6 | 6.8 |
| 1973 | 142.5 | 78.5 | 44.9 | 23.9 | 6.6 |
| 1974 | 145.2 | 80.0 | 45.8 | 25.6 | 6.6 |
| 1975 | 147.3 | 80.6 | 46.5 | 21.0 | 7.5 |
| 1976 | 149.4 | 81.7 | 47.2 | 19.4 | 6.3 |
| 1977 | 151.5 | 82.8 | 49.2 | 17.6 | 6.0 |
| 1978 | 154.0 | 83.6 | 51.3 | 17.4 | 5.9 |
| 1979 | 156.4 | 84.9 | 50.2 | 15.4 | 6.0 |
| 1980 | 158.5 | 85.9 | 55.5 | 15.5 | 5.8 |
| 1981 | 161.8 | 87.5 | 55.0 | 16.3 | 6.0 |
| 1982 | 165.7 | 89.2 | 55.0 | 17.5 | 5.5 |
| 1983 | 166.9 | 89.7 | 57.0 | 13.1 | 5.7 |
| 1984 | 170.4 | 91.7 | 60.5 | 16.4 | 4.7 |
| 1985 | 172.2 | 92.4 | 66.2 | 13.6 | 5.3 |
| 1986 | 174.4 | 93.3 | 68.3 | 13.0 | 5.6 |
| 1987 | 177.1 | 94.7 | 70.7 | 13.8 | 4.6 |
| 1988 | 179.7 | 95.9 | 73.1 | 13.4 | 4.6 |
| 1989 | 182.7 | 96.7 | 75.5 | 15.3 | 4.3 |
| 1990 | 185.7 | 98.6 | 81.0 | 21.7 | 5.4 |
| 1991 | 187.1 | 99.3 | 82.0 | 11.9 | 4.3 |
| 1992 | 188.4 | 99.9 | 82.8 | 13.0 | 4.1 |
| 1993 | 190.3 | 100.7 | 84.3 | 12.3 | 4.0 |
| 1994 | 192.7 | 102.0 | 86.0 | 11.4 | 4.1 |

4－1 续表 2

单位:万人、‰

| 年　　份 | 总人口 | #男 | #城镇人口 | 出生率 | 死亡率 |
|---|---|---|---|---|---|
| 1995 | 194.5 | 102.6 | 87.2 | 12.4 | 5.0 |
| 1996 | 197.4 | 104.1 | 96.7 | 11.9 | 4.4 |
| 1997 | 200.4 | 105.5 | 99.1 | 11.6 | 3.9 |
| 1998 | 204.4 | 107.4 | 102.2 | 12.1 | 4.1 |
| 1999 | 207.8 | 109.0 | 100.9 | 10.4 | 3.5 |
| 2000 | 209.2 | 108.8 | 112.0 | 15.0 | 10.9 |
| 2001 | 211.8 | 110.0 | 122.1 | 10.5 | 3.0 |
| 2002 | 213.5 | 110.9 | 122.1 | 9.0 | 2.9 |
| 2003 | 213.9 | 111.2 | 133.6 | 7.9 | 2.9 |
| 2004 | 259.1 | 134.5 | 142.7 | 9.4 | 5.9 |
| 2005 | 263.7 | 137.0 | 148.3 | 9.5 | 5.0 |
| 2006 | 267.8 | 138.7 | 154.7 | 9.8 | 5.6 |
| 2007 | 271.8 | 140.9 | 160.3 | 10.4 | 5.3 |
| 2008 | 277.0 | 143.2 | 167.0 | 10.0 | 5.0 |
| 2009 | 282.2 | 145.9 | 172.1 | 9.8 | 5.1 |
| 2010 | 287.4 | 146.6 | 179.5 | 9.4 | 4.1 |
| 2011 | 291.2 | 148.4 | 185.7 | 8.8 | 4.3 |
| 2012 | 294.9 | 150.3 | 192.3 | 9.3 | 4.4 |
| 2013 | 300.1 | 152.9 | 198.8 | 9.2 | 4.5 |
| 2014 | 303.1 | 154.4 | 202.8 | 9.4 | 4.6 |
| 2015 | 306.0 | 156.0 | 206.5 | 7.5 | 4.3 |
| 2016 | 308.9 | 157.5 | 210.7 | 9.2 | 4.5 |
| 2017 | 311.5 | 158.7 | 215.2 | 9.8 | 4.6 |

注:2004 年以后均为常住人口数,其余年份为户籍人口数。

# 4－2 旗县区户数与人口

单位：户、人

| 地区 | 总户数 | 总人口 | 总人口中 | | | |
|---|---|---|---|---|---|---|
| | | | 城镇人口 | 乡村人口 | 男 | 女 |
| 全市 | 981790 | 2428516 | 1536193 | 892323 | 1224408 | 1204108 |
| 市辖区 | 523208 | 1347110 | 1276335 | 70775 | 665916 | 681194 |
| 新城区 | 151162 | 405563 | 390305 | 15258 | 199353 | 206210 |
| 回民区 | 93405 | 237506 | 234606 | 2900 | 117928 | 119578 |
| 玉泉区 | 86343 | 202455 | 172099 | 30356 | 100520 | 101935 |
| 赛罕区 | 192298 | 501586 | 479325 | 22261 | 248115 | 253471 |
| 旗县 | 458582 | 1081406 | 259858 | 821548 | 558492 | 522914 |
| 土左旗 | 146791 | 362561 | 91884 | 270677 | 187563 | 174998 |
| 托克托县 | 88710 | 202333 | 55096 | 147237 | 102885 | 99448 |
| 和林县 | 85871 | 202587 | 42714 | 159873 | 104329 | 98258 |
| 清水河县 | 61291 | 141958 | 30089 | 111869 | 73840 | 68118 |
| 武川县 | 75919 | 171967 | 40075 | 131892 | 89875 | 82092 |

# 4－3 人口变动情况

单位：人、‰

| 地区 | 平均人口 | 出生 | | 死亡 | | 自然增长率 | 迁入人口 | 迁出人口 | 机械增长率 |
|---|---|---|---|---|---|---|---|---|---|
| | | 人口 | 出生率 | 人口 | 死亡率 | | | | |
| 全市 | 2419103 | 28856 | 11.9 | 28006 | 11.6 | 0.3 | 86330 | 68353 | 7.4 |
| 市区 | 1334332 | 16824 | 12.6 | 9704 | 7.3 | 5.3 | 74928 | 56492 | 13.8 |
| 新城区 | 401796 | 4808 | 12.0 | 2295 | 5.7 | 6.3 | 22701 | 17679 | 12.5 |
| 回民区 | 236834 | 2195 | 9.3 | 2149 | 9.1 | 0.2 | 11415 | 10117 | 5.5 |
| 玉泉区 | 202510 | 2057 | 10.2 | 1592 | 7.9 | 2.3 | 8847 | 9421 | －2.8 |
| 赛罕区 | 493193 | 7764 | 15.7 | 3668 | 7.4 | 8.3 | 31965 | 19275 | 25.7 |
| 旗县 | 1084771 | 12032 | 11.1 | 18302 | 16.9 | －5.8 | 11402 | 11861 | －0.4 |
| 土左旗 | 364243 | 4010 | 11.0 | 7406 | 20.3 | －9.3 | 3490 | 3458 | 0.1 |
| 托县 | 203135 | 2175 | 10.7 | 3042 | 15.0 | －4.3 | 2237 | 2973 | －3.6 |
| 和林县 | 202414 | 2796 | 13.8 | 3448 | 17.0 | －3.2 | 2814 | 1815 | 4.9 |
| 清水河县 | 142220 | 1471 | 10.3 | 1608 | 11.3 | －1.0 | 1736 | 2123 | －2.7 |
| 武川县 | 172760 | 1580 | 9.1 | 2798 | 16.2 | －7.1 | 1125 | 1492 | －2.1 |

# 4－4　少数民族人口情况

单位：人

| 项　　目 | 合计 | 市区 | | | | 旗县 | | | | |
|---|---|---|---|---|---|---|---|---|---|---|
| | | 新城区 | 回民区 | 玉泉区 | 赛罕区 | 土左旗 | 托　县 | 和林县 | 清水河县 | 武川县 |
| 少数民族人口 | 355588 | 84865 | 51065 | 35786 | 101807 | 46802 | 12110 | 14532 | 1745 | 6876 |
| 蒙古族 | 274690 | 64788 | 24381 | 28605 | 85755 | 43013 | 9420 | 12299 | 1364 | 5065 |
| 回　族 | 39112 | 5506 | 21756 | 3441 | 4272 | 1920 | 1161 | 346 | 107 | 603 |
| 满　族 | 32693 | 11963 | 4167 | 3137 | 9217 | 1126 | 751 | 1558 | 144 | 630 |
| 朝鲜族 | 1309 | 500 | 169 | 136 | 456 | 22 | 11 | 5 | | 10 |
| 达斡尔族 | 3181 | 1313 | 281 | 199 | 1294 | 47 | 24 | 18 | 3 | 2 |
| 鄂伦春族 | 93 | 33 | 8 | 9 | 33 | 9 | | | 1 | |
| 鄂温克族 | 437 | 171 | 56 | 27 | 174 | 5 | | 3 | 1 | |
| 壮　族 | 407 | 116 | 42 | 53 | 92 | 37 | 16 | 31 | 1 | 19 |
| 藏　族 | 379 | 45 | 15 | 15 | 48 | 97 | 51 | 42 | 16 | 50 |
| 锡伯族 | 201 | 83 | 22 | 21 | 73 | | | | 2 | |
| 苗　族 | 391 | 49 | 20 | 24 | 59 | 65 | 91 | 17 | 21 | 45 |
| 土家族 | 396 | 65 | 25 | 36 | 104 | 58 | 32 | 27 | 14 | 35 |
| 彝　族 | 347 | 16 | 5 | 12 | 15 | 106 | 99 | 24 | 19 | 51 |
| 维吾尔族 | 82 | 40 | 14 | 6 | 15 | 6 | | | | 1 |
| 其他少数民族 | 1870 | 177 | 104 | 65 | 200 | 291 | 454 | 162 | 52 | 365 |
| 外国人加入中国国籍 | | | | | | | | | | |

# 4－5　计划生育情况

单位：人、%

| 项　　目 | 合　　计 | 按地区分 | |
|---|---|---|---|
| | | 市　区 | 旗　县 |
| 政策内生育人数 | 15340 | 9779 | 5561 |
| 符合政策生育率 | 99.6 | 99.6 | 99.8 |
| 采取节育措施人数 | 443234 | 319890 | 123344 |
| #男性绝育 | 167 | 105 | 62 |
| 女性绝育 | 37484 | 16789 | 20695 |
| 放置宫内节育器 | 278740 | 187355 | 91385 |

# 4－6 城镇人

| 项目 | 全市 | 市区 | | | |
|---|---|---|---|---|---|
| | | | 新城区 | 回民区 | 玉泉区 |
| 年末城镇人口数 | 1536193 | 1276335 | 390305 | 234606 | 172099 |
| 城镇人口增加数 | 123595 | 79932 | 27219 | 4721 | 23882 |
| 出生 | 17437 | 14957 | 4583 | 2099 | 1665 |
| 城镇人口迁入 | 47222 | 46266 | 20833 | 1847 | 7521 |
| 乡村人口转城镇人口 | 57889 | 17986 | 1496 | 728 | 14651 |
| 招生 | 37 | 21 | 4 | 5 | 2 |
| 录(聘)用 | 15 | 13 | | 12 | |
| 务工经商 | | | | | |
| 购(租)房 | 2444 | 2404 | 970 | 492 | 322 |
| 投资 | 58 | | | | |
| 投靠亲属 | 1901 | 1402 | 505 | 219 | 198 |
| 移民搬迁 | 3 | | | | |
| 城乡属性调整 | 53195 | 13975 | | | 13975 |
| 其他 | 236 | 171 | 17 | | 154 |
| 退出现役 | 794 | 541 | 265 | 45 | 36 |
| 港澳台国外迁入 | 4 | 4 | 2 | | |
| 其他 | 249 | 178 | 40 | 2 | 9 |
| 城镇人口减少数 | 89953 | 66180 | 19815 | 6277 | 10503 |
| 死亡 | 12909 | 9162 | 2178 | 2090 | 1224 |
| 城镇人口迁出 | 67042 | 55601 | 17468 | 4136 | 8407 |
| 迁往港澳台国外 | 78 | 78 | 13 | 10 | 4 |
| 服现役 | 226 | 200 | 86 | 37 | 14 |
| 其他 | 9698 | 1139 | 70 | 4 | 854 |

# 口增减情况

单位:人

| 赛罕区 | 旗 县 | 土左旗 | 托 县 | 和林县 | 清水河县 | 武川县 |
|---|---|---|---|---|---|---|
| 479325 | 259858 | 91884 | 55096 | 42714 | 30089 | 40075 |
| 24110 | 43663 | 2399 | 7798 | 14303 | 10666 | 8497 |
| 6610 | 2480 | 903 | 514 | 489 | 237 | 337 |
| 16065 | 956 | 329 | 107 | 344 | 67 | 109 |
| 1111 | 39903 | 932 | 7142 | 13456 | 10343 | 8030 |
| 10 | 16 |  |  | 16 |  |  |
| 1 | 2 |  | 2 |  |  |  |
|  |  |  |  |  |  |  |
| 620 | 40 | 1 | 21 | 8 |  | 10 |
|  | 58 | 13 |  | 17 | 28 |  |
| 480 | 499 | 120 | 110 | 87 | 57 | 125 |
|  | 3 |  |  |  | 3 |  |
|  | 39220 | 798 | 6963 | 13328 | 10243 | 7888 |
|  | 65 |  | 46 |  | 12 | 7 |
| 195 | 253 | 230 | 7 | 8 | 3 | 5 |
| 2 |  |  |  |  |  |  |
| 127 | 71 | 5 | 28 | 6 | 16 | 16 |
| 29585 | 23773 | 11210 | 8924 | 1324 | 979 | 1336 |
| 3670 | 3747 | 1850 | 730 | 412 | 339 | 416 |
| 25590 | 11441 | 1113 | 8093 | 693 | 628 | 914 |
| 51 |  |  |  |  |  |  |
| 63 | 26 | 12 | 7 |  | 1 | 6 |
| 211 | 8559 | 8235 | 94 | 219 | 11 |  |

# 主要统计指标解释

**人口数**　指一定时点，一定地区范围内有生命的个人的总和。

年度统计的年末人口数是指每年 12 月 31 日 24 时的人口数。

**出生率(又称粗出生率)**　指在一定时期内(通常为一年)平均每千人所出生的人数的比率，一般用千分率表示。计算公式：

$$出生率 = \frac{年出生人数}{年平均人数} \times 1000‰$$

出生人数是指活产婴儿，即胎儿脱离母体时(不管怀孕日数)，有过呼吸或其他生命现象。

年平均人数是年初、年末人口数的平均数。

**死亡率**　指在一定时期内(通常为一年)一定地区的死亡人数与同期平均人数之比，一般用千分率表示。

计算公式：

$$死亡率 = \frac{年死亡人数}{年平均人数} \times 1000‰$$

**人口自然增长率**　在一定时期内(通常为一年)人口自然增加数(出生人数减死亡人数)占该时期内平均人数之比，一般用千分率表示。计算公式：

$$人口自然增长率 = \frac{本年出生人数 - 本年死亡人数}{年平均人数} \times 1000‰$$

或：

人口自然增长率 = 人口出生率 - 人口死亡率

$$机械增长率 = \frac{本年迁入人数 - 本年迁出人数}{年平均人数} \times 1000‰$$

或：

机械增长率 = 迁入率 - 迁出率

# 第二部分　统计资料

## 劳动力和职工工资

# 5－1　历年职工人数及工资

| 年 份 | 年末职工人数（人） | 职工工资总额（万元） | 职工平均工资（元） |
|---|---|---|---|
| 1949 | 6579 | 176 | 268 |
| 1950 | 9952 | 265 | 269 |
| 1951 | 14140 | 397 | 286 |
| 1952 | 19006 | 665 | 350 |
| 1953 | 24468 | 1072 | 441 |
| 1954 | 29636 | 1625 | 556 |
| 1955 | 32650 | 1869 | 584 |
| 1956 | 47777 | 3072 | 644 |
| 1957 | 59078 | 4131 | 690 |
| 1958 | 90676 | 4302 | 586 |
| 1959 | 114512 | 6148 | 620 |
| 1960 | 143594 | 8375 | 572 |
| 1961 | 101562 | 6769 | 578 |
| 1962 | 78673 | 5607 | 640 |
| 1963 | 75560 | 5383 | 697 |
| 1964 | 84517 | 5773 | 726 |
| 1965 | 96932 | 6672 | 707 |
| 1966 | 108126 | 7069 | 681 |
| 1967 | 104582 | 7164 | 673 |
| 1968 | 103836 | 6957 | 670 |
| 1969 | 109893 | 7539 | 670 |
| 1970 | 122361 | 7817 | 655 |
| 1971 | 132007 | 7912 | 623 |

5－1 续表 1

| 年 份 | 年末职工人数（人） | 职工工资总额（万元） | 职工平均工资（元） |
|---|---|---|---|
| 1972 | 140432 | 9060 | 657 |
| 1973 | 169712 | 10916 | 643 |
| 1974 | 176195 | 11318 | 648 |
| 1975 | 200098 | 12522 | 653 |
| 1976 | 219757 | 13974 | 640 |
| 1977 | 230865 | 14685 | 646 |
| 1978 | 265213 | 16860 | 639 |
| 1979 | 287982 | 19204 | 681 |
| 1980 | 303293 | 23005 | 763 |
| 1981 | 324513 | 24787 | 764 |
| 1982 | 339558 | 27114 | 815 |
| 1983 | 349852 | 28918 | 836 |
| 1984 | 368180 | 34576 | 961 |
| 1985 | 381099 | 41077 | 1093 |
| 1986 | 397821 | 50153 | 1280 |
| 1987 | 408913 | 53949 | 1323 |
| 1988 | 420795 | 62097 | 1506 |
| 1989 | 419369 | 67071 | 1604 |
| 1990 | 434017 | 75252 | 1750 |
| 1991 | 449426 | 87015 | 1953 |
| 1992 | 467663 | 108342 | 2337 |
| 1993 | 483638 | 142207 | 2881 |
| 1994 | 496661 | 191395 | 3800 |
| 1995 | 477370 | 199528 | 4200 |

5－1 续表 2

| 年 份 | 年末职工人数（人） | 职工工资总额（万元） | 职工平均工资（元） |
|---|---|---|---|
| 1996 | 472391 | 217747 | 4597 |
| 1997 | 460086 | 241430 | 5195 |
| 1998 | 433662 | 241453 | 5486 |
| 1999 | 344395 | 233909 | 6648 |
| 2000 | 311265 | 244190 | 7548 |
| 2001 | 291748 | 262112 | 8717 |
| 2002 | 283168 | 322778 | 11158 |
| 2003 | 286669 | 378397 | 13092 |
| 2004 | 288177 | 488657 | 16663 |
| 2005 | 294293 | 597507 | 19715 |
| 2006 | 292050 | 696228 | 22948 |
| 2007 | 293742 | 807126 | 26732 |
| 2008 | 297348 | 937267 | 30872 |
| 2009 | 298707 | 1057177 | 33997 |
| 2010 | 310692 | 1200455 | 37685 |
| 2011 | 320453 | 1369546 | 40476 |
| 2012 | 335508 | 1575290 | 44402 |
| 2013 | 404342 | 2049486 | 48635 |
| 2014 | 412795 | 2170163 | 50467 |
| 2015 | 407177 | 2227518 | 53698 |
| 2016 | 403481 | 2342433 | 56213 |
| 2017 | 394226 | 2532647 | 63084 |

注:1999 年以后职工均指在岗职工。在岗职工平均工资是在岗职工工资总额/在岗职工平均人数所得。

# 5－2　从业人员基本情况

| 指　　标 | 单位 | 2016 年 | 2017 年 | 2017 年比 2016 年增长% |
|---|---|---|---|---|
| 从业人员 | 万人 | 178.8 | 179.5 | 0.4 |
| 第一产业 | 万人 | 36.2 | 36.1 | -0.3 |
| 第二产业 | 万人 | 54.3 | 54.5 | 0.4 |
| 第三产业 | 万人 | 88.3 | 88.9 | 0.7 |
| 城镇登记失业率 | % | 3.66 | 3.65 | -0.01 |
| 单位从业人员年末人数 | 人 | 411435 | 402323 | -2.2 |
| #在岗职工年末人数 | 人 | 403481 | 394226 | -2.3 |
| 国有经济单位 | 人 | 195403 | 192494 | -1.5 |
| 城镇集体经济单位 | 人 | 8405 | 8265 | -1.7 |
| 其他各种经济类型 | 人 | 199673 | 193467 | -3.1 |
| 单位从业人员平均人数 | 人 | 426399 | 411272 | -3.5 |
| #在岗职工平均人数 | 人 | 416705 | 401475 | -3.7 |
| 国有经济单位 | 人 | 195217 | 191627 | -1.8 |
| 城镇集体经济单位 | 人 | 8373 | 8235 | -1.6 |
| 其他各种经济类型 | 人 | 213115 | 201613 | -5.4 |
| 单位从业人员劳动报酬 | 万元 | 2382706 | 2578574 | 8.2 |
| #在岗职工工资总额 | 万元 | 2342433 | 2532647 | 8.1 |
| 国有经济单位 | 万元 | 1191019 | 1327820 | 11.5 |
| 城镇集体经济单位 | 万元 | 39620 | 41350 | 4.4 |
| 其他各种经济类型 | 万元 | 1111794 | 1163477 | 4.6 |
| 单位从业人员平均劳动报酬 | 元 | 55880 | 62698 | 12.2 |
| #在岗职工平均工资 | 元 | 56213 | 63084 | 12.2 |
| 国有经济单位 | 元 | 61010 | 69292 | 13.6 |
| 城镇集体经济单位 | 元 | 47319 | 50212 | 6.1 |
| 其他各种经济类型 | 元 | 52169 | 57708 | 10.6 |

# 5－3　分行业在岗职工人数和工资

| 指　　标 | 年末人数（人） | 平均人数（人） | 工资总额（万元） | 平均工资（元） |
| --- | --- | --- | --- | --- |
| 总　　计 | 394226 | 401475 | 2532647 | 63084 |
| 农、林、牧、渔业 | 3145 | 3159 | 20642 | 65343 |
| 采 矿 业 | 351 | 351 | 2955 | 84177 |
| 制 造 业 | 45041 | 45450 | 273649 | 60209 |
| 电力、热力、燃气及水的生产和供应业 | 23943 | 23573 | 153081 | 64939 |
| 建 筑 业 | 34176 | 40286 | 191313 | 47489 |
| 批发和零售业 | 22212 | 22676 | 105198 | 46392 |
| 交通运输、仓储和邮政业 | 28941 | 28384 | 184038 | 64839 |
| 住宿和餐饮业 | 8359 | 8477 | 35838 | 42277 |
| 信息传输、软件和信息技术服务业 | 11181 | 11308 | 92789 | 82056 |
| 金 融 业 | 19452 | 19367 | 138802 | 71669 |
| 房地产业 | 13261 | 13392 | 56159 | 41935 |
| 租赁和商务服务业 | 8504 | 8189 | 43175 | 52723 |
| 科学研究和技术服务业 | 20383 | 20220 | 139004 | 68746 |
| 水利、环境和公共设施管理业 | 18438 | 17643 | 68317 | 38722 |
| 居民服务、修理和其他服务业 | 2397 | 4781 | 10675 | 22328 |
| 教　育 | 50402 | 50394 | 400027 | 79380 |
| 卫生和社会工作 | 19989 | 19838 | 159933 | 80620 |
| 文化、体育和娱乐业 | 11061 | 10989 | 80288 | 73062 |
| 公共管理、社会保障和社会组织 | 52990 | 52998 | 376766 | 71091 |

# 5－4　国有经济单位从业

| 指　　标 | 单位数（个） | 年末人数（人） | | |
|---|---|---|---|---|
| | | 单位从业人　员 | #女 性 | #在岗职工 |
| 国有单位合计 | 2238 | 194006 | 86798 | 191498 |
| 按隶属关系分组 | | | | |
| 中　　央 | 138 | 17947 | 8471 | 17613 |
| 省、自治区、直辖市 | 540 | 66603 | 28312 | 65764 |
| 地　　区 | 360 | 39609 | 17050 | 38898 |
| 县及县以下 | 1195 | 69468 | 32787 | 68868 |
| 其　　他 | 5 | 379 | 178 | 355 |
| 按企业、事业、机关分组 | | | | |
| 企　　业 | 172 | 28762 | 11211 | 27750 |
| #地　　方 | 93 | 17175 | 5570 | 16384 |
| 事　　业 | 1416 | 119808 | 59395 | 118546 |
| #地　　方 | 1367 | 114733 | 57171 | 113586 |
| 机　　关 | 649 | 45346 | 16175 | 45112 |
| #地　　方 | 633 | 43560 | 15400 | 43326 |
| 其　　他 | 1 | 90 | 17 | 90 |
| 农、林、牧、渔业 | 134 | 3147 | 1135 | 3145 |
| 农　　业 | 10 | 253 | 83 | 253 |
| 林　　业 | 21 | 613 | 197 | 613 |
| 畜 牧 业 | 8 | 148 | 51 | 148 |
| 渔　　业 | 2 | 9 | 2 | 9 |
| 农、林、牧、渔服务业 | 93 | 2124 | 802 | 2122 |
| 制造业 | 7 | 513 | 193 | 489 |
| 印刷和记录媒介复制业 | 5 | 308 | 139 | 308 |
| 专用设备制造业 | 1 | 159 | 31 | 159 |
| 电气机械和器材制造业 | 1 | 46 | 23 | 22 |
| 电力、热力、燃气及水的生产和供应业 | 11 | 2055 | 558 | 1966 |
| 电力、热力生产和供应业 | 6 | 1786 | 447 | 1697 |
| 水的生产和供应业 | 5 | 269 | 111 | 269 |
| 建筑业 | 6 | 1753 | 217 | 1753 |

# 人员和劳动报酬

| | 劳动报酬和生活费(万元) | | |
|---|---|---|---|
| #劳务派遣人员 | 单位从业人员劳动报酬 | #在岗职工工资总额 | #劳务派遣人员工资总额 |
| 996 | 1333827 | 1324109 | 3711 |
| | | | |
| 257 | 116622 | 115319 | 1094 |
| 106 | 538383 | 534184 | 267 |
| 522 | 256403 | 253574 | 2115 |
| 92 | 420557 | 419243 | 168 |
| 19 | 1862 | 1789 | 68 |
| | | | |
| 688 | 168459 | 163293 | 2974 |
| 517 | 94548 | 90330 | 2176 |
| 139 | 834647 | 830568 | 480 |
| 51 | 802888 | 799169 | 178 |
| 169 | 330541 | 330068 | 257 |
| 169 | 318020 | 317546 | 257 |
| | 180 | 180 | |
| | 20644 | 20642 | |
| | 1534 | 1534 | |
| | 3743 | 3743 | |
| | 730 | 730 | |
| | 61 | 61 | |
| | 14577 | 14575 | |
| 19 | 2817 | 2744 | 68 |
| | 2043 | 2043 | |
| | 595 | 595 | |
| 19 | 179 | 106 | 68 |
| 89 | 17218 | 16885 | 333 |
| 89 | 16212 | 15879 | 333 |
| | 1006 | 1006 | |
| | 4215 | 4215 | |

5－4 续表 1

| 指　　标 | 单位数（个） | 年末人数（人）单位从业人员 | #女性 | #在岗职工 |
|---|---|---|---|---|
| 房屋建筑业 | 3 | 493 | 75 | 493 |
| 土木工程建筑业 | 3 | 1260 | 142 | 1260 |
| 批发和零售业 | 42 | 3333 | 1336 | 3263 |
| 批发业 | 22 | 3073 | 1210 | 3036 |
| 零售业 | 20 | 260 | 126 | 227 |
| 交通运输、仓储和邮政业 | 31 | 11902 | 3787 | 11218 |
| 道路运输业 | 13 | 7775 | 2290 | 7752 |
| 航空运输业 | 3 | 495 | 147 | 495 |
| 仓 储 业 | 8 | 338 | 111 | 311 |
| 邮政业 | 6 | 3294 | 1239 | 2660 |
| 住宿和餐饮业 | 18 | 1364 | 766 | 1316 |
| 住宿业 | 15 | 983 | 547 | 937 |
| 餐饮业 | 3 | 381 | 219 | 379 |
| 信息传输、软件和信息技术服务业 | 14 | 2835 | 1903 | 2830 |
| 电信、广播电视和卫星传输服务 | 8 | 2621 | 1834 | 2616 |
| 互联网和相关服务 | 4 | 144 | 54 | 144 |
| 软件和信息技术服务业 | 2 | 70 | 15 | 70 |
| 金 融 业 | 44 | 3921 | 2185 | 3798 |
| 货币金融服务业 | 35 | 3349 | 1788 | 3276 |
| 资本市场服务业 | 1 | 11 | 4 | 11 |
| 保险业 | 7 | 436 | 360 | 388 |
| 其他金融业 | 1 | 125 | 33 | 123 |
| 房地产业 | 26 | 1001 | 394 | 964 |
| #房地产开发经营 | 2 | 85 | 45 | 48 |
| 物业管理 | 1 | 52 | 12 | 52 |
| 房地产中介服务 | 1 | 9 | 3 | 9 |
| 租赁和商务服务业 | 96 | 3535 | 1306 | 3492 |
| 商务服务业 | 96 | 3535 | 1306 | 3492 |
| 科学研究、技术服务业 | 154 | 12695 | 4820 | 12633 |

| | 劳动报酬和生活费(万元) | | |
|---|---|---|---|
| #劳务派遣人员 | 单位从业人员劳动报酬 | #在岗职工工资总额 | #劳务派遣人员工资总额 |
| | 1266 | 1266 | |
| | 2948 | 2948 | |
| 35 | 24178 | 23805 | 252 |
| 12 | 22581 | 22451 | 56 |
| 23 | 1597 | 1354 | 197 |
| 460 | 65409 | 61552 | 1958 |
| 2 | 36551 | 36507 | 5 |
| | 3420 | 3420 | |
| 16 | 1720 | 1644 | 60 |
| 442 | 23718 | 19981 | 1893 |
| 48 | 6604 | 6463 | 141 |
| 46 | 4661 | 4525 | 136 |
| 2 | 1943 | 1938 | 5 |
| | 15300 | 15289 | |
| | 13783 | 13771 | |
| | 1223 | 1223 | |
| | 295 | 295 | |
| 73 | 23506 | 23150 | 208 |
| 73 | 20489 | 20281 | 208 |
| | 54 | 54 | |
| | 1715 | 1571 | |
| | 1249 | 1244 | |
| 37 | 7060 | 6968 | 92 |
| 37 | 424 | 331 | 92 |
| | 482 | 482 | |
| | 38 | 38 | |
| 8 | 17948 | 17816 | 66 |
| 8 | 17948 | 17816 | 66 |
| 44 | 83173 | 82883 | 251 |

5－4 续表 2

| 指　　标 | 单位数（个） | 年末人数（人） | | |
| --- | --- | --- | --- | --- |
| | | 单位从业人员 | #女性 | #在岗职工 |
| 研究和试验发展 | 31 | 3001 | 1183 | 2952 |
| 专业技术服务业 | 104 | 8223 | 3247 | 8210 |
| 科技推广和应用服务业 | 19 | 1471 | 390 | 1471 |
| 水利、环境和公共设施管理业 | 84 | 15396 | 6598 | 14911 |
| 水利管理业 | 50 | 1253 | 477 | 1253 |
| 生态保护和环境治理业 | 7 | 288 | 131 | 288 |
| 公共设施管理业 | 27 | 13855 | 5990 | 13370 |
| 居民服务、修理和其他服务业 | 16 | 1476 | 678 | 1464 |
| 居民服务业 | 14 | 1421 | 653 | 1409 |
| 其他服务业 | 2 | 55 | 25 | 55 |
| 教　　育 | 432 | 47617 | 26154 | 47600 |
| #初等教育 | 201 | 11020 | 6966 | 11020 |
| 中等教育 | 117 | 15009 | 8398 | 15009 |
| 高等教育 | 15 | 17310 | 8460 | 17301 |
| 卫生和社会工作 | 133 | 17722 | 10685 | 17578 |
| 卫　　生 | 113 | 17360 | 10492 | 17216 |
| 社会工作 | 20 | 362 | 193 | 362 |
| 文化、体育和娱乐业 | 128 | 10685 | 5052 | 10257 |
| 新闻和出版业 | 33 | 3143 | 1583 | 3136 |
| 广播、电视、电影和影视录音制作业 | 16 | 3164 | 1458 | 3150 |
| 文化艺术业 | 63 | 3706 | 1751 | 3299 |
| 体　育 | 14 | 611 | 227 | 611 |
| 娱乐业 | 2 | 61 | 33 | 61 |
| 公共管理、社会保障和社会组织 | 862 | 53056 | 19031 | 52821 |
| #中国共产党机关 | 50 | 2247 | 773 | 2246 |
| 国家机构 | 728 | 48070 | 17106 | 47842 |
| 人民政协、民主党派 | 20 | 542 | 234 | 542 |
| 社会保障 | 5 | 197 | 115 | 197 |
| 群众社团、社会团体和其他成员组织 | 59 | 2000 | 803 | 1994 |

| | 劳动报酬和生活费(万元) | | |
|---|---|---|---|
| # 劳务派遣人员 | 单位从业人员劳动报酬 | # 在岗职工工资总额 | # 劳务派遣人员工资总额 |
| 37 | 17763 | 17544 | 191 |
| 7 | 56031 | 55961 | 60 |
| | 9379 | 9379 | |
| | 53221 | 52135 | |
| | 8731 | 8731 | |
| | 1807 | 1807 | |
| | 42683 | 41597 | |
| | 3638 | 3623 | |
| | 3421 | 3405 | |
| | 217 | 217 | |
| | 386374 | 386270 | |
| | 78329 | 78329 | |
| | 112743 | 112743 | |
| | 167663 | 167590 | |
| | 148513 | 147789 | |
| | 146189 | 145466 | |
| | 2323 | 2323 | |
| 14 | 77027 | 75372 | 86 |
| | 20034 | 20005 | |
| 14 | 29453 | 29367 | 86 |
| | 23161 | 21623 | |
| | 4075 | 4075 | |
| | 304 | 304 | |
| 169 | 376985 | 376509 | 257 |
| | 16402 | 16401 | |
| 169 | 342419 | 341962 | 257 |
| | 4140 | 4140 | |
| | 1152 | 1152 | |
| | 12872 | 12854 | |

# 5－5 城镇集体单位从业

| 指标 | 单位数（个） | 年末人数（人） | | |
|---|---|---|---|---|
| | | 单位从业人员 | #女性 | #在岗职工 |
| 城镇集体单位合计 | 196 | 8272 | 4125 | 8185 |
| 企业 | 114 | 4911 | 2524 | 4824 |
| 事业 | 82 | 3361 | 1601 | 3361 |
| 制造业 | 14 | 378 | 209 | 378 |
| 纺织服装、服饰业 | 3 | 130 | 109 | 130 |
| 印刷和记录媒介复制业 | 10 | 241 | 97 | 241 |
| 化学原料和化学制品制造业 | 1 | 7 | 3 | 7 |
| 电力、热力、燃气及水生产和供应业 | 4 | 295 | 97 | 295 |
| 电力、热力生产和供应业 | 1 | 48 | 22 | 48 |
| 水的生产和供应业 | 3 | 247 | 75 | 247 |
| 建筑业 | 2 | 471 | 252 | 471 |
| 房屋建筑业 | 1 | 192 | 56 | 192 |
| 土木工程建筑业 | 1 | 279 | 196 | 279 |
| 批发和零售业 | 10 | 268 | 114 | 268 |
| 批发业 | 4 | 95 | 37 | 95 |
| 零售业 | 6 | 173 | 77 | 173 |
| 交通运输、仓储和邮政业 | 1 | 32 | | 32 |
| 道路运输业 | 1 | 32 | | 32 |
| 住宿和餐饮业 | 2 | 99 | 64 | 99 |

# 人员和劳动报酬

| #劳务派遣人员 | 劳动报酬和生活费(万元) | | |
|---|---|---|---|
| | 单位从业人员劳动报酬 | #在岗职工工资总额 | #劳务派遣人员工资总额 |
| 80 | 41368 | 40810 | 539 |
| 80 | 30869 | 30311 | 539 |
| | 10499 | 10499 | |
| | 1035 | 1035 | |
| | 308 | 308 | |
| | 715 | 715 | |
| | 12 | 12 | |
| | 1069 | 1069 | |
| | 238 | 238 | |
| | 831 | 831 | |
| | 1994 | 1994 | |
| | 1220 | 1220 | |
| | 775 | 775 | |
| | 1271 | 1271 | |
| | 326 | 326 | |
| | 945 | 945 | |
| | 134 | 134 | |
| | 134 | 134 | |
| | 202 | 202 | |

5－5 续表

| 指　　标 | 单位数（个） | 年末人数（人） | | |
|---|---|---|---|---|
| | | 单位从业人　　员 | #女　性 | #在岗职工 |
| 餐饮业 | 2 | 99 | 64 | 99 |
| 金 融 业 | 74 | 3116 | 1712 | 3033 |
| 货币金融服务业 | 74 | 3116 | 1712 | 3033 |
| 租赁和商务服务业 | 3 | 36 | 11 | 36 |
| 商务服务业 | 3 | 36 | 11 | 36 |
| 科学研究、技术服务业 | 8 | 120 | 1 | 120 |
| 专业技术服务业 | 8 | 120 | 1 | 120 |
| 水利、环境和公共设施管理业 | 2 | 1342 | 584 | 1342 |
| 公共设施管理业 | 2 | 1342 | 584 | 1342 |
| 居民服务、修理和其他服务业 | 4 | 533 | 270 | 529 |
| 居民服务业 | 2 | 49 | 25 | 45 |
| 机动车、电子产品和日用产品修理业 | 1 | 4 | 2 | 4 |
| 其他服务业 | 1 | 480 | 243 | 480 |
| 教 育 | 5 | 194 | 90 | 194 |
| #中等教育 | 1 | 92 | 32 | 92 |
| 高等教育 | 2 | 69 | 43 | 69 |
| 卫生和社会工作 | 67 | 1388 | 721 | 1388 |
| 卫 生 | 67 | 1388 | 721 | 1388 |

| | 劳动报酬和生活费(万元) | | |
|---|---|---|---|
| #劳务派遣人员 | 单位从业人员劳动报酬 | #在岗职工工资总额 | #劳务派遣人员工资总额 |
| | 202 | 202 | |
| 80 | 24214 | 23664 | 539 |
| 80 | 24214 | 23664 | 539 |
| | 145 | 145 | |
| | 145 | 145 | |
| | 217 | 217 | |
| | 217 | 217 | |
| | 2195 | 2195 | |
| | 2195 | 2195 | |
| | 768 | 768 | |
| | 125 | 125 | |
| | 10 | 10 | |
| | 634 | 634 | |
| | 1326 | 1326 | |
| | 802 | 802 | |
| | 394 | 394 | |
| | 6799 | 6799 | |
| | 6799 | 6799 | |

# 5－6 其他各种经济类型

| 指　　标 | 单位数（个） | 年末人数（人） | | |
|---|---|---|---|---|
| | | 单位从业人员 | #女性 | #在岗职工 |
| 其他单位合计 | 822 | 200045 | 76518 | 181348 |
| 内　　资 | 787 | 188097 | 71611 | 169784 |
| 股份合作 | 2 | 147 | 22 | 147 |
| 联　　营 | 2 | 20 | 11 | 20 |
| #国有联营 | 1 | 12 | 3 | 12 |
| 有限责任公司 | 589 | 126974 | 48080 | 110772 |
| #国有独资 | 44 | 31960 | 12550 | 26361 |
| 股份有限公司 | 124 | 57473 | 21269 | 55597 |
| 其　　他 | 70 | 3483 | 2229 | 3248 |
| 港、澳、台商投资 | 18 | 7382 | 3122 | 7067 |
| 外商投资 | 17 | 4566 | 1785 | 4497 |
| 企　　业 | 773 | 197575 | 74964 | 179110 |
| 事　　业 | 24 | 1523 | 829 | 1291 |
| 民间非营利组织 | 20 | 510 | 429 | 510 |
| 其　　他 | 5 | 437 | 296 | 437 |
| 采矿业 | 2 | 351 | 51 | 351 |
| 煤炭开采和洗选业 | 1 | 300 | 50 | 300 |
| 非金属矿采选业 | 1 | 51 | 1 | 51 |
| 制造业 | 104 | 44287 | 15557 | 44047 |
| 农副食品加工业 | 15 | 2002 | 540 | 1932 |
| 食品制造业 | 12 | 19374 | 7142 | 19374 |
| 酒、饮料和精制茶制造业 | 7 | 1334 | 600 | 1324 |
| 烟草制品业 | 1 | 1855 | 548 | 1855 |
| 纺织服装、服饰业 | 3 | 1227 | 1037 | 1227 |
| 造纸和纸制品业 | 7 | 1624 | 451 | 1624 |
| 印刷和记录媒介复制业 | 1 | 359 | 121 | 348 |
| 石油加工、炼焦和核燃料加工业 | 1 | 1982 | 726 | 1978 |
| 化学原料和化学制品制造业 | 17 | 8178 | 2415 | 8178 |
| 医药制造业 | 5 | 1402 | 596 | 1376 |
| 橡胶和塑料制品业 | 3 | 161 | 73 | 131 |
| 非金属矿物制品业 | 10 | 1412 | 320 | 1382 |

# 单位从业人员和劳动报酬

| | 劳动报酬和生活费(万元) | | |
|---|---|---|---|
| # 劳务派遣人员 | 单位从业人员劳动报酬 | # 在岗职工工资总额 | # 劳务派遣人员工资总额 |
| 12119 | 1203379 | 1108217 | 55261 |
| 11770 | 1121359 | 1028290 | 53409 |
| | 451 | 451 | |
| | 83 | 83 | |
| | 57 | 57 | |
| 11149 | 741591 | 657530 | 50779 |
| 5442 | 214102 | 186075 | 27056 |
| 621 | 363795 | 355280 | 2630 |
| | 15438 | 14946 | |
| 286 | 52972 | 51254 | 1612 |
| 63 | 29048 | 28673 | 240 |
| 12119 | 1192953 | 1098204 | 55261 |
| | 6474 | 6061 | |
| | 1916 | 1916 | |
| | 2036 | 2036 | |
| | 2955 | 2955 | |
| | 2678 | 2678 | |
| | 276 | 276 | |
| 108 | 270192 | 269349 | 454 |
| 63 | 12176 | 11922 | 240 |
| | 104348 | 104348 | |
| 10 | 7261 | 7232 | 29 |
| | 26990 | 26990 | |
| | 4256 | 4256 | |
| | 9487 | 9487 | |
| | 1550 | 1497 | |
| | 17123 | 17117 | |
| | 51104 | 51104 | |
| | 10369 | 10227 | |
| 5 | 572 | 518 | 10 |
| 30 | 6898 | 6723 | 175 |

5－6续表1

| 指　　标 | 单位数（个） | 年末人数（人） | | |
|---|---|---|---|---|
| | | 单位从业人　员 | #女 性 | #在岗职工 |
| 有色金属冶炼和压延加工业 | 6 | 580 | 155 | 541 |
| 金属制品业 | 1 | 320 | 47 | 320 |
| 通用设备制造业 | 2 | 337 | 75 | 337 |
| 专用设备制造业 | 1 | 295 | 58 | 295 |
| 汽车制造业 | 1 | 100 | 29 | 100 |
| 电气机械和器材制造业 | 7 | 948 | 298 | 944 |
| 计算机、通信和其他电子设备制造业 | 3 | 797 | 326 | 781 |
| 电力、热力、燃气及水生产和供应业 | 31 | 21669 | 7411 | 19250 |
| 电力、热力生产和供应业 | 23 | 15796 | 5165 | 14092 |
| 燃气生产和供应业 | 3 | 2137 | 746 | 2087 |
| 水的生产和供应业 | 5 | 3736 | 1500 | 3071 |
| 建　筑　业 | 71 | 32475 | 4875 | 30258 |
| 房屋建筑业 | 34 | 18071 | 2027 | 17384 |
| 土木工程建筑业 | 21 | 12878 | 2559 | 12044 |
| 建筑安装业 | 8 | 548 | 87 | 409 |
| 建筑装饰和其他建筑业 | 8 | 978 | 202 | 421 |
| 批发和零售业 | 160 | 18870 | 11795 | 18569 |
| 批 发 业 | 47 | 2702 | 1081 | 2585 |
| 零 售 业 | 113 | 16168 | 10714 | 15984 |
| 交通运输、仓储和邮政业 | 34 | 17688 | 7832 | 12007 |
| 铁路运输业 | 7 | 275 | 15 | 149 |
| 道路运输业 | 18 | 11591 | 5716 | 7290 |
| 航空运输业 | 3 | 2388 | 1134 | 2224 |
| 装卸搬运和运输代理业 | 2 | 17 | 8 | 17 |
| 仓储业 | 1 | 44 | 15 | 44 |
| 邮 政 业 | 3 | 3373 | 944 | 2283 |
| 住宿和餐饮业 | 49 | 6942 | 3651 | 6832 |
| 住 宿 业 | 21 | 4379 | 2185 | 4335 |
| 餐 饮 业 | 28 | 2563 | 1466 | 2497 |
| 信息传输、软件和信息技术服务业 | 24 | 8402 | 3854 | 7927 |
| 电信、广播电视和卫星传输服务 | 9 | 6739 | 3242 | 6316 |
| 互联网和相关服务 | 3 | 110 | 29 | 110 |

| | 劳动报酬和生活费(万元) | | |
|---|---|---|---|
| | 单位从业人员劳动报酬 | | |
| #劳务派遣人员 | | #在岗职工工资总额 | #劳务派遣人员工资总额 |
| | 2892 | 2832 | |
| | 2556 | 2556 | |
| | 1983 | 1983 | |
| | 1717 | 1717 | |
| | 262 | 262 | |
| | 5409 | 5397 | |
| | 3237 | 3178 | |
| 2343 | 134993 | 129094 | 5700 |
| 1643 | 106999 | 102991 | 3857 |
| 45 | 11446 | 11342 | 94 |
| 655 | 16547 | 14761 | 1749 |
| 1694 | 193821 | 178306 | 6799 |
| 458 | 109969 | 106974 | 1923 |
| 654 | 76763 | 66567 | 2853 |
| 44 | 2153 | 1742 | 162 |
| 538 | 4936 | 3023 | 1860 |
| 77 | 80522 | 79592 | 278 |
| 18 | 16912 | 16536 | 77 |
| 59 | 63610 | 63056 | 201 |
| 5224 | 121981 | 90568 | 29826 |
| 109 | 2247 | 1568 | 605 |
| 4301 | 73518 | 50687 | 22831 |
| 164 | 25507 | 22711 | 2796 |
| | 107 | 107 | |
| | 260 | 260 | |
| 650 | 20342 | 15235 | 3594 |
| 64 | 29186 | 28769 | 264 |
| 20 | 19111 | 18952 | 84 |
| 44 | 10075 | 9817 | 180 |
| 424 | 77845 | 74225 | 3275 |
| 423 | 66905 | 63645 | 3260 |
| | 1008 | 1008 | |

5－6 续表 2

| 指　　标 | 单位数（个） | 年末人数（人） | | |
|---|---|---|---|---|
| | | 单位从业人员 | #女性 | #在岗职工 |
| 软件和信息技术服务业 | 12 | 1553 | 583 | 1501 |
| 金融业 | 26 | 15784 | 8161 | 12298 |
| 货币金融服务业 | 10 | 8332 | 4613 | 8271 |
| 资本市场服务业 | 1 | 298 | 113 | 298 |
| 保险业 | 15 | 7154 | 3435 | 3729 |
| 房地产业 | 135 | 12761 | 5646 | 11472 |
| #房地产开发经营 | 104 | 3210 | 1107 | 2959 |
| 物业管理 | 30 | 9530 | 4534 | 8492 |
| 租赁和商务服务业 | 40 | 5064 | 1227 | 4828 |
| 商务服务业 | 40 | 5064 | 1227 | 4828 |
| 科学研究、技术服务业 | 46 | 8416 | 2272 | 6514 |
| 专业技术服务业 | 41 | 8138 | 2151 | 6238 |
| 科技推广和应用服务业 | 5 | 278 | 121 | 276 |
| 水利、环境和公共设施管理业 | 12 | 2193 | 1021 | 2175 |
| 水利管理业 | 2 | 498 | 218 | 497 |
| 生态保护和环境治理 | 1 | 94 | 18 | 85 |
| 公共设施管理业 | 9 | 1601 | 785 | 1593 |
| 居民服务、修理和其他服务业 | 3 | 404 | 156 | 404 |
| 居民服务业 | 2 | 75 | 49 | 75 |
| 其他服务业 | 1 | 329 | 107 | 329 |
| 教　育 | 58 | 2843 | 1886 | 2608 |
| #初等教育 | 7 | 504 | 353 | 504 |
| 中等教育 | 10 | 1159 | 602 | 927 |
| 高等教育 | 1 | 56 | 26 | 56 |
| 卫生和社会工作 | 13 | 1023 | 661 | 1023 |
| 卫　　生 | 12 | 982 | 642 | 982 |
| 社会工作 | 1 | 41 | 19 | 41 |
| 文化、体育和娱乐业 | 14 | 873 | 462 | 785 |
| 新闻和出版业 | 4 | 136 | 64 | 128 |
| 广播、电视、电影和影视录音制作业 | 4 | 332 | 206 | 307 |
| 文化艺术业 | 6 | 405 | 192 | 350 |

| #劳务派遣人员 | 劳动报酬和生活费(万元) 单位从业人员劳动报酬 | #在岗职工工资总额 | #劳务派遣人员工资总额 |
|---|---|---|---|
| 1 | 9933 | 9572 | 15 |
| 170 | 110847 | 90312 | 930 |
| 43 | 68599 | 68275 | 281 |
| | 1988 | 1988 | |
| 127 | 40260 | 20049 | 649 |
| 788 | 50447 | 46748 | 2351 |
| 101 | 19760 | 18942 | 535 |
| 687 | 30519 | 27639 | 1816 |
| 140 | 25442 | 24771 | 377 |
| 140 | 25442 | 24771 | 377 |
| 1072 | 61405 | 50746 | 4907 |
| 1070 | 59531 | 48876 | 4902 |
| 2 | 1875 | 1870 | 5 |
| 10 | 14024 | 13895 | 91 |
| 1 | 4076 | 4074 | 2 |
| 9 | 1026 | 937 | 90 |
| | 8922 | 8885 | |
| | 6292 | 6292 | |
| | 274 | 274 | |
| | 6019 | 6019 | |
| | 12924 | 12432 | |
| | 2287 | 2287 | |
| | 5181 | 4768 | |
| | 219 | 219 | |
| | 5345 | 5345 | |
| | 5165 | 5165 | |
| | 181 | 181 | |
| 5 | 5158 | 4820 | 10 |
| | 975 | 955 | |
| 5 | 1418 | 1367 | 10 |
| | 2765 | 2498 | |

# 主要统计指标解释

**单位从业人员**　指各级国家机关、政党机关、社会团体及企业、事业单位中工作取得工资或其它形式的劳动报酬的全部人员。包括：在岗职工、劳务派遣人员、其他从业人员（包括民办教师以及在各单位中工作的外方人员和港澳台方人员、兼职人员、借用的外单位人员和第二职业者）。不包括：离开本单位仍保留劳动关系的职工。

**在岗职工**　指在本单位工作并由单位支付工资的人员，以及有工作岗位，但由于学习、病伤产假等原因暂未工作，仍由单位支付工资的人员。

**城镇私营企业从业人员**　指在工商行政管理部门办理登记，并领取营业执照的各类私营企业中，从事经营管理和参加生产，并取得经营收入和劳动报酬的全部人员。包括离、退休后，在私营企业从业的人员。

**城镇个体劳动者**　指个人参加生产劳动，生产资料和产品（或收入）归个人所有，在工商行政管理部门登记并领取“个体营业执照”的城镇劳动者。

**城镇单位失业人员**　指有非农业户口，在一定的劳动年龄16岁至法定退休年龄内，有劳动能力，在报告期内无业并根据劳动部《就业登记规定》在当地劳动部门登记的人员。

**工资总额**　（按1990年1月1日国家统计局颁布的新规定）是指各单位在一定时期内直接支付给本单位全部职工的劳动报酬总额。

工资总额的计算原则应以直接支付给职工的全部劳动报酬为根据。各单位支付给职工的劳动报酬以及其他根据有关规定支付的工资，不论是计入成本的，还是不计入成本的，不论是按国家规定列入计征奖金税项目的，还是未列入计征奖金税项目的，不论是以货币形式支付的还是以实物形式支付的，均包括在工资总额内。

（一）计时工资是指按计时工资标准（包括地区生活费补贴）和工作时间支付给个人的劳动报酬，包括；

（1）对已做工作按计时工资标准支付的工资；

（2）实行结构工资制的单位支付给职工的基础工资和职务（岗位）工资；

（3）新参加工作职工的见习工资（学徒的生活费）；

（4）运动员体育津贴。

（二）计件工资是指对已做工作按计件单价支付的劳动报酬。包括：

（1）实行超额累进计件，直接无限计件，限额计件，超定额计件等工资制按劳动部门或主管部门批准的定额和计件单价支付给个人的工资；

（2）按工作任务包干方法支付给个人的工资；

（3）按营业额提成或利润提成办法支付给个人的工资；

计件超额工资是指计件工人超过定额后所得的工资，即计件工人实得的全部计件工资减去应得的计件标准工资的数额。某些企业的工人由于从事生产的工作物等级多于本人工资等级，因而其计件标准工资多于本人标准工资，其超额工资也用全部工资减去应得计件标谁工资求得。

（三）奖金是指支付给职工的超额劳动报酬和增收节支的劳动报酬。包括：生产奖、节约奖、劳动竞赛奖、机关、事业单位的奖励工资和其它奖金。

（四）津贴和补贴是指为了补偿职工特殊或额外的劳动消耗和因其他特殊原因支付给职工的津贴，以及为了保证职工的工资水平不受物价影响支付给职工的物价补贴。

（1）津贴。包括：补偿职工特殊或额外的劳动消耗的津贴，保健性津贴，技术性津贴，年功性津贴及其他津贴。

（2）物价补贴。包括：为保证职工工资水平不受物价上涨或变动影响而支付的多种补贴。

（五）加班加点工资是指按规定支付的加班工资和加点工资。

（六）特殊情况下支付的工资。包括：

（1）根据国家法律、法规和政策规定，因病、工伤、产假、计划生育假、婚假、丧假、事假、探亲假、定期休假、停工学习、执行国家或社会义务等原因按计时工资标准或计时工资标准的一定比例支付的工资；

（2）附加工资、保留工资。

从业人员工资总额＝在岗职工工资总额＋劳务派遣人员工资总额＋其他从业人员工资总额

在岗职工平均工资指在一定时期内在岗职工的平均工资的实际情况。计算公式：

$$\text{在岗职工平均工资}=\frac{\text{在岗职工工资总额}+\text{劳务派遣人员工资总额}}{\text{在岗职工平均人数}+\text{劳务派遣平均人数}}$$

# 第二部分　统计资料

## 固定资产投资

# 6－1　历年固定资产投资

单位:万元

| 年 份 | 固定资产投资 | 年 份 | 固定资产投资 |
|---|---|---|---|
| 1949 | | 1984 | 28460 |
| 1950 | 7 | 1985 | 44053 |
| 1951 | 264 | 1986 | 58275 |
| 1952 | 830 | 1987 | 57585 |
| 1953 | 2248 | 1988 | 48430 |
| 1954 | 1318 | 1989 | 41582 |
| 1955 | 1354 | 1990 | 48580 |
| 1956 | 3943 | 1991 | 85173 |
| 1957 | 3820 | 1992 | 136417 |
| 1958 | 7653 | 1993 | 188022 |
| 1959 | 11102 | 1994 | 254321 |
| 1960 | 13946 | 1995 | 257415 |
| 1961 | 2737 | 1996 | 261191 |
| 1962 | 1218 | 1997 | 271549 |
| 1963 | 1703 | 1998 | 391065 |
| 1964 | 2580 | 1999 | 447553 |
| 1965 | 6023 | 2000 | 687898 |
| 1966 | 7505 | 2001 | 953052 |
| 1967 | 2843 | 2002 | 1312557 |
| 1968 | 3342 | 2003 | 1880127 |
| 1969 | 3528 | 2004 | 2701496 |
| 1970 | 7436 | 2005 | 4202371 |
| 1971 | 5659 | 2006 | 5084256 |
| 1972 | 5569 | 2007 | 5822357 |
| 1973 | 8343 | 2008 | 6404626 |
| 1974 | 9215 | 2009 | 8008082 |
| 1975 | 10987 | 2010 | 8812359 |
| 1976 | 12394 | 2011 | 10316781 |
| 1977 | 10075 | 2012 | 13014288 |
| 1978 | 13358 | 2013 | 15048258 |
| 1979 | 17596 | 2014 | 17364557 |
| 1980 | 21370 | 2015 | 16186355 |
| 1981 | 15753 | 2016 | 18491736 |
| 1982 | 23585 | 2017 | 14907778 |
| 1983 | 24278 | | |

注:2015 年起投资项目统计调整为计划总投资 500 万元以上。

# 6－2 历年房地产投资

单位:万元、万平方米

| 年份 | 房地产投资 | #住 宅 | 房屋销售面积 | #住 宅 | 房屋施工面积 | #住 宅 | 房屋竣工面积 | #住 宅 |
|---|---|---|---|---|---|---|---|---|
| 1990 | 4415 | 1394 | 3.0 | | 13.1 | 12.4 | 5.3 | 4.8 |
| 1991 | 3565 | 2644 | 3.8 | | 18.5 | 16.7 | 8.1 | 7.5 |
| 1992 | 10090 | 7824 | 5.0 | | 46.5 | 43.8 | 11.0 | 9.4 |
| 1993 | 34173 | 27636 | 6.5 | | 75.9 | 62.0 | 22.0 | 18.5 |
| 1994 | 27254 | 15303 | 14.3 | 10.4 | 71.6 | 45.8 | 21.5 | 15.0 |
| 1995 | 30342 | 18820 | 13.7 | 10.5 | 75.5 | 50.9 | 23.0 | 16.3 |
| 1996 | 43286 | 35425 | 25.6 | 22.9 | 98.0 | 88.0 | 34.8 | 31.1 |
| 1997 | 32448 | 20739 | 22.1 | 18.0 | 73.1 | 53.2 | 34.9 | 25.8 |
| 1998 | 91891 | 57673 | 29.6 | 25.4 | 135.8 | 111.8 | 44.0 | 33.6 |
| 1999 | 98152 | 75045 | 47.2 | 41.2 | 174.1 | 150.0 | 88.9 | 76.4 |
| 2000 | 117697 | 89920 | 60.6 | 55.0 | 200.6 | 169.8 | 111.1 | 97.5 |
| 2001 | 155431 | 78121 | 65.6 | 58.2 | 253.8 | 193.3 | 108.5 | 77.4 |
| 2002 | 244077 | 117709 | 121.3 | 106.3 | 357.1 | 257.3 | 159.0 | 121.2 |
| 2003 | 273982 | 123772 | 137.4 | 113.0 | 342.0 | 223.3 | 131.8 | 110.1 |
| 2004 | 324644 | 162839 | 172.6 | 151.7 | 472.9 | 261.3 | 169.0 | 116.3 |
| 2005 | 358634 | 231911 | 224.1 | 194.8 | 559.5 | 377.2 | 204.4 | 161.0 |
| 2006 | 949934 | 705462 | 215.3 | 193.9 | 996.6 | 765.9 | 168.6 | 141.8 |
| 2007 | 1298346 | 96477 | 225.9 | 213.3 | 1567.1 | 1256.9 | 216.3 | 199.5 |
| 2008 | 1770684 | 1394940 | 331.1 | 307.3 | 1787.1 | 1462.2 | 252.6 | 224.4 |
| 2009 | 1782909 | 1269283 | 375.0 | 309.1 | 1832.9 | 1452.4 | 456.3 | 369.3 |
| 2010 | 2543537 | 1926340 | 471.9 | 394.8 | 2461.1 | 1901.1 | 462.8 | 349.1 |
| 2011 | 3447832 | 2579534 | 583.7 | 518.3 | 3533.7 | 2541.4 | 412.1 | 340.5 |
| 2012 | 4479861 | 2868840 | 478.2 | 414.3 | 4391.6 | 3090.1 | 358.0 | 290.8 |
| 2013 | 5816832 | 3921333 | 420.5 | 340.0 | 5806.2 | 4059.3 | 400.1 | 308.8 |
| 2014 | 5631305 | 4100748 | 363.9 | 306.9 | 5860.5 | 4054.4 | 461.9 | 345.1 |
| 2015 | 5090452 | 3563527 | 381.8 | 321.4 | 4728.9 | 3118.4 | 301.3 | 235.1 |
| 2016 | 5205165 | 3690921 | 425.5 | 344.8 | 3747.6 | 2590.4 | 333.4 | 235.5 |
| 2017 | 2383997 | 1798732 | 316.5 | 250.0 | 2553.6 | 1685.5 | 379.8 | 240.1 |

# 6－3　固定资产投资完成额

单位:万元

| 项　　目 | 2016 年 | 2017 年 | 2017 年比 2016 年增长% |
|---|---|---|---|
| 总　　计 | 18491736 | 14907778 | -19.4 |
| 按投资类型分组 | | | |
| 基本建设投资 | 13286571 | 12523781 | -5.7 |
| 房地产投资 | 5205165 | 2383997 | -54.2 |
| 按产业分组 | | | |
| 第一产业 | 441958 | 1182882 | 167.6 |
| 第二产业 | 3579715 | 2667866 | -25.5 |
| #工　业 | 3574245 | 2665106 | -25.4 |
| 第三产业 | 14470063 | 11057030 | -23.6 |
| 按登记注册类型分组 | | | |
| 内　资 | 18238286 | 14826215 | -18.7 |
| 国　有 | 7564952 | 7714686 | 2.0 |
| 集　体 | 307165 | 27110 | -91.2 |
| 其　他 | 10366169 | 7084419 | -31.7 |
| 港澳台投资 | 54514 | 28059 | -48.5 |
| 外商投资 | 182512 | 50817 | -72.2 |
| 个体经营 | 16424 | 2687 | -83.6 |
| 按建设性质分组 | | | |
| 新　建 | 7106681 | 7730559 | 8.8 |
| 扩　建 | 3338580 | 2621180 | -21.5 |
| 改　建 | 1943638 | 1208754 | -37.8 |
| 单纯建设生活设施 | 5200 | 10830 | 108.3 |
| 迁　建 | 38717 | 2031 | -94.8 |
| 单纯购置 | 853755 | 950427 | 11.3 |
| 按隶属关系分 | | | |
| 中央项目 | 1192707 | 727251 | -39.0 |
| 地方项目 | 17299029 | 14180527 | -18.0 |
| #市　属 | 15797947 | 13189999 | -16.5 |
| 房屋面积 | | | |
| 施工面积(平方米) | 42264025 | 32187730 | -23.8 |
| #住　宅 | 27321077 | 18627764 | -31.8 |
| 竣工面积(平方米) | 5044437 | 7850567 | 55.6 |
| #住　宅 | 3258231 | 4058349 | 24.6 |
| 本年新增固定资产 | 11205875 | 14708589 | 31.3 |

# 6－4 按国民经济行业分投资规模及个数

单位：万元、个

| 行　　业 | 计　划<br>总投资 | 自开始<br>建设累计<br>完成投资 | 本　　年<br>完成投资 | 项目施工<br>个　　数 | 本年投产<br>项目个数 |
|---|---|---|---|---|---|
| 总　　计 | 44715685 | 24009245 | 12523781 | 1692 | 348 |
| 农、林、牧、渔业 | 2692090 | 1418721 | 1328736 | 192 | 14 |
| 农业 | 1080439 | 341062 | 325772 | 70 | 4 |
| 林业 | 1102536 | 670264 | 617129 | 33 | 3 |
| 畜牧业 | 330466 | 239854 | 232131 | 41 | 6 |
| 渔业 | 7850 | 7850 | 7850 | 2 | |
| 农、林、牧、渔服务业 | 170799 | 159691 | 145854 | 46 | 1 |
| 采矿业 | 23603 | 20478 | 12708 | 6 | 1 |
| 煤炭开采和洗选业 | 8278 | 8278 | 508 | 1 | 1 |
| 黑色金属矿采选业 | 7000 | 6000 | 6000 | 2 | |
| 非金属矿采选业 | 8325 | 6200 | 6200 | 3 | |
| 制造业 | 8732115 | 5365337 | 1786099 | 106 | 60 |
| 农副食品加工业 | 250947 | 198171 | 25565 | 14 | 3 |
| 食品制造业 | 324487 | 210720 | 145485 | 13 | 7 |
| 酒、饮料和精制茶制造业 | 21328 | 12180 | 8018 | 3 | 2 |
| 烟草制品业 | 3417 | 3417 | 3417 | 2 | |
| 纺织服装、服饰业 | 568 | 568 | 568 | 1 | |
| 造纸和纸制品业 | 106480 | 71928 | 11796 | 2 | 2 |
| 印刷和记录媒介复制业 | 1300 | 1300 | 1300 | 1 | |
| 文教、工美、体育和娱乐用品制造业 | 1318 | 1318 | 1318 | 1 | |
| 化学原料和化学制品制造业 | 211389 | 197259 | 48997 | 8 | 4 |
| 医药制造业 | 801295 | 262263 | 74805 | 10 | 9 |
| 橡胶和塑料制品业 | 19055 | 10030 | 9030 | 2 | 1 |
| 非金属矿物制品业 | 424784 | 293435 | 94002 | 19 | 11 |
| 黑色金属冶炼和压延加工业 | 4800 | 4800 | 4800 | 1 | |
| 有色金属冶炼和压延加工业 | 433855 | 245928 | 35010 | 3 | 2 |
| 金属制品业 | 111767 | 46415 | 2725 | 3 | 2 |
| 专用设备制造业 | 3000 | 3000 | 3000 | 1 | |
| 汽车制造业 | 313611 | 310705 | 267598 | 3 | 3 |
| 电气机械和器材制造业 | 4285304 | 2867076 | 889141 | 11 | 8 |
| 计算机、通信和其他电子设备制造业 | 1288926 | 505170 | 39870 | 2 | 2 |
| 其他制造业 | 3406 | 3406 | 3406 | 1 | |
| 废弃资源综合利用业 | 121078 | 116248 | 116248 | 5 | 4 |
| 电力、热力、燃气及水生产和供应业 | 3173729 | 2348952 | 866299 | 131 | 49 |
| 电力、热力生产和供应业 | 2699501 | 1953743 | 622163 | 74 | 39 |
| 燃气生产和供应业 | 207101 | 196001 | 169873 | 43 | 3 |
| 水的生产和供应业 | 267127 | 199208 | 74263 | 14 | 7 |
| 建筑业 | 2760 | 2760 | 2760 | 1 | |
| 房屋建筑业 | 2760 | 2760 | 2760 | 1 | |
| 批发和零售业 | 95831 | 85043 | 63378 | 19 | 3 |
| 批发业 | 79900 | 78943 | 57278 | 16 | 2 |
| 零售业 | 15931 | 6100 | 6100 | 3 | 1 |
| 交通运输、仓储和邮政业 | 6766226 | 2034773 | 1095046 | 55 | 22 |
| 铁路运输业 | 390000 | 390000 | 390000 | 1 | 1 |
| 道路运输业 | 6089885 | 1454958 | 617196 | 40 | 14 |

6－4 续表

单位:万元、个

| 行　　业 | 计　划<br>总投资 | 自开始<br>建设累计<br>完成投资 | 本　　年<br>完成投资 | 项目施工<br>个　　数 | 本年投产<br>项目个数 |
|---|---|---|---|---|---|
| 航空运输业 | 30643 | 30643 | 30643 | 1 | 1 |
| 管道运输业 | 1600 | 1600 | 1600 | 1 | |
| 仓储业 | 254098 | 157572 | 55607 | 12 | 6 |
| 住宿和餐饮业 | 25708 | 17012 | 13992 | 5 | 1 |
| 住宿业 | 22778 | 14082 | 11062 | 3 | 1 |
| 餐饮业 | 2930 | 2930 | 2930 | 2 | |
| 信息传输、软件和信息技术服务业 | 3333167 | 946641 | 598665 | 124 | 6 |
| 电信、广播电视和卫星传输服务 | 18338 | 18338 | 18338 | 4 | |
| 互联网和相关服务 | 29000 | 9709 | 9709 | 2 | 1 |
| 软件和信息技术服务业 | 3285829 | 918594 | 570618 | 118 | 5 |
| 金融业 | 22280 | 22280 | 22280 | 6 | |
| 房地产业 | 2258119 | 1568381 | 400175 | 76 | 9 |
| 租赁和商务服务业 | 28545 | 27645 | 27645 | 7 | |
| 商务服务业 | 28545 | 27645 | 27645 | 7 | |
| 科学研究和技术服务业 | 78687 | 77453 | 13223 | 4 | 2 |
| 专业技术服务业 | 7687 | 6503 | 6503 | 2 | |
| 科技推广和应用服务业 | 71000 | 70950 | 6720 | 2 | 2 |
| 水利、环境和公共设施管理业 | 14814443 | 8333734 | 5277064 | 755 | 139 |
| 水利管理业 | 1471386 | 793234 | 667719 | 49 | 10 |
| 生态保护和环境治理业 | 40379 | 39167 | 38051 | 11 | 1 |
| 公共设施管理业 | 13302678 | 7501333 | 4571294 | 695 | 128 |
| 居民服务、修理和其他服务业 | 60938 | 51318 | 40718 | 4 | 1 |
| 居民服务业 | 51184 | 41564 | 30964 | 2 | 1 |
| 其他服务业 | 9754 | 9754 | 9754 | 2 | |
| 教育 | 322833 | 280887 | 211638 | 54 | 11 |
| 卫生和社会工作 | 500598 | 401541 | 170426 | 38 | 9 |
| 卫生 | 458171 | 378602 | 150805 | 30 | 7 |
| 社会工作 | 42427 | 22939 | 19621 | 8 | 2 |
| 文化、体育和娱乐业 | 1532805 | 764766 | 359676 | 55 | 19 |
| 新闻和出版业 | 4857 | 4857 | 4857 | 1 | |
| 广播、电视、电影和影视录音制作业 | 242851 | 130960 | 21926 | 5 | 2 |
| 文化艺术业 | 934295 | 297647 | 143028 | 25 | 12 |
| 体育 | 313055 | 293555 | 152118 | 16 | 5 |
| 娱乐业 | 37747 | 37747 | 37747 | 8 | |
| 公共管理、社会保障和社会组织 | 251208 | 241523 | 233253 | 54 | 2 |
| 国家机构 | 224242 | 218039 | 213469 | 48 | 1 |
| 社会保障 | 4840 | 4840 | 4840 | 1 | |
| 群众团体、社会团体和其他成员组织 | 16726 | 13244 | 9544 | 3 | 1 |
| 基层群众自治组织 | 5400 | 5400 | 5400 | 2 | |

# 6－5 按国民经济行业分

| 行业 | 本年完成投资 | 按构成分 | | | |
|---|---|---|---|---|---|
| | | 建筑工程 | 安装工程 | 设备工器具购置 | 其他费用 |
| 总　计 | 12523781 | 6185833 | 264612 | 2064090 | 4009246 |
| 农、林、牧、渔业 | 1328736 | 496126 | 7795 | 60461 | 764354 |
| 农业 | 325772 | 186443 | 300 | 3100 | 135929 |
| 林业 | 617129 | 27735 | | | 589394 |
| 畜牧业 | 232131 | 155799 | 7052 | 43159 | 26121 |
| 渔业 | 7850 | 6950 | | | 900 |
| 农、林、牧、渔服务业 | 145854 | 119199 | 443 | 14202 | 12010 |
| 采矿业 | 12708 | 6550 | 680 | 5478 | |
| 煤炭开采和洗选业 | 508 | | 480 | 28 | |
| 黑色金属矿采选业 | 6000 | 4400 | 100 | 1500 | |
| 非金属矿采选业 | 6200 | 2150 | 100 | 3950 | |
| 制造业 | 1786099 | 937743 | 113775 | 697460 | 37121 |
| 农副食品加工业 | 25565 | 16059 | 1274 | 7922 | 310 |
| 食品制造业 | 145485 | 50255 | 28743 | 60781 | 5706 |
| 酒、饮料和精制茶制造业 | 8018 | 6350 | 174 | 1006 | 488 |
| 烟草制品业 | 3417 | | | 3417 | |
| 纺织服装、服饰业 | 568 | 119 | 38 | 411 | |
| 造纸和纸制品业 | 11796 | 7100 | | 4696 | |
| 印刷和记录媒介复制业 | 1300 | | | 1300 | |
| 文教、工美、体育和娱乐用品制造业 | 1318 | 1318 | | | |
| 化学原料和化学制品制造业 | 48997 | 14086 | 767 | 34144 | |
| 医药制造业 | 74805 | 16405 | 9476 | 46083 | 2841 |
| 橡胶和塑料制品业 | 9030 | 6700 | 400 | 1430 | 500 |
| 非金属矿物制品业 | 94002 | 32675 | 10034 | 41504 | 9789 |
| 黑色金属冶炼和压延加工业 | 4800 | | 1100 | 3700 | |
| 有色金属冶炼和压延加工业 | 35010 | 3280 | 6860 | 24870 | |
| 金属制品业 | 2725 | 2551 | | 174 | |
| 专用设备制造业 | 3000 | | 200 | 2800 | |
| 汽车制造业 | 267598 | 232756 | 6952 | 27890 | |
| 电气机械和器材制造业 | 889141 | 473242 | 26561 | 383427 | 5911 |
| 计算机、通信和其他电子设备制造业 | 39870 | 31789 | 500 | 4500 | 3081 |
| 其他制造业 | 3406 | 2066 | 135 | 900 | 305 |
| 废弃资源综合利用业 | 116248 | 40992 | 20561 | 46505 | 8190 |
| 电力、热力、燃气及水生产和供应业 | 866299 | 482536 | 83464 | 242903 | 57396 |
| 电力、热力生产和供应业 | 622163 | 277996 | 76791 | 216747 | 50629 |
| 燃气生产和供应业 | 169873 | 137846 | 5768 | 19792 | 6467 |
| 水的生产和供应业 | 74263 | 66694 | 905 | 6364 | 300 |
| 建筑业 | 2760 | | | 2760 | |

# 投资和新增固定资产

单位:万元

| 按建设性质分 | | | | | | | 本年新增固定资产 |
|---|---|---|---|---|---|---|---|
| 新建 | 扩建 | 改建和技术改造 | 单纯建造生活设施 | 迁建 | 恢复 | 单纯购置 | |
| 7730559 | 2621180 | 1208754 | 10830 | 2031 | | 950427 | 14200361 |
| 820745 | 423032 | 79272 | | | | 5687 | 632956 |
| 163902 | 155170 | 6700 | | | | | 250262 |
| 524956 | 48881 | 43292 | | | | | 100923 |
| 120681 | 111450 | | | | | | 137335 |
| | 3000 | 4850 | | | | | 7850 |
| 11206 | 104531 | 24430 | | | | 5687 | 136586 |
| 2708 | 7000 | 3000 | | | | | 12768 |
| 508 | | | | | | | 6268 |
| | 6000 | | | | | | 2500 |
| 2200 | 1000 | 3000 | | | | | 4000 |
| 1378845 | 232232 | 154608 | | 1657 | | 18757 | 2552747 |
| 13351 | 12214 | | | | | | 18187 |
| 54571 | 6886 | 75068 | | | | 8960 | 22062 |
| 5000 | 2000 | 1018 | | | | | 2906 |
| | | | | | | 3417 | 3417 |
| | 568 | | | | | | 568 |
| 6596 | 5200 | | | | | | |
| | | | | | | 1300 | 1300 |
| | 1318 | | | | | | 1318 |
| 34036 | | 11961 | | | | 3000 | 69727 |
| 43821 | | 28652 | | 1657 | | 675 | 124592 |
| 5130 | 3900 | | | | | | 3900 |
| 76638 | 14360 | 1599 | | | | 1405 | 232418 |
| | | 4800 | | | | | 4800 |
| 32800 | | 2210 | | | | | 2210 |
| 2725 | | | | | | | 659 |
| | | 3000 | | | | | 3000 |
| 88545 | 179053 | | | | | | 280105 |
| 882281 | 5560 | 1300 | | | | | 1692412 |
| 39870 | | | | | | | |
| 3406 | | | | | | | 3406 |
| 90075 | 1173 | 25000 | | | | | 85760 |
| 529074 | 174408 | 154860 | | | | 7957 | 871837 |
| 339876 | 137899 | 141290 | | | | 3098 | 651333 |
| 153694 | 4900 | 6420 | | | | 4859 | 176051 |
| 35504 | 31609 | 7150 | | | | | 44453 |
| | | | | | | 2760 | 2760 |

6－5 续表

| 行　　业 | 本　年<br>完成投资 | 按构成分 | | | |
|---|---|---|---|---|---|
| | | 建筑工程 | 安装工程 | 设备工器具购置 | 其他费用 |
| 批发和零售业 | 63378 | 30192 | 4165 | 17381 | 11640 |
| 批发业 | 57278 | 24792 | 4165 | 17381 | 10940 |
| 零售业 | 6100 | 5400 | | | 700 |
| 交通运输、仓储和邮政业 | 1095046 | 788571 | 592 | 42129 | 263754 |
| 铁路运输业 | 390000 | 390000 | | | |
| 道路运输业 | 617196 | 343444 | 512 | 10686 | 262554 |
| 航空运输业 | 30643 | | | 30643 | |
| 管道运输业 | 1600 | 1600 | | | |
| 仓储业 | 55607 | 53527 | 80 | 800 | 1200 |
| 住宿和餐饮业 | 13992 | 11730 | 150 | 2112 | |
| 住宿业 | 11062 | 9330 | | 1732 | |
| 餐饮业 | 2930 | 2400 | 150 | 380 | |
| 信息传输、软件和信息技术服务业 | 598665 | 72702 | 2427 | 519004 | 4532 |
| 电信、广播电视和卫星传输服务 | 18338 | 13438 | | 4900 | |
| 互联网和相关服务 | 9709 | 9709 | | | |
| 软件和信息技术服务业 | 570618 | 49555 | 2427 | 514104 | 4532 |
| 金融业 | 22280 | 10400 | | 11880 | |
| 房地产业 | 400175 | 231747 | 30 | 140 | 168258 |
| 租赁和商务服务业 | 27645 | 19754 | 21 | 5070 | 2800 |
| 科学研究和技术服务业 | 13223 | 6720 | | 4863 | 1640 |
| 专业技术服务业 | 6503 | | | 4863 | 1640 |
| 科技推广和应用服务业 | 6720 | 6720 | | | |
| 水利、环境和公共设施管理业 | 5277064 | 2548922 | 27064 | 66693 | 2634385 |
| 水利管理业 | 667719 | 135868 | | | 531851 |
| 生态保护和环境治理业 | 38051 | 38024 | | | 27 |
| 公共设施管理业 | 4571294 | 2375030 | 27064 | 66693 | 2102507 |
| 居民服务、修理和其他服务业 | 40718 | 25664 | 282 | 4522 | 10250 |
| 居民服务业 | 30964 | 20864 | | | 10100 |
| 其他服务业 | 9754 | 4800 | 282 | 4522 | 150 |
| 教育 | 211638 | 152195 | 1937 | 49157 | 8349 |
| 卫生和社会工作 | 170426 | 105758 | 140 | 64163 | 365 |
| 卫生 | 150805 | 91334 | 140 | 59231 | 100 |
| 社会工作 | 19621 | 14424 | | 4932 | 265 |
| 文化、体育和娱乐业 | 359676 | 219337 | 21810 | 74577 | 43952 |
| 新闻和出版业 | 4857 | | | 4857 | |
| 广播、电视、电影和影视录音制作业 | 21926 | 6343 | | 14829 | 754 |
| 文化艺术业 | 143028 | 109663 | 15669 | 16526 | 1170 |
| 体育 | 152118 | 99731 | 3941 | 16428 | 32018 |
| 娱乐业 | 37747 | 3600 | 2200 | 21937 | 10010 |
| 公共管理、社会保障和社会组织 | 233253 | 39186 | 280 | 193337 | 450 |
| 国家机构 | 213469 | 25532 | 250 | 187677 | 10 |
| 社会保障 | 4840 | 4040 | 20 | 780 | |
| 群众团体、社会团体和其他成员组织 | 9544 | 4654 | | 4800 | 90 |
| 基层群众自治组织 | 5400 | 4960 | 10 | 80 | 350 |

单位:万元

| 按建设性质分 | | | | | | | 本年新增固定资产 |
|---|---|---|---|---|---|---|---|
| 新建 | 扩建 | 改建和技术改造 | 单纯建造生活设施 | 迁建 | 恢复 | 单纯购置 | |
| 11543 | 35840 | 9900 | | | | 6095 | 75040 |
| 9143 | 32140 | 9900 | | | | 6095 | 69040 |
| 2400 | 3700 | | | | | | 6000 |
| 835408 | 30469 | 188708 | | | | 40461 | 218056 |
| 390000 | | | | | | | |
| 398293 | 20377 | 188708 | | | | 9818 | 151891 |
| | | | | | | 30643 | 30643 |
| 1600 | | | | | | | 1600 |
| 45515 | 10092 | | | | | | 33922 |
| 6330 | 5000 | 930 | | | | 1732 | 7662 |
| 6330 | 3000 | | | | | 1732 | 4732 |
| | 2000 | 930 | | | | | 2930 |
| 68266 | 22604 | 13680 | | | | 494115 | 583367 |
| | 3858 | 9580 | | | | 4900 | 18338 |
| 9709 | | | | | | | |
| 58557 | 18746 | 4100 | | | | 489215 | 565029 |
| 10400 | | | | | | 11880 | 22280 |
| 194940 | 67024 | 133231 | 4980 | | | | 1403381 |
| 17895 | 4800 | | | | | 4950 | 27545 |
| 6720 | | 1640 | | | | 4863 | 75813 |
| | | 1640 | | | | 4863 | 4863 |
| 6720 | | | | | | | 70950 |
| 3358378 | 1474732 | 421666 | 950 | | | 21338 | 6612296 |
| 472385 | 178982 | 16352 | | | | | 103475 |
| 484 | 32306 | 5261 | | | | | 39137 |
| 2885509 | 1263444 | 400053 | 950 | | | 21338 | 6469684 |
| 35768 | 4950 | | | | | | 13254 |
| 30964 | | | | | | | 3500 |
| 4804 | 4950 | | | | | | 9754 |
| 118756 | 33589 | 17732 | | 374 | | 41187 | 217477 |
| 75397 | 22216 | 18800 | | | | 54013 | 247769 |
| 69748 | 13176 | 18800 | | | | 49081 | 233654 |
| 5649 | 9040 | | | | | 4932 | 14115 |
| 246202 | 59394 | 10727 | | | | 43353 | 394484 |
| | | | | | | 4857 | 4857 |
| 7097 | | | | | | 14829 | 14829 |
| 115234 | 12967 | 5827 | | | | 9000 | 140996 |
| 123871 | 23347 | 4900 | | | | | 196055 |
| | 23080 | | | | | 14667 | 37747 |
| 13184 | 23890 | | 4900 | | | 191279 | 228869 |
| 9530 | 12560 | | 4900 | | | 186479 | 209039 |
| | 4840 | | | | | | 4840 |
| 3654 | 1090 | | | | | 4800 | 9590 |
| | 5400 | | | | | | 5400 |

# 6-6 按国民经济行

| 行　　业 | 本年资金来源合计 | 上年末结余资金 | 本年资金来源小计 | 国家预算内资金 | 国内贷款 |
|---|---|---|---|---|---|
| 总计 | 10347734 | 449417 | 9898317 | 2457872 | 230609 |
| 农、林、牧、渔业 | 511190 | 2513 | 508677 | 49533 | 50849 |
| 农业 | 149317 | | 149317 | 14450 | 2094 |
| 林业 | 85643 | | 85643 | 15918 | |
| 畜牧业 | 158231 | 2209 | 156022 | 2730 | 45755 |
| 渔业 | 7850 | | 7850 | | |
| 农、林、牧、渔服务业 | 110149 | 304 | 109845 | 16435 | 3000 |
| 采矿业 | 12708 | | 12708 | | |
| 煤炭开采和洗选业 | 508 | | 508 | | |
| 黑色金属矿采选业 | 6000 | | 6000 | | |
| 非金属矿采选业 | 6200 | | 6200 | | |
| 制造业 | 1684701 | 81782 | 1602919 | 2605 | 5238 |
| 农副食品加工业 | 21575 | | 21575 | | |
| 食品制造业 | 126739 | 15729 | 111010 | 2000 | 2938 |
| 酒、饮料和精制茶制造业 | 8019 | | 8019 | | |
| 烟草制品业 | 3417 | | 3417 | | |
| 纺织服装、服饰业 | 568 | | 568 | | |
| 造纸和纸制品业 | 11796 | | 11796 | | |
| 印刷和记录媒介复制业 | 1300 | | 1300 | | |
| 文教、工美、体育和娱乐用品制造业 | 1318 | | 1318 | | |
| 化学原料和化学制品制造业 | 25556 | 1539 | 24017 | | |
| 医药制造业 | 66271 | 12699 | 53572 | | |
| 橡胶和塑料制品业 | 8135 | | 8135 | | |
| 非金属矿物制品业 | 94282 | 245 | 94037 | 605 | |
| 黑色金属冶炼和压延加工业 | 4800 | | 4800 | | |
| 有色金属冶炼和压延加工业 | 31730 | | 31730 | | |
| 金属制品业 | 2726 | | 2726 | | |
| 专用设备制造业 | 3000 | | 3000 | | |
| 汽车制造业 | 267598 | | 267598 | | |
| 电气机械和器材制造业 | 889141 | 50000 | 839141 | | |
| 计算机、通信和其他电子设备制造业 | 35670 | 1570 | 34100 | | 2300 |
| 其他制造业 | 3406 | | 3406 | | |
| 废弃资源综合利用业 | 77654 | | 77654 | | |
| 电力、热力、燃气及水生产和供应业 | 787412 | 6010 | 781402 | 9300 | 90906 |
| 电力、热力生产和供应业 | 551189 | 6010 | 545179 | | 89142 |
| 燃气生产和供应业 | 169873 | | 169873 | | 1764 |
| 水的生产和供应业 | 66350 | | 66350 | 9300 | |
| 建筑业 | 2760 | | 2760 | | |
| 房屋建筑业 | 2760 | | 2760 | | |

# 业分财务拨款

单位:万元

| 债券 | 利用外资 | 外商直接投资 | 自筹资金 | 单位自有资金 | 其他资金来源 | 本年各项应付款合计 | 工程款 |
|---|---|---|---|---|---|---|---|
| 20000 | | | 7093053 | | 96783 | 2280460 | 1071597 |
| | | | 396118 | | 12177 | 818732 | 651496 |
| | | | 132773 | | | 176455 | 113622 |
| | | | 69725 | | | 531486 | 514045 |
| | | | 103477 | | 4060 | 75086 | 5525 |
| | | | 7850 | | | | |
| | | | 82293 | | 8117 | 35705 | 18304 |
| | | | 12708 | | | 2 | 2 |
| | | | 508 | | | 2 | 2 |
| | | | 6000 | | | | |
| | | | 6200 | | | | |
| | | | 1592091 | | 2985 | 123131 | 53230 |
| | | | 21575 | | | 4010 | 2110 |
| | | | 106072 | | | 39008 | 26674 |
| | | | 8019 | | | | |
| | | | 3417 | | | | |
| | | | 568 | | | | |
| | | | 11796 | | | | |
| | | | 1300 | | | | |
| | | | 1318 | | | | |
| | | | 24017 | | | 24178 | 4000 |
| | | | 50587 | | 2985 | 8716 | 6200 |
| | | | 8135 | | | 900 | 900 |
| | | | 93432 | | | 145 | 46 |
| | | | 4800 | | | | |
| | | | 31730 | | | 3280 | |
| | | | 2726 | | | | |
| | | | 3000 | | | | |
| | | | 267598 | | | | |
| | | | 839141 | | | | |
| | | | 31800 | | | 4300 | |
| | | | 3406 | | | | |
| | | | 77654 | | | 38594 | 13300 |
| | | | 663458 | | 17738 | 101067 | 11670 |
| | | | 438389 | | 17648 | 93154 | 9370 |
| | | | 168019 | | 90 | | |
| | | | 57050 | | | 7913 | 2300 |
| | | | 2760 | | | | |
| | | | 2760 | | | | |

6－6 续表

| 行　　业 | 本年资金来源合计 | 上年末结余资金 | 本年资金来源小计 | 国家预算内资金 | 国内贷款 |
|---|---|---|---|---|---|
| 批发和零售业 | 59535 | | 59535 | | 5790 |
| 批发业 | 54135 | | 54135 | | 5790 |
| 零售业 | 5400 | | 5400 | | |
| 交通运输、仓储和邮政业 | 607124 | 144287 | 462837 | 7804 | 30000 |
| 铁路运输业 | 390000 | 140000 | 250000 | | 30000 |
| 道路运输业 | 134359 | 4287 | 130072 | 7804 | |
| 航空运输业 | 31643 | | 31643 | | |
| 管道运输业 | 1600 | | 1600 | | |
| 仓储业 | 49522 | | 49522 | | |
| 住宿和餐饮业 | 12550 | | 12550 | | |
| 住宿业 | 10982 | | 10982 | | |
| 餐饮业 | 1568 | | 1568 | | |
| 信息传输、软件和信息技术服务业 | 591745 | | 591745 | 4423 | |
| 电信、广播电视和卫星传输服务 | 18338 | | 18338 | | |
| 互联网和相关服务 | 9709 | | 9709 | | |
| 软件和信息技术服务业 | 563698 | | 563698 | 4423 | |
| 金融业 | 22280 | | 22280 | | |
| 房地产业 | 177476 | | 177476 | 6871 | 4750 |
| 租赁和商务服务业 | 24305 | 540 | 23765 | 100 | 4800 |
| 科学研究和技术服务业 | 13151 | | 13151 | 1488 | |
| 专业技术服务业 | 6351 | | 6351 | 1488 | |
| 科技推广和应用服务业 | 6800 | | 6800 | | |
| 水利、环境和公共设施管理业 | 4917375 | 213091 | 4704284 | 2247499 | 10376 |
| 水利管理业 | 599898 | 208991 | 390907 | 163994 | |
| 生态保护和环境治理业 | 17068 | | 17068 | 514 | |
| 公共设施管理业 | 4300409 | 4100 | 4296309 | 2082991 | 10376 |
| 居民服务、修理和其他服务业 | 41254 | | 41254 | | |
| 居民服务业 | 31500 | | 31500 | | |
| 其他服务业 | 9754 | | 9754 | | |
| 教育 | 196147 | | 196147 | 45195 | |
| 卫生和社会工作 | 162501 | 1021 | 161480 | 40907 | 19900 |
| 卫生 | 145688 | 1021 | 144667 | 31915 | 19900 |
| 社会工作 | 16813 | | 16813 | 8992 | |
| 文化、体育和娱乐业 | 307053 | 173 | 306880 | 34164 | 8000 |
| 新闻和出版业 | 4857 | | 4857 | | |
| 广播、电视、电影和影视录音制作业 | 21894 | 98 | 21796 | | |
| 文化艺术业 | 130866 | 75 | 130791 | 24614 | |
| 体育 | 113489 | | 113489 | 9550 | |
| 娱乐业 | 35947 | | 35947 | | 8000 |
| 公共管理、社会保障和社会组织 | 216467 | | 216467 | 7983 | |
| 国家机构 | 200399 | | 200399 | 6445 | |
| 社会保障 | 4840 | | 4840 | | |
| 群众团体、社会团体和其他成员组织 | 6928 | | 6928 | 1538 | |
| 基层群众自治组织 | 4300 | | 4300 | | |

单位:万元

| 债　券 | 利用外资 | 外商直接投资 | 自筹资金 | 单位自有资金 | 其他资金来　源 | 本年各项应付款合计 | 工 程 款 |
|---|---|---|---|---|---|---|---|
| | | | 52245 | | 1500 | 3850 | 460 |
| | | | 46845 | | 1500 | 3150 | 460 |
| | | | 5400 | | | 700 | |
| 20000 | | | 373390 | | 31643 | 488974 | 139161 |
| 20000 | | | 200000 | | | | |
| | | | 122268 | | | 482839 | 133026 |
| | | | | | 31643 | | |
| | | | 1600 | | | | |
| | | | 49522 | | | 6135 | 6135 |
| | | | 12550 | | | 1442 | 80 |
| | | | 10982 | | | 80 | 80 |
| | | | 1568 | | | 1362 | |
| | | | 587322 | | | 7020 | 7020 |
| | | | 18338 | | | | |
| | | | 9709 | | | | |
| | | | 559275 | | | 7020 | 7020 |
| | | | 22280 | | | | |
| | | | 165475 | | 380 | 222699 | 30907 |
| | | | 17765 | | 1100 | 3340 | 1000 |
| | | | 11663 | | | 152 | 152 |
| | | | 4863 | | | 152 | 152 |
| | | | 6800 | | | | |
| | | | 2424194 | | 22215 | 400135 | 135254 |
| | | | 226913 | | | 72884 | 25843 |
| | | | 16554 | | | 20983 | 2000 |
| | | | 2180727 | | 22215 | 306268 | 107411 |
| | | | 38154 | | 3100 | | |
| | | | 28400 | | 3100 | | |
| | | | 9754 | | | | |
| | | | 148967 | | 1985 | 16198 | 5564 |
| | | | 100673 | | | 19150 | 3025 |
| | | | 92852 | | | 11842 | 2434 |
| | | | 7821 | | | 7308 | 591 |
| | | | 262846 | | 1870 | 57512 | 25164 |
| | | | 4857 | | | | |
| | | | 21796 | | | 32 | 32 |
| | | | 106177 | | | 13904 | 13207 |
| | | | 102069 | | 1870 | 41776 | 11725 |
| | | | 27947 | | | 1800 | 200 |
| | | | 208394 | | 90 | 17056 | 7412 |
| | | | 193954 | | | 13340 | 3696 |
| | | | 4840 | | | | |
| | | | 5300 | | 90 | 2616 | 2616 |
| | | | 4300 | | | 1100 | 1100 |

# 6－7　按国民经济行业分房屋建筑面积及价值

| 行　　业 | 本年施工房屋面积（平方米） | #住　宅 | 本年竣工房屋面积（平方米） | #住　宅 | 本年竣工房屋价值（万元） | #住　宅 |
|---|---|---|---|---|---|---|
| 总计 | 6651810 | 1772857 | 4309090 | 1772357 | 969731 | 596441 |
| 农、林、牧、渔业 | 1731199 | | 1597428 | | 44077 | |
| 农业 | 9909 | | 1938 | | 890 | |
| 畜牧业 | 1712180 | | 1594180 | | 42897 | |
| 农、林、牧、渔服务业 | 9110 | | 1310 | | 290 | |
| 采矿业 | 2600 | | 2600 | | 450 | |
| 非金属矿采选业 | 2600 | | 2600 | | 450 | |
| 制造业 | 435531 | | 292716 | | 83037 | |
| 农副食品加工业 | 18844 | | 14344 | | 3720 | |
| 食品制造业 | 58885 | | 24700 | | 5531 | |
| 酒、饮料和精制茶制造业 | 47488 | | 7488 | | 670 | |
| 化学原料和化学制品制造业 | 45712 | | 45712 | | 3500 | |
| 医药制造业 | 99921 | | 74741 | | 38126 | |
| 非金属矿物制品业 | 58335 | | 50835 | | 10829 | |
| 电气机械和器材制造业 | 10000 | | 10000 | | 4000 | |
| 计算机、通信和其他电子设备制造业 | 25175 | | | | | |
| 仪器仪表制造业 | | | | | | |
| 其他制造业 | 14590 | | 14590 | | 2066 | |
| 废弃资源综合利用业 | 56581 | | 50306 | | 14595 | |
| 金属制品、机械和设备修理业 | | | | | | |
| 电力、热力、燃气及水生产和供应业 | 6628 | | 6628 | | 2028 | |
| 电力、热力生产和供应业 | 5249 | | 5249 | | 1648 | |
| 燃气生产和供应业 | | | | | | |
| 水的生产和供应业 | 1379 | | 1379 | | 380 | |
| 建筑业 | | | | | | |
| 批发和零售业 | 100211 | | 40371 | | 8442 | |
| 批发业 | 61251 | | 37961 | | 7505 | |
| 零售业 | 38960 | | 2410 | | 937 | |
| 交通运输、仓储和邮政业 | 178040 | | 58040 | | 11106 | |
| 仓储业 | 178040 | | 58040 | | 11106 | |
| 住宿和餐饮业 | | | | | | |
| 信息传输、软件和信息技术服务业 | 954400 | | 1500 | | 370 | |
| 电信、广播电视和卫星传输服务 | | | | | | |
| 互联网和相关服务 | 15400 | | | | | |
| 软件和信息技术服务业 | 939000 | | 1500 | | 370 | |

6－7 续表

| 行　业 | 本年施工房屋面积（平方米） | #住　宅 | 本年竣工房屋面积（平方米） | #住　宅 | 本年竣工房屋价值（万元） | #住　宅 |
|---|---|---|---|---|---|---|
| 金融业 | | | | | | |
| 货币金融服务 | | | | | | |
| 资本市场服务 | | | | | | |
| 保险业 | | | | | | |
| 其他金融业 | | | | | | |
| 房地产业 | 1756456 | 1751156 | 1756456 | 1751156 | 600925 | 589141 |
| 房地产业 | 1756456 | 1751156 | 1756456 | 1751156 | 600925 | 589141 |
| 租赁和商务服务业 | 61942 | | 61942 | | 20485 | |
| 租赁业 | | | | | | |
| 商务服务业 | 61942 | | 61942 | | 20485 | |
| 科学研究和技术服务业 | | | | | | |
| 研究和试验发展 | | | | | | |
| 专业技术服务业 | | | | | | |
| 科技推广和应用服务业 | | | | | | |
| 水利、环境和公共设施管理业 | 120930 | 6000 | 33390 | 6000 | 6792 | 600 |
| 水利管理业 | | | | | | |
| 生态保护和环境治理业 | 800 | | | | | |
| 公共设施管理业 | 120130 | 6000 | 33390 | 6000 | 6792 | 600 |
| 居民服务、修理和其他服务业 | 3200 | | 3200 | | 800 | |
| 居民服务业 | | | | | | |
| 机动车、电子产品和日用产品修理业 | | | | | | |
| 其他服务业 | 3200 | | 3200 | | 800 | |
| 教育 | 252134 | | 144001 | | 56466 | |
| 教育 | 252134 | | 144001 | | 56466 | |
| 卫生和社会工作 | 314939 | | 99775 | | 39547 | |
| 卫生 | 306689 | | 91525 | | 37184 | |
| 社会工作 | 8250 | | 8250 | | 2363 | |
| 文化、体育和娱乐业 | 649686 | 4000 | 144738 | 3500 | 75071 | 1800 |
| 新闻和出版业 | | | | | | |
| 广播、电视、电影和影视录音制作业 | | | | | | |
| 文化艺术业 | 575899 | 4000 | 70951 | 3500 | 44282 | 1800 |
| 体育 | 72487 | | 72487 | | 30469 | |
| 娱乐业 | 1300 | | 1300 | | 320 | |
| 公共管理、社会保障和社会组织 | 83914 | 11701 | 66305 | 11701 | 20135 | 4900 |
| 中国共产党机关 | | | | | | |
| 国家机构 | 33305 | 11701 | 33305 | 11701 | 12435 | 4900 |
| 人民政协、民主党派 | | | | | | |
| 社会保障 | 18000 | | 18000 | | 4040 | |
| 群众团体、社会团体和其他成员组织 | 17609 | | | | | |

# 6－8 固定资产投资新增生产能力

| 项　　目 | 单位 | 建设规模 | 本年施工规模 | #本年新开工能　力 | 累计新增生产能力 | #本年新增 |
|---|---|---|---|---|---|---|
| 原煤开采 | 万吨/年 | | | | | |
| 铁矿石成品矿 | 万吨/年 | 4 | 4 | 4 | 2 | 2 |
| 银选矿:处理原矿 | 吨/年 | | | | | |
| 发电机组容量 | 万千瓦 | | | | | |
| 水力发电 | 万千瓦 | | | | | |
| 火力发电 | 万千瓦 | 132 | 66 | | 66 | |
| 风力发电 | 万千瓦 | 14 | 6 | 6 | 6 | 6 |
| 太阳能发电 | 万千瓦 | 53 | 25 | 21 | 43 | 23 |
| 其他发电 | 万千瓦 | 3 | 1 | 1 | | |
| 输电线路长度(11万伏及以上) | 公里 | | | | | |
| 水 泥 | 万吨/年 | | | | | |
| 氮 肥 | 吨/年 | | | | | |
| 电视机 | 万部/年 | | | | | |
| 白 酒 | 万吨/年 | | | | | |
| 新建公路 | 公里 | 141 | 58 | 58 | 20 | 20 |
| #高速公路 | 公里 | 83 | | | | |
| 改建公路 | 公里 | 158 | 108 | 77 | 50 | 49 |
| #一级公路 | 公里 | 77 | 26 | | | |
| 新建独立公路桥梁 | 延长米 | 581 | 176 | 55 | | |
| 新建独立公路桥梁 | 座 | 2 | 2 | | | |
| 新(扩)建公路客、货运站 | 个 | | | | | |
| 新(扩)建公路客、货运站 | 平方米 | | | | | |
| 城市自来水供水能力 | 万吨/日 | 10 | | | | |
| 城市污水处理能力 | 万吨/日 | 7 | 5 | | | |

# 6－9 房地产开发投资完成情况

| 项　　目 | 单位 | 2017年 | 项　　目 | 单位 | 2017年 |
|---|---|---|---|---|---|
| 计划总投资 | 万元 | 26171238 | 本年新增固定资产 | 万元 | 1795343 |
| 累计完成投资 | 万元 | 19691845 | 本年购置土地面积 | 平方米 | 160304 |
| 本年完成投资 | 万元 | 2383997 | 待开发土地面积 | 平方米 | 439186 |
| 按构成分 | | | 本年资金来源合计 | 万元 | 3723465 |
| 建筑工程 | 万元 | 1733706 | 上年末结余资金 | 万元 | 887151 |
| 安装工程 | 万元 | 429430 | 本年资金来源小计 | 万元 | 2836314 |
| 设备工器具购置 | 万元 | 37222 | 国内贷款 | 万元 | 105482 |
| 其他费用 | 万元 | 183639 | #银行贷款 | 万元 | 46027 |
| #土地购置费 | 万元 | 156117 | 非银行金融机构贷款 | 万元 | 59455 |
| #旧建筑物购置费 | 万元 | 5637 | 利用外资 | 万元 | |
| 按工程用途分 | | | #外商直接投资额 | 万元 | |
| 住　宅 | 万元 | 1798732 | 自筹资金 | 万元 | 1899591 |
| #90平方米以下 | 万元 | 531655 | #自有资金 | 万元 | |
| 144平方米以上住房 | 万元 | 260921 | 其他资金来源合计 | 万元 | 831241 |
| 别墅高档公寓 | 万元 | 25183 | #定金及预收款 | 万元 | 436875 |
| 办 公 楼 | 万元 | 63975 | #个人按揭贷款 | 万元 | 216447 |
| 商业营业用房 | 万元 | 361567 | 本年各项应付款合计 | 万元 | 604070 |
| 其他 | 万元 | 159723 | #工 程 款 | 万元 | 265447 |

# 6－10 房地产施工、竣工房屋面积及竣工价值

单位：平方米

| 项　　目 | 施工面积 | #新开工 | 竣工面积 | 竣工房屋价值（万元） | 商品住宅竣工套数（套） |
|---|---|---|---|---|---|
| 房屋合计 | 25535920 | 3649828 | 3798340 | 1264441 | |
| 住　　宅 | 16854907 | 2577307 | 2401372 | 791780 | 29345 |
| #90平方米以下 | 55009848 | 696472 | 892475 | 224622 | 17222 |
| 144平方米以上住房 | 2414851 | 186265 | 544630 | 216471 | 3222 |
| 别墅高档公寓 | 171956 | 35358 | | | |
| 办 公 楼 | 888601 | 87319 | 206430 | 58366 | |
| 商业营业用房 | 5393989 | 640387 | 796908 | 324705 | |
| 其　　他 | 2398423 | 200815 | 393630 | 89590 | |

# 6－11　商品房屋销售与出租情况

单位：平方米

| 项　　目 | 商品房销售面积 | 现　房销售面积 | 期　房销售面积 | 商品房销售额（万元） | 现　房销售额（万元） | 期　房销售额（万元） |
|---|---|---|---|---|---|---|
| 合　　计 | 3165095 | 1517034 | 1648061 | 2060524 | 980503 | 1080021 |
| 住　　宅 | 2499733 | 1195644 | 1304089 | 1415232 | 637009 | 778223 |
| #90平方米以下 | 552047 | 348069 | 203978 | 288005 | 166773 | 121232 |
| 144平方米以上住房 | 538411 | 460029 | 78382 | 328936 | 263564 | 65372 |
| 别墅高档公寓 | 45047 | 44125 | 922 | 35337 | 34906 | 431 |
| 办公楼 | 196191 | 54860 | 141331 | 153748 | 36698 | 117050 |
| 商业营业用房 | 360004 | 176968 | 183036 | 446635 | 275258 | 171377 |
| 其　　他 | 109167 | 89562 | 19605 | 44909 | 31538 | 13371 |

6－11 续表

单位：平方米

| 项　　目 | 待售面积 | 出租面积 | 商品住宅销售套数（套） | 现房住宅销售套数（套） | 期房住宅销售套数（套） |
|---|---|---|---|---|---|
| 合　　计 | 1761219 | | | | |
| 住　　宅 | 886964 | | 23382 | 11486 | 11896 |
| #90平方米以下 | 262468 | | 7190 | 4668 | 2522 |
| 144平方米以上住房 | 316538 | | 3355 | 2930 | 425 |
| 别墅高档公寓 | 102048 | | 620 | 616 | 4 |
| 办公楼 | 229458 | | | | |
| 商业营业用房 | 480221 | | | | |
| 其　　他 | 164576 | | | | |

# 6－12　房地产开发企业(单位)财务状况

| 项　目 | 单位 | 2017 年 | 项　目 | 单位 | 2017 年 |
|---|---|---|---|---|---|
| 年初存货 | 万元 | 8031876 | 主营业务成本 | 万元 | 1060871 |
| 年初资产负债 | | | 主营业务税金及附加 | 万元 | 105683 |
| 流动资产合计 | 万元 | 13920733 | 其他业务利润 | 万元 | －3424 |
| #存 货 | 万元 | 7505956 | 销售费用 | 万元 | 49174 |
| 固定资产原价 | 万元 | 485126 | 管理费用 | 万元 | 74921 |
| 累计折旧 | 万元 | 49492 | #税 金 | 万元 | |
| #本年折旧 | 万元 | 11592 | 财务费用 | 万元 | 25837 |
| 在建工程 | 万元 | 123213 | #利息收入 | 万元 | 2705 |
| 资产总计 | 万元 | 19340537 | #利息支出 | 万元 | 16962 |
| 负债合计 | 万元 | 16406603 | 资产减值损失 | 万元 | 4085 |
| 所有者权益 | 万元 | 2933934 | 投资收益 | 万元 | 9760 |
| #实收资本 | 万元 | 1186832 | 营业利润 | 万元 | 20052 |
| 损益及分配 | | | 营业外收入 | 万元 | 31295 |
| 主营业务收入 | 万元 | 1386946 | #补贴收入 | 万元 | |
| 土地转让收入 | 万元 | 204 | 营业外支出 | 万元 | 8562 |
| 商品房屋销售收入 | 万元 | 1355490 | 利润总额 | 万元 | 42785 |
| 房屋出租收入 | 万元 | 24283 | 应缴所得税 | 万元 | 17013 |
| 其他收入 | 万元 | 1969 | 应付职工薪酬 | 万元 | 46054 |

# 主要统计指标解释

**固定资产投资**　固定资产投资是建造和购置固定资产的经济活动，即固定资产再生产活动。固定资产再生产过程包括固定资产更新（局部更新和全部更新）、改建、扩建、新建等活动。新的企业财务会计制度规定，固定资产局部更新的大修理作为日常生产活动的一部分，发生的大修理费用直接在成本费用中列支。按照现行投资管理体制及有关部门的规定，凡属于大修理、养护、维护性质的工程（如设备大修、建筑物的翻修和加固、农田水利工程和堤防、水库的岁修、铁路大修等）都不纳入固定资产投资管理，也不作为固定资产投资统计。

固定资产投资属于实物投资的一部分，这一点区别于金融投资。固定资产投资的目的是建造和购置固定资产，它的承担物表现为机器、设备、建筑物等固定资产。而金融投资（如股票和债券投资）则表现为金融资产的增加。

固定资产投资是国民经济再生产活动的一个重要部分。通过固定资产投资，可以扩大社会再生产的规模，提高社会生产的技术水平，调整经济结构，改变生产力的地区分布，增强国家的经济实力，提高和改善人民物质和文化生活水平。

**固定资产投资额（又称固定资产投资完成额）**　是以货币形式表现的在一定时期内建造和购置固定资产的工作量以及与此有关的费用的总称。没有形成工程实体的建筑材料和没有开始安装的设备，都不计算投资完成额。它是反映固定资产投资规模、结构和发展速度的综合性指标，又是观察工程进度和考核投资效果的重要依据。

**房地产开发**　是指各种经济类型的房地产开发公司、商品房建设公司及其他房地产开发单位统一开发的商品住宅、厂房、仓库、饭店、宾馆、度假村、写字楼、办公楼等房屋建筑物和配套的服务设施，以及土地开发工程，如道路、给水、排水、供电、供热、通讯、平整场地等工程。房地产开发统计不包括单纯的土地交易活动。房地产开发单位本身进行的固定资产投资活动，如自建自用的房屋、设备购置等，应作为基本建设，更新改造和其他投资的统计范围。

**施工项目**　指报告期内曾进行建筑安装施工活动的建设项目，包括报告期内新开工项目，报告期以前开工跨报告期继续施工的项目，报告期施过工并在报告期内全部建成投产或停缓建的项目。

**全部建成投产项目**　工业项目是指设计文件规定形成生产能力的主体工程及其相应配套的辅助设施全部建成，经负荷试运转，证明具备生产设计规定合格产品的条件，并经过验收鉴定合格或达到竣工验收标准，与生产性工程配套的生活福利设施可以满足近期正常生产的需要，正式移交生产的建设项目；非工业项目是指设计文件规定的主体工程和相应的配套工程全部建成，能够发挥设计规定的全部效益，经验收鉴定合格或达到竣工验收标准，正式移交使用的建设项目。

**新增固定资产**　新增固定资产（又称交付使用的固定资产），是指已经完成和购置过程，并已交付生产或使用单位的固定资产价值。

新增固定资产是表示固定资产投资成果的价值量指标，也是反映建设进度，计算固定资产投资效果的必要数据。

**新增生产能力**　指通过固定资产投资活动而增加设计能力或工程效益，它是用实物形态表示的固定资产投资的成果。新增生产能力的计算，是以能独立发挥生产能力或效益的单项工程（或项目）为对象，当单项工程（或项目）建成，经有关部门鉴定合格，正式移交投入生产，即可计算新增生产能力。

**房屋建筑面积**　房屋建筑面积，是房屋建筑勒脚以上外墙外围的水平截面面积，包括房屋建筑的有效面积和结构面积。房屋建筑面积统计指标是从实物形态上反映建设规模和建设成果的重要指标之一，也是检查工程形象进度、计算工程造价、分析投资效果、研究施工任务与施工力量和建筑材料之间平衡情况的重要依据。

**房屋施工面积**　是指报告期内施工的全部房屋建筑面积，包括本期新开工的面积和上期开工跨入本期继续施工的房屋面积，以及上期已停建在本期恢复施工的房屋面积。本期竣工和本期施工后又停缓建的房屋，其建筑面积仍计入本期房屋施工面积中。

# 第二部分 统计资料

## 财政税收

# 7－1 历年财政收入

单位:万元

| 年 份 | 地方财政收入 |
|---|---|
| 1949 | 79 |
| 1952 | 571 |
| 1957 | 2645 |
| 1962 | 3105 |
| 1965 | 4686 |
| 1970 | 10870 |
| 1975 | 10405 |
| 1978 | 14085 |
| 1980 | 15031 |
| 1985 | 25330 |
| 1986 | 29937 |
| 1987 | 35142 |
| 1988 | 39802 |
| 1989 | 43658 |
| 1990 | 45494 |
| 1991 | 49231 |
| 1992 | 56061 |
| 1993 | 71964 |
| 1994 | 35081 |
| 1995 | 43892 |
| 1996 | 58789 |
| 1997 | 78628 |
| 1998 | 92559 |
| 1999 | 105783 |
| 2000 | 127755 |
| 2001 | 142098 |
| 2002 | 171859 |
| 2003 | 213699 |
| 2004 | 367323 |
| 2005 | 493433 |
| 2006 | 640226 |
| 2007 | 934302 |
| 2008 | 1583099 |
| 2009 | 2012371 |
| 2010 | 2414508 |
| 2011 | 2852164 |
| 2012 | 3163243 |
| 2013 | 3600512 |
| 2014 | 2115388 |
| 2015 | 2474021 |
| 2016 | 2696530 |
| 2017 | 2015020 |

注:2008 年—2013 年地方财政收入为地方财政总收支,2014 年为公共财政预算收支,自 2015 年起为一般公共预算收支。

# 7－2 历年财政支出

单位:万元

| 年份 | 财政支出 | #教育事业费 |
|---|---|---|
| 1949 | 39 | 4 |
| 1952 | 348 | 51 |
| 1957 | 1120 | 303 |
| 1962 | 1755 | 339 |
| 1965 | 1890 | 465 |
| 1970 | 2758 | 543 |
| 1975 | 6687 | 1230 |
| 1978 | 9979 | 1705 |
| 1980 | 10870 | 2130 |
| 1985 | 24093 | 4371 |
| 1986 | 35089 | 4854 |
| 1987 | 34652 | 5371 |
| 1988 | 37015 | 6368 |
| 1989 | 41333 | 7015 |
| 1990 | 45213 | 8455 |
| 1991 | 49338 | 8639 |
| 1992 | 54119 | 10353 |
| 1993 | 67803 | 13564 |
| 1994 | 74971 | 16198 |
| 1995 | 82137 | 17915 |
| 1996 | 104035 | 19111 |
| 1997 | 127972 | 20901 |
| 1998 | 153745 | 22891 |
| 1999 | 171308 | 25413 |
| 2000 | 198645 | 28075 |
| 2001 | 276059 | 36785 |
| 2002 | 360686 | 43884 |
| 2003 | 482538 | 53307 |
| 2004 | 613227 | 67072 |
| 2005 | 721234 | 77296 |
| 2006 | 922229 | 89846 |
| 2007 | 1004158 | 148773 |
| 2008 | 1331795 | 181912 |
| 2009 | 1651684 | 221858 |
| 2010 | 1772800 | 274673 |
| 2011 | 2556680 | 316949 |
| 2012 | 2762927 | 339840 |
| 2013 | 2928962 | 374966 |
| 2014 | 3107945 | 385640 |
| 2015 | 3606450 | 492723 |
| 2016 | 4199738 | 527952 |
| 2017 | 4030357 | 535916 |

# 7－3 财政收入

单位:万元

| 项 目 | 2016 年 | 2017 年 | 2017 年比 2016 年增长% |
|---|---|---|---|
| 一般公共预算收入 | 2696530 | 2015020 | －25.3 |
| 国内增值税(含改征增值税) | 425621 | 570423 | 34.0 |
| 营 业 税 | 286903 | | |
| 企业所得税 | 178302 | 182065 | 2.1 |
| 个人所得税 | 133621 | 99316 | －25.7 |
| 资 源 税 | 1538 | 2897 | 88.4 |
| 城市维护建设税 | 144558 | 149702 | 3.6 |
| 房 产 税 | 88942 | 98255 | 10.5 |
| 印 花 税 | 33309 | 41611 | 24.9 |
| 城镇土地使用税 | 81271 | 75773 | －6.8 |
| 土地增值税 | 147700 | 69107 | －53.2 |
| 车 船 税 | 32153 | 36062 | 12.2 |
| 耕地占用税 | 279925 | 288167 | 2.9 |
| 契 税 | 46357 | 67258 | 45.1 |
| 专项收入 | 102380 | 109236 | 6.7 |
| 行政事业性收费收入 | 88882 | 76285 | －14.2 |
| 国有资本经营收入及国有资源(资产)有偿使用收入 | 539946 | 99389 | －81.6 |
| 罚没收入 | 42363 | 30612 | －27.7 |
| 捐赠收入 | 2290 | | |
| 政府住房基金收入 | 23656 | | |
| 其他收入 | 16813 | 18862 | 12.2 |

# 7-4 财政支出

单位:万元

| 项　　目 | 2016 年 | 2017 年 | 2017 年比 2016 年增长% |
|---|---|---|---|
| 一般公共预算支出 | 4199738 | 4030357 | -4.0 |
| 一般公共服务 | 276027 | 308081 | 11.6 |
| 国　防 | -139 | 1662 | |
| 公共安全 | 209511 | 215854 | 3.0 |
| 教　育 | 527952 | 535916 | 1.5 |
| 科学技术 | 42768 | 36607 | -14.4 |
| 文化体育与传媒 | 101595 | 187661 | 84.7 |
| 社会保障和就业 | 397773 | 446778 | 12.3 |
| 医疗卫生与计划生育 | 241784 | 261883 | 8.3 |
| 节能环保 | 83943 | 78449 | -6.5 |
| 城乡社区 | 1370030 | 1112462 | -18.8 |
| 农林水 | 372593 | 312659 | -16.1 |
| 交通运输 | 82974 | 102536 | 23.6 |
| 资源勘探电力信息等 | 149376 | 100870 | -32.5 |
| 商业服务业等 | 33725 | 71386 | 111.7 |
| 金融 | 448 | 268 | -40.2 |
| 国土海洋气象等 | 17167 | 18861 | 9.9 |
| 住房保障 | 175822 | 103330 | -41.2 |
| 粮油物资储备 | 6365 | 22968 | 260.8 |
| 债务付息支出 | 59164 | 12589 | -78.7 |
| 债务发行费用支出 | 1109 | 28 | -97.5 |
| 其他支出(类) | 49751 | 99509 | 100.0 |

# 7－5 税收情况

单位:万元

| 项　　目 | 2016年 | 2017年 | 2017年比2016年增长% |
|---|---|---|---|
| 国税合计 | 2795051 | 3193571 | 14.3 |
| 增 值 税 | 1291661 | 1629585 | 26.2 |
| 消 费 税 | 951985 | 939880 | －1.3 |
| 个人所得税 | 4 | 4 | |
| 企业所得税 | 420776 | 426903 | 1.5 |
| 车辆购置税 | 104133 | 158835 | 52.5 |
| 其他各税 | 26492 | 38364 | 44.8 |
| 地税合计 | 2011370 | 1591357 | －20.9 |
| 税收收入合计 | 1881466 | 1458513 | －22.5 |
| 营　业　税 | 333484 | 12501 | －96.3 |
| 企业所得税 | 212001 | 236137 | 11.4 |
| 个人所得税 | 445398 | 331049 | －25.7 |
| 资　源　税 | 4387 | 8273 | 88.6 |
| 城镇土地使用税 | 81271 | 75773 | －6.8 |
| 城市维护建设税 | 171029 | 174224 | 1.9 |
| 印　花　税 | 33310 | 41611 | 24.9 |
| 土地增值税 | 147697 | 69107 | －53.2 |
| 房地产税 | 88945 | 98256 | 10.5 |
| 车　船　税 | 32152 | 36061 | 12.2 |
| 耕地占用税 | 279925 | 288167 | 2.9 |
| 契　　　税 | 46357 | 67259 | 45.1 |
| 营改增增值税 | 5510 | 20095 | 264.7 |
| 社会保险收入 | 818565 | 1070242 | 30.7 |
| 其他收入合计 | 175472 | 180688 | 3.0 |
| 教育费附加 | 76199 | 78069 | 2.5 |
| 地方教育附加费 | 45752 | 46366 | 1.3 |
| 税务部门罚没收入 | 759 | 536 | －29.4 |
| 文化事业建设费 | 22 | 10 | －54.5 |
| 水利建设基金 | 23214 | 22205 | －4.3 |
| 煤炭价格调节基金 | | | |
| 工会经费 | 22332 | 25629 | 14.8 |
| 残疾人保障基金 | 7194 | 7873 | 9.4 |

# 主要统计指标解释

**财政收入**　指国家财政参与社会产品分配所取得的收入，是实现国家职能的财力保证。财政收入所包括的内容几经变化，目前主要包括：

（1）各项税收：包括增值税、营业税、消费税、土地增值税、城市维护建设税、资源税、城市土地使用税、印花税、个人所得税、企业所得税、关税、农牧业税和耕地占用税等。

（2）专项收入：包括征收排污费收入、征收城市水资源费收入、教育费附加收入等。

（3）其他收入：包括基本建设贷款归还收入，基本建设收入、捐赠收入等。

（4）国有企业计划亏损补贴：这项为负收入，冲减财政收入。

财政支出 国家财政将筹集起来的资金进行分配使用，以满足经济建设和各项事业的需要，主要包括：

（1）一般公共服务：反映政府提供一般公共服务的支出。主要包括人大事务、政协事务、政府事务、共产党事务、民主党派及工商联事务、群众团体事务、国债事务、彩票事务及其他一般公共服务支出。

（2）外交：反映政府外交事务支出。包括外交行政管理、驻外机构、对外援助、国际组织、对外合作与交流、边界勘界联检等方面的支出。人大、政协、政府及所属各部门（除国家领导人、外交部门）的出国费、招待费列相关功能科目，不在本科目反映。

（3）国防：反映政府用于国防方面的支出。包括现役部队、预备役部队、民兵国防科研事业、专项工程及其它国防支出。

（4）公共安全：反映政府维护社会公共安全方面的支出。有关事务包括武装警察、公安、国家安全、检察、法院、司法行政、监狱、劳教、国家保密、缉私警察等。

（5）教育：反映政府教育事务支出。有关具体事务包括教育行政管理、学前管理、小学教育、初中教育、普通高中教育、普通高等教育、初等职业教育、中专教育、技校教育、职业高中教育、高等职业教育、广播电视教育、留学生教育、特殊教育、干部继续教育、教育机关服务等。

（6）科学技术：反映用于科学技术方面的支出。包括科学技术管理事务基础研究、应用研究、技术研究与开发、科技成果转化与扩散、科技条件与服务、社会科学、科学技术普及、科学交流与合作及其他科学技术支出。

（7）文化体育与传媒：反映政府在文化、文物、体育、广播影视、新闻出版等方面的支出。

（8）社会保障和就业：反映政府在社会保障与就业方面的支出。有关事项包括社会保障和就业管理事务、民族管理事务、财政对社会保险基金的补助、补充全国社会保障基金、行政事业单位离退休、企业改革补助、就业补助、抚恤、退役安置、社会福利、残疾人事业、城市居民最低生活保障、其他城镇社会救济、农村社会救济、自然灾害生活救助、红十字事务等。

（9）社会保险基金支出：反映政府由社会保险基金列支的各项支出，包括基本养老保险基金支出、失业保障基金支出、基本医疗保险支出、工伤保险基金支出等。特别说明：在将社会保险基金包括在内统计政府支出时，应将财政对社会保险基金的补助以及由财政承担的社会保险缴款予以扣除，以免重复计算。

（10）医疗卫生：反映政府卫生方面的支出。具体包括医疗卫生管理事务支出、医疗服务支出、医疗保障支出、疾病预防控制支出、卫生监督支出、妇幼保健支出、农村卫生支出等。

（11）环境保护：反映政府环境保护支出。具体包括：环境保护管理事务支出、环境监测与监察支出、污染治理支出、自然生态保护支出、天然林保护工程支出、退耕还林支出、风沙荒漠治理支出、退牧还草支出、已垦草原退耕还草支出等。

（12）城乡社区事务：反映政府城乡社区事务支出。具体包括：城乡社区管理事务支出、城乡社区规划与管理支出、城乡社区公共设施支出、城乡社区住宅支出、城乡社区环境卫生支出、建设市场管理与监督支出等。

（13）农林水事务：反映政府农林水事务支出。具体包括：农业支出、林业支出、水利支出、扶贫支出、农业综合开发支出等。

（14）交通运输：反映政府交通运输方面的支出。包括公路运输支出、水路运输支出、铁路运输支出、民用航空运输支出等。

（15）工业商业金融等事务：反映政府工业、商业、金融等事务支出。具体包括：采掘业支出、制造业支出、建筑业支出、电力支出、信息产业支出、旅游业支出、涉外发展支出、粮油事务支出、商业流通事务支出、物资储备支出，金融保险支出、烟草事务支出、安全生产支出、国有资产监管支出、中小企业发展支出、清洁生产支出等。

（16）其他支出：反映不能划分到上述功能科目的其他政府支出。

# 第二部分　统计资料

## 物　　价

# 8－1 历年各种价格指数

（以上年价格为100）

| 年 份 | 城市居民消费价格指数 | 城市商品零售价格指数 | 农村居民消费价格指数 | 农村生产资料价格指数 |
|---|---|---|---|---|
| 1949 | | | | |
| 1950 | | | | |
| 1951 | 124.9 | 127.0 | | |
| 1952 | 104.2 | 104.0 | | |
| 1953 | 103.5 | 103.8 | | |
| 1954 | 103.7 | 103.3 | | |
| 1955 | 101.0 | 101.3 | | |
| 1956 | 102.0 | 102.3 | | |
| 1957 | 99.4 | 99.3 | | |
| 1958 | 100.6 | 100.6 | | |
| 1959 | 102.3 | 100.6 | | |
| 1960 | 101.2 | 101.3 | | |
| 1961 | 121.2 | 123.3 | | |
| 1962 | 99.4 | 99.4 | | |
| 1963 | 92.2 | 91.9 | | |
| 1964 | 96.9 | 97.2 | | |
| 1965 | 99.4 | 99.5 | | |
| 1966 | 100.6 | 100.7 | | |
| 1967 | 100.6 | 100.6 | | |
| 1968 | 99.5 | 99.7 | | |
| 1969 | 100.7 | 100.7 | | |
| 1970 | 99.9 | 99.9 | | |
| 1971 | 100.1 | 100.1 | | |
| 1972 | 99.9 | 99.9 | | |
| 1973 | 100.5 | 100.5 | | |
| 1974 | 100.1 | 100.2 | | |
| 1975 | 99.9 | 100.0 | | |
| 1976 | 100.3 | 100.4 | | |
| 1977 | 99.1 | 100.1 | | |
| 1978 | 101.0 | 101.0 | | |
| 1979 | 102.0 | 102.1 | | |
| 1980 | 107.9 | 108.5 | | |
| 1981 | 101.1 | 101.0 | | |

8－1 续表

| 年　份 | 城市居民消费价格指数 | 城市商品零售价格指数 | 农村居民消费价格指数 | 农村生产资料价格指数 |
|---|---|---|---|---|
| 1982 | 101.9 | 102.0 | | |
| 1983 | 100.8 | 100.8 | | |
| 1984 | 104.8 | 104.8 | | |
| 1985 | 110.0 | 109.3 | | |
| 1986 | 106.6 | 106.5 | | |
| 1987 | 109.7 | 110.2 | | |
| 1988 | 119.5 | 120.6 | | |
| 1989 | 111.7 | 112.1 | | |
| 1990 | 101.8 | 101.3 | | |
| 1991 | 110.6 | 109.3 | | |
| 1992 | 113.3 | 112.2 | | |
| 1993 | 115.6 | 113.9 | | |
| 1994 | 124.4 | 118.1 | | |
| 1995 | 117.6 | 114.3 | | |
| 1996 | 107.6 | 105.0 | | |
| 1997 | 105.1 | 102.8 | 97.6 | 91.5 |
| 1998 | 99.8 | 98.2 | 98.9 | 100.1 |
| 1999 | 102.0 | 98.4 | 96.4 | 97.2 |
| 2000 | 103.0 | 98.4 | 98.9 | 96.5 |
| 2001 | 100.4 | 98.9 | 101.3 | 100.4 |
| 2002 | 100.2 | 100.0 | 103.6 | 101.0 |
| 2003 | 102.0 | 100.6 | 107.9 | 100.4 |
| 2004 | 101.8 | 101.7 | 108.1 | 106.1 |
| 2005 | 101.5 | 100.9 | 105.5 | 108.0 |
| 2006 | 101.7 | 101.6 | 100.5 | 101.7 |
| 2007 | 103.7 | 102.7 | 107.2 | 104.3 |
| 2008 | 104.6 | 105.4 | 109.6 | 118.5 |
| 2009 | 100.1 | 99.9 | 101.3 | 101.2 |
| 2010 | 102.6 | 102.6 | 103.9 | 101.2 |
| 2011 | 105.5 | 104.7 | 108.2 | 114.0 |
| 2012 | 103.1 | 101.5 | 103.9 | 108.8 |
| 2013 | 103.8 | 101.9 | 102.8 | 103.6 |
| 2014 | 101.2 | 98.6 | 101.5 | 100.6 |
| 2015 | 101.8 | 99.5 | 102.3 | 99.6 |
| 2016 | 101.4 | 101.1 | 102.2 | 99.2 |
| 2017 | 101.4 | 101.2 | 101.7 | 101.2 |

# 8－2　城市居民消费价格指数

（以上年价格为100）

| 项　　目 | 指数 | 项　　目 | 指数 |
|---|---|---|---|
| 居民消费价格总指数 | 101.1 | 衣　　着 | 102.7 |
| 非食品价格指数 | 101.7 | 服　　装 | 102.9 |
| 服务项目价格指数 | 102.2 | 服装材料 | 103.7 |
| 扣除鲜菜鲜果总指数 | 101.6 | 其它衣着及配件 | 103.7 |
| 消费品价格指数 | 100.9 | 衣着加工服务费 | 101.5 |
| 食品烟酒 | 100.7 | 鞋　　类 | 101.7 |
| 食　品 | 100.2 | 居　　住 | 102.6 |
| 粮　　食 | 102.0 | 租赁房房租 | 102.7 |
| 薯　　类 | 97.5 | 住房保养维修及管理 | 101.6 |
| 豆　　类 | 102.9 | 水电燃料 | 99.9 |
| 食 用 油 | 99.8 | 自有住房 | 104.2 |
| 菜 | 94.5 | 生活用品及服务 | 101.6 |
| 畜肉类 | 99.3 | 家具及室内装饰品 | 100.2 |
| 禽肉类 | 97.7 | 家用器具 | 101.0 |
| 水产品 | 109.0 | 家用纺织品 | 100.2 |
| 蛋　类 | 95.7 | 家庭日用杂品 | 99.7 |
| 奶　类 | 101.4 | 个人护理用品 | 102.6 |
| 干鲜瓜果类 | 103.5 | 家庭服务 | 113.8 |
| 糖果糕点类 | 103.6 | 交通和通信 | 100.4 |
| 调味品 | 100.6 | 交　通 | 100.4 |
| 其他食品类 | 100.2 | 通　信 | 100.5 |
| 茶及饮料 | 103.5 | 教育文化和娱乐 | 100.1 |
| 烟　　酒 | 99.9 | 教　育 | 100.0 |
| 烟　草 | 100.0 | 文化娱乐 | 100.2 |
| 酒　类 | 99.7 | 医疗保健 | 102.8 |
| 在外餐饮 | 102.5 | 药品及医疗器具 | 101.1 |
|  |  | 医疗服务 | 104.2 |
|  |  | 其他用品和服务 | 101.6 |
|  |  | 其他用品类 | 99.2 |
|  |  | 其他服务类 | 104.0 |

# 8－3　城市商品零售价格指数

（以上年价格为100）

| 项　　目 | 指　数 | 项　　目 | 指　数 |
|---|---|---|---|
| 商品零售价格总指数 | 101.2 | 专业音像器材 | 99.3 |
| 食　　品 | 100.5 | 文化办公用品 | 101.3 |
| 粮　　食 | 102.0 | 日 用 品 | 100.5 |
| 薯　　类 | 97.5 | 日用百货 | 101.1 |
| 豆　　类 | 102.9 | 厨具餐具茶具 | 97.7 |
| 食 用 油 | 99.8 | 清洗用品 | 101.1 |
| 菜 | 94.5 | 其它日用品 | 100.9 |
| 畜 肉 类 | 99.3 | 体育娱乐用品 | 99.1 |
| 禽 肉 类 | 97.7 | 体育户外用品 | 100.0 |
| 水 产 品 | 109.0 | 娱乐用品 | 98.9 |
| 蛋　　类 | 95.7 | 交通、通信用品 | 97.7 |
| 奶　　类 | 101.4 | 交通运输机械 | 96.3 |
| 干鲜瓜果类 | 103.5 | 通讯器材 | 101.4 |
| 糖果糕点类 | 103.5 | 家　　具 | 100.2 |
| 调 味 品 | 100.6 | 化妆品类 | 102.5 |
| 其它食品类 | 100.2 | 金银饰品 | 97.8 |
| 在外餐饮 | 102.5 | 中西药品及医疗保健用品 | 101.1 |
| 饮料、烟酒 | 100.3 | 医疗卫生器具 | 100.0 |
| 茶及饮料 | 102.3 | 中　　药 | 102.1 |
| 烟　　草 | 100.0 | 西　　药 | 100.5 |
| 酒　　类 | 99.7 | 保健器具及用品 | 102.5 |
| 服装、鞋帽 | 102.6 | 书报杂志及电子出版物 | 100.2 |
| 服　　装 | 102.9 | 教材及参考书 | 100.0 |
| 鞋 帽 袜 | 102.0 | 书报杂志 | 100.0 |
| 其它衣着配件 | 100.6 | 计算机办公软件 | 101.5 |
| 纺 织 品 | 100.8 | 燃　　料 | 109.5 |
| 服装材料 | 103.7 | 煤炭及制品 | 117.2 |
| 床上用品 | 100.2 | 石油及制品 | 108.1 |
| 家用电器及音像器材 | 101.2 | 建筑材料及五金电料 | 102.2 |
| 家庭设备 | 101.3 | 建筑装璜材料 | 104.0 |
| 文娱用耐用消费品 | 101.4 | 五金水暖 | 97.0 |

# 8－4 城市主要商品及服务收费平均价格

单位:元/计量单位

| 类别及名称 | 规格特征 | 计量单位 | 2017年 |
|---|---|---|---|
| 大米 | 东北福临门优质大米 | 千克 | 8.8 |
| 面粉 | 大公瑞雪粉 | 千克 | 5.1 |
| 挂面 | 河套雪花粉 | 千克 | 4.9 |
| 馒头 | 百庆馒头 呼市 | 千克 | 6.0 |
| 小米 | 一等 | 千克 | 15.8 |
| 淀粉 | 一级 | 千克 | 11.8 |
| 土豆 | 一级 | 千克 | 3.1 |
| 大豆 | 一等 | 千克 | 8.8 |
| 绿豆 | 一等 | 千克 | 15.7 |
| 豆腐 | 一级 | 千克 | 5.0 |
| 植物油 | 胡麻油一级 | 升 | 20.9 |
| 色拉油 | 金龙鱼纯正大豆色拉油 5升 深圳 | 升 | 14.0 |
| 动物油 | 猪大油一级 | 千克 | 14.9 |
| 猪肉 | 鲜后座 | 千克 | 27.9 |
| 牛肉 | 鲜肉一级 | 千克 | 55.5 |
| 羊肉 | 鲜肉一级 | 千克 | 53.7 |
| 白条鸡 | 一级 | 千克 | 15.9 |
| 鸭 | 活鸭.一级 | 千克 | 23.8 |
| 熟肉 | 酱牛肉一级 | 千克 | 120.0 |
| 香肠 | 光华哈尔滨红肠 | 千克 | 56.0 |
| 熟鸡 | 不老神鸡一级 | 千克 | 59.6 |
| 熟酱鸭 | 不老神鸡腿 | 千克 | 47.1 |
| 鲜鸡蛋 | 一级 | 千克 | 7.9 |
| 松花蛋 | 一级 | 千克 | 29.0 |
| 活鲤鱼 | 一级 | 千克 | 14.9 |
| 活鲢鱼 | 一级 | 千克 | 4.0 |
| 活草鱼 | 一级 | 千克 | 17.5 |
| 带鱼 | 一级 | 千克 | 33.2 |
| 黄花鱼 | 一级 | 千克 | 38.7 |
| 白虾 | 一级 | 千克 | 60.5 |
| 大白菜 | 一等 | 千克 | 2.1 |
| 洋白菜 | 一等 | 千克 | 2.7 |
| 菠菜 | 一等 | 千克 | 6.3 |

8－4 续表 1

单位:元/计量单位

| 类别及名称 | 规格特征 | 计量单位 | 2017 年 |
|---|---|---|---|
| 油　菜 | 一等 | 千克 | 4.3 |
| 芹　菜 | 一等 | 千克 | 3.6 |
| 韭　菜 | 一等 | 千克 | 6.7 |
| 黄　瓜 | 一等 | 千克 | 5.4 |
| 冬　瓜 | 一等 | 千克 | 4.3 |
| 西红柿 | 一等 | 千克 | 6.3 |
| 茄　子 | 一等 | 千克 | 5.6 |
| 萝　卜 | 一等 | 千克 | 3.7 |
| 胡萝卜 | 一等 | 千克 | 3.0 |
| 生　姜 | 一等 | 千克 | 9.7 |
| 豆　角 | 一等 | 千克 | 10.4 |
| 洋葱头 | 一等 | 千克 | 3.3 |
| 大　葱 | 一等 | 千克 | 4.7 |
| 大　蒜 | 一等 | 千克 | 15.8 |
| 蒜　苔 | 一等 | 千克 | 10.6 |
| 莲　藕 | 一等 | 千克 | 10.2 |
| 豆　芽 | 一等 | 千克 | 4.5 |
| 青　椒 | 一等 | 千克 | 6.0 |
| 平　菇 | 一等 | 千克 | 10.9 |
| 西葫芦 | 一等 | 千克 | 4.2 |
| 菜　花 | 一等 | 千克 | 5.1 |
| 酸　菜 | 一等 | 千克 | 4.3 |
| 香　菇 | 一等 | 千克 | 180.4 |
| 黑木耳 | 一等 | 千克 | 160.0 |
| 黄花菜 | 一等 | 千克 | 116.5 |
| 大青盐 | 一级 | 千克 | 12.5 |
| 酱　油 | 佳佳鲜味鲜酱油 | 升 | 11.3 |
| 醋 | 东湖陈醋　500 毫升　石家庄 | 升 | 4.9 |
| 味　精 | 太太乐味精　上海　100 克 | 千克 | 26.2 |
| 花　椒 | 大红袍一级 | 千克 | 144.7 |
| 白　糖 | 一级 | 千克 | 8.0 |
| 红　糖 | 一级 | 千克 | 8.0 |
| 奶　糖 | 大白兔　一级 | 千克 | 58.4 |
| 巧克力制品 | 徐福记酥糖　一级　北京 | 千克 | 48.8 |
| 茶　叶 | 信阳毛尖　一级　河南 | 千克 | 80.0 |
| 固体饮料 | 果珍卡夫　500 克　天津 | 千克 | 43.7 |

8－4续表2

单位:元/计量单位

| 类别及名称 | 规　格　特　征 | 计量单位 | 2017年 |
|---|---|---|---:|
| 液体饮料 | 雪碧　1.25L | 升 | 3.1 |
| 冰激淋 | 伊利火炬 | 个 | 2.5 |
| 苹　果 | 一等 | 千克 | 11.4 |
| 梨 | 一等 | 千克 | 7.4 |
| 桔　子 | 一等 | 千克 | 8.1 |
| 香　蕉 | 一等 | 千克 | 5.8 |
| 弥猴桃 | 一等 | 千克 | 16.1 |
| 桃　子 | 一等 | 千克 | 12.3 |
| 西　瓜 | 一等 | 千克 | 5.2 |
| 葡　萄 | 一等 | 千克 | 16.9 |
| 红　枣 | 一级 | 千克 | 37.3 |
| 核　桃 | 一级 | 千克 | 47.3 |
| 黑瓜子 | 一级 | 千克 | 24.7 |
| 面　包 | 桃李主食面包 一级 | 千克 | 15.2 |
| 鲜　奶 | 伊利纯牛奶　243ML/袋 | 升 | 8.8 |
| 奶　粉 | 伊利桶装儿童奶粉　900克 | 千克 | 151.4 |
| 奶　干 | 天美华乳马背奶干　一级 | 千克 | 57.3 |
| 国产中档卷烟 | 黄鹤楼　硬盒 | 盒 | 16.0 |
| 国产高档卷烟 | 红塔山 | 盒 | 7.5 |
| 白　酒 | 精元呼白王 | 瓶 | 17.9 |
| 啤　酒 | 雪鹿啤酒 | 瓶 | 3.1 |
| 黄　酒 | 古越龙山花雕500毫升 绍兴 | 瓶 | 14.0 |
| 男裤子 | 虎都西裤牌 | 条 | 730.5 |
| 男套装 | 雅戈尔男套装　呼市 | 套 | 3456.3 |
| 女裤子 | 威尔浪牌　呼市 | 条 | 518.0 |
| 女套装 | 哥弟牌上衣　呼市 | 套 | 1739.1 |
| 床上用品 | 枕芯 | 个 | 69.0 |
| 家用纺织品 | 地垫 | 块 | 100.0 |
| 清洗用品 | 汰渍洗衣粉508G | 袋 | 6.3 |
| 服装材料 | 1.6M宽纯棉斜纹卡通布 | 米 | 12.7 |
| 洗衣机 | 海尔洗衣机　XQS70－Z1626GAM 青岛 | 台 | 3115.7 |
| 电风扇 | 艾美特电风扇　CFH03　广东 | 台 | 238.0 |

8－4 续表 3

单位:元/计量单位

| 类别及名称 | 规格特征 | 计量单位 | 2017 年 |
|---|---|---|---|
| 电冰箱 | 海尔电冰箱　BCD－316WDCM 青岛 | 台 | 7999.0 |
| 抽排油烟机 | 海尔抽油烟机　CXW－200－C681 青岛 | 台 | 4974.0 |
| 空调器 | 海尔空调器 KFR－26GW/63SCX21 青岛 | 台 | 6257.3 |
| 热水器 | 海尔热水器 ES60－T3 青岛 | 台 | 3699.0 |
| 微波炉 | 格兰仕　g70f20mn3sl/a7k(r3) 广东 | 台 | 2956.3 |
| 电炊具 | 苏泊尔电饭煲 40HZ6 浙江 | 个 | 3999.0 |
| 窗帘 | 化纤 浙江 | 件 | 100.0 |
| 被子 | 美凯珑蚕丝单人被　广东 | 条 | 498.0 |
| 厨具 | 张小泉菜刀 977 型两用　杭州 | 个 | 82.0 |
| 肥皂 | 雕牌植物皂 202 浙江 | 块 | 4.6 |
| 体温计 | 东阿阿胶牌体温计　山东 | 个 | 4.5 |
| 血压计 | 台式　玉兔牌　上海 | 台 | 92.0 |
| 甘草 | 一等　内蒙 | 千克 | 85.8 |
| 党参 | 一等　内蒙 | 千克 | 360.0 |
| 菊花 | 一等　内蒙 | 千克 | 350.1 |
| 银花 | 一等　内蒙 | 千克 | 417.8 |
| 陈皮 | 一等　内蒙 | 千克 | 17.1 |
| 六味地黄丸 | 同仁堂 | 盒 | 11.7 |
| 板蓝根颗粒 | 白云山 | 袋 | 13.3 |
| 牛黄解毒片 | 包头 | 袋 | 1.0 |
| 感冒清热冲剂 | 同仁堂 | 盒 | 13.2 |
| 三九胃泰 | 三九集团 | 盒 | 9.6 |
| 吗丁啉 | 西安杨森　西安 | 盒 | 15.3 |
| 修正牌咳特灵 | 山东 | 盒 | 11.0 |
| 布洛芬胶囊 | 天津中美 | 盒 | 18.6 |
| 甲状腺片 | 上海 | 盒 | 7.2 |
| 胰岛素针剂 | 诺和林牌 30 笔　丹麦 | 盒 | 58.0 |
| 尼莫地平片 | 山西 | 盒 | 2.0 |
| 康恩贝牌普乐安片 | 浙江 | 盒 | 12.5 |
| 葡萄糖 | 13.95G*2 | 瓶 | 1.9 |
| 生脉饮 | 同仁堂　北京 | 盒 | 15.3 |
| 佰草集美白日霜 50 克 | 上海 | 瓶 | 320.0 |
| 汽油 | 92*车用汽油　北京 | 升 | 6.3 |
| 固定电话机 | TCL 单机 202 型 广东 | 部 | 142.0 |
| 移动电话机 | 华为荣耀 6 深圳 | 部 | 2180.0 |
| 彩色电视机 | 创维 LED49E710U 深圳 | 台 | 7966.0 |
| 激光视盘机 | 飞利蒲蓝光 DVD BDP_3380 上海 | 台 | 1545.6 |
| 摄像机 | 佳能单反相机 700d 中国 | 台 | 5100.0 |

8－4 续表 4　　单位:元/计量单位

| 类别及名称 | 规格特征 | 计量单位 | 2017 年 |
|---|---|---|---|
| 照相机 | 佳能照相机 sx700　中国 | 部 | 3577.0 |
| 音　响 | 威发音响魔影 6 号(六件套) | 台 | 24811.1 |
| 电　脑 | 联想笔记本小心 北京 | 台 | 5099.0 |
| 工具书 | 现代汉语词典 | 个 | 109.0 |
| 纸张文具 | 2B 铅笔 | 本 | 1.6 |
| 报　纸 | 红山晚报 赤峰 | 份 | 1.0 |
| 杂　志 | 读者 | 本 | 6.0 |
| 木地板 | 森林狼复合木地板 | 平米 | 249.3 |
| 地　砖 | 世纪新牌地砖 80＊80 广东 | 块 | 50.0 |
| 水　泥 | 冀东牌 525＊　呼市 | 千克 | 0.5 |
| 水　泥 | 白水泥 呼市 | 千克 | 0.7 |
| 玻　璃 | 秦皇岛 5CM　普通 | 平方米 | 35.8 |
| 涂　料 | 三棵树涂料 7KG | 桶 | 246.2 |
| 水 | 居民用自来水(包括排污费) | 吨 | 3.4 |
| 电 | 民用 | 百度 | 43.2 |
| 液化石油气 | 液化气罐装 | 百千克 | 950.2 |
| 管道燃气 | 天然气 | 立方米 | 1.9 |
| 蜂窝煤 | 黄天棉图尾块煤 一级 | 百千克 | 35.7 |
| 取暖费 | | 平方米 | 3.7 |
| 一般医疗服务 | 知名专家诊查费 | 次 | 15.0 |
| 注射费 | 肌肉注射 | 次 | 3.0 |
| 检查费 | 颅脑 CT 检查 | 次 | 260.0 |
| 美　容 | 面部护理 | 次 | 60.0 |
| 理　发 | 五洋理发店男全活 | 次 | 30.0 |
| 汽车交强险 | | 年 | 950.0 |
| 公共汽车票 | 公交车费 | 张 | 1.0 |
| 出租汽车 | 起步价 | 次 | 8.0 |
| 汽车租赁 | 轿车 | 天 | 230.0 |
| 飞机票 | 呼市——北京 | 人次 | 620.0 |
| 火车票 | 呼市——北京　硬卧下铺　90 次 | 人次 | 142.0 |
| 市内电话通话费 | 普通(固定电话) | 次/三分钟 | 0.2 |
| 移动话费 | 中国移动神州卡 | 分钟 | 0.3 |
| 信件邮寄 | 普通外埠 | 封 | 1.2 |
| 包裹邮寄 | ems 快递 呼市－北京 | 千克 | 20.0 |
| 托幼费 | 日托 | 月 | 325.0 |
| 有线电视 | 呼市有线费 | 月 | 26.0 |

# 8－5 农村生活消费品及服务项目价格指数

（以上年价格为100）

| 项　　目 | 指　数 | 项　　目 | 指　数 |
|---|---|---|---|
| 总指数 | 101.68 | 家庭设备及用品 | 99.11 |
| 食品类 | 99.24 | 耐用消费品 | 97.21 |
| 主食类 | 102.33 | 床上用品 | 100.51 |
| 副食类 | 96.58 | 日用杂品 | 100.40 |
| 蔬　菜 | 96.66 | 医疗保键 | 119.17 |
| 豆制品 | 99.70 | 中　药 | 119.83 |
| 油脂类 | 99.05 | 西　药 | 118.62 |
| 食糖类 | 100.77 | 交通类 | 98.94 |
| 肉禽类 | 94.85 | 文教娱乐用品 | 100.90 |
| 蛋　类 | 93.19 | 文艺用品 | 99.58 |
| 水产品 | 101.38 | 课本及报纸 | 101.12 |
| 调味品 | 100.01 | 住　房 | 102.00 |
| 其他食品 | 102.37 | 建筑材料 | 100.82 |
| 烟草类 | 101.81 | 水电费 | 99.89 |
| 酒　类 | 102.84 | 燃　料 | 103.64 |
| 饮料类 | 108.02 | 服务项目 | 104.61 |
| 干鲜食品 | 100.52 | 电讯费 | 96.82 |
| 糕点类 | 103.09 | 邮　费 | 100.63 |
| 罐头类 | 108.64 | 交通费 | 102.51 |
| 衣着类 | 100.28 | 理发费 | 101.41 |
| 服　装 | 99.15 | 学杂费 | 103.99 |
| 衣着材料 | 100.73 | 修理及其它服务费 | 103.40 |
| 鞋袜帽类 | 100.97 | 医疗保健服务 | 114.79 |
| 其　他 | 105.65 | 食品加工费 | 98.94 |

# 8－6 农业生产资料价格指数

（以上年价格为100）

| 项 目 | 2016年 | 2017年 |
|---|---|---|
| 总 指 数 | 99.2 | 101.2 |
| 化肥、农药、地膜 | 97.2 | 100.2 |
| 种 子 | 108.6 | 102.7 |
| 农用机械 | 100.1 | 100.0 |
| 小 农 具 | 100.4 | 101.2 |
| 产 品 畜 | 109.1 | 100.5 |
| 饲 料 | 97.0 | 100.3 |
| 燃 料 | 93.4 | 110.2 |
| 其 它 | 105.3 | 103.2 |

# 8－7 房地产价格指数

（以上年价格为100）

| 项 目 | 2016年 | 2017年 |
|---|---|---|
| 新建住宅 | 100.1 | 103.0 |
| 新建商品住宅 | 100.1 | 103.1 |
| $90m^2$ 及以下 | 98.8 | 101.3 |
| 90—$144m^2$ | 100.8 | 103.3 |
| $144m^2$ 以上 | 99.4 | 103.5 |
| 二手住宅 | 99.6 | 100.2 |
| $90m^2$ 及以下 | 99.7 | 100.1 |
| 90—144 $m^2$ | 99.7 | 100.3 |
| $144m^2$ 以上 | 98.9 | 100.3 |

# 主要统计指标解释

**物价指数**　是经济指数的一种，它是用来反映计算期所销售（或购进）的全部商品价格水平比基期水平升降变动程度的相对数。通常以百分数来表示。

物价指数按其包括范围的不同，分为单项商品价格指数（或称个体物价指数）、商品类别价格指数和总指数。反映某种商品的平均价格水平的变动程度的指数，叫做单项商品价格指数；反映某一些或全部商品价格总水平变动程度的指数，叫物价类指数或物价总指数。物价指数按其所采用的基期不同，分为环比物价指数（以上一期为基期）、年距环比物价指数（以上年同期为基期）和定基物价指数（长期和固定时期比较）。按商品的种类和流通环节分，有工业品出厂价格指数、农副产品收购价格指数、批发物价指数、零售物价指数（分城市指数和农村指数）、服务项目价格指数、职工生活费用价格指数、工农业商品综合比价指数等。

**零售物价指数**　是工业、商业、餐饮业和其他零售企业向城乡居民、机关团体出售消费品和办公用品的报告期零售价格水平与基期价格水平对比的相对数。它是从卖方角度反映城乡零售市场商品价格的变动趋势和程度。市场商品零售价格的调整变动直接影响城乡居民的生活支出和国家财政收支，影响居民购买力和市场供需平衡，影响消费与积累的比例。因此，零售物价指数可以从一个侧面对上述经济活动进行观察和分析，为国家制定经济政策提供依据，为研究城乡流通和新国民经济核算体系提供科学依据。目前零售物价指数还是考核一个地区领导政绩的主要指标之一。

现在我们编制的零售物价指数有年距环比指数（与上年同期相比）和月距环比指数（与上月价格相比）两种。按商品类别分有：食品、饮料、烟酒、服装鞋帽、纺织品、中西药品、化妆品、书报杂志、文化体育用品、日用品、家用电器、首饰、燃料、建筑装璜材料、机电产品十四类商品的零售价格。

计算零售物价指数权数资料的来源，类权数主要依据商品流转统计各类商品零售额资料计算，具体商品权数根据典型调查资料推算。

**居民消费价格指数**　是度量一组代表性消费商品及服务项目价格水平随着时间而变动的相对数，反映居民家庭购买的消费品及服务价格水平的变动情况。它是宏观经济分析的决策、价格总水平监测和调控以及国民经济核算的重要指标。其按年度计算的变动率通常被用来作为反映通货膨胀（或紧缩）程度的指标。

居民消费价格包括居民用于日常生活消费的全部商品价格和服务项目价格。按商品分类有：食品、烟酒及用品、衣着、家庭设备及用品、医疗保健、交通及通讯、娱乐教育和文化用品、居住等八大类商品及服务项目价格。从消费渠道讲，既包括城乡居民从商店、工厂、集市所购买商品的价格，也包括城乡居民从餐饮业购买商品的价格。

计算居民消费价格指数的权数主要是依据住户调查中居民的实际消费构成计算，也有部分商品权数是根据典型调查资料推算的。

# 第二部分  统计资料

## 人 民 生 活

# 9-1 历年城镇居民人均可支配收入及生活消费性支出

单位:元

| 年 份 | 城镇居民人均可支配收入 | 城镇居民人均生活消费性支出 | #食品支出 |
|---|---|---|---|
| 1980 | 409 | 434 | 228 |
| 1981 | 408 | 415 | 224 |
| 1982 | 455 | 433 | 241 |
| 1983 | 513 | 483 | 274 |
| 1984 | 604 | 549 | 288 |
| 1985 | 775 | 786 | 317 |
| 1986 | 855 | 851 | 405 |
| 1987 | 912 | 876 | 434 |
| 1988 | 972 | 1018 | 497 |
| 1989 | 1065 | 1001 | 539 |
| 1990 | 1149 | 1023 | 529 |
| 1991 | 1281 | 1202 | 608 |
| 1992 | 1544 | 1413 | 676 |
| 1993 | 1981 | 1782 | 796 |
| 1994 | 2735 | 2372 | 1058 |
| 1995 | 3008 | 2785 | 1325 |
| 1996 | 3514 | 3171 | 1429 |
| 1997 | 4435 | 3398 | 1452 |
| 1998 | 4739 | 3674 | 1548 |
| 1999 | 5167 | 4173 | 1613 |
| 2000 | 5354 | 4613 | 1623 |
| 2001 | 5931 | 4866 | 1701 |
| 2002 | 6696 | 5525 | 1922 |
| 2003 | 7906 | 6332 | 2172 |
| 2004 | 9967 | 7418 | 2532 |
| 2005 | 12150 | 8768 | 2960 |
| 2006 | 14055 | 9831 | 3227 |
| 2007 | 16920 | 11432 | 3615 |
| 2008 | 20267 | 13145 | 4129 |
| 2009 | 22397 | 14752 | 4356 |
| 2010 | 25174 | 16624 | 4983 |
| 2011 | 28877 | 19106 | 5854 |
| 2012 | 32646 | 21095 | 6492 |
| 2013 | 32003 | 22919 | 6031 |
| 2014 | 34723 | 24844 | 6487 |
| 2015 | 37362 | 26547 | 6728 |
| 2016 | 40220 | 28352 | 7198 |
| 2017 | 43518 | 29458 | 7291 |

注:从2013年起为城镇、农村常住居民人均可支配收入及生活消费支出。

# 9－2 历年农村居民人均纯收入及生活消费支出

单位：元

| 年 份 | 农村居民人均纯收入 | 农村居民人均生活消费支出 | #食品支出 |
|---|---|---|---|
| 1980 | 142 | 121 | |
| 1981 | 222 | 182 | |
| 1982 | 266 | 209 | |
| 1983 | 276 | 226 | |
| 1984 | 322 | 257 | |
| 1985 | 321 | 274 | |
| 1986 | 313 | 305 | |
| 1987 | 327 | 330 | |
| 1988 | 393 | 374 | |
| 1989 | 461 | 415 | |
| 1990 | 574 | 466 | |
| 1991 | 619 | 507 | |
| 1992 | 723 | 576 | |
| 1993 | 846 | 758 | |
| 1994 | 999 | 882 | |
| 1995 | 1243 | 1056 | |
| 1996 | 1689 | 1122 | 660 |
| 1997 | 1974 | 1393 | 743 |
| 1998 | 2271 | 1341 | 716 |
| 1999 | 2387 | 1413 | 662 |
| 2000 | 2539 | 1558 | 693 |
| 2001 | 2561 | 1610 | 641 |
| 2002 | 2822 | 1610 | 666 |
| 2003 | 3169 | 1991 | 721 |
| 2004 | 4109 | 2355 | 962 |
| 2005 | 4631 | 2767 | 1100 |
| 2006 | 5308 | 3050 | 1153 |
| 2007 | 6121 | 3267 | 1250 |
| 2008 | 7051 | 3756 | 1500 |
| 2009 | 7802 | 4823 | 1778 |
| 2010 | 8746 | 5526 | 2061 |
| 2011 | 10038 | 7090 | 2778 |
| 2012 | 11361 | 8175 | 2814 |
| 2013 | 11398 | 11110 | 2881 |
| 2014 | 12538 | 12232 | 3420 |
| 2015 | 13491 | 13223 | 3425 |
| 2016 | 14517 | 14353 | 3941 |
| 2017 | 15710 | 15257 | 3904 |

# 9－3 全体居民主要收支情况

单位:元/人

| 项　　目 | 2016 年 | 2017 年 | 2017 年比 2016 年增长% |
|---|---|---|---|
| 可支配收入 | 30527 | 33115 | 8.5 |
| 工资性收入 | 15119 | 16297 | 7.8 |
| 经营净收入 | 7777 | 7885 | 1.4 |
| 第一产业净收入 | 1085 | 918 | －15.4 |
| #农业净收入 | 842 | 591 | －29.8 |
| 牧业净收入 | 225 | 298 | 32.4 |
| 第二产业净收入 | 518 | 578 | 11.6 |
| 第三产业净收入 | 6174 | 6389 | 3.5 |
| 财产净收入 | 2728 | 2955 | 8.3 |
| 转移净收入 | 4903 | 5978 | 21.9 |
| 生活消费支出 | 23553 | 24698 | 4.9 |
| 食品烟酒 | 5893 | 5958 | 1.1 |
| 衣　　着 | 2603 | 2631 | 1.1 |
| 居　　住 | 4787 | 5139 | 7.4 |
| 生活用品及服务 | 1420 | 1415 | －0.4 |
| 交通通信 | 3283 | 3463 | 5.5 |
| 交　　通 | 2364 | 2508 | 6.1 |
| 通　　信 | 920 | 955 | 3.8 |
| 教育文化娱乐 | 2696 | 3055 | 13.3 |
| 教　　育 | 1573 | 1642 | 4.4 |
| 文化娱乐 | 1123 | 1413 | 25.8 |
| 医疗保健 | 2011 | 1637 | －18.6 |
| 其它用品和服务 | 860 | 1004 | 16.7 |

# 9－4　城镇常住居民主要收支情况

单位:元/人

| 项　　目 | 2016 年 | 2017 年 | 2017 年比 2016 年增长% |
|---|---|---|---|
| 可支配收入 | 40220 | 43518 | 8.2 |
| 工资性收入 | 20710 | 22333 | 7.8 |
| 经营净收入 | 9038 | 9062 | 0.3 |
| 第一产业净收入 | 145 | 93 | -35.9 |
| #农业净收入 | 105 | 43 | -59.0 |
| 牧业净收入 | 40 | 50 | 25.0 |
| 第二产业净收入 | 679 | 704 | 3.7 |
| 第三产业净收入 | 8214 | 8265 | 0.6 |
| 财产净收入 | 3962 | 4019 | 1.4 |
| 转移净收入 | 6510 | 8104 | 24.5 |
| 生活消费支出 | 28352 | 29458 | 3.9 |
| 食品烟酒 | 7198 | 7291 | 1.3 |
| 衣　　着 | 2866 | 2864 | -0.1 |
| 居　　住 | 5315 | 5996 | 12.8 |
| 生活用品及服务 | 1905 | 2006 | 5.3 |
| 交通通信 | 4146 | 4015 | -3.2 |
| 交　　通 | 3056 | 2885 | -5.6 |
| 通　　信 | 1090 | 1130 | 3.7 |
| 教育文化娱乐 | 3246 | 3679 | 13.3 |
| 教　　育 | 1682 | 1782 | 5.9 |
| 文化娱乐 | 1563 | 1897 | 21.4 |
| 医疗保健 | 2646 | 2411 | -8.9 |
| 其它用品和服务 | 1029 | 1196 | 16.2 |

# 9-5 农村常住居民主要收支情况

单位:元/人

| 项目 | 2016年 | 2017年 | 2017年比2016年增长% |
|---|---|---|---|
| 可支配收入 | 14517 | 15710 | 8.2 |
| 工资性收入 | 6919 | 7338 | 6.1 |
| 经营净收入 | 4856 | 5115 | 5.3 |
| 第一产业净收入 | 2454 | 2135 | -13.0 |
| #农业净收入 | 1907 | 1392 | -27.0 |
| 牧业净收入 | 502 | 671 | 33.7 |
| 第二产业净收入 | 277 | 369 | 33.2 |
| 第三产业净收入 | 2125 | 2611 | 22.9 |
| 财产净收入 | 1059 | 1499 | 41.5 |
| 转移净收入 | 1683 | 1758 | 4.5 |
| 生活消费支出 | 14353 | 15257 | 6.3 |
| 食品烟酒 | 3941 | 3904 | -0.9 |
| 衣着 | 1053 | 1125 | 6.8 |
| 居住 | 3497 | 3282 | -6.1 |
| 生活用品及服务 | 694 | 757 | 9.1 |
| 交通通信 | 1993 | 2613 | 31.1 |
| 交通 | 1328 | 1936 | 45.8 |
| 通信 | 665 | 677 | 1.8 |
| 教育文化娱乐 | 1874 | 2093 | 11.7 |
| 教育 | 1409 | 1512 | 7.3 |
| 文化娱乐 | 465 | 581 | 24.9 |
| 医疗保健 | 1061 | 1201 | 13.2 |
| 其它用品和服务 | 258 | 282 | 9.3 |

# 9－6 常住居民家庭基本情况

| 项　　目 | 单　位 | 全体居民 | 城镇常住居民 | 农村常住居民 |
|---|---|---|---|---|
| 常住劳动力情况 | | | | |
| 劳动力比例 | % | 100.0 | 100.0 | 100.0 |
| 整劳动力 | % | 48.7 | 50.7 | 46.1 |
| 半劳动力 | % | 51.3 | 49.3 | 53.9 |
| 性别比 | % | 100.0 | 100.0 | 100.0 |
| 男　性 | % | 50.9 | 50.1 | 52.0 |
| 女　性 | % | 49.1 | 49.9 | 48.0 |
| 受教育程度 | % | 100.0 | 100.0 | 100.0 |
| 未上过学 | % | 1.9 | 0.7 | 3.5 |
| 小　学 | % | 13.8 | 6.3 | 23.3 |
| 初　中 | % | 41.3 | 34.6 | 49.7 |
| 高　中 | % | 20.3 | 25.1 | 14.1 |
| 大学专科 | % | 13.7 | 19.8 | 6.1 |
| 大学本科 | % | 8.6 | 12.9 | 3.2 |
| 研究生 | % | 0.4 | 0.6 | 0.1 |
| 本年度从事的行业 | % | 100.0 | 100.0 | 100.0 |
| 第一产业 | % | 23.0 | 6.1 | 40.5 |
| 第二产业 | % | 16.9 | 17.2 | 16.6 |
| 第三产业 | % | 60.1 | 76.7 | 42.9 |
| 住房情况 | | | | |
| 本住户居住空间样式 | % | 100.0 | 100.0 | 100.0 |
| 单栋楼房 | % | 8.0 | 7.2 | 9.1 |
| 单栋平房 | % | 47.8 | 29.8 | 71.4 |
| 四居室及以上单元房 | % | | | |
| 三居室单元房 | % | 8.0 | 11.0 | 4.2 |
| 二居室单元房 | % | 32.6 | 47.7 | 12.7 |
| 一居室单元房 | % | 0.6 | 1.0 | |
| 筒子楼或连片平房 | % | 3.0 | 3.3 | 2.6 |

9－6 续表

| 项　　目 | 单　位 | 全体居民 | 城镇常住居民 | 农村常住居民 |
|---|---|---|---|---|
| 其　他 | % | | | |
| 主要建筑材料 | % | 100.0 | 100.0 | 100.0 |
| 钢筋混凝土 | % | 15.3 | 16.7 | 13.5 |
| 砖混材料 | % | 50.7 | 60.0 | 38.6 |
| 砖瓦砖木 | % | 31.8 | 22.6 | 43.8 |
| 竹草土坯 | % | 2.0 | 0.7 | 3.8 |
| 其　他 | % | 0.2 | | 0.3 |
| 现住房房屋来源 | % | 100.0 | 100.0 | 100.0 |
| 租赁公房 | % | | | |
| 租赁私房 | % | 5.4 | 7.1 | 3.3 |
| 自建住房 | % | 47.0 | 25.3 | 75.3 |
| 购买商品房 | % | 28.7 | 44.8 | 7.6 |
| 购买房改住房 | % | 8.9 | 14.6 | 1.4 |
| 购买保障性住房 | % | 5.3 | 5.0 | 5.6 |
| 拆迁安置房 | % | 3.6 | 2.2 | 5.5 |
| 继承或获赠住房 | % | 0.3 | 0.4 | 0.2 |
| 免费借用房 | % | 0.6 | 0.6 | 0.7 |
| 雇主提供免费住房 | % | | | |
| 其他来源 | % | 0.2 | | 0.4 |
| 自有住房面积 | 平方米/人 | 32.3 | 32.8 | 31.8 |
| 住宅管道供水情况 | % | 100.0 | 100.0 | 100.0 |
| 管道供水入户 | % | 95.4 | 96.5 | 93.8 |
| 管道供水至公共取水点 | % | 0.5 | 0.7 | 0.2 |
| 没有管道设施 | % | 4.1 | 2.8 | 6.0 |
| 住户厕所类型 | % | 100.0 | 100.0 | 100.0 |
| 水冲式厕所 | % | 47.4 | 66.8 | 22.0 |
| 旱　厕 | % | 45.3 | 24.3 | 72.7 |
| 无厕所 | % | 7.3 | 8.9 | 5.3 |

# 9－7　常住居民人均生活消费支出情况

单位:元

| 项　　目 | 全体居民 | 城镇常住居民 | 农村常住居民 |
| --- | --- | --- | --- |
| 生活消费支出 | 24698 | 29458 | 15257 |
| 食品烟酒 | 5958 | 7291 | 3904 |
| 食　品 | 3801 | 4356 | 2699 |
| 谷　物 | 535 | 567 | 472 |
| 薯　类 | 99 | 84 | 129 |
| 豆　类 | 58 | 59 | 57 |
| 食用油 | 143 | 158 | 112 |
| 蔬菜和食用菌 | 454 | 558 | 249 |
| 肉　类 | 947 | 1061 | 720 |
| 禽　类 | 105 | 114 | 87 |
| 水产品 | 122 | 155 | 56 |
| 蛋　类 | 85 | 97 | 60 |
| 奶　类 | 294 | 367 | 150 |
| 干鲜瓜果类 | 561 | 684 | 318 |
| 糖果糕点类 | 136 | 164 | 79 |
| 其他食品 | 262 | 288 | 210 |
| 烟　酒 | 714 | 771 | 302 |
| 饮　料 | 122 | 156 | 56 |
| 饮食服务 | 1321 | 2008 | 547 |
| 衣　着 | 2631 | 2864 | 1125 |
| 衣　类 | 2096 | 2197 | 854 |
| 鞋　类 | 535 | 667 | 271 |
| 居　住 | 5139 | 5996 | 3282 |

9－7 续表

单位:元

| 项　目 | 全体居民 | 城镇常住居民 | 农村常住居民 |
|---|---|---|---|
| 租赁房房租 | 134 | 155 | 91 |
| 住房维修及管理 | 1187 | 1412 | 583 |
| 水电燃料及其他 | 1039 | 1177 | 766 |
| 自有住房折算租金 | 2779 | 3252 | 1842 |
| 生活用品及服务 | 1514 | 2006 | 757 |
| 家具及室内装饰品 | 344 | 442 | 151 |
| 家用器具 | 393 | 511 | 160 |
| 家用纺织品 | 116 | 163 | 63 |
| 家庭日用杂品 | 278 | 386 | 212 |
| 个人用品 | 288 | 371 | 151 |
| 家庭服务 | 95 | 133 | 20 |
| 交通通信 | 3463 | 4015 | 2613 |
| 交　通 | 2508 | 2885 | 1936 |
| 通　信 | 955 | 1130 | 677 |
| 教育文化娱乐 | 3055 | 3679 | 2093 |
| 教　育 | 1642 | 1782 | 1512 |
| 文化娱乐 | 1413 | 1897 | 581 |
| 医疗保健 | 1934 | 2411 | 1201 |
| 医疗器具及药品 | 770 | 954 | 407 |
| 医疗服务 | 1164 | 1457 | 794 |
| 其他用品和服务 | 1004 | 1196 | 282 |
| 其他用品 | 708 | 803 | 177 |
| 其他服务 | 296 | 393 | 105 |

# 9-8 分旗县区城镇常住

| 项　　目 | 新城区 | 回民区 | 玉泉区 | 赛罕区 |
|---|---|---|---|---|
| 可支配收入 | 49149 | 43356 | 42101 | 47560 |
| 工资性收入 | 21008 | 23183 | 21206 | 21922 |
| 经营净收入 | 16366 | 7609 | 10995 | 6561 |
| 第一产业经营净收入 | | | | 176 |
| 第二产业经营净收入 | -8 | 1490 | 1299 | 923 |
| 第三产业经营净收入 | 16374 | 6120 | 9696 | 5461 |
| 财产净收入 | 2817 | 5050 | 5822 | 5441 |
| 转移净收入 | 8958 | 7514 | 4078 | 13637 |
| 消费支出 | 36399 | 28916 | 29384 | 28855 |
| 食品烟酒 | 7989 | 6934 | 7883 | 7453 |
| 衣　　着 | 3403 | 2309 | 3599 | 2802 |
| 居　　住 | 7520 | 7463 | 4169 | 6463 |
| 生活用品及服务 | 2524 | 1763 | 1844 | 2397 |
| 交通通信 | 5133 | 3444 | 5129 | 2702 |
| 教育文化娱乐 | 3819 | 4052 | 4043 | 3854 |
| 医疗保健 | 4209 | 1885 | 1473 | 2089 |
| 其他用品和服务 | 1802 | 1067 | 1244 | 1096 |

# 居民人均收支情况

单位:元

| 土左旗 | 托　县 | 和林县 | 清水河县 | 武川县 |
|---|---|---|---|---|
| 33832 | 35664 | 34120 | 25747 | 25125 |
| 18582 | 19975 | 18755 | 14274 | 17835 |
| 7051 | 12631 | 7035 | 2484 | 3988 |
| 410 | 170 | 610 | 416 | -147 |
| -2 | 7085 | 1309 | 194 | |
| 6643 | 5376 | 5116 | 1874 | 4135 |
| 939 | 1260 | 1835 | 992 | 565 |
| 7261 | 1798 | 6495 | 7997 | 2737 |
| 27005 | 18305 | 19057 | 13422 | 16819 |
| 7195 | 5182 | 5781 | 4796 | 5140 |
| 2815 | 1620 | 1789 | 1336 | 1595 |
| 4394 | 3494 | 3322 | 2135 | 2484 |
| 1552 | 1135 | 1017 | 512 | 1018 |
| 5056 | 2773 | 3082 | 1426 | 2268 |
| 2517 | 2878 | 2414 | 1706 | 2151 |
| 2723 | 923 | 1322 | 1126 | 1595 |
| 752 | 299 | 330 | 385 | 568 |

# 9－9 分旗县区农村常住

| 项目 | 新城区 | 回民区 | 玉泉区 | 赛罕区 |
|---|---|---|---|---|
| 可支配收入 | 18955 | 19719 | 18858 | 17862 |
| 工资性收入 | 8702 | 10622 | 8744 | 9529 |
| 经营净收入 | 7200 | 5188 | 6151 | 3088 |
| 第一产业经营净收入 | 538 | 667 | 1475 | 1809 |
| 第二产业经营净收入 | 831 | 1480 |  | 175 |
| 第三产业经营净收入 | 5831 | 3042 | 4676 | 1105 |
| 财产净收入 | 2911 | 2210 | 766 | 4011 |
| 转移净收入 | 142 | 1698 | 3197 | 1234 |
| 消费支出 | 17465 | 17583 | 19019 | 17628 |
| 食品烟酒 | 4404 | 3486 | 5172 | 3669 |
| 衣　　着 | 1985 | 1023 | 1748 | 1335 |
| 居　　住 | 3450 | 6290 | 4450 | 3875 |
| 生活用品及服务 | 774 | 1049 | 1006 | 1053 |
| 交通通信 | 2582 | 2357 | 2318 | 3237 |
| 教育文化娱乐 | 3079 | 2319 | 2441 | 2678 |
| 医疗保健 | 644 | 814 | 1377 | 1441 |
| 其他用品和服务 | 547 | 245 | 507 | 339 |

# 居民人均收支情况

单位:元

| 土左旗 | 托　县 | 和林县 | 清水河县 | 武川县 |
|---|---|---|---|---|
| 15308 | 14873 | 11957 | 7942 | 7655 |
| 6802 | 6149 | 5861 | 2157 | 1676 |
| 5502 | 5057 | 5318 | 3258 | 4001 |
| 1824 | 4138 | 4097 | 3129 | 3194 |
| 435 | 625 | | | 0 |
| 3242 | 294 | 1221 | 129 | 807 |
| 740 | 1109 | 14 | 68 | 638 |
| 2264 | 2558 | 764 | 2459 | 1340 |
| 11636 | 11625 | 11751 | 6993 | 7056 |
| 3131 | 4043 | 3248 | 2351 | 2112 |
| 792 | 483 | 604 | 271 | 269 |
| 2257 | 2271 | 2386 | 1173 | 938 |
| 491 | 491 | 645 | 236 | 174 |
| 2610 | 1561 | 2092 | 1007 | 1391 |
| 1406 | 1196 | 1583 | 908 | 510 |
| 816 | 1499 | 1030 | 908 | 1558 |
| 134 | 81 | 163 | 139 | 104 |

# 9-10 城镇常住居民家庭每

| 项　　目 | 单位 | 呼　市 | 新城区 | 回民区 | 玉泉区 |
|---|---|---|---|---|---|
| 家用汽车 | 辆 | 48.9 | 53.0 | 48.6 | 60.9 |
| 摩托车 | 辆 | 5.3 | | 1.1 | 4.1 |
| 助力车 | 台 | 43.4 | 28.7 | 39.5 | 58.7 |
| 洗衣机 | 台 | 99.6 | 97.2 | 100.9 | 101.1 |
| 电冰箱(柜) | 台 | 103.8 | 114.9 | 101.5 | 100.2 |
| 微波炉 | 台 | 49.7 | 75.7 | 46.3 | 38.6 |
| 彩色电视机 | 台 | 101.9 | 105.9 | 100.5 | 96.7 |
| 空调 | 台 | 13.7 | 27.1 | 11.5 | 12.3 |
| 热水器 | 台 | 72.6 | 87.9 | 78.1 | 76.6 |
| #太阳能热水器 | 台 | 6.9 | 4.3 | 21.6 | 3.0 |
| 洗碗机 | 台 | 1.4 | 1.1 | 4.4 | |
| 排油烟机 | 台 | 80.4 | 96.1 | 89.0 | 73.8 |
| 固定电话 | 线 | 40.3 | 51.6 | 75.7 | 16.8 |
| 移动电话 | 部 | 231.8 | 234.3 | 218.0 | 247.8 |
| #接入互联网 | 部 | 131.7 | 181.7 | 100.3 | 121.9 |
| 计算机 | 台 | 66.6 | 82.2 | 52.3 | 83.2 |
| #接入互联网 | 台 | 55.5 | 73.8 | 47.8 | 69.2 |
| 照相机 | 台 | 28.2 | 54.4 | 32.9 | 28.4 |
| 中高档乐器 | 架 | 4.3 | 9.8 | 2.2 | 1.1 |
| 健身器材 | 台 | 3.8 | 9.9 | 2.0 | 3.2 |
| 空气净化器(含新风系统) | 台 | | | | |
| 吸尘器 | 台 | | | | |

# 百户拥有耐用消费品

| 赛罕区 | 土左旗 | 托　县 | 和林县 | 清水河县 | 武川县 |
|---|---|---|---|---|---|
| 45.5 | 31.6 | 47.6 | 28.4 | 15.4 | 48.6 |
| 4.9 | 5.2 | 27.6 | 34.8 | 36.4 | 13.3 |
| 31.1 | 88.1 | 89.2 | 58.2 | 29.5 | 72.6 |
| 100.0 | 104.9 | 98.0 | 95.1 | 98.3 | 96.0 |
| 99.1 | 106.3 | 94.7 | 98.3 | 106.1 | 101.6 |
| 46.8 | 41.0 | 44.3 | 11.5 | 22.8 | 31.8 |
| 102.4 | 109.9 | 100.0 | 100.0 | 98.6 | 100.0 |
| 9.8 | 8.2 | 2.1 | 1.7 | 4.4 | |
| 69.1 | 59.5 | 42.3 | 15.0 | 35.4 | 53.7 |
| 3.2 | 0.0 | 3.6 | 3.3 | 9.7 | 1.5 |
| 1.0 | 0.0 | 2.5 | | | |
| 75.7 | 74.4 | 87.4 | 32.0 | 26.2 | 62.5 |
| 35.5 | 5.1 | 9.7 | 6.7 | 11.6 | 35.0 |
| 229.1 | 256.8 | 221.0 | 219.7 | 230.9 | 213.4 |
| 124.1 | 168.6 | 105.8 | 31.6 | 107.6 | 146.8 |
| 60.9 | 66.6 | 42.0 | 33.2 | 49.9 | 57.9 |
| 49.6 | 31.3 | 24.0 | 16.7 | 42.8 | 49.5 |
| 11.1 | 10.0 | 16.6 | 4.9 | 8.2 | 7.6 |
| 5.4 | | | 3.3 | | 1.6 |
| 1.0 | 6.8 | | | 1.4 | |

# 9－11 农村常住居民家庭每

| 项　　目 | 单位 | 呼　市 | 新城区 | 回民区 | 玉泉区 |
|---|---|---|---|---|---|
| 家用汽车 | 辆 | 38.5 | 55.6 | 55.9 | 47.5 |
| 摩托车 | 辆 | 28.4 |  | 6.9 | 19.3 |
| 助力车 | 台 | 69.1 | 61.7 | 74.1 | 59.1 |
| 洗衣机 | 台 | 97.2 | 100.1 | 103.3 | 98.6 |
| 电冰箱(柜) | 台 | 101.3 | 98.5 | 103.2 | 109.2 |
| 微波炉 | 台 | 15.4 | 15.8 | 12.6 | 29.0 |
| 彩色电视机 | 台 | 101.3 | 100.0 | 103.6 | 108.7 |
| 空　调 | 台 | 4.1 | 8.9 | 1.8 | 5.5 |
| 热水器 | 台 | 35.1 | 41.2 | 35.4 | 45.7 |
| #太阳能热水器 | 台 | 7.0 |  | 1.9 | 5.8 |
| 洗碗机 | 台 | 0.3 | 1.3 | 1.8 |  |
| 排油烟机 | 台 | 47.9 | 64.7 | 40.8 | 61.1 |
| 固定电话 | 线 | 15.6 | 19.2 | 29.1 | 15.4 |
| 移动电话 | 部 | 234.1 | 217.0 | 273.3 | 238.7 |
| #接入互联网 | 部 | 107.3 | 108.8 | 141.8 | 130.4 |
| 计算机 | 台 | 30.9 | 25.5 | 36.0 | 53.5 |
| #接入互联网 | 台 | 20.3 | 20.0 | 17.4 | 41.1 |
| 照相机 | 台 | 8.8 | 16.1 | 12.1 | 13.0 |
| 中高档乐器 | 架 | 0.6 |  | 1.6 |  |
| 健身器材 | 台 | 0.6 | 1.3 |  |  |
| 空气净化器(含新风系统) | 台 |  |  |  |  |
| 吸尘器 | 台 |  |  |  |  |

# 百户拥有耐用消费品

| 赛罕区 | 土左旗 | 托　县 | 和林县 | 清水河县 | 武川县 |
|---|---|---|---|---|---|
| 56.2 | 38.9 | 11.0 | 27.8 | 5.1 | 26.9 |
| 23.9 | 24.5 | 60.8 | 49.1 | 37.6 | 37.4 |
| 86.6 | 106.5 | 76.7 | 37.6 | 5.9 | 24.4 |
| 100.9 | 103.3 | 101.8 | 85.3 | 69.0 | 93.8 |
| 104.7 | 104.0 | 96.0 | 98.4 | 98.0 | 94.9 |
| 22.5 | 7.1 | 26.5 | 8.7 | 1.7 | 6.0 |
| 104.0 | 98.4 | 100.0 | 98.7 | 102.5 | 99.7 |
| 9.2 | 1.7 | | | 5.1 | |
| 56.5 | 30.1 | 15.6 | 24.2 | 12.8 | 37.8 |
| 13.6 | | 10.3 | 1.7 | 5.1 | 35.7 |
| | | | | | |
| 52.6 | 60.6 | 42.3 | 25.5 | 10.3 | 33.3 |
| 28.8 | 16.5 | | 5.2 | 7.3 | 11.2 |
| 248.7 | 274.5 | 215.8 | 204.7 | 191.5 | 186.4 |
| 152.9 | 172.2 | 29.3 | 34.4 | 36.3 | 50.5 |
| 46.7 | 36.7 | 8.7 | 32.6 | 5.1 | 6.7 |
| 45.4 | 10.3 | 5.2 | 16.7 | 5.1 | |
| 19.0 | | 1.6 | 8.7 | 2.2 | 2.1 |
| 1.2 | | | 1.7 | 1.7 | |
| 1.3 | | | 1.7 | | |

# 9－12 城镇常住居民家庭主

| 项　　目 | 呼　市 | 新城区 | 回民区 | 玉泉区 |
|---|---|---|---|---|
| 粮食消费量 | 129.4 | 114.6 | 127.4 | 125.9 |
| 谷物消费量 | 114.6 | 102.3 | 116.0 | 110.4 |
| 薯类消费量 | 5.9 | 4.7 | 3.2 | 6.1 |
| 豆类消费量 | 8.9 | 7.5 | 8.2 | 9.4 |
| 油脂类消费量 | 9.7 | 9.4 | 14.0 | 6.1 |
| 蔬菜及菜制品消费量 | 106.9 | 102.5 | 134.6 | 97.1 |
| 肉　类 | 29.1 | 32.3 | 25.9 | 26.4 |
| 猪　肉 | 14.2 | 15.5 | 10.8 | 12.1 |
| 牛　肉 | 3.0 | 3.7 | 4.3 | 2.0 |
| 羊　肉 | 6.8 | 7.2 | 5.4 | 5.7 |
| 其他肉类及制品 | 5.1 | 6.0 | 5.4 | 6.6 |
| 禽　类 | 5.6 | 6.9 | 4.2 | 5.7 |
| 水产品 | 5.5 | 6.7 | 5.7 | 5.4 |
| 蛋类及蛋制品 | 11.2 | 13.3 | 9.4 | 10.8 |
| 奶和奶制品 | 33.0 | 46.2 | 34.6 | 29.8 |
| 干鲜瓜果类 | 78.2 | 74.8 | 73.6 | 89.4 |
| 糖果糕点类 | 7.6 | 10.2 | 5.5 | 9.1 |
| 饮　料 | 0.5 | 0.5 | 1.3 | 0.2 |
| 酒 | 7.6 | 7.1 | 10.5 | 8.5 |

## 要消费品人均年消费量

单位:公斤

| 赛罕区 | 土左旗 | 托　县 | 和林县 | 清水河县 | 武川县 |
|---|---|---|---|---|---|
| 141.9 | 132.3 | 150.0 | 132.0 | 147.4 | 137.2 |
| 127.8 | 112.8 | 129.2 | 109.1 | 114.6 | 114.3 |
| 6.1 | 9.0 | 7.1 | 12.1 | 12.2 | 14.6 |
| 8.1 | 10.5 | 13.7 | 10.8 | 20.6 | 8.4 |
| 10.5 | 9.0 | 8.5 | 8.4 | 7.2 | 6.4 |
| 108.8 | 105.8 | 79.9 | 81.6 | 80.2 | 83.1 |
| 28.5 | 34.7 | 22.7 | 38.1 | 35.4 | 32.1 |
| 15.0 | 19.2 | 15.3 | 17.3 | 21.6 | 14.3 |
| 3.1 | 2.3 | 1.2 | 1.4 | 1.5 | 2.3 |
| 7.1 | 10.2 | 4.1 | 10.7 | 9.2 | 10.1 |
| 3.4 | 3.1 | 2.1 | 8.7 | 3.1 | 5.4 |
| 4.8 | 6.4 | 7.4 | 5.5 | 6.5 | 5.6 |
| 4.7 | 8.7 | 5.0 | 2.6 | 2.2 | 3.3 |
| 11.7 | 13.0 | 9.2 | 9.8 | 8.8 | 8.6 |
| 29.9 | 21.0 | 22.9 | 16.4 | 15.3 | 24.9 |
| 75.9 | 96.1 | 74.5 | 72.0 | 62.6 | 71.0 |
| 6.7 | 8.0 | 4.6 | 4.4 | 3.2 | 8.6 |
| 0.4 | 0.2 | 0.1 | 0.1 | 0.1 | 0.4 |
| 4.8 | 9.7 | 4.7 | 7.7 | 6.1 | 8.0 |

# 9－13 农村常住居民家庭主

| 项　　目 | 呼　市 | 新城区 | 回民区 | 玉泉区 |
|---|---|---|---|---|
| 粮食消费量 | 153.1 | 104.0 | 134.7 | 157.4 |
| 谷物消费量 | 131.2 | 94.4 | 123.4 | 137.5 |
| 薯类消费量 | 10.3 | 3.9 | 4.7 | 8.4 |
| 豆类消费量 | 11.6 | 5.7 | 6.7 | 11.5 |
| 油脂类消费量 | 8.1 | 8.7 | 6.6 | 8.9 |
| 蔬菜及菜制品消费量 | 73.8 | 62.0 | 84.5 | 106.0 |
| 肉　类 | 27.1 | 24.2 | 28.7 | 32.4 |
| 猪　肉 | 17.3 | 13.2 | 14.9 | 17.5 |
| 牛　肉 | 1.2 | 2.7 | 2.5 | 2.3 |
| 羊　肉 | 5.8 | 6.1 | 7.5 | 4.9 |
| 其他肉类及制品 | 2.8 | 2.1 | 3.8 | 7.7 |
| 禽　类 | 6.0 | 4.3 | 3.4 | 6.2 |
| 水产品 | 3.4 | 3.0 | 2.3 | 4.4 |
| 蛋类及蛋制品 | 9.0 | 7.9 | 7.2 | 9.2 |
| 奶和奶制品 | 15.8 | 26.4 | 19.7 | 25.8 |
| 干鲜瓜果类 | 57.5 | 46.8 | 50.8 | 74.7 |
| 糖果糕点类 | 6.2 | 5.3 | 3.8 | 7.4 |
| 饮　料 | 0.2 | 0.2 | 0.4 | 0.6 |
| 酒 | 7.5 | 4.1 | 4.2 | 9.9 |

# 要消费品人均年消费量

单位:公斤

| 赛罕区 | 土左旗 | 托　县 | 和林县 | 清水河县 | 武川县 |
|---|---|---|---|---|---|
| 134.2 | 169.2 | 197.4 | 142.2 | 183.8 | 205.4 |
| 117.7 | 143.5 | 166.0 | 113.1 | 145.3 | 184.6 |
| 8.4 | 10.6 | 12.5 | 18.0 | 19.6 | 11.7 |
| 8.1 | 15.1 | 18.8 | 11.0 | 18.8 | 9.0 |
| 7.1 | 9.4 | 9.5 | 5.3 | 6.5 | 10.4 |
| 75.6 | 76.0 | 90.4 | 55.8 | 44.1 | 60.6 |
| 22.4 | 25.4 | 29.9 | 30.2 | 27.9 | 36.3 |
| 15.6 | 18.1 | 22.0 | 19.6 | 18.3 | 18.6 |
| 0.8 | 0.7 | 0.5 | 0.6 | 0.3 | 1.2 |
| 3.7 | 3.8 | 6.3 | 7.3 | 8.7 | 13.7 |
| 2.3 | 2.8 | 1.0 | 2.7 | 0.7 | 2.9 |
| 3.9 | 7.1 | 10.3 | 6.0 | 8.2 | 5.6 |
| 2.4 | 5.9 | 3.9 | 1.9 | 1.6 | 1.9 |
| 8.1 | 10.0 | 12.1 | 9.0 | 9.4 | 6.9 |
| 14.9 | 11.1 | 18.1 | 10.3 | 5.7 | 9.4 |
| 55.9 | 74.1 | 60.8 | 39.4 | 48.2 | 40.4 |
| 5.9 | 10.2 | 1.9 | 5.2 | 3.0 | 6.7 |
| 0.3 | 0.2 |  | 0.1 |  | 0.3 |
| 5.6 | 10.5 | 8.4 | 6.2 | 8.8 | 9.3 |

# 主要统计指标解释

**常住成员**　指住户成员中，经常在家居住、或者调查期内居住时间超过一半的人员，以及本住户供养的学生。常住成员是住户收支的调查对象。

**可支配收入**　指调查户在调查期内获得的、可用于最终消费支出和储蓄的总和，即调查户可以用来自由支配的收入。可支配收入既包括现金，也包括实物收入。按照收入的来源，可支配收入包含四项，分别为：工资性收入、经营净收入、财产净收入、转移净收入。

**工资性收入**　指就业人员通过各种途径得到的全部劳动报酬和各种福利，包括工资、实物福利和其他（住房公积金、辞退金、其他劳动收入等）。

**工资**　指就业人员通过劳动从单位或雇主获取的各种现金报酬，包括各种奖金、津贴、补贴（住房补贴、交通补贴、车改补贴、通讯补贴、冬季取暖费和防暑降温费等）。

工资以应发工资为统计口径，包括各种扣款，如工作单位代扣的应由个人承担的养老保险、医疗保险、失业保险和住房公积金；以及单位在工资中代扣的房租、水费、电费、托儿费、医疗费、借款等，同时把所扣除的各项费用分别计入相应的消费支出或转移性支出中。

**实物福利**　指单位或雇主免费或低价提供给员工的各种实物产品和服务折价。既包括单位或雇主免费或低价提供的各种实物产品，如米面、床上用品、日用杂品等；也包括单位或雇主免费或低价提供的各种服务，如免费或低价提供的工作餐、住宿、上下班交通工具、停车场、幼儿园、娱乐、健身、旅游和医疗保健服务，以及单位缴纳的水电费、取暖费、物业费、职工子女入学的教育赞助费等。由个人先行付款消费，后由单位或雇主给予报销的款额也视为实物福利。

**经营净收入**　指住户或住户成员从事生产经营活动所获得的净收入，是全部经营收入中扣除经营费用、生产性固定资产折旧和生产税净额（生产税减去生产补贴）之后得到的净收入。可分为第一、二、三产业净收入。

**财产净收入**　指住户或住户成员将其所拥有的金融资产和自然资源交由其他机构单位、住户或个人支配而获得的回报并扣除相关的费用之后得到的净收入。

**转移净收入**　指国家、单位、社会团体与住户间或住户与住户之间的各种经常性转移收、支的差额。

**消费支出**　指住户用于满足家庭日常生活消费需要的全部支出，包括用于消费品的支出和用于服务性消费的支出。根据用途不同，消费支出可划分为食品烟酒、衣着、居住、生活用品及服务、交通通信、教育文化娱乐、医疗保健、其他用品及服务八大类。

# 第二部分　统计资料

## 城市概况

# 10－1　城市规模、建设用地和房屋建筑情况

| 项　　目 | 单　位 | 2016 年 | 2017 年 |
| --- | --- | --- | --- |
| 城市人口 | 万人 | 132.0 | 134.7 |
| 城市面积 | 平方公里 | 2054 | 2054 |
| #建城区面积 | 平方公里 | 260.0 | 260.0 |
| 城市建设用地面积 | 平方公里 | 233.0 | 239.4 |
| 居住用地 | 平方公里 | 75.8 | 76.7 |
| 公共管理与公共服务用地 | 平方公里 | 23.5 | 28.0 |
| 商业服务业设施用地 | 平方公里 | 25.7 | 25.9 |
| 工业用地 | 平方公里 | 18.8 | 19.3 |
| 物流仓储用地 | 平方公里 | 8.5 | 8.5 |
| 道路与交通设施用地 | 平方公里 | 42.9 | 43.0 |
| 公用设施用地 | 平方公里 | 4.6 | 4.7 |
| 绿地与广场用地 | 平方公里 | 33.2 | 33.2 |

# 10－2　城市公共汽车、出租汽车情况

| 项　　目 | 单　位 | 2016 年 | 2017 年 |
| --- | --- | --- | --- |
| 城市公共汽车 | | | |
| 年末营运车辆 | 辆 | 2128 | 2335 |
| 年末标准运营车辆 | 标台 | 2726 | 3011 |
| 营运线路网长度 | 公里 | 707.2 | 791.6 |
| 客运总量 | 万人次 | 44093 | 43000 |
| 出租汽车 | 辆 | 6568 | 7228 |

# 10－3 城市自来水情况

| 项　　目 | 单　位 | 2016年 | 2017年 |
|---|---|---|---|
| 年末综合生产能力 | 万立方米/日 | 55.6 | 63.3 |
| #地 下 水 | 万立方米/日 | 35.5 | 23.3 |
| 年末管道长度 | 公里 | 817 | 956 |
| 全年供水量 | 万立方米 | 14819 | 16503 |
| #生 产 用 | 万立方米 | 2987 | 2741 |
| 生 活 用 | 万立方米 | 9128 | 9293 |
| 用水人口 | 万人 | 194.5 | 203.1 |
| 用水户数 | 万户 | 87.7 | 80.5 |
| #家庭用户 | 万户 | 80.3 | 75.5 |

# 10－4 城市集中供热情况

| 项　　目 | 单　位 | 2016年 | 2017年 |
|---|---|---|---|
| 供热能力 | 兆瓦 | 9335 | 11907 |
| 供热总量 | 万吉焦 | 9821 | 6702 |
| 供热管道长度 | 公里 | 2395 | 3012 |
| 供热面积 | 万平方米 | 13896 | 14710 |
| #住　　宅 | 万平方米 | 6710 | 9278 |

# 10－5 城市燃气情况

| 项　　目 | 单　位 | 2016 年 | 2017 年 |
|---|---|---|---|
| 液化石油气 | | | |
| 储气能力 | 吨 | 50 | 53 |
| 供气总量 | 吨 | 761 | 864 |
| #家庭用量 | 吨 | 740 | 754 |
| 用气户数 | 万户 | 1.2 | 1.3 |
| #家庭用户 | 万户 | 1.2 | 1.3 |
| 用气人口 | 万人 | 3.0 | 3.3 |
| 天 然 气 | | | |
| 供气管道长度 | 公里 | 2717 | 3125 |
| 供气总量 | 万立方米 | 52972 | 51605 |
| #家庭用量 | 万立方米 | 7210 | 36774 |
| 用气户数 | 万户 | 60.9 | 66.5 |
| #家庭用户 | 万户 | 59.9 | 65.4 |
| 用气人口 | 万人 | 192.3 | 196.1 |

# 10－6 城市市政设施情况

| 项　　目 | 单　位 | 2016 年 | 2017 年 |
|---|---|---|---|
| 道　　路 | | | |
| 道路长度 | 公里 | 950 | 1144 |
| 道路面积 | 万平方米 | 2731 | 2949 |
| #人行道面积 | 万平方米 | 544 | 587 |
| 桥　　梁 | 座 | 103 | 105 |
| 路　　灯 | 盏 | 258387 | 83531 |
| 排　　水 | | | |
| 排水管道长度 | 公里 | 1997 | 2053 |
| #污水管道 | 公里 | 965 | 778 |
| 污水排放量 | 万立方米 | 14060 | 14028 |
| 污水处理厂 | 座 | 5 | 5 |
| 污水处理能力 | 万立方米/日 | 48 | 52 |
| 污水处理总量 | 万立方米 | 13307 | 13357 |

# 10－7 城市园林、绿化情况

| 项　　目 | 单　位 | 2016 年 | 2017 年 |
|---|---|---|---|
| 绿化覆盖面积 | 公顷 | 15195 | 15634 |
| #建成区 | 公顷 | 9958 | 10366 |
| 园林绿地面积 | 公顷 | 14416 | 14855 |
| #建成区 | 公顷 | 9179 | 9587 |
| 公园绿地面积 | 公顷 | 3831 | 3974 |
| 公　　园 | 个 | 41 | 46 |
| 公园面积 | 公顷 | 2923 | 3032 |

# 10－8　城市市容环境卫生情况

| 项　　目 | 单　位 | 2016 年 | 2017 年 |
|---|---|---|---|
| 道路清扫保洁面积 | 万平方米 | 3128 | 4997 |
| #机 械 化 | 万平方米 | 2810 | 2988 |
| 清运生活垃圾 | 万吨 | 60.4 | 87.5 |
| 无害化处理厂(场) | 座 | 2 | 3 |
| 生活垃圾无害化处理能力 | 吨/日 | 1550 | 2550 |
| 生活垃圾无害化处理量 | 万吨 | 60.4 | 87.5 |
| 公共厕所 | 座 | 302 | 1425 |
| 市容环卫专用车辆 | 辆 | 444 | 1073 |

# 10－9　城 市 设 施 水 平

| 项　　目 | 单　位 | 2016 年 | 2017 年 |
|---|---|---|---|
| 人均日生活用水量 | 升 | 88.7 | 115.0 |
| 供水普及率 | % | 100.0 | 99.6 |
| 燃气普及率 | % | 98.9 | 95.7 |
| 每万人拥有公交车辆 | 标台 | 12.4 | 13.7 |
| 人均道路面积 | 平方米 | 14.0 | 14.4 |
| 污水处理率 | % | 94.6 | 95.2 |
| 人均公园绿地面积 | 平方米 | 19.7 | 19.4 |
| 建成区绿地率 | % | 35.3 | 36.9 |
| 建成区绿化覆盖率 | % | 38.3 | 39.9 |
| 生活垃圾无害化处理率 | % | 100.0 | 100.0 |

# 主要统计指标解释

**年末自来水生产能力**　指年底城建部门管理的自来水厂和自备水源的社会单位取水、净化、送水、出厂输水干管等环节的实际生产能力。

**年末供水管道长度**　指从送水泵到用户水表之间所有管道的长度。

**全年供水总量**　指公用自来水厂和社会单位自备水源全年的供水总量，包括有效供水量及损失水量。

**生活用水量**　指居民日常生活与公共福利设施的用水量。包括饮食店、旅馆、医院、理发店、浴池、洗衣店、游泳池、商店、学校、机关、部队等单位的用水量。

**城市人口用水普及率**　指城市用水的非农业人口数(不包括临时人口和流动人口)与城市非农业人口总数之比。计算公式：

$$用水普及率=\frac{城市用水的非农业人口数}{城市非农业人口数}\times 100\%$$

**人工煤气生产能力**　指城市煤气厂制气、净化、输送等环节的综合实际生产能力。

**输气管道长度**　指由压缩机、鼓风机、储气罐的出口到用户煤气表之间的全部管道长度。

**煤气供气总量**　指售给各类用户的全部煤气量。包括工业用量、家庭用量和其他用量。

**城市煤气普及率**　指使用煤气(包括人工煤气、液化石油气、天然气)的城市非农业人口数(不包括临时人口和流动人口)与城市非农业人口总数之比。计算公式：

$$城市煤气普及率=\frac{城市用气的非农业人口数}{城市非农业人口数}\times 100\%$$

**城市供热能力**　指热电厂、热力公司和达到标准的集中采暖锅炉房和城市输送的供热源的设计能力，即每小时向城市输送蒸汽、热水的能力。

**城市供热管道长度**　指热电厂、热力公司和达到标准的集中采暖锅炉房管理的集中供热热源到用户之间的全部供气、供热水的管道长度。

**城市供热总量**　指热电厂、热力公司和达到标准的集中采暖锅炉房全年向城市输送的全部蒸、热水量。

**年底实有铺装道路长度**　指除土路外，路面经过铺装宽度在3.5米以上的道路，包括高级，次高级道路和普通道路。

**城市桥梁**　指城市范围内，修建在河道上的桥梁和道路与道路立交、道路跨越铁路的立交桥，以及人行天桥。包括永久性桥和半永久性桥，不包括临时性桥、铁路桥、涵洞。

**城市下水道总长度**　指所有排水总管，干管、支管及暗渠，检查井，连接井进出水口等长度之和。

**城市污水日处理能力**　指污水处理厂每昼夜处理污水量的设计能力。

**营运线路长度**　指设置的固定营运线路长度，包括郊区营运线路长度，不包括临时行驶的线路长度。

**城市园林绿地面积**　指城市公共绿地、专用绿地、生产绿地、防护绿地、郊区风景名胜区的全部面积。

**公共绿地**　指供游览休息的各种公园，动物园、植物园、陵园以及花园、游园和供游览休息用的林荫道绿地、广场绿地。不包括一般栽植的行道树及林荫道的面积。

**年末实有公共汽车**　指年底可参加营运的全部车辆数，包括营运车辆数和库存查封未参加营运的车辆。不包括非营运车辆，如架线车、油罐车、货车及其他专用车辆和借入的客运车辆。

# 第二部分　统计资料

## 农　　业

# 11－1 历年农业主要指标

| 年 份 | 农作物播种面积（千公顷） | #粮食作物 | 粮食总产量（万吨） | 家畜年末存栏（万头、只） | #奶牛（万头） | 肉类总产量（吨） | 牛奶产量（万吨） |
|---|---|---|---|---|---|---|---|
| 1949 | 302.6 | 273.1 | 14.2 | 39.8 | 8.4 | | |
| 1950 | 337.7 | 304.6 | 16.7 | 47.5 | 10.0 | | |
| 1951 | 403.7 | 359.0 | 15.4 | 54.6 | 9.6 | | |
| 1952 | 416.9 | 374.0 | 22.8 | 61.5 | 11.3 | | |
| 1953 | 421.2 | 367.8 | 24.1 | 78.6 | 13.2 | | |
| 1954 | 424.0 | 372.3 | 33.5 | 92.6 | 13.8 | | |
| 1955 | 434.5 | 374.6 | 23.7 | 93.0 | 13.7 | | |
| 1956 | 462.5 | 397.9 | 35.3 | 74.1 | 11.3 | | |
| 1957 | 453.7 | 384.2 | 25.7 | 81.5 | 10.4 | | |
| 1958 | 461.6 | 398.7 | 26.1 | 93.3 | 10.3 | | |
| 1959 | 443.4 | 368.9 | 27.2 | 107.4 | 11.1 | | |
| 1960 | 477.5 | 398.2 | 24.2 | 115.7 | 11.4 | | |
| 1961 | 469.1 | 400.4 | 19.8 | 113.5 | 11.2 | | |
| 1962 | 433.1 | 379.8 | 20.2 | 102.3 | 9.8 | | |
| 1963 | 439.5 | 381.4 | 24.5 | 122.2 | 10.2 | | |
| 1964 | 450.6 | 383.3 | 28.1 | 138.1 | 10.6 | | |
| 1965 | 448.5 | 378.8 | 22.8 | 120.3 | 10.2 | | |
| 1966 | 440.4 | 373.8 | 26.7 | 119.5 | 9.6 | | |
| 1967 | 434.5 | 365.2 | 32.2 | 124.9 | 9.8 | | |
| 1968 | 427.6 | 363.4 | 30.5 | 118.0 | 9.9 | | |
| 1969 | 421.8 | 357.3 | 29.1 | 118.2 | 10.0 | | |
| 1970 | 428.4 | 367.5 | 32.2 | 119.2 | 10.3 | 6450 | |
| 1971 | 419.3 | 360.3 | 33.6 | 126.9 | 10.0 | 5934 | … |
| 1972 | 421.9 | 359.1 | 31.8 | 126.0 | 9.8 | 6576 | … |
| 1973 | 421.6 | 357.4 | 35.5 | 138.3 | 9.4 | 8883 | … |
| 1974 | 419.8 | 355.1 | 40.9 | 133.5 | 9.1 | 8882 | … |
| 1975 | 418.1 | 352.7 | 40.5 | 134.9 | 8.7 | 10102 | … |
| 1976 | 407.6 | 339.6 | 40.3 | 130.9 | 8.3 | 10636 | … |
| 1977 | 397.3 | 325.5 | 39.2 | 133.9 | 8.3 | 10961 | … |
| 1978 | 388.9 | 313.2 | 24.7 | 137.6 | 7.9 | 10795 | … |
| 1979 | 391.1 | 305.5 | 32.7 | 142.9 | 7.8 | 9220 | … |
| 1980 | 390.7 | 300.1 | 28.2 | 149.0 | 8.3 | 9760 | 0.4 |
| 1981 | 359.9 | 286.2 | 33.5 | 144.5 | 7.4 | 11729 | 0.6 |

11－1 续表

| 年　份 | 农作物播种面积（千公顷） | #粮食作物 | 粮食总产量（万吨） | 家畜年末存栏（万头、只） | #奶牛（万头） | 肉类总产量（吨） | 牛奶产量（万吨） |
|---|---|---|---|---|---|---|---|
| 1982 | 367.3 | 289.1 | 33.6 | 141.5 | 7.4 | 11199 | 0.7 |
| 1983 | 363.3 | 286.7 | 38.3 | 125.6 | 7.5 | 10704 | 0.8 |
| 1984 | 367.6 | 276.2 | 45.4 | 122.9 | 7.7 | 12034 | 1.0 |
| 1985 | 355.3 | 259.4 | 33.9 | 127.7 | 8.1 | 14203 | 1.4 |
| 1986 | 352.9 | 261.5 | 26.8 | 134.0 | 8.3 | 14862 | 1.4 |
| 1987 | 341.1 | 253.0 | 22.4 | 132.6 | 7.4 | 15706 | 2.0 |
| 1988 | 347.1 | 253.6 | 37.4 | 145.7 | 7.6 | 13630 | 2.1 |
| 1989 | 351.5 | 266.7 | 38.8 | 152.2 | 7.9 | 16143 | 2.3 |
| 1990 | 354.3 | 272.5 | 54.2 | 152.1 | 8.3 | 17607 | 3.1 |
| 1991 | 354.6 | 276.6 | 53.4 | 150.0 | 8.4 | 21161 | 3.6 |
| 1992 | 356.6 | 274.6 | 59.3 | 148.7 | 8.3 | 25818 | 4.4 |
| 1993 | 353.9 | 274.7 | 67.0 | 156.5 | 8.9 | 33220 | 5.0 |
| 1994 | 348.3 | 259.5 | 71.9 | 168.1 | 10.5 | 40761 | 6.7 |
| 1995 | 344.6 | 268.2 | 70.6 | 181.3 | 12.2 | 47068 | 7.4 |
| 1996 | 343.7 | 275.6 | 93.3 | 195.7 | 14.6 | 59785 | 8.9 |
| 1997 | 348.6 | 276.5 | 95.1 | 200.8 | 15.5 | 72696 | 11.1 |
| 1998 | 349.2 | 279.6 | 95.5 | 208.7 | 16.4 | 80329 | 12.7 |
| 1999 | 347.7 | 275.1 | 75.8 | 197.7 | 16.5 | 86600 | 15.1 |
| 2000 | 406.6 | 289.5 | 84.2 | 188.7 | 18.6 | 87830 | 23.1 |
| 2001 | 300.0 | 224.4 | 56.4 | 166.5 | 21.4 | 91754 | 40.0 |
| 2002 | 375.8 | 251.6 | 84.3 | 156.2 | 27.9 | 93392 | 64.5 |
| 2003 | 374.1 | 228.3 | 91.8 | 158.7 | 40.4 | 92033 | 100.8 |
| 2004 | 389.5 | 241.3 | 115.5 | 179.2 | 57.1 | 102254 | 152.1 |
| 2005 | 406.7 | 270.8 | 114.8 | 199.2 | 68.7 | 110895 | 227.8 |
| 2006 | 428.2 | 311.8 | 117.2 | 210.1 | 62.1 | 74141 | 282.1 |
| 2007 | 435.8 | 318.8 | 107.4 | 214.2 | 64.0 | 70028 | 292.9 |
| 2008 | 441.4 | 316.4 | 119.4 | 245.3 | 70.0 | 80834 | 305.0 |
| 2009 | 443.3 | 321.3 | 119.5 | 251.3 | 70.0 | 90601 | 305.3 |
| 2010 | 443.4 | 321.4 | 116.1 | 261.7 | 70.5 | 98501 | 305.4 |
| 2011 | 445.4 | 323.3 | 117.5 | 264.1 | 70.0 | 101758 | 307.4 |
| 2012 | 444.4 | 324.9 | 121.9 | 261.0 | 66.7 | 101139 | 310.8 |
| 2013 | 449.8 | 326.7 | 136.9 | 252.4 | 58.6 | 100977 | 277.8 |
| 2014 | 453.7 | 329.0 | 132.2 | 261.2 | 58.6 | 103608 | 282.2 |
| 2015 | 461.5 | 327.9 | 130.3 | 269.6 | 58.6 | 104064 | 287.2 |
| 2016 | 459.6 | 312.1 | 130.8 | 224.6 | 32.3 | 106578 | 196.5 |
| 2017 | 472.3 | 336.4 | 142.3 | 241.3 |  | 98749 | 156.1 |

注:2017 年为修订、调整数。

# 11－2 农村基本情况及农业生产条件

单位:个、户、人

| 项 目 | 合 计 | 新城区 | 回民区 | 玉泉区 | 赛罕区 | 土左旗 | 托县 | 和林县 | 清水河县 | 武川县 |
|---|---|---|---|---|---|---|---|---|---|---|
| 农村基层组织情况 | | | | | | | | | | |
| 乡镇个数 | 40 | 1 | 1 | 1 | 3 | 8 | 4 | 7 | 7 | 8 |
| #镇 个 数 | 24 | 1 | 1 | 1 | 3 | 6 | 4 | 3 | 3 | 2 |
| 村委会个数 | 962 | 24 | 5 | 50 | 101 | 321 | 120 | 145 | 103 | 93 |
| 农村基础设施 | | | | | | | | | | |
| 自来水受益村数 | 942 | 24 | 5 | 50 | 101 | 321 | 120 | 142 | 86 | 93 |
| 通有线电视村数 | 922 | 19 | 5 | 50 | 101 | 321 | 120 | 121 | 103 | 82 |
| 通宽带村数 | 874 | 21 | 5 | 50 | 101 | 321 | 120 | 132 | 57 | 67 |
| 乡村人口与从业人员 | | | | | | | | | | |
| 乡村户数 | 376534 | 20459 | 15719 | 15744 | 45042 | 108747 | 43814 | 44682 | 26114 | 56213 |
| 乡村人口数 | 1104598 | 51391 | 33636 | 47415 | 144503 | 318902 | 154756 | 133448 | 74646 | 145901 |
| 男 | 586621 | 28123 | 16126 | 25151 | 79061 | 166487 | 80828 | 70433 | 39634 | 80778 |
| 女 | 517977 | 23268 | 17510 | 22264 | 65442 | 152415 | 73928 | 63015 | 35012 | 65123 |
| 乡村劳动力资源数 | 683317 | 38686 | 23650 | 23067 | 89878 | 194675 | 101488 | 80298 | 45531 | 86044 |
| 男 | 382547 | 21274 | 12581 | 12606 | 55581 | 105750 | 55976 | 44265 | 25236 | 49278 |
| 女 | 300770 | 17412 | 11069 | 10461 | 34297 | 88925 | 45512 | 36033 | 20295 | 36766 |
| 乡村从业人员数 | 613709 | 37403 | 20119 | 19361 | 79738 | 168539 | 88561 | 77746 | 43659 | 78583 |
| 按性别分 | | | | | | | | | | |
| 男劳动力 | 345221 | 20556 | 10615 | 10909 | 45677 | 93410 | 51272 | 43009 | 24503 | 45270 |
| 女劳动力 | 268488 | 16847 | 9504 | 8452 | 34061 | 75129 | 37289 | 34737 | 19156 | 33313 |
| 按国民经济行业分 | | | | | | | | | | |
| 农林牧渔业从业人员 | 349126 | 10743 | 2098 | 10740 | 47136 | 74996 | 53951 | 61077 | 30087 | 58298 |
| #牧业从业人员 | 58665 | 2650 | 58 | 3745 | 5220 | 17185 | 11567 | 8062 | 1979 | 8199 |
| 工业从业人员 | 44983 | 2141 | 817 | 911 | 2929 | 17499 | 10873 | 3136 | 1674 | 5003 |
| 建筑业从业人员 | 76717 | 4741 | 5126 | 2156 | 4911 | 33420 | 10477 | 5951 | 4461 | 5474 |
| 交通、仓储和邮电通讯从业人员 | 30826 | 2388 | 2654 | 1222 | 2331 | 10323 | 5181 | 1481 | 3445 | 1801 |
| 信息传输、计算机服务和软件业从业人员 | 7126 | 363 | 2269 | 201 | 438 | 1818 | 291 | 280 | 395 | 1071 |
| 批发与零售从业人员 | 40002 | 2163 | 1824 | 1447 | 9428 | 14303 | 3087 | 2438 | 1156 | 4156 |
| 住宿和餐饮业从业人员 | 34364 | 2871 | 2697 | 875 | 9394 | 11427 | 3275 | 1471 | 1201 | 1153 |
| 其他从业人员 | 30565 | 11993 | 2634 | 1809 | 3171 | 4753 | 1426 | 1912 | 1240 | 1627 |

注:旗县乡镇个数、镇个数不包括旗县政府所在地镇。

## 11－3 农村主要能

| 项　目 | 单　位 | 合　计 | 新城区 | 回民区 | 玉泉区 |
|---|---|---|---|---|---|
| 农村用电量 | 万千瓦时 | 53348 | 1914 | 135 | 1080 |
| 农用化肥施用量(按折纯法计) | 吨 | 124958 | 117 | 79 | 2708 |
| #氮　肥 | 吨 | 66860 | 33 | 19 | 2623 |
| 磷　肥 | 吨 | 25430 | 35 | 40 | 13 |
| 钾　肥 | 吨 | 8291 | 14 | 4 | 12 |
| 复合肥 | 吨 | 24377 | 35 | 16 | 60 |
| 农用塑料薄膜使用量 | 吨 | 9517 | 56 | 25 | 128 |
| #地膜使用量 | 吨 | 8486 | 12 | 2 | 122 |
| 地膜覆盖面积 | 公顷 | 147563 | 345 | 20 | 2785 |
| 农用柴油使用量 | 吨 | 42863 | 430 | 147 | 1750 |
| 农药使用量 | 吨 | 452 | 0.22 | 15 | 8 |

## 11－4 水果生

| 项　目 | 单　位 | 合　计 | 新城区 | 回民区 | 玉泉区 |
|---|---|---|---|---|---|
| 园林水果 | 吨 | 45206 | 202 | 85 | 70 |
| 苹　果 | 吨 | 10557 | 110 | | 30 |
| #红富士苹果 | 吨 | 2 | | | |
| 国光苹果 | 吨 | 914 | | | |
| 梨 | 吨 | 5197 | 19 | | 3 |
| #雪花梨 | 吨 | | | | |
| 鸭梨 | 吨 | | | | |
| 苹果梨 | 吨 | | | | |
| 其他园林水果 | 吨 | 29452 | 73 | 85 | 37 |
| #葡　萄 | 吨 | 3798 | 9 | | 37 |
| 山　楂 | 吨 | | | | |
| 年末果园合计面积 | 亩 | 138936 | 2871 | 2325 | 210 |
| #苹果园 | 亩 | 11340 | 405 | | 165 |
| 梨　园 | 亩 | 2511 | 21 | | 15 |
| 葡萄园 | 亩 | 9465 | 210 | | 30 |
| 山楂园 | 亩 | | | | |

# 源及物资消耗

| 赛罕区 | 土左旗 | 托县 | 和林县 | 清水河县 | 武川县 |
|---|---|---|---|---|---|
| 11967 | 13856 | 7167 | 12946 | 1326 | 2957 |
| 11192 | 32714 | 37891 | 9392 | 13779 | 17086 |
| 4639 | 19578 | 22821 | 3699 | 7259 | 6189 |
| 2398 | 5656 | 6662 | 3166 | 2923 | 4537 |
| 585 | 1043 | 2344 | 467 | 1032 | 2790 |
| 3570 | 6437 | 6064 | 2060 | 2565 | 3570 |
| 1821 | 3830 | 1382 | 1701 | 229 | 345 |
| 1098 | 3830 | 1377 | 1517 | 183 | 345 |
| 13086 | 65311 | 28678 | 25639 | 3497 | 8202 |
| 7506 | 11816 | 7894 | 5850 | 1763 | 5707 |
| 50 | 109 | 138 | 55 | 23 | 54 |

# 产情况

| 赛罕区 | 土左旗 | 托县 | 和林县 | 清水河县 | 武川县 |
|---|---|---|---|---|---|
| 1461 | 35308 | 1277 | 5800 | 1003 | |
| 759 | 4837 | 155 | 4500 | 166 | |
| | | | | 2 | |
| 759 | | 155 | | | |
| 671 | 4354 | 61 | | 89 | |
| | | | | | |
| | | | | | |
| | | | | | |
| 31 | 26117 | 1061 | 1300 | 748 | |
| | 2174 | 1061 | 500 | 17 | |
| | | | | | |
| 1410 | 41130 | 5790 | 2842 | 82358 | |
| 945 | 4755 | 1050 | 2100 | 1920 | |
| 45 | 1890 | 135 | | 405 | |
| | 1020 | 4605 | 300 | 300 | |

# 11－5 农作物播种

| 项目 | 合计 | | 新城区 | | 回民区 | | 玉泉区 | |
|---|---|---|---|---|---|---|---|---|
| | 面积 | 总产量 | 面积 | 总产量 | 面积 | 总产量 | 面积 | 总产量 |
| 农作物总播种面积 | 7084947 | | 9932 | | 2835 | | 72377 | |
| 粮食作物合计 | 5046001 | 1423457 | 5955 | 1240 | 2235 | 720 | 59700 | 28252 |
| 谷物 | 4104659 | 1256075 | 4365 | 1021 | 930 | 290 | 57885 | 27902 |
| #小麦 | 397308 | 44198 | 120 | 13 | 30 | 10 | 4845 | 2045 |
| 玉米 | 2926875 | 1100545 | 3375 | 910 | 900 | 280 | 51465 | 25463 |
| 其他谷物 | 780026 | 111206 | 870 | 98 | | | 1575 | 394 |
| 谷子 | 86591 | 19454 | 105 | 11 | | | | |
| 高粱 | 45000 | 14676 | 135 | 20 | | | | |
| 大麦 | 2130 | 319 | | | | | | |
| 燕麦 | 311205 | 43683 | 465 | 49 | | | | |
| 荞麦 | 188565 | 17898 | | | | | | |
| 黍子 | 101549 | 12496 | 165 | 18 | | | 1350 | 338 |
| 糜子 | 44986 | 2680 | | | | | 225 | 56 |
| 豆类 | 292726 | 22494 | 405 | 23 | | | 750 | 150 |
| #大豆 | 176801 | 12032 | 405 | 23 | | | 750 | 150 |
| 绿豆 | 97925 | 8248 | | | | | | |
| 红小豆 | 18000 | 2214 | | | | | | |
| 薯类(按折粮计算) | 648616 | 144888 | 1185 | 196 | 1305 | 430 | 1065 | 200 |
| #马铃薯 | 648616 | 144888 | 1185 | 196 | 1305 | 430 | 1065 | 200 |
| 油料合计 | 978882 | 113760 | 1110 | 78 | | | 750 | 96 |
| #油菜籽 | 295596 | 15731 | 450 | 40 | | | | |
| 胡麻籽 | 95864 | 7984 | 660 | 38 | | | 375 | 41 |
| 葵花籽 | 578948 | 89475 | | | | | 375 | 55 |
| 麻类合计 | 2205 | 220 | | | | | | |
| 中草药材 | 11760 | | 270 | | | | | |
| 甜菜 | 1860 | 5355 | | | | | | |
| 蔬菜及食用菌 | 138732 | 595214 | 2475 | 7458 | 600 | 1618 | 11522 | 48354 |
| 瓜果类 | 41942 | 91551 | 122 | 183 | | | 405 | 475 |
| #西瓜 | 29970 | 73099 | | | | | 45 | 135 |
| 甜瓜 | 10395 | 16053 | | | | | 300 | 220 |
| 草莓 | 1367 | 2095 | 122 | 183 | | | 60 | 120 |
| 其他农作物 | 863535 | | | | | | | |
| #青饲料 | 292380 | 700961 | | | | | | |

注：数据为2017年修订数。

# 面积和产量

单位:亩、吨

| 赛罕区 | | 土左旗 | | 托县 | | 和林县 | | 清水河县 | | 武川县 | |
|---|---|---|---|---|---|---|---|---|---|---|---|
| 面积 | 总产量 | 面积 | 总产量 | 面积 | 总产量 | 面积 | 总产量 | 面积 | 总产量 | 面积 | 总产量 |
| 466761 | | 1590215 | | 942474 | | 1062265 | | 828517 | | 2109572 | |
| 374365 | 79733 | 1276195 | 567288 | 749769 | 280684 | 871026 | 220004 | 629332 | 78788 | 1077424 | 166748 |
| 333975 | 73646 | 1266805 | 564989 | 708554 | 276102 | 619820 | 188559 | 448582 | 52325 | 663743 | 71241 |
| 4320 | 1147 | 31000 | 7637 | 7395 | 1861 | | | | | 349598 | 31485 |
| 309975 | 65740 | 1230395 | 555470 | 655225 | 265881 | 516320 | 158197 | 156655 | 27816 | 2565 | 788 |
| 19680 | 6759 | 5410 | 1882 | 45484 | 8234 | 103500 | 30362 | 291927 | 24509 | 311580 | 38968 |
| 2025 | 610 | 825 | 342 | 705 | 268 | 23234 | 10487 | 59472 | 7703 | 225 | 33 |
| 10365 | 5427 | 2380 | 1133 | 3370 | 1209 | 27160 | 6708 | 1545 | 172 | 45 | 7 |
| | | | | | | 45 | 7 | | | 2085 | 312 |
| | | 300 | 90 | | | 18675 | 5323 | 104130 | 6776 | 187635 | 31445 |
| 870 | 87 | | | | | 8385 | 2889 | 58545 | 7813 | 120765 | 7109 |
| 5970 | 597 | 1905 | 317 | 18639 | 4784 | 25670 | 4893 | 47025 | 1487 | 825 | 62 |
| 450 | 38 | | | 22770 | 1973 | 331 | 55 | 21210 | 558 | | |
| 26755 | 2542 | 4935 | 824 | 30430 | 1670 | 156521 | 14218 | 70545 | 2672 | 2385 | 395 |
| 8050 | 483 | 780 | 167 | 25000 | 1016 | 76001 | 8236 | 63430 | 1562 | 2385 | 395 |
| 17070 | 1704 | 3210 | 386 | 5430 | 654 | 67055 | 4901 | 5160 | 603 | | |
| 1635 | 355 | 945 | 271 | | | 13465 | 1081 | 1955 | 507 | | |
| 13635 | 3545 | 4455 | 1475 | 10785 | 2912 | 94685 | 17227 | 110205 | 23791 | 411296 | 95112 |
| 13635 | 3545 | 4455 | 1475 | 10785 | 2912 | 94685 | 17227 | 110205 | 23791 | 411296 | 95112 |
| 13935 | 805 | 167215 | 33927 | 13320 | 1653 | 77284 | 6344 | 85320 | 8537 | 619948 | 62320 |
| 195 | 60 | | | 2145 | 123 | 29781 | 2714 | 52185 | 5022 | 210840 | 7772 |
| 12900 | 656 | 8355 | 1488 | 2730 | 130 | 34619 | 1916 | 29535 | 3267 | 6690 | 448 |
| 840 | 89 | 158860 | 32439 | 8445 | 1400 | 6000 | 1254 | 2010 | 185 | 402418 | 54053 |
| | | | | 2205 | 220 | | | | | | |
| 135 | | 720 | | 1185 | | 3855 | | 1725 | | 3870 | |
| | | | | 375 | 625 | 1485 | 4730 | | | | |
| 45416 | 183538 | 36195 | 167024 | 28785 | 131369 | 8955 | 45090 | 4410 | 9583 | 375 | 1181 |
| 1170 | 4145 | 20235 | 52078 | 5805 | 9307 | 11805 | 21625 | 2340 | 3618 | 60 | 120 |
| 810 | 4050 | 12180 | 37830 | 4095 | 7728 | 11625 | 21390 | 1185 | 1896 | 30 | 70 |
| 15 | 20 | 7605 | 13258 | 1410 | 987 | 180 | 235 | 855 | 1283 | 30 | 50 |
| 345 | 75 | 450 | 990 | 300 | 592 | | | 90 | 135 | | |
| 31740 | | 89625 | | 141030 | | 87855 | | 105390 | | 407895 | |
| 23265 | 60489 | 14460 | 52372 | 109470 | 284622 | 49980 | 164934 | 12315 | 14209 | 82890 | 124335 |

# 11－6 蔬菜及特种作

| 项　　目 | 合　　计 | | 新　城　区 | |
|---|---|---|---|---|
| | 播种面积 | 产　　量 | 播种面积 | 产　　量 |
| 蔬菜及食用菌合计 | 138732 | 595214 | 2475 | 7458 |
| 叶菜类 | 14585 | 80307 | 623 | 1586 |
| #芹　菜 | 5035 | 27039 | 88 | 98 |
| 油　菜 | 4554 | 19194 | 156 | 471 |
| 菠　菜 | 3872 | 25774 | 275 | 818 |
| 白菜类 | 13968 | 72784 | 23 | 75 |
| #大白菜 | 13638 | 71909 | 8 | 28 |
| 瓜菜类 | 27665 | 94760 | 299 | 1349 |
| #黄瓜 | 25946 | 89852 | 225 | 1017 |
| 根茎类 | 17954 | 69329 | 325 | 1095 |
| #白萝卜 | 4237 | 15544 | 32 | 95 |
| 胡萝卜 | 12933 | 49265 | 170 | |
| 生　姜 | | | | |
| 茄果菜类 | 41508 | 179412 | 533 | 1421 |
| #茄　子 | 12092 | 42522 | 158 | 453 |
| 辣　椒 | 7788 | 23675 | 89 | 211 |
| 西红柿 | 21582 | 110302 | 241 | 757 |
| 葱蒜类 | 9764 | 36398 | 199 | 670 |
| #大　葱 | 6584 | 27520 | 199 | 670 |
| 蒜　头 | 1080 | 1578 | | |
| 豆　类 | 4435 | 17222 | 410 | 1062 |
| #豇　豆 | 750 | 746 | | |
| 四季豆 | 3459 | 15526 | 350 | 1001 |
| 水生菜类 | | | | |
| #莲　藕 | | | | |
| 其它蔬菜 | 735 | 1102 | | |
| 食用菌（干鲜混合） | | 1858 | | 8 |
| #蘑菇（鲜品） | | 1854 | | 8 |
| 特种作物 | | | | |
| 花卉种植面积 | | | | |
| 鲜切花 | | 21000 | | 21000 |
| 盆栽观赏植物（包括盆景） | | 61000 | | 61000 |
| 药　材 | 11760 | | 270 | |
| #甘　草 | | | | |
| 枸　杞 | 990 | 87 | | |

注：鲜切花、盆栽观赏植物（包括盆景）产量单位为支。

# 物生产情况

单位：亩、吨

| 回民区 | | 玉泉区 | | 赛罕区 | |
|---|---|---|---|---|---|
| 播种面积 | 产　量 | 播种面积 | 产　量 | 播种面积 | 产　量 |
| 600 | 1618 | 11522 | 48354 | 45416 | 183538 |
| 57 | 28 | 2232 | 5554 | 6303 | 52690 |
| 15 | 6 | 860 | 4864 | 2055 | 13274 |
| 20 | 11 | 836 | 190 | 2066 | 13862 |
| 23 | 11 | 537 | 500 | 1583 | 19590 |
| 11 | 10 | 1061 | 6000 | 800 | 3200 |
| 11 | 10 | 1061 | 6000 | 800 | 3200 |
| 263 | 690 | 1866 | 10040 | 14903 | 37380 |
| 263 | 690 | 1751 | 9470 | 14768 | 37380 |
| | | 634 | 2220 | 4200 | 6235 |
| | | 170 | 520 | 1500 | 4282 |
| | | 464 | 1700 | 2700 | 1953 |
| | | | | | |
| 270 | 890 | 3920 | 17260 | 14291 | 63903 |
| | | 1242 | 6990 | 4541 | 8130 |
| | | 1220 | 3740 | 15 | |
| 270 | 890 | 1458 | 6530 | 9735 | 55773 |
| | | 461 | 1600 | 1500 | 4350 |
| | | 461 | 1600 | | |
| | | | | 600 | 1230 |
| | | 600 | 480 | 1845 | 11010 |
| | | 600 | 480 | 45 | |
| | | | | 1800 | 11010 |
| | | | | | |
| | | | | | |
| | | | | 525 | 545 |
| | | | | | 1225 |
| | | | | | 1225 |
| | | | | | |
| | | | | | |
| | | | | | |
| | | | | | |
| | | | | 135 | |

11－6 续表

| 项　　目 | 土左旗 | | 托县 | |
|---|---|---|---|---|
| | 播种面积 | 产　量 | 播种面积 | 产　量 |
| 蔬菜及食用菌合计 | 36195 | 167024 | 28785 | 131369 |
| 叶菜类 | 1080 | 4968 | 1935 | 7043 |
| 芹　菜 | 300 | 2007 | 960 | 3579 |
| 油　菜 | 225 | 708 | 360 | 1102 |
| 菠　菜 | 135 | 342 | 615 | 2136 |
| 白菜类 | 2625 | 17062 | 7125 | 33614 |
| #大白菜 | 2625 | 17062 | 7125 | 33614 |
| 瓜菜类 | 7485 | 34270 | 1335 | 5770 |
| #黄　瓜 | 6240 | 30784 | 1290 | 5370 |
| 根茎类 | 1080 | 3084 | 8430 | 41932 |
| #白萝卜 | 420 | 1104 | 495 | 2643 |
| 胡萝卜 | 660 | 1980 | 7275 | 35769 |
| 生　姜 | | | | |
| 茄果菜类 | 16650 | 75004 | 3570 | 13210 |
| #茄　子 | 5085 | 23120 | 690 | 2612 |
| 辣　椒 | 4260 | 14228 | 1365 | 2730 |
| 西红柿 | 7305 | 37656 | 1515 | 4956 |
| 葱蒜类 | 4995 | 22400 | 1200 | 4180 |
| #大　葱 | 4590 | 22132 | | |
| 蒜　头 | 405 | 268 | | |
| 豆　类 | 630 | 1215 | 885 | 3285 |
| #豇　豆 | 105 | 266 | | |
| 四季豆 | 525 | 949 | 720 | 2396 |
| 水生菜类 | | | | |
| #莲　藕 | | | | |
| 其它蔬菜 | | | 105 | 287 |
| 食用菌(干鲜混合) | | | | |
| #蘑菇(鲜品) | | | | |
| 特种作物 | | | | |
| 花卉种植面积 | | | | |
| 鲜切花 | | | | |
| 盆栽观赏植物(包括盆景) | | | | |
| 药　材 | 720 | | 1185 | |
| #甘　草 | | | | |
| 枸　杞 | | | 990 | 87 |

单位:亩、吨

| 和林县 | | 清水河县 | | 武川县 | |
|---|---|---|---|---|---|
| 播种面积 | 产 量 | 播种面积 | 产 量 | 播种面积 | 产 量 |
| 8955 | 45090 | 4410 | 9583 | 375 | 1181 |
| 870 | 5213 | 1395 | 3108 | 90 | 117 |
| 315 | 2023 | 413 | 1128 | 30 | 60 |
| 285 | 1700 | 578 | 1123 | 30 | 27 |
| 270 | 1490 | 405 | 857 | 30 | 30 |
| 2100 | 12133 | 180 | 420 | 45 | 270 |
| 1785 | 11305 | 180 | 420 | 45 | 270 |
| 525 | 2844 | 900 | 2232 | 90 | 185 |
| 525 | 2844 | 825 | 2132 | 60 | 165 |
| 2925 | 13760 | 300 | 838 | 60 | 165 |
| 1575 | 6760 | 45 | 140 | | |
| 1350 | 7000 | 255 | 698 | 60 | 165 |
| | | | | | |
| 1020 | 5320 | 1180 | 2243 | 75 | 161 |
| 255 | 1030 | 107 | 165 | 15 | 23 |
| 360 | 1900 | 465 | 863 | 15 | 3 |
| 405 | 2390 | 608 | 1215 | 45 | 135 |
| 1095 | 2800 | 300 | 308 | 15 | 90 |
| 1095 | 2800 | 225 | 228 | 15 | 90 |
| | | 75 | 80 | | |
| | | 65 | 170 | | |
| | | | | | |
| | | 65 | 170 | | |
| | | | | | |
| | | | | | |
| 105 | 270 | | | | |
| | 430 | | 2 | | 193 |
| | 430 | | 2 | | 189 |
| | | | | | |
| | | | | | |
| | | | | | |
| | | | | | |
| 3855 | | 1725 | | 3870 | |

## 11－7 畜 禽 生

（日 历

| 项　　目 | 单位 | 年　　初<br>实有头数 |
|---|---|---|
| 大牲畜 | 头 | 381977 |
| 牛 | 头 | 356651 |
| 马 | 头 | 1540 |
| 驴 | 头 | 16291 |
| 骡 | 头 | 7291 |
| 骆　驼 | 头 | 204 |
| 羊 | 只 | 1631633 |
| 猪 | 头 | 125803 |
| 禽 | 只 | 3671594 |
| 兔 | 只 | 29080 |

注：此表为2017年调整后数据

## 11－8 林 业 生

| 项　　目 | 单　位 | 合　　计 | 新　城　区 | 回　民　区 |
|---|---|---|---|---|
| 人工造林面积 | 公顷 | 19357 | 153 | 3 |
| 飞播造林面积 | 公顷 | | | |
| 当年新封山（沙）育林面积 | 公顷 | 667 | | |
| 按林业性质分组 | | | | |
| 按经济成份分 | | | | |
| 公有经济造林 | 公顷 | | | |
| 国有经济造林 | 公顷 | | | |
| 集体经济造林 | 公顷 | | | |
| 非公有经济造林 | 公顷 | | | |
| 按用途分 | | | | |
| #经 济 林 | 公顷 | | | |
| 防 护 林 | 公顷 | | | |
| 年末实有封山（沙）育林面积 | 公顷 | 216685 | 24393 | 6214 |
| 零星（四旁）植树 | 株 | 960000 | | 430000 |
| 育苗面积 | 公顷 | 4884 | | |
| 幼林抚育作业面积 | 公顷次 | | | |
| 成林抚育面积 | 公顷 | | | |
| 抚育改造出材量 | 立方米 | | | |
| 林木种子采集量 | 吨 | 50 | | |
| 年末实有母树林面积 | 公顷 | | | |
| 年末实有种子园面积 | 公顷 | | | |

注：人工造林面积含市直部分

# 产 情 况

年 度）

| 年 末<br>实有头数 | 当 年<br>出栏数 | 当 年<br>肉类产量<br>（吨） |
|---:|---:|---:|
| 353524 | 171513 | 30596 |
| 330293 | 159653 | 28876 |
| 1562 | 721 | 102 |
| 14978 | 7594 | 1053 |
| 6498 | 3344 | 527 |
| 193 | 201 | 38 |
| 1908352 | 2188346 | 35478 |
| 150826 | 350737 | 27023 |
| 2272598 | 2938621 | 5528 |
| 26352 | 53620 | 124 |

# 产 情 况

| 玉泉区 | 赛罕区 | 土左旗 | 托县 | 和林县 | 清水河县 | 武川县 |
|---:|---:|---:|---:|---:|---:|---:|
| 21 | 225 | 800 | 800 | 1334 | 10921 | 5100 |
| | | | | | | |
| | | | | 667 | | |
| | | | | | | |
| | | | | | | |
| | | | | | | |
| | | | | | | |
| | | | | | | |
| | | | | | | |
| | | | | | | |
| | | | | | | |
| | | | | | | |
| | 9214 | 1333 | 4067 | 55068 | 59796 | 55933 |
| 30000 | | 500000 | | | | |
| 26 | 282 | 83 | 660 | 135 | 3664 | 34 |
| | | | | | | |
| | | | | | | |
| | | | | | | |
| | | | | 50 | | |

# 主要统计指标解释

**乡村人口**　指乡村户数内的常住人口。包括常住人口中外出的民工、工人合同工、户口在家的在外学生等，但不包括户口在家领取工资的国家职工和户口迁入农村领取国家津贴的离退休职工。

**自来水受益村数**　包括取水、净水、输配水三部分组成的自来水供给的，或由取水和输配水两部分组成的符合饮用卫生标准的简易自来水年末实际受益的村委会个数。

**农林牧渔业总产值**　指各种经济类型的农业生产单位或农户从事农业生产经济活动的总成果。包括农林牧渔业产品总量和劳务活动的总成果（即对非物质生产部门的劳务支出）两部分。

**播种面积**　指实际播种或移植有农作物的面积。凡是实际种植农作物的面积，不论种植在耕地还是非耕地上，也不论面积大小，均应统计在内。

**农作物产量**　在本年度内不论数量多少、耕地上与非耕地上的农作物产量，都应统计在内。

**当年出栏头数**　指农林牧渔业企业生产单位饲养的，已屠宰或已出售的全部牲畜头数。包括交售给国家、集市上出售以及农民自食的部分。

**猪、牛、羊肉产量**　指当年出栏并已屠宰的猪、牛、羊的肉产量。即屠宰后除去头蹄下水后带骨肉（即胴体重）的重量。

**农业机械总动力**　指主要用于农、林、牧、副、渔业各种动力机械的动力总和。包括耕作机械、排灌机械、收获机械、农产品加工机械、植物保护机械、牧业机械、林业机械、渔业机械和其他农业机械[内燃机按引擎马力折成瓦（特）计算，电动机按功率折成瓦（特）计算]。

# 第二部分　统计资料

## 工　　业

# 12－1 历年规模以上工业主要经济指标

单位:万元

| 项 目 | 2000 年 | 2001 年 | 2002 年 | 2003 年 | 2004 年 |
|---|---|---|---|---|---|
| 企业数(个) | 193 | 175 | 180 | 185 | 224 |
| 工业增加值指数(以上年为100) | 120.5 | 131.2 | 139.5 | 143.9 | 141.2 |
| 工业总产值(当年价) | 997336 | 1245189 | 1691976 | 2407794 | 3571649 |
| 工业销售产值(当年价) | 964881 | 1227957 | 1650288 | 2383336 | 3494255 |
| 本年应付职工薪酬 | 61245 | 68555 | 79788 | 98401 | 125174 |
| 全部职工年平均人数(人) | 86453 | 80808 | 76590 | 77556 | 76567 |
| 流动资产合计 | 724453 | 748083 | 1026191 | 1281923 | 1696186 |
| 存 货 | 250265 | 284014 | 307503 | 367989 | 403614 |
| 固定资产合计 | 1025779 | 1003163 | 1160523 | 1897950 | 2469819 |
| 固定资产原值合计 | 1229705 | 1252068 | 1496253 | 2265782 | 2787032 |
| 资产总计 | 1832741 | 1867051 | 2333063 | 3438391 | 4456639 |
| 流动负债合计 | 666409 | 705397 | 798085 | 1000380 | 1309284 |
| 非流动负债合计 | 352772 | 351508 | 546352 | 1007608 | 1276035 |
| 所有者权益合计 | 808589 | 809785 | 982424 | 1400783 | 1871319 |
| 主营业务收入 | 910462 | 1151058 | 1572339 | 2274891 | 3403169 |
| 管理费用 | 69028 | 78650 | 87191 | 134369 | 129587 |
| 利润总额 | 18513 | 22997 | 93229 | 183411 | 311541 |
| 亏损企业亏损额 | 18724 | 21843 | 22944 | 22480 | 37456 |
| 利税总额 | 83988 | 107836 | 219965 | 359398 | 542154 |
| 应交所得税 | 8357 | 7925 | 9914 | 20659 | 26943 |
| 应交增值税 | 34896 | 44081 | 76521 | 113782 | 150776 |

12－1 续表 1

| 项　　目 | 2005 年 | 2006 年 | 2007 年 | 2008 年 | 2009 年 |
|---|---|---|---|---|---|
| 企业数(个) | 245 | 279 | 293 | 317 | 337 |
| 工业增加值指数(以上年为 100) | 131.1 | 129.1 | 126.1 | 111.2 | 116.2 |
| 工业总产值(当年价) | 4831642 | 6431716 | 8227778 | 9276424 | 11534865 |
| 工业销售产值(当年价) | 4690496 | 6260432 | 8014577 | 9085009 | 11108718 |
| 本年应付职工薪酬 | 177831 | 227939 | 267033 | 324630 | 411209 |
| 从业人员平均人数(人) | 82614 | 87892 | 85884 | 89608 | 93475 |
| 流动资产合计 | 1792728 | 2117406 | 2635328 | 3104770 | 3951623 |
| 存 货 | 544784 | 585005 | 701827 | 740107 | 813404 |
| 固定资产合计 | 3064856 | 3419036 | 3198612 | 3738889 | 5003200 |
| 固定资产原值合计 | 3661195 | 4427578 | 4264426 | 4995607 | 6184361 |
| 资产总计 | 5137818 | 6208229 | 7086474 | 8252157 | 10623087 |
| 流动负债合计 | 1590268 | 2095593 | 2610045 | 3175095 | 5253909 |
| 非流动负债合计 | 1523364 | 1727665 | 1861009 | 2303971 | 1842414 |
| 所有者权益合计 | 1999294 | 2384794 | 2615419 | 2772800 | 3378850 |
| 主营业务收入 | 4431260 | 6074302 | 7764260 | 8821659 | 11365686 |
| 管理费用 | 171610 | 195645 | 224416 | 291723 | 343857 |
| 利润总额 | 368246 | 459317 | 769442 | 229422 | 792712 |
| 亏损企业亏损额 | 25187 | 17721 | 13702 | 226919 | 76305 |
| 利税总额 | 657157 | 819361 | 1208983 | 709557 | 1632721 |
| 应交所得税 | 24558 | 42592 | 52229 | 35251 | 42689 |
| 应交增值税 | 182599 | 223612 | 288349 | 313878 | 538544 |

单位:万元

| 2010 年 | 2011 年 | 2012 年 | 2013 年 | 2014 年 | 2015 年 | 2016 年 | 2017 年 |
|---|---|---|---|---|---|---|---|
| 320 | 267 | 273 | 279 | 277 | 277 | 265 | 232 |
| 113.2 | 111.4 | 111.0 | 118.1 | 110.0 | 110.0 | 109.1 | 106.1 |
| 11885198 | 13659108 | 13048747 | 14953762 | 16426371 | 16675793 | 12219951 | 13406034 |
| 11355416 | 13158030 | 12400255 | 14744213 | 15073939 | 14211271 | 12306162 | 12348271 |
| 415417 | 518125 | 684308 | 681205 | 657213 | 648419 | 760333 | 846230 |
| 100574 | 97111 | 102874 | 100315 | 101211 | 99378 | 91563 | 89643 |
| 4840839 | 6159789 | 7341937 | 9095404 | 9417605 | 10061610 | 9515911 | 11602785 |
| 1101838 | 1253156 | 1453111 | 1578685 | 1747287 | 1788137 | 1491940 | 1517172 |
| 6793827 | 6525235 | 7525735 | 7928163 | 8584841 | 9270747 | 7933959 | 9000585 |
| 8802655 | 9042239 | 10745138 | 11718798 | 12867652 | 13979618 | 14792744 | 16084899 |
| 13156368 | 15225383 | 18118989 | 20423409 | 25211722 | 26204433 | 26645532 | 29607639 |
| 6069513 | 6697016 | 7890989 | 8997253 | 10002971 | 10854857 | 10911279 | 14363143 |
| 2894059 | 3259315 | 3863840 | 4010232 | 4882871 | 5182530 | 5367558 | 4953636 |
| 4081334 | 4984739 | 5971611 | 7114348 | 9095311 | 9061556 | 9731830 | 10124009 |
| 11539656 | 13206673 | 12482098 | 17131781 | 18312458 | 17676365 | 16215096 | 17491530 |
| 427274 | 481881 | 572344 | 597144 | 644784 | 599330 | 550445 | 593108 |
| 1879576 | 2044018 | 999461 | 1446446 | 1563702 | 1024475 | 1251614 | 1858692 |
| 57041 | 97880 | 254148 | 155264 | 365065 | 870680 | 831246 | 253834 |
| 2850685 | 2985617 | 1896910 | 2687440 | 2954926 | 2471787 | 2718043 | 3850281 |
| 92201 | 165034 | 149504 | 231299 | 156567 | 123493 | 123443 | 188723 |
| 624314 | 578559 | 546785 | 501057 | 582349 | 443110 | 445517 | 773845 |

# 12－2　规模以上独立核算

| 项　　目 | 企业单位数（个） | #亏损企业 | 工业总产值（当年价） |
| --- | --- | --- | --- |
| 总　　计 | 232 | 70 | 13406034 |
| 按登记注册类型分组 | | | |
| 内资企业 | 212 | 63 | 11926839 |
| 国有企业 | 2 | 1 | 2511 |
| 中央企业 | | | |
| 地方企业 | 2 | 1 | 2511 |
| 集体企业 | | | |
| 股份合作企业 | | | |
| 有限责任公司 | 111 | 32 | 6132262 |
| 国有独资公司 | 15 | 7 | 2504736 |
| 其他有限责任公司 | 96 | 25 | 3627526 |
| 股份有限公司 | 21 | 8 | 4982130 |
| 私营企业 | 78 | 22 | 809936 |
| 私营有限责任公司 | 73 | 21 | 703213 |
| 私营股份有限公司 | 5 | 1 | 106723 |
| 港澳台商投资企业 | 10 | 4 | 453668 |
| #合资经营企业（港或澳、台资） | 5 | 2 | 263992 |
| 港澳台商独资经营企业 | 4 | 1 | 187315 |
| 外商投资企业 | 10 | 3 | 1025527 |
| 中外合资经营企业 | 4 | 2 | 39288 |
| 中外合作经营企业 | 2 | | 52282 |
| 外资企业 | 4 | 1 | 933957 |
| 在总计中亏损企业 | 70 | 70 | 1589075 |
| 在总计中国有控股企业 | 54 | 21 | 7997822 |
| 在总计中轻工业 | 109 | 26 | 4650508 |
| 重工业 | 123 | 44 | 8755526 |
| 在总计中大型企业 | 16 | 4 | 7299492 |
| 中型企业 | 45 | 13 | 3541887 |
| 小型企业 | 148 | 49 | 1871380 |
| 微型企业 | 23 | 4 | 693275 |

# 工业企业主要经济指标

单位:万元

| 工业销售产值（当年价） | 本年应付职工薪酬 | 年平均用工人数（人） | 流动资产合计 | #应收帐款 |
|---|---|---|---|---|
| 12348271 | 846230 | 87804 | 11602785 | 2220533 |
| | | | | |
| 10930821 | 769464 | 79290 | 10590534 | 1958715 |
| 2387 | 697 | 112 | 8277 | 1160 |
| | | | | |
| 2387 | 697 | 112 | 8277 | 1160 |
| | | | | |
| | | | | |
| 5265566 | 410223 | 41296 | 4950888 | 1204706 |
| 1672605 | 182369 | 14329 | 2458510 | 357102 |
| 3592961 | 227853 | 26967 | 2492378 | 847604 |
| 4869788 | 307662 | 26560 | 4842897 | 509470 |
| 793081 | 50881 | 11322 | 788472 | 243379 |
| 693519 | 46871 | 10480 | 723182 | 235585 |
| 99562 | 4010 | 842 | 65290 | 7794 |
| 451942 | 34121 | 4365 | 350798 | 72743 |
| 271071 | 24909 | 2666 | 234342 | 31538 |
| 178109 | 8844 | 1652 | 112766 | 38448 |
| 965507 | 42645 | 4149 | 661453 | 189075 |
| 31252 | 5234 | 1220 | 57949 | 20854 |
| 44129 | 2663 | 310 | 60437 | 35647 |
| 890126 | 34749 | 2619 | 543067 | 132574 |
| 1551096 | 161078 | 19571 | 1517492 | 458691 |
| 6974011 | 426591 | 35525 | 4705832 | 846967 |
| 4478915 | 383400 | 44525 | 6173840 | 931924 |
| 7869355 | 462830 | 43279 | 5428946 | 1288609 |
| 6331691 | 473996 | 44517 | 5798676 | 747586 |
| 3554212 | 202295 | 22449 | 3825666 | 553459 |
| 1780410 | 112981 | 16433 | 1630710 | 762932 |
| 681957 | 56959 | 4405 | 347733 | 156556 |

12－2 续表 1

| 项　　目 | 存　　货 | #产成品 | 固定资产合计 |
|---|---|---|---|
| 总　　计 | 1517172 | 568996 | 9000585 |
| 按登记注册类型分组 | | | |
| 内资企业 | 1252761 | 459578 | 8093603 |
| 国有企业 | 3300 | 405 | 1170 |
| 中央企业 | | | |
| 地方企业 | 3300 | 405 | 1170 |
| 集体企业 | | | |
| 股份合作企业 | | | |
| 有限责任公司 | 403375 | 82139 | 6576863 |
| 国有独资公司 | 64934 | 6099 | 2750750 |
| 其他有限责任公司 | 338441 | 76040 | 3826113 |
| 股份有限公司 | 584887 | 287001 | 1170625 |
| 私营企业 | 261199 | 90033 | 344945 |
| 私营有限责任公司 | 221438 | 87546 | 313480 |
| 私营股份有限公司 | 39760 | 2486 | 31465 |
| 港澳台商投资企业 | 82402 | 39969 | 402265 |
| 合资经营企业(港或澳、台资) | 47134 | 28677 | 286411 |
| 港澳台商独资经营企业 | 35015 | 11208 | 108188 |
| 外商投资企业 | 182010 | 69449 | 504717 |
| 中外合资经营企业 | 33589 | 5300 | 8505 |
| 中外合作经营企业 | 5847 | 770 | 31249 |
| 外资企业 | 142574 | 63378 | 464963 |
| 在总计中亏损企业 | 298140 | 86300 | 2640175 |
| 在总计中国有控股企业 | 596684 | 131659 | 6440537 |
| 在总计中轻工业 | 873613 | 363508 | 1150307 |
| 重工业 | 643559 | 205488 | 7850278 |
| 在总计中大型企业 | 801693 | 346731 | 3689046 |
| 中型企业 | 414732 | 104704 | 2810550 |
| 小型企业 | 265202 | 96292 | 1577590 |
| 微型企业 | 35546 | 21269 | 923399 |

单位:万元

| 固定资产原价 | 累计折旧 | 资产总计 | 流动负债合计 | 非流动负债合计 |
|---|---|---|---|---|
| 16084899 | 6816855 | 29607639 | 14363143 | 4953636 |
| | | | | |
| 14693051 | 6112501 | 27536313 | 13544975 | 4746610 |
| 4175 | 3013 | 10529 | 7413 | |
| | | | | |
| 4175 | 3013 | 10529 | 7413 | |
| | | | | |
| | | | | |
| 12252545 | 5143693 | 16531406 | 8042950 | 4517675 |
| 4408289 | 1839115 | 8062559 | 4504425 | 2672949 |
| 7844257 | 3304578 | 8468847 | 3538526 | 1844726 |
| 1799859 | 760357 | 9595746 | 4622113 | 153266 |
| 636472 | 205439 | 1398633 | 872499 | 75669 |
| 573759 | 174169 | 1287723 | 793286 | 73247 |
| 62713 | 31270 | 110910 | 79213 | 2422 |
| 741166 | 364816 | 887876 | 445971 | 98849 |
| 502752 | 241279 | 567883 | 301509 | 56886 |
| 228071 | 120861 | 298837 | 135178 | 41963 |
| 650683 | 339538 | 1183450 | 372198 | 108177 |
| 21315 | 13160 | 66623 | 44406 | 1057 |
| 16169 | 8671 | 92667 | 42925 | 5094 |
| 613199 | 317707 | 1024160 | 284867 | 102026 |
| 4964279 | 1904270 | 5236540 | 3086322 | 1653742 |
| 12243644 | 5305332 | 15776464 | 7615132 | 4387664 |
| 2211822 | 1010403 | 11363389 | 5682741 | 228351 |
| 13873077 | 5806452 | 18244250 | 8680402 | 4725285 |
| 5618905 | 2334454 | 13920307 | 6539154 | 1513357 |
| 6014703 | 2972245 | 10064341 | 5523640 | 1973270 |
| 2925864 | 783326 | 4254109 | 1859104 | 847184 |
| 1525428 | 726830 | 1368883 | 441245 | 619826 |

12－2 续表 2

| 项　　目 | 所有者权益合计 | 主营业务收入 | 主营业务成本 | 主营业务税金及附加 | 销售费用 |
|---|---|---|---|---|---|
| 总　计 | 10124009 | 17491530 | 12835417 | 1211300 | 1265612 |
| 按登记注册类型分组 | | | | | |
| 内资企业 | 9087324 | 16127023 | 11731590 | 1201741 | 1217123 |
| 国有企业 | 3105 | 5161 | 4384 | 75 | 16 |
| 中央企业 | | | | | |
| 地方企业 | 3105 | 5161 | 4384 | 75 | 16 |
| 集体企业 | | | | | |
| 股份合作企业 | | | | | |
| 有限责任公司 | 3874734 | 5673692 | 4694879 | 47570 | 100923 |
| 国有独资公司 | 843809 | 2002413 | 1694406 | 7658 | 8421 |
| 其他有限责任公司 | 3030925 | 3671279 | 3000473 | 39912 | 92502 |
| 股份有限公司 | 4820367 | 9640108 | 6366638 | 1139754 | 1076674 |
| 私营企业 | 389118 | 808063 | 665689 | 14343 | 39510 |
| 私营有限责任公司 | 359882 | 708885 | 583014 | 13692 | 33464 |
| 私营股份有限公司 | 29236 | 99178 | 82675 | 651 | 6046 |
| 港澳台商投资企业 | 343056 | 471579 | 395529 | 3292 | 21066 |
| #合资经营企业（港或澳、台资） | 209489 | 304838 | 255409 | 1864 | 17780 |
| 港澳台商独资经营企业 | 121695 | 163978 | 137339 | 1279 | 3138 |
| 外商投资企业 | 693629 | 892928 | 708298 | 6267 | 27423 |
| 中外合资经营企业 | 21160 | 37284 | 33725 | 167 | 1074 |
| 中外合作经营企业 | 44648 | 67987 | 54259 | 222 | 3144 |
| 外资企业 | 627821 | 787658 | 620315 | 5878 | 23206 |
| 在总计中亏损企业 | 464719 | 1642088 | 1617543 | 12755 | 28044 |
| 在总计中国有控股企业 | 3732281 | 7329204 | 5243581 | 1125711 | 46867 |
| 在总计中轻工业 | 5408788 | 9170547 | 6442655 | 453493 | 1177967 |
| 重工业 | 4715221 | 8320983 | 6392762 | 757807 | 87645 |
| 在总计中大型企业 | 5867796 | 11853956 | 8401162 | 1147566 | 1051675 |
| 中型企业 | 2567358 | 3590379 | 2762761 | 36462 | 124404 |
| 小型企业 | 1385792 | 1853417 | 1516956 | 26332 | 88083 |
| 微型企业 | 303064 | 193779 | 154538 | 940 | 1449 |

单位:万元

| 管理费用 | 财务费用 | 利润总额 | 亏损企业亏损额 | 利税总额 | 应交所得税 | 应交增值税 |
|---|---|---|---|---|---|---|
| 593108 | 285603 | 1858692 | 253834 | 3850281 | 188723 | 773845 |
| | | | | | | |
| 524012 | 276901 | 1709008 | 226075 | 3671499 | 161270 | 754312 |
| 672 | -27 | -34 | 103 | 16 | 28 | -25 |
| | | | | | | |
| 672 | -27 | -34 | 103 | 16 | 28 | -25 |
| | | | | | | |
| | | | | | | |
| 184193 | 264225 | 462116 | 183560 | 695550 | 64923 | 182873 |
| 21556 | 124710 | 165429 | 101276 | 197847 | -266 | 24317 |
| 162637 | 139514 | 296687 | 82284 | 497703 | 65190 | 158555 |
| 290503 | -8609 | 1219820 | 22495 | 2905368 | 91922 | 542364 |
| 48644 | 21313 | 27106 | 19917 | 70565 | 4397 | 29101 |
| 43079 | 19305 | 23163 | 19858 | 64101 | 3921 | 27230 |
| 5565 | 2008 | 3943 | 59 | 6464 | 476 | 1871 |
| 22161 | 8460 | 31071 | 26312 | 37348 | 9300 | 2981 |
| 14087 | 3758 | 7507 | 24219 | 11831 | 7595 | 2458 |
| 6621 | 4563 | 24943 | 713 | 26733 | 1905 | 510 |
| 46935 | 242 | 118613 | 1448 | 141434 | 18153 | 16552 |
| 3118 | 113 | -308 | 851 | 684 | 126 | 823 |
| 1997 | 183 | 8852 | | 9437 | 938 | 364 |
| 41820 | -54 | 110069 | 597 | 131313 | 17090 | 15366 |
| 88003 | 139516 | -253834 | 253834 | -220757 | 8049 | 17871 |
| 197884 | 239504 | 519931 | 199700 | 2031143 | 45649 | 380629 |
| 359197 | 5814 | 1220071 | 37395 | 2108465 | 118821 | 432562 |
| 233911 | 279790 | 638621 | 216439 | 1741816 | 69902 | 341284 |
| 346012 | 41851 | 1338100 | 91367 | 3016782 | 99837 | 528432 |
| 149696 | 150816 | 440051 | 87796 | 610814 | 76807 | 131781 |
| 91907 | 80401 | 62218 | 60415 | 188742 | 11612 | 99300 |
| 5493 | 12534 | 18323 | 14256 | 33943 | 467 | 14333 |

# 12－3 按工业行业分规模以上独立

| 项 目 | 企业单位数（个） | #亏损企业 | 工业总产值（当年价） |
|---|---|---|---|
| 总 计 | 232 | 70 | 13406034 |
| 煤炭开采和洗选业 | 3 | | 79105 |
| 非金属矿采选业 | 5 | 1 | 32704 |
| 农副食品加工业 | 27 | 9 | 491624 |
| 食品制造业 | 23 | 2 | 1815540 |
| 酒、饮料和精制茶制造业 | 7 | 2 | 51260 |
| 烟草制品业 | 1 | | 791429 |
| 纺织业 | 1 | | 2317 |
| 纺织服装、服饰业 | 12 | 6 | 80096 |
| 造纸和纸制品业 | 9 | 1 | 629970 |
| 印刷和记录媒介复制业 | 2 | | 8187 |
| 石油加工、炼焦和核燃料加工业 | 1 | | 2250667 |
| 化学原料和化学制品制造业 | 22 | 3 | 1779096 |
| 医药制造业 | 14 | 2 | 502203 |
| 化学纤维制造业 | 1 | 1 | 5397 |
| 橡胶和塑料制品业 | 7 | 3 | 26876 |
| 非金属矿物制品业 | 15 | 7 | 181937 |
| 黑色金属冶炼和压延加工业 | 1 | 1 | 9907 |
| 有色金属冶炼和压延加工业 | 11 | 8 | 634221 |
| 金属制品业 | 6 | 1 | 42489 |
| 通用设备制造业 | 4 | | 43203 |
| 专用设备制造业 | 2 | 1 | 8451 |
| 电气机械和器材制造业 | 10 | 8 | 153693 |
| 计算机、通信和其他电子设备制造业 | 5 | 1 | 196614 |
| 电力、热力生产和供应业 | 36 | 13 | 3355061 |
| 燃气生产和供应业 | 2 | | 148467 |
| 水的生产和供应业 | 5 | | 85521 |

# 核算工业企业主要经济指标

单位:万元

| 工业销售产值（当年价） | 本年应付职工薪酬 | 年平均用工人数（人） | 流动资产合计 | #应收帐款 |
|---|---|---|---|---|
| 12348271 | 846230 | 87804 | 11602785 | 2220533 |
| 79105 | 4259 | 517 | 128478 | 27851 |
| 31166 | 2299 | 414 | 24781 | 13775 |
| 518943 | 22767 | 4169 | 516035 | 131583 |
| 1808945 | 216349 | 22027 | 3800242 | 384835 |
| 41500 | 9201 | 1196 | 45249 | 2077 |
| 643339 | 43494 | 1882 | 473530 | 51069 |
| 233 | 152 | 30 | 1838 | 893 |
| 95338 | 10473 | 3141 | 104193 | 15614 |
| 596757 | 12780 | 2029 | 251224 | 41380 |
| 8063 | 2320 | 418 | 8602 | 2778 |
| 2247624 | 28092 | 2006 | 220547 | 200 |
| 1757569 | 114927 | 12949 | 935112 | 274886 |
| 507192 | 40706 | 5046 | 483560 | 126867 |
| 4220 |  | 72 | 2020 | 361 |
| 26044 | 2882 | 648 | 17157 | 6430 |
| 155706 | 12554 | 1987 | 109005 | 29707 |
| 9965 | 456 | 88 | 334 | -207 |
| 652387 | 22637 | 3082 | 160726 | 46807 |
| 24701 | 6215 | 816 | 38521 | 17409 |
| 43536 | 4525 | 700 | 76571 | 23216 |
| 8394 | 1748 | 358 | 15739 | 9492 |
| 169308 | 10336 | 1844 | 292422 | 96121 |
| 199429 | 6471 | 976 | 152721 | 103508 |
| 2494585 | 234259 | 15643 | 3240715 | 716573 |
| 156744 | 14860 | 2001 | 165941 | 21772 |
| 67479 | 21467 | 3765 | 337523 | 75540 |

12－3 续表1

| 项　目 | 存　货 | #产成品 | 固定资产合计 |
|---|---|---|---|
| 总　计 | 1517172 | 568996 | 9000585 |
| 煤炭开采和洗选业 | 1567 | | 45687 |
| 非金属矿采选业 | 6470 | 3776 | 19736 |
| 农副食品加工业 | 113995 | 24659 | 283441 |
| 食品制造业 | 308916 | 205238 | 337808 |
| 酒、饮料和精制茶制造业 | 17081 | 7825 | 54413 |
| 烟草制品业 | 200230 | 44128 | 51321 |
| 纺织业 | 945 | 320 | |
| 纺织服装、服饰业 | 76657 | 33189 | 12466 |
| 造纸和纸制品业 | 66258 | 13175 | 113203 |
| 印刷和记录媒介复制业 | 1704 | | 8718 |
| 石油加工、炼焦和核燃料加工业 | 90218 | 31716 | 535800 |
| 化学原料和化学制品制造业 | 240330 | 90560 | 1265445 |
| 医药制造业 | 67602 | 29871 | 235240 |
| 化学纤维制造业 | 1152 | 905 | |
| 橡胶和塑料制品业 | 2857 | 1390 | 5624 |
| 非金属矿物制品业 | 32598 | 4882 | 232591 |
| 黑色金属冶炼和压延加工业 | 476 | 461 | 485 |
| 有色金属冶炼和压延加工业 | 56265 | 16212 | 580140 |
| 金属制品业 | 15066 | 9555 | 9316 |
| 通用设备制造业 | 39111 | 10509 | 5044 |
| 专用设备制造业 | 4892 | 1939 | 2489 |
| 电气机械和器材制造业 | 71017 | 32381 | 80637 |
| 计算机、通信和其他电子设备制造业 | 10386 | 3811 | 25382 |
| 电力、热力生产和供应业 | 71992 | 444 | 4870881 |
| 燃气生产和供应业 | 11210 | 1903 | 183120 |
| 水的生产和供应业 | 8179 | 148 | 41598 |

单位:万元

| 固定资产原价 | 累计折旧 | 资产总计 | 流动负债合计 | 非流动负债合计 |
|---|---|---|---|---|
| 16084899 | 6816855 | 29607639 | 14363143 | 4953636 |
| 77848 | 32936 | 265773 | 96308 | 6766 |
| 20315 | 4849 | 48721 | 31350 | 460 |
| 367985 | 97278 | 902199 | 511668 | 80334 |
| 754935 | 352969 | 7715354 | 4121384 | 28781 |
| 86354 | 25132 | 121727 | 55083 | 8125 |
| 133777 | 82456 | 541037 | 106172 | 470 |
| 305 | 79 | 2244 | 1944 | |
| 29660 | 17578 | 127505 | 77155 | 2479 |
| 229270 | 129165 | 386322 | 202430 | 1531 |
| 18452 | 9748 | 18392 | 7128 | |
| 798190 | 300757 | 756347 | 207880 | 93 |
| 2476975 | 1149419 | 3064146 | 1215739 | 233342 |
| 416318 | 213136 | 903405 | 316587 | 58176 |
| | | 3966 | | |
| 11575 | 5589 | 25553 | 10594 | |
| 386545 | 161112 | 421217 | 253712 | 5446 |
| 802 | 317 | 819 | 1045 | |
| 765900 | 192896 | 775319 | 689044 | 284793 |
| 28369 | 11575 | 65259 | 51934 | |
| 13506 | 5542 | 88551 | 84954 | 361 |
| 6207 | 3717 | 19386 | 10158 | 26 |
| 106221 | 33583 | 470356 | 330858 | 30968 |
| 43707 | 18534 | 187780 | 42545 | 2148 |
| 8914233 | 3804663 | 11757438 | 5501245 | 4123944 |
| 251637 | 96104 | 379176 | 171304 | 5287 |
| 145816 | 67721 | 559648 | 264921 | 80109 |

12－3 续表 2

| 项　　目 | 所有者权益合计 | 主营业务收　入 | 主营业务成　本 | 主营业务税金及附加 | 销售费用 |
|---|---|---|---|---|---|
| 总　计 | 10124009 | 17491530 | 12835417 | 1211300 | 1265612 |
| 煤炭开采和洗选业 | 154246 | 121516 | 74910 | 15830 | 850 |
| 非金属矿采选业 | 16911 | 32212 | 19461 | 299 | 8172 |
| 农副食品加工业 | 275191 | 581067 | 506475 | 1625 | 29134 |
| 食品制造业 | 3563115 | 6542887 | 4841046 | 46494 | 1029961 |
| 酒、饮料和精制茶制造业 | 58519 | 75087 | 52713 | 2708 | 14936 |
| 烟草制品业 | 434395 | 641944 | 151529 | 391914 | 12051 |
| 纺织业 | 300 | 2241 | 1895 | | 46 |
| 纺织服装、服饰业 | 45420 | 69315 | 62542 | 317 | 2574 |
| 造纸和纸制品业 | 182361 | 492242 | 347803 | 2932 | 15251 |
| 印刷和记录媒介复制业 | 11253 | 8284 | 6166 | 82 | 344 |
| 石油加工、炼焦和核燃料加工业 | 548375 | 2245567 | 1302028 | 699731 | 925 |
| 化学原料和化学制品制造业 | 1605047 | 1793473 | 1488423 | 13522 | 52965 |
| 医药制造业 | 528642 | 491682 | 233125 | 4925 | 64498 |
| 化学纤维制造业 | | 4108 | 3976 | | 3 |
| 橡胶和塑料制品业 | 11363 | 25075 | 21800 | 214 | 736 |
| 非金属矿物制品业 | 152138 | 163227 | 147107 | 1988 | 5260 |
| 黑色金属冶炼和压延加工业 | －227 | 9942 | 9649 | 11 | 188 |
| 有色金属冶炼和压延加工业 | －198518 | 657649 | 653813 | 3713 | 4864 |
| 金属制品业 | 13325 | 43093 | 37089 | 551 | 1672 |
| 通用设备制造业 | 3236 | 31229 | 25474 | 227 | 760 |
| 专用设备制造业 | 9203 | 10472 | 7098 | 53 | 1019 |
| 电气机械和器材制造业 | 108502 | 171117 | 163338 | 713 | 4113 |
| 计算机、通信和其他电子设备制造业 | 143087 | 185049 | 172967 | 2270 | 1177 |
| 电力、热力生产和供应业 | 2040925 | 2849324 | 2324897 | 20271 | 2402 |
| 燃气生产和供应业 | 202585 | 158728 | 114131 | 611 | 4381 |
| 水的生产和供应业 | 214617 | 85001 | 65965 | 299 | 7331 |

单位:万元

| 管理费用 | 财务费用 | 利润总额 | 亏损企业亏损额 | 利税总额 | 应交所得税 | 应交增值税 |
|---|---|---|---|---|---|---|
| 593108 | 285603 | 1858692 | 253834 | 3850281 | 188723 | 773845 |
| 12412 | 7225 | 13441 | | 44436 | 1523 | 15166 |
| 2197 | 328 | 2549 | 93 | 3354 | 98 | 506 |
| 27564 | 14029 | 8627 | 24190 | 12624 | 4121 | 1827 |
| 184755 | -12668 | 911737 | 2488 | 1266188 | 76686 | 307748 |
| 4303 | 773 | 208 | 1732 | 6099 | 183 | 3003 |
| 42731 | -2760 | 43848 | | 512509 | 1 | 75747 |
| 125 | | 186 | | 187 | | |
| 7304 | 710 | -3392 | 3833 | -2452 | 74 | 623 |
| 34000 | -123 | 97934 | 203 | 118094 | 14685 | 17226 |
| 2070 | -24 | 160 | | 1260 | 28 | 1018 |
| 37008 | 344 | 191998 | | 1054270 | | 160925 |
| 90109 | 14191 | 155907 | 18098 | 190863 | 35141 | 21341 |
| 41120 | 5611 | 154284 | 3969 | 182003 | 22051 | 22395 |
| 273 | 24 | -164 | 164 | -158 | | 5 |
| 2179 | 77 | -34 | 864 | 922 | 207 | 742 |
| 19032 | 7108 | -13866 | 23176 | -2186 | 637 | 9321 |
| 177 | | -83 | 83 | 18 | | 90 |
| 10865 | 37851 | -79027 | 80035 | -25891 | 611 | 49423 |
| 3652 | 279 | 757 | 47 | 2434 | 87 | 1126 |
| 3629 | 1719 | 450 | | 1673 | 76 | 996 |
| 1724 | 39 | 540 | 40 | 1105 | 145 | 512 |
| 11453 | 4281 | -16803 | 17496 | -13993 | 169 | 2097 |
| 6713 | 358 | 2359 | 61 | 5512 | 307 | 868 |
| 26442 | 204235 | 347395 | 77264 | 446655 | 23763 | 76980 |
| 11503 | -133 | 33111 | | 34605 | 7810 | 883 |
| 9768 | 2128 | 6568 | | 10152 | 320 | 3281 |

# 12－4　主要工业产品产量(规模以上)

| 项　　目 | 单　位 | 2016 年 | 2017 年 | 2017 年比 2016 年增长% |
|---|---|---|---|---|
| 饲料 | 吨 | 798867 | 834641 | 4.5 |
| 精制食用植物油 | 吨 | 7640 | 1084 | －85.8 |
| 乳制品 | 吨 | 1316970 | 1354835 | 2.9 |
| 液体乳 | 吨 | 1260960 | 1294381 | 2.7 |
| 酱油 | 吨 | 14185 | 14191 | |
| 冷冻饮品 | 吨 | 88464 | 80538 | －9.0 |
| 食品添加剂 | 吨 | 27057 | 15900 | －41.2 |
| 饮料酒 | 千升 | 41567 | 43749 | 5.2 |
| #白酒 | 千升 | 823 | 1022 | 24.2 |
| 啤酒 | 千升 | 40736 | 42716 | 4.9 |
| 饮料 | 吨 | 547963 | 480727 | －12.3 |
| 卷烟 | 万箱 | 39 | 37 | －5.4 |
| 服装 | 万件 | 174 | 193 | 10.9 |
| 机制纸及纸板 | 吨 | 54656 | 54447 | －0.4 |
| 纸制品 | 吨 | 154553 | 167659 | 8.5 |
| 单色印刷品 | 令 | 134310 | 73310 | －45.4 |
| 多色印刷品 | 对开色令 | 1823888 | 1868722 | 2.5 |
| 盐酸(氯化氢,含量 30%以上) | 吨 | 28954 | 28182 | －2.7 |
| 烧碱(氢氧化钠,折 100%) | 吨 | 243965 | 259357 | 6.3 |
| 碳化钙(电石,折 300 升/千克) | 吨 | 130685 | 127423 | －2.5 |
| 精甲醇 | 吨 | 145813 | 191829 | 31.6 |
| 合成氨(无水氨) | 吨 | 186212 | 218025 | 17.1 |
| 氮肥(折含氮 100%) | 吨 | 153424 | 173308 | 13.0 |
| 初级形态的塑料 | 吨 | 431321 | 455476 | 5.6 |
| #聚丙烯树脂 | 吨 | 137853 | 131231 | －4.8 |
| 聚氯乙烯树脂 | 吨 | 293468 | 324245 | 10.5 |

12－4 续表

| 项 目 | 单 位 | 2016 年 | 2017 年 | 2017 年比 2016 年增长% |
|---|---|---|---|---|
| 单晶硅 | 千克 | 13881405 | 30078171 | 116.7 |
| 多晶硅 | 千克 | 4959052 | 5088140 | 2.6 |
| 化学药品原药 | 吨 | 5694 | 5134 | -9.8 |
| 中成药 | 吨 | 200 | 485 | 142.9 |
| 兽用药品 | 吨 | 1107 | 995 | -10.1 |
| 硅酸盐水泥熟料 | 吨 | 3976202 | 2616181 | -34.2 |
| 水泥 | 吨 | 5691038 | 3901316 | -31.4 |
| 高岭土(瓷土) | 吨 | 168663 | 201551 | -19.5 |
| 商品混凝土 | 立方米 | 154696 | 134257 | -13.2 |
| 耐火材料制品 | 吨 | 648707 | 122789 | -81.1 |
| 铁合金 | 吨 | 19502 | 20885 | 7.1 |
| 原铝(电解铝) | 吨 | 279525 | 281056 | 0.5 |
| 镁 | 吨 | 7071 | 8182 | 15.7 |
| 铝材 | 吨 | 133283 | 128122 | -3.9 |
| 绝缘制品 | 吨 | 16115 | 18307 | 13.6 |
| 液晶(LCD)电视机 | 台 | 1096335 | 1374348 | 25.4 |
| 电子元件 | 万只 | 79424 | 65144 | -18.0 |
| 自来水生产量 | 万立方米 | 27782 | 28654 | 3.1 |
| 原 煤 | 吨 | 2921793 | 3769157 | 29.0 |
| 原油加工量 | 吨 | 4091532 | 4471579 | 9.3 |
| #汽油 | 吨 | 1761421 | 1765420 | 0.2 |
| 柴油 | 吨 | 1385184 | 1611743 | 16.4 |
| 燃料油 | 吨 | 51845 | 79600 | 53.5 |
| 液化石油气 | 吨 | 314795 | 321469 | 2.1 |
| 焦炭 | 吨 | 111175 | 202582 | 82.2 |
| 发电量 | 万千瓦时 | 4365932 | 5320666 | 21.9 |

# 主要统计指标解释

**工业总产值(当年价格)**　是以货币形式表现的工业企业在一定时期内生产的工业最终产品或提供工业性劳务活动的总价值量。它包括三项内容：

Ⅰ、成品价值：指企业生产并在报告期内不再进行加工，经检验包装入库的已经销售和准备销售的全部工业成品（半成品）价值合计，包括企业生产的自制设备及提供给本企业在建工程、其他非工业部门和生活福利部门等单位使用的成品价值。生产成品价值按成品实物量乘以本期产品不含销项税额的实际销售平均单价计算；会计核算中按成本价格转帐的自制设备和自产自用的成品，按成本价格计算生产成品价值。生产成品价值中不包括用订货者来料加工的成品（半成品）价值。

Ⅱ、对外加工费收入：指企业在报告期内完成的对外承做的工业品加工（包括用订货者来料加工生产）的加工费收入和对外工业品修理作业所收取的加工费收入。对外加工费收入中不包括销项税额，可根据会计制度中“产品销售收入”科目的资料取得。

对于以外加工生产为主，对外加工费收入所占比重较大的企业，如果对外加工费收入出现跨报告期支付的情况，为保证指标生产口径计算的一致性，则应将对外加工费收入按实际情况调整，记录报告期应实际收取的对外加工费收入。

Ⅲ、自制半成品、在制品期末期初差额：是指按照工业总产值的计算方法，应该计入工业总产值中的半成品、在制品期末期初差额价值。本指标的填报原则是：如果会计产品成本核算中不计算半成品、在制品成本的，则不需填报；如果会计产品成本核算中计算半成品、在制品成本，则必须填报。

工业总产值计算应遵循的原则：

(1)工业生产的原则。即凡是企业在本年内生产的最终产品和提供的劳务，均应包括在内。其中的最终产品，不管是否在本年内销售，只要是本年内生产的，就应包括在内。凡不是工业生产的产品，均不得计入工业总产值。

(2)最终产品的原则。即企业生产的成品价值必须是本企业生产的，经检验合格不需再进行任何加工的最终产品。企业对外销售的半成品也应视为最终产品计入工业总产值。而在本企业内各车间转移的半成品和在制品只能计算其期末期初差额价值。

(3)“工厂法”原则。即以法人工业企业作为一个整体计算工业总产值，是其本年内生产的最终产品和提供劳务的总价值量。

**轻工业**　指主要提供生活消费品和制作手工工具的工业。按其所使用的原料不同，可以分为两大类：(1)以农产品为原料的轻工业，是指直接或间接以农产品为基本原料的轻工业，主要包括食品制造、饮料制造、烟草加工、纺织、缝纫、皮革和毛皮制作、造纸以及印刷等工业；(2)以非农产品为原料的轻工业，是指以工业品为原料的轻工业，主要包括文教体育用品、化学药品制造、合成纤维制造、日用化学制品、日用玻璃制品、日用金属制品、手工工具制造、医疗器械制造、文化和办公用机械制造等工业。

**重工业**　是指为国民经济各部门提供物质技术基础的主要生产资料的工业。按其生产性质和产品用途，可分为下列三类：(1)采掘(伐)工业，是指对自然资源的开采，包括石油开采、煤炭开采、金属矿开采、非金属矿开采和木材采伐等工业；(2)原材料工业，指向国民经济各部门提供基本材料、动力和燃料的工业，包括金属冶炼及加工、炼焦及焦炭化学、化工原料、水泥、人造板以及电力、石油和煤炭加工等工业；(3)加工工业，是指对工业原材料进行再加工制造的工业，包括装备国民经济各部门的机械设备制造工业、金属结构、水泥制品等工业，以及为农业提供的生产资料如化肥、农药等工业。

根据上述划分原则，修理业中的重工业产品为修理作业对象的划为重工业，否则划为轻工业。

**工业增加值**　是工业企业在报告期内以货币形式表现的工业生产活动的最终成果。

工业增加值有两种计算方法：一是生产法，即工业总产出减去工业中间投入。其中，工业总产出是工业企业在一定时期内工业生产活动的总成果，它包括：成品生产价值，对外加工费收入和自制半成品、在产品期末期初差额价值。工业中间投入指工业企业在工业生产活动中消耗的外购物质产品和对外支付的服务费用。服务费用包括支付给物质生产部门的服务费用和支付给非物质生产部门的服务费用。二是收入法，即从收入的角度出发，根据生产要素在生产过程中应得到的收入份额计算，具体构成项目有固定资产折旧、劳动者报酬、生产税净额、营业盈余。

**工业统计调查单位**　分为两类：独立核算法人工业企业和工业活动单位。

**独立核算法人工业企业**　是指从事工业生产经营活动的单位。独立核算法人工业企业应同时具备以下条件：1. 依法成立，有自己的名称、组织机构和场所，能够承担民事责任；2. 独立拥有和使用资产，承担负债，有权与其他单位签订合同；3. 独立核算盈亏，并能编制资产负债表。

**工业活动单位**　是指在一个场所从事一种或主要从事一种工业生产活动的经济单位。它包括独立核算工业企业按主营业务活动（即工业生产活动）划分的主营业务活动单位和非工业企业所属的工业生产活动单位（即原非独立核算工业生产单位）。工业活动单位，一般应同时具备以下三个条件；1. 具有一个场所，从事一种或主要从事一种工业活动；2. 单独组织工业生产、经营或业务活动；3. 单独核算收入和支出。

**资产总计**　指企业拥有或控制的能以货币计量的经济资源，包括各种财产、债权和其他权利。资产按其流动性（即资产的变现能力和支付能力）划分为：流动资产、长期投资、固定资产、无形资产、递延资产和其他资产。根据会计"资产负债表"中"资产总计"项的期末数填列。

**固定资产合计**　指企业固定资产净值、固定资产清理、在建工程、待处理固定资产净损失所占用的资金合计。

**流动资产合计**　流动资产是指可以在一年或者超过一年的一个营业周期内变现或者耗用的资产，包括现金及各种存款、短期投资、应收及预付货款、存货等。流动资产的一个重要特点是它在参加生产经营时，其价值一次转移到产品成本或费用中去。

**应收帐款**　指企业因销售商品、产品、提供劳务等，应向购货单位或接受劳务单位收取款项。该指标根据会计"资产负债表"中"应收帐款"项的年末数填报。未执行2001年《企业会计制度》的企业，用"应收帐款净额"期末数代替。

**存货**　指企业在生产经营过程中为销售或者耗用而储存的各种资产。包括原材料、包装物、低值易耗品、在产品、自制半成品、产成品等。

**产成品**　指企业已经完成全部生产过程并已验收入库合乎标准规格和技术条件，可以按照合同规定的条件送交订货单位，或者可以作为商品对外销售的产品。企业接受外来原材料加工制造的代制品和为外单位加工修理的代修品，制造和修理完成验收入库后，视同企业的产成品。

**流动资产合计**　指预计在一个正常营业周期中变现、出售或耗用，主要包括存货、应收帐款等，主要为交易目的而持有，预计在资产负债表日起一年内（含一年）变现或者自资产负债日起一年内，交换其他资产或清偿负债的能力不受限制的现金或现金等价物。包括货币资金、应收票据、应收帐款、存货等项目。根据会计"资产负债表"中"流动资产合计"项目的期末余额数填报。

**固定资产原价**　指固定资产的成本，包括企业在购置、自行建造、安装、改建、扩建、技术改造某项固定资产时所发生的全部支出总额。根据会计"固定资产"科目的期末借方余额填报。

**累计折旧**　指企业在报告期末提取的历年固定资产折旧累计数。根据会计"累计折旧"科目的期末贷方余额填报。

**流动负债合计**　负债满足下列条件之一的应归为流动负债：(1)预计在一个正常营业周期中清偿；(2)主要为交易目的而持有；(3)自资产负债表日起一年内到期应予清偿；(4)企业无权自主地将清偿推迟至资产负债表日后一年以上。包括短期借款、应付票据、应付帐款、应付职工薪酬、应交税费等项目。根据会计"资产负债表"中"流动负债合计"项目的期末余额数填报。

**非流动负债合计**　指流动负债之外的负债。包括长期借款、应付债券等。根据会计"资产负债表"中"非流动负债合计"项目的期末余额数填报。

**所有者权益合计**　所有者权益是指企业投资人对企业净资产的所有权，包括企业所有者投入资金以及留存收益等。

**营业利润**　指企业从事生产经营活动所产生的利润，即主营业务利润加其他业务利润扣除管理费用、财务费用后的净额。根据会计"利润表"中对应指标的本期累计数填列。

**利润总额**　指企业在生产经营过程中各种收入扣除各种耗费后的盈余，反映企业在报告期内实现的亏盈总额，包括营业利润、补贴收入、投资净收益和营业外收支净额。根据会计"利润表"中的对应指标的本期累计数填列。

**主营业务收入**　指企业确认的销售商品、提供劳务等主营业务的收入。根据会计"主营业务收入"科目的期末贷方余额填报。执行2006年《企业会计准则》的企业，如未设置该科目，以"营业收入"代替填报。

**主营业务成本**　指企业经营主要业务所发生的成本总额。根据会计"主营业务成本"科目的期末借方余额填报。执行2006年《企业会计准则》的企业，如未设置该科目，以"营业成本"代替填报。

**销售费用**　指企业在销售商品过程中发生的包装费、广告费等费用和为销售本企业商品而专设的销售机构的职工薪酬、业务费等经营费用。根据会计"利润表"中"销售费用"项目的本期金额数填报。

**主营业务税金及附加**　指企业经营主要业务应负担的营业税、消费税、城市维护建设税、教育费附加等。根据会计"主营业务税金及附加"科目的期末借方余额填报。执行2006年《企业会计准则》的企业，如未设置该科目，以"营业税金及附加”代替填报。

**管理费用** 指企业行政管理部门为组织和管理生产经营活动而发生的各项费用。包括工资和福利费、折旧、工会经费、业务招待费、房产税、车船使用税、土地使用税、印花税、技术转让费、无形资产摊销、职工教育经费、劳动保险费、待业保险费、研究开发费、坏帐损失以及其他管理费用。

**财务费用** 指企业为筹集生产经营所需资金等发生的费用。包括利息支出(减利息收入)、汇兑损失(减汇兑收益)以及相关的手续费等。

**应交所得税** 反映企业本年利润应交的所得税。

**实现利税总额** 指企业主营业务税金及附加、应交增值税和利润总额之和。

# 第二部分　统计资料

## 能 源 和 环 境

## 13－1　单位GDP、工业增加值能耗

| 项　　目 | 计量单位 | 2016年 | 2017年 | 2017年比2016年增长% |
| --- | --- | --- | --- | --- |
| 地区能源消费总量 | 万吨标准煤 | 1542.54 | 1649.4 | 6.9 |
| 单位GDP能耗 | 吨标准煤/万元 | 0.46 | 0.47 | 1.9 |
| 规模以上工业能源消费量 | 万吨标准煤 | 1263.97 | 1467.93 | 16.1 |
| 规模以上工业单位增加值能耗 | 吨标准煤/万元 | 2.14 | 2.43 | 13.5 |
| 单位GDP电耗 | 千瓦时/万元 | 726 | 772 | 6.4 |

## 13－2　全社会用电量

单位:万千瓦时

| 项　　目 | 2016年 | 2017年 | 项　　目 | 2016年 | 2017年 |
| --- | --- | --- | --- | --- | --- |
| 全社会用电量 | 1957993 | 2178782 | 建　筑　业 | 34448 | 33382 |
| 城乡居民生活用电 | 186800 | 221727 | 交通运输、仓储、邮政业 | 77339 | 88474 |
| 城镇居民 | 136649 | 156898 | 信息传输、计算机服务和软件业 | 52685 | 62929 |
| 乡村居民 | 50151 | 64829 | 商业、住宿和餐饮业 | 120074 | 109376 |
| 全行业用电合计 | 1771193 | 1957055 | 金融、房地产、商务及居民服务业 | 25354 | 31813 |
| 农、林、牧、渔业 | 35736 | 41937 | 公共事业及管理组织 | 33173 | 41852 |
| 工　　业 | 1392384 | 1547292 | | | |

# 13－3 规模以上工业企业主要能源消费量

| 项　　目 | 原　煤（吨） | 焦　炭（吨） | 汽　油（吨） | 柴　油（吨） | 热　力（百万千焦） | 电　力（万千瓦时） |
|---|---|---|---|---|---|---|
| 总　　计 | 32324836 | 85763 | 3664 | 9035 | 9069118 | 1514409 |
| 工业行业大类 | 32324836 | 85763 | 3664 | 9035 | 9069118 | 1514409 |
| 煤炭开采和洗选业 | 440 | | 39 | 2775 | | 199 |
| 石油和天然气开采业 | | | | | | |
| 黑色金属矿采选业 | | | | | | |
| 有色金属矿采选业 | | | | | | |
| 非金属矿采选业 | 53926 | | 20 | 125 | | 7649 |
| 开采辅助活动 | | | | | | |
| 其他采矿业 | | | | | | |
| 农副食品加工业 | 81578 | | 150 | 115 | 326935 | 19084 |
| 食品制造业 | 219611 | | 190 | 58 | 1336405 | 39158 |
| 酒、饮料和精制茶制造业 | 190 | | 51 | 59 | 115700 | 1604 |
| 烟草制品业 | | | | 14 | | 1485 |
| 纺织业 | | | | | | 1 |
| 纺织服装、服饰业 | 3860 | | 221 | 58 | 1600 | 1385 |
| 皮革、毛皮、羽毛及其制品和制鞋业 | | | | | | |
| 木材加工和木、竹、藤、棕、草制品业 | | | | | | |
| 家具制造业 | | | | | | |
| 造纸和纸制品业 | 20991 | | 170 | 192 | 35660 | 9357 |
| 印刷和记录媒介复制业 | | | 19 | | | 271 |
| 石油加工、炼焦和核燃料加工业 | | | 679 | 756 | | 25774 |
| 化学原料和化学制品制造业 | 2416499 | 68546 | 80 | 774 | 3583955 | 431476 |
| 医药制造业 | 216807 | | 116 | 146 | 529524 | 46696 |
| 化学纤维制造业 | | | 5 | | | 67 |
| 橡胶和塑料制品业 | 4 | | 51 | | | 2042 |
| 非金属矿物制品业 | 417174 | | 62 | 747 | | 62525 |
| 黑色金属冶炼和压延加工业 | | 17217 | | | | 13352 |
| 有色金属冶炼和压延加工业 | 198849 | | 10 | 504 | 3139338 | 411181 |
| 金属制品业 | | | 171 | 96 | | 667 |
| 通用设备制造业 | 58 | | 23 | 16 | | 561 |
| 专用设备制造业 | | | 11 | | | 162 |
| 汽车制造业 | | | | | | |
| 电气机械和器材制造业 | 570 | | 60 | 2 | | 2965 |
| 计算机、通信和其他电子设备制造业 | | | 38 | | | 1258 |
| 其他制造业 | | | | | | |
| 电力、热力生产和供应业 | 28689898 | | 1086 | 2258 | | 415169 |
| 燃气生产和供应业 | | | 95 | 147 | | 2985 |
| 水的生产和供应业 | 4381 | | 317 | 194 | | 17338 |

# 13－4　规模以上工业企业主要能源综合能耗

单位：万吨标准煤

| 项　　目 | 2016 年 | 2017 年 | 2017 年比 2016 年增长% |
| --- | --- | --- | --- |
| 总　　计 | 1265.46 | 1467.93 | 16.0 |
| 工业行业大类 | 1265.46 | 1467.93 | 16.0 |
| 煤炭开采和洗选业 | 0.43 | 0.47 | 9.3 |
| 石油和天然气开采业 | | | |
| 黑色金属矿采选业 | | | |
| 有色金属矿采选业 | 0.43 | | |
| 非金属矿采选业 | 5.69 | 5.29 | -7.0 |
| 开采辅助活动 | | | |
| 其他采矿业 | | | |
| 农副食品加工业 | 29.15 | 9.52 | -67.3 |
| 食品制造业 | 24.23 | 25.39 | 4.8 |
| 酒、饮料和精制茶制造业 | 0.95 | 0.65 | -31.6 |
| 烟草制品业 | 0.73 | 0.73 | |
| 纺织业 | | | |
| 纺织服装、服饰业 | 1.24 | 0.90 | -27.4 |
| 皮革、毛皮、羽毛及其制品和制鞋业 | | | |
| 木材加工和木、竹、藤、棕、草制品业 | | | |
| 家具制造业 | | | |
| 造纸和纸制品业 | 2.78 | 3.06 | 10.1 |
| 印刷和记录媒介复制业 | 0.05 | 0.04 | -20.0 |
| 石油加工、炼焦和核燃料加工业 | 32.28 | 42.05 | 30.3 |
| 化学原料和化学制品制造业 | 197.37 | 273.88 | 38.8 |
| 医药制造业 | 32.50 | 21.39 | -34.2 |
| 化学纤维制造业 | 0.03 | 0.01 | -66.7 |
| 橡胶和塑料制品业 | 0.28 | 0.26 | -7.1 |
| 非金属矿物制品业 | 72.27 | 38.43 | -46.8 |
| 黑色金属冶炼和压延加工业 | 0.68 | 3.31 | 386.8 |
| 有色金属冶炼和压延加工业 | 66.97 | 87.69 | 30.9 |
| 金属制品业 | 0.21 | 0.29 | 38.1 |
| 通用设备制造业 | 0.10 | 0.09 | -10.0 |
| 专用设备制造业 | 0.05 | 0.03 | -40.0 |
| 汽车制造业 | | | |
| 电气机械和器材制造业 | 1.28 | 1.28 | |
| 计算机、通信和其他电子设备制造业 | 0.27 | 0.28 | 3.7 |
| 其他制造业 | | | |
| 电力、热力生产和供应业 | 792.87 | 949.90 | 19.8 |
| 燃气生产和供应业 | 0.79 | 0.48 | -39.2 |
| 水的生产和供应业 | 2.28 | 2.53 | 11.0 |

# 13－5 城市环境污染状况

| 项　　目 | 单　位 | 2016 年 | 2017 年 |
| --- | --- | --- | --- |
| 废　　水 | | | |
| 工业废水排放总量 | 万吨 | 2339 | 2372 |
| 工业废水化学需氧量排放量 | 吨 | 2006 | 2719 |
| 工业废水氨氮排放量 | 吨 | 217 | 160 |
| 废水治理设施数 | 套 | 57 | 103 |
| 废水治理设施处理能力 | 万吨/日 | 16 | 21 |
| 废　　气 | | | |
| 工业废气排放总量 | 亿立方米 | 3512 | 4811 |
| 工业二氧化硫排放量 | 吨 | 52316 | 31024 |
| 工业氮氧化物排放量 | 吨 | 39561 | 30384 |
| 工业烟(粉)尘排放量 | 吨 | 79103 | 111036 |
| 废气治理设施数 | 套 | 971 | 939 |
| 废气治理设施处理能力 | 万立方米/时 | 13555 | 11850 |
| 脱硫设施数 | 套 | 167 | 230 |
| 脱硝设施数 | 套 | 45 | 48 |
| 除尘设施数 | 套 | 605 | 442 |
| 固体废弃物 | | | |
| 工业固体废物产生量 | 万吨 | 815 | 1206 |
| 工业固体废物综合利用量 | 万吨 | 360 | 445 |
| 其中:综合利用往年贮存量 | 万吨 | | |
| 工业固体废物处置量 | 万吨 | 401 | 719 |
| 其中:处置往年贮存量 | 万吨 | | |
| 工业固体废物贮存量 | 万吨 | 54 | 57 |
| 工业固体废物倾倒丢弃量 | 万吨 | | 0.77 |

# 13－6 城市环境质量状况

| 项　　目 | 单　位 | 2016 年 | 2017 年 |
| --- | --- | --- | --- |
| 环境空气 | | | |
| 全年环境空气质量Ⅱ级和好于Ⅱ级天数 | 天 | 283 | 255 |
| 污染天数 | 天 | 83 | 110 |
| 二氧化硫年日均值 | 微克/立方米 | 28 | 29 |
| 二氧化氮年日均值 | 微克/立方米 | 43 | 45 |
| 细颗粒物（PM2.5）年日均值 | 微克/立方米 | 41 | 44 |
| 可吸入颗粒物（PM10）年日均值 | 微克/立方米 | 95 | 99 |
| 酸雨 pH 值年均值 | | 6.3 | 6.4 |
| 每平方公里每月平均降尘 | 吨 | 5.5 | 4.8 |
| 沙尘天气次数 | 天 | 9 | 11 |
| 水环境 | | | |
| 城市集中式饮用水水源地水质达标率 | % | 100.0 | 100.0 |
| 地表水环境功能区水质达标率 | % | 61.5 | 66.1 |
| 声环境 | | | |
| 区域环境噪声平均值 | dB（A） | 53.8 | 54.0 |
| 道路交通噪声平均值 | dB（A） | 68.9 | 68.4 |
| 城市功能区噪声状况 | | | |
| 功能区噪声昼间达标率 | % | 100.0 | 93.8 |
| 功能区噪声夜间达标率 | % | 30.0 | 75.0 |
| 环境管理指标 | | | |
| 清洁能源使用率 | % | 78.3 | 81.8 |
| 机动车环保定期检测率 | % | 94.4 | 91.6 |
| 工业固体废物综合利用率 | % | 44.0 | 36.8 |
| 工业固体废物处置率 | % | 47.2 | 59.6 |
| 危险废物综合利用率 | % | 78.0 | 75.1 |
| 危险废物处置率 | % | 16.0 | 30.7 |

# 主要统计指标解释

**能源消费总量** 指一定时期内全市物质生产部门、非物质生产部门和生活消费的各种能源的总和,是观察能源消费水平、构成和增长速度的总量指标。能源消费总量包括原煤和原油及其制品、天然气、电力,不包括低热值燃料、生物质能和太阳能等的利用。能源消费总量分为终端能源消费量、能源加工转换损失量和损失量三部分。

能源消费总量 = 终端能源消费量折标准煤之和 + 能源加工转换投入量折标准煤之和 - 能源加工转换产出量折标准煤之和 + 能源损失量折标准煤之和

(1)终端能源消费量:指一定时期内全市生产和生活消费的各种能源在扣除了用于加工转换二次能源消费量和损失量以后的数量。

(2)能源加工转换损失量:指一定时期内全市投入加工转换的各种能源数量之和产出各种能源产品之和的差额,是观察能源在加工转换过程中损失量变化的指标。

(3)能源损失量:指一定时期内能源在输送、分配、储存过程中发生的损失和由客观原因造成的各种损失量,不包括各种气体能源放空、放散量。

**一次能源生产量** 是指生产一次能源的企业(单位)在报告期内将自然界现存的能源资源经过开采而产出的合格产品,如煤矿采掘的原煤,油田开采的原油,气田开采出的天然气等。

**能源加工转换** 能源加工与转换既有联系又有区别,两者都是将能源经过一定的工艺流程生产出新的能源产品。能源加工,一般只是能源物理形态的变化,如原油经过炼制成为汽油、煤油、柴油等石油制品;原煤经过洗选成为洗煤;炼焦煤经过高温干馏成为焦炭;煤炭经过气化成为煤气等。能源转换是能源流程中的能量形式的转换。如热电厂将煤炭、重油等投入到耗能设备中,经过复杂的工艺过程把热能转换为机械能,机械能转换为电能。

**标准煤** 标准煤亦称煤当量,具有统一的热值标准。我国规定每千克标准煤的热值为7000千卡。将不同品种、不同含量的能源按各种不同的热值换算成每千克热值为7000千卡的标准煤。

**当量热值** 当量热值又称理论热值(或实际发热值)是指某种能源一个度量单位本身所含热量。当量热值是能源统计中经常使用的一个热值概念,其热值的计算可根据试样在充氧的弹筒中(放有浸没氧弹的水的容器)完全燃烧所放出的热量(用燃烧后水温升高计算出来的)进行实测。

**等价热值** 等价热值也是能源统计经常使用的一个热值概念,是指加工转换产出的某种二次能源与相应投入的一次能源的当量,即获得一个度量单位的某种二次能源所消耗的以热值表示的一次能源量,也就是消耗一个度量单位的某种二次能源,就等价于消耗了以热值表示的一次能源量。因此,等价热值是个变动值,随着能源加工转换工艺的提高和能源管理工作的加强,转换损失逐渐减少,等价热值会不断降低。等价热值是对二次能源及消耗工质而言,因一次能源不存在折算问题,因此也无所谓等价热值。

等价热值 = 二次能源具有的能量/转换效率

单位GDP能耗 = 地区能源消费总量/ GDP(2015年可比价)

单位工业增加值能耗 = 工业企业综合能源消费总量/工业增加值(2015年可比价)

**工业废水排放量** 指经过企业厂区所有排放口排到企业外部的工业废水量。包括生产废水、外排的直接冷却水、超标排放的矿井地下水和与工业废水混排的厂区生活污水,不包括外排的间接冷却水(清污不分流的间接冷却水应计算在内)。

**工业固体废物综合利用量** 指通过回收、加工、循环、交换等方式,从固体废物中提取或者使其转化为可以利用的资源、能源和其他原材料的固体废物量(包括当年利用往年的工业固体废物累计贮存量),如用作农业肥料、生产建筑材料、筑路等。综合利用量由原产生固体废物的单位统计。

**工业烟(粉)尘排放量** 指生产工艺过程中排放固体粉状物重量。

# 第二部分　统计资料

## 建 筑 业

# 14－1 按经济类型分建筑业生产情况

| 项　　目 | 单位 | 总计 | 内资企业 | #国有企业 | 私营企业 | 股份有限公司 | 有限责任公司 |
|---|---|---|---|---|---|---|---|
| 企业个数 | 个 | 165 | 165 | 2 | 96 | 9 | 57 |
| 亏损企业个数 | 个 | 39 | 39 |  | 28 | 2 | 9 |
| 签订的合同额 | 千元 | 48342181 | 48342181 | 269300 | 5030575 | 15425863 | 27586913 |
| 建筑业总产值 | 千元 | 25456900 | 25456900 | 138115 | 3043758 | 7115653 | 15135479 |
| 建筑工程产值 | 千元 | 22314880 | 22314880 | 138115 | 2387458 | 7008200 | 12757212 |
| 安装工程产值 | 千元 | 2371821 | 2371821 |  | 300722 | 98922 | 1972177 |
| 其他产值 | 千元 | 770199 | 770199 |  | 355578 | 8531 | 406090 |
| 竣工产值 | 千元 | 8548025 | 8548025 | 34850 | 1685485 | 1599051 | 5203924 |
| 房屋建筑施工面积 | 平方米 | 8589033 | 8589033 |  | 2260940 | 1312145 | 5014257 |
| 年末自有施工机械设备 |  |  |  |  |  |  |  |
| 净　值 | 千元 | 865563 | 865563 | 95200 | 177303 | 50307 | 542694 |
| 总台数 | 台 | 14404 | 14404 | 416 | 3853 | 1859 | 8272 |
| 总功率 | 千瓦 | 295121 | 295121 | 4590 | 58974 | 33176 | 198367 |
| 主要建筑材料消耗量 |  |  |  |  |  |  |  |
| 钢　材 | 吨 | 702167 | 702167 | 99 | 434017 | 52398 | 215437 |
| 木　材 | 立方米 | 318175 | 318175 |  | 290521 | 9568 | 17509 |
| 水　泥 | 吨 | 1084243 | 1084243 | 15168 | 186239 | 261690 | 615735 |
| 从业人员情况 |  |  |  |  |  |  |  |
| 直接从事生产经营活动的平均人数 | 人 | 56097 | 56097 | 1311 | 12100 | 10599 | 31951 |
| 从事建筑业活动的期末人员 | 人 | 43013 | 43013 | 1323 | 10956 | 10106 | 20460 |

# 14－2　按国民经济行业分建筑业生产情况

| 项　　目 | 单　位 | 合 计 | 房屋工程建　　筑 | 土木工程建　　筑 | 建筑安装 | 建筑装饰 | 其　他建筑业 |
|---|---|---|---|---|---|---|---|
| 企业个数 | 个 | 165 | 81 | 34 | 31 | 13 | 6 |
| #亏损企业个数 | 个 | 39 | 19 | 6 | 7 | 5 | 2 |
| 签订的合同额 | 千元 | 48342181 | 19951761 | 26592316 | 1411866 | 155824 | 230414 |
| 建筑业总产值 | 千元 | 25456900 | 10847845 | 13325448 | 986949 | 101494 | 195164 |
| 建筑工程产值 | 千元 | 22314880 | 8772591 | 13184591 | 265084 | 73644 | 18970 |
| 安装工程产值 | 千元 | 2371821 | 1377203 | 101909 | 711815 | 4700 | 176194 |
| 其他产值 | 千元 | 770199 | 698051 | 38948 | 10050 | 23150 | |
| 竣工产值 | 千元 | 8548025 | 5711591 | 2138712 | 596267 | 71414 | 30041 |
| 房屋建筑施工面积 | 平方米 | 8589033 | 8473686 | 5684 | 109663 | | |
| 年末自有施工机械设备 | | | | | | | |
| 净　　值 | 千元 | 865563 | 395585 | 422146 | 9029 | 38620 | 183 |
| 总 台 数 | 台 | 14404 | 8164 | 5120 | 934 | 163 | 23 |
| 总 功 率 | 千瓦 | 295121 | 150947 | 128482 | 1887 | 13304 | 501 |
| 主要建筑材料消耗量 | | | | | | | |
| 钢　　材 | 吨 | 702167 | 578113 | 110492 | 13357 | 190 | 15 |
| 木　　材 | 立方米 | 318175 | 309610 | 6403 | 2158 | 4 | |
| 水　　泥 | 吨 | 1084243 | 462741 | 569700 | 21139 | 30663 | |
| 从业人员情况 | | | | | | | |
| 直接从事生产经营活动的平均人数 | 人 | 56097 | 34285 | 16878 | 3198 | 455 | 1281 |
| 从事建筑业活动的期末人员 | 人 | 43013 | 25157 | 13217 | 3140 | 338 | 1161 |

# 14－3 按经济类型分建筑业财务状况

| 项目 | 单位 | 总计 | 内资企业 | #国有企业 | 私营企业 | 股份有限公司 | 有限责任公司 |
|---|---|---|---|---|---|---|---|
| 企业个数 | 个 | 165 | 165 | 2 | 96 | 9 | 57 |
| 流动资产合计 | 千元 | 37097706 | 37097706 | 517488 | 6507133 | 9017035 | 21047186 |
| #存　　货 | 千元 | 5934796 | 5934796 | 48160 | 1055181 | 775791 | 4050561 |
| 固定资产合计 | 千元 | 2928739 | 2928739 | 89164 | 769982 | 244957 | 1822084 |
| 固定资产原价 | 千元 | 4593990 | 4593990 | 253051 | 1095275 | 430898 | 2808816 |
| 累计折旧 | 千元 | 2257063 | 2257063 | 163887 | 519864 | 186149 | 1383765 |
| #本年折旧 | 千元 | 228303 | 228303 | 1082 | 52028 | 20937 | 154055 |
| 在建工程 | 千元 | 241251 | 241251 |  | 151537 | 123 | 89591 |
| 资产合计 | 千元 | 46824315 | 46824315 | 652761 | 7515942 | 12119702 | 26524494 |
| 流动负债合计 | 千元 | 30429500 | 30429500 | 381223 | 4054181 | 7277008 | 18713931 |
| 非流动负债合计 | 千元 | 1172310 | 1172310 |  | 180381 | 952287 | 39642 |
| 负债合计 | 千元 | 32357252 | 32357252 | 381223 | 4710401 | 8229296 | 19033175 |
| 所有者权益合计 | 千元 | 14467063 | 14467063 | 271538 | 2805541 | 3890406 | 7491319 |
| #实收资本 | 千元 | 7800975 | 7800975 | 130800 | 1931262 | 1979699 | 3752224 |
| 主营业务收入 | 千元 | 27631786 | 27631786 | 138116 | 3949031 | 7247291 | 16273453 |
| 主营业务税金及附加 | 千元 | 186760 | 186760 | 4208 | 55073 | 23175 | 103492 |
| 其他业务利润 | 千元 | 139 | 139 |  | －12175 | 5231 | 7083 |
| 管理费用 | 千元 | 1358478 | 1358478 | 12640 | 190956 | 218120 | 935568 |
| #税　　金 | 千元 |  |  |  |  |  |  |
| 营业利润 | 千元 | 1800161 | 1800161 | 304 | 202862 | 930739 | 665734 |
| 利润总额 | 千元 | 1845626 | 1845626 | 304 | 229142 | 911331 | 704327 |
| 应付职工薪酬 | 千元 | 2607802 | 2607802 | 30000 | 424810 | 685036 | 1463894 |
| 亏损企业个数 | 个 | 39 | 39 |  | 28 | 2 | 9 |
| 建筑业增加值 | 千元 | 4823026 | 4823026 | 35594 | 734773 | 1659887 | 2387175 |

# 14－4　按国民经济行业分建筑业财务状况

| 项　目 | 单　位 | 总　计 | 房屋工程建筑 | 土木工程建筑 | 建筑安装 | 建筑装饰 | 其他建筑 |
|---|---|---|---|---|---|---|---|
| 企业个数 | 个 | 165 | 81 | 34 | 31 | 13 | 6 |
| 流动资产合计 | 千元 | 37097706 | 13536094 | 20886427 | 1899635 | 286933 | 488617 |
| #存　货 | 千元 | 5934796 | 1662866 | 3804391 | 303747 | 5753 | 158039 |
| 固定资产合计 | 千元 | 2928739 | 1917417 | 780356 | 113985 | 47933 | 69048 |
| 固定资产原价 | 千元 | 4593990 | 2446986 | 1814177 | 176663 | 70715 | 85449 |
| 累计折旧 | 千元 | 2257063 | 1058333 | 1061554 | 66734 | 22782 | 47660 |
| #本年折旧 | 千元 | 228303 | 89495 | 126053 | 5189 | 2396 | 5170 |
| 在建工程 | 千元 | 241251 | 201555 | 9173 | | | 30523 |
| 资产合计 | 千元 | 46824315 | 18374761 | 25336839 | 2158315 | 389680 | 564720 |
| 流动负债合计 | 千元 | 30429500 | 11809936 | 17425971 | 744807 | 136146 | 312640 |
| 非流动负债合计 | 千元 | 1172310 | 194042 | 977236 | 32 | | 1000 |
| 负债合计 | 千元 | 32357252 | 12291420 | 18418908 | 1192886 | 140397 | 313641 |
| 所有者权益合计 | 千元 | 14467063 | 6083341 | 6917931 | 965429 | 249283 | 251079 |
| #实收资本 | 千元 | 7800975 | 2618052 | 4488132 | 329991 | 218800 | 146000 |
| 主营业务收入 | 千元 | 27631786 | 11923313 | 14142079 | 1170411 | 63498 | 332485 |
| 主营业务税金及附加 | 千元 | 186760 | 89869 | 78608 | 15873 | 528 | 1882 |
| 其他业务利润 | 千元 | 139 | －7971 | 8095 | | 15 | |
| 管理费用 | 千元 | 1358478 | 364425 | 827178 | 86370 | 7514 | 72991 |
| #税　金 | 千元 | | | | | | |
| 营业利润 | 千元 | 1800161 | 266778 | 1362516 | 150705 | 8653 | 11509 |
| 利润总额 | 千元 | 1845626 | 328026 | 1347223 | 150103 | 8641 | 11633 |
| 应付职工薪酬 | 千元 | 2607802 | 1498872 | 953838 | 113177 | 11867 | 30048 |
| 亏损企业个数 | 个 | 39 | 19 | 6 | 7 | 5 | 2 |
| 建筑业增加值 | 千元 | 4823026 | 1945014 | 2521015 | 284944 | 23444 | 48609 |

# 14－5　国有及国有控股建筑业企业基本情况

| 项　　目 | 单　位 | 2016 年 | 2017 年 | 2017 年比 2016 年增长% |
|---|---|---|---|---|
| 企业个数 | 个 | 20 | 20 | |
| 签订的合同额 | 千元 | 21218642 | 19597722 | －7.6 |
| 建筑业总产值 | 千元 | 11520991 | 10981692 | －4.7 |
| 建筑工程 | 千元 | 6470036 | 9244248 | 42.9 |
| 安装工程 | 千元 | 3609295 | 1719367 | －52.4 |
| 其他工程 | 千元 | 1441660 | 18077 | －98.7 |
| 竣工产值 | 千元 | 1986484 | 2121206 | 6.8 |
| 房屋建筑施工面积 | 平方米 | 1139540 | 1119314 | －1.8 |
| 从事建筑业活动的期末人员 | 人 | 20753 | 17188 | －17.2 |
| 应付职工薪酬 | 千元 | 1286781 | 1153073 | －10.4 |
| 年末自有设备机械净值 | 千元 | 541776 | 437330 | －19.3 |
| 年末自有设备机械总台数 | 台 | 6123 | 6638 | 8.4 |
| 年末自有设备机械总功率 | 千瓦 | 279452 | 161561 | －42.2 |
| 年末固定资产原价 | 千元 | 1984606 | 2446336 | 23.3 |
| 年末固定资产合计 | 千元 | 787438 | 1198867 | 52.2 |
| 主营业务收入 | 千元 | 11172872 | 11797781 | 5.6 |
| 利润总额 | 千元 | 683741 | 567101 | －17.1 |

# 14－6 大中型建筑业

| 指　　标 | 单　位 | 合　　计 | #内蒙古第三建筑工程公司 | 呼市建筑工程公司 |
|---|---|---|---|---|
| 上年结转合同额 | 千元 | 22412984 | 2122278 | 112580 |
| 本年新签合同额 | 千元 | 25929197 | 1080745 | 854310 |
| 自行完成施工产值 | 千元 | 25280648 | 1551457 | 910000 |
| 直接从建设单位承揽工程完成的产值 | 千元 | 25403551 | 1551457 | 910000 |
| 建筑业总产值 | 千元 | 25456900 | 1551457 | 910000 |
| 建筑工程 | 千元 | 22314880 | 1551457 | 910000 |
| 安装工程 | 千元 | 2371821 | | |
| 其他工程 | 千元 | 770199 | | |
| 竣工产值 | 千元 | 8548025 | 511600 | 372290 |
| 房屋建筑施工面积 | 平方米 | 8589033 | 1475246 | 969669 |
| #本年新开工 | 平方米 | 1682275 | 222564 | 245285 |
| 房屋建筑竣工面积 | 平方米 | 2817593 | 270681 | 241003 |
| #住　　宅 | 平方米 | 1794125 | 270681 | 212093 |
| 年末自有施工机械设备总台数 | 台 | 14404 | 620 | 270 |
| 年末自有施工机械设备总功率 | 万千瓦 | 295121 | 11000 | 10250 |
| 年末自有施工机械设备净值 | 千元 | 865563 | 29450 | 15500 |
| 计算建筑业劳动生产率的平均人数 | 人 | 2257063 | 47119 | 27789 |
| 实收资本合计 | 千元 | 7800975 | 103318 | 50100 |
| 流动资产合计 | 千元 | 37097706 | 1390831 | 423397 |
| 固定资产原价 | 千元 | 4593990 | 71933 | 91528 |
| 累计折旧 | 千元 | 2257063 | 47119 | 27789 |
| #本　　年 | 千元 | 228303 | | |
| 流动负债合计 | 千元 | 30429500 | 1359185 | 412600 |
| 非流动负债合计 | 千元 | 1172310 | | |
| 所有者权益合计 | 千元 | 14467063 | 109419 | 90735 |
| 主营业务收入 | 千元 | 27631786 | 1551347 | 863108 |
| 主营业务成本 | 千元 | 22577720 | 1522095 | 846088 |
| 主营业务税金及附加 | 千元 | 186760 | 7521 | 3970 |
| 利润总额 | 千元 | 1845626 | 2807 | 3330 |
| 应交所得税 | 千元 | 347500 | 701 | 2467 |

# 企业基本情况

| 呼市市政工程公司 | 内蒙古黄河辽河工程局 | 内蒙古公路工程局 | 内蒙古国电电力建设工程公司 | 内蒙古送变电工程公司 | 中铁六局(集团)呼和铁建公司 |
|---:|---:|---:|---:|---:|---:|
| 183350 | 463515 | 3283446 | 147840 | 1226620 | 2617520 |
| 225677 | 249497 | 1863590 | 457201 | 1138835 | 1029740 |
| 202688 | 420000 | 2245550 | 190000 | 1958832 | 2700300 |
| 202688 | 420000 | 2245550 | 190000 | 1958832 | 2700300 |
| 202688 | 420000 | 2245550 | 190000 | 1958832 | 2700300 |
| 202688 | 420000 | 2245550 | 100000 | 1958832 | 2700300 |
| | | | 90000 | | |
| | | | | | |
| 224951 | 2600 | | | 1123842 | |
| | | | | | |
| | | | | | |
| | | | | | |
| | | | | | |
| 11 | 915 | 422 | 663 | 1408 | 962 |
| 1420 | 12014 | 8360 | 20690 | 29942 | 40537 |
| 12297 | 9435 | 55491 | 16686 | 102255 | 39969 |
| 36133 | 64186 | 62857 | 143623 | 188696 | 166650 |
| 40018 | 60225 | 1030000 | 200710 | 213780 | 210170 |
| 490096 | 389126 | 2636907 | 428958 | 2060084 | 3950273 |
| 44263 | 74965 | 161956 | 194771 | 302473 | 238106 |
| 36133 | 64186 | 62857 | 143623 | 188696 | 166650 |
| 1082 | 2964 | 13944 | 4467 | 26607 | 11722 |
| 473029 | 325766 | 1590970 | 955978 | 1853950 | 3865699 |
| | 601 | 12062 | | | 13270 |
| 65653 | 75655 | 1199779 | -299394 | 614545 | 304007 |
| 202688 | 420000 | 2524914 | 275875 | 1840213 | 2414588 |
| 189552 | 363961 | 2107925 | 231020 | 1272840 | 2364531 |
| 1658 | 1260 | 15812 | 2457 | 14934 | 6336 |
| 8379 | 1055 | 170665 | 4117 | 263075 | 63 |
| 2123 | 91 | 26884 | 618 | 40609 | -1202 |

14－6 续表

| 指　　标 | 单　位 | 内蒙古第二建筑工程公司 | 内蒙古派力建筑工程公司 | 内蒙古中色建筑工程总公司 |
|---|---|---|---|---|
| 上年结转合同额 | 千元 | 2425142 | 12400 | 234450 |
| 本年新签合同额 | 千元 | 1465441 | | |
| 自行完成施工产值 | 千元 | 2384523 | 12400 | |
| 直接从建设单位承揽工程完成的产值 | 千元 | 2384523 | 12400 | |
| 建筑业总产值 | 千元 | 2384523 | 12400 | 103265 |
| 建筑工程 | 千元 | 2289850 | 12400 | 103265 |
| 安装工程 | 千元 | 86142 | | |
| 其他工程 | 千元 | 8531 | | |
| 竣工产值 | 千元 | 1596451 | 13130 | |
| 房屋建筑施工面积 | 平方米 | 1152145 | 100000 | |
| #本年新开工 | 平方米 | 141253 | | |
| 房屋建筑竣工面积 | 平方米 | 506123 | 100000 | |
| #住　　宅 | 平方米 | 270602 | 100000 | |
| 年末自有施工机械设备总台数 | 台 | 856 | 22 | 60 |
| 年末自有施工机械设备总功率 | 万千瓦 | 16024 | 430 | 3600 |
| 年末自有施工机械设备净值 | 千元 | 13892 | 320 | 59400 |
| 计算建筑业劳动生产率的平均人数 | 人 | 32667 | 5733 | 48480 |
| 实收资本合计 | 千元 | 110812 | 40500 | 65800 |
| 流动资产合计 | 千元 | 512964 | 280573 | 152430 |
| 固定资产原价 | 千元 | 72616 | 6325 | 107880 |
| 累计折旧 | 千元 | 32667 | 5733 | 48480 |
| #本　　年 | 千元 | 1694 | 142 | 700 |
| 流动负债合计 | 千元 | 581630 | 240894 | 124548 |
| 长期负债合计 | 千元 | 383 | | |
| 所有者权益合计 | 千元 | 168424 | 89101 | 120282 |
| 主营业务收入 | 千元 | 2306115 | 12400 | 103265 |
| 主营业务成本 | 千元 | 2242534 | 6995 | 93757 |
| 主营业务税金及附加 | 千元 | 11262 | 434 | 3511 |
| 利润总额 | 千元 | 28152 | 2187 | 142 |
| 应交所得税 | 千元 | 7038 | 547 | 2 |

| 内蒙古蒙建建筑安装工程有限责任公司 | 内蒙古煤炭建设工程（集团）总公司 | 内蒙古巨华集团大华建筑安装有限公司 | 内蒙古地矿建设工程集团有限责任公司 | 呼和浩特市公路工程局有限责任公司 |
|---|---|---|---|---|
| 911780 | | 736740 | 174165 | 724965 |
| | 34850 | 76540 | | 54035 |
| 262172 | 34850 | 493620 | 83565 | 278093 |
| 262172 | 34850 | 493620 | 83565 | 278093 |
| 262172 | 34850 | 493620 | 83565 | 278093 |
| 262172 | 34850 | 493620 | 83565 | 278093 |
| | | | | |
| | | | | |
| 505070 | 34850 | 296330 | | 151438 |
| 340357 | | 1142394 | 90000 | |
| | | 47237 | | |
| 285000 | | 129738 | | |
| 285000 | | | | |
| 436 | 356 | 293 | 106 | 85 |
| 6928 | 990 | 21396 | 1523 | 10722 |
| 31819 | 35800 | 56120 | 598 | 58160 |
| 6881 | 115407 | 177452 | 7280 | 61822 |
| 50264 | 65000 | 315680 | 20000 | 310117 |
| 52482 | 365058 | 842886 | 404406 | 366810 |
| 31002 | 145171 | 262890 | 42624 | 162564 |
| 6881 | 115407 | 177452 | 7280 | 61822 |
| 479 | 382 | 19068 | 449 | 12213 |
| 18252 | 256675 | 654131 | 474158 | 260551 |
| | | 56081 | | |
| 58351 | 151256 | 422505 | 25594 | 355439 |
| 294909 | 34851 | 493620 | 83565 | 278093 |
| 286027 | 27183 | 381664 | 78137 | 268889 |
| 1445 | 697 | 9254 | 615 | 1343 |
| 1257 | 162 | 84486 | 407 | 1871 |
| 314 | 39 | 21121 | 24 | 468 |

# 主要统计指标解释

**建筑业** 指国民经济中专门从事建筑安装工程施工的物质生产部门。建筑业生产是以工农业产品为原料,经过建筑安装活动形成各种用途的固定资产。建筑业的主要生产活动包括:(1)各种房屋,建筑物和构筑物的建造;(2)各种线路、管道和机械设备的安装;(3)原有房屋、建筑物和构筑物的修理;(4)对各种建筑物、构筑物的装饰和装修;(5)部分非标准设备的制造。

**建筑施工企业** 指从事房屋、构筑物建造和设备安装活动的生产单位,包括建筑安装企业和自营施工单位。建筑安装企业是指行政上有独立组织,经济上实行独立核算的企业(如建筑公司、安装公司、工程公司、工程局等)。自营施工单位是指附属于现有企业、事业或行政单位内部,主要为建造和修理本单位房屋构筑物的机构或单位。自营施工单位要同时具备下述条件:(1)对内独立核算;(2)有固定组织和施工队伍;(3)全年施工期在半年以上。

**建筑业总产值** 指建筑施工企业在一定时期内所完成的以货币表现的生产总量。是反映建筑业生产规模、水平和成果的综合指标。

**施工产值** 指建筑施工企业自行完成的按工程进度计算的建筑安装生产总值。它包括建筑工程产值,设备安装工程产值,房屋、构筑物修理产值,非标准设备制造产值。

**建筑业增加值** 指建筑企业在报告期内以货币表现的建筑业生产经营活动的最终成果。建筑业增加值有两种计算方法:一是生产法,即建筑业总产出减去建筑业中间消耗后的余额;二是分配法(收入法),即从收入的角度出发,根据生产要素在生产过程中应得到的收入份额计算,具体构成项目有固定资产折旧、劳动者报酬、生产税净额、营业盈余。

**年末自有机械设备价值** 指年末本单位自有施工机械、生产设备、运输设备价值,分别按原值和净值计算,不包括非生产用的机械设备价值。

**利润总额** 是指建筑施工企业在一定时期内所实现的利润。它包括工程结算利润、产品销售利润、作业销售利润、材料销售利润及其他销售利润、营业外收支差额。

**工程结算收入** 指本企业承包工程实现的工程价额结算收入以及向发包单位收取的除工程价款以外按规定列作营业收入的各种款项,如临时设施费、劳动保险费、施工机构调迁费等以及向发包单位收取的各种索赔款。

**工程结算成本** 指在报告期内与发包单位办理工程价款结算的已完工程实际成本。

**工程结算税金及附加** 指因从事建筑业生产活动,取得工程价款收入而按规定应交纳的营业税、城市维护建设税等以及随同营业税金一并计算交纳的教育附加等。

**工程结算利润** 指已结算工程实现的利润。

**工程质量优良品率 这是以竣工的单位工程的房屋建筑面积作为观察对象,来衡量经过验收的已竣工工程达到优良标准的比率,比率愈大,证明企业竣工工程质量状况愈好。**

**产值利润率** 是报告期内企业实现的利润总额占同期建筑业总产值的百分比。

**竣工率** 是用企业竣工的工程产值与全部完成的施工产值相比较,反映企业实际提供的产品情况。

**竣工产值** 是指以货币表现的建筑业生产所形成的成品的价值。一般以单位工程为对象,当该工程按照设计所规定的工程内容全部完成,达到设计规定的交工条件,经有关部门检查验收鉴定合格的单位工程价值。

# 第二部分　统计资料

## 运输、邮电业

# 15－1 铁路运输

| 项　　目 | 单　位 | 2016 年 | 2017 年 | 2017 年比 2016 年增长% |
|---|---|---|---|---|
| 车 站 | 个 | 15 | 15 | |
| 营业里程(民族—陶思浩)(呼市—准格尔) | 公 里 | 328 | 328 | |
| 营业线路 | 条 | 5 | 5 | |
| 货物发送量 | 万 吨 | 3473 | 3136 | -9.7 |
| 货运周转量 | 万吨公里 | 1386629 | 1659574 | 19.7 |
| 旅客发送量 | 万 人 | 1116 | 1176 | 5.4 |
| 客运周转量 | 万人公里 | 218042 | 220930 | 1.3 |

注:不包括地方铁路数据。

# 15－2 公路客运量及货运量

| 项　　目 | 单　位 | 2016 年 | 2017 年 | 2017 年比 2016 年增长% |
|---|---|---|---|---|
| 公路客运量 | | | | |
| 客 运 量 | 万 人 | 466 | 435 | -6.7 |
| 客运周转量 | 万人公里 | 128958 | 116011 | -10.0 |
| 公路货运量 | | | | |
| 货 运 量 | 万 吨 | 16867 | 19076 | 13.0 |
| 货运周转量 | 万吨公里 | 3258271 | 3717243 | 14.1 |

## 15－3 机动车辆

单位:辆

| 项目 | 合计 | #个人 | 营运 | #公路客运 | 出租客运 | 货运 | 非营运 |
|---|---|---|---|---|---|---|---|
| 合计 | 1037125 | 944611 | 94929 | 674 | 6877 | 78068 | 939142 |
| 载客 | 931667 | 880894 | 12631 | 674 | 6877 | | 917482 |
| 大型 | 6074 | 76 | 3444 | 606 | 2 | | 1587 |
| 中型 | 2228 | 530 | 228 | 60 | | | 1489 |
| 小型 | 909929 | 867526 | 8781 | 8 | 6875 | | 901148 |
| 微型 | 13436 | 12762 | 178 | | | | 13258 |
| 载货 | 63193 | 33025 | 51680 | | | 48267 | 10013 |
| 重型 | 26971 | 13947 | 25508 | | | 24333 | 463 |
| 中型 | 4482 | 323 | 3718 | | | 3651 | 264 |
| 轻型 | 31491 | 18569 | 22220 | | | 20049 | 9271 |
| 微型 | 249 | 186 | 234 | | | 234 | 15 |
| 其他汽车 | 21269 | 18357 | 16273 | | | 16154 | 4996 |
| 摩托 | 6613 | 6570 | 29 | | | 22 | 6584 |
| 普通 | 6588 | 6545 | 29 | | | 22 | 6559 |
| 轻便 | 25 | 25 | | | | | 25 |
| 挂车 | 14383 | 5765 | 14316 | | | 13625 | 67 |
| 重型 | 14312 | 5736 | 14248 | | | 13559 | 64 |
| 中型 | 67 | 25 | 67 | | | 65 | |
| 轻型 | 4 | 4 | 1 | | | 1 | 3 |

## 15－4 公路里程

单位:公里

| 项目 | 年末公路里程 | 有铺装路面(高级) | 简易铺装路面(次高级) | 未铺装路面(中级、低级、无路面) | 可绿化里程 |
|---|---|---|---|---|---|
| 总计 | 7743 | 6804 | 90 | 849 | 7336 |
| 国道 | 959 | 959 | | | 959 |
| 省道 | 544 | 541 | | 3 | 544 |
| 县道 | 1636 | 1544 | 35 | 58 | 1634 |
| 乡道 | 1565 | 1350 | 26 | 189 | 1505 |
| 专用公路 | 120 | 81 | 2 | 37 | 106 |
| 村道 | 2919 | 2330 | 27 | 562 | 2589 |

# 15－5 航空航线

| 年份 | 总起降架次（次） | 主要机型 | 航线条数（条） | 通航城市（个） | 航空公司数量（家） |
|---|---|---|---|---|---|
| 1990 | 1389 | 733、146、AN4、YN5 | 16 | 18 | |
| 1991 | 1821 | 733、146、AN4、YN5 | 16 | 19 | |
| 1992 | 1255 | 733、146、AN4、YN5 | 13 | 13 | |
| 1993 | 1462 | 733、146、AN4、YN5 | 11 | 13 | |
| 1994 | 1595 | 733、146、AN4、YN5、YN7 | 12 | 12 | |
| 1995 | 1751 | 733、146、AN4、YN5、YN7 | 14 | 14 | |
| 1996 | 1953 | 733、146、AN4、YN5、YN7 | 15 | 15 | |
| 1997 | 1906 | 733、146、AN4、YN5、YN7 | 15 | 15 | |
| 1998 | 1856 | 733、146、AN4、YN5、YN7、IL6 | 13 | 13 | |
| 1999 | 2873 | 733、146、AN4、YN7、320、IL6 | 15 | 15 | |
| 2000 | 3239 | 733、146、328、AN4、TU5、320、ERJ、IL6 | 17 | 17 | 8 |
| 2001 | 4571 | 733、146、D38、ERJ、320、AN4 | 24 | 24 | 12 |
| 2002 | 4341 | 733、146、D38、ERJ、320、AN4、CR2 | 24 | 22 | 14 |
| 2003 | 4312 | 733、D38、DH8、320、CR2、ERJ、AN4、738 | 19 | 19 | 11 |
| 2004 | 6505 | 733、D38、DH8、320、CR2、ERJ、M82、738、734、319、F100、IL6 | 28 | 27 | 9 |
| 2005 | 7950 | 733、734、CR2、D38、320、738、ERJ、319、M82、DH8、F100、IL6 | 38 | 32 | 12 |
| 2006 | 10341 | 733、734、CR2、D38、320、319、738、ERJ、F100、IL6 | 47 | 35 | 11 |
| 2007 | 12507 | 733、737、738、734、319、320、D38、CR2、ERJ、M90、F100、752 | 62 | 41 | 18 |
| 2008 | 26527 | 733、737、738、734、319、320、D38、CR2、ERJ、EM4、E90、M90 | 67 | 38 | 18 |
| 2009 | 33190 | 733、737、738、734、319、320、D38、CR2、ERJ、EM4、E90、M90 | 71 | 46 | 20 |
| 2010 | 43331 | 733、737、738、734、319、320、321、CR2、ERJ、EM4、E90、M90 | 81 | 51 | 20 |
| 2011 | 48870 | 733、737、738、734、319、320、321、CR2、ERJ、EM4、E90、M90、777 | 96 | 53 | 21 |
| 2012 | 55990 | 733、737、738、734、319、320、321、ERJ、EM4、E90、777 | 112 | 57 | 22 |
| 2013 | 62799 | 733、737、738、734、319、320、321、ERJ、EM4、E90、777 | 132 | 63 | 23 |
| 2014 | 65221 | 733、737、738、734、319、320、321、ERJ、EM4、E90、777 | 129 | 65 | 31 |
| 2015 | 74177 | 737、738、319、320、321、M83、EM4、E90、CR9、MA6、777、787、330 | 139 | 64 | 29 |
| 2016 | 81873 | 737、738、319、320、321、M83、EM4、333、332、MA6、E90、E95、CR9、777、787、330 | 151 | 80 | 42 |
| 2017 | 96873 | 737、738、319、320、321、M83、EM4、333、332、MA6、E90、E95、CR9、777、787、330 | 172 | 80 | 45 |

# 15－6　航空运输

| 年　份 | 旅客流量(人) | | 货邮流量(吨) | | 折算吞吐量(人次) |
|---|---|---|---|---|---|
| | 发运量 | 到达量 | 发运量 | 到达量 | |
| 1990 | 53853 | 46756 | 294 | 320 | 107431 |
| 1991 | 83758 | 72762 | 398 | 352 | 164853 |
| 1992 | 78926 | 74176 | 242 | 200 | 158013 |
| 1993 | 95791 | 93174 | 447 | 423 | 198632 |
| 1994 | 109403 | 112418 | 441 | 652 | 233965 |
| 1995 | 125575 | 127961 | 401 | 611 | 264780 |
| 1996 | 128630 | 132516 | 405 | 636 | 272713 |
| 1997 | 125138 | 130044 | 346 | 685 | 266638 |
| 1998 | 133246 | 140007 | 5143 | 604 | 337109 |
| 1999 | 140964 | 148433 | 17500 | 774 | 492441 |
| 2000 | 182146 | 194817 | 10759 | 869 | 506163 |
| 2001 | 218461 | 229785 | 3663 | 994 | 499990 |
| 2002 | 234444 | 243371 | 9037 | 1236 | 591959 |
| 2003 | 249505 | 258120 | 11705 | 1547 | 654869 |
| 2004 | 405920 | 413275 | 10805 | 2186 | 963539 |
| 2005 | 563337 | 537080 | 5457 | 3096 | 1195450 |
| 2006 | 776234 | 733409 | 5079 | 4563 | 1616776 |
| 2007 | 915482 | 923272 | 5860 | 6554 | 1976687 |
| 2008 | 1062383 | 1059522 | 5774 | 7537 | 2269805 |
| 2009 | 1451003 | 1447658 | 4962 | 9551 | 3059919 |
| 2010 | 1831990 | 1831393 | 7490 | 13185 | 3893107 |
| 2011 | 2165677 | 2165852 | 7508 | 17710 | 4611731 |
| 2012 | 2705749 | 2729488 | 8003 | 20671 | 5753833 |
| 2013 | 3085533 | 3064749 | 10021 | 22579 | 6512503 |
| 2014 | 3236402 | 3233230 | 11167 | 25406 | 6877991 |
| 2015 | 3775445 | 3670805 | 11234 | 24844 | 7847114 |
| 2016 | 4400533 | 3784830 | 12430 | 25016 | 8061430 |
| 2017 | 5515005 | 4833971 | 12493 | 27118 | 10789101 |

# 15－7 邮电业务总量

| 项　　目 | 单　位 | 2016 年 | 2017 年 | 2017 年比 2016 年增长% |
|---|---|---|---|---|
| 邮电业务总量 | 万元 | 832438 | 743781 | －10.7 |
| 邮政业务总量 | 万元 | 100791 | 135757 | 34.7 |
| 函　　件 | 万件 | 471.0 | 469.7 | －0.3 |
| 汇　　票 | 万笔 | 9 | 3 | －65.5 |
| 杂志累计 | 万份 | 202 | 192 | －4.8 |
| 报纸累计 | 万份 | 6176 | 5971 | －3.3 |
| 邮政储蓄余额 | 万元 | 445939 | 476021 | 6.7 |
| 集邮业务 | 万枚 | 248.2 | 632.3 | 154.7 |
| 电信业务总量 | 万元 | 731647 | 608024 | －16.9 |
| 城市电话 | 万户 | 56.2 | 50.6 | －10.0 |
| #住宅电话 | 万户 | 24.2 | 19.6 | －18.9 |
| 乡村电话 | 万户 | 2.0 | 1.7 | －16.7 |
| #住宅电话 | 万户 | 1.7 | 1.4 | －18.6 |
| 公用电话 | 万部 | 5.5 | 4.9 | －11.6 |
| 移动电话 | 万户 | 319.8 | 437.8 | 36.9 |
| 上网用户 | 万户 | 230.5 | 219.7 | －4.7 |

# 15－8 邮　　路

| 项　　目 | 单　位 | 2016 年 | 2017 年 |
|---|---|---|---|
| 邮路总条数 | 条 | 78 | 83 |
| 自办汽车邮路 | 条 | 66 | 71 |
| 委办汽车邮路 | 条 | 12 | 12 |
| 其它邮路 | 条 | | |
| 城市投递道段条数 | 条 | 325 | 387 |
| 农村投递路线条数 | 条 | 120 | 110 |
| 邮路总长度(单程) | 公里 | 4097 | 2352 |
| 自办汽车邮路 | 公里 | 3432 | 1687 |
| 委办汽车邮路 | 公里 | 665 | 665 |
| 其它邮路 | 公里 | | |
| 城市投递段道长度(单程) | 公里 | 10389 | 10444 |
| 农村投递路线总长度(单程) | 公里 | 8391 | 7440 |

# 15－9 邮 路 长 度

单位:公里

| 项 目 | 邮路总长度 | #汽车邮路 | 城市投递道段 | 农村投递路线 |
|---|---|---|---|---|
| 总 计 | 2352 | 2352 | 10444 | 7440 |
| #土 左 旗 | 160 | 160 | 193 | 1329 |
| 托 县 | 140 | 140 | 332 | 884 |
| 和 林 县 | 235 | 235 | 112 | 1698 |
| 清 水 河县 | 275 | 275 | 140 | 1645 |
| 武 川 县 | 230 | 230 | 378 | 495 |

# 15－10 邮电局(所)地区分布

单位:处

| 项 目 | 2016 年 | 设在农村 | 2017 年 | 设在农村 |
|---|---|---|---|---|
| 总 计 | 118 | 52 | 116 | 50 |
| 市 辖 区 | 59 | 9 | 59 | 9 |
| 土 左 旗 | 15 | 12 | 13 | 11 |
| 托 县 | 10 | 7 | 10 | 7 |
| 和 林 县 | 11 | 9 | 11 | 9 |
| 清水河县 | 12 | 8 | 12 | 7 |
| 武 川 县 | 11 | 7 | 11 | 7 |

# 主要统计指标解释

**铁路营业里程** 指办理客货运输业务的铁路正线总长度。凡是全线或部分建成双线及以上的线路，以第一线的实际长度计算；复线、站线、段管线、岔线和特别用途线及不计算运费的联络线都不计算营业里程。铁路营业里程是反映铁路运输业基础设施发展水平的重要指标，也是计算客货周转量、运输密度和机车车辆运用效率等指标的基础资料。

**公路里程** 也称"公路通车里程"，是反映公路建设发展规模的重要指标，也是计算运输网密度等指标的基础资料；是指实际达到交通部制定的公路工程技术标准规定的等级的公路长度。它包括大中城市的郊区公路以及通过小城镇街道的公路里程，也包括桥梁、渡口的长度，但不包括城市的街道以及厂矿、林区和农业生产用道的里程。两条或多条公路共同经由同一路段，只计算一次，不得重复计算里程长度。

**货(客)运量** 指运输业实际运送的货物(旅客)数量。货运按吨计算，客运按人计算。货物不论运输距离长短，货物类别，均按实际重量统计；旅客不论行程远近或票价多少，均按一人一次作为客运量统计。半价票、小孩票也按一人统计。

**货物(旅客)周转量** 指运输业运送的货物(旅客)数量与其相应运输距离的乘积之总和。是反映运输业生产总成果的重要指标，也是编制和检查运输生产计划、计算运输效率、劳动生产率以及核算运输单位成本的主要基础资料。通常以吨公里和人公里为计算单位。计算货物周转量通常按发出站与到达站之间的最短距离，也就是计费距离计算。

**邮电业务总量** 指以货币表现的邮电部门用于传递信息和提供其它邮电服务的总量。它综合反映了一定时期邮电工作的总成果，是研究邮电业务量构成和发展趋势的重要指标。它用各种邮电分类业务量，如函件件数，电报份数，长话张数，市内电话和农村电话的平均户数，订销报刊累计份数等，分别乘以相应的平均单价(不变价)，加总后再加上出租电路和设备的收入，代用户维护电话交换机和线路等设备的收入，其他业务收入求得。

**邮电局所** 指一切由邮电部门自办和委托其它单位或个人代办的，直接对外办理邮电业务的机构。包括邮电局、邮局、机要通信局、电报局、长途电话局、长途电信局、市内电话局、电信局及其分支局所等。

**邮路** 指不同地域之间，邮件、报刊运输和投递所经由的路线。邮路的通达范围、方式和构成，是反映邮政通信水平的主要标志。按照在邮政通信网中所起的作用，邮路分为：(1)干线邮路(或称一级邮路)。包括国际邮路和国内省会间邮路。(2)二级邮路。包括省内县市以上邮路和省际(除省会间外)县市以上邮路。(3)市区邮路。包括市区及城关区支局(所)以上邮路，局所到车站、码头、机场、报刊杂志社的邮路以及专设的信箱、信筒开取邮路。(4)农村邮路。包括县内及县际支局邮路以及专设投递线路。

# 第二部分　统计资料

## 批发零售贸易和餐饮业

# 16－1 历年社会消费品零售总额

单位:万元

| 年 份 | 社会消费品零售额 | #批发零售贸易业 | 住宿和餐饮业 |
|---|---|---|---|
| 1949 | 2221 | 1630 | 119 |
| 1952 | 4656 | 3515 | 146 |
| 1957 | 10967 | 9190 | 535 |
| 1962 | 14570 | 12461 | 794 |
| 1965 | 15658 | 13981 | 561 |
| 1970 | 19808 | 18549 | 540 |
| 1975 | 27757 | 24060 | 940 |
| 1978 | 34217 | 29660 | 1159 |
| 1980 | 42704 | 36714 | 1710 |
| 1981 | 48982 | 40783 | 1739 |
| 1982 | 52515 | 42971 | 1912 |
| 1983 | 58296 | 46999 | 2167 |
| 1984 | 65258 | 50859 | 2540 |
| 1985 | 91138 | 66290 | 3039 |
| 1986 | 100032 | 75386 | 3416 |
| 1987 | 114328 | 88077 | 3405 |
| 1988 | 143875 | 113868 | 3820 |
| 1989 | 153225 | 123674 | 3698 |
| 1990 | 166473 | 136879 | 3396 |
| 1991 | 195009 | 160890 | 4658 |
| 1992 | 230674 | 183101 | 4380 |
| 1993 | 286054 | 211387 | 9284 |
| 1994 | 352850 | 262980 | 13427 |
| 1995 | 431396 | 303794 | 26112 |
| 1996 | 523577 | 448181 | 60325 |
| 1997 | 650806 | 553185 | 81224 |
| 1998 | 816762 | 710583 | 88175 |
| 1999 | 1017685 | 870120 | 127797 |
| 2000 | 1260912 | 1084384 | 155475 |
| 2001 | 1547139 | 1315069 | 208912 |
| 2002 | 1884416 | 1627771 | 231750 |

16－1 续表

单位：万元

| 年　份 | 社会消费品零售额 | #批发零售贸易业 | 住宿和餐饮业 |
|---|---|---|---|
| 2003 | 2253761 | 1706892 | 518862 |
| 2004 | 2648169 | 1979304 | 633945 |
| 2005 | 3078430 | 2343560 | 734870 |
| 2006 | 3679937 | 2773721 | 906216 |
| 2007 | 4433505 | 3350421 | 1083084 |
| 2008 | 5539024 | 4758022 | 742229 |
| 2009 | 6412127 | 5528779 | 847157 |
| 2010 | 7585546 | 6587939 | 978296 |
| 2011 | 8900478 | 7867123 | 1033355 |
| 2012 | 10222452 | 8820979 | 1401473 |
| 2013 | 11423591 | 9852521 | 1571070 |
| 2014 | 12560778 | 10819053 | 1741725 |
| 2015 | 13535272 | 11604530 | 1930742 |
| 2016 | 14814578 | 12674960 | 2139617 |
| 2017 | 15709522 | 13317240 | 2392282 |

## 16－2　社会消费品零售总额

单位：万元

| 项　　目 | 2016 年 | 2017 年 | 2017 年比 2016 年增长% |
|---|---|---|---|
| 社会消费品零售总额 | 14814578 | 15709522 | 6.0 |
| 按销售单位所在地分组 | | | |
| 城　镇 | 13395110 | 14169021 | 5.8 |
| #城　区 | 12200844 | 12833927 | 5.2 |
| 乡　村 | 1419468 | 1540501 | 8.5 |
| 按消费形态分组 | | | |
| 餐饮收入 | 2138894 | 2352783 | 10.0 |
| 商品零售 | 12675684 | 13356738 | 5.4 |

# 16－3　限额以上商品分类零售额

单位:万元

| 项　　目 | 2017年 | 2017年比2016年增长% |
| --- | --- | --- |
| 限额以上企业(单位)类值合计 | 4560106 | -6.3 |
| 粮油、食品类 | 319458 | -41.7 |
| #粮油类 | 66577 | -44.2 |
| 肉禽蛋类 | 78033 | -30.1 |
| 水产品类 | 13331 | -80.8 |
| 蔬菜类 | 17762 | -87.7 |
| 干鲜果品类 | 32202 | -39.8 |
| 饮料类 | 52771 | -26.7 |
| 烟酒类 | 56519 | -56 |
| 服装鞋帽、针、纺织品类 | 464312 | -11.3 |
| #服装类 | 296121 | -14.2 |
| 鞋帽类 | 90680 | -9 |
| 针、纺织品类 | 77511 | -1.2 |
| 化妆品类 | 135677 | 3.8 |
| 金银珠宝类 | 92000 | 8.5 |
| 日用品类 | 98718 | -3.5 |
| #儿童玩具类 | 5454 | -17.9 |
| 五金、电料类 | 38155 | -5.9 |
| 体育、娱乐用品类 | 37819 | -15.1 |
| #照相机类 | 2426 | -16.6 |
| 书报杂志类 | 6243 | 37.4 |
| 电子出版物及音像制品类 | 3227 | 48.6 |
| 家用电器及音像器材类 | 226998 | 1.1 |
| 中西药品类 | 173908 | 18.5 |
| #西药类 | 8932 | -11.3 |
| 中草药及中成药类 | 10904 | 35.9 |
| 文化办公用品类 | 98761 | -8.2 |
| #计算机及其配套产品 | 37262 | 3.8 |
| 家具类 | 70349 | -16.6 |
| 通讯器材类 | 59341 | -11.3 |
| 煤炭及制品类 | 24832 | -79.7 |
| 石油及制品类 | 590041 | 8.6 |
| 建筑及装潢材料类 | 13991 | 0.2 |
| 机电产品及设备类 | 37908 | -47.9 |
| 汽车类 | 1747833 | 4.1 |
| 其他类 | 211248 | -8.8 |

# 16－4 限额以上批发和零售贸易业法人

| 指 标 名 称 | 法人企业（个） | 年末从业人数（人） | 购进总额 | #进 口 |
|---|---|---|---|---|
| 总 计 | 426 | 36883 | 9270966 | 429205 |
| 批发业 | 102 | 7947 | 6306621 | 329254 |
| 按批发行业小类分 | | | | |
| 农、林、牧产品批发 | 2 | 55 | 22159 | |
| 食品、饮料及烟草制品批发 | 15 | 1725 | 490478 | |
| 纺织、服装及家庭用品批发 | 8 | 300 | 128726 | |
| 文化、体育用品及器材批发 | 6 | 406 | 117307 | |
| 医药及医疗器材批发 | 15 | 1220 | 429827 | |
| 矿产品、建材及化工产品批发 | 30 | 2776 | 4892226 | 308755 |
| 机械设备、五金产品及电子产品批发 | 24 | 1358 | 216315 | 20500 |
| 其他批发业 | 2 | 107 | 9583 | |
| 按登记注册类型分 | | | | |
| 内资企业 | 101 | 7941 | 6232732 | 329254 |
| 国有企业 | 4 | 1017 | 409694 | |
| 有限责任公司 | 34 | 3321 | 1325902 | 328918 |
| 国有独资公司 | 3 | 1681 | 529737 | 308418 |
| 其他有限责任公司 | 31 | 1640 | 796165 | 20500 |
| 股份有限公司 | 13 | 1082 | 3955363 | 337 |
| 私营企业 | 50 | 2521 | 541773 | |
| 私营有限责任公司 | 47 | 2410 | 514386 | |
| 私营股份有限公司 | 3 | 111 | 27387 | |
| 港、澳、台商投资企业 | 1 | 6 | 73889 | |
| 港澳台商独资企业 | 1 | 6 | 73889 | |
| 按控股情况分 | | | | |
| 国有控股 | 21 | 3483 | 4783596 | 308418 |
| 集体控股 | 3 | 121 | 53440 | |
| 私人控股 | 69 | 3750 | 1013860 | 20836 |
| 港澳台商控股 | 1 | 6 | 73889 | |
| 其 他 | 8 | 587 | 381836 | |
| 按经营形式分 | | | | |
| 独立门店 | 74 | 4434 | 5023137 | 20500 |
| 其 他 | 28 | 3513 | 1283484 | 308755 |
| 按单位规模分 | | | | |
| 大 型 | 6 | 3332 | 1027142 | 308418 |
| 中 型 | 43 | 3517 | 4882496 | 20500 |
| 小 型 | 38 | 811 | 383992 | |
| 微 型 | 15 | 287 | 12991 | 337 |

# 企业商品购进、销售、库存总额

单位:万元

| 商品销售额 | #通过公共网络实现的销售额 | 批　发 | #出　口 | 零　售 | #通过公共网络实现的零售额 | 期末商品库存额 | 年末零售营业面积(平方米) |
|---|---|---|---|---|---|---|---|
| 10013005 | 182093 | 6043821 | 341 | 3969184 | 92364 | 946859 | 1085068 |
| 6537645 | 85463 | 5861215 | 247 | 676430 | 1 | 528676 | 50379 |
| | | | | | | | |
| 48964 | | 45264 | | 3700 | | 2754 | 15640 |
| 559069 | | 539203 | | 19867 | | 206172 | 1209 |
| 131074 | 82447 | 123676 | | 7398 | | 5899 | 150 |
| 124145 | | 123562 | | 583 | | 3990 | 1331 |
| 491613 | | 419873 | | 71740 | | 52377 | 1280 |
| 4923036 | | 4405263 | | 517774 | | 209703 | 10977 |
| 246702 | 3016 | 194785 | 247 | 51917 | 1 | 47005 | 19292 |
| 13041 | | 9590 | | 3451 | | 777 | 500 |
| | | | | | | | |
| 6463853 | 11671 | 5787423 | 247 | 676430 | 1 | 528579 | 50379 |
| 484526 | | 482618 | | 1908 | | 189607 | 800 |
| 1451970 | 8655 | 1060561 | 247 | 391409 | | 100562 | 33627 |
| 559766 | | 245437 | | 314329 | | 27275 | 9 |
| 892204 | 8655 | 815124 | 247 | 77080 | | 73287 | 33618 |
| 3874571 | | 3700040 | | 174531 | | 172910 | 1709 |
| 652786 | 3016 | 544204 | | 108583 | 1 | 65499 | 14243 |
| 619848 | 3016 | 511265 | | 108583 | 1 | 63613 | 11243 |
| 32938 | | 32938 | | | | 1887 | 3000 |
| 73792 | 73792 | 73792 | | | | 97 | |
| 73792 | 73792 | 73792 | | | | 97 | |
| | | | | | | | |
| 4791975 | | 4457650 | | 334325 | | 343421 | 5366 |
| 57146 | | 57146 | | | | 2275 | 200 |
| 1215857 | 3016 | 1033846 | 247 | 182010 | 1 | 133694 | 44512 |
| 73792 | 73792 | 73792 | | | | 97 | |
| 398875 | 8655 | 238781 | | 160094 | | 49190 | 301 |
| | | | | | | | |
| 5078521 | 82447 | 4883990 | | 194531 | | 413711 | 48262 |
| 1459123 | 3016 | 977225 | 247 | 481899 | 1 | 114965 | 2117 |
| | | | | | | | |
| 1223083 | | 648186 | | 574897 | | 57545 | 809 |
| 4869127 | | 4775445 | | 93682 | | 439016 | 35693 |
| 432499 | 76809 | 424826 | | 7673 | 1 | 26926 | 9876 |
| 12936 | 8655 | 12758 | 247 | 177 | | 5189 | 4001 |

16－4 续表

| 指 标 名 称 | 法人企业（个） | 年末从业人数（人） | 购进总额 | #进 口 |
|---|---|---|---|---|
| 零售业 | 324 | 28936 | 2964345 | 99950 |
| 按零售行业小类分 | | | | |
| 综合零售 | 24 | 12759 | 391185 | 29 |
| 食品、饮料及烟草制品专门零售 | 23 | 699 | 106635 | 37 |
| 纺织、服装及日用品专门零售 | 36 | 3953 | 158831 | |
| 文化、体育用品及器材专门零售 | 16 | 1155 | 52497 | 149 |
| 医药及医疗器材专门零售 | 21 | 1883 | 110929 | 432 |
| 汽车、摩托车、燃料及零配件专门零售 | 128 | 6259 | 1806711 | 99303 |
| 家用电器及电子产品专门零售 | 42 | 1308 | 212140 | |
| 五金、家具及室内装饰材料专门零售 | 22 | 814 | 49071 | |
| 货摊、无店铺及其他零售业 | 12 | 106 | 76346 | |
| 按登记注册类型分 | | | | |
| 内资企业 | 319 | 28193 | 2845581 | 99950 |
| 国有企业 | 2 | 43 | 1820 | |
| 集体企业 | 2 | 59 | 956 | |
| 有限责任公司 | 97 | 14299 | 1342681 | 80440 |
| 国有独资公司 | 2 | 215 | 6794 | |
| 其他有限责任公司 | 95 | 14084 | 1335887 | 80440 |
| 股份有限公司 | 11 | 848 | 146574 | 51 |
| 私营企业 | 206 | 12894 | 1353402 | 19310 |
| 私营有限责任公司 | 201 | 9828 | 1273390 | 19310 |
| 私营股份有限公司 | 5 | 3066 | 80012 | |
| 其他企业 | 1 | 50 | 149 | 149 |
| 港、澳、台商投资企业 | 4 | 548 | 109522 | |
| 与港澳台商合资经营企业 | 2 | 152 | 88780 | |
| 港澳台商独资企业 | 1 | 390 | 19117 | |
| 其它港澳台投资企业 | 1 | 6 | 1625 | |
| 外商投资企业 | 1 | 195 | 9242 | |
| 外资企业 | 1 | 195 | 9242 | |
| 按控股情况分 | | | | |
| 国有控股 | 13 | 1866 | 190489 | 215 |
| 集体控股 | 5 | 192 | 59410 | |
| 私人控股 | 278 | 22097 | 2206501 | 66647 |
| 港澳台商控股 | 4 | 621 | 111387 | |
| 外商控股 | 1 | 195 | 9242 | |
| 其 他 | 23 | 3965 | 387316 | 33088 |
| 按经营形式分 | | | | |
| 独立门店 | 258 | 21695 | 2401332 | 78561 |
| 连锁总店 | 6 | 1487 | 63347 | 29 |
| 连锁直营店 | 4 | 1028 | 66897 | |
| 其 他 | 56 | 4726 | 432768 | 21360 |
| 按单位规模分 | | | | |
| 大 型 | 6 | 11296 | 365130 | |
| 中 型 | 102 | 11854 | 1930359 | 91519 |
| 小 型 | 134 | 3354 | 498336 | 8394 |
| 微 型 | 82 | 2432 | 170520 | 37 |
| 按零售业态分 | | | | |
| 有店铺零售 | 297 | 28626 | 2865005 | 99913 |
| #大型超市 | 8 | 4023 | 105300 | |
| 百 货 店 | 22 | 10358 | 291822 | |
| 专 业 店 | 95 | 5226 | 858559 | 24027 |
| 专 卖 店 | 126 | 6086 | 1330048 | 75807 |
| 无店铺零售 | 27 | 310 | 99340 | 37 |
| #网上商店 | 8 | 50 | 60647 | 37 |
| 其 它 | 18 | 254 | 37193 | |

单位:万元

| 商品销售额 | #通过公共网络实现的销售额 | 批 发 | #出 口 | 零 售 | #通过公共网络实现的零售额 | 期末商品库存额 | 年末零售营业面积（平方米） |
|---|---|---|---|---|---|---|---|
| 3475361 | 96630 | 182606 | 94 | 3292755 | 92363 | 418183 | 1034689 |
| | | | | | | | |
| 509887 | 22 | 6842 | | 503045 | | 66679 | 420025 |
| 131439 | 7654 | 10775 | | 120665 | 7061 | 13554 | 50319 |
| 237070 | | 8790 | 94 | 228280 | | 39218 | 71204 |
| 68261 | 1868 | 7734 | | 60526 | 1864 | 22525 | 19555 |
| 136949 | | 38685 | | 98264 | | 28047 | 54014 |
| 1990185 | 9496 | 80360 | | 1909825 | 6600 | 183226 | 331210 |
| 236462 | 30 | 4905 | | 231557 | 30 | 31104 | 52853 |
| 55006 | | 16257 | | 38749 | | 9251 | 18093 |
| 110102 | 77560 | 8258 | | 101844 | 76807 | 24579 | 17416 |
| | | | | | | | |
| 3338760 | 96630 | 170185 | 94 | 3168575 | 92363 | 407216 | 1009749 |
| 1808 | | 1417 | | 391 | | 188 | 44 |
| 2106 | | | | 2106 | | 114 | 1416 |
| 1560127 | 7084 | 95572 | 35 | 1464555 | 7061 | 150425 | 598302 |
| 8580 | | 6961 | | 1619 | | 55 | 320 |
| 1551546 | 7084 | 88610 | 35 | 1462936 | 7061 | 150369 | 597982 |
| 176779 | 250 | 3264 | | 173515 | 225 | 13702 | 38943 |
| 1596840 | 89297 | 69932 | 59 | 1526908 | 85077 | 241838 | 370544 |
| 1504627 | 89297 | 69039 | 59 | 1435588 | 85077 | 184440 | 334301 |
| 92213 | | 893 | | 91320 | | 57399 | 36243 |
| 1100 | | | | 1100 | | 949 | 500 |
| 126594 | | 12382 | | 114212 | | 9616 | 9906 |
| 94287 | | 12382 | | 81905 | | 7089 | 9287 |
| 30672 | | | | 30672 | | 2495 | 519 |
| 1636 | | | | 1636 | | 32 | 100 |
| 10006 | | 39 | | 9967 | | 1351 | 15034 |
| 10006 | | 39 | | 9967 | | 1351 | 15034 |
| | | | | | | | |
| 230935 | | 44155 | | 186780 | | 21259 | 61077 |
| 64776 | | | | 64776 | | 7593 | 4436 |
| 2570734 | 96630 | 95371 | 94 | 2475363 | 92363 | 334257 | 795013 |
| 129087 | | 12382 | | 116705 | | 9813 | 10913 |
| 10006 | | 39 | | 9967 | | 1351 | 15034 |
| 469822 | | 30659 | | 439163 | | 43911 | 148216 |
| | | | | | | | |
| 2833236 | 11953 | 130450 | 35 | 2702786 | 8464 | 314999 | 899871 |
| 74674 | 3 | 583 | | 74091 | | 14788 | 43058 |
| 66277 | 22 | | | 66277 | | 3772 | 29928 |
| 501174 | 84652 | 51574 | 59 | 449600 | 83899 | 84624 | 61832 |
| | | | | | | | |
| 452363 | | | | 452363 | | 65707 | 313301 |
| 2229303 | 11386 | 115116 | | 2114187 | 8464 | 210111 | 446143 |
| 588406 | 1117 | 44624 | | 543782 | 361 | 98338 | 184002 |
| 205289 | 84128 | 22866 | 94 | 182423 | 83538 | 44028 | 91243 |
| | | | | | | | |
| 3337846 | 11979 | 170812 | 94 | 3167034 | 8464 | 388745 | 1012086 |
| 137373 | | 489 | | 136884 | | 54819 | 116527 |
| 422558 | | 6961 | | 415597 | | 14871 | 336052 |
| 961434 | 1885 | 70399 | 59 | 891035 | 1882 | 122341 | 184853 |
| 1513227 | 9821 | 68762 | 35 | 1444466 | 6357 | 160560 | 285781 |
| 137515 | 84652 | 11794 | | 125721 | 83899 | 29439 | 22603 |
| 88806 | 84652 | 4518 | | 84288 | 83899 | 23848 | 692 |
| 47769 | | 6336 | | 41433 | | 5031 | 21911 |

# 16－5 住宿餐饮法人

| 项目 | 法人企业（个） | 从业人数（人） | 营业额 | #使用银行卡支付的营业额 | 客房收入 | #公共网络实现的客房收入 |
|---|---|---|---|---|---|---|
| 总计 | 119 | 12093 | 197034 | 43474 | 82490 | 8716 |
| 住宿业 | 57 | 7299 | 124003 | 31984 | 65421 | 8029 |
| 按住宿行业中类分组 | | | | | | |
| 旅游饭店 | 45 | 6686 | 105982 | 22799 | 52119 | 5142 |
| 一般饭店 | 10 | 454 | 16273 | 9185 | 12197 | 2887 |
| 其他住宿业 | 2 | 159 | 1748 | | 1105 | |
| 按登记注册类型分组 | | | | | | |
| 内资企业 | 55 | 6829 | 112645 | 31984 | 60126 | 8029 |
| 国有企业 | 6 | 675 | 8673 | 2781 | 3925 | 239 |
| 有限责任公司 | 17 | 3561 | 54026 | 15932 | 26132 | 3566 |
| 国有独资公司 | 2 | 863 | 11483 | 4586 | 5105 | 173 |
| 其他有限责任公司 | 15 | 2698 | 42542 | 11346 | 21027 | 3393 |
| 股份有限公司 | 2 | 226 | 3340 | | 2119 | |
| 私营企业 | 30 | 2367 | 46607 | 13271 | 27950 | 4224 |
| 私营独资企业 | 1 | 52 | 499 | 388 | 499 | 21 |
| 私营有限责任公司 | 29 | 2315 | 46107 | 12883 | 27451 | 4204 |
| 港、澳、台商投资企业 | 1 | 441 | 10425 | | 4361 | |
| 港澳台商独资企业 | 1 | 441 | 10425 | | 4361 | |
| 外商投资企业 | 1 | 29 | 934 | | 934 | |
| 外资企业 | 1 | 29 | 934 | | 934 | |
| 按控股情况分组 | | | | | | |
| 国有控股 | 10 | 1756 | 22885 | 7878 | 10389 | 514 |
| 私人控股 | 39 | 3774 | 69946 | 15906 | 41859 | 5519 |
| 港澳台商控股 | 1 | 441 | 10425 | | 4361 | |
| 外商控股 | 1 | 29 | 934 | | 934 | |
| 其他 | 6 | 1299 | 19813 | 8200 | 7878 | 1996 |
| 按经营形式分组 | | | | | | |
| 独立门店 | 50 | 6491 | 113973 | 31231 | 60198 | 7471 |
| 连锁总店 | 1 | 94 | 794 | | 794 | |
| 连锁直营店 | 1 | 20 | 331 | | 313 | |
| 连锁加盟店 | 2 | 149 | 1985 | 753 | 1872 | 558 |
| 其他 | 3 | 545 | 6920 | | 2244 | |
| 按单位规模分组 | | | | | | |
| 大型 | 2 | 1049 | 21415 | 4977 | 7631 | 683 |
| 中型 | 12 | 3383 | 58609 | 11430 | 27214 | 1972 |
| 小型 | 43 | 2867 | 43979 | 15578 | 30576 | 5374 |
| 按星级分组 | | | | | | |
| 五星 | 5 | 2325 | 42339 | 7174 | 17241 | 720 |
| 四星 | 9 | 1325 | 20614 | 7118 | 10757 | 762 |
| 三星 | 9 | 991 | 10326 | 3743 | 4601 | 930 |
| 二星 | 1 | 90 | 527 | | 151 | |
| 其他 | 33 | 2568 | 50198 | 13949 | 32671 | 5617 |

# 企业经营情况

单位:万元

| 餐费收入 | #公共网络实现的餐费收入 | 商品销售收入 | 其他收入 | 客房数(间) | 床位数(个) | 餐位数(位) | 年末餐饮营业面积(平方米) |
|---|---|---|---|---|---|---|---|
| 103701 | 2564 | 469 | 10374 | 82685 | 140274 | 58895 | 323614 |
| 50009 | 1742 | 149 | 8424 | 33456 | 63581 | 28807 | 145584 |
| | | | | | | | |
| 45387 | 772 | 100 | 8376 | 9069 | 14939 | 19274 | 114912 |
| 4041 | 970 | 17 | 19 | 1111 | 2109 | 2647 | 21372 |
| 582 | | 32 | 29 | 23276 | 46533 | 6886 | 9300 |
| | | | | | | | |
| 45093 | 1742 | 149 | 7276 | 32859 | 62722 | 28306 | 141984 |
| 3457 | 47 | | 1291 | 692 | 1173 | 3080 | 13750 |
| 22982 | 678 | 79 | 4832 | 4179 | 6791 | 10645 | 48633 |
| 5833 | 113 | 79 | 466 | 626 | 1043 | 3150 | 12003 |
| 17150 | 564 | | 4366 | 3553 | 5748 | 7495 | 36630 |
| 1118 | | | 103 | 421 | 699 | 313 | 3110 |
| 17536 | 1018 | 70 | 1051 | 27567 | 54059 | 14268 | 76491 |
| | | | | 100 | 200 | | 60 |
| 17536 | 1018 | 70 | 1051 | 27467 | 53859 | 14268 | 76431 |
| 4916 | | | 1147 | 365 | 492 | 401 | 3000 |
| 4916 | | | 1147 | 365 | 492 | 401 | 3000 |
| | | | | 232 | 367 | 100 | 600 |
| | | | | 232 | 367 | 100 | 600 |
| | | | | | | | |
| 10655 | 194 | 79 | 1762 | 1538 | 2603 | 7172 | 30653 |
| 25519 | 1170 | 70 | 2498 | 29903 | 57987 | 18091 | 93181 |
| 4916 | | | 1147 | 365 | 492 | 401 | 3000 |
| | | | | 232 | 367 | 100 | 600 |
| 8919 | 378 | | 3016 | 1418 | 2132 | 3043 | 18150 |
| | | | | | | | |
| 45591 | 1692 | 133 | 8051 | 32495 | 62111 | 27825 | 134284 |
| | | | | 221 | 330 | | |
| 1 | | 17 | | 112 | 164 | 20 | 3600 |
| 113 | 51 | | | 386 | 578 | 152 | 330 |
| 4305 | | | 372 | 242 | 398 | 810 | 7370 |
| | | | | | | | |
| 10642 | 327 | | 3142 | 698 | 1007 | 1664 | 6800 |
| 27482 | 313 | 84 | 3829 | 4007 | 6686 | 12218 | 66283 |
| 11885 | 1103 | 65 | 1453 | 28751 | 55888 | 14925 | 72501 |
| | | | | | | | |
| 21240 | 416 | 79 | 3779 | 2259 | 3585 | 6392 | 23533 |
| 8187 | 102 | | 1670 | 1588 | 2573 | 4615 | 27960 |
| 3846 | | | 1879 | 1522 | 2562 | 1860 | 15040 |
| 376 | | | | 82 | 180 | 1200 | 2000 |
| 16361 | 1224 | 70 | 1096 | 28005 | 54681 | 14740 | 77051 |

16－5 续表

| 项　　目 | 法人企业（个） | 从业人数（人） | 营业额 | #使用银行卡支付的营业额 | 客房收入 | #公共网络实现的客房收入 |
|---|---|---|---|---|---|---|
| 餐饮业 | 62 | 4794 | 73031 | 11490 | 17069 | 687 |
| 按餐饮行业中类分组 | | | | | | |
| 正餐服务 | 59 | 4463 | 64916 | 11038 | 16653 | 687 |
| 快餐服务 | 2 | 299 | 7662 | | | |
| 其他餐饮业 | 1 | 32 | 453 | 453 | 417 | |
| 按登记注册类型分组 | | | | | | |
| 内资企业 | 61 | 4614 | 69528 | 11490 | 17069 | 687 |
| 国有企业 | 3 | 381 | 3246 | | 1369 | |
| 集体企业 | 1 | 70 | 398 | | 77 | |
| 有限责任公司 | 25 | 2210 | 35540 | 3812 | 8817 | 286 |
| 其他有限责任公司 | 25 | 2210 | 35540 | 3812 | 8817 | 286 |
| 股份有限公司 | 2 | 257 | 1059 | | 250 | |
| 私营企业 | 29 | 1626 | 29146 | 7678 | 6556 | 401 |
| 私营独资企业 | 1 | 67 | 744 | | | |
| 私营有限责任公司 | 26 | 1485 | 26834 | 7678 | 5937 | 401 |
| 私营股份有限公司 | 2 | 74 | 1568 | | 619 | |
| 其他企业 | 1 | 70 | 139 | | | |
| 港、澳、台商投资企业 | 1 | 180 | 3503 | | | |
| 港、澳、台商独资经营企业 | 1 | 180 | 3503 | | | |
| 按控股情况分组 | | | | | | |
| 国有控股 | 2 | 169 | 1020 | | 311 | |
| 集体控股 | 3 | 276 | 1624 | | 506 | |
| 私人控股 | 45 | 2801 | 41874 | 9226 | 10234 | 687 |
| 港澳台商控股 | 1 | 180 | 3503 | | | |
| 其　　他 | 11 | 1368 | 25010 | 2265 | 6019 | |
| 按经营形式分组 | | | | | | |
| 独立门店 | 54 | 4162 | 63862 | 11490 | 15998 | 687 |
| 连锁总店 | 1 | 180 | 3503 | | | |
| 其　　他 | 7 | 452 | 5666 | | 1071 | |
| 按单位规模分 | | | | | | |
| 中　　型 | 12 | 1948 | 35948 | 8989 | 7380 | 350 |
| 小　　型 | 44 | 2794 | 35899 | 2477 | 9501 | 286 |
| 微　　型 | 6 | 52 | 1184 | 25 | 188 | 51 |

单位:万元

| 餐费收入 | #公共网络实现的餐费收入 | 商品销售收入 | 其他收入 | 客房数（间） | 床位数（个） | 餐位数（位） | 年末餐饮营业面积（平方米） |
|---|---|---|---|---|---|---|---|
| 53692 | 821 | 320 | 1950 | 49229 | 76693 | 30088 | 178030 |
| | | | | | | | |
| 46009 | 821 | 309 | 1945 | 49076 | 76490 | 29026 | 175167 |
| 7662 | | | | | | 1030 | 2743 |
| 21 | | 11 | 5 | 153 | 203 | 32 | 120 |
| | | | | | | | |
| 50189 | 821 | 320 | 1950 | 49229 | 76693 | 29188 | 176287 |
| 1415 | | 42 | 420 | 449 | 850 | 1510 | 8980 |
| 321 | | | | 34 | 73 | 200 | 1508 |
| 25490 | 172 | 226 | 1008 | 1669 | 2838 | 13775 | 79468 |
| 25490 | 172 | 226 | 1008 | 1669 | 2838 | 13775 | 79468 |
| 804 | | 5 | | 125 | 260 | 1570 | 3761 |
| 22021 | 649 | 47 | 522 | 46952 | 72672 | 11983 | 80020 |
| 744 | | | | | | 450 | 1000 |
| 20470 | 649 | 47 | 379 | 46752 | 72316 | 9133 | 74235 |
| 807 | | | 143 | 200 | 356 | 2400 | 4785 |
| 139 | | | | | | 150 | 2550 |
| 3503 | | | | | | 900 | 1743 |
| 3503 | | | | | | 900 | 1743 |
| | | | | | | | |
| 251 | | 38 | 420 | 176 | 352 | 510 | 3280 |
| 927 | | | 192 | 265 | 504 | 1110 | 9469 |
| 31049 | 821 | 58 | 532 | 47773 | 74104 | 19971 | 128393 |
| 3503 | | | | | | 900 | 1743 |
| 17962 | | 224 | 805 | 1015 | 1733 | 7597 | 35145 |
| | | | | | | | |
| 46230 | 493 | 309 | 1325 | 48942 | 76168 | 27108 | 163291 |
| 3503 | | | | | | 900 | 1743 |
| 3959 | 328 | 11 | 625 | 287 | 525 | 2080 | 12996 |
| | | | | | | | |
| 27877 | 288 | 216 | 475 | 1127 | 1877 | 8479 | 41734 |
| 24820 | 534 | 103 | 1475 | 48057 | 74716 | 20897 | 129596 |
| 995 | | | | 45 | 100 | 712 | 6700 |

# 16－6　限额以上批发零售

| 指标名称 | 法人企业数（个） | 流动资产合计 | #存货 | 固定资产合计 | 固定资产原价 |
|---|---|---|---|---|---|
| 总　计 | 428 | 3846184 | 816243 | 444077 | 638813 |
| 批发业 | 102 | 2182502 | 498153 | 245897 | 320302 |
| 按批发行业小类分 | | | | | |
| 农、林、牧产品批发 | 2 | 51851 | 2754 | 7553 | 9101 |
| 食品、饮料及烟草制品批发 | 15 | 433339 | 205795 | 34948 | 68173 |
| 纺织、服装及家庭用品批发 | 8 | 24323 | 5802 | 446 | 813 |
| 文化、体育用品及器材批发 | 6 | 203521 | 3774 | 2537 | 3360 |
| 医药及医疗器材批发 | 15 | 311270 | 48700 | 7587 | 10799 |
| 矿产品、建材及化工产品批发 | 30 | 712283 | 189519 | 184388 | 210278 |
| 机械设备、五金产品及电子产品批发 | 24 | 434544 | 41032 | 7724 | 16667 |
| 其他批发业 | 2 | 11371 | 777 | 715 | 1113 |
| 按登记注册类型分 | | | | | |
| 内资企业 | 101 | 2171116 | 498056 | 245897 | 320302 |
| 国有企业 | 4 | 388429 | 189942 | 30240 | 59510 |
| 有限责任公司 | 34 | 672816 | 101191 | 161218 | 197442 |
| 国有独资公司 | 3 | 241028 | 27893 | 57260 | 65612 |
| 其他有限责任公司 | 31 | 431787 | 73298 | 103958 | 131830 |
| 股份有限公司 | 13 | 548006 | 150018 | 42408 | 40815 |
| 私营企业 | 50 | 561864 | 56905 | 12031 | 22536 |
| 私营有限责任公司 | 47 | 546346 | 55019 | 11046 | 20666 |
| 私营股份有限公司 | 3 | 15519 | 1887 | 985 | 1870 |
| 港、澳、台商投资企业 | 1 | 11386 | 97 | | |
| 港、澳、台商独资经营企业 | 1 | 11386 | 97 | | |
| 按控股情况分 | | | | | |
| 国有控股 | 21 | 993189 | 327009 | 121915 | 169624 |
| 集体控股 | 3 | 111748 | 2336 | 15479 | 1444 |
| 私人控股 | 69 | 923772 | 123831 | 80903 | 111100 |
| 港澳台商控股 | 1 | 11386 | 97 | | |
| 其　他 | 8 | 142406 | 44880 | 27600 | 38134 |
| 按经营形式分 | | | | | |
| 独立门店 | 74 | 1580241 | 386057 | 108821 | 132527 |
| 其　他 | 28 | 602261 | 112096 | 137076 | 187775 |
| 按单位规模分 | | | | | |
| 大　型 | 6 | 554265 | 51621 | 134927 | 182847 |
| 中　型 | 43 | 1451370 | 420981 | 97809 | 113972 |
| 小　型 | 38 | 137040 | 20330 | 7826 | 15262 |
| 微　型 | 15 | 39827 | 5221 | 5336 | 8222 |

# 贸易企业财务状况

单位:万元

| 累计折旧 | #本年折旧 | 在建工程 | 资产总计 | 流动负债合计 | #应付帐款 |
|---|---|---|---|---|---|
| 244235 | 34883 | 47444 | 5007791 | 3707078 | 748279 |
| 116777 | 10782 | 34417 | 2880616 | 2058698 | 424662 |
| | | | | | |
| 1578 | 6 | 10 | 62999 | 61655 | 1658 |
| 33229 | 3307 | 287 | 517359 | 309012 | 73022 |
| 562 | 38 | 155 | 24960 | 13244 | 4970 |
| 822 | 89 | 3856 | 270613 | 130897 | 24975 |
| 3492 | 733 | 78 | 327157 | 265173 | 114283 |
| 67388 | 2769 | 29694 | 1148658 | 876445 | 111931 |
| 9263 | 3690 | 337 | 516693 | 394027 | 92136 |
| 444 | 151 | | 12177 | 8243 | 1687 |
| | | | | | |
| 116777 | 10782 | 34417 | 2869230 | 2053684 | 424662 |
| 29269 | 3121 | 79 | 465328 | 257256 | 56117 |
| 62950 | 3491 | 10333 | 1018855 | 718404 | 174217 |
| 32807 | 429 | 2930 | 304669 | 268582 | 56462 |
| 30143 | 3062 | 7403 | 714186 | 449822 | 117755 |
| 13422 | 365 | 23471 | 695155 | 521973 | 42406 |
| 11136 | 3805 | 534 | 689892 | 556052 | 151922 |
| 10252 | 3728 | 534 | 669974 | 543255 | 146107 |
| 884 | 77 | | 19918 | 12797 | 5816 |
| | | | 11386 | 5013 | |
| | | | 11386 | 5013 | |
| | | | | | |
| 73721 | 5364 | 7117 | 1236342 | 852827 | 161318 |
| 1165 | 51 | 15015 | 137196 | 120288 | 3106 |
| 31296 | 5143 | 7835 | 1287416 | 913841 | 242972 |
| | | | 11386 | 5013 | |
| 10595 | 224 | 4450 | 208275 | 166728 | 17266 |
| | | | | | |
| 39924 | 2876 | 27131 | 1945227 | 1459165 | 276977 |
| 76853 | 7906 | 7286 | 935389 | 599533 | 147685 |
| | | | | | |
| 72375 | 1444 | 18314 | 874282 | 526352 | 109618 |
| 33671 | 4687 | 15838 | 1715236 | 1373467 | 255475 |
| 7666 | 3252 | 265 | 197519 | 142116 | 56265 |
| 3067 | 1399 | | 93580 | 16763 | 3303 |

16－6 续表 1

| 指 标 名 称 | 负债合计 | 所有者权益合　　计 | 实收资本 | 国家资本 | 集体资本 | 法人资本 |
|---|---|---|---|---|---|---|
| 总　　计 | 3860950 | 1146840 | 1703570 | 86642 | 10943 | 443011 |
| 批发业 | 2118681 | 761935 | 320658 | 76992 | 10254 | 186916 |
| 按批发行业小类分 | | | | | | |
| 农、林、牧产品批发 | 64721 | －1723 | 3300 | | | 2100 |
| 食品、饮料及烟草制品批发 | 316318 | 201042 | 23456 | 20970 | | 950 |
| 纺织、服装及家庭用品批发 | 13902 | 11057 | 1450 | | | 900 |
| 文化、体育用品及器材批发 | 146240 | 124373 | 39384 | 38034 | | 150 |
| 医药及医疗器材批发 | 265177 | 61980 | 44255 | | | 32318 |
| 矿产品、建材及化工产品批发 | 910045 | 238613 | 120314 | 12989 | 10254 | 77079 |
| 机械设备、五金产品及电子产品批发 | 394035 | 122659 | 85100 | 5000 | | 71619 |
| 其他批发业 | 8243 | 3934 | 3400 | | | 1800 |
| 按登记注册类型分 | | | | | | |
| 内资企业 | 2113668 | 755562 | 320158 | 76992 | 10254 | 186916 |
| 国有企业 | 264329 | 200999 | 20830 | 20830 | | |
| 有限责任公司 | 755066 | 263790 | 140712 | 24438 | | 107584 |
| 国有独资公司 | 276089 | 28580 | 20000 | 5000 | | 15000 |
| 其他有限责任公司 | 478976 | 235210 | 120712 | 19438 | | 92584 |
| 股份有限公司 | 538279 | 156876 | 47963 | 30574 | 10254 | 1128 |
| 私营企业 | 555993 | 133899 | 110653 | 1150 | | 78204 |
| 私营有限责任公司 | 543197 | 126777 | 106177 | 1150 | | 77404 |
| 私营股份有限公司 | 12797 | 7121 | 4476 | | | 800 |
| 港、澳、台商投资企业 | 5013 | 6373 | 500 | | | |
| 港、澳、台商独资经营企业 | 5013 | 6373 | 500 | | | |
| 按控股情况分 | | | | | | |
| 国有控股 | 883389 | 352953 | 96145 | 75703 | | 20442 |
| 集体控股 | 120342 | 16854 | 10797 | | 10254 | 503 |
| 私人控股 | 942615 | 344801 | 210419 | 1150 | | 165344 |
| 港澳台商控股 | 5013 | 6373 | 500 | | | |
| 其　　他 | 167322 | 40954 | 2798 | 140 | | 627 |
| 按经营形式分 | | | | | | |
| 独立门店 | 1491535 | 453692 | 217910 | 62914 | 10254 | 111604 |
| 其　　他 | 627146 | 308243 | 102748 | 14078 | | 75312 |
| 按单位规模分 | | | | | | |
| 大　　型 | 555746 | 318536 | 44084 | 32404 | | 11680 |
| 中　　型 | 1401168 | 314068 | 216765 | 25600 | 10254 | 160661 |
| 小　　型 | 144509 | 53010 | 43887 | 8849 | | 13732 |
| 微　　型 | 17259 | 76321 | 15922 | 10140 | | 843 |

单位:万元

| 个人资本 | 港澳台资本 | 外商资本 | 营业收入 | #主营业务收入 |
|---|---|---|---|---|
| 1152608 | 7216 | 3152 | 8577165 | 8518012 |
| 45997 | 500 | | 5547251 | 5531127 |
| | | | | |
| 1200 | | | 46755 | 46755 |
| 1536 | | | 490329 | 486455 |
| 50 | 500 | | 114024 | 114024 |
| 1200 | | | 104040 | 101624 |
| 11937 | | | 438575 | 438129 |
| 19993 | | | 4115854 | 4107895 |
| 8481 | | | 225998 | 224569 |
| 1600 | | | 11676 | 11676 |
| | | | | |
| 45997 | | | 5484181 | 5468057 |
| | | | 419915 | 417544 |
| 8690 | | | 1342483 | 1334088 |
| | | | 499064 | 492567 |
| 8690 | | | 843419 | 841520 |
| 6008 | | | 3132413 | 3129236 |
| 31299 | | | 589370 | 587190 |
| 27623 | | | 558829 | 556809 |
| 3676 | | | 30541 | 30381 |
| | 500 | | 63070 | 63070 |
| | 500 | | 63070 | 63070 |
| | | | | |
| | | | 3911585 | 3899327 |
| 40 | | | 51264 | 51264 |
| 43925 | | | 1151758 | 1148844 |
| | 500 | | 63070 | 63070 |
| 2032 | | | 369574 | 368622 |
| | | | | |
| 32639 | 500 | | 4232772 | 4225715 |
| 13358 | | | 1314479 | 1305413 |
| | | | | |
| | | | 1049615 | 1040092 |
| 20251 | | | 4081186 | 4078221 |
| 20806 | 500 | | 402449 | 400522 |
| 4940 | | | 14001 | 12293 |

16－6 续表 2

| 指 标 名 称 | 营业成本 | #主营业务成本 | 税金及附加 | #主营业务税金及附加 | 其他业务利润 |
|---|---|---|---|---|---|
| 总　计 | 7777112 | 7753564 | 76798 | 74861 | 27862 |
| 批发业 | 5136585 | 5120130 | 64274 | 62781 | 3713 |
| 按批发行业小类分 | | | | | |
| 农、林、牧产品批发 | 45904 | 45904 | 1 | 1 | |
| 食品、饮料及烟草制品批发 | 373513 | 372284 | 54264 | 54264 | 622 |
| 纺织、服装及家庭用品批发 | 108095 | 107995 | 224 | 224 | |
| 文化、体育用品及器材批发 | 92780 | 92453 | 333 | 89 | 51 |
| 医药及医疗器材批发 | 397210 | 397210 | 1266 | 1265 | 675 |
| 矿产品、建材及化工产品批发 | 3919930 | 3905190 | 6942 | 5694 | 1498 |
| 机械设备、五金产品及电子产品批发 | 190601 | 190542 | 1185 | 1185 | 866 |
| 其他批发业 | 8552 | 8552 | 58 | 58 | |
| 按登记注册类型分 | | | | | |
| 内资企业 | 5075529 | 5059074 | 64123 | 62630 | 3713 |
| 国有企业 | 304499 | 303472 | 54135 | 54135 | 526 |
| 有限责任公司 | 1250467 | 1235612 | 6736 | 5685 | 983 |
| 国有独资公司 | 463885 | 458426 | 1720 | 1149 | 29 |
| 其他有限责任公司 | 786583 | 777186 | 5016 | 4536 | 954 |
| 股份有限公司 | 2998135 | 2997724 | 1665 | 1263 | 872 |
| 私营企业 | 522428 | 522266 | 1587 | 1547 | 1332 |
| 私营有限责任公司 | 496987 | 496824 | 1508 | 1506 | 1332 |
| 私营股份有限公司 | 25441 | 25441 | 79 | 41 | |
| 港、澳、台商投资企业 | 61056 | 61056 | 151 | 151 | |
| 港、澳、台商独资经营企业 | 61056 | 61056 | 151 | 151 | |
| 按控股情况分 | | | | | |
| 国有控股 | 3676411 | 3669366 | 56547 | 55570 | 940 |
| 集体控股 | 49312 | 49312 | 52 | 52 | 525 |
| 私人控股 | 1033396 | 1024186 | 6238 | 5722 | 2143 |
| 港澳台商控股 | 61056 | 61056 | 151 | 151 | |
| 其　他 | 316410 | 316211 | 1286 | 1286 | 104 |
| 按经营形式分 | | | | | |
| 独立门店 | 4026894 | 4016078 | 7793 | 6914 | 2599 |
| 其　他 | 1109691 | 1104052 | 56480 | 55867 | 1113 |
| 按单位规模分 | | | | | |
| 大　型 | 873592 | 867811 | 59730 | 58933 | 400 |
| 中　型 | 3883087 | 3873802 | 3789 | 3135 | 2953 |
| 小　型 | 369822 | 368442 | 637 | 633 | 268 |
| 微　型 | 10084 | 10075 | 118 | 79 | 92 |

单位:万元

| 销售费用 | 管理费用 | 财务费用 | | |
|---|---|---|---|---|
| | | | #利息收入 | 利息支出 |
| 332407 | 162628 | 52177 | 640 | 33535 |
| 141681 | 66299 | 12988 | -334 | 19343 |
| | | | | |
| 61 | 666 | 929 | | 200 |
| 17400 | 22693 | -5632 | -1145 | 7229 |
| 3438 | 948 | 72 | 1 | -3 |
| 2954 | 5200 | -721 | 104 | |
| 17176 | 7726 | 3385 | 200 | 3031 |
| 84146 | 15637 | 12409 | 337 | 7586 |
| 15106 | 12553 | 2536 | 169 | 1292 |
| 1402 | 878 | 9 | | 9 |
| | | | | |
| 140715 | 65955 | 12912 | -334 | 19343 |
| 10058 | 19379 | -6076 | -1148 | 6820 |
| 48401 | 22750 | 12777 | 583 | 8979 |
| 23257 | 6211 | 3746 | 208 | 3627 |
| 25144 | 16539 | 9031 | 374 | 5352 |
| 42443 | 8436 | 3244 | 68 | 2203 |
| 39814 | 15389 | 2967 | 163 | 1342 |
| 35811 | 14472 | 2884 | 163 | 1342 |
| 4003 | 917 | 84 | 1 | |
| 966 | 345 | 76 | | |
| 966 | 345 | 76 | | |
| | | | | |
| 53558 | 33025 | -3070 | -774 | 10498 |
| 394 | 1371 | 1430 | 1 | |
| 65137 | 29786 | 11689 | 423 | 6370 |
| 966 | 345 | 76 | | |
| 21626 | 1773 | 2864 | 16 | 2475 |
| | | | | |
| 80339 | 42552 | 10543 | -6486 | 11612 |
| 61342 | 23747 | 2446 | 6152 | 7732 |
| | | | | |
| 39249 | 29597 | -3154 | 5846 | |
| 77720 | 29630 | 15113 | -6261 | 18523 |
| 23738 | 4303 | 830 | 82 | 549 |
| 974 | 2769 | 200 | -1 | 271 |

16－6 续表 3

| 指　标　名　称 | 资产减值损失 | 公允价值变动收益 | 投资收益 | 营业利润 |
|---|---|---|---|---|
| 总　　计 | 4008 | －637 | 20438 | 207535 |
| 批发业 | 1796 |  | 20654 | 159422 |
| 按批发行业小类分 |  |  |  |  |
| 农、林、牧产品批发 |  |  |  | －805 |
| 食品、饮料及烟草制品批发 | 627 |  | 167 | 33833 |
| 纺织、服装及家庭用品批发 |  |  |  | 1247 |
| 文化、体育用品及器材批发 | 301 |  | 1032 | 4046 |
| 医药及医疗器材批发 | 416 |  | 15 | 11582 |
| 矿产品、建材及化工产品批发 | 17 |  | 7172 | 92894 |
| 机械设备、五金产品及电子产品批发 | 270 |  | 12267 | 16014 |
| 其他批发业 | 166 |  |  | 612 |
| 按登记注册类型分 |  |  |  |  |
| 内资企业 | 1796 |  | 20654 | 158945 |
| 国有企业 | 627 |  | 167 | 43661 |
| 有限责任公司 | 705 |  | 3280 | 12872 |
| 国有独资公司 | 258 |  |  | －13 |
| 其他有限责任公司 | 447 |  | 3280 | 12885 |
| 股份有限公司 | 301 |  | 4622 | 82812 |
| 私营企业 | 164 |  | 12585 | 19600 |
| 私营有限责任公司 | 164 |  | 12341 | 19346 |
| 私营股份有限公司 |  |  | 244 | 254 |
| 港、澳、台商投资企业 |  |  |  | 477 |
| 港、澳、台商独资经营企业 |  |  |  | 477 |
| 按控股情况分 |  |  |  |  |
| 国有控股 | 1190 |  | 2999 | 103126 |
| 集体控股 | 21 |  | 29 | －1286 |
| 私人控股 | 586 |  | 14065 | 27917 |
| 港澳台商控股 |  |  |  | 477 |
| 其　他 |  |  | 3561 | 29189 |
| 按经营形式分 |  |  |  |  |
| 独立门店 | 1795 |  | 13325 | 91322 |
| 其　他 | 2 |  | 7329 | 68100 |
| 按单位规模分 |  |  |  |  |
| 大　型 | 381 |  | 1049 | 51269 |
| 中　型 | 1225 |  | 17240 | 103190 |
| 小　型 | 186 |  | 1867 | 4613 |
| 微　型 | 4 |  | 497 | 350 |

单位:万元

| 营业外收入 | 利润总额 | 所得税费用 | 应付职工薪酬（本年贷方累计发生额） | 应交增值税 | 从事批发和零售业活动的从业人员平均人数(人) |
|---|---|---|---|---|---|
| 21250 | 230663 | 40730 | 204666 | 114612 | 35455 |
| 14978 | 173252 | 19779 | 37541 | 43080 | 8008 |
| | | | | | |
| 462 | -343 | | 62 | 10 | 40 |
| 9878 | 43613 | 11145 | 5398 | 19530 | 1849 |
| 24 | 1269 | 86 | 1491 | 787 | 368 |
| 208 | 2812 | 3 | 2216 | 1457 | 375 |
| 59 | 11428 | 2232 | 7170 | 5345 | 1104 |
| 3131 | 96182 | 5481 | 10083 | 7089 | 2951 |
| 1212 | 17677 | 732 | 10684 | 8591 | 1214 |
| 4 | 613 | 101 | 435 | 271 | 107 |
| | | | | | |
| 14955 | 172753 | 19700 | 37473 | 42660 | 7996 |
| 833 | 44352 | 11140 | 3791 | 19081 | 1049 |
| 1986 | 15012 | 3144 | 14079 | 12542 | 3611 |
| 444 | | 1599 | 4277 | 2406 | 1987 |
| 1542 | 15011 | 1545 | 9802 | 10136 | 1624 |
| 11628 | 94855 | 4096 | 6816 | 276 | 1023 |
| 508 | 18534 | 1321 | 12786 | 10762 | 2313 |
| 507 | 18301 | 1311 | 12270 | 10740 | 2202 |
| 1 | 233 | 10 | 517 | 21 | 111 |
| 23 | 499 | 79 | 68 | 420 | 12 |
| 23 | 499 | 79 | 68 | 420 | 12 |
| | | | | | |
| 10469 | 113100 | 12983 | 14458 | 14714 | 3785 |
| 2466 | 1685 | 575 | 993 | -418 | 124 |
| 2010 | 28749 | 2418 | 18582 | 18756 | 3509 |
| 23 | 499 | 79 | 68 | 420 | 12 |
| 10 | 29218 | 3724 | 3440 | 9608 | 578 |
| | | | | | |
| 13983 | 104597 | 4232 | 27920 | 13513 | 4219 |
| 995 | 68655 | 15548 | 9620 | 29567 | 3789 |
| | | | | | |
| 732 | 51415 | 11132 | 8315 | 25769 | 3414 |
| 13380 | 117341 | 7488 | 23020 | 11590 | 3441 |
| 424 | 3613 | 1080 | 3802 | 5464 | 866 |
| 442 | 882 | 80 | 2403 | 256 | 287 |

16－6 续表 4

| 指 标 名 称 | 法 人 企业数 （个） | 流动资产 合 计 | #存 货 | 固定资产 合 计 | 固定资产 原 价 |
|---|---|---|---|---|---|
| 零售业 | 326 | 1663682 | 318090 | 198180 | 318511 |
| 按零售行业小类分 | | | | | |
| 综合零售 | 24 | 317827 | 22423 | 31414 | 70496 |
| 食品、饮料及烟草制品专门零售 | 23 | 42194 | 14022 | 14136 | 25346 |
| 纺织、服装及日用品专门零售 | 36 | 131547 | 35314 | 1746 | 5809 |
| 文化、体育用品及器材专门零售 | 16 | 38707 | 19737 | 2801 | 4775 |
| 医药及医疗器材专门零售 | 21 | 81086 | 24357 | 5799 | 6854 |
| 汽车、摩托车、燃料及零配件专门零售 | 129 | 870005 | 168973 | 105118 | 160406 |
| 家用电器及电子产品专门零售 | 42 | 114611 | 17242 | 3046 | 5597 |
| 五金、家具及室内装饰材料专门零售 | 23 | 45419 | 5078 | 12889 | 14597 |
| 货摊、无店铺及其他零售业 | 12 | 22286 | 10944 | 21232 | 24630 |
| 按登记注册类型分 | | | | | |
| 内资企业 | 321 | 1485267 | 308513 | 178356 | 280871 |
| 国有企业 | 2 | 1556 | 286 | 1413 | 1581 |
| 集体企业 | 2 | 1090 | 114 | 27 | 272 |
| 有限责任公司 | 98 | 717836 | 127362 | 96042 | 150121 |
| 国有独资公司 | 2 | 1340 | 47 | 46 | 54 |
| 其他有限责任公司 | 96 | 716496 | 127315 | 95995 | 150067 |
| 股份有限公司 | 11 | 42984 | 10176 | 13498 | 25178 |
| 私营企业 | 207 | 720302 | 170451 | 67348 | 103667 |
| 私营有限责任公司 | 202 | 669732 | 157335 | 64749 | 97540 |
| 私营股份有限公司 | 5 | 50570 | 13116 | 2599 | 6127 |
| 其他企业 | 1 | 1500 | 126 | 29 | 52 |
| 港、澳、台商投资企业 | 4 | 175693 | 8326 | 18927 | 31402 |
| 合资经营企业（港或澳、台资） | 2 | 169534 | 5818 | 17760 | 29532 |
| 港澳台商独资经营企业 | 1 | 5954 | 2495 | 1166 | 1869 |
| 其它港澳台投资企业 | 1 | 206 | 13 | | |
| 外商投资企业 | 1 | 2722 | 1251 | 897 | 6238 |
| 外资企业 | 1 | 2722 | 1251 | 897 | 6238 |
| 按控股情况分组 | | | | | |
| 国有控股 | 13 | 72566 | 18382 | 13587 | 21703 |
| 集体控股 | 5 | 39688 | 7532 | 2669 | 3188 |
| 私人控股 | 280 | 1230040 | 239642 | 131414 | 209081 |
| 港澳台商控股 | 4 | 176079 | 8542 | 18946 | 31471 |
| 外商控股 | 1 | 2722 | 1251 | 897 | 6238 |
| 其 他 | 23 | 142587 | 42741 | 30668 | 46831 |
| 按经营形式分组 | | | | | |
| 独立门店 | 260 | 1403352 | 249503 | 176616 | 276482 |
| 连锁总店 | 6 | 35908 | 14677 | 4779 | 10492 |
| 连锁直营店 | 4 | 19021 | 3190 | 2758 | 4495 |
| 其 他 | 56 | 205401 | 50719 | 14027 | 27042 |
| 按单位规模分 | | | | | |
| 大 型 | 6 | 275242 | 19349 | 31433 | 62079 |
| 中 型 | 102 | 743852 | 184450 | 97386 | 154302 |
| 小 型 | 134 | 418060 | 95927 | 55933 | 78135 |
| 微 型 | 84 | 226529 | 18364 | 13427 | 23995 |
| 按零售业态分 | | | | | |
| 有店铺零售 | 299 | 1608611 | 301464 | 196660 | 315868 |
| #大型超市 | 8 | 66437 | 11509 | 5065 | 16042 |
| 百 货 店 | 22 | 260732 | 13180 | 25946 | 54935 |
| 专 业 店 | 95 | 495449 | 94431 | 65146 | 98741 |
| 专 卖 店 | 127 | 613863 | 140280 | 83310 | 124145 |
| 无店铺销售 | 27 | 55071 | 16626 | 1520 | 2643 |
| #网上商店 | 8 | 13148 | 731 | 553 | 681 |
| 其 它 | 18 | 41788 | 15826 | 967 | 1954 |

单位:万元

| 累计折旧 | #本年折旧 | 在建工程 | 资产总计 | 流动负债合计 | #应付帐款 |
|---|---|---|---|---|---|
| 127457 | 24101 | 13027 | 2127174 | 1648381 | 323617 |
| | | | | | |
| 39109 | 4411 | 1028 | 407495 | 277068 | 64270 |
| 11218 | 1794 | | 63706 | 37632 | 9835 |
| 4070 | 1261 | | 137006 | 103751 | 29287 |
| 2036 | 313 | 561 | 59692 | 27157 | 8319 |
| 1848 | 516 | 143 | 90161 | 69005 | 36020 |
| 60863 | 13895 | 5626 | 1130758 | 961398 | 116689 |
| 3197 | 735 | 51 | 129658 | 92392 | 27500 |
| 1717 | 272 | 18 | 59570 | 52505 | 23998 |
| 3399 | 905 | 5601 | 49129 | 27473 | 7699 |
| | | | | | |
| 109636 | 21429 | 13012 | 1846952 | 1377733 | 317900 |
| 175 | 1 | | 2969 | 1221 | 776 |
| 244 | 27 | | 1118 | 83 | |
| 58940 | 10470 | 2157 | 906184 | 653824 | 143173 |
| 7 | 5 | | 1414 | 1370 | 1135 |
| 58933 | 10465 | 2157 | 904770 | 652455 | 142038 |
| 11747 | 1704 | 115 | 69682 | 37186 | 12999 |
| 38507 | 9216 | 10740 | 865471 | 684219 | 160953 |
| 34974 | 8599 | 10740 | 810451 | 644844 | 141428 |
| 3533 | 616 | | 55020 | 39375 | 19524 |
| 24 | 11 | | 1529 | 1200 | |
| 12480 | 2672 | 11 | 275295 | 255253 | 4408 |
| 11772 | 2524 | 11 | 265527 | 250707 | 4180 |
| 708 | 148 | | 9545 | 4529 | 212 |
| | | | 223 | 17 | 17 |
| 5341 | | 4 | 4928 | 15395 | 1309 |
| 5341 | | 4 | 4928 | 15395 | 1309 |
| | | | | | |
| 9860 | 755 | 299 | 97867 | 64009 | 23003 |
| 1244 | 347 | 82 | 43783 | 34976 | 21010 |
| 80546 | 16078 | 12577 | 1511724 | 1119269 | 252931 |
| 12530 | 2723 | 11 | 275710 | 257838 | 6945 |
| 5341 | | 4 | 4928 | 15395 | 1309 |
| 17936 | 4200 | 53 | 193162 | 156895 | 18419 |
| | | | | | |
| 104716 | 21816 | 12765 | 1809502 | 1411806 | 259185 |
| 6502 | 248 | 4 | 43783 | 42659 | 10963 |
| 1737 | 747 | | 27356 | 13716 | 7449 |
| 14503 | 1290 | 258 | 246534 | 180199 | 46021 |
| | | | | | |
| 31434 | 3752 | 970 | 361455 | 206168 | 50606 |
| 62549 | 14497 | 4549 | 952185 | 741562 | 192328 |
| 22852 | 5471 | 6409 | 493358 | 405995 | 58960 |
| 10622 | 381 | 1099 | 320177 | 294657 | 21722 |
| | | | | | |
| 126287 | 23922 | 12833 | 2069650 | 1606841 | 301060 |
| 10977 | 1104 | 58 | 78100 | 82829 | 28860 |
| 29021 | 3372 | 970 | 339878 | 198436 | 35044 |
| 36171 | 4435 | 6489 | 693548 | 551055 | 56735 |
| 44678 | 13373 | 5201 | 759449 | 619595 | 143809 |
| 1170 | 179 | 194 | 57525 | 41540 | 22557 |
| 169 | 20 | | 13728 | 10964 | 5714 |
| 993 | 159 | 194 | 43662 | 30346 | 16805 |

16－6 续表 5

| 指标名称 | 负债合计 | 所有者权益合计 | 实收资本 | 国家资本 | 集体资本 | 法人资本 |
|---|---|---|---|---|---|---|
| 零售业 | 1742269 | 384905 | 1382912 | 9650 | 689 | 256095 |
| 按零售行业小类分 | | | | | | |
| 综合零售 | 324237 | 83258 | 69501 | | | 61382 |
| 食品、饮料及烟草制品专门零售 | 46141 | 17565 | 19074 | 653 | 353 | 9135 |
| 纺织、服装及日用品专门零售 | 103965 | 33041 | 18236 | 100 | 30 | 13465 |
| 文化、体育用品及器材专门零售 | 32655 | 27037 | 27014 | 3 | | 15544 |
| 医药及医疗器材专门零售 | 69674 | 20487 | 10576 | 7 | 6 | 6760 |
| 汽车、摩托车、燃料及零配件专门零售 | 983397 | 147361 | 1131822 | 8887 | 300 | 68183 |
| 家用电器及电子产品专门零售 | 92595 | 37063 | 84880 | | | 77646 |
| 五金、家具及室内装饰材料专门零售 | 52778 | 6792 | 6377 | | | 2326 |
| 货摊、无店铺及其他零售业 | 36827 | 12302 | 15433 | | | 1653 |
| 按登记注册类型分 | | | | | | |
| 内资企业 | 1471619 | 375332 | 1365751 | 9650 | 689 | 255891 |
| 国有企业 | 1228 | 1740 | 656 | 656 | | |
| 集体企业 | 83 | 1035 | 30 | | 30 | |
| 有限责任公司 | 716353 | 189831 | 150240 | 8987 | 300 | 107582 |
| 国有独资公司 | 1370 | 45 | 100 | 100 | | |
| 其他有限责任公司 | 714983 | 189787 | 150140 | 8887 | 300 | 107582 |
| 股份有限公司 | 37486 | 32196 | 21945 | | | 12910 |
| 私营企业 | 715270 | 150202 | 1192580 | 7 | 359 | 135398 |
| 私营有限责任公司 | 675894 | 134557 | 1183990 | 7 | 359 | 133908 |
| 私营股份有限公司 | 39375 | 15645 | 8591 | | | 1491 |
| 其他企业 | 1200 | 329 | 300 | | | |
| 港、澳、台商投资企业 | 255255 | 20040 | 14010 | | | 204 |
| 合资经营企业(港或澳、台资) | 250707 | 14820 | 11866 | | | |
| 港澳台商独资经营企业 | 4529 | 5016 | 1940 | | | |
| 其它港澳台投资企业 | 19 | 204 | 204 | | | 204 |
| 外商投资企业 | 15395 | －10467 | 3152 | | | |
| 外资企业 | 15395 | －10467 | 3152 | | | |
| 按控股情况分组 | | | | | | |
| 国有控股 | 64258 | 33609 | 18531 | 9643 | | 5416 |
| 集体控股 | 37263 | 6520 | 3580 | | 80 | 3500 |
| 私人控股 | 1208926 | 302798 | 1309706 | 7 | 609 | 233981 |
| 港澳台商控股 | 257838 | 17873 | 13806 | | | |
| 外商控股 | 15395 | －10467 | 3152 | | | |
| 其　　他 | 158589 | 34573 | 34138 | | | 13197 |
| 按经营形式分组 | | | | | | |
| 独立门店 | 1493363 | 316139 | 1318964 | 1711 | 689 | 215304 |
| 连锁总店 | 42677 | 1105 | 8225 | | | 3875 |
| 连锁直营店 | 13716 | 13640 | 13765 | | | 13765 |
| 其　　他 | 192513 | 54022 | 41958 | 7939 | | 23151 |
| 按单位规模分 | | | | | | |
| 大　　型 | 264715 | 96740 | 44910 | | | 40871 |
| 中　　型 | 746845 | 205340 | 168646 | 8987 | | 104751 |
| 小　　型 | 433683 | 59675 | 1140244 | 653 | 683 | 98010 |
| 微　　型 | 297026 | 23151 | 29112 | 10 | 6 | 12462 |
| 按零售业态分 | | | | | | |
| 有店铺零售 | 1696286 | 373364 | 1369346 | 9643 | 683 | 246873 |
| #大型超市 | 71357 | 6743 | 25744 | | | 19019 |
| 百 货 店 | 256984 | 82894 | 45673 | 100 | | 42020 |
| 专 业 店 | 566482 | 127066 | 1158279 | 8104 | 330 | 97879 |
| 专 卖 店 | 643558 | 115891 | 109798 | 1439 | | 63636 |
| 无店铺销售 | 45984 | 11541 | 13566 | 7 | 6 | 9222 |
| #网上商店 | 12552 | 1176 | 6447 | | | 5768 |
| 其　　它 | 33202 | 10460 | 7019 | 7 | 6 | 3454 |

单位:万元

| 个人资本 | 港澳台资本 | 外商资本 | 营业收入 | #主营业务收入 |
|---|---|---|---|---|
| 1106612 | 6716 | 3152 | 3029914 | 2986885 |
| | | | | |
| 4967 | | 3152 | 405434 | 391960 |
| 8933 | | | 131906 | 131790 |
| 2701 | 1940 | | 216261 | 213800 |
| 11467 | | | 59973 | 57819 |
| 3803 | | | 127804 | 126996 |
| 1049676 | 4776 | | 1788486 | 1765110 |
| 7234 | | | 219390 | 218750 |
| 4051 | | | 53394 | 53394 |
| 13780 | | | 27266 | 27266 |
| | | | | |
| 1099522 | | | 2900980 | 2869239 |
| | | | 1808 | 1797 |
| | | | 1882 | 1882 |
| 33370 | | | 1391351 | 1379375 |
| | | | 7334 | 7334 |
| 33370 | | | 1384017 | 1372042 |
| 9035 | | | 165399 | 163732 |
| 1056816 | | | 1339601 | 1321513 |
| 1049716 | | | 1257448 | 1244736 |
| 7100 | | | 82154 | 76777 |
| 300 | | | 940 | 940 |
| 7090 | 6716 | | 118004 | 107640 |
| 7090 | 4776 | | 89836 | 79789 |
| | 1940 | | 26532 | 26215 |
| | | | 1636 | 1636 |
| | | 3152 | 10930 | 10006 |
| | | 3152 | 10930 | 10006 |
| | | | | |
| 3472 | | | 213550 | 209599 |
| | | | 55893 | 55893 |
| 1075109 | | | 2192431 | 2168573 |
| 7090 | 6716 | | 119897 | 109533 |
| | | 3152 | 10930 | 10006 |
| 20941 | | | 437214 | 433282 |
| | | | | |
| 1094544 | 6716 | | 2508029 | 2470104 |
| 1199 | | 3152 | 67681 | 65950 |
| | | | 62212 | 59362 |
| 10868 | | | 391991 | 391469 |
| | | | | |
| 2099 | 1940 | | 358530 | 351296 |
| 50497 | 1260 | 3152 | 2014309 | 1988737 |
| 1040897 | | | 531990 | 527425 |
| 13119 | 3516 | | 125085 | 119427 |
| | | | | |
| 1102280 | 6716 | 3152 | 2972334 | 2929420 |
| 3574 | | 3152 | 116766 | 108415 |
| 1613 | 1940 | | 328685 | 322781 |
| 1048450 | 3516 | | 862764 | 853588 |
| 43464 | 1260 | | 1376266 | 1358868 |
| 4331 | | | 57580 | 57465 |
| 679 | | | 12761 | 12646 |
| 3552 | | | 43957 | 43957 |

16－6 续表 6

| 指　标　名　称 | 营业成本 | #主营业务成本 | 税金及附加 | #主营业务税金及附加 | 其他业务利润 |
|---|---|---|---|---|---|
| 零售业 | 2640527 | 2633434 | 12525 | 12080 | 24149 |
| 按零售行业小类分 | | | | | |
| 综合零售 | 284487 | 284329 | 3660 | 3450 | 6445 |
| 食品、饮料及烟草制品专门零售 | 120536 | 120529 | 226 | 226 | 103 |
| 纺织、服装及日用品专门零售 | 172452 | 172442 | 1711 | 1711 | 2341 |
| 文化、体育用品及器材专门零售 | 48319 | 48097 | 1341 | 1341 | 1330 |
| 医药及医疗器材专门零售 | 101423 | 101423 | 475 | 475 | 1229 |
| 汽车、摩托车、燃料及零配件专门零售 | 1649515 | 1642948 | 4325 | 4090 | 12320 |
| 家用电器及电子产品专门零售 | 189821 | 189693 | 580 | 580 | 382 |
| 五金、家具及室内装饰材料专门零售 | 49230 | 49230 | 134 | 134 | |
| 货摊、无店铺及其他零售业 | 24743 | 24743 | 74 | 74 | |
| 按登记注册类型分 | | | | | |
| 内资企业 | 2538952 | 2535138 | 11650 | 11205 | 20662 |
| 国有企业 | 2406 | 2400 | 2 | 2 | |
| 集体企业 | 980 | 980 | 15 | 15 | 793 |
| 有限责任公司 | 1192099 | 1191376 | 6850 | 6579 | 8540 |
| 国有独资公司 | 5411 | 5411 | 28 | 28 | |
| 其他有限责任公司 | 1186688 | 1185965 | 6822 | 6551 | 8540 |
| 股份有限公司 | 148404 | 146920 | 294 | 291 | 1595 |
| 私营企业 | 1194302 | 1192702 | 4482 | 4311 | 9734 |
| 私营有限责任公司 | 1128984 | 1127405 | 3881 | 3730 | 9734 |
| 私营股份有限公司 | 65319 | 65297 | 601 | 582 | |
| 其他企业 | 760 | 760 | 8 | 8 | |
| 港、澳、台商投资企业 | 92780 | 89501 | 861 | 861 | 2563 |
| 合资经营企业(港或澳、台资) | 74934 | 71666 | 677 | 677 | 2256 |
| 港澳台商独资经营企业 | 16349 | 16339 | 182 | 182 | 307 |
| 其它港澳台投资企业 | 1496 | 1496 | 2 | 2 | |
| 外商投资企业 | 8795 | 8795 | 13 | 13 | 924 |
| 外资企业 | 8795 | 8795 | 13 | 13 | 924 |
| 按控股情况分组 | | | | | |
| 国有控股 | 183268 | 182975 | 811 | 623 | 3869 |
| 集体控股 | 52466 | 52466 | 90 | 90 | 793 |
| 私人控股 | 1907567 | 1904386 | 9257 | 9000 | 14731 |
| 港澳台商控股 | 94291 | 91012 | 871 | 871 | 2563 |
| 外商控股 | 8795 | 8795 | 13 | 13 | 924 |
| 其　他 | 394140 | 393800 | 1482 | 1482 | 1269 |
| 按经营形式分组 | | | | | |
| 独立门店 | 2193671 | 2186793 | 10383 | 9941 | 19140 |
| 连锁总店 | 50486 | 50486 | 415 | 415 | 1731 |
| 连锁直营店 | 50995 | 50988 | 248 | 245 | 2815 |
| 其　他 | 345375 | 345167 | 1479 | 1479 | 463 |
| 按单位规模分 | | | | | |
| 大　型 | 237955 | 237945 | 3578 | 3558 | 1901 |
| 中　型 | 1804971 | 1799151 | 7292 | 6951 | 18449 |
| 小　型 | 484026 | 483832 | 1414 | 1330 | 3706 |
| 微　型 | 113575 | 112506 | 241 | 241 | 93 |
| 按零售业态分 | | | | | |
| 有店铺零售 | 2587536 | 2580565 | 12388 | 11943 | 24151 |
| #大型超市 | 94026 | 93886 | 344 | 322 | 2888 |
| 百 货 店 | 218851 | 218823 | 3738 | 3550 | 2308 |
| 专 业 店 | 777326 | 775548 | 2866 | 2866 | 6788 |
| 专 卖 店 | 1247822 | 1244282 | 3963 | 3728 | 10063 |
| 无店铺销售 | 52991 | 52869 | 137 | 137 | －2 |
| #网上商店 | 12160 | 12038 | 56 | 56 | －5 |
| 其　它 | 39987 | 39987 | 81 | 81 | 4 |

单位:万元

| 销售费用 | 管理费用 | 财务费用 | #利息收入 | 利息支出 |
|---|---|---|---|---|
| 190726 | 96328 | 39189 | 974 | 14191 |
| | | | | |
| 57842 | 21353 | 16916 | 26 | 1796 |
| 2509 | 10335 | 1286 | 5 | 1050 |
| 27349 | 5220 | 1244 | 74 | 975 |
| 6405 | 3950 | 622 | 5 | 474 |
| 15165 | 5464 | 121 | 1 | -201 |
| 65154 | 36197 | 17929 | 680 | 9413 |
| 13799 | 11045 | 554 | 172 | 180 |
| 1357 | 2073 | 29 | 9 | 16 |
| 1147 | 692 | 489 | 2 | 488 |
| | | | | |
| 178860 | 92126 | 36167 | 508 | 14110 |
| 56 | 318 | 8 | 2 | 11 |
| 658 | 134 | -3 | 3 | |
| 90240 | 44074 | 24596 | -119 | 7094 |
| 1755 | 199 | 28 | 1 | |
| 88485 | 43875 | 24568 | -120 | 7094 |
| 5201 | 10179 | 554 | 16 | 173 |
| 82666 | 37379 | 11013 | 606 | 6833 |
| 71421 | 35910 | 10632 | 598 | 6613 |
| 11245 | 1468 | 380 | 8 | 219 |
| 40 | 42 | | | |
| 8462 | 3632 | 2678 | 121 | 81 |
| 2692 | 2380 | 2665 | 54 | 1 |
| 5681 | 1207 | 13 | 67 | 80 |
| 89 | 46 | | | |
| 3404 | 570 | 344 | 344 | |
| 3404 | 570 | 344 | 344 | |
| | | | | |
| 14671 | 10024 | 668 | 60 | 564 |
| 1294 | 1304 | 167 | 180 | 43 |
| 145572 | 62093 | 32878 | 162 | 12245 |
| 9110 | 3587 | 2686 | 120 | 92 |
| 3404 | 570 | 344 | 344 | |
| 16675 | 18752 | 2446 | 109 | 1248 |
| | | | | |
| 151040 | 71535 | 35485 | 445 | 12349 |
| 12534 | 3889 | 410 | 345 | 6 |
| 8591 | 1792 | 104 | -1 | 11 |
| 18560 | 19113 | 3190 | 185 | 1825 |
| | | | | |
| 53525 | 16344 | 16424 | -254 | 1863 |
| 108551 | 56092 | 12159 | 1048 | 5672 |
| 26275 | 19573 | 7516 | 178 | 6288 |
| 2375 | 4319 | 3090 | 2 | 369 |
| | | | | |
| 189272 | 93462 | 38841 | 973 | 13867 |
| 18562 | 2312 | 590 | 352 | 227 |
| 45903 | 18947 | 16537 | -258 | 1764 |
| 41044 | 24065 | 9464 | 147 | 4398 |
| 63689 | 36168 | 10317 | 511 | 5770 |
| 1454 | 2867 | 348 | | 324 |
| 343 | 333 | 329 | | 324 |
| 1101 | 2530 | 19 | | |

16－6 续表 7

| 指标名称 | 资产减值损失 | 公允价值变动收益 | 投资收益 | 营业利润 |
|---|---|---|---|---|
| 零售业 | 2211 | －637 | －216 | 48113 |
| 按零售行业小类分 | | | | |
| 综合零售 | 1877 | | | 19301 |
| 食品、饮料及烟草制品专门零售 | －88 | 1 | 81 | －2748 |
| 纺织、服装及日用品专门零售 | 1 | | | 8486 |
| 文化、体育用品及器材专门零售 | 3 | | 28 | －646 |
| 医药及医疗器材专门零售 | 484 | 8 | 6 | 4656 |
| 汽车、摩托车、燃料及零配件专门零售 | －133 | －649 | －355 | 14766 |
| 家用电器及电子产品专门零售 | 39 | 3 | 23 | 3549 |
| 五金、家具及室内装饰材料专门零售 | | | | 657 |
| 货摊、无店铺及其他零售业 | 29 | | | 93 |
| 按登记注册类型分 | | | | |
| 内资企业 | 372 | 12 | －216 | 43207 |
| 国有企业 | | | 2 | －981 |
| 集体企业 | | | | 97 |
| 有限责任公司 | －76 | | 25 | 33719 |
| 国有独资公司 | | | | －86 |
| 其他有限责任公司 | －76 | | 25 | 33805 |
| 股份有限公司 | 3 | | 101 | 865 |
| 私营企业 | 445 | 12 | －344 | 9416 |
| 私营有限责任公司 | 445 | 12 | －350 | 6209 |
| 私营股份有限公司 | | | 6 | 3207 |
| 其他企业 | | | | 90 |
| 港、澳、台商投资企业 | －40 | －649 | | 8983 |
| 合资经营企业(港或澳、台资) | －40 | －649 | | 5879 |
| 港澳台商独资经营企业 | | | | 3101 |
| 其它港澳台游资企业 | | | | 3 |
| 外商投资企业 | 1880 | | | －4076 |
| 外资企业 | 1880 | | | －4076 |
| 按控股情况分组 | | | | |
| 国有控股 | | | 2 | 4183 |
| 集体控股 | | | | 572 |
| 私人控股 | 371 | 12 | －297 | 34894 |
| 港澳台商控股 | －40 | －649 | | 8743 |
| 外商控股 | 1880 | | | －4076 |
| 其　他 | 1 | | 79 | 3798 |
| 按经营形式分组 | | | | |
| 独立门店 | 396 | －637 | 159 | 45571 |
| 连锁总店 | 1880 | | | －1972 |
| 连锁直营店 | 15 | | | 468 |
| 其　他 | －78 | | －375 | 4046 |
| 按单位规模分 | | | | |
| 大　型 | | | | 30705 |
| 中　型 | 2234 | | 108 | 23288 |
| 小　型 | 58 | 1 | －330 | －6868 |
| 微　型 | －80 | －638 | 6 | 988 |
| 按零售业态分 | | | | |
| 有店铺零售 | 2285 | －641 | －222 | 48244 |
| #大型超市 | 1877 | | | －945 |
| 百货店 | | | | 24709 |
| 专业店 | 22 | －648 | 65 | 7623 |
| 专卖店 | 384 | 5 | －287 | 13894 |
| 无店铺销售 | －74 | 4 | 6 | －131 |
| #网上商店 | －79 | | | －381 |
| 其　它 | 5 | 4 | 6 | 250 |

单位：万元

| 营业外收入 | 利润总额 | 所得税费用 | 应付职工薪酬（本年贷方累计发生额） | 应交增值税 | 从事批发和零售业活动的从业人员平均人数（人） |
|---|---|---|---|---|---|
| 6272 | 57411 | 20951 | 167125 | 71532 | 27447 |
| | | | | | |
| 449 | 22121 | 4450 | 18332 | 4960 | 14108 |
| 2302 | 194 | 242 | 17878 | 246 | 455 |
| 40 | 8111 | 1778 | 9675 | 5484 | 2112 |
| 854 | 463 | 36 | 4461 | 1939 | 908 |
| 109 | 4758 | 958 | 8156 | 2187 | 1701 |
| 2347 | 17164 | 12789 | 99913 | 43899 | 6015 |
| 136 | 3640 | 622 | 6208 | 11399 | 1257 |
| | 360 | 74 | 2096 | 631 | 793 |
| 35 | 600 | | 407 | 789 | 98 |
| | | | | | |
| 5976 | 53346 | 20951 | 163836 | 69463 | 26715 |
| 992 | 11 | 2 | 193 | -4 | 36 |
| | 97 | 24 | 645 | 151 | 59 |
| 1083 | 36247 | 6610 | 104312 | 26270 | 14136 |
| | -86 | | 1076 | 237 | 182 |
| 1083 | 36333 | 6610 | 103236 | 26033 | 13954 |
| 1344 | 2133 | 693 | 3144 | 115 | 666 |
| 2559 | 14793 | 13621 | 55537 | 42927 | 11768 |
| 2284 | 8243 | 12670 | 50187 | 41447 | 9580 |
| 274 | 6551 | 952 | 5351 | 1480 | 2188 |
| | 65 | | 5 | 4 | 50 |
| 295 | 9060 | | 2193 | 2026 | 537 |
| 295 | 6138 | | 871 | 1723 | 140 |
| | 2918 | | 1310 | 295 | 390 |
| | 3 | | 12 | 9 | 7 |
| | -4995 | | 1096 | 43 | 195 |
| | -4995 | | 1096 | 43 | 195 |
| | | | | | |
| 1283 | 6873 | 291 | 9948 | 2639 | 1705 |
| 3 | 476 | 41 | 1407 | 396 | 192 |
| 3222 | 41275 | 18760 | 144199 | 56261 | 23067 |
| 297 | 8821 | 40 | 2568 | 2080 | 636 |
| | -4995 | | 1096 | 43 | 195 |
| 1467 | 4961 | 1819 | 7908 | 10113 | 1652 |
| | | | | | |
| 5877 | 53895 | 19744 | 143837 | 57980 | 22402 |
| 2 | -2913 | 297 | 7390 | 995 | 1409 |
| 39 | 428 | 266 | 4375 | 854 | 979 |
| 355 | 6001 | 644 | 11523 | 11702 | 2657 |
| | | | | | |
| 369 | 34526 | 4454 | 16642 | 5101 | 12990 |
| 3784 | 25401 | 15363 | 49358 | 56181 | 10793 |
| 2042 | -3454 | 923 | 97787 | 9255 | 3245 |
| 78 | 939 | 210 | 3338 | 994 | 419 |
| | | | | | |
| 6141 | 57037 | 20897 | 165882 | 70617 | 27122 |
| 47 | 1029 | 1173 | 7417 | 1297 | 3061 |
| 348 | 25471 | 3507 | 11529 | 4089 | 10865 |
| 2176 | 10439 | 1826 | 37185 | 5830 | 4901 |
| 3337 | 16577 | 12667 | 99557 | 45089 | 5627 |
| 131 | 374 | 53 | 1243 | 914 | 325 |
| 41 | -350 | 1 | 169 | | -91 |
| 90 | 719 | 53 | 1065 | | 1005 |

# 16－7 住宿业和限额以

| 指标名称 | 法人企业数（个） | 年初存货 | 流动资产合计 | #应收帐款 | 存货 | 固定资产合计 |
|---|---|---|---|---|---|---|
| 总计 | 120 | 10459 | 201719 | 16559 | 8471 | 182219 |
| 住宿业 | 58 | 6014 | 149750 | 8725 | 4563 | 107916 |
| 按住宿行业中类分组 | | | | | | |
| 旅游饭店 | 45 | 5840 | 145033 | 8101 | 4360 | 107116 |
| 一般饭馆 | 11 | 131 | 3209 | 542 | 149 | 775 |
| 其他住宿业 | 2 | 43 | 1508 | 83 | 54 | 25 |
| 按登记注册类型分组 | | | | | | |
| 内资企业 | 56 | 5831 | 146456 | 8403 | 4399 | 72502 |
| 国有企业 | 6 | 628 | 4168 | 633 | 544 | 14455 |
| 有限责任公司 | 17 | 2669 | 43668 | 3687 | 2526 | 38901 |
| 国有独资公司 | 2 | 736 | 12422 | 1090 | 655 | 25432 |
| 其他有限责任公司 | 15 | 1933 | 31247 | 2598 | 1871 | 13469 |
| 股份有限公司 | 2 | 100 | 4639 | 277 | 75 | 301 |
| 私营企业 | 31 | 2435 | 93981 | 3806 | 1254 | 18844 |
| 私营独资企业 | 1 | 2 | 5 | | | 17 |
| 私营有限责任公司 | 30 | 2433 | 93976 | 3806 | 1254 | 18827 |
| 港、澳、台商投资企业 | 1 | 182 | 3211 | 322 | 164 | 35391 |
| 港澳台商独资企业 | 1 | 182 | 3211 | 322 | 164 | 35391 |
| 外商投资企业 | 1 | | 83 | | | 23 |
| 外资企业 | 1 | | 83 | | | 23 |
| 按控股情况分组 | | | | | | |
| 国有控股 | 10 | 1511 | 17954 | 2027 | 1356 | 40460 |
| 私人控股 | 40 | 3380 | 107958 | 5202 | 2131 | 20134 |
| 港澳台商控股 | 1 | 182 | 3211 | 322 | 164 | 35391 |
| 外商控股 | 1 | | 83 | | | 23 |
| 其他 | 6 | 941 | 20544 | 1174 | 912 | 11908 |
| 按经营形式分组 | | | | | | |
| 独立门店 | 51 | 5274 | 143202 | 7950 | 3996 | 106781 |
| 连锁总店（总部） | 1 | 22 | 1416 | 158 | 7 | 351 |
| 连锁直营店 | 1 | 1 | 246 | 19 | 1 | 7 |
| 连锁加盟店 | 2 | 35 | 1607 | 186 | 22 | 280 |
| 其他 | 3 | 681 | 3278 | 413 | 537 | 497 |
| 按单位规模分 | | | | | | |
| 大型 | 2 | 589 | 17820 | 103 | 549 | 40909 |
| 中型 | 12 | 2809 | 90237 | 5066 | 2667 | 62011 |
| 小型 | 43 | 2616 | 41694 | 3556 | 1346 | 4996 |
| 按星级分组 | | | | | | |
| 五星 | 5 | 1674 | 93574 | 1949 | 1605 | 75872 |
| 四星 | 9 | 832 | 13443 | 2490 | 795 | 25780 |
| 三星 | 9 | 801 | 6613 | 524 | 693 | 3979 |
| 二星 | 1 | 12 | 92 | 12 | 12 | 161 |
| 其他 | 34 | 2696 | 36028 | 3750 | 1459 | 2123 |

# 上餐饮企业财务状况

单位:万元

| 固定资产原价 | 累计折旧 | #本年折旧 | 在建工程 | 资产总计 | 流动负债合计 |
|---|---|---|---|---|---|
| 369396 | 188189 | 22318 | 29485 | 465150 | 233877 |
| 246458 | 139432 | 10761 | 2780 | 286846 | 114942 |
| | | | | | |
| 244912 | 138196 | 10637 | 2780 | 279870 | 106308 |
| 1027 | 725 | 91 | | 5443 | 6138 |
| 519 | 512 | 32 | | 1533 | 2496 |
| | | | | | |
| 179818 | 108206 | 8049 | 2780 | 248138 | 111785 |
| 32387 | 17948 | 857 | 22 | 22036 | 11855 |
| 102525 | 64206 | 3226 | 1689 | 102746 | 54669 |
| 46887 | 21455 | 1413 | 1689 | 40951 | 5686 |
| 55638 | 42751 | 1814 | | 61795 | 48983 |
| 3252 | 2951 | 1817 | | 5395 | 3847 |
| 41655 | 23101 | 2149 | 1069 | 117961 | 41414 |
| 36 | 19 | 5 | 22 | 44 | 10 |
| 41619 | 23082 | 2144 | 1047 | 117917 | 41403 |
| 66291 | 30900 | 2712 | | 38602 | 3136 |
| 66291 | 30900 | 2712 | | 38602 | 3136 |
| 349 | 326 | | | 107 | 21 |
| 349 | 326 | | | 107 | 21 |
| | | | | | |
| 82641 | 42198 | 2370 | 1711 | 66265 | 25340 |
| 50105 | 30610 | 4674 | 1069 | 134883 | 68242 |
| 66291 | 30900 | 2712 | | 38602 | 3136 |
| 349 | 326 | | | 107 | 21 |
| 47072 | 35398 | 1005 | | 46990 | 18203 |
| | | | | | |
| 244305 | 137832 | 10493 | 2780 | 276875 | 105300 |
| 87 | 84 | 25 | | 2607 | 2557 |
| 116 | 110 | 2 | | 325 | 307 |
| 294 | 248 | 3 | | 3263 | 2208 |
| 1656 | 1159 | 238 | | 3776 | 4570 |
| | | | | | |
| 98295 | 57386 | 3207 | | 67168 | 14275 |
| 128509 | 66498 | 4188 | 1711 | 162028 | 48912 |
| 19654 | 15548 | 3366 | 1069 | 57650 | 51756 |
| | | | | | |
| 166495 | 90623 | 5785 | 1689 | 181930 | 32692 |
| 56876 | 31113 | 1206 | 44 | 43023 | 28334 |
| 13875 | 9896 | 2446 | | 16843 | 8938 |
| 190 | 29 | 1 | | 254 | 137 |
| 9023 | 7772 | 1323 | 1047 | 44797 | 44841 |

16－7 续表 1

| 指 标 名 称 | #应付账款 | 非流动负债合 计 | 负债合计 | 所有者权益 | #实收资本 | 国家资本 |
|---|---|---|---|---|---|---|
| 总 计 | 36122 | 142128 | 381260 | 83890 | 147254 | 30276 |
| 住宿业 | 18164 | 73285 | 195220 | 91626 | 98353 | 17552 |
| 按住宿行业中类分组 | | | | | | |
| 旅游饭店 | 17026 | 73143 | 186444 | 93426 | 96158 | 17552 |
| 一般饭馆 | 669 | 143 | 6280 | －838 | 995 | |
| 其他住宿业 | 468 | | 2496 | －963 | 1200 | |
| 按登记注册类型分组 | | | | | | |
| 内资企业 | 17433 | 56296 | 175074 | 73064 | 64759 | 17552 |
| 国有企业 | 667 | 75 | 11931 | 10105 | 9964 | 2802 |
| 有限责任公司 | 9724 | 9505 | 64174 | 38572 | 19630 | 14750 |
| 国有独资公司 | 4231 | 3960 | 9646 | 31305 | 13750 | 13750 |
| 其他有限责任公司 | 5493 | 5545 | 54528 | 7267 | 5880 | 1000 |
| 股份有限公司 | 853 | | 3847 | 1549 | 2500 | |
| 私营企业 | 6189 | 46716 | 95123 | 22838 | 32665 | |
| 私营独资企业 | 10 | | 11 | 33 | 100 | |
| 私营有限责任公司 | 6180 | 46716 | 95112 | 22805 | 32565 | |
| 港、澳、台商投资企业 | 723 | 16989 | 20125 | 18477 | 32968 | |
| 港澳台商独资企业 | 723 | 16989 | 20125 | 18477 | 32968 | |
| 外商投资企业 | 8 | | 21 | 86 | 625 | |
| 外资企业 | 8 | | 21 | 86 | 625 | |
| 按控股情况分组 | | | | | | |
| 国有控股 | 5096 | 4035 | 29375 | 36890 | 24224 | 17052 |
| 私人控股 | 9682 | 46716 | 121951 | 12932 | 37525 | |
| 港澳台商控股 | 723 | 16989 | 20125 | 18477 | 32968 | |
| 外商控股 | 8 | | 21 | 86 | 625 | |
| 其 他 | 2655 | 5545 | 23748 | 23242 | 3010 | 500 |
| 按经营形式分组 | | | | | | |
| 独立门店 | 15798 | 73199 | 185492 | 91383 | 95811 | 15610 |
| 连锁总店(总部) | | | 2557 | 50 | 50 | |
| 连锁直营店 | 1 | | 307 | 19 | 200 | |
| 连锁加盟店 | 1725 | 11 | 2219 | 1044 | 550 | 500 |
| 其 他 | 640 | 75 | 4645 | －869 | 1742 | 1442 |
| 按单位规模分 | | | | | | |
| 大 型 | 1462 | 17708 | 31982 | 35186 | 33968 | |
| 中 型 | 9156 | 52796 | 101707 | 60321 | 50947 | 13750 |
| 小 型 | 7545 | 2782 | 61531 | －3881 | 13437 | 3802 |
| 按星级分组 | | | | | | |
| 五 星 | 7095 | 66347 | 99040 | 82890 | 70538 | 10000 |
| 四 星 | 2134 | 3986 | 32320 | 10703 | 14522 | 4250 |
| 三 星 | 499 | 925 | 9863 | 6980 | 5242 | 2691 |
| 二 星 | 87 | | 137 | 116 | 60 | 60 |
| 其 他 | 8349 | 2027 | 53860 | －9064 | 7990 | 551 |

单位:万元

| | | | | | 营业收入 |
|---|---|---|---|---|---|
| 集体资本 | 法人资本 | 个人资本 | 港澳台资本 | 外商资本 | |
| 146 | 71673 | 12141 | 33018 | | 197064 |
| | 41328 | 6505 | 32968 | | 124091 |
| | | | | | |
| | 40621 | 5017 | 32968 | | 106589 |
| | 695 | 300 | | | 15757 |
| | 12 | 1188 | | | 1745 |
| | | | | | |
| | 40703 | 6505 | | | 112733 |
| | 7162 | | | | 9571 |
| | 3580 | 1300 | | | 53892 |
| | | | | | 11296 |
| | 3580 | 1300 | | | 42596 |
| | 2500 | | | | 3237 |
| | 27461 | 5205 | | | 46033 |
| | | 100 | | | 499 |
| | 27461 | 5105 | | | 45533 |
| | | | 32968 | | 10425 |
| | | | 32968 | | 10425 |
| | 625 | | | | 934 |
| | 625 | | | | 934 |
| | | | | | |
| | 7172 | | | | 23513 |
| | 31021 | 6505 | | | 69282 |
| | | | 32968 | | 10425 |
| | 625 | | | | 934 |
| | 2510 | | | | 19938 |
| | | | | | |
| | 40728 | 6505 | 32968 | | 113249 |
| | 50 | | | | 794 |
| | 200 | | | | 321 |
| | 50 | | | | 1902 |
| | 300 | | | | 7825 |
| | | | | | |
| | 1000 | | 32968 | | 21415 |
| | 35277 | 1920 | | | 58695 |
| | 5050 | 4585 | | | 43981 |
| | | | | | |
| | 26650 | 920 | 32968 | | 42152 |
| | 10172 | 100 | | | 20746 |
| | 2500 | 51 | | | 11127 |
| | | | | | 527 |
| | 2006 | 5434 | | | 49540 |

16－7 续表 2

| 指 标 名 称 | #主营业务收入 | 营业成本 | #主营业务收入 | 税金及附加 | #主营业务税金及附加 | 其他业务利润 |
|---|---|---|---|---|---|---|
| 总 计 | 195877 | 76616 | 76359 | 5079 | 3192 | －10373 |
| 住 宿 业 | 123577 | 43272 | 43217 | 3435 | 1559 | －10513 |
| 按住宿行业中类分组 | | | | | | |
| 旅游饭店 | 106075 | 33885 | 33829 | 3148 | 1272 | －10758 |
| 一般饭馆 | 15757 | 8224 | 8224 | 283 | 283 | 255 |
| 其他住宿业 | 1745 | 1163 | 1163 | 4 | 4 | －10 |
| 按登记注册类型分组 | | | | | | |
| 内资企业 | 112218 | 38450 | 38394 | 2293 | 1518 | －10513 |
| 国有企业 | 9213 | 4646 | 4592 | 441 | 441 | －11166 |
| 有限责任公司 | 53890 | 17675 | 17673 | 1408 | 687 | 399 |
| 国有独资公司 | 11296 | 6301 | 6301 | 28 | 28 | |
| 其他有限责任公司 | 42594 | 11374 | 11373 | 1380 | 659 | 399 |
| 股份有限公司 | 3237 | 909 | 909 | 24 | 24 | |
| 私营企业 | 45879 | 15220 | 15220 | 420 | 366 | 254 |
| 私营独资企业 | 499 | 299 | 299 | 1 | 1 | |
| 私营有限责任公司 | 45379 | 14921 | 14921 | 420 | 365 | 254 |
| 港、澳、台商投资企业 | 10425 | 4805 | 4805 | 1140 | 40 | |
| 港澳台商独资企业 | 10425 | 4805 | 4805 | 1140 | 40 | |
| 外商投资企业 | 934 | 18 | 18 | 1 | 1 | |
| 外资企业 | 934 | 18 | 18 | 1 | 1 | |
| 按控股情况分组 | | | | | | |
| 国有控股 | 23155 | 12245 | 12191 | 481 | 481 | －11166 |
| 私人控股 | 69126 | 22057 | 22055 | 681 | 627 | 556 |
| 港澳台商控股 | 10425 | 4805 | 4805 | 1140 | 40 | |
| 外商控股 | 934 | 18 | 18 | 1 | 1 | |
| 其 他 | 19938 | 4148 | 4148 | 1132 | 410 | 97 |
| 按经营形式分组 | | | | | | |
| 独立门店 | 113093 | 40345 | 40343 | 3343 | 1467 | －10513 |
| 连锁总店（总部） | 794 | 321 | 321 | 49 | 49 | |
| 连锁直营店 | 321 | 20 | 20 | 1 | 1 | |
| 连锁加盟店 | 1902 | 260 | 260 | 5 | 5 | |
| 其 他 | 7467 | 2327 | 2273 | 38 | 38 | |
| 按单位规模分 | | | | | | |
| 中 型 | 21415 | 6568 | 6568 | 1324 | 225 | |
| 小 型 | 58660 | 18290 | 18288 | 1461 | 686 | 97 |
| 微 型 | 43502 | 18414 | 18360 | 649 | 649 | －10610 |
| 按星级分组 | | | | | | |
| 五 星 | 42152 | 14627 | 14627 | 1408 | 254 | |
| 四 星 | 20744 | 7016 | 7015 | 1121 | 400 | －10865 |
| 三 星 | 10769 | 3530 | 3476 | 353 | 353 | 97 |
| 二 星 | 527 | 320 | 320 | 14 | 14 | |
| 其 他 | 49386 | 17780 | 17780 | 539 | 539 | 254 |

单位:万元

| 销售费用 | 管理费用 | 财务费用 | #利息收入 | 利息支出 |
|---|---|---|---|---|
| 60628 | 56746 | 883 | -813 | 843 |
| 35556 | 39982 | -27 | -805 | 632 |
| | | | | |
| 33852 | 38970 | -104 | -807 | 573 |
| 1322 | 806 | 49 | 1 | 31 |
| 383 | 207 | 28 | | 28 |
| | | | | |
| 34393 | 34814 | 1079 | 301 | 632 |
| 2596 | 2955 | 3 | -7 | |
| 16028 | 20738 | 339 | 305 | 428 |
| 1192 | 6126 | -158 | 174 | |
| 14836 | 14613 | 497 | 131 | 428 |
| 1487 | 889 | 51 | | |
| 14282 | 10231 | 686 | 2 | 203 |
| 11 | 172 | | | |
| 14271 | 10059 | 686 | 2 | 203 |
| 582 | 4888 | -1106 | -1106 | |
| 582 | 4888 | -1106 | -1106 | |
| 581 | 281 | | | |
| 581 | 281 | | | |
| | | | | |
| 4139 | 9992 | -150 | 168 | |
| 23258 | 18068 | 929 | 2 | 203 |
| 582 | 4888 | -1106 | -1106 | |
| 581 | 281 | | | |
| 6997 | 6755 | 300 | 131 | 428 |
| | | | | |
| 31118 | 37391 | -126 | -798 | 541 |
| 391 | 42 | 7 | | |
| 244 | 32 | 1 | | |
| 737 | 661 | 6 | 1 | |
| 3066 | 1857 | 86 | -8 | 90 |
| | | | | |
| 4828 | 9634 | -793 | -1000 | 419 |
| 18196 | 20995 | 2 | 199 | 99 |
| 12533 | 9354 | 764 | -4 | 114 |
| | | | | |
| 10246 | 18559 | -910 | -826 | 419 |
| 5162 | 9038 | 30 | 1 | |
| 4292 | 3139 | 67 | 17 | 11 |
| 93 | 96 | | | |
| 15764 | 9150 | 787 | 2 | 202 |

16－7 续表3

| 指 标 名 称 | 资产减值损 失 | 投资收益 | 营业利润 | 营业外收入 | 营业外支出 |
|---|---|---|---|---|---|
| 总 计 | 25 | 114 | －1047 | 728 | 220 |
| 住 宿 业 | 11 | 113 | 3423 | 469 | 176 |
| 按住宿行业中类分组 | | | | | |
| 旅游饭店 | 10 | 113 | －1644 | 452 | 175 |
| 一般饭馆 | 1 | | 5057 | 7 | 1 |
| 其他住宿业 | | | 9 | 10 | |
| 按登记注册类型分组 | | | | | |
| 内资企业 | 11 | 113 | 3255 | 433 | 155 |
| 国有企业 | 3 | | 157 | 38 | 16 |
| 有限责任公司 | 7 | 113 | －1882 | 267 | 136 |
| 国有独资公司 | | | －2192 | 6 | 4 |
| 其他有限责任公司 | 7 | 113 | 310 | 261 | 132 |
| 股份有限公司 | | | －123 | 103 | |
| 私营企业 | 1 | | 5103 | 25 | 3 |
| 私营独资企业 | | | | | 3 |
| 私营有限责任公司 | 1 | | 5103 | 25 | |
| 港、澳、台商投资企业 | | | 115 | 36 | 21 |
| 港澳台商独资企业 | | | 115 | 36 | 21 |
| 外商投资企业 | | | 53 | | |
| 外资企业 | | | 53 | | |
| 按控股情况分组 | | | | | |
| 国有控股 | 3 | | －1966 | 88 | 20 |
| 私人控股 | 1 | | 4502 | 188 | 5 |
| 港澳台商控股 | | | 115 | 36 | 21 |
| 外商控股 | | | 53 | | |
| 其 他 | 7 | 113 | 719 | 156 | 130 |
| 按经营形式分组 | | | | | |
| 独立门店 | 12 | 113 | 2744 | 430 | 163 |
| 连锁总店(总部) | | | －16 | | |
| 连锁直营店 | | | 24 | | |
| 连锁加盟店 | | | 218 | | |
| 其 他 | －1 | | 453 | 39 | 13 |
| 按单位规模分 | | | | | |
| 中 型 | | | －146 | 37 | 24 |
| 小 型 | 4 | 113 | －267 | 225 | 134 |
| 微 型 | 7 | | 3836 | 207 | 18 |
| 按星级分组 | | | | | |
| 五 星 | | | －1909 | 46 | 23 |
| 四 星 | 4 | | －172 | 320 | 135 |
| 三 星 | 6 | 113 | －78 | 42 | 15 |
| 二 星 | | | 5 | | |
| 其 他 | 1 | | 5577 | 60 | 3 |

单位:万元

| 利润总额 | 所得税费用 | 应付职工薪酬（本年贷方累计发生额） | 应交增值税 | 从事住宿业活动的从业人员平均人数(人) |
|---|---|---|---|---|
| -26181 | 785 | 50317 | 6176 | 11714 |
| -22208 | 258 | 32266 | 2953 | 6941 |
| | | | | |
| -27246 | 227 | 30447 | 2872 | 6357 |
| 5080 | 31 | 1564 | 73 | 444 |
| -41 | | 255 | 8 | 140 |
| | | | | |
| -7769 | 258 | 28847 | 2727 | 6499 |
| -10992 | 87 | 3286 | 208 | 697 |
| -2052 | 162 | 16201 | 1720 | 3319 |
| -2190 | | 5354 | 146 | 916 |
| 138 | 162 | 10847 | 1574 | 2403 |
| -21 | 7 | 455 | 128 | 173 |
| 5296 | 2 | 8906 | 671 | 2310 |
| 13 | | 164 | 7 | 52 |
| 5283 | 2 | 8742 | 664 | 2258 |
| -14492 | | 3289 | 226 | 413 |
| -14492 | | 3289 | 226 | 413 |
| 53 | | 130 | | 29 |
| 53 | | 130 | | 29 |
| | | | | |
| -13069 | 117 | 9548 | 359 | 1832 |
| 4857 | 10 | 14800 | 1175 | 3336 |
| -14492 | | 3289 | 226 | 413 |
| 53 | | 130 | | 29 |
| 444 | 131 | 4499 | 1194 | 1331 |
| | | | | |
| -22926 | 147 | 29160 | 2807 | 6122 |
| -16 | | 302 | 14 | 96 |
| 24 | | 74 | 10 | 20 |
| 232 | 24 | 500 | 18 | 144 |
| 478 | 87 | 2230 | 104 | 559 |
| | | | | |
| -14756 | | 5995 | 1232 | 1033 |
| -346 | 109 | 16849 | 881 | 3145 |
| -7106 | 149 | 9422 | 840 | 2763 |
| | | | | |
| -16378 | | 12888 | 1502 | 2369 |
| -11535 | 8 | 6533 | 304 | 1123 |
| 47 | 109 | 3251 | 447 | 977 |
| | | 182 | 11 | 90 |
| 5658 | 141 | 9412 | 689 | 2382 |

16－7 续表 4

| 指标名称 | 法人企业数（个） | 年初存货 | 流动资产合计 | #应收帐款 | 存货 | 固定资产合计 |
|---|---|---|---|---|---|---|
| 餐饮业 | 62 | 4445 | 51969 | 7834 | 3909 | 74304 |
| 按餐饮行业中类分组 | | | | | | |
| 正餐服务 | 59 | 4082 | 46762 | 4921 | 3214 | 71593 |
| 快餐服务 | 2 | 297 | 4743 | 2743 | 467 | 495 |
| 其他餐饮业 | 1 | 66 | 464 | 171 | 228 | 2216 |
| 按登记注册类型分组 | | | | | | |
| 内资企业 | 61 | 4212 | 50783 | 7814 | 3503 | 74020 |
| 国有企业 | 3 | 116 | 1839 | 625 | 99 | 16791 |
| 集体企业 | 1 | 54 | 262 | 55 | 21 | 6 |
| 有限责任公司 | 25 | 2394 | 28121 | 4243 | 1553 | 26163 |
| 其他有限责任公司 | 25 | 2394 | 28121 | 4243 | 1553 | 26163 |
| 股份有限公司 | 2 | 45 | 1016 | 73 | 43 | 2241 |
| 私营企业 | 29 | 1572 | 19410 | 2688 | 1782 | 28819 |
| 私营独资企业 | 1 | 18 | 60 | 24 | 20 | |
| 私营有限责任公司 | 26 | 1289 | 16680 | 2460 | 1421 | 27078 |
| 私营股份有限公司 | 2 | 266 | 2670 | 205 | 341 | 1741 |
| 其他企业 | 1 | 31 | 135 | 130 | 5 | |
| 港、澳、台商投资企业 | 1 | 233 | 1186 | 21 | 405 | 284 |
| 港、澳、台商独资经营企业 | 1 | 233 | 1186 | 21 | 405 | 284 |
| 按控股情况分组 | | | | | | |
| 国有控股 | 2 | 39 | 677 | 508 | 38 | 170 |
| 集体控股 | 3 | 447 | 7044 | 119 | 413 | 10882 |
| 私人控股 | 45 | 2309 | 26356 | 3587 | 2373 | 32747 |
| 港澳台商控股 | 1 | 233 | 1186 | 21 | 405 | 284 |
| 其他 | 11 | 1417 | 16706 | 3600 | 679 | 30221 |
| 按经营形式分组 | | | | | | |
| 独立门店 | 54 | 4028 | 45445 | 7187 | 3349 | 55391 |
| 连锁总店（总部） | 1 | 233 | 1186 | 21 | 405 | 284 |
| 其他 | 7 | 184 | 5337 | 627 | 154 | 18628 |
| 按单位规模分 | | | | | | |
| 中型 | 12 | 1492 | 18805 | 4293 | 1423 | 30113 |
| 小型 | 44 | 2951 | 32247 | 3371 | 2431 | 43500 |
| 微型 | 6 | 2 | 916 | 170 | 55 | 690 |

单位:万元

| 固定资产原价 | 累计折旧 | #本年折旧 | 在建工程 | 资产总计 | 流动负债合计 |
|---|---|---|---|---|---|
| 122938 | 48757 | 11557 | 26705 | 178304 | 118935 |
| | | | | | |
| 119204 | 47673 | 11410 | 26705 | 169920 | 116717 |
| 1131 | 696 | 148 | | 5704 | 2119 |
| 2603 | 387 | | | 2680 | 98 |
| | | | | | |
| 122158 | 48200 | 11494 | 26705 | 176623 | 118557 |
| 18130 | 1339 | 26 | | 18721 | 4112 |
| 72 | 66 | 8 | | 268 | 1006 |
| 64089 | 37932 | 10316 | 26705 | 97830 | 82937 |
| 64089 | 37932 | 10316 | 26705 | 97830 | 82937 |
| 4557 | 2316 | 226 | | 3256 | 1679 |
| 35310 | 6547 | 919 | | 56412 | 28803 |
| | | | | 60 | 50 |
| 32257 | 5236 | 811 | | 49766 | 26524 |
| 3052 | 1311 | 108 | | 6586 | 2229 |
| | | | | 135 | 20 |
| 781 | 556 | 64 | | 1681 | 378 |
| 781 | 556 | 64 | | 1681 | 378 |
| | | | | | |
| 790 | 620 | 26 | | 938 | 2318 |
| 30488 | 19606 | 1354 | | 28514 | 11796 |
| 43438 | 10754 | 1437 | | 67927 | 39584 |
| 781 | 556 | 64 | | 1681 | 378 |
| 47441 | 17220 | 8677 | 26705 | 79243 | 64859 |
| | | | | | |
| 96511 | 41170 | 11281 | | 123950 | 78339 |
| 781 | 556 | 64 | | 1681 | 378 |
| 25647 | 7031 | 213 | 26705 | 52672 | 40218 |
| | | | | | |
| 34959 | 4906 | 1046 | | 52229 | 34279 |
| 87114 | 43676 | 10501 | 26705 | 123881 | 83877 |
| 866 | 175 | 10 | | 2194 | 779 |

16－7 续表 5

| 指 标 名 称 | #应付账款 | 非流动负债合计 | 负债合计 | 所有者权益 | #实收资本 |
|---|---|---|---|---|---|
| 餐饮业 | 17958 | 68843 | 186040 | －7736 | 48901 |
| 按餐饮行业中类分组 | | | | | |
| 正餐服务 | 16428 | 66608 | 181587 | －11667 | 47851 |
| 快餐服务 | 1519 | | 2119 | 3584 | 850 |
| 其他餐饮业 | 12 | 2235 | 2333 | 347 | 200 |
| 按登记注册类型分组 | | | | | |
| 内资企业 | 17778 | 68843 | 185662 | －9039 | 48851 |
| 国有企业 | 470 | | 4112 | 14609 | 12754 |
| 集体企业 | 777 | | 1006 | －738 | 12 |
| 有限责任公司 | 10472 | 43733 | 126853 | －29023 | 21904 |
| 其他有限责任公司 | 10472 | 43733 | 126853 | －29023 | 21904 |
| 股份有限公司 | 404 | | 1679 | 1577 | 1671 |
| 私营企业 | 5634 | 25109 | 51992 | 4420 | 12395 |
| 私营独资企业 | 21 | | 50 | 10 | 10 |
| 私营有限责任公司 | 3638 | 25109 | 49713 | 53 | 7665 |
| 私营股份有限公司 | 1975 | | 2229 | 4357 | 4720 |
| 其他企业 | 20 | | 20 | 115 | 115 |
| 港、澳、台商投资企业 | 181 | | 378 | 1303 | 50 |
| 港、澳、台商独资经营企业 | 181 | | 378 | 1303 | 50 |
| 按控股情况分组 | | | | | |
| 国有控股 | 256 | | 2318 | －1380 | 130 |
| 集体控股 | 1662 | 40444 | 52240 | －23725 | 13563 |
| 私人控股 | 8958 | 26399 | 64245 | 3682 | 16574 |
| 港澳台商控股 | 181 | | 378 | 1303 | 50 |
| 其　他 | 6902 | 2000 | 66859 | 12384 | 18584 |
| 按经营形式分组 | | | | | |
| 独立门店 | 15072 | 66383 | 145444 | －21493 | 32341 |
| 连锁总店(总部) | 181 | | 378 | 1303 | 50 |
| 其　他 | 2706 | 2460 | 40218 | 12454 | 16510 |
| 按单位规模分 | | | | | |
| 中　型 | 3462 | 216 | 34495 | 17735 | 16541 |
| 小　型 | 13862 | 68627 | 150179 | －26298 | 31825 |
| 微　型 | 635 | | 1367 | 827 | 535 |

单位:万元

| 国家资本 | 集体资本 | 法人资本 | 个人资本 | 港澳台资本 | 外商资本 |
|---|---|---|---|---|---|
| 12724 | 146 | 30345 | 5636 | 50 | |
| | | | | | |
| 12724 | 146 | 29545 | 5436 | | |
| | | 800 | | 50 | |
| | | | 200 | | |
| | | | | | |
| 12724 | 146 | 30345 | 5636 | | |
| 12724 | | 30 | | | |
| | 12 | | | | |
| | | 20410 | 1494 | | |
| | | 20410 | 1494 | | |
| | 134 | | 1537 | | |
| | | 9790 | 2605 | | |
| | | | 10 | | |
| | | 5070 | 2595 | | |
| | | 4720 | | | |
| | | 115 | | | |
| | | | | 50 | |
| | | | | 50 | |
| | | | | | |
| 100 | | 30 | | | |
| | 146 | 13249 | 168 | | |
| | | 11206 | 5368 | | |
| | | | | 50 | |
| 12624 | | 5860 | 100 | | |
| | | | | | |
| 100 | 146 | 26765 | 5330 | | |
| | | | | 50 | |
| 12624 | | 3580 | 306 | | |
| | | | | | |
| 12624 | | 2700 | 1167 | 50 | |
| 100 | 146 | 27640 | 3939 | | |
| | | 5 | 530 | | |

16－7 续表 6

| 指 标 名 称 | 营业收入 | #主营业务收入 | 营业成本 | #主营业务成本 | 营业税金及附加 |
|---|---|---|---|---|---|
| 餐饮业 | 72973 | 72300 | 33343 | 33143 | 1645 |
| 按餐饮行业中类分组 | | | | | |
| 正餐服务 | 64858 | 64222 | 29184 | 28984 | 1583 |
| 快餐服务 | 7662 | 7662 | 3921 | 3921 | 49 |
| 其他餐饮业 | 453 | 417 | 238 | 238 | 13 |
| 按登记注册类型分组 | | | | | |
| 内资企业 | 69470 | 68797 | 32067 | 31866 | 1645 |
| 国有企业 | 3246 | 3246 | 2608 | 2608 | 21 |
| 集体企业 | 398 | 398 | 196 | 196 | 2 |
| 有限责任公司 | 35313 | 35307 | 13230 | 13230 | 977 |
| 其他有限责任公司 | 35313 | 35307 | 13230 | 13230 | 977 |
| 股份有限公司 | 1510 | 910 | 1013 | 813 | 40 |
| 私营企业 | 28863 | 28796 | 14947 | 14946 | 600 |
| 私营独资企业 | 744 | 744 | 341 | 341 | 39 |
| 私营有限责任公司 | 26596 | 26529 | 14021 | 14020 | 512 |
| 私营股份有限公司 | 1523 | 1523 | 585 | 585 | 49 |
| 其他企业 | 140 | 140 | 73 | 73 | 4 |
| 港、澳、台商投资企业 | 3503 | 3503 | 1277 | 1277 | |
| 港、澳、台商独资经营企业 | 3503 | 3503 | 1277 | 1277 | |
| 按控股情况分组 | | | | | |
| 国有控股 | 1020 | 1020 | 1061 | 1061 | 12 |
| 集体控股 | 2076 | 1476 | 1234 | 1034 | 600 |
| 私人控股 | 41591 | 41524 | 19830 | 19830 | 758 |
| 港澳台商控股 | 3503 | 3503 | 1277 | 1277 | |
| 其　　他 | 24783 | 24777 | 9941 | 9941 | 275 |
| 按经营形式分组 | | | | | |
| 独立门店 | 64046 | 63373 | 28955 | 28755 | 1435 |
| 连锁总店(总部) | 3503 | 3503 | 1277 | 1277 | |
| 其　　他 | 5424 | 5424 | 3111 | 3111 | 209 |
| 按单位规模分 | | | | | |
| 中　　型 | 35721 | 35715 | 14328 | 14328 | 164 |
| 小　　型 | 36017 | 35350 | 18042 | 17841 | 1461 |
| 微　　型 | 1235 | 1235 | 973 | 973 | 20 |

单位:万元

| #主营业务税金及附加 | 其他业务利润 | 销售费用 | 管理费用 | 财务费用 |
|---|---|---|---|---|
| 1633 | 140 | 25071 | 16764 | 910 |
| | | | | |
| 1571 | 140 | 22924 | 15455 | 723 |
| 49 | | 1904 | 1162 | -11 |
| 13 | | 243 | 146 | 198 |
| | | | | |
| 1633 | 140 | 23205 | 16524 | 919 |
| 21 | | 452 | 869 | 7 |
| 2 | | 147 | 70 | |
| 977 | 67 | 14055 | 10457 | 546 |
| 977 | 67 | 14055 | 10457 | 546 |
| 40 | | 588 | 142 | |
| 589 | 73 | 7928 | 4959 | 366 |
| 39 | | 39 | 305 | 3 |
| 501 | 28 | 7200 | 4493 | 354 |
| 49 | 45 | 689 | 161 | 9 |
| 4 | | 36 | 27 | |
| | | 1866 | 240 | -9 |
| | | 1866 | 240 | -9 |
| | | | | |
| 12 | | 52 | 110 | 7 |
| 600 | | 3328 | 354 | 47 |
| 746 | 140 | 13254 | 8076 | 583 |
| | | 1866 | 240 | -9 |
| 275 | | 6571 | 7985 | 282 |
| | | | | |
| 1424 | 140 | 21875 | 14507 | 907 |
| | | 1866 | 240 | -9 |
| 209 | | 1331 | 2016 | 12 |
| | | | | |
| 164 | | 10878 | 8314 | 114 |
| 1450 | 122 | 14116 | 8376 | 791 |
| 20 | 18 | 78 | 73 | 6 |

16－7 续表7

| 指 标 名 称 | | | 资产减值损失 | 投资收益 | 营业利润 | 营业外收入 |
|---|---|---|---|---|---|---|
| | #利息收入 | 利息支出 | | | | |
| 餐 饮 业 | －7 | 211 | 14 | | －4470 | 259 |
| 按餐饮行业中类分组 | | | | | | |
| 正餐服务 | －14 | 13 | 14 | | －4723 | 258 |
| 快餐服务 | 7 | 1 | | | 638 | 1 |
| 其他餐饮业 | | 198 | | | －386 | |
| 按登记注册类型分组 | | | | | | |
| 内资企业 | －17 | 211 | 14 | | －4600 | 259 |
| 国有企业 | | | | | －652 | 6 |
| 集体企业 | | | | | －16 | 10 |
| 有限责任公司 | －19 | 1 | －1 | | －3950 | 185 |
| 其他有限责任公司 | －19 | 1 | －1 | | －3950 | 185 |
| 股份有限公司 | | | | | －51 | |
| 私营企业 | 2 | 210 | 15 | | 70 | 58 |
| 私营独资企业 | | | | | 17 | |
| 私营有限责任公司 | 1 | 210 | 15 | | 22 | 58 |
| 私营股份有限公司 | 1 | | | | 30 | 1 |
| 其他企业 | | | | | －1 | |
| 港、澳、台商投资企业 | 9 | | | | 130 | 1 |
| 港、澳、台商独资经营企业 | 9 | | | | 130 | 1 |
| 按控股情况分组 | | | | | | |
| 国有控股 | | | | | －222 | |
| 集体控股 | | | | | －3265 | 34 |
| 私人控股 | 8 | 212 | 15 | | －904 | 60 |
| 港澳台商控股 | 9 | | | | 130 | 1 |
| 其 他 | －25 | | －1 | | －210 | 165 |
| 按经营形式分组 | | | | | | |
| 独立门店 | －15 | 211 | 14 | | －3407 | 198 |
| 连锁总店(总部) | 9 | | | | 130 | 1 |
| 其 他 | －1 | 1 | | | －1193 | 61 |
| 按单位规模分 | | | | | | |
| 中 型 | －14 | 1 | －1 | | 1985 | 126 |
| 小 型 | 6 | 211 | 15 | | －6542 | 133 |
| 微 型 | | | | | 86 | |

单位:万元

| 营业外支出 | 利润总额 | 所得税费用 | 应付职工薪酬（本年贷方累计发生额） | 应交增值税 | 从事餐饮业活动的从业人员平均人数(人) |
|---|---|---|---|---|---|
| 44 | -3973 | 527 | 18051 | 3222 | 4773 |
| | | | | | |
| 42 | -4228 | 364 | 17242 | 3222 | 4437 |
| 2 | 641 | 163 | 731 | | 304 |
| | -386 | | 79 | | 32 |
| | | | | | |
| 42 | -4101 | 495 | 17519 | 3222 | 4588 |
| 3 | -649 | | 1933 | 90 | 384 |
| 4 | -10 | | 157 | 25 | 70 |
| 21 | -3968 | 390 | 8777 | 1952 | 2229 |
| 21 | -3968 | 390 | 8777 | 1952 | 2229 |
| | 106 | | 784 | 7 | 255 |
| 14 | 421 | 105 | 5812 | 1148 | 1600 |
| | 17 | 15 | 216 | 23 | 67 |
| 14 | 328 | 88 | 5385 | 1118 | 1459 |
| | 76 | 3 | 212 | 8 | 74 |
| | -1 | | 56 | | 50 |
| 2 | 129 | 32 | 532 | | 185 |
| 2 | 129 | 32 | 532 | | 185 |
| | | | | | |
| 3 | -225 | | 647 | 16 | 170 |
| 7 | -3081 | | 1136 | 86 | 225 |
| 26 | -683 | 126 | 9504 | 1372 | 2776 |
| 2 | 129 | 32 | 532 | | 185 |
| 6 | -113 | 370 | 6233 | 1749 | 1417 |
| | | | | | |
| 40 | -3358 | 486 | 15329 | 3057 | 4148 |
| 2 | 129 | 32 | 532 | | 185 |
| 2 | -744 | 10 | 2190 | 166 | 440 |
| | | | | | |
| 19 | 1954 | 457 | 8910 | 2616 | 1907 |
| 25 | -6004 | 71 | 9098 | 589 | 2817 |
| | 76 | | 43 | 17 | 49 |

# 主要统计指标解释

社会消费品零售额　指各种经济类型的批发零售贸易业、餐饮业、制造业和其他行业对城乡居民和社会集团的消费品零售额和农民对非农业居民零售额的总和。对居民的消费品零售额:指售给城乡居民用于生活消费的商品。对社会集团的消费品零售额:指售给机关、团体、部队、学校、企业、事业单位和城市街道居民委员会、农村村民委员会用公款购买的用作非生产、非经营使用的消费品。

社会消费品零售额包括:

1. 售给城乡居民作为生活用的商品和修建房屋用的建筑材料。

2. 售给机关、团体、学校、部队、企业、事业单位的职工食堂和旅店(招待所)附设专门供本店旅客食用,不对外营业的食堂的各种食品、燃料;企业、单位和国营农场直接售给本单位职工和职工食堂的自己生产的产品。

3. 售给部队干部、战士生活用的粮食、副食品、衣着品、日用品、燃料。

4. 售给来华的外国人、华侨、港澳台同胞的消费品(包括友谊商店、在海关前后设立的免税商店、外轮供应公司等)。

5. 居民自费购买的中、西药品,中药材及医疗用品。

6. 报社、出版社直接售给农民和社会集团的报纸、图书、杂志、集邮公司(包括邮局集邮专柜)出售的新、旧(代销的)纪念邮票、特种邮票、首日封、集邮册、集邮工具等。

7. 旧货寄售商店(信托商店)自购、自销部分的商品零售额。

8. 煤气公司、液化石油气站售给居民和社会集团的煤气灶具和罐装液化石油气。

9. 农民售给非农业居民和社会集团的商品。

10. 售给社会集团的办公用品、纸张、帐册、文印用品、计算工具、书报杂志和奖品;公共用品和纺织品、针织品;学校用的教学用品;文体用品;非专用的劳动保护用品,如工作服、套袖、围群、手套、毛巾、肥皂等;日用百货和杂品,包括职工食堂用的餐具、炊具、设备和清洁卫生工具等;家具、设备、日用电器、电讯设备、电影器材和照相器材等;取暖用的设备和燃料,防暑、降温的饮料;非生产经营用的交通工具如小轿车、面包车、工具车、卡车和油料;零星修理用的各种零配件、材料、工具、建筑材料等;举办各种招待会、茶话会、宴会用的烟酒茶和各种食品及馈赠的礼品;从公费医疗经费中开支的中、西药品、中药材和医疗器材以及其他非生产性设备和用品。

批发零售贸易、餐饮业统计限额以上标准:

1. 批发业:主营业务收入在2000万元及以上。

2. 零售业:主营业务收入在500万元及以上。

3. 住宿业:主营业务收入在200万元及以上。

4. 餐饮业:主营业务收入在200万元及以上。

**商品销售总额**　指对本企业以外的单位和个人出售(包括对国(境)外直接出口)的商品(包括售给本单位消费用的商品)。它反映批发零售贸易企业在国内市场上销售商品以及出口商品的总量。商品销售总额包括:对生产经营单位批发额、对批发零售贸易业批发额、出口额和对居民和社会集团商品零售额。

**商品销售收入(营业收入)**　指批发零售贸易企业商品销售收入、接受其他单位委托代销商品的收入和餐饮企业的营业收入(包括餐费收入、冷热饮收入、服务收入和其他收入)。

**商品销售成本(营业成本)**　指批发零售贸易企业已销商品应负担的进货原价和餐饮企业的原材料成本、商品进价成本。

**商品销售税金及附加费(或营业税金及附加费)指批发零售贸易企业销售商品应负担的税金和餐饮企业应由各项经营业务负担的税金及附加。包括营业税、城市维护建设税、出口关税和教育附加费等。**

**营业利润**　指企业营业收入扣除成本、费用和各种产品销售税金及附加费(或营业税金及附加费)后的数额。

# 第二部分 统计资料

## 对外贸易和旅游业

# 17－1 历年对外贸易情况

单位:万美元

| 年 份 | 进出口总额 | #出 口 额 |
|---|---|---|
| 1990 | 199 | 197 |
| 1991 | 388 | 316 |
| 1992 | 890 | 490 |
| 1993 | 2271 | 1123 |
| 1994 | 2800 | 1168 |
| 1995 | 3644 | 2675 |
| 1996 | 3670 | 3449 |
| 1997 | 8541 | 4662 |
| 1998 | 5593 | 4338 |
| 1999 | 5736 | 4513 |
| 2000 | 57885 | 51172 |
| 2001 | 24290 | 16533 |
| 2002 | 37056 | 27881 |
| 2003 | 49023 | 36352 |
| 2004 | 45578 | 26728 |
| 2005 | 106455 | 59411 |
| 2006 | 73994 | 45810 |
| 2007 | 93952 | 63612 |
| 2008 | 89657 | 49012 |
| 2009 | 70656 | 34733 |
| 2010 | 150604 | 75912 |
| 2011 | 202456 | 102370 |
| 2012 | 170128 | 83292 |
| 2013 | 159856 | 73504 |
| 2014 | 219500 | 124200 |
| 2015 | 207275 | 124736 |
| 2016 | 130868 | 68147 |
| 2017 | 159913 | 76267 |

# 17－2 历年旅游事业

| 年份 | 旅游人数（人次） | #外　国　人 | 港澳同胞 | 营业收入（万元） |
|---|---|---|---|---|
| 1990 | 9079 | 5755 | 3294 | 2841 |
| 1991 | 16158 | 8343 | 7815 | 3423 |
| 1992 | 20459 | 11620 | 6737 | 4225 |
| 1993 | 18449 | 11619 | 5505 | 6121 |
| 1994 | 19941 | 16158 | 2882 | 9477 |
| 1995 | 20838 | 17227 | 2065 | 10540 |
| 1996 | 22331 | 19727 | 1065 | 8718 |
| 1997 | 23225 | 20112 | 1275 | 10498 |
| 1998 | 25213 | 21937 | 1404 | 14055 |
| 1999 | 1246000 | 19715 | 8615 | 65443 |
| 2000 | 1667000 | 17017 | 6697 | 83959 |
| 2001 | 1830000 | 16042 | 1660 | 36061 |
| 2002 | 2107000 | 21992 | 941 | 37181 |
| 2003 | 1897000 | 10773 | 630 | 24770 |
| 2004 | 2622000 | 28266 | 693 | 294000 |
| 2005 | 3920000 | 39998 | 3499 | 466000 |
| 2006 | 4891000 | 59000 | 1003 | 692100 |
| 2007 | 6223000 | 83000 | 1421 | 934400 |
| 2008 | 6444200 | 77594 | 1173 | 1068100 |
| 2009 | 10337900 | 76190 | 6587 | 1453800 |
| 2010 | 13115400 | 81454 | 7116 | 1834700 |
| 2011 | 16054400 | 84645 | 9045 | 2266100 |
| 2012 | 18445100 | 86535 | 15585 | 2674400 |
| 2013 | 21750000 | 90322 | 14732 | 3280000 |
| 2014 | 25446800 | 91923 | 16911 | 4132000 |
| 2015 | 30574300 | 95906 | 18790 | 5086100 |
| 2016 | 34582100 | 97974 | 21578 | 6172000 |
| 2017 | 39078000 | 139561 | 23421 | 7591600 |

# 17－3 旅游事业

| 项　目 | 单　位 | 2016年 | 2017年 | 2017年比2016年增长% |
|---|---|---|---|---|
| 接待旅游人数 | 万人次 | 3458 | 3908 | 13.0 |
| #外国人 | 人次 | 97974 | 139561 | 42.4 |
| 港澳同胞 | 人次 | 21578 | 23421 | 8.5 |
| 台湾同胞 | 人次 | 19059 | 20336 | 6.7 |
| 旅游国别 | | | | |
| 日　本 | 人次 | 5622 | 1335 | -76.3 |
| 美　国 | 人次 | 3728 | 1950 | -47.7 |
| 新加坡 | 人次 | 680 | 1380 | 102.9 |
| 澳大利亚 | 人次 | 1398 | 395 | -71.7 |
| 英　国 | 人次 | 955 | 460 | -51.8 |
| 旅游部门经营情况 | | | | |
| 旅游业总收入 | 亿元 | 617 | 759 | 23.0 |
| 旅游外汇收入 | 万美元 | 16336 | 16859 | 3.2 |
| 国内旅游收入 | 亿元 | 602 | 732 | 21.6 |

# 17－4　外商投资企业

| 项　　目 | 单位个数（个） | 销售（营业）收　入（万元） | #出口销售收入（万美元） |
|---|---|---|---|
| 总　计 | 71 | 3158024 | 22948 |
| 按投资方式分组 | | | |
| 中外合资企业 | 8 | 822920 | 843 |
| 中外合作企业 | 29 | 1264641 | 16462 |
| 外资企业 | 30 | 720418 | 5643 |
| 外商投资股份制 | 2 | 346938 | |
| 其它 | 2 | 3107 | |
| 按国民经济行业分组 | | | |
| #农、林、牧、渔业 | 5 | 179120 | |
| 制 造 业 | 28 | 2073623 | 22793 |
| 电力热力燃气及水的生产和供应业 | 4 | 198568 | |
| 建 筑 业 | 1 | 29750 | |
| 交通运输 | 1 | 1541 | |
| 信息传输计算机服务和软件业 | 4 | 96446 | 155 |
| 批发和零售业 | 17 | 533953 | |
| 住宿和餐饮业 | 3 | 14624 | |
| 房地产业 | 3 | 24855 | |
| 租赁和商务服务业 | 1 | 45 | |
| 科学研究技术服务和地质勘测业 | 2 | 3620 | |
| 水利、环境和公共设施管理业 | 1 | 1668 | |
| 按投资国别及地区分组 | | | |
| 亚　洲 | 40 | 982958 | 409 |
| 香　港 | 28 | 768676 | 359 |
| 日　本 | 2 | 11701 | |
| 新 加 坡 | 1 | 16329 | |
| 泰　国 | 2 | 78401 | 50 |
| 台　湾 | 4 | 5558 | |
| 非　洲 | 1 | 20922 | |
| 欧　洲 | 10 | 882086 | 16368 |
| 英　国 | 2 | 467944 | 16368 |
| 法　国 | 3 | 37116 | |
| 瑞　士 | 2 | 26084 | |
| 欧洲其他国家（地区） | 3 | 350942 | |
| 北 美 洲 | 16 | 1151715 | 1458 |
| 加 拿 大 | 2 | 5562 | 460 |
| 美　国 | 14 | 1146153 | 998 |
| 大 洋 州 | 1 | 2230 | 310 |
| 澳大利亚 | 1 | 2230 | 310 |
| 其　它 | 3 | 118113 | 4404 |

# 生产经营情况

单位：万元

| 实交税金总　额 | 利润总额 | 净利润 | 可供分配利润 | 资产总额 |
|---:|---:|---:|---:|---:|
| 275875 | 349709 | 287772 | 1217622 | 9746535 |
| | | | | |
| 163789 | 307949 | 279403 | 1045693 | 3160808 |
| 42954 | 92435 | 75103 | 85770 | 3207735 |
| 29905 | -131511 | -135444 | 57731 | 3159470 |
| 39201 | 80555 | 68429 | 28428 | 207578 |
| 26 | 281 | 281 | | 10944 |
| | | | | |
| 2523 | 28597 | 25758 | 77104 | 1290869 |
| 241329 | 442349 | 393186 | 1140161 | 4785210 |
| 13172 | 18994 | 11809 | | 507546 |
| 100 | 250 | 250 | | 5270 |
| 7 | 42 | 39 | | 350 |
| 2767 | 10402 | 10387 | 1246 | 116348 |
| 12191 | -151752 | -154393 | -1064 | 2863185 |
| 918 | 207 | 175 | | 40338 |
| 2672 | 304 | 304 | | 132018 |
| 4 | 14 | 14 | | 170 |
| 49 | 55 | 55 | | 3841 |
| 136 | 233 | 175 | 175 | 1266 |
| | | | | |
| 42850 | 94165 | 78085 | 141564 | 2697174 |
| 36799 | 78271 | 63110 | 135858 | 2465884 |
| 275 | -602 | -568 | | 36022 |
| 592 | 531 | 531 | 531 | 11764 |
| 1880 | 4774 | 3821 | 5198 | 55612 |
| 432 | -1367 | -1367 | -24 | 28074 |
| 1906 | 1183 | 1183 | 1183 | 56886 |
| 51430 | 101056 | 83891 | 28406 | 1156764 |
| 10593 | 30275 | 25331 | | 752552 |
| 840 | -2939 | -3034 | | 71722 |
| 61 | -5945 | -5945 | | 42473 |
| 39936 | 79665 | 67539 | 28406 | 290017 |
| 166742 | 140579 | 111808 | 1045787 | 5619449 |
| 35 | -265 | -265 | 1 | 65883 |
| 166707 | 140843 | 112072 | 1045786 | 5553566 |
| 75 | -79 | | 683 | 1427 |
| 75 | -79 | | 683 | 1427 |
| 12873 | 12805 | 12805 | | 214835 |

17－4 续表

| 项　　目 | 负债总额 | 期末从业人员（人） | 从业人员劳动报酬 |
|---|---|---|---|
| 总　　计 | 5262846 | 28186 | 229191 |
| 按投资方式分组 | | | |
| 中外合资企业 | 1633011 | 10886 | 57265 |
| 中外合作企业 | 1652851 | 12253 | 58269 |
| 外资企业 | 1833535 | 4720 | 111165 |
| 外商投资股份制 | 130648 | 320 | 2474 |
| 其它 | 12801 | 7 | 18 |
| 按国民经济行业分组 | | | |
| #农、林、牧、渔业 | 739476 | 4895 | 12821 |
| 制造业 | 2290414 | 16715 | 94595 |
| 电力热力燃气及水的生产和供应业 | 314040 | 2535 | 15062 |
| 建 筑 业 | 2980 | 18 | 118 |
| 交通运输、仓储和邮政业 | 262 | 15 | 136 |
| 信息传输计算机服务和软件业 | 67669 | 1144 | 5307 |
| 批发和零售业 | 1701357 | 1581 | 95634 |
| 住宿和餐饮业 | 20610 | 627 | 2931 |
| 房地产业 | 124773 | 205 | 1178 |
| 租赁和商务服务业 | 15 | 7 | 46 |
| 科学研究技术服务和地质勘测业 | 1064 | 44 | 236 |
| 水利、环境和公共设施管理业 | 153 | 385 | 1063 |
| 按投资国别及地区分组 | | | |
| 亚　　洲 | 1572551 | 12049 | 51348 |
| 香　　港 | 1431731 | 9986 | 40817 |
| 日　　本 | 33612 | 440 | 1872 |
| 新 加 坡 | 4578 | 289 | 1517 |
| 泰　　国 | 36307 | 713 | 2859 |
| 台　　湾 | 11704 | 28 | 193 |
| 非　　洲 | 9143 | 161 | 1191 |
| 欧　　洲 | 491710 | 3436 | 22764 |
| 英　　国 | 206222 | 2332 | 16593 |
| 法　　国 | 43683 | 598 | 2741 |
| 瑞　　士 | 25445 | 187 | 856 |
| 欧洲其他国家（地区） | 216360 | 319 | 2574 |
| 北 美 洲 | 3019598 | 11090 | 147404 |
| 加 拿 大 | 58503 | 209 | 872 |
| 美　　国 | 2961095 | 10881 | 146532 |
| 大 洋 洲 | 99 | 120 | 360 |
| 澳大利亚 | 99 | 120 | 360 |
| 其　　它 | 169745 | 1330 | 6125 |

单位:万元

| #外籍及港澳台人员劳动报酬 | 注册资本 | | 历年累计实际投资额 | #外方累计实际投资额(万美元) |
|---|---|---|---|---|
| | 中方 | 外方(万美元) | | |
| 1466 | 588403 | 129361 | 2164859 | 148643 |
| | | | | |
| 147 | 176248 | 42391 | 764975 | 40923 |
| 54 | 338229 | 64966 | 914814 | 78942 |
| 1263 | 69808 | 16559 | 427389 | 22235 |
| | 117 | 5183 | 33794 | 5183 |
| 1 | 4000 | 262 | 23887 | 1360 |
| | | | | |
| | 120445 | 31767 | 323047 | 31767 |
| 1064 | 327961 | 60067 | 871278 | 79520 |
| | 73421 | 25358 | 726762 | 25357 |
| 23 | 1350 | 380 | 1500 | 50 |
| | 50 | 50 | 425 | 50 |
| 142 | 5990 | 2571 | 13152 | 1101 |
| 34 | 10211 | 3462 | 39039 | 3462 |
| | 33018 | 4492 | 67000 | 4492 |
| 164 | 12370 | 683 | 115297 | 2312 |
| 28 | | 2 | 10 | 2 |
| | 2827 | 432 | 5962 | 432 |
| | 759 | 95 | 1377 | 95 |
| | | | | |
| 1226 | 296596 | 59826 | 717429 | 59117 |
| 74 | 267943 | 54418 | 665583 | 55509 |
| | 638 | 543 | 4218 | 543 |
| | 1650 | 653 | 5900 | 653 |
| 1000 | 585 | 2935 | 10477 | 1425 |
| | 18460 | 539 | 21042 | 539 |
| | 30000 | 10 | 30080 | 10 |
| 222 | 71085 | 31705 | 969506 | 46560 |
| 25 | 61268 | 8215 | 253188 | 22530 |
| | 9494 | 17658 | 591133 | 17657 |
| 53 | | 294 | 8660 | 294 |
| 144 | 323 | 5538 | 116525 | 6079 |
| 11 | 152955 | 30084 | 315160 | 35219 |
| | 1500 | 1623 | 119189 | 6758 |
| 11 | 151455 | 28461 | 195971 | 28461 |
| 6 | 200 | 63 | 2200 | 63 |
| 6 | 200 | 63 | 2200 | 63 |
| | 37567 | 7674 | 130484 | 7674 |

# 主要统计指标解释

**对外贸易**　一个国家同其他国家的商品买卖的总和。世界各国之间的商品买卖,就是国际贸易。

对外贸易又称对外贸易商品流转,是指外贸部门通过买卖行为,把进出口商品从生产领域向消费领域转移的过程。从出口贸易讲,外贸部门把国内生产的商品转移到国外消费者的手中,一般需要经过出口商品的收购、调拨、加工、储存、成交和实际出口等许多业务环节。从进口贸易讲,外贸部门把国外生产的商品转移到国内消费者手中,一般需要经过进口商品的订货、交货、到货和拨交等许多业务环节。

**进口**　指直接从国外进口的商品和委托外贸部门代理进口的商品,不包括从国内有关单位(包括对外贸易部门和其他单位)购进的进口商品。对外贸易企业只统计自主经营进口的商品,不包括委托代理进口的商品。

**出口**　指直接向国(境)外出口商品和委托外贸部门代理出口的商品。不包括售给外贸部门出口或加工后出口的商品以及在国内市场以外所销售的商品。对外贸易企业只统计自主经营出口的商品,不包括受托代理出口的商品。

**利用外资**　指我国各级政府、部门、企业和其他经济组织通过对外借款、吸收外商直接投资以及用其他方式筹措的境外现汇、设备和技术等。

**年末实有企业数**　指年末在工商行政管理局注册登记的独资、合资、合作的企业、事业个数。不包括超过合同期年限,现归我方所有的三资企业。

**主营业务收入**　指企业从事某种主要生产、经营的经济活动所取得的业务收入。农业企业、工业企业为产品销售收入;建筑业企业为工程结算收入。农业企业、工业企业为产品销售收入;建筑业企业为工程结算收入;交通运输业企业为主营业务收入;批发零售贸易业企业为商品销售收入;餐饮业、金融业、服务业和旅游业企业为营业收入;房地产业、租赁业企业为经营收入。

**利润总额**　指企业在一定时期内实现盈利与亏损相抵后的总额。

**客商实际投资额**　指年度内客商实际投入企业的资本及境外借款。包括现汇、物资和其他形式的借款以及客商投资收益的再投资。

**年末从业人数**　指年度内在三资企业工作或劳动,并且取得劳动报酬或经营收入的全部人员。

**旅游人数**　包括入境国际旅游者人数、出境居民人数和国内旅游者人数。

(1)入境国际旅游者人数:指来中国参观、访问、旅行、探亲、访友、休养、考察、参加会议和从事经济、科技、文化、教育、宗教活动的外国人、华侨、港澳同胞和台湾同胞的人数。不包括外国在我国的常驻机构,如使领馆、通讯社、企业办事处的工作人员;来我国常住的外国专家、留学生以及在岸逗留不过夜的人员。

(2)出境居民人数:指大陆居民因公务活动或私人事务短期出境的人数。公务活动出境居民人数包括在国际交通工具上的中国服务员工,因私出境居民人数不包括在国际交通工具上的中国服务员工。

(3)国内旅游者人数:指我国大陆居民和在我国常住1年以上的外国人、华侨、港澳同胞离开常住地在境内其他地方的旅游设施内至少停留一夜,最长不超过6个月的人数。

**旅游人天数**　指旅游者在旅游目的地停留天数之和,天数按过夜数统计。一个旅游者过一夜为一人天。其公式为:

人天数 = 人数 × 逗留(过夜)天数

# 第二部分　统计资料

## 金融、保险

# 18－1 历年金融机构信贷

单位:万元

| 年 份 | 金融机构存款余额 | #城乡居民储蓄余额 | 金融机构贷款余额 |
|---|---|---|---|
| 1949 | 2 | | 4 |
| 1950 | 384 | 3.6 | 29 |
| 1951 | 758 | | 304 |
| 1952 | 1369 | 77 | 642 |
| 1953 | 1944 | | 2404 |
| 1954 | 3821 | | 4032 |
| 1955 | 6184 | | 5513 |
| 1956 | 6570 | | 3624 |
| 1957 | 8295 | 770 | 5374 |
| 1958 | 42995 | | 19647 |
| 1959 | 36855 | | 15835 |
| 1960 | 51866 | | 20955 |
| 1961 | 43504 | | 22116 |
| 1962 | 37457 | 1042 | 17203 |
| 1963 | 36075 | | 14861 |
| 1964 | 43435 | | 12819 |
| 1965 | 40699 | 1423 | 15210 |
| 1966 | 36967 | | 16385 |
| 1967 | 39015 | | 18885 |
| 1968 | 37482 | | 21327 |
| 1969 | 32976 | | 25625 |
| 1970 | 47548 | 1803 | 31152 |
| 1971 | 45005 | | 34014 |
| 1972 | 28793 | | 35846 |
| 1973 | 38832 | | 40790 |
| 1974 | 35661 | | 46368 |
| 1975 | 39615 | 4654 | 47471 |
| 1976 | 38028 | | 45120 |
| 1977 | 41410 | | 47896 |
| 1978 | 87138 | 5496 | 52625 |
| 1979 | 106491 | 6869 | 58558 |
| 1980 | 46299 | 9620 | 46944 |
| 1981 | 51741 | 11978 | 50840 |

18－1 续表

单位：万元

| 年　份 | 金融机构存款余额 | #城乡居民储蓄余额 | 金融机构贷款余额 |
|---|---|---|---|
| 1982 | 59271 | 16072 | 55684 |
| 1983 | 80406 | 21356 | 61905 |
| 1984 | 99160 | 29471 | 70046 |
| 1985 | 116988 | 39087 | 108828 |
| 1986 | 141692 | 52975 | 148747 |
| 1987 | 157680 | 69038 | 178333 |
| 1988 | 209287 | 116795 | 307425 |
| 1989 | 234875 | 120597 | 243999 |
| 1990 | 292412 | 168000 | 339979 |
| 1991 | 373364 | 222298 | 406214 |
| 1992 | 472974 | 282253 | 490962 |
| 1993 | 562403 | 361745 | 593357 |
| 1994 | 731054 | 502134 | 697899 |
| 1995 | 883034 | 667223 | 840459 |
| 1996 | 1318918 | 841519 | 1150795 |
| 1997 | 1587741 | 996997 | 1328235 |
| 1998 | 1941725 | 1197932 | 1222064 |
| 1999 | 2731379 | 1396493 | 2078636 |
| 2000 | 3017675 | 1525076 | 2588899 |
| 2001 | 3678484 | 1722756 | 2872562 |
| 2002 | 4071960 | 2078403 | 3250175 |
| 2003 | 4786654 | 2554496 | 3872324 |
| 2004 | 6711675 | 3060359 | 7247443 |
| 2005 | 8038994 | 3795946 | 8739531 |
| 2006 | 10000775 | 4530845 | 9826447 |
| 2007 | 13177568 | 5113839 | 11805246 |
| 2008 | 16498303 | 6405628 | 14586104 |
| 2009 | 21257139 | 7758893 | 19704801 |
| 2010 | 26789189 | 9259156 | 25225210 |
| 2011 | 31882103 | 10536834 | 32166026 |
| 2012 | 38057598 | 12432682 | 37072150 |
| 2013 | 44379917 | 14146189 | 42730886 |
| 2014 | 47237518 | 14808828 | 51458935 |
| 2015 | 53646617 | 16839561 | 60738870 |
| 2016 | 61788314 | 18660141 | 70518364 |
| 2017 | 63126124 | 19534119 | 76460137 |

注：城乡居民储蓄余额2013－2014年为个人储蓄存款余额，2015年以后为住户存款余额。

## 18－2 金融机构信贷

（年末余额）

单位：万元

| 项　　目 | 2016年 | 2017年 | 2017年比2016年增长% |
|---|---|---|---|
| 各项存款 | 61788314 | 63126124 | 2.2 |
| 境内存款 | 61769228 | 63105568 | 2.2 |
| 住户存款 | 18660141 | 19534119 | 4.7 |
| 非金融企业存款 | 25358233 | 27328355 | 7.8 |
| 广义政府存款 | 15429861 | 14407657 | -6.6 |
| 财政性存款 | 3435444 | 2403457 | -30.0 |
| 机关团体存款 | 11994417 | 12004199 | 0.1 |
| 非银行业金融机构存款 | 2320994 | 1835436 | -20.9 |
| 境外存款 | 19085 | 20556 | 7.7 |
| 各项贷款 | 70518364 | 76460137 | 8.4 |
| 境内贷款 | 70517880 | 76457351 | 8.4 |
| 住户贷款 | 9974356 | 10430903 | 4.6 |
| 短期贷款 | 3239979 | 2687962 | -17.0 |
| 中长期贷款 | 6734377 | 7742942 | 15.0 |
| 非金融企业及机关团体贷款 | 60543524 | 66026448 | 9.1 |
| 短期贷款 | 10660122 | 12189184 | 14.3 |
| 中长期贷款 | 47140409 | 50802906 | 7.8 |
| 非银行业经融机构贷款 | | | |
| 境外贷款 | 484 | 2786 | 475.6 |

## 18－3 保险业务情况

单位：万元

| 项　　目 | 2016年 | 2017年 | 2017年比2016年增长% |
|---|---|---|---|
| 保费收入 | 990364 | 1188146 | 20.0 |
| 人身保险 | 642214 | 815327 | 27.0 |
| 财产保险 | 348150 | 372819 | 7.1 |
| 保险赔付支出 | 267575 | 314330 | 17.5 |
| 人身保险 | 110119 | 133552 | 21.3 |
| 财产保险 | 157456 | 180778 | 14.8 |

# 主要统计指标解释

**信贷资金** 国家银行用于发放贷款的资金叫信贷资金。中国人民银行信贷资金的来源有各项存款,对国际金融机构负债、流通中货币、银行自有资金及当年结益等。信贷资金的运用有各项贷款、黄金占款、外汇占款、财政借款及在国际金融机构中的资产。

**可保财产额** 社会总财产额(包括固定资产和流动资产),剔除按保险公司财产保险条款规定不在保险范围内的财产额(如土地、货币等)和有自保能力不向保险公司投保单位的财产额,所余财产额。

**保险金额** 又叫承保额。它是保险人对被保险人负担损失补偿或约定给付的金额。它是保险合同上的最高责任额,也是计算保费的依据。

**保费** 又叫保险费。是保险人根据保险合同的有关规定,为被保险人取得因约定危险事故发生所造成的经济损失补偿(或给付)权利,付给保险人的代价。包括财产险和人身险储金收入。

**赔款** 保险事故发生后,经查证确属保险责任范围以内的保险标的损失,保险人根据保险合同的规定履行赔偿义务,给予被保险人的款项叫赔款。赔款可分已决赔款和未决赔款两种。

# 第二部分　统计资料

## 教育、科技及文化事业

# 19－1 教育事业基本情况

| 类　　别 | 单　位 | 2016年 | 2017年 | 2017年比2016年增长% |
|---|---|---|---|---|
| 学校数 | | | | |
| 普通高等院校 | 所 | 24 | 24 | |
| 成人高等院校 | 所 | 1 | 1 | |
| 中等职业教育学校 | 所 | 59 | 60 | 1.7 |
| 技工学校 | 所 | 6 | 6 | |
| 普通中学 | 所 | 108 | 104 | －3.7 |
| 普通小学 | 所 | 208 | 206 | －1.0 |
| 在校学生数 | | | | |
| 普通高等院校 | 人 | 237734 | 239330 | 0.7 |
| 成人高等院校 | 人 | 31080 | 10933 | －64.8 |
| 中等职业教育学校 | 人 | 42252 | 40530 | －4.1 |
| 技工学校 | 人 | 2293 | 2102 | －8.3 |
| 普通中学 | 人 | 139731 | 140697 | 0.7 |
| 普通小学 | 人 | 175025 | 174718 | －0.2 |
| 毕业生数 | | | | |
| 普通高等院校 | 人 | 62353 | 64117 | 2.8 |
| 成人高等院校 | 人 | 47891 | 8124 | －83.0 |
| 中等职业教育学校 | 人 | 13207 | 14191 | 7.5 |
| 技工学校 | 人 | 995 | 1121 | 12.7 |
| 普通中学 | 人 | 49910 | 48439 | －2.9 |
| 普通小学 | 人 | 24073 | 29025 | 20.6 |
| 专任教师数 | | | | |
| 普通高等院校 | 人 | 11978 | 12102 | 1.0 |
| 成人高等院校 | 人 | 197 | 221 | 12.2 |
| 中等职业教育学校 | 人 | 2058 | 2045 | －0.6 |
| 技工学校 | 人 | 971 | 904 | －6.9 |
| 普通中学 | 人 | 10822 | 11022 | 1.8 |
| 普通小学 | 人 | 8978 | 8685 | －3.3 |

# 19－2　高等学校基本情况

单位：所、人

| 类　　别 | 学校数 | 招生数 | 在校学生数 | 毕业生数 | 教职工数 | #专任教师 |
|---|---|---|---|---|---|---|
| 普通高等院校 | 24 | 69099 | 239330 | 64117 | 18582 | 12102 |
| 内蒙古大学 | 1 | 4506 | 19524 | 5757 | 1976 | 1152 |
| 内蒙古工业大学 | 2 | 6189 | 23244 | 5283 | 2006 | 1355 |
| 内蒙古农业大学 | 3 | 8569 | 31821 | 7925 | 2639 | 1582 |
| 内蒙古医科大学 | 4 | 3408 | 13125 | 3253 | 1476 | 933 |
| 内蒙古师范大学 | 5 | 8768 | 31838 | 8376 | 2178 | 1360 |
| 内蒙古财经大学 | 6 | 5751 | 21066 | 5194 | 1442 | 913 |
| 呼和浩特民族学院 | 7 | 2375 | 8410 | 1879 | 571 | 395 |
| 内蒙古艺术学院 | 8 | 965 | 2308 |  | 568 | 435 |
| 内蒙古大学创业学院 | 9 | 1986 | 7915 | 1549 | 280 | 216 |
| 内蒙古师范大学鸿德学院 | 10 | 2486 | 9227 | 1870 | 491 | 382 |
| 内蒙古建筑职业技术学院 | 11 | 3115 | 9079 | 2361 | 590 | 462 |
| 内蒙古丰州职业学院 | 12 | 1037 | 2794 | 694 | 165 | 95 |
| 呼和浩特职业学院 | 13 | 4346 | 12235 | 4281 | 1149 | 730 |
| 内蒙古电子信息职业技术学院 | 14 | 3585 | 10045 | 3483 | 543 | 407 |
| 内蒙古机电职业技术学院 | 15 | 3021 | 9387 | 2988 | 588 | 437 |
| 内蒙古化工职业学院 | 16 | 3012 | 8698 | 3009 | 488 | 340 |
| 内蒙古商贸职业学院 | 17 | 3153 | 9700 | 3354 | 596 | 372 |
| 内蒙古警察职业学院 | 18 | 451 | 1332 | 398 | 269 | 187 |
| 内蒙古体育职业学院 | 19 | 152 | 464 | 89 | 150 | 103 |
| 内蒙古科技职业学院 | 20 | 565 | 1692 | 255 | 144 | 94 |
| 内蒙古北方职业技术学院 | 21 | 955 | 2783 | 758 | 155 | 82 |
| 内蒙古经贸外语职业学院 | 22 | 124 | 1037 | 782 | 47 | 24 |
| 内蒙古工业职业学院 | 23 |  |  | 17 |  |  |
| 内蒙古能源职业学院 | 24 | 580 | 1606 | 562 | 71 | 46 |
| 成人高等院校 | 1 | 3793 | 10933 | 8124 | 420 | 221 |
| 内蒙古自治区广播电视大学 | 1 | 16 | 26 | 423 | 420 | 221 |

注：成人高校招生数、在校学生数、毕业生数均包括普通高校的成人学生数；学校数、教职工数、专任教师不计入其中。

## 19－3　普通高校研究生情况

单位:人

| 类别 | 招生数 | | 在校学生数 | | 毕业生数 | |
|---|---|---|---|---|---|---|
| | 2016年 | 2017年 | 2016年 | 2017年 | 2016年 | 2017年 |
| 总计 | 5382 | 6881 | 15780 | 17662 | 4881 | 4752 |
| 内蒙古大学 | 1733 | 2219 | 5175 | 5787 | 1539 | 1486 |
| 内蒙古工业大学 | 807 | 1032 | 2621 | 2904 | 735 | 713 |
| 内蒙古农业大学 | 953 | 1276 | 2657 | 3047 | 809 | 816 |
| 内蒙古医科大学 | 527 | 741 | 1526 | 1794 | 465 | 476 |
| 内蒙古师范大学 | 1140 | 1356 | 3157 | 3454 | 1121 | 1050 |
| 内蒙古财经大学 | 222 | 257 | 644 | 676 | 212 | 211 |

## 19－4　各类在校学生数比例

单位:人

| 类别 | 平均每万人拥有在校学生数 | | 平均每一专任教师负担学生数 | |
|---|---|---|---|---|
| | 2016年 | 2017年 | 2016年 | 2017年 |
| 大学生 | 1121 | 1034 | 20 | 20 |
| 中学生 | 616 | 617 | 13 | 13 |
| 小学生 | 730 | 722 | 19 | 20 |

## 19－5　中等职业教育学校基本情况

单位:所、人

| 类别 | 学校数 | 招生数 | 在校学生数 | 毕业生数 | 教职工数 | #专任教师 |
|---|---|---|---|---|---|---|
| 中等职业学校 | 60 | 13588 | 40530 | 14191 | 3318 | 2045 |
| 普通中等专业学校 | 41 | 10354 | 31881 | 11683 | 2016 | 1170 |
| 成人中等专业学校 | 5 | 100 | 176 | 27 | 114 | 89 |
| 职业高中学校 | 14 | 3134 | 8473 | 2481 | 1188 | 786 |

注:教学点不计校数。

## 19－6 中学基本情况

单位：所、人

| 类别 | 学校数 | 招生数 | | 在校学生数 | | 毕业生数 | | 教职工数 | |
|---|---|---|---|---|---|---|---|---|---|
| | | 初中 | 高中 | 初中 | 高中 | 初中 | 高中 | | #专任教师 |
| 总计 | 104 | 30200 | 19995 | 82932 | 57765 | 29119 | 19320 | 14864 | 11022 |
| 按学校性质分 | | | | | | | | | |
| 完全中学 | 36 | 9023 | 11663 | 24666 | 33809 | 10195 | 11186 | 5570 | 4157 |
| 高级中学 | 10 | | 7061 | | 20074 | | 7297 | 1984 | 1489 |
| 十二年一贯制学校 | 7 | 1708 | 1271 | 4434 | 3882 | 1031 | 837 | 1184 | 928 |
| 初级中学 | 33 | 17018 | | 47112 | | 15758 | | 4372 | 3139 |
| 九年一贯制学校 | 18 | 2451 | | 6720 | | 2135 | | 1754 | 1309 |
| 按城乡分 | | | | | | | | | |
| 城区 | 68 | 21838 | 13486 | 59361 | 38203 | 20871 | 12785 | 9762 | 7479 |
| 镇区 | 26 | 6719 | 5565 | 19391 | 16862 | 6866 | 6010 | 4277 | 2946 |
| 乡村 | 10 | 1643 | 944 | 4180 | 2700 | 1382 | 525 | 825 | 597 |

## 19－7 小学基本情况

单位：所、人

| 类别 | 学校数 | 招生数 | 在校学生数 | 毕业生数 | 教职工数 | #专任教师 |
|---|---|---|---|---|---|---|
| 总计 | 206 | 28613 | 174718 | 29025 | 10997 | 8685 |
| 按部门分 | | | | | | |
| 教育部门 | 188 | 25468 | 155451 | 25580 | 10253 | 8176 |
| 民办 | 18 | 3145 | 19267 | 3445 | 744 | 509 |
| 按城乡分 | | | | | | |
| 城区 | 113 | 20851 | 127048 | 20952 | 6136 | 5579 |
| 镇区 | 49 | 6171 | 38739 | 6586 | 3603 | 2368 |
| 乡村 | 44 | 1591 | 8931 | 1487 | 1258 | 738 |

# 19－8　中小学生升学情况

单位:人

| 项　　目 | 2016 年 | 2017 年 | 项　　目 | 2016 年 | 2017 年 |
|---|---|---|---|---|---|
| 小学当年毕业生 | 24073 | 29025 | 技工学校招生人数 | 1072 | 957 |
| 初中招生人数 | 25047 | 30200 | 中专招收初中应届毕业生 | 14512 | 9775 |
| 小学毕业升学率(%) | 104.0 | 104.0 | 初中毕业升学率(%) | 130.6 | 115.7 |
| 初中当年毕业生 | 29766 | 29119 | 高中当年毕业生(含职业高中) | 22961 | 21801 |
| 普通高中招生人数 | 19772 | 19995 | | | |
| 职业高中招收初中应届毕业生 | 2894 | 2976 | | | |

# 19－9　技工学校基本情况

单位:所、人

| 类　　别 | 学校数 | 招生数 | 在校学生数 | 毕业生数 | 教职工数 | # 专任教师 |
|---|---|---|---|---|---|---|
| 总　　计 | 6 | 957 | 2102 | 1121 | 1276 | 904 |
| 内蒙古纺织技工学校 | 1 | 215 | 489 | 652 | 53 | 38 |
| 呼和浩特机床附件总厂技工学校 | 1 | | | | 17 | 6 |
| 呼市技工学校 | 1 | 117 | 319 | 117 | 64 | 59 |
| 内蒙古铁路高级技工学校 | 1 | 89 | 232 | 64 | 126 | 79 |
| 内蒙古技师学院 | 1 | | 37 | | 975 | 685 |
| 呼和浩特新东方技工学校 | 1 | 536 | 1025 | 288 | 41 | 37 |

# 19－10　幼儿教育基本情况

单位:所、人

| 类　　别 | 园所个数 | 招生数 | 在园幼儿数 | 毕业生数 | 教职工数 | # 专任教师 |
|---|---|---|---|---|---|---|
| 总　　计 | 359 | 28056 | 72658 | 22018 | 9439 | 5061 |
| 按部门分 | | | | | | |
| 　教育部门 | 53 | 8074 | 18292 | 5258 | 1871 | 1214 |
| 　其它部门 | 16 | 1423 | 4382 | 1675 | 670 | 310 |
| 　民　　办 | 290 | 18559 | 49984 | 15085 | 6898 | 3537 |
| 按城乡分 | | | | | | |
| 　城　　区 | 217 | 17325 | 48272 | 13587 | 6803 | 3567 |
| 　镇　　区 | 116 | 8422 | 20105 | 7244 | 2189 | 1256 |
| 　乡　　村 | 26 | 2309 | 4281 | 1187 | 447 | 238 |

# 19－11　特殊教育情况

单位:所、个、人

| 类　　别 | 学校数 | 班　数 | 招生数 | 在校学生数 | 毕业生数 | 教职工数 | #专任教师 |
|---|---|---|---|---|---|---|---|
| 总 计 | 6 | 47 | 163 | 641 | 76 | 129 | 102 |
| 按类型分 | | | | | | | |
| 视力残疾 | | 5 | 13 | 57 | 6 | | |
| 听力残疾 | 2 | 15 | 30 | 192 | 36 | | |
| 智力残疾 | 4 | 26 | 83 | 264 | 12 | | |
| 其他残疾 | | 1 | 37 | 128 | 22 | | |
| 按城乡分 | | | | | | | |
| 城　　区 | 4 | | 81 | 377 | 38 | 99 | 78 |
| 镇　　区 | 2 | | 62 | 226 | 35 | 30 | 24 |
| 乡　　村 | | | 20 | 38 | 3 | | |

# 19－12　博物馆、展览馆、文物保管所

| 项　　目 | 2016年 | | | | 2017年 | | | |
|---|---|---|---|---|---|---|---|---|
| | 机构数(个) | 从业人员(人) | 藏品件数(件) | 参观人次数(千人次) | 机构数(个) | 从业人员(人) | 藏品件数(件) | 参观人次数(千人次) |
| 博物院(馆) | 5 | 256 | 184568 | 2537 | 5 | 255 | 185109 | 2210 |
| 内蒙古博物院 | 1 | 131 | 148743 | 1986 | 1 | 130 | 149286 | 1502 |
| 内蒙古将军衙署博物院 | 1 | 64 | 4662 | | 1 | 71 | 4662 | 156 |
| 呼和浩特市博物馆 | 1 | 40 | 22663 | 200 | 1 | 36 | 22661 | 200 |
| 托县博物馆 | 1 | 11 | 3100 | 50 | 1 | 8 | 3100 | 51 |
| 和林格尔县盛乐博物馆 | 1 | 10 | 5400 | 301 | 1 | 10 | 5400 | 301 |
| 展　览　馆 | 2 | 135 | 901 | 16 | 2 | 127 | 607 | 8 |
| 内蒙古展览馆 | 1 | 79 | | | 1 | 73 | | |
| 呼和浩特市民族美术馆 | 1 | 56 | 901 | 16 | 1 | 54 | 607 | 8 |
| 文物保管所 | 5 | 199 | 2851 | 30 | 5 | 69 | 2360 | 30 |
| 呼和浩特市文物管理处 | 1 | 171 | 1900 | | 1 | 50 | 1409 | |
| 土左旗文管所 | 1 | 6 | 201 | 10 | 1 | 3 | 201 | 10 |
| 和林县文管所 | 1 | 7 | 319 | | 1 | 6 | 319 | |
| 清水河县文管所 | 1 | 7 | 231 | | 1 | 4 | 231 | |
| 武川县文管所 | 1 | 8 | 200 | 20 | 1 | 6 | 200 | 20 |
| 内蒙古文物考古研究所 | 1 | 47 | 14479 | | 1 | 46 | 16778 | |

# 19－13 出 版 事 业

| 项 目 | 单位 | 2017年 | 项 目 | 单位 | 2017年 |
|---|---|---|---|---|---|
| 出版单位 | 个 | 4 | 图 书 | 种 | 2848 |
| 报 纸 | 种 | 34 | 总印数 | 万册 | 5888 |
| 总印数 | 万份 | 15715 | 使用《中国标准书号》 | 万册 | 5888 |
| 杂 志 | 种 | 115 | 不使用《中国标准书号》 | 万册 | |
| 总印数 | 万册 | 1324 | | | |

# 19－14 公 共 图 书 馆

| 项 目 | 机构个数（个） | 职 工（人） | 藏书件数（册、件） | 建筑面积（平方米） | 阅览室座席数（个） | 流通情况（千人次） | #书刊文献外借册次（千册次） | 书刊文献外借人次（千人次） |
|---|---|---|---|---|---|---|---|---|
| 总 计 | 11 | 303 | 5085814 | 56413 | 4792 | 1408 | 628 | 1597.6 |
| 自治区级 | | | | | | | | |
| 内蒙古图书馆 | 1 | 160 | 3751606 | 35000 | 1972 | 613 | 402 | 1232 |
| 市 级 | | | | | | | | |
| 呼和浩特市图书馆 | 1 | 60 | 504415 | 7890 | 600 | 486 | 15 | 57 |
| 县（区）级 | | | | | | | | |
| 新城区图书馆 | 1 | 10 | 120892 | 650 | 80 | 3 | 3 | 3 |
| 回民区图书馆 | 1 | 6 | 87424 | 3000 | 1080 | 5 | 0.6 | 0.6 |
| 玉泉区图书馆 | 1 | 9 | 46500 | 2000 | 220 | 16 | 16 | 16 |
| 赛罕区图书馆 | 1 | 13 | 260300 | 2000 | 120 | 40 | 40 | 49 |
| 土左旗图书馆 | 1 | 10 | 53450 | 1511 | 130 | 26 | 21 | 22 |
| 托县图书馆 | 1 | 11 | 128450 | 1300 | 40 | 25 | 23 | 68 |
| 和林县图书馆 | 1 | 7 | 106292 | 1550 | 154 | 140 | 86 | 114 |
| 清水河县图书馆 | 1 | 8 | 26400 | 112 | 36 | 3 | 1 | 4 |
| 武川县图书馆 | 1 | 9 | 85 | 1400 | 360 | 51 | 20 | 32 |

# 19－15 艺术表演团体

| 项目 | 机构数（个） | 从业人员（人） | 演出场次（场） | #农村演出场次 | 观众人次数（千人次） |
|---|---|---|---|---|---|
| 总计 | 6 | 1174 | 1576 | 840 | 768 |
| 按隶属关系分 | | | | | |
| 自治区级 | 1 | 730 | 448 | 87 | 265 |
| 市级 | 1 | 316 | 656 | 346 | 208 |
| 县（区）级 | 4 | 128 | 472 | 407 | 295 |
| 按剧种分 | | | | | |
| 歌剧、舞剧、歌舞剧团 | 4 | 128 | 472 | 407 | 295 |
| 综合性艺术表演团体 | 2 | 1046 | 1104 | 433 | 473 |

# 19－16 群众文化馆

| 项目 | 2016年 | | | 2017年 | | |
|---|---|---|---|---|---|---|
| | 机构数（个） | 实际使用房屋建筑面积（平方米） | 从业人员（人） | 机构数（个） | 实际使用房屋建筑面积（平方米） | 从业人员（人） |
| 总计 | 11 | 16330 | 264 | 11 | 16423 | 255 |
| 自治区级 | | | | | | |
| 内蒙古群众艺术馆 | 1 | 3570 | 43 | 1 | 3570 | 41 |
| 市级 | | | | | | |
| 呼和浩特市群众艺术馆 | 1 | 1600 | 119 | 1 | 1600 | 115 |
| 县（区）级 | | | | | | |
| 新城区文化馆 | 1 | 2000 | 10 | 1 | 2000 | 9 |
| 回民区文化馆 | 1 | 1500 | 14 | 1 | 1500 | 14 |
| 玉泉区文化馆 | 1 | 500 | 4 | 1 | 500 | 4 |
| 赛罕区文化馆 | 1 | 2500 | 28 | 1 | 2500 | 28 |
| 土左旗文化馆 | 1 | 2080 | 12 | 1 | 2080 | 12 |
| 托县文化馆 | 1 | 1600 | 10 | 1 | 1193 | 10 |
| 和林县文化馆 | 1 | 400 | 6 | 1 | 400 | 5 |
| 清水河县文化馆 | 1 | 100 | 8 | 1 | 100 | 7 |
| 武川县文化馆 | 1 | 480 | 10 | 1 | 980 | 10 |

# 19－17 广播电视情况

| 项　　目 | 单 位 | 2017 年 | 项　　目 | 单 位 | 2017 年 |
|---|---|---|---|---|---|
| 广播电台 | 座 | 7 | 电 视 台 | 座 | 7 |
| 中、短波发射台及转播台 | 座 | 2 | 1 百瓦以上发射台及转播台 | 座 | 2 |
| 节目套数 | 套 | 9 | 节目套数 | 套 | 8 |
| 内蒙古人民广播电台 | | | 内蒙古电视台 | | |
| 全年播音时间 | 时分 | 62624:00 | 全年播出时间 | 时分 | 59503:00 |
| 新闻资讯类节目 | 时分 | 11739:00 | 新闻资讯类节目 | 时分 | 9116:00 |
| 专题服务类节目 | 时分 | 24758:00 | 专题服务类节目 | 时分 | 9959:00 |
| 综合类节目 | 时分 | 16315:00 | 综艺益智类节目 | 时分 | 5626:00 |
| 广播剧类节目 | 时分 | 2548:00 | 影视剧类节目 | 时分 | 21093:00 |
| 广告类节目 | 时分 | 5361:00 | 广告类节目 | 时分 | 6426:00 |
| 其他类节目 | 时分 | 1901:00 | 其他类节目 | 时分 | 7281:00 |
| 呼和浩特市人民广播电台 | | | 呼和浩特市电视台 | | |
| 全年播音时间 | 时分 | 28431:20 | 全年播出时间 | 时分 | 21219:30 |
| 新闻资讯类节目 | 时分 | 3922:32 | 新闻资讯类节目 | 时分 | 1759:00 |
| 专题服务类节目 | 时分 | 10354:27 | 专题服务类节目 | 时分 | 4241:00 |
| 综艺类节目 | 时分 | 3462:00 | 综艺益智类节目 | 时分 | 1216:30 |
| 广播剧类节目 | 时分 | 1225:00 | 影视剧类节目 | 时分 | 5966:00 |
| 广告类节目 | 时分 | 1739:16 | 广告类节目 | 时分 | 4161:00 |
| 其他类节目 | 时分 | 7728:05 | 其他类节目 | 时分 | 3876:00 |
| 广播综合人口覆盖率 | % | 99.4 | 电视综合人口覆盖率 | % | 99.4 |
| | | | 卫星地球站 | 座 | 2 |

# 19－18　建筑业企业研发活动情况

| 项　　目 | 单 位 | 2017 年 |
| --- | --- | --- |
| 企业单位情况 | | |
| 企业单位数 | 个 | 26 |
| #有研究与试验发展(R&D)的企业数 | 个 | 1 |
| 研发人员情况 | | |
| #研究与试验发展(R&D)人员 | 人 | 852 |
| 研发经费情况 | | |
| #研究与试验发展(R&D)经费支出 | 万元 | 9192 |
| 基础研究 | 万元 | |
| 应用研究 | 万元 | |
| 试验发展 | 万元 | 9192 |
| 企业办研发机构情况 | | |
| 机构数 | 个 | 1 |
| 机构人员 | 人 | 161 |
| 机构经费支出 | 万元 | 400 |
| 自主知识产权情况 | | |
| 专利申请数 | 件 | 36 |
| #发明专利 | 件 | 8 |
| 有效发明专利数 | 件 | 2 |
| #境外授权 | 件 | |
| 政府相关政策落实情况 | | |
| 研究开发费用加计扣除减免税 | 万元 | |
| 高新技术企业减免税 | 万元 | 1707 |

# 19－19　服务业企业研发活动情况

| 项　　目 | 单 位 | 2017 年 |
|---|---|---|
| 企业单位情况 | | |
| 企业单位数 | 个 | 74 |
| #有研究与试验发展(R&D)的企业数 | 个 | 6 |
| 研发人员情况 | | |
| #研究与试验发展(R&D)人员 | 人 | 646 |
| 研发经费情况 | | |
| #使用来自政府部门的研发资金 | 万元 | 1046 |
| #研究与试验发展(R&D)经费支出 | 万元 | 5849 |
| 基础研究 | 万元 | |
| 应用研究 | 万元 | 45 |
| 试验发展 | 万元 | 5804 |
| 企业办研发机构情况 | | |
| 机构数 | 个 | 1 |
| 机构人员 | 人 | 58 |
| 机构经费支出 | 万元 | 363 |
| 自主知识产权情况 | | |
| 专利申请数 | 件 | 26 |
| #发明专利 | 件 | 9 |
| 有效发明专利数 | 件 | 413 |
| #境外授权 | 件 | |
| 政府相关政策落实情况 | | |
| 研究开发费用加计扣除减免税 | 万元 | 335 |
| 高新技术企业减免税 | 万元 | 4998 |

# 19－20 工业企业研发活动情况

| 项　　目 | 单 位 | 规模以上工业企业 | #大中型工业企业 |
|---|---|---|---|
| 企业单位情况 | | | |
| 企业单位数 | 个 | 234 | 64 |
| #有研究与试验发展(R&D)的企业数 | 个 | 54 | 29 |
| 研发人员情况 | | | |
| #研究与试验发展(R&D)人员合计 | 人 | 4006 | 3487 |
| #研究与试验发展(R&D)人员折合全时当量合计 | 人年 | 2179 | 1817 |
| 研发经费情况 | | | |
| 研发经费支出总额 | 万元 | 219697 | 209104 |
| #使用来自政府部门的研发资金 | 万元 | 5472 | 4236 |
| #研究与试验发展(R&D)经费内部支出合计 | 万元 | 189055 | 178750 |
| 基础研究 | 万元 | 1136 | 270 |
| 应用研究 | 万元 | 4015 | 3887 |
| 试验发展 | 万元 | 183904 | 174593 |
| 企业办研发机构情况 | | | |
| 机构数 | 个 | 62 | 44 |
| 机构人员 | 人 | 2757 | 2540 |
| 机构经费支出 | 万元 | 65452 | 62891 |
| 新产品情况 | | | |
| 新产品开发项目 | 项 | 370 | 265 |
| 新产品开发经费支出 | 万元 | 138109 | 128470 |
| 新产品产值 | 万元 | 3470026 | 3354797 |
| 新产品销售收入 | 万元 | 3461723 | 3348392 |
| 自主知识产权情况 | | | |
| 专利申请数 | 件 | 930 | 887 |
| #发明专利 | 件 | 385 | 371 |
| 有效发明专利数 | 件 | 1059 | 999 |
| #境外授权 | 件 | 9 | 4 |
| 技术改造、技术获取情况 | | | |
| 引进境外技术引进经费支出 | 万元 | 29000 | 29000 |
| 引进境外技术的消化吸收经费支出 | 万元 | 9000 | 9000 |
| 购买境内技术经费支出 | 万元 | 2600 | 2600 |
| 技术改造经费支出 | 万元 | 39595 | 39535 |
| 政府相关政策落实情况 | | | |
| 研究开发费用加计扣除减免税 | 万元 | 4207 | 3732 |
| 高新技术企业减免税 | 万元 | 5511 | 5415 |

# 19－21 大中型工业企业科技活动情况

| 项　　目 | 单 位 | 2016 年 | 2017 年 |
|---|---|---|---|
| 企业单位情况 | | | |
| 企业单位数 | 个 | 66 | 64 |
| #有研究与试验发展(R&D)的企业数 | 个 | 28 | 29 |
| 研发人员情况 | | | |
| #研究与试验发展(R&D)人员合计 | 人 | 3682 | 3487 |
| #研究与试验发展(R&D)人员折合全时当量合计 | 人年 | 2242 | 1817 |
| 研发经费情况 | | | |
| 研发经费支出总额 | 万元 | 244524 | 209104 |
| #使用来自政府部门的研发资金 | 万元 | 4252 | 4236 |
| #研究与试验发展(R&D)经费内部支出合计 | 万元 | 177871 | 178750 |
| 基础研究 | 万元 | | 270 |
| 应用研究 | 万元 | 284 | 3887 |
| 试验发展 | 万元 | 177586 | 174593 |
| 企业办研发机构情况 | | | |
| 机构数 | 个 | 49 | 44 |
| 机构人员 | 人 | 2521 | 2540 |
| 机构经费支出 | 万元 | 61343 | 62891 |
| 新产品情况 | | | |
| 新产品开发项目 | 项 | 249 | 265 |
| 新产品开发经费支出 | 万元 | 122752 | 128470 |
| 新产品产值 | 万元 | 3927539 | 3354797 |
| 新产品销售收入 | 万元 | 3741621 | 3348392 |
| 自主知识产权情况 | | | |
| 专利申请数 | 件 | 759 | 887 |
| #发明专利 | 件 | 345 | 371 |
| 有效发明专利数 | 件 | 870 | 999 |
| #境外授权 | 件 | 5 | 4 |
| 技术改造、技术获取情况 | | | |
| 引进境外技术引进经费支出 | 万元 | 29035 | 29000 |
| 引进境外技术的消化吸收经费支出 | 万元 | 9005 | 9000 |
| 购买境内技术经费支出 | 万元 | 2605 | 2600 |
| 技术改造经费支出 | 万元 | 42479 | 39535 |
| 政府相关政策落实情况 | | | |
| 研究开发费用加计扣除减免税 | 万元 | 6389 | 3732 |
| 高新技术企业减免税 | 万元 | 7958 | 5415 |

# 19－22 历年R&D活

| 主要指标 | 单位 | 2007年 | 2008年 | 2009年 | 2010年 |
|---|---|---|---|---|---|
| R&D活动单位基本情况 | | | | | |
| 单位数 | 个 | 93 | 89 | 85 | 93 |
| R&D人员情况 | | | | | |
| R&D人员 | 人 | | | 8695 | 9941 |
| #女　　性 | 人 | | | 2958 | 3567 |
| #全时人员 | 人 | | | 4716 | 5378 |
| R&D人员全时当量 | 人年 | 4471 | 4558 | 5290 | 5842 |
| #研究人员 | 人年 | | | 3796 | 4046 |
| 基础研究 | 人年 | 840 | 1079 | 1124 | 1176 |
| 应用研究 | 人年 | 1709 | 1613 | 2240 | 2190 |
| 试验发展 | 人年 | 1923 | 1866 | 1928 | 2476 |
| R&D经费情况 | | | | | |
| R&D经费内部支出 | 万元 | 57639 | 58442 | 77174 | 97678 |
| 基础研究 | 万元 | | 5273 | 8834 | 7499 |
| 应用研究 | 万元 | | 14247 | 23830 | 30207 |
| 试验发展 | 万元 | | 38923 | 44510 | 59973 |
| 日常性支出 | 万元 | 54830 | 57177 | 60621 | 84302 |
| #人员劳务费 | 万元 | 10453 | 13210 | 14363 | 20666 |
| 资产性支出 | 万元 | 2810 | 1266 | 16554 | 13376 |
| #仪器和设备 | 万元 | | | 16052 | 11809 |
| 政府资金 | 万元 | | | 45392 | 51605 |
| 企业资金 | 万元 | | | 26328 | 44111 |
| 境外资金 | 万元 | | | 277 | 308 |
| 其他资金 | 万元 | | | 5177 | 1654 |
| R&D经费外部支出 | 万元 | | 2422 | 2415 | 6940 |
| R&D机构情况 | | | | | |
| 机构数 | 个 | 142 | 142 | 153 | 162 |
| 机构R&D人员 | 人 | 5581 | 5396 | 3782 | 4105 |
| #博士毕业 | 人 | | | 287 | 398 |
| 硕士毕业 | 人 | | | 714 | 907 |
| 机构R&D经费支出 | 万元 | 25076 | 23991 | 45239 | 60653 |
| R&D项目(课题)情况 | | | | | |
| 项目(课题)数 | 个 | 4206 | 4357 | 4026 | 4626 |
| 项目(课题)人员全时当量 | 人年 | 5423 | 5524 | 4558 | 5276 |
| 项目(课题)经费支出 | 万元 | 61050 | 95836 | 53869 | 67825 |
| R&D活动产出情况 | | | | | |
| 专利申请数 | 项 | 336 | 498 | 492 | 441 |
| #发明专利 | 项 | 109 | 273 | 255 | 303 |
| 有效发明专利 | 项 | 94 | 148 | 147 | 267 |
| 发表科技论文 | 篇 | 5401 | 5807 | 6857 | 6689 |
| 出版科技著作 | 部 | 261 | 249 | 305 | 323 |

# 动基本情况

| 2011 年 | 2012 年 | 2013 年 | 2014 年 | 2015 年 | 2016 年 | 2017 年 |
|---|---|---|---|---|---|---|
| 93 | 103 | 106 | 101 | 118 | 140 | 131 |
| | | | | | | |
| 10938 | 11818 | 13281 | 12403 | 11752 | 14153 | 12597 |
| 3710 | 4139 | 4707 | 4325 | 4913 | 4768 | 4593 |
| 6430 | 6553 | 7624 | 6871 | 6048 | 7661 | 7015 |
| 6731 | 7599 | 8269 | 7184 | 7200 | 8445 | 7451 |
| 4260 | 4846 | 4766 | 4201 | 4309 | 4633 | 4305 |
| 1336 | 1688 | 1730 | 1224 | 1123 | 1233 | 1231 |
| 2463 | 2613 | 2176 | 2036 | 1725 | 1895 | 1835 |
| 2931 | 3298 | 4363 | 3923 | 4350 | 5316 | 4384 |
| | | | | | | |
| 146181 | 181039 | 231049 | 239459 | 304978 | 299633 | 331357 |
| 11289 | 19397 | 29169 | 18652 | 21104 | 25095 | 25931 |
| 42484 | 35659 | 41924 | 42606 | 44018 | 43242 | 53347 |
| 92407 | 125983 | 159955 | 178202 | 239856 | 231293 | 252078 |
| 122422 | 157027 | 197561 | 202415 | 264236 | 257836 | 292666 |
| 28040 | 35758 | 52174 | 58675 | 67115 | 79477 | 79003 |
| 23759 | 24011 | 33488 | 37044 | 40743 | 41794 | 38690 |
| 14687 | 20288 | 24125 | 33742 | 29795 | 31231 | 27298 |
| 71074 | 65757 | 85489 | 76414 | 87876 | 88576 | 94455 |
| 69327 | 105599 | 113686 | 156052 | 204117 | 198273 | 205550 |
| 464 | 206 | 114 | 55 | 48 | 137 | 83 |
| 5317 | 9477 | 31761 | 6939 | 12937 | 12646 | 31269 |
| 5433 | 5354 | 6664 | 21556 | 33261 | 36465 | 35792 |
| | | | | | | |
| 174 | 182 | 193 | 197 | 179 | 208 | 207 |
| 4455 | 4965 | 5651 | 4872 | 5360 | 5825 | 5209 |
| 463 | 560 | 674 | 634 | 640 | 776 | 711 |
| 1068 | 1330 | 1514 | 1349 | 1819 | 1484 | 1288 |
| 84395 | 91964 | 124340 | 96518 | 144659 | 132081 | 148206 |
| | | | | | | |
| 5215 | 6082 | 6330 | 6089 | 5780 | 6749 | 7002 |
| 6167 | 6853 | 7468 | 6419 | 6264 | 6916 | 6385 |
| 99239 | 125903 | 171610 | 194594 | 242552 | 247297 | 289675 |
| | | | | | | |
| 755 | 641 | 738 | 608 | 995 | 1388 | 1488 |
| 351 | 306 | 420 | 241 | 419 | 591 | 571 |
| 481 | 652 | 987 | 1161 | 1232 | 1921 | 2241 |
| 8191 | 8701 | 8874 | 8191 | 8742 | 10777 | 9918 |
| 284 | 357 | 394 | 323 | 558 | 580 | 486 |

# 主要统计指标解释

**普通高等学校** 指按国家规定的审批程序批准举办通过全国统一招生考试招收高级中等学校毕业生和具有同等学历者实施高等教育培养高等专门人才的学校。包括大学、专门学院、专科学校和短期职业大学。

**成人高等学校在校学生数** 成人高等学校是指按照国务院有关规定，经省、自治区、直辖市人民政府、国务院有关部、委批准举办，招收高中毕业或同等学历者，利用脱产、半脱产、业余或函授多种形式对成人实施高等教育，培养相当普通高等学校专科毕业水平的专业人才，修业年限、课程设置和总学时相当二年以上的学校。包括广播电视大学、职业高等学校、管理干部学校、教育（教师进修）学校、独立设置的函授学院和高等学校举办的函授部、夜大学等。在校生数：是指具有学籍的注册学生总数。

**毕业生数** 指上学年度内具有学籍的学生学完教学计划规定的全部课程考试及格实际毕业的学生数。不包括结业生和肄业生数。

**招生数** 指新学年开学时一年级实际招收入学的新生数。不包括留级生和复学生数。

**在校学生数** 指学年初具有学籍的在校生总数。

**学龄儿童入学率** 指调查范围内已入小学学习的学龄儿童占校内外学龄儿童总数（包括弱智儿在内但不包括盲聋哑儿童）的比重。

计算公式：学龄儿童入学率 = 已入学的小学学龄儿童数/校内外小学学龄儿童总数 × 100%

**专任教师** 指主要从事教学工作的人员。包括临时（一年以内）调去帮助做其他工作的教学人员。高等学校函授部、夜大学的专任教师和承担科研任务为担任教学工作仍属教师编制的人员应计入专任教师中。专任教师不包括调离教学岗位担任行政领导工作或其他工作的原教学人员。

**平均每万人口学生数** 指一个国家或一个地区各级各类学校学生数与同范围的人口总数（以万人为单位）之比。它反映一个国家或地区人民受教育的密度。计算公式为：

平均每万人口学生数 = 学生数（人）/人口总数（万人）

**平均每一教师负担学生数** 指各级各类学校学年初在校学生数与专任教师数之比。它反映教师负担学生的教学工作量。计算公式为：

平均每一教师负担学生数 = 学年初在校学生数/学年初专任教师数

**中等职业教育学校** 是指按国家规定的设置标准和审批程序批准建立的，招收初中（或部分高中）毕业生或同等学历者，实施中等职业技术教育，培养中等职业技术人才的学校。招收初中毕业生的，修业年限一般为三至四年；招收高中毕业生的，修业年限一般为二年至三年。包括中等专业学校、技工学校、职业中学（高中）等。

**初中毕业生升学率** 该升学率分子为普通高中和技工学校的招生数，以及中等职业学校招收的应届初中毕业生数，分母为初中（含职业初中）毕业生人数。

**文化事业机构** 指从事专业文化工作和为专业文化工作服务的单独核算、独立建制的单位。不包括文化主管部门直属单位举办的其他行业和各部门的业余文化组织。

**艺术表演团体** 指从事戏曲、音乐、舞蹈、杂技等专业艺术表演有独立帐户实行单独核算的团体。不包括半工半艺、半农半艺的业余剧团。

**艺术表演观众人数（人次） 指售票、包场演出或民族地区免费演出的艺术表演观众人次数。不包括彩排审查和内部观摩演出的观看人次数。**

**公共图书馆图书藏量** 指图书馆已编目的古籍、图书、期刊、和报纸的合订本、小册子、手稿、以及缩微制品、录像带、录音带、光盘等听视文献资料数量总和。

# 第二部分　统计资料

## 体育、卫生及其他事业

# 20－1 体育事业基本情况

| 项　　目 | 单 位 | 2016 年 | 2017 年 |
| --- | --- | --- | --- |
| 体育场地 | | | |
| 体 育 场 | 个 | 25 | 26 |
| 观众席位 | 个 | 160000 | 164000 |
| 体 育 馆 | 个 | 7 | 8 |
| 观众席位 | 个 | 22800 | 23400 |
| 游 泳 池 | 个 | 27 | 29 |
| 室　内 | 个 | 21 | 23 |
| 室　外 | 个 | 6 | 6 |
| 球类场地 | 个 | 1041 | 1052 |
| 门 球 场 | 个 | 35 | 36 |
| 足 球 场 | 个 | 12 | 21 |
| 篮 球 场 | 个 | 809 | 810 |
| 排 球 场 | 个 | 185 | 185 |
| 室内外网球场馆 | 个 | 111 | 111 |
| 田 径 房 | 个 | 1 | 1 |
| 击剑房馆 | 个 | | |
| 举 重 馆 | 个 | 2 | 2 |
| 棋牌房馆 | 个 | 112 | 112 |
| 田 径 场 | 个 | 55 | 55 |
| 小运动场 | 个 | 211 | 211 |
| 射击场、室内射击场 | 个 | 3 | 3 |
| 台球房馆 | 个 | 87 | 93 |
| 赛 马 场 | 个 | 4 | 4 |

20－1 续表

| 项　　目 | 单 位 | 2016 年 | 2017 年 |
| --- | --- | --- | --- |
| 乒乓球馆 | 个 | 64 | 65 |
| 摔柔房馆 | 个 | 10 | 12 |
| 健 身 房 | 个 | 64 | 68 |
| 篮 球 馆 | 个 | 19 | 19 |
| 保龄球房馆 | 个 | 3 | 3 |
| 武术房馆 | 个 | 3 | 3 |
| 羽毛球房馆 | 个 | 24 | 24 |
| 非标准场地 | 个 | 578 | 1023 |
| 举办运动会情况 | | | |
| 举办运动会次数 | 次 | 53 | 54 |
| 体育学院(校) | | | |
| 在校学生 | 人 | 620 | 624 |
| 专职教练员 | 人 | 56 | 56 |
| 体育比赛获奖牌情况 | | | |
| 总　　计 | 枚 | 349 | 782 |
| 金　　牌 | 枚 | 124 | 268 |
| 国际、国家级 | 枚 | | 10 |
| 自治区级 | 枚 | 124 | 258 |
| 银　　牌 | 枚 | 96 | 230 |
| 国际、国家级 | 枚 | | 16 |
| 自治区级 | 枚 | 96 | 214 |
| 铜　　牌 | 枚 | 129 | 284 |
| 国际、国家级 | 枚 | | 27 |
| 自治区级 | 枚 | 129 | 257 |

# 20－2　卫生事业基本情况

| 项　　目 | 机构数（个） | 床位数（张） | 全部职工数（人） | #卫生技术人员 |
|---|---|---|---|---|
| 总　　计 | 2065 | 20680 | 34183 | 26498 |
| 医院合计 | 108 | 17788 | 22699 | 18226 |
| 综合医院 | 59 | 10652 | 14686 | 11730 |
| 中医医院 | 19 | 2060 | 2171 | 1851 |
| 民族医院 | 4 | 1256 | 1733 | 1462 |
| 专科医院 | 26 | 3820 | 4109 | 3183 |
| 口腔医院 | 3 | 64 | 153 | 131 |
| 眼科医院 | 2 | 190 | 288 | 176 |
| 耳鼻喉科医院 | 1 | 60 | 19 | 19 |
| 肿瘤医院 | 1 | 700 | 800 | 668 |
| 妇产（科）医院 | 2 | 111 | 269 | 190 |
| 精神病医院 | 1 | 840 | 794 | 650 |
| 传染病医院 | 2 | 510 | 747 | 576 |
| 皮肤病医院 | 3 | 110 | 76 | 62 |
| 骨科医院 | 2 | 421 | 482 | 378 |
| 康复医院 | 1 | 499 | 120 | 62 |
| 整形外科医院 | 1 | 35 | 40 | 33 |
| 美容医院 | 1 | 20 | 10 | 10 |
| 其他专科医院 | 6 | 260 | 311 | 228 |
| 基层医疗卫生机构 | 1895 | 2164 | 7727 | 5520 |
| 社区服务中心（站） | 195 | 640 | 2413 | 2130 |
| 卫生院 | 80 | 1515 | 1134 | 989 |
| 村卫生室 | 986 |  | 1901 | 209 |
| 门诊部 | 25 | 9 | 431 | 371 |
| 诊所、卫生所、医务室 | 609 |  | 1848 | 1821 |
| 专业公共卫生机构 | 45 | 708 | 3384 | 2623 |
| 疾病预防控制中心（防疫站） | 12 |  | 943 | 667 |
| 专科疾病防治院（所、站） | 4 |  | 122 | 90 |
| 健康教育所（站、中心） | 3 |  | 32 | 14 |
| 妇幼保健院（所、站） | 11 | 708 | 1792 | 1477 |
| 急救中心（站） | 1 |  | 26 | 12 |
| 采供血机构 | 1 |  | 99 | 70 |
| 卫生监督所（中心） | 11 |  | 331 | 271 |
| 计划生育技术服务机构 | 2 |  | 39 | 22 |
| 其他卫生机构 | 17 | 20 | 373 | 129 |
| 疗养院 | 1 | 20 | 62 | 54 |
| 医学在职培训机构 | 1 |  | 56 | 1 |
| 临床检验中心（所、站） | 1 |  | 92 | 15 |
| 统计信息中心 | 1 |  | 11 | 1 |
| 其他卫生机构 | 13 |  | 152 | 58 |

# 20－3　卫生技术人员分布

单位：人

| | 卫生技术人员 | 执业医师 | #执业助理医师 | 护师(士) | 药师(士) | 技师(士) | 其他 |
|---|---|---|---|---|---|---|---|
| 总　　计 | 26498 | 10225 | 9274 | 11672 | 1583 | 1337 | 1681 |
| 医院合计 | 18226 | 6518 | 6229 | 9040 | 850 | 868 | 950 |
| 综合医院 | 11730 | 4012 | 3863 | 6321 | 449 | 526 | 422 |
| 中医医院 | 1851 | 889 | 804 | 598 | 149 | 89 | 126 |
| 民族医院 | 1462 | 521 | 513 | 625 | 95 | 61 | 160 |
| 专科医院 | 3183 | 1096 | 1049 | 1496 | 157 | 192 | 242 |
| 口腔医院 | 131 | 72 | 64 | 50 | 6 | 3 | |
| 眼科医院 | 176 | 46 | 45 | 90 | 6 | 4 | 30 |
| 耳鼻喉科医院 | 19 | 6 | 6 | 11 | 1 | | 1 |
| 肿瘤医院 | 668 | 302 | 302 | 254 | 47 | 48 | 17 |
| 妇产(科)医院 | 190 | 48 | 38 | 123 | 7 | 10 | 2 |
| 精神病医院 | 650 | 125 | 122 | 388 | 12 | 38 | 87 |
| 传染病医院 | 576 | 173 | 169 | 256 | 34 | 47 | 66 |
| 皮肤病医院 | 62 | 21 | 17 | 27 | 7 | 7 | |
| 骨科医院 | 378 | 207 | 203 | 90 | 21 | 22 | 38 |
| 康复医院 | 62 | 8 | 8 | 51 | 2 | 1 | |
| 整形外科医院 | 33 | 13 | 13 | 18 | 2 | | |
| 美容医院 | 10 | 3 | 3 | 7 | | | |
| 其他专科医院 | 228 | 72 | 59 | 131 | 12 | 12 | 1 |
| 基层医疗卫生机构 | 5520 | 2654 | 2100 | 1716 | 661 | 166 | 323 |
| 社区服务中心(站) | 2130 | 896 | 778 | 855 | 209 | 71 | 99 |
| 卫生院 | 989 | 449 | 249 | 233 | 50 | 59 | 198 |
| 村卫生室 | 209 | 198 | 87 | 11 | | | |
| 门诊部 | 371 | 184 | 152 | 156 | 8 | 20 | 3 |
| 诊所、卫生所、医务室 | 1821 | 927 | 834 | 461 | 394 | 16 | 23 |
| 专业公共卫生机构 | 2623 | 1001 | 897 | 867 | 66 | 294 | 395 |
| 疾病预防控制中心(防疫站) | 667 | 375 | 333 | 50 | 8 | 174 | 60 |
| 专科疾病防治院(所、站) | 90 | 41 | 34 | 22 | 3 | 11 | 13 |
| 健康教育所(站、中心) | 14 | 12 | 12 | 1 | 1 | | |
| 妇幼保健院(所、站) | 1477 | 545 | 493 | 764 | 48 | 84 | 36 |
| 急救中心(站) | 12 | 3 | 1 | 7 | | 2 | |
| 采供血机构 | 70 | 21 | 21 | 19 | 5 | 23 | 2 |
| 卫生监督所 | 271 | | | | | | 271 |
| 计划生育技术服务机构 | 22 | 4 | 3 | 4 | 1 | | 13 |
| 其他卫生机构 | 129 | 52 | 48 | 49 | 6 | 9 | 13 |
| 疗养院 | 54 | 27 | 26 | 22 | 2 | 2 | 1 |
| 医学在职培训机构 | 1 | 1 | 1 | | | | |
| 临床检验中心(所、站) | 15 | 7 | 7 | 2 | | 6 | |
| 统计信息中心 | 1 | | | | | | 1 |
| 其他卫生机构 | 58 | 17 | 14 | 25 | 4 | 1 | 11 |

# 20－4　医疗机构门诊、住院及病床使用情况

| 项　　目 | 诊疗人次数（人次） | 入院人数（人） | 病床使用率（%） | 出院者平均住院日（天） |
|---|---|---|---|---|
| 总　　计 | 13038876 | 471788 | 74.2 | 11.3 |
| 医院合计 | 8205654 | 425282 | 80.2 | 11.7 |
| 综合医院 | 6099613 | 307318 | 84.7 | 10.6 |
| 中医医院 | 633920 | 30301 | 62.6 | 14.0 |
| 民族医院 | 693285 | 26148 | 86.3 | 14.2 |
| 专科医院 | 778836 | 61515 | 74.5 | 15.0 |
| 口腔医院 | 75313 | 444 | 6.8 | 2.8 |
| 眼科医院 | 145151 | 12049 | 70.6 | 3.5 |
| 耳鼻喉科医院 | 4857 | 439 | 14.0 | 6.9 |
| 肿瘤医院 | 72763 | 15245 | 67.1 | 10.6 |
| 传染病医院 | 44025 | 1548 | 35.0 | 7.6 |
| 妇产（科）医院 | 176855 | 5353 | 91.5 | 51.8 |
| 精神病医院 | 69223 | 7334 | 64.4 | 15.9 |
| 皮肤病医院 | 42727 | 1240 | 21.2 | 6.8 |
| 骨科医院 | 105955 | 13220 | 113.3 | 13.2 |
| 康复医院 | 139 | 308 | 100.0 | 352.0 |
| 整形外科医院 | 1720 | | | |
| 美容医院 | 715 | | | |
| 其他专科医院 | 39393 | 4335 | 44.0 | 6.0 |
| 基层医疗卫生机构 | 4145800 | 23703 | 32.9 | 8.2 |
| 社区服务中心（站） | 1808958 | 6240 | 35.1 | 10.1 |
| 卫生院 | 476083 | 17463 | 32.0 | 7.5 |
| 村卫生室 | 830049 | | | |
| 门诊部 | 188623 | | | |
| 诊所、卫生所、医务室 | 842087 | | | |
| 专业公共卫生机构 | 663322 | 22803 | 53.0 | 5.9 |
| 专科疾病防治院（所、站） | 4755 | | | |
| 妇幼保健院（所、站） | 617944 | 22803 | 53.0 | 5.9 |
| 急救中心（站） | 40623 | | | |
| 其他卫生机构 | 24100 | | | |
| 疗养院 | 24100 | | | |

# 20－5 婚 姻 情 况

单位:对

| 项 目 | 2016 年 | 2017 年 | 项 目 | 2016 年 | 2017 年 |
|---|---|---|---|---|---|
| 准予登记结婚对数 | 19454 | 19163 | 每千人结婚对数 | 8.1 | 7.9 |
| 内地居民登记结婚对数 | 19393 | 19105 | 每千人离婚对数 | 2.7 | 2.7 |
| 涉外及华侨、港澳台登记结婚对数 | 61 | 58 | 平均每天结婚对数 | 53.3 | 52.5 |
| 离婚登记对数 | 6470 | 6503 | 平均每天离婚对数 | 17.7 | 17.8 |

# 20－6 基 层 工 会 情 况

单位:个、人

| 项 目 | 工会数 | 年末职工人数 | #女职工 | 年末会员人数 | #女会员 |
|---|---|---|---|---|---|
| 总 计 | 9510 | 580603 | 214317 | 552656 | 211147 |
| 新城区 | 2789 | 208711 | 98688 | 208140 | 98566 |
| 回民区 | 1870 | 91932 | 29937 | 83461 | 27527 |
| 玉泉区 | 1516 | 51323 | 22850 | 50332 | 22776 |
| 赛罕区 | 1562 | 94142 | 21833 | 77786 | 21831 |
| 土左旗 | 465 | 48346 | 10666 | 47359 | 10194 |
| 托 县 | 333 | 25997 | 8512 | 25985 | 8508 |
| 和 林 | 430 | 31589 | 12355 | 31059 | 12275 |
| 清水河 | 283 | 19651 | 6932 | 19623 | 6926 |
| 武 川 | 262 | 8912 | 2544 | 8911 | 2544 |

# 20－7　妇女组织、工作情况

| 项　　目 | 单　位 | 2016年 | 2017年 | 项　　目 | 单　位 | 2016年 | 2017年 |
|---|---|---|---|---|---|---|---|
| 妇联机构 | 个 | 87 | 87 | 女职工委员会数 | 个 | 10 | 10 |
| 旗县以上 | 个 | 11 | 11 | 三八红旗集体 | | 30 | 10 |
| 乡镇街道 | 个 | 76 | 76 | 三八红旗手 | 个 | 50 | 10 |
| 基层妇代会总数 | 个 | 915 | 965 | 巾帼建功标兵数 | 人 | 58 | 41 |
| 城　　市 | 个 | | | 维权法庭 | 个 | 6 | 6 |
| 农　　村 | 个 | 915 | 965 | 法律帮助机构 | 个 | 85 | 85 |
| 机关事业单位妇委会 | 个 | 75 | 75 | | | | |

# 20－8　共青团基本情况

单位：个、人

| 行　　业 | 基层团支部 | 14－35岁青年 | #14－28岁 | 年末团员数 | #少数民族 | 发展新团员 | 团员入党 |
|---|---|---|---|---|---|---|---|
| 总　　计 | 2949 | 847769 | 445924 | 54877 | 13247 | 10795 | 1024 |
| 农、林、牧、渔业 | 825 | 284510 | 198672 | 3953 | 2019 | 1451 | 421 |
| 采掘业 | 7 | 48600 | 30525 | 98 | 8 | 8 | 5 |
| 制造业 | 48 | 59610 | 10811 | 3256 | 198 | 12 | 4 |
| 电力煤气及水的生产和供应业 | 24 | 32631 | 18451 | 1546 | 145 | 13 | 15 |
| 建筑业 | 10 | 28487 | 8406 | 159 | 108 | 20 | 4 |
| 地质勘查、水利管理业 | 15 | 18048 | 9202 | 512 | 45 | 24 | 9 |
| 交通运输、仓储及邮电通讯业 | 25 | 43735 | 32658 | 756 | 15 | 14 | 9 |
| 批发零售贸易、餐饮业 | 18 | 36118 | 9913 | 3306 | 263 | 15 | 8 |
| 金融、保险业 | 6 | 15579 | 4919 | 3054 | 14 | 8 | 10 |
| 房地产业 | 4 | 16596 | 1903 | 92 | 19 | 9 | 8 |
| 社会服务业 | 8 | 35986 | 16087 | 267 | 692 | 468 | 18 |
| 教育、文化艺术和广播影视事业 | 1836 | 92586 | 65984 | 33751 | 7956 | 7321 | 126 |
| 卫生、体育和社会福利事业 | 27 | 42923 | 16311 | 788 | 186 | 150 | 15 |
| 科学研究和综合技术服务业 | 19 | 30765 | 8099 | 120 | 29 | 21 | 4 |
| 国家机关、政党机关和社会团体 | 35 | 34692 | 9025 | 1778 | 896 | 651 | 132 |
| 其　　他 | 42 | 26903 | 4958 | 1441 | 654 | 610 | 236 |

# 20－9 律师、公证、调解工作基本情况

| 项　目 | 单 位 | 2016 年 | 2017 年 | 2017 年比 2016 年增长% |
|---|---|---|---|---|
| 律师工作 | | | | |
| 律师事务所 | 个 | 97 | 100 | 3.1 |
| 律　师 | 人 | 1162 | 1314 | 13.1 |
| 专职律师 | 人 | 913 | 1248 | 36.7 |
| 兼职律师 | 人 | 65 | 66 | 1.5 |
| 聘请担任常年法律顾问 | 家 | 2321 | 1613 | －30.5 |
| 民事、经济诉讼代理 | 件 | 7246 | 8348 | 15.2 |
| 刑事辩护及代理 | 件 | 848 | 820 | －3.3 |
| 非诉讼法律事务 | 件 | 1900 | 1087 | －42.8 |
| 涉外法律事务 | 件 | | | |
| 解答法律咨询 | 件 | 10374 | 11200 | 8.0 |
| 代写法律事务文书 | 件 | 1870 | 2010 | 7.5 |
| 公证工作 | | | | |
| 公 证 处 | 个 | 10 | 10 | |
| 公证人员 | 人 | 175 | 172 | －1.7 |
| #公 证 员 | 人 | 39 | 47 | 20.5 |
| 公证员助理 | 人 | 136 | 125 | －8.1 |
| 办理公证文书 | 件 | 36683 | 48828 | 33.1 |
| 人民调解工作 | | | | |
| 专职司法助理员 | 人 | 282 | 277 | －1.8 |
| 人民调解委员会 | 个 | 1476 | 1632 | 10.6 |
| 调解人员 | 人 | 7171 | 7233 | 0.9 |
| 调解民间纠纷 | 件 | 8002 | 11863 | 48.3 |

# 20－10　优抚安置、社会救济及殡葬情况

| 项　　目 | 单　位 | 2016 年 | 2017 年 |
| --- | --- | --- | --- |
| 优抚安置 | | | |
| 优抚事业单位 | 个 | 6 | 6 |
| 优抚事业单位职工人数 | 人 | 239 | 223 |
| 优抚对象总人口 | 人 | 4691 | 4718 |
| #伤残人员 | 人 | 1929 | 1874 |
| 烈士遗属 | 人 | 61 | 49 |
| 因公牺牲、病故军人遗属 | 人 | 92 | 96 |
| 优抚优待总金额 | 万元 | 10240 | 10621 |
| 社会救济 | | | |
| 城镇居民最低生活保障人数 | 人 | 22056 | 17212 |
| 城镇居民低保资金 | 万元 | 9512 | 9856 |
| 农村居民最低生活保障人数 | 人 | 99307 | 97318 |
| 农村居民低保资金 | 万元 | 18709 | 34106 |
| 城镇社区服务 | | | |
| 城镇社区服务机构 | 个 | 302 | 301 |
| 职工人数 | 人 | 4746 | 3032 |
| 机构建筑面积 | 平方米 | 207328 | 218526 |
| 社区服务志愿者组织数 | 个 | 288 | 227 |
| 殡仪服务 | | | |
| 单位数 | 个 | 7 | 7 |
| #殡仪馆 | 个 | 2 | 2 |
| 职工人员 | 人 | 127 | 90 |
| 火 化 炉 | 座 | 8 | 8 |
| 全年处理遗体数 | 具 | 7058 | 7246 |

# 20－11　社会福利单位基本情况

| 项　　目 | 机构数（个） | 职工人数（人） | 床　　位（张） | 年末在院（站）人数（人） |
| --- | --- | --- | --- | --- |
| 收养性社会服务机构 | 90 | 2036 | 10577 | 19467 |
| 光荣院 | 4 | 61 | 360 | 148 |
| 社会福利院 | 1 | 112 | 240 | 181 |
| 儿童福利机构 | 1 | 92 | 500 | 178 |
| 智障与精神疾病服务机构 | 1 | 128 | 342 | 342 |
| 城市养老服务机构 | 24 | 336 | 4578 | 1625 |
| 农村养老服务机构 | 47 | 344 | 4492 | 1781 |
| 救助类社会服务机构 | 1 | 49 | 65 | 15212 |
| 社会福利企业 | 11 | 914 | | |

# 20－12　社会保障基本情况

| 项　　目 | 单　位 | 2016 年 | 2017 年 |
| --- | --- | --- | --- |
| 基本养老保险 | 人 | | |
| 城镇职工基本养老保险参保人数 | 人 | 405822 | 431031 |
| #参加基本养老保险离退休人数 | 人 | 189930 | 203888 |
| 城乡居民基本养老保险参保人数 | 人 | 625734 | 639639 |
| 机关事业人数 | 人 | 121927 | 111585 |
| 医疗保险 | 人 | | |
| 城镇职工基本医疗保险参保人数 | 人 | 613745 | 637745 |
| 城镇居民基本医疗保险参保人数 | 人 | 557739 | 1481131 |
| 参加新农合人数 | 人 | 985517 | |
| 失业保险 | 人 | | |
| 参加失业保险人数 | 人 | 475000 | 505000 |
| 工伤保险 | 人 | | |
| 参加工伤保险人数 | 人 | 398793 | 402470 |
| 生育保险 | 人 | | |
| 参加生育保险人数 | 人 | 369023 | 371588 |

注:2017 年,新型农村合作医疗保险和城镇居民医疗保险合并为城乡居民医疗保险。

# 20－13　刑事案件、交通事故、火灾情况

| 项　　目 | 单　位 | 2016 年 | 2017 年 |
|---|---|---|---|
| 刑事案件 | | | |
| 立 案 数 | 件 | 13057 | 12557 |
| 市　区 | 件 | 8866 | 7887 |
| 旗　县 | 件 | 2549 | 2493 |
| 损失财物折款 | 万元 | 17782 | 14264 |
| 缴获财物折款 | 万元 | 20.35 | 44.40 |
| 破 案 率 | % | 46.5 | 53.6 |
| 交通事故 | | | |
| 次　数 | 起 | 671 | 751 |
| 市　区 | 起 | 439 | 441 |
| 旗　县 | 起 | 232 | 310 |
| 死　亡 | 人 | 104 | 100 |
| 市　区 | 人 | 62 | 55 |
| 旗　县 | 人 | 42 | 45 |
| 伤　人 | 人 | 695 | 787 |
| 市　区 | 人 | 453 | 440 |
| 旗　县 | 人 | 242 | 347 |
| 损失折款 | 万元 | 254 | 187 |
| 火灾情况 | | | |
| 发　生　数 | 起 | 2373 | 2153 |
| 死亡人数 | 人 | 11 | 5 |
| 伤　人　数 | 人 | 2 | 1 |
| 损失折款 | 万元 | 619 | 243 |
| 补充资料 | | | |
| 交通设施 | | | |
| 信号灯控制岗 | 处 | 293 | 346 |
| 可监控路口 | 处 | 272 | 122 |
| 消防设施 | | | |
| 消防队数 | 队 | 17 | 187 |
| 消防车辆 | 辆 | 102 | 100 |

# 主要统计指标解释

**体育场**　指有400米跑道(中心含足球场),有固定道牙,跑道6条以上,并有固定看台的室外田径场地。体育场按看台容纳观众人数分为:甲级25000人以上,乙级15000－25000人,丙级5000－15000人,丁级5000人以下。

**体育馆**　指有固定看台,可供篮球、排球、羽毛球、乒乓球、体操等项目训练比赛活动用的室内运动场地。体育馆按看台容纳观众人数分为:甲级6000人以上,乙级4000－6000人,丙级2000－4000人,丁级2000人以下。

**医院**　指设有固定床位,能收容病人住院并能为病人提供医疗、护理服务的医疗机构,包括县及县以上医院、农村乡卫生院和其他医疗。

**床位数**　指各级各类医院本年10月底的固定实有床位(非编制床位)。包括正规床、简易床、监护床和正在消毒、修理的床位及因扩建或大修理而停用的床位(按扩建或大修理前的床位计算),但不包括产科的新生儿床、库存床、临时增设的床位、病人家属的陪床、接产室的待产床等。

**卫生技术人员**　指卫生事业机构支付工资的全部固定职工和合同制职工中现任职务为卫生技术工作的专业人员。包括中医师、西医师、中西医结合高级医师、护师、中药师、西药师、检验师、其他技师、中医士、西医士、护士、助产士、中药剂师、西药剂士、检验士、其它技工、其它中医、护理员、中药剂员、西药剂员、检验员、其它初级卫生技术人员。

**社会福利事业单位**　指集中收养社会孤、老、残、幼的机构。包括由民政部门管理的社会福利院、儿童福利院、精神病人福利院和城镇集体办的福利院,以及农村集体举办的敬老院。

社会福利事业单位收养人数包括民政部门管理和城镇、农村集体举办的社会福利事业单位中收养的老人、少年儿童、缺乏生活自理能力的残疾人员和精神病人。

**社会福利企业单位**　指以安置城镇有一定劳动能力的盲、聋、哑和肢体残疾人员就业为目的,享受国家减免税待遇的国有或集体企业。包括福利工厂、福利商业和服务业、假肢厂和安置农场等单位。

**城镇居民最低生活保障人数**　指在城镇建立居民最低生活保障制度的地区,得到当地政府给予最低生活保障的非农业人口数,包括"三无对象",失业人员和在职、下岗、退休人员等

**农村居民最低生活保障人数**　指在建立农村居民最低生活保障制度的地区,得到当地政府给予最低生活保障的农业人口数,

**城镇社区服务设施数**　指报告期末城镇街道办事处、居委会设立以非赢利为目的,为本社区居民服务,特别是为老年人、残疾人、儿童服务的社区服务中心、活动站、服务站、养老院、老年公寓、残疾人工疗站、残疾儿童日托所、家务服务站、婚姻介绍所等福利性设施以及职工社会保险管理服务的机构数。几种不同类型的社区服务单位,共用一个场所的,只能统计为一个社区服务设施。条件是:(1)独立核算单位;(2)有固定的从业人员(3)有一定的服务项目;(4)有一定的场所。

**城镇便民利民服务网点数**　指年末居委会建立的、方便社区居民生活服务的网点数。

**刑事案件立案数**　指年内发生并达到公安等司法部门规定的立案标准的刑事案。刑事案件是指需依法追究刑事责任并由公安等司法机关立案处理的案件。

**火灾**　指个人烧毁财物直接损失折款在50元以上;国家、集体烧毁财物直接损失折款在100元以上;因火灾死亡或重伤1人的火灾。

**律师工作者**　指受聘参加法律顾问处工作,提任法律顾问、刑(民)事代理人、刑事辩护人,办理非诉讼事件、解答法律询问、代写法律事务文书等主要从事律师业务的专职法律工作者和兼职律师。

**公证人员**　指在国家公证机关依法办理公证事务的司法人员。包括公证员、助理公证员和在公证处工作的其他人员。

**办理公证文书**　指公证处在一定时期内办结的公证文书件数。公证文书系按司法部规定或批准的格式制作。包括国内公证和涉外公证两部分。其中国内公证分为经济合同公证和民事法律关系公证两大类。

# 第二部分 统计资料

## 旗、县、区统计资料

# 21－1　新城区社会经济主要指标

| 指　　标 | 单　位 | 2016年 | 2017年 | 2017年比2016年增长% |
| --- | --- | --- | --- | --- |
| 行政区域土地面积 | 平方公里 | 661 | 661 | |
| 人口和就业 | | | | |
| 年末总人口 | 人 | 398028 | 405563 | 1.9 |
| #男　性 | 人 | 195915 | 199353 | 1.8 |
| 年末总户数 | 户 | 147375 | 151162 | 2.6 |
| 出生人口 | 人 | 4153 | 4808 | 15.8 |
| 死亡人口 | 人 | 1875 | 2295 | 22.4 |
| 全社会就业人员 | 人 | 331650 | 335364 | 1.1 |
| 第一产业 | 人 | 10892 | 10743 | －1.4 |
| 第二产业 | 人 | 89335 | 90055 | 0.8 |
| 第三产业 | 人 | 231423 | 234566 | 1.4 |
| 在岗职工人数 | 人 | 111338 | 110473 | －0.8 |
| 乡村户数 | 户 | 20369 | 20459 | 0.4 |
| 乡村从业人员 | 人 | 37513 | 37403 | －0.3 |
| #农林牧渔业 | 人 | 10892 | 10743 | －1.4 |
| 国民经济综合指标 | | | | |
| 地区生产总值 | 万元 | | 6977760 | 5.3 |
| 第一产业 | 万元 | | 18839 | 0.9 |
| 第二产业 | 万元 | | 669629 | －1.4 |
| #工　业 | 万元 | | 231129 | 8.3 |
| 第三产业 | 万元 | | 6289292 | 6.0 |
| 人均生产总值 | 元 | | 111412 | 4.3 |

21－1 续表 1

| 指　　标 | 单　位 | 2016 年 | 2017 年 | 2017 年比 2016 年增长% |
|---|---|---|---|---|
| 全社会固定资产投资 | 万元 | 2658289 | 1923221 | －27.7 |
| 按登记注册类型分 | | | | |
| #国　有 | 万元 | 882440 | 785169 | －11.0 |
| 集　体 | 万元 | | | |
| 有限责任公司 | 万元 | 755164 | 673707 | －10.8 |
| 股份有限公司 | 万元 | 16413 | 92342 | 462.6 |
| 私营企业 | 万元 | 525086 | 367144 | －30.1 |
| 外商及港澳台投资企业 | 万元 | | 4859 | |
| 一般公共预算收入 | 万元 | 454432 | 369589 | －18.7 |
| 一般公共预算支出 | 万元 | 430583 | 341508 | －20.7 |
| 住户存款余额 | 万元 | | | |
| 在岗职工工资总额 | 万元 | 616557 | 690571 | 12.0 |
| 在岗职工平均工资 | 元 | 52600 | 60878 | 15.7 |
| 全体居民人均可支配收入 | 元 | 38208 | 41430 | 8.4 |
| 城镇常住居民人均可支配收入 | 元 | 45445 | 49149 | 8.2 |
| 农村常住居民人均可支配收入 | 元 | 17526 | 18955 | 8.2 |
| 农村牧区经济 | | | | |
| 农作物总播种面积 | 公顷 | 1201 | 662 | －44.9 |
| #粮食作物播种面积 | 公顷 | 735 | 397 | －46.0 |
| 化肥施用折纯量 | 吨 | 126 | 117 | －7.1 |
| 农村用电量 | 万千瓦小时 | 1836 | 1914 | 4.2 |
| 粮食产量 | 吨 | 1892 | 1240 | －34.5 |
| 油料产量 | 吨 | 209 | 78 | －62.7 |
| 甜菜产量 | 吨 | | | |

21－1 续表2

| 指　　标 | 单　位 | 2016 年 | 2017 年 | 2017 年比 2016 年增长% |
|---|---|---|---|---|
| 规模以上工业 | | | | |
| 工业企业单位数 | 个 | 20 | 15 | －25.0 |
| #内资企业 | 个 | 20 | 15 | －25.0 |
| 工业总产值 | 万元 | 554952 | 671367 | 21.0 |
| 内资企业 | 万元 | 554952 | 671367 | 21.0 |
| 国有企业 | 万元 | | | |
| 集体企业 | 万元 | | | |
| 股份合作企业 | 万元 | | | |
| 联营企业 | 万元 | | | |
| 有限责任公司 | 万元 | 487783 | 544261 | 11.6 |
| 股份有限公司 | 万元 | 19000 | 92136 | 384.9 |
| 私营企业 | 万元 | 48169 | 34970 | －27.4 |
| 其他企业 | 万元 | | | |
| 港澳台商投资企业 | 万元 | | | |
| 外商投资企业 | 万元 | | | |
| 工业企业增加值 | 万元 | | | 8.6 |
| 工业企业资产总计 | 万元 | 827753 | 809834 | －2.2 |
| 工业企业负债合计 | 万元 | 738197 | 730670 | －1.0 |
| 工业企业产品销售收入 | 万元 | 561538 | 675797 | 20.3 |
| 工业企业利润总额 | 万元 | 353162 | 320580 | －9.2 |
| 建筑业 | | | | |
| 建筑企业单位数 | 个 | 64 | 60 | －6.3 |
| 建筑企业从业人员 | 人 | 14292 | 12249 | －14.3 |
| 建筑业总产值 | 万元 | 681064 | 631643 | －7.3 |

21－1 续表 3

| 指　　标 | 单　位 | 2016 年 | 2017 年 | 2017 年比 2016 年增长% |
|---|---|---|---|---|
| 交通运输邮电通信业 | | | | |
| 公路里程 | 公里 | | | |
| 邮电业务总量 | 万元 | | | |
| 本地电话用户 | 户 | | | |
| 国内贸易 | | | | |
| 社会消费品零售总额 | 万元 | 4389872 | 4653264 | 6.0 |
| 科技教育卫生 | | | | |
| 各类专业技术人员 | 人 | 8597 | 10122 | 17.7 |
| 幼儿园数 | 所 | 48 | 49 | 2.1 |
| 学龄儿童入学率 | % | 100.0 | 100.0 | |
| 小学学校数 | 所 | 41 | 38 | －7.3 |
| 小学专任教师数 | 人 | 2098 | 2041 | －2.7 |
| 小学在校学生数 | 人 | 40546 | 40259 | －0.7 |
| 普通中学学校数 | 所 | 17 | 18 | 5.9 |
| 普通中学专任教师数 | 人 | 2431 | 2633 | 8.3 |
| 初中在校学生数 | 人 | 20450 | 22648 | 10.7 |
| 高中在校学生数 | 人 | 10932 | 11981 | 9.6 |
| 卫生机构数 | 所 | 27 | 31 | 14.8 |
| #医 院 | 所 | 25 | 29 | 16.0 |
| 卫生院 | 所 | 2 | 2 | |
| 床位数 | 张 | 2945 | 3548 | 20.5 |
| #医 院 | 张 | 2796 | 3334 | 19.2 |
| 卫生院 | 张 | 90 | 120 | 33.3 |
| 卫生技术人员 | 人 | 3510 | 3752 | 6.9 |
| #医 院 | 人 | 2342 | 2458 | 5.0 |
| 卫生院 | 人 | 79 | 132 | 67.1 |

# 21－2 回民区社会经济主要指标

| 指　　标 | 单　位 | 2016 年 | 2017 年 | 2017 年比 2016 年增长% |
|---|---|---|---|---|
| 行政区域土地面积 | 平方公里 | 194 | 194 | |
| 人口和就业 | | | | |
| 年末总人口 | 人 | 235907 | 237506 | 0.7 |
| #男　性 | 人 | 117137 | 117928 | 0.7 |
| 年末总户数 | 户 | 91234 | 93405 | 2.4 |
| 出生人口 | 人 | 1859 | 2195 | 18.1 |
| 死亡人口 | 人 | 1480 | 2149 | 45.2 |
| 全社会就业人员 | 人 | 202782 | 205330 | 1.3 |
| 第一产业 | 人 | 2592 | 2624 | 1.2 |
| 第二产业 | 人 | 40241 | 40747 | 1.3 |
| 第三产业 | 人 | 159950 | 161959 | 1.3 |
| 在岗职工人数 | 人 | 45305 | 48507 | 7.1 |
| 乡村户数 | 户 | 15846 | 15719 | -0.8 |
| 乡村从业人员 | 人 | 25211 | 20119 | -20.2 |
| #农林牧渔业 | 人 | 2653 | 2098 | -20.9 |
| 国民经济综合指标 | | | | |
| 地区生产总值 | 万元 | | 3484163 | 4.7 |
| 第一产业 | 万元 | | 4551 | 0.8 |
| 第二产业 | 万元 | | 368510 | -1.5 |
| #工　业 | 万元 | | 116140 | 6.6 |
| 第三产业 | 万元 | | 3111101 | 5.4 |
| 人均生产总值 | 元 | | 79087 | 3.4 |

21－2 续表 1

| 指　标 | 单　位 | 2016 年 | 2017 年 | 2017 年比 2016 年增长% |
|---|---|---|---|---|
| 全社会固定资产投资 | 万元 | 1472775 | 918446 | －37.6 |
| 按登记注册类型分 | | | | |
| #国　有 | 万元 | 97356 | 163421 | 67.9 |
| 集　体 | 万元 | 7150 | 3550 | －50.3 |
| 有限责任公司 | 万元 | 649054 | 638828 | －1.6 |
| 股份有限公司 | 万元 | | 5260 | |
| 私营企业 | 万元 | 510836 | 105623 | －79.3 |
| 外商及港澳台投资企业 | 万元 | 14255 | 1764 | －87.6 |
| 一般公共预算收入 | 万元 | 162229 | 125437 | －23.0 |
| 一般公共预算支出 | 万元 | 163638 | 151375 | －8.0 |
| 住户存款余额 | 万元 | | | |
| 在岗职工工资总额 | 万元 | 251696 | 292781 | 16.3 |
| 在岗职工平均工资 | 元 | 50867 | 57728 | 13.5 |
| 全体居民人均可支配收入 | 元 | 37038 | 40121 | 8.3 |
| 城镇常住居民人均可支配收入 | 元 | 40119 | 43356 | 8.1 |
| 农村常住居民人均可支配收入 | 元 | 18266 | 19719 | 8.0 |
| 农村牧区经济 | | | | |
| 农作物总播种面积 | 公顷 | 466 | 189 | －59.4 |
| #粮食作物播种面积 | 公顷 | 426 | 149 | －65.0 |
| 化肥施用折纯量 | 吨 | 134 | 79 | －41.0 |
| 农村用电量 | 万千瓦小时 | 178 | 135 | －24.2 |
| 粮食产量 | 吨 | 2130 | 720 | －66.2 |
| 油料产量 | 吨 | | | |
| 甜菜产量 | 吨 | | | |

21－2 续表 2

| 指　　标 | 单　位 | 2016 年 | 2017 年 | 2017 年比 2016 年增长% |
|---|---|---|---|---|
| 规模以上工业 | | | | |
| 工业企业单位数 | 个 | 9 | 8 | －11.1 |
| #内资企业 | 个 | 7 | 6 | －14.3 |
| 工业总产值 | 万元 | 306520 | 307423 | 0.3 |
| 内资企业 | 万元 | 143828 | 145071 | 0.9 |
| 国有企业 | 万元 | | | |
| 集体企业 | 万元 | | | |
| 股份合作企业 | 万元 | | | |
| 联营企业 | 万元 | | | |
| 有限责任公司 | 万元 | 88232 | 104369 | 18.3 |
| 股份有限公司 | 万元 | | | |
| 私营企业 | 万元 | 55596 | 40702 | －26.8 |
| 其他企业 | 万元 | | | |
| 港澳台商投资企业 | 万元 | 162692 | 162352 | －0.2 |
| 外商投资企业 | 万元 | | | |
| 工业企业增加值 | 万元 | | | 6.5 |
| 工业企业资产总计 | 万元 | 952931 | 937521 | －1.6 |
| 工业企业负债合计 | 万元 | 865732 | 867821 | 0.2 |
| 工业企业产品销售收入 | 万元 | 290483 | 314223 | 8.2 |
| 工业企业利润总额 | 万元 | －2374 | 4557 | |
| 建筑业 | | | | |
| 建筑企业单位数 | 个 | 34 | 34 | －8.1 |
| 建筑企业从业人员 | 人 | 7883 | 6550 | －16.9 |
| 建筑业总产值 | 万元 | 438194 | 443254 | 1.2 |

21－2 续表 3

| 指　　标 | 单　位 | 2016 年 | 2017 年 | 2017 年比 2016 年增长% |
|---|---|---|---|---|
| 交通运输邮电通信业 | | | | |
| 公路里程 | 公里 | | | |
| 邮电业务总量 | 万元 | | | |
| 本地电话用户 | 户 | | | |
| 国内贸易 | | | | |
| 社会消费品零售总额 | 万元 | 4559748 | 4837893 | 6.1 |
| 科技教育卫生 | | | | |
| 各类专业技术人员 | 人 | 9865 | 8955 | －9.2 |
| 幼儿园数 | 所 | 64 | 64 | |
| 学龄儿童入学率 | % | 100.0 | 100.0 | |
| 小学学校数 | 所 | 31 | 31 | |
| 小学专任教师数 | 人 | 1103 | 1107 | 0.4 |
| 小学在校学生数 | 人 | 24401 | 23901 | －2.0 |
| 普通中学学校数 | 所 | 21 | 21 | |
| 普通中学专任教师数 | 人 | 1914 | 1945 | 1.6 |
| 初中在校学生数 | 人 | 14484 | 12666 | －12.6 |
| 高中在校学生数 | 人 | 12667 | 11241 | －11.3 |
| 卫生机构数 | 所 | 258 | 255 | －1.2 |
| #医　院 | 所 | 23 | 22 | －4.3 |
| 卫生院 | 所 | 1 | 1 | |
| 床位数 | 张 | 4792 | 4036 | －15.8 |
| #医　院 | 张 | 4441 | 4016 | －9.6 |
| 卫生院 | 张 | 20 | 20 | |
| 卫生技术人员 | 人 | 6848 | 5903 | －13.8 |
| #医　院 | 人 | 5598 | 5881 | 5.1 |
| 卫生院 | 人 | 22 | 22 | |

# 21－3 玉泉区社会经济主要指标

| 指　　标 | 单　位 | 2016年 | 2017年 | 2017年比2016年增长% |
|---|---|---|---|---|
| 行政区域土地面积 | 平方公里 | 207 | 207 | |
| 人口和就业 | | | | |
| 年末总人口 | 人 | 202159 | 202564 | 0.2 |
| #男　性 | 人 | 100835 | 100900 | 0.1 |
| 年末总户数 | 户 | 84728 | 85586 | 1.0 |
| 出生人口 | 人 | 1769 | 1984 | 12.2 |
| 死亡人口 | 人 | 1184 | 1006 | -15.0 |
| 全社会就业人员 | 人 | 99207 | 99865 | 0.7 |
| 第一产业 | 人 | 11015 | 9808 | -11.0 |
| 第二产业 | 人 | 25216 | 24131 | -4.3 |
| 第三产业 | 人 | 62976 | 65926 | 4.7 |
| 在岗职工人数 | 人 | 25516 | 25577 | 0.2 |
| 乡村户数 | 户 | 16170 | 15744 | -2.6 |
| 乡村从业人员 | 人 | 19534 | 19361 | -0.9 |
| #农林牧渔业 | 人 | 9808 | 10740 | 9.5 |
| 国民经济综合指标 | | | | |
| 地区生产总值 | 万元 | | 3279562 | 7.5 |
| 第一产业 | 万元 | | 30153 | 8.0 |
| 第二产业 | 万元 | | 852266 | 7.7 |
| #工　业 | 万元 | | 633509 | 8.2 |
| 第三产业 | 万元 | | 2397142 | 7.4 |
| 人均生产总值 | 元 | | 78722 | 6.3 |

21－3 续表 1

| 指　　标 | 单　位 | 2016 年 | 2017 年 | 2017 年比 2016 年增长% |
|---|---|---|---|---|
| 全社会固定资产投资 | 万元 | 1460177 | 1660043 | 13.7 |
| 按登记注册类型分 | | | | |
| #国　有 | 万元 | 463138 | 703916 | 52.0 |
| 集　体 | 万元 | | | |
| 有限责任公司 | 万元 | 907133 | 103282 | －88.6 |
| 股份有限公司 | 万元 | | 16740 | |
| 私营企业 | 万元 | 836105 | 479379 | －42.7 |
| 外商及港澳台投资企业 | 万元 | | | |
| 一般公共预算收入 | 万元 | 185458 | 177350 | －4.4 |
| 一般公共预算支出 | 万元 | 146019 | 187962 | 28.7 |
| 城乡居民储蓄存款余额 | 万元 | | | |
| 在岗职工工资总额 | 万元 | 164760 | 185888 | 12.8 |
| 在岗职工平均工资 | 元 | 57926 | 68381 | 18.0 |
| 全体居民人均可支配收入 | 元 | 34410 | 37330 | 8.5 |
| 城镇常住居民人均可支配收入 | 元 | 38892 | 42101 | 8.3 |
| 农村常住居民人均可支配收入 | 元 | 17453 | 18858 | 8.1 |
| 农村牧区经济 | | | | |
| 农作物总播种面积 | 公顷 | 4766 | 4825 | 1.2 |
| #粮食作物播种面积 | 公顷 | 3920 | 3980 | 1.5 |
| 化肥施用折纯量 | 吨 | 2721 | 2708 | －0.5 |
| 农村用电量 | 万千瓦小时 | 1100 | 1080 | －1.8 |
| 粮食产量 | 吨 | 27565 | 28252 | 2.5 |
| 油料产量 | 吨 | 47 | 96 | 104.3 |
| 甜菜产量 | 吨 | | | |

21－3 续表 2

| 指　　标 | 单　位 | 2016 年 | 2017 年 | 2017 年比 2016 年增长% |
|---|---|---|---|---|
| 规模以上工业 | | | | |
| 工业企业单位数 | 个 | 20 | 15 | －25.0 |
| #内资企业 | 个 | 20 | 15 | －25.0 |
| 工业总产值 | 万元 | 251105 | 253660 | 1.0 |
| 内资企业 | 万元 | 251105 | 253660 | 1.0 |
| 国有企业 | 万元 | | | |
| 集体企业 | 万元 | | | |
| 股份合作企业 | 万元 | | | |
| 联营企业 | 万元 | | | |
| 有限责任公司 | 万元 | 7179 | 11880 | 65.5 |
| 股份有限公司 | 万元 | 169663 | 150642 | －11.2 |
| 私营企业 | 万元 | 74263 | 91138 | 22.7 |
| 其他企业 | 万元 | | | |
| 港澳台商投资企业 | 万元 | | | |
| 外商投资企业 | 万元 | | | |
| 工业企业增加值 | 万元 | | | 8.4 |
| 工业企业资产总计 | 万元 | 376395 | 412347 | 9.6 |
| 工业企业负债合计 | 万元 | 94728 | 104096 | 9.9 |
| 工业企业产品销售收入 | 万元 | 230279 | 266371 | 15.7 |
| 工业企业利润总额 | 万元 | 82312 | 113637 | 38.1 |
| 建筑业 | | | | |
| 建筑企业单位数 | 个 | 25 | 15 | －40.0 |
| 建筑企业从业人员 | 人 | 4546 | 3677 | －19.1 |
| 建筑业总产值 | 万元 | 172827 | 144947 | －16.1 |

21－3 续表 3

| 指　　标 | 单　位 | 2016 年 | 2017 年 | 2017 年比 2016 年增长% |
|---|---|---|---|---|
| 交通运输邮电通信业 | | | | |
| 公路里程 | 公里 | | | |
| 邮电业务总量 | 万元 | | | |
| 本地电话用户 | 户 | | | |
| 国内贸易 | | | | |
| 社会消费品零售总额 | 万元 | 2334962 | 2475060 | 6.0 |
| 科技教育卫生 | | | | |
| 各类专业技术人员 | 人 | 7576 | 8038 | 6.1 |
| 幼儿园数 | 所 | 32 | 38 | 18.8 |
| 学龄儿童入学率 | % | 100.0 | 100.0 | |
| 小学学校数 | 所 | 35 | 35 | |
| 小学专任教师数 | 人 | 1229 | 1192 | －3.0 |
| 小学在校学生数 | 人 | 24532 | 24229 | －1.2 |
| 普通中学学校数 | 所 | 10 | 10 | |
| 普通中学专任教师数 | 人 | 781 | 843 | 7.9 |
| 初中在校学生数 | 人 | 6989 | 7078 | 1.3 |
| 高中在校学生数 | 人 | 4216 | 4425 | 5.0 |
| 卫生机构数 | 所 | 277 | 294 | 6.1 |
| #医 院 | 所 | 27 | 27 | |
| 卫生院 | 所 | 2 | 2 | |
| 床位数 | 张 | 2388 | 2388 | |
| #医 院 | 张 | 2050 | 2050 | |
| 卫生院 | 张 | 50 | 50 | |
| 卫生技术人员 | 人 | 4245 | 4372 | 3.0 |
| #医 院 | 人 | 2552 | 2636 | 3.3 |
| 卫生院 | 人 | 58 | 72 | 24.1 |

# 21－4　赛罕区社会经济主要指标

| 指　　标 | 单　位 | 2016年 | 2017年 | 2017年比2016年增长% |
|---|---|---|---|---|
| 行政区域土地面积 | 平方公里 | 1003 | 1003 | |
| 人口和就业 | | | | |
| 年末总人口 | 人 | 484800 | 501586 | 3.5 |
| #男 性 | 人 | 240616 | 248115 | 3.1 |
| 年末总户数 | 户 | 184502 | 192298 | 4.2 |
| 出生人口 | 人 | 5993 | 7764 | 29.6 |
| 死亡人口 | 人 | 1843 | 3668 | 99.0 |
| 全社会就业人员 | 人 | 182188 | 191327 | 5.0 |
| 第一产业 | 人 | 47373 | 47136 | -0.5 |
| 第二产业 | 人 | 31814 | 30624 | -3.7 |
| 第三产业 | 人 | 103001 | 113567 | 10.3 |
| 在岗职工人数 | 人 | 132461 | 123108 | -7.1 |
| 乡村户数 | 户 | 45238 | 45042 | -0.4 |
| 乡村从业人员 | 人 | 80017 | 79738 | -0.3 |
| #农林牧渔业 | 人 | 47373 | 47136 | -0.5 |
| 国民经济综合指标 | | | | |
| 地区生产总值 | 万元 | | 6831987 | 4.3 |
| 第一产业 | 万元 | | 178114 | 2.7 |
| 第二产业 | 万元 | | 2595677 | 4.8 |
| #工　业 | 万元 | | 2087747 | 8.1 |
| 第三产业 | 万元 | | 4058196 | 4.0 |
| 人均生产总值 | 元 | | 97135 | 2.3 |

21－4 续表 1

| 指　　标 | 单　位 | 2016 年 | 2017 年 | 2017 年比 2016 年增长% |
|---|---|---|---|---|
| 全社会固定资产投资 | 万元 | 3977622 | 2171337 | －45.4 |
| 按登记注册类型分 | | | | |
| #国　有 | 万元 | 1168781 | 661705 | －43.4 |
| 集　体 | 万元 | 298377 | 7800 | －97.4 |
| 有限责任公司 | 万元 | 1074905 | 1098483 | 2.2 |
| 股份有限公司 | 万元 | 42574 | 76014 | 78.5 |
| 私营企业 | 万元 | 1353710 | 327335 | －75.8 |
| 外商及港澳台投资企业 | 万元 | 28409 | | |
| 一般公共预算收入 | 万元 | 477685 | 390315 | －18.3 |
| 一般公共预算支出 | 万元 | 386506 | 323425 | －16.3 |
| 住户存款余额 | 万元 | | | |
| 在岗职工工资总额 | 万元 | 821334 | 845408 | 2.9 |
| 在岗职工平均工资 | 元 | 62200 | 68074 | 9.4 |
| 全体居民人均可支配收入 | 元 | 35247 | 38153 | 8.2 |
| 城镇常住居民人均可支配收入 | 元 | 44056 | 47560 | 8.0 |
| 农村常住居民人均可支配收入 | 元 | 16531 | 17862 | 8.1 |
| 农村牧区经济 | | | | |
| 农作物总播种面积 | 公顷 | 32296 | 31117 | －3.6 |
| #粮食作物播种面积 | 公顷 | 25630 | 24958 | －2.6 |
| 化肥施用折纯量 | 吨 | 11096 | 11192 | 0.9 |
| 农村用电量 | 万千瓦小时 | 11750 | 11967 | 1.8 |
| 粮食产量 | 吨 | 61589 | 79733 | 29.5 |
| 油料产量 | 吨 | 939 | 805 | －14.3 |
| 甜菜产量 | 吨 | 25 | | |

21－4续表2

| 指　　标 | 单　位 | 2016年 | 2017年 | 2017年比2016年增长% |
|---|---|---|---|---|
| 规模以上工业 | | | | |
| 工业企业单位数 | 个 | 28 | 28 | |
| #内资企业 | 个 | 26 | 26 | |
| 工业总产值 | 万元 | 4331467 | 4944652 | 14.2 |
| 内资企业 | 万元 | 4130421 | 4828179 | 16.9 |
| 国有企业 | 万元 | 615547 | 2409 | －99.6 |
| 集体企业 | 万元 | | | |
| 股份合作企业 | 万元 | | | |
| 联营企业 | 万元 | | | |
| 有限责任公司 | 万元 | 876301 | 1630940 | 86.1 |
| 股份有限公司 | 万元 | 2543413 | 3099172 | 21.9 |
| 私营企业 | 万元 | 95160 | 95658 | 0.5 |
| 其他企业 | 万元 | | | |
| 港澳台商投资企业 | 万元 | 146528 | 74998 | －48.8 |
| 外商投资企业 | 万元 | 54519 | 41475 | －23.9 |
| 工业企业增加值 | 万元 | | | 8.1 |
| 工业企业资产总计 | 万元 | 8050928 | 9590202 | 19.1 |
| 工业企业负债合计 | 万元 | 5249282 | 6540873 | 24.6 |
| 工业企业产品销售收入 | 万元 | 4421761 | 4889204 | 10.6 |
| 工业企业利润总额 | 万元 | －375318 | 398517 | |
| 建筑业 | | | | |
| 建筑企业单位数 | 个 | 48 | 34 | －29.2 |
| 建筑企业从业人员 | 人 | 24277 | 17458 | －28.1 |
| 建筑业总产值 | 万元 | 1013846 | 822616 | －18.9 |

21－4 续表 3

| 指　　标 | 单　位 | 2016 年 | 2017 年 | 2017 年比 2016 年增长% |
|---|---|---|---|---|
| 交通运输邮电通信业 | 万元 | | | |
| 公路里程 | 公里 | | | |
| 邮电业务总量 | 万元 | | | |
| 本地电话用户 | 户 | | | |
| 国内贸易 | | | | |
| 社会消费品零售总额 | 万元 | 2048544 | 2169408 | 5.9 |
| 科技教育卫生 | | | | |
| 各类专业技术人员 | 人 | 37854 | 37998 | 0.4 |
| 幼儿园数 | 所 | 63 | 69 | 10.9 |
| 学龄儿童入学率 | % | 100.0 | 100.0 | |
| 小学学校数 | 所 | 40 | 41 | 2.5 |
| 小学专任教师数 | 人 | 2308 | 2135 | －7.5 |
| 小学在校学生数 | 人 | 42222 | 43277 | 2.5 |
| 普通中学学校数 | 所 | 22 | 22 | |
| 普通中学专任教师数 | 人 | 2171 | 2133 | －1.8 |
| 初中在校学生数 | 人 | 19366 | 18260 | －5.7 |
| 高中在校学生数 | 人 | 13043 | 13246 | 1.6 |
| 卫生机构数 | 所 | 485 | 514 | 6.0 |
| #医 院 | 所 | 28 | 33 | 17.9 |
| 卫生院 | 所 | 7 | 7 | |
| 床位数 | 张 | 5986 | 7320 | 22.3 |
| #医 院 | 张 | 5630 | 6964 | 23.7 |
| 卫生院 | 张 | 234 | 234 | |
| 卫生技术人员 | 人 | 8571 | 9857 | 15.0 |
| #医 院 | 人 | 6302 | 7450 | 18.2 |
| 卫生院 | 人 | 124 | 124 | |

# 21－5 土默特左旗社会经济主要指标

| 指 标 | 单 位 | 2016年 | 2017年 | 2017年比2016年增长% |
|---|---|---|---|---|
| 行政区域土地面积 | 平方公里 | 2765 | 2765 | |
| 人口和就业 | | | | |
| 年末总人口 | 人 | 365925 | 362561 | -0.9 |
| #男 性 | 人 | 189942 | 187563 | -1.3 |
| 年末总户数 | 户 | 147188 | 146791 | -0.3 |
| 出生人口 | 人 | 3334 | 4010 | 20.3 |
| 死亡人口 | 人 | 1518 | 7406 | 387.9 |
| 全社会就业人员 | 人 | 186253 | 192129 | 3.2 |
| 第一产业 | 人 | 79163 | 75886 | -4.1 |
| 第二产业 | 人 | 52943 | 55819 | 5.4 |
| 第三产业 | 人 | 54147 | 60424 | 11.6 |
| 在岗职工人数 | 人 | 17687 | 17472 | -1.2 |
| 乡村户数 | 户 | 99344 | 108749 | 9.5 |
| 乡村从业人员 | 人 | 165332 | 168539 | 1.9 |
| #农林牧渔业 | 人 | 75441 | 74996 | -0.6 |
| 国民经济综合指标 | | | | |
| 地区生产总值 | 万元 | | 1809272 | 3.5 |
| 第一产业 | 万元 | | 329854 | 1.3 |
| 第二产业 | 万元 | | 502118 | 3.2 |
| #工 业 | 万元 | | 372231 | 5.1 |
| 第三产业 | 万元 | | 977299 | 4.6 |
| 人均生产总值 | 元 | | 55980 | 2.9 |

21－5 续表 1

| 指　　标 | 单　位 | 2016 年 | 2017 年 | 2017 年比 2016 年增长% |
|---|---|---|---|---|
| 全社会固定资产投资 | 万元 | 933593 | 880801 | －5.7 |
| 按登记注册类型分 | | | | |
| #国　有 | 万元 | 559858 | 633468 | 13.1 |
| 集　体 | 万元 | | | |
| 有限责任公司 | 万元 | 276623 | 220463 | －20.3 |
| 股份有限公司 | 万元 | 36550 | 11960 | －67.3 |
| 私营企业 | 万元 | 60562 | 14910 | －75.4 |
| 外商及港澳台投资企业 | 万元 | | | |
| 一般公共预算收入 | 万元 | 193143 | 184377 | －4.5 |
| 一般公共预算支出 | 万元 | 370767 | 311215 | －16.1 |
| 住户存款余额 | 万元 | 680287 | 740277 | 8.8 |
| 在岗职工工资总额 | 万元 | 95362 | 105266 | 10.4 |
| 在岗职工平均工资 | 元 | 53910 | 61042 | 13.2 |
| 全体居民人均可支配收入 | 元 | 18579 | 20157 | 8.5 |
| 城镇常住居民人均可支配收入 | 元 | 31138 | 33832 | 8.7 |
| 农村常住居民人均可支配收入 | 元 | 14154 | 15308 | 8.2 |
| 农村牧区经济 | | | | |
| 农作物总播种面积 | 公顷 | 105516 | 106012 | 0.5 |
| #粮食作物播种面积 | 公顷 | 68715 | 85080 | 23.8 |
| 化肥施用折纯量 | 吨 | 33772 | 32714 | －3.1 |
| 农村用电量 | 万千瓦小时 | 13358 | 13856 | 3.7 |
| 粮食产量 | 吨 | 516231 | 567288 | 9.9 |
| 油料产量 | 吨 | 37170 | 33927 | －8.7 |
| 甜菜产量 | 吨 | 6426 | | |

21－5 续表 2

| 指　　标 | 单　位 | 2016 年 | 2017 年 | 2017 年比 2016 年增长% |
|---|---|---|---|---|
| 规模以上工业 | | | | |
| 工业企业单位数 | 个 | 35 | 32 | －8.6 |
| #内资企业 | 个 | 33 | 30 | －9.1 |
| 工业总产值 | 万元 | 632003 | 711919 | 12.6 |
| 内资企业 | 万元 | 608848 | 682523 | 12.1 |
| 国有企业 | 万元 | | | |
| 集体企业 | 万元 | | | |
| 股份合作企业 | 万元 | | | |
| 联营企业 | 万元 | | | |
| 有限责任公司 | 万元 | 516297 | 571921 | 10.8 |
| 股份有限公司 | 万元 | 10000 | 11500 | 15.0 |
| 私营企业 | 万元 | 82550 | 99102 | 20.1 |
| 其他企业 | 万元 | | | |
| 港澳台商投资企业 | 万元 | | | |
| 外商投资企业 | 万元 | 23155 | 29396 | 27.0 |
| 工业企业增加值 | 万元 | | | 4.8 |
| 工业企业资产总计 | 万元 | 1163784 | 1071458 | －7.9 |
| 工业企业负债合计 | 万元 | 826940 | 756087 | －8.6 |
| 工业企业产品销售收入 | 万元 | 669959 | 760411 | 13.5 |
| 工业企业利润总额 | 万元 | 20917 | 33982 | 62.5 |
| 建筑业 | | | | |
| 建筑企业单位数 | 个 | 2 | 2 | |
| 建筑企业从业人员 | 人 | 846 | 1036 | 22.5 |
| 建筑业总产值 | 万元 | 17959 | 21400 | 19.2 |

21－5 续表3

| 指　　标 | 单　位 | 2016年 | 2017年 | 2017年比2016年增长% |
| --- | --- | --- | --- | --- |
| 交通运输邮电通信业 | | | | |
| 公路里程 | 公里 | 1408 | 1416 | 0.6 |
| 邮电业务总量 | 万元 | 11293 | 9775 | －13.4 |
| 本地电话用户 | 户 | 10338 | 9567 | －7.5 |
| 国内贸易 | | | | |
| 社会消费品零售总额 | 万元 | 406025 | 429575 | 5.8 |
| 科技教育卫生 | | | | |
| 各类专业技术人员 | 人 | 3955 | 3783 | －4.3 |
| 幼儿园数 | 所 | 65 | 64 | －1.5 |
| 学龄儿童入学率 | % | 100.0 | 100.0 | |
| 小学学校数 | 所 | 27 | 28 | 3.7 |
| 小学专任教师数 | 人 | 801 | 1013 | 26.5 |
| 小学在校学生数 | 人 | 10501 | 13391 | 27.5 |
| 普通中学学校数 | 所 | 11 | 12 | 9.1 |
| 普通中学专任教师数 | 人 | 915 | 759 | －17.0 |
| 初中在校学生数 | 人 | 7164 | 5643 | －21.2 |
| 高中在校学生数 | 人 | 5130 | 4469 | －12.9 |
| 卫生机构数 | 所 | 332 | 332 | |
| #医　院 | 所 | 2 | 2 | |
| 卫生院 | 所 | 16 | 16 | |
| 床位数 | 张 | 715 | 715 | |
| #医　院 | 张 | 360 | 360 | |
| 卫生院 | 张 | 355 | 355 | |
| 卫生技术人员 | 人 | 712 | 799 | 12.2 |
| #医　院 | 人 | 378 | 438 | 15.9 |
| 卫生院 | 人 | 196 | 276 | 40.8 |

# 21－6　托克托县社会经济主要指标

| 指　　标 | 单　位 | 2016年 | 2017年 | 2017年比2016年增长% |
|---|---|---|---|---|
| 行政区域土地面积 | 平方公里 | 1408 | 1408 | |
| 人口和就业 | | | | |
| 年末总人口 | 人 | 203936 | 202333 | －0.8 |
| #男　性 | 人 | 103903 | 102885 | －1.0 |
| 年末总户数 | 户 | 89570 | 88710 | －1.0 |
| 出生人口 | 人 | 1838 | 2175 | 18.3 |
| 死亡人口 | 人 | 384 | 3042 | 692.2 |
| 全社会就业人员 | 人 | 106114 | 107175 | 1.0 |
| 第一产业 | 人 | 53819 | 53951 | 0.2 |
| 第二产业 | 人 | 30253 | 30350 | 0.3 |
| 第三产业 | 人 | 22042 | 22874 | 3.8 |
| 在岗职工人数 | 人 | 13005 | 11440 | －12.0 |
| 乡村户数 | 户 | 43381 | 43814 | 1.0 |
| 乡村从业人员 | 人 | 88343 | 88561 | 0.2 |
| #农林牧渔业 | 人 | 53819 | 53951 | 0.2 |
| 国民经济综合指标 | | | | |
| 地区生产总值 | 万元 | | 1489923 | 5.7 |
| 第一产业 | 万元 | | 182531 | 2.9 |
| 第二产业 | 万元 | | 815191 | 5.9 |
| #工　业 | 万元 | | 701111 | 7.4 |
| 第三产业 | 万元 | | 492201 | 6.5 |
| 人均生产总值 | 元 | | 70562 | 5.2 |

21－6 续表 1

| 指　　标 | 单　位 | 2016 年 | 2017 年 | 2017 年比 2016 年增长% |
|---|---|---|---|---|
| 全社会固定资产投资 | 万元 | 1101965 | 1214888 | 10.2 |
| 按登记注册类型分 | | | | |
| #国　有 | 万元 | 394755 | 606235 | 53.6 |
| 集　体 | 万元 | | 15760 | |
| 有限责任公司 | 万元 | 652210 | 334932 | -48.6 |
| 股份有限公司 | 万元 | 13800 | 27984 | 102.8 |
| 私营企业 | 万元 | 16007 | 211977 | 1224.3 |
| 外商及港澳台投资企业 | 万元 | 17295 | 18000 | 4.1 |
| 一般公共预算收入 | 万元 | 137568 | 126626 | -8.0 |
| 一般公共预算支出 | 万元 | 258781 | 219393 | -15.2 |
| 住户存款余额 | 万元 | 499174 | 596591 | 19.5 |
| 在岗职工工资总额 | 万元 | 79082 | 80175 | 1.4 |
| 在岗职工平均工资 | 元 | 58853 | 68684 | 16.7 |
| 全体居民人均可支配收入 | 元 | 20209 | 21903 | 8.4 |
| 城镇常住居民人均可支配收入 | 元 | 32855 | 35664 | 8.5 |
| 农村常住居民人均可支配收入 | 元 | 13751 | 14873 | 8.2 |
| 农村牧区经济 | | | | |
| 农作物总播种面积 | 公顷 | 60104 | 62832 | 4.5 |
| #粮食作物播种面积 | 公顷 | 44873 | 49985 | 11.4 |
| 化肥施用折纯量 | 吨 | 37534 | 37891 | 1.0 |
| 农村用电量 | 万千瓦小时 | 7027 | 7167 | 2.0 |
| 粮食产量 | 吨 | 253869 | 280684 | 10.6 |
| 油料产量 | 吨 | 3306 | 1653 | -50.0 |
| 甜菜产量 | 吨 | 9875 | 625 | -93.7 |

21－6 续表 2

| 指　　标 | 单　位 | 2016 年 | 2017 年 | 2017 年比 2016 年增长% |
|---|---|---|---|---|
| 规模以上工业 | | | | |
| 工业企业单位数 | 个 | 40 | 32 | －20.0 |
| #内资企业 | 个 | 37 | 30 | －18.9 |
| 工业总产值 | 万元 | 1755942 | 1963033 | 11.8 |
| 内资企业 | 万元 | 1550898 | 1845275 | 19.0 |
| 国有企业 | 万元 | | | |
| 集体企业 | 万元 | | | |
| 股份合作企业 | 万元 | | | |
| 联营企业 | 万元 | | | |
| 有限责任公司 | 万元 | 1335455 | 1613258 | 20.8 |
| 股份有限公司 | 万元 | 64117 | 68067 | 6.2 |
| 私营企业 | 万元 | 151326 | 163951 | 8.3 |
| 其他企业 | 万元 | | | |
| 港澳台商投资企业 | 万元 | 205044 | 117758 | －42.6 |
| 外商投资企业 | 万元 | | | |
| 工业企业增加值 | 万元 | | | 7.5 |
| 工业企业资产总计 | 万元 | 3940404 | 3937785 | －0.1 |
| 工业企业负债合计 | 万元 | 2880082 | 3069341 | 6.6 |
| 工业企业产品销售收入 | 万元 | 1900733 | 2011484 | 5.8 |
| 工业企业利润总额 | 万元 | 210870 | 102304 | －51.5 |
| 建筑业 | | | | |
| 建筑企业单位数 | 个 | 9 | 9 | |
| 建筑企业从业人员 | 人 | 1125 | 821 | －27.0 |
| 建筑业总产值 | 万元 | 50474 | 37440 | －25.8 |

21－6 续表 3

| 指　　标 | 单　位 | 2016 年 | 2017 年 | 2017 年比 2016 年增长% |
|---|---|---|---|---|
| 交通运输邮电通信业 | | | | |
| 公路里程 | 公里 | 964 | 964 | |
| 邮电业务总量 | 万元 | 15650 | 16000 | 2.2 |
| 本地电话用户 | 户 | 23500 | 23500 | |
| 国内贸易 | | | | |
| 社会消费品零售总额 | 万元 | 317347 | 335435 | 5.7 |
| 科技教育卫生 | | | | |
| 各类专业技术人员 | 人 | 3175 | 3161 | －0.4 |
| 幼儿园数 | 所 | 35 | 35 | |
| 学龄儿童入学率 | % | 100.0 | 100.0 | |
| 小学学校数 | 所 | 18 | 18 | |
| 小学专任教师数 | 人 | 654 | 701 | 7.2 |
| 小学在校学生数 | 人 | 11542 | 11253 | －2.5 |
| 普通中学学校数 | 所 | 7 | 6 | －14.3 |
| 普通中学专任教师数 | 人 | 659 | 656 | －0.5 |
| 初中在校学生数 | 人 | 5975 | 5833 | －2.4 |
| 高中在校学生数 | 人 | 3927 | 3794 | －3.4 |
| 卫生机构数 | 所 | 279 | 279 | |
| #医　院 | 所 | 2 | 2 | |
| 卫生院 | 所 | 10 | 10 | |
| 床位数 | 张 | 564 | 564 | |
| #医　院 | 张 | 430 | 430 | |
| 卫生院 | 张 | 89 | 89 | |
| 卫生技术人员 | 人 | 903 | 913 | 1.1 |
| #医　院 | 人 | 360 | 382 | 6.1 |
| 卫生院 | 人 | 162 | 162 | |

# 21－7　和林格尔县社会经济主要指标

| 指　　标 | 单　位 | 2016 年 | 2017 年 | 2017 年比 2016 年增长% |
| --- | --- | --- | --- | --- |
| 行政区域土地面积 | 平方公里 | 3448 | 3448 | |
| 人口和就业 | | | | |
| 年末总人口 | 人 | 202240 | 202587 | 0.2 |
| #男　性 | 人 | 105017 | 104329 | -0.7 |
| 年末总户数 | 户 | 85497 | 85871 | 0.4 |
| 出生人口 | 人 | 2021 | 2796 | 38.3 |
| 死亡人口 | 人 | 470 | 3448 | 633.6 |
| 全社会就业人员 | 人 | 121963 | 122196 | 0.2 |
| 第一产业 | 人 | 59287 | 61077 | 3.0 |
| 第二产业 | 人 | 25487 | 23791 | -6.7 |
| 第三产业 | 人 | 37189 | 37328 | 0.4 |
| 在岗职工人数 | 人 | 23649 | 21792 | -7.9 |
| 乡村户数 | 户 | 45586 | 44682 | -0.2 |
| 乡村从业人员 | 人 | 76671 | 77746 | 1.4 |
| #农林牧渔业 | 人 | 59287 | 61077 | 3.0 |
| 国民经济综合指标 | | | | |
| 地区生产总值 | 万元 | | 1305289 | 4.8 |
| 第一产业 | 万元 | | 194619 | 2.7 |
| 第二产业 | 万元 | | 555948 | 2.7 |
| #工　业 | 万元 | | 409648 | 4.2 |
| 第三产业 | 万元 | | 554722 | 7.8 |
| 人均生产总值 | 元 | | 72536 | 3.2 |

21－7 续表 1

| 指　　标 | 单　位 | 2016 年 | 2017 年 | 2017 年比 2016 年增长% |
|---|---|---|---|---|
| 全社会固定资产投资 | 万元 | 1346110 | 1636289 | 21.6 |
| 按登记注册类型分 | | | | |
| #国　有 | 万元 | 853016 | 844261 | －1.0 |
| 集　体 | 万元 | | | |
| 有限责任公司 | 万元 | 133291 | 275159 | 106.4 |
| 股份有限公司 | 万元 | 232297 | 485784 | 109.1 |
| 私营企业 | 万元 | 52605 | | |
| 外商及港澳台投资企业 | 万元 | 74901 | 31085 | －58.5 |
| 一般公共预算收入 | 万元 | 120816 | 138724 | 14.8 |
| 一般公共预算支出 | 万元 | 231029 | 246818 | 6.8 |
| 住户存款余额 | 万元 | 426411 | 502854 | 17.9 |
| 在岗职工工资总额 | 万元 | 129092 | 119389 | －7.5 |
| 在岗职工平均工资 | 元 | 53995 | 54221 | 0.4 |
| 全体居民人均可支配收入 | 元 | 17809 | 19295 | 8.3 |
| 城镇常住居民人均可支配收入 | 元 | 31490 | 34120 | 8.4 |
| 农村常住居民人均可支配收入 | 元 | 11045 | 11957 | 8.3 |
| 农村牧区经济 | | | | |
| 农作物总播种面积 | 公顷 | 70057 | 70818 | 1.1 |
| #粮食作物播种面积 | 公顷 | 57155 | 58068 | 1.6 |
| 化肥施用折纯量 | 吨 | 9943 | 9392 | －5.5 |
| 农村用电量 | 万千瓦小时 | 11425 | 12946 | 13.3 |
| 粮食产量 | 吨 | 189200 | 220004 | 16.3 |
| 油料产量 | 吨 | 3932 | 6344 | 61.3 |
| 甜菜产量 | 吨 | 15942 | 4730 | －70.3 |

21－7 续表 2

| 指　　标 | 单　位 | 2016 年 | 2017 年 | 2017 年比 2016 年增长% |
| --- | --- | --- | --- | --- |
| 规模以上工业 | | | | |
| 工业企业单位数 | 个 | 44 | 36 | －18.2 |
| #内资企业 | 个 | 38 | 31 | －18.4 |
| 工业总产值 | 万元 | 1315766 | 1305895 | －0.8 |
| 内资企业 | 万元 | 403858 | 1207335 | 199.0 |
| 国有企业 | 万元 | | | |
| 集体企业 | 万元 | | | |
| 股份合作企业 | 万元 | | | |
| 联营企业 | 万元 | | | |
| 有限责任公司 | 万元 | 216955 | 263848 | 21.6 |
| 股份有限公司 | 万元 | 83450 | 849456 | 917.9 |
| 私营企业 | 万元 | 103454 | 94032 | －9.1 |
| 其他企业 | 万元 | | | |
| 港澳台商投资企业 | 万元 | 103445 | 98560 | －4.7 |
| 外商投资企业 | 万元 | 808463 | | |
| 工业企业增加值 | 万元 | | | 3.7 |
| 工业企业资产总计 | 万元 | 3708764 | 4239186 | 14.3 |
| 工业企业负债合计 | 万元 | 2064573 | 2275562 | 10.2 |
| 工业企业产品销售收入 | 万元 | 4350905 | 4677670 | 7.5 |
| 工业企业利润总额 | 万元 | 219669 | 305408 | 39.0 |
| 建筑业 | | | | |
| 建筑企业单位数 | 个 | 4 | 4 | |
| 建筑企业从业人员 | 人 | 672 | 523 | －22.2 |
| 建筑业总产值 | 万元 | 164762 | 413144 | 150.8 |

21－7 续表 3

| 指　　标 | 单　位 | 2016 年 | 2017 年 | 2017 年比 2016 年增长% |
|---|---|---|---|---|
| 交通运输邮电通信业 | | | | |
| 公路里程 | 公里 | 1045 | 1045 | |
| 邮电业务总量 | 万元 | 14155 | 15597 | 10.2 |
| 本地电话用户 | 户 | 13000 | 14000 | 7.7 |
| 国内贸易 | | | | |
| 社会消费品零售总额 | 万元 | 285303 | 301850 | 5.8 |
| 科技教育卫生 | | | | |
| 各类专业技术人员 | 人 | 1477 | 1649 | 11.6 |
| 幼儿园数 | 所 | 20 | 22 | 10.0 |
| 学龄儿童入学率 | % | 100.0 | 100.0 | |
| 小学学校数 | 所 | 16 | 15 | －6.3 |
| 小学专任教师数 | 人 | 606 | 604 | －0.3 |
| 小学在校学生数 | 人 | 8643 | 8626 | －0.2 |
| 普通中学学校数 | 所 | 6 | 6 | |
| 普通中学专任教师数 | 人 | 640 | 640 | |
| 初中在校学生数 | 人 | 4665 | 5178 | 11.0 |
| 高中在校学生数 | 人 | 3896 | 4399 | 12.9 |
| 卫生机构数 | 所 | 190 | 196 | 3.2 |
| #医　院 | 所 | 2 | 2 | |
| 卫生院 | 所 | 14 | 13 | －7.1 |
| 床位数 | 张 | 413 | 511 | 23.7 |
| #医　院 | 张 | 200 | 300 | 50.0 |
| 卫生院 | 张 | 204 | 191 | －6.4 |
| 卫生技术人员 | 人 | 404 | 523 | 29.5 |
| #医　院 | 人 | 133 | 185 | 39.1 |
| 卫生院 | 人 | 80 | 270 | 237.5 |

# 21－8 清水河县社会经济主要指标

| 指　　标 | 单　位 | 2016 年 | 2017 年 | 2017 年比 2016 年增长% |
|---|---|---|---|---|
| 行政区域土地面积 | 平方公里 | 2818 | 2818 | |
| 人口和就业 | | | | |
| 年末总人口 | 人 | 142482 | 141958 | -0.4 |
| #男　性 | 人 | 74265 | 73840 | -0.6 |
| 年末总户数 | 户 | 60814 | 61291 | 0.8 |
| 出生人口 | 人 | 1330 | 1471 | 10.6 |
| 死亡人口 | 人 | 385 | 1608 | 317.7 |
| 全社会就业人员 | 人 | 51836 | 50588 | -2.4 |
| 第一产业 | 人 | 28958 | 30373 | 4.9 |
| 第二产业 | 人 | 8463 | 7007 | -17.2 |
| 第三产业 | 人 | 14415 | 13208 | -8.4 |
| 在岗职工人数 | 人 | 6899 | 6917 | 0.3 |
| 乡村户数 | 户 | 24485 | 26114 | 6.7 |
| 乡村从业人员 | 人 | 43373 | 43659 | 0.7 |
| #农林牧渔业 | 人 | 28650 | 30087 | 5.0 |
| 国民经济综合指标 | | | | |
| 地区生产总值 | 万元 | | 482919 | 3.7 |
| 第一产业 | 万元 | | 60439 | 3.1 |
| 第二产业 | 万元 | | 126136 | -4.9 |
| #工　业 | 万元 | | 73330 | -3.0 |
| 第三产业 | 万元 | | 296344 | 7.9 |
| 人均生产总值 | 元 | | 52952 | 3.7 |

21－8 续表1

| 指　　标 | 单　位 | 2016年 | 2017年 | 2017年比2016年增长% |
|---|---|---|---|---|
| 全社会固定资产投资 | 万元 | 426209 | 318024 | －25.4 |
| 按登记注册类型分 | | | | |
| #国　有 | 万元 | 288233 | 232335 | －19.4 |
| 集　体 | 万元 | | | |
| 有限责任公司 | 万元 | 131721 | 77641 | －41.1 |
| 股份有限公司 | 万元 | | | |
| 私营企业 | 万元 | 6255 | 8048 | 28.7 |
| 外商及港澳台投资企业 | 万元 | | | |
| 一般公共预算收入 | 万元 | 21160 | 26319 | 24.4 |
| 一般公共预算支出 | 万元 | 135104 | 151921 | 12.4 |
| 住户存款余额 | 万元 | 313030 | 351104 | 12.2 |
| 在岗职工工资总额 | 万元 | 36794 | 42852 | 16.5 |
| 在岗职工平均工资 | 元 | 52976 | 61428 | 16.0 |
| 全体居民人均可支配收入 | 元 | 15644 | 17123 | 9.5 |
| 城镇常住居民人均可支配收入 | 元 | 23675 | 25747 | 8.8 |
| 农村常住居民人均可支配收入 | 元 | 7178 | 7942 | 10.6 |
| 农村牧区经济 | | | | |
| 农作物总播种面积 | 公顷 | 51828 | 55234 | 6.6 |
| #粮食作物播种面积 | 公顷 | 40729 | 41955 | 3.0 |
| 化肥施用折纯量 | 吨 | 13224 | 13779 | 4.2 |
| 农村用电量 | 万千瓦小时 | 1343 | 1326 | －1.3 |
| 粮食产量 | 吨 | 68564 | 78788 | 14.9 |
| 油料产量 | 吨 | 12274 | 8537 | －30.4 |
| 甜菜产量 | 吨 | | | |

21－8 续表2

| 指　　标 | 单　位 | 2016 年 | 2017 年 | 2017 年比 2016 年增长% |
|---|---|---|---|---|
| 规模以上工业 | | | | |
| 工业企业单位数 | 个 | 15 | 14 | －6.7 |
| #内资企业 | 个 | 15 | 14 | －6.7 |
| 工业总产值 | 万元 | 170988 | 239491 | 40.1 |
| 内资企业 | 万元 | 170988 | 239491 | 40.1 |
| 国有企业 | 万元 | | | |
| 集体企业 | 万元 | | | |
| 股份合作企业 | 万元 | | | |
| 联营企业 | 万元 | | | |
| 有限责任公司 | 万元 | 101903 | 126782 | 24.4 |
| 股份有限公司 | 万元 | 28065 | 29335 | 4.5 |
| 私营企业 | 万元 | 41021 | 83374 | 103.2 |
| 其他企业 | 万元 | | | |
| 港澳台商投资企业 | 万元 | | | |
| 外商投资企业 | 万元 | | | |
| 工业企业增加值 | 万元 | | | 4.0 |
| 工业企业资产总计 | 万元 | 405927 | 440955 | 8.6 |
| 工业企业负债合计 | 万元 | 193020 | 212840 | 10.3 |
| 工业企业产品销售收入 | 万元 | 156556 | 229976 | 46.9 |
| 工业企业利润总额 | 万元 | －4723 | 17404 | |
| 建筑业 | | | | |
| 建筑企业单位数 | 个 | 1 | 1 | |
| 建筑企业从业人员 | 人 | 352 | 178 | －49.4 |
| 建筑业总产值 | 万元 | 5413 | 5870 | 8.4 |

21－8 续表 3

| 指　　标 | 单　位 | 2016 年 | 2017 年 | 2017 年比 2016 年增长% |
|---|---|---|---|---|
| 交通运输邮电通信业 | | | | |
| 公路里程 | 公里 | 1719 | 1725 | 0.3 |
| 邮电业务总量 | 万元 | 7925 | 7240 | －8.6 |
| 本地电话用户 | 户 | 4028 | 2325 | －42.3 |
| 国内贸易 | | | | |
| 社会消费品零售总额 | 万元 | 84494 | 89311 | 5.7 |
| 科技教育卫生 | | | | |
| 各类专业技术人员 | 人 | 1761 | 1658 | －5.8 |
| 幼儿园数 | 所 | 8 | 9 | 12.5 |
| 学龄儿童入学率 | % | 100 | 100 | |
| 小学学校数 | 所 | 19 | 16 | －15.8 |
| 小学专任教师数 | 人 | 495 | 457 | －7.7 |
| 小学在校学生数 | 人 | 5078 | 4903 | －3.4 |
| 普通中学学校数 | 所 | 4 | 4 | |
| 普通中学专任教师数 | 人 | 441 | 427 | －3.2 |
| 初中在校学生数 | 人 | 2292 | 2276 | －0.7 |
| 高中在校学生数 | 人 | 2203 | 2015 | －8.5 |
| 卫生机构数 | 所 | 116 | 123 | 6.0 |
| #医　院 | 所 | 1 | 1 | |
| 卫生院 | 所 | 14 | 14 | |
| 床位数 | 张 | 342 | 342 | |
| #医　院 | 张 | 200 | 200 | |
| 卫生院 | 张 | 142 | 142 | |
| 卫生技术人员 | 人 | 433 | 359 | －17.1 |
| #医　院 | 人 | 104 | 100 | －3.8 |
| 卫生院 | 人 | 108 | 94 | －13.0 |

# 21－9　武川县社会经济主要指标

| 指　　标 | 单　位 | 2016 年 | 2017 年 | 2017 年比 2016 年增长% |
|---|---|---|---|---|
| 行政区域土地面积 | 平方公里 | 4682 | 4682 | |
| 人口和就业 | | | | |
| 年末总人口 | 人 | 173552 | 171967 | -0.9 |
| #男　性 | 人 | 91026 | 89875 | -1.3 |
| 年末总户数 | 户 | 75107 | 75919 | 1.1 |
| 出生人口 | 人 | 1374 | 1580 | 15.0 |
| 死亡人口 | 人 | 422 | 2798 | 563.0 |
| 全社会就业人员 | 人 | 92440 | 90940 | -1.6 |
| 第一产业 | 人 | 57286 | 58298 | 1.8 |
| 第二产业 | 人 | 12598 | 12178 | -3.3 |
| 第三产业 | 人 | 22556 | 20464 | -9.3 |
| 在岗职工人数 | 人 | 8550 | 8582 | 0.4 |
| 乡村户数 | 户 | 57022 | 56213 | -1.4 |
| 乡村从业人员 | 人 | 78293 | 78583 | 3.7 |
| #农林牧渔业 | 人 | 57286 | 58298 | 1.8 |
| 国民经济综合指标 | | | | |
| 地区生产总值 | 万元 | | 498061 | 2.1 |
| 第一产业 | 万元 | | 80371 | 3.0 |
| 第二产业 | 万元 | | 137664 | -5.9 |
| #工　业 | 万元 | | 73704 | -0.1 |
| 第三产业 | 万元 | | 280026 | 6.2 |
| 人均生产总值 | 元 | | 47434 | 3.0 |

21－9 续表 1

| 指　　标 | 单　位 | 2016 年 | 2017 年 | 2017 年比 2016 年增长% |
|---|---|---|---|---|
| 全社会固定资产投资 | 万元 | 580415 | 280570 | －51.7 |
| 按登记注册类型分 | | | | |
| #国　有 | 万元 | 435507 | 131075 | －69.9 |
| 集　体 | 万元 | 1638 | | |
| 有限责任公司 | 万元 | 83770 | 116495 | 39.1 |
| 股份有限公司 | 万元 | 5500 | | |
| 私营企业 | 万元 | 49300 | 33000 | －33.1 |
| 外商及港澳台投资企业 | 万元 | | | |
| 一般公共预算收入 | 万元 | 21466 | 23434 | 9.2 |
| 一般公共预算支出 | 万元 | 171620 | 155706 | －9.3 |
| 住户存款余额 | 万元 | 371438 | 403877 | 8.7 |
| 在岗职工工资总额 | 万元 | 40591 | 48570 | 19.7 |
| 在岗职工平均工资 | 元 | 47358 | 56562 | 19.4 |
| 全体居民人均可支配收入 | 元 | 14892 | 16263 | 9.2 |
| 城镇常住居民人均可支配收入 | 元 | 23166 | 25125 | 8.5 |
| 农村常住居民人均可支配收入 | 元 | 6931 | 7655 | 10.4 |
| 农村牧区经济 | | | | |
| 农作物总播种面积 | 公顷 | 133324 | 140638 | 5.5 |
| #粮食作物播种面积 | 公顷 | 69869 | 71828 | 2.8 |
| 化肥施用折纯量 | 吨 | 18378 | 17086 | －7.0 |
| 农村用电量 | 万千瓦小时 | 3026 | 2957 | －2.3 |
| 粮食产量 | 吨 | 187120 | 166748 | －10.9 |
| 油料产量 | 吨 | 74656 | 62320 | －16.5 |
| 甜菜产量 | 吨 | | | |

21－9 续表 2

| 指　　标 | 单　位 | 2016 年 | 2017 年 | 2017 年比 2016 年增长% |
|---|---|---|---|---|
| 规模以上工业 | | | | |
| 工业企业单位数 | 个 | 12 | 10 | －16.7 |
| #内资企业 | 个 | 12 | 10 | －16.7 |
| 工业总产值 | 万元 | 196240 | 167136 | －14.8 |
| 内资企业 | 万元 | 196240 | 167136 | －14.8 |
| 国有企业 | 万元 | | | |
| 集体企业 | 万元 | | | |
| 股份合作企业 | 万元 | | | |
| 联营企业 | 万元 | | | |
| 有限责任公司 | 万元 | 181814 | 152862 | －15.9 |
| 股份有限公司 | 万元 | | | |
| 私营企业 | 万元 | 14426 | 14274 | －1.1 |
| 其他企业 | 万元 | | | |
| 港澳台商投资企业 | 万元 | | | |
| 外商投资企业 | 万元 | | | |
| 工业企业增加值 | 万元 | | | 3.5 |
| 工业企业资产总计 | 万元 | 1302214 | 1286268 | －1.2 |
| 工业企业负债合计 | 万元 | 986311 | 973888 | －1.3 |
| 工业企业产品销售收入 | 万元 | 154382 | 154025 | －0.2 |
| 工业企业利润总额 | 万元 | 9260 | －2784 | －130.1 |
| 建筑业 | | | | |
| 建筑企业单位数 | 个 | 1 | 1 | |
| 建筑企业从业人员 | 人 | 25 | 15 | －40.0 |
| 建筑业总产值 | 万元 | | 10.1 | |

21－9 续表 3

| 指　　标 | 单　位 | 2016 年 | 2017 年 | 2017 年比 2016 年增长% |
|---|---|---|---|---|
| 交通运输邮电通信业 | | | | |
| 公路里程 | 公里 | 1031 | 1031 | |
| 邮电业务总量 | 万元 | 5632 | 5708 | 1.3 |
| 本地电话用户 | 户 | 4903 | 4224 | －13.8 |
| 国内贸易 | | | | |
| 社会消费品零售总额 | 万元 | 126143 | 133333 | 5.7 |
| 科技教育卫生 | | | | |
| 各类专业技术人员 | 人 | 2560 | 2677 | 4.6 |
| 幼儿园数 | 所 | 15 | 14 | －6.7 |
| 学龄儿童入学率 | % | 100.0 | 100.0 | |
| 小学学校数 | 所 | 6 | 6 | |
| 小学专任教师数 | 人 | 432 | 404 | －6.5 |
| 小学在校学生数 | 人 | 4974 | 4758 | －4.3 |
| 普通中学学校数 | 所 | 2 | 2 | |
| 普通中学专任教师数 | 人 | 287 | 319 | 11.1 |
| 初中在校学生数 | 人 | 2364 | 2127 | －10.0 |
| 高中在校学生数 | 人 | 1952 | 1676 | －14.1 |
| 卫生机构数 | 所 | 154 | 159 | 3.2 |
| #医　院 | 所 | 2 | 2 | |
| 卫生院 | 所 | 19 | 19 | |
| 床位数 | 张 | 444 | 448 | 0.9 |
| #医　院 | 张 | 298 | 320 | 7.4 |
| 卫生院 | 张 | 146 | 128 | －12.3 |
| 卫生技术人员 | 人 | 693 | 712 | 2.7 |
| #医　院 | 人 | 163 | 208 | 27.6 |
| 卫生院 | 人 | 306 | 310 | 1.3 |

# 第二部分　统计资料

## 省会城市主要经济指标

# 22－1 各省会城市行政区划、土地面积和人口数

（2017 年）

| 城市 | 行政区划 | | 土地面积（平方公里） | 常住人口（万人） |
|---|---|---|---|---|
| | 辖区数（个） | 辖县数（个） | | |
| **呼和浩特** | **4** | **5** | **17186** | **311.48** |
| 南宁 | 6 | 6 | 22099 | 715.33 |
| 乌鲁木齐 | 7 | 1 | 13788 | 222.61 |
| 银川 | 3 | 1 | 9025 | 222.54 |
| 西安 | 9 | 4 | 10097 | 905.68 |
| 兰州 | 5 | 3 | 13086 | 373.00 |
| 西宁 | 4 | 3 | 7649 | 235.50 |
| 成都 | 9 | 10 | 12121 | 1604.50 |
| 贵阳 | 6 | 4 | 8043 | 480.20 |
| 昆明 | 6 | 8 | 21013 | 678.30 |
| 石家庄 | 11 | 14 | 15848 | 1087.99 |
| 太原 | 6 | 4 | 6988 | 437.97 |
| 沈阳 | 10 | 3 | 12860 | 829.40 |
| 长春 | 7 | 3 | 20594 | 748.90 |
| 合肥 | 6 | 5 | 11445 | 796.50 |
| 福州 | 6 | 7 | 11968 | 766.00 |
| 南昌 | 5 | 4 | 7402 | 546.36 |
| 济南 | 7 | 3 | 7998 | 732.12 |
| 郑州 | 6 | 6 | 7446 | 988.10 |
| 长沙 | 6 | 3 | 11816 | 791.81 |
| 武汉 | 13 | | 8569 | 1089.29 |
| 广州 | 9 | 2 | 7434 | 1449.84 |
| 杭州 | 9 | 4 | 16596 | 946.80 |
| 南京 | 11 | | 6587 | 833.50 |
| 哈尔滨 | 9 | 9 | 53068 | 1092.90 |
| 海口 | 4 | | 2284 | 227.20 |

# 22-2 各省会城市地区生产总值

单位:亿元

| 城市 | 2017年 | 位次 | 2017年比2016年增长% | 位次 |
|---|---|---|---|---|
| **呼和浩特** | | | **5.0** | **25** |
| 南宁 | 4118.83 | 18 | 8.0 | 16 |
| 乌鲁木齐 | 2743.82 | 21 | 8.1 | 11 |
| 银川 | 1803.17 | 23 | 8.0 | 17 |
| 西安 | 7469.85 | 8 | 7.7 | 18 |
| 兰州 | 2523.54 | 22 | 5.7 | 24 |
| 西宁 | 1284.91 | 25 | 9.5 | 3 |
| 成都 | 13889.39 | 2 | 8.1 | 9 |
| 贵阳 | 3537.96 | 19 | 11.3 | 1 |
| 昆明 | 4857.64 | 17 | 9.7 | 2 |
| 石家庄 | 6460.90 | 13 | 7.3 | 21 |
| 太原 | 3382.18 | 20 | 7.5 | 19 |
| 沈阳 | 5865.00 | 15 | 3.5 | 26 |
| 长春 | 6530.00 | 12 | 8.0 | 15 |
| 合肥 | 7213.45 | 9 | 8.5 | 7 |
| 福州 | 7104.02 | 11 | 8.7 | 6 |
| 南昌 | 5003.19 | 16 | 9.0 | 5 |
| 济南 | 7201.96 | 10 | 8.0 | 14 |
| 郑州 | 9130.17 | 7 | 8.2 | 8 |
| 长沙 | 10535.51 | 6 | 9.0 | 4 |
| 武汉 | 13410.34 | 3 | 8.0 | 12 |
| 广州 | 21503.15 | 1 | 7.0 | 22 |
| 杭州 | 12556.16 | 4 | 8.0 | 13 |
| 南京 | 11715.10 | 5 | 8.1 | 10 |
| 哈尔滨 | 6355.00 | 14 | 6.7 | 23 |
| 海口 | 1390.48 | 24 | 7.5 | 20 |

# 22－3　各省会城市第一产业增加值

单位:亿元

| 城　　市 | 2017 年 | 位　次 | 2017 年比 2016 年增长% | 位　次 |
|---|---|---|---|---|
| **呼和浩特** | | | **2.8** | **20** |
| 南　　宁 | 404.18 | 6 | 4.1 | 7 |
| 乌鲁木齐 | 29.62 | 25 | 2.7 | 21 |
| 银　　川 | 61.38 | 22 | 4.2 | 6 |
| 西　　安 | 281.12 | 11 | 4.6 | 5 |
| 兰　　州 | 61.47 | 21 | 5.9 | 3 |
| 西　　宁 | 41.80 | 23 | 5.1 | 4 |
| 成　　都 | 500.90 | 3 | 3.9 | 9 |
| 贵　　阳 | 147.33 | 19 | 6.3 | 1 |
| 昆　　明 | 210.13 | 16 | 6.0 | 2 |
| 石 家 庄 | 480.50 | 4 | 2.4 | 23 |
| 太　　原 | 40.82 | 24 | 3.0 | 18 |
| 沈　　阳 | 268.20 | 13 | 3.6 | 15 |
| 长　　春 | 315.10 | 9 | 3.8 | 10 |
| 合　　肥 | 272.75 | 12 | 3.7 | 13 |
| 福　　州 | 519.49 | 2 | 3.7 | 12 |
| 南　　昌 | 192.13 | 17 | 4.0 | 8 |
| 济　　南 | 317.40 | 8 | 3.3 | 16 |
| 郑　　州 | 158.60 | 18 | 2.6 | 22 |
| 长　　沙 | 379.45 | 7 | 3.0 | 17 |
| 武　　汉 | 408.20 | 5 | 2.8 | 19 |
| 广　　州 | 233.49 | 15 | -1.0 | 26 |
| 杭　　州 | 311.67 | 10 | 1.9 | 24 |
| 南　　京 | 263.01 | 14 | 1.2 | 25 |
| 哈 尔 滨 | 688.80 | 1 | 3.7 | 11 |
| 海　　口 | 63.72 | 20 | 3.7 | 14 |

# 22－4　各省会城市第二产业增加值

单位：亿元

| 城　　市 | 2017 年 | 位　次 | 2017 年比 2016 年增长% | 位　次 |
|---|---|---|---|---|
| **呼和浩特** | | | **2.6** | **26** |
| 南　　宁 | 1599.50 | 18 | 8.6 | 5 |
| 乌鲁木齐 | 827.63 | 23 | 7.4 | 12 |
| 银　　川 | 908.60 | 21 | 6.5 | 16 |
| 西　　安 | 2596.08 | 13 | 5.5 | 17 |
| 兰　　州 | 881.74 | 22 | 3.1 | 24 |
| 西　　宁 | 556.44 | 24 | 10.6 | 1 |
| 成　　都 | 5998.20 | 2 | 7.5 | 10 |
| 贵　　阳 | 1375.18 | 19 | 10.0 | 2 |
| 昆　　明 | 1865.97 | 16 | 9.0 | 3 |
| 石 家 庄 | 2913.90 | 11 | 3.7 | 22 |
| 太　　原 | 1271.42 | 20 | 7.0 | 14 |
| 沈　　阳 | 2261.40 | 15 | 2.7 | 25 |
| 长　　春 | 3175.20 | 9 | 7.5 | 11 |
| 合　　肥 | 3643.08 | 8 | 8.6 | 4 |
| 福　　州 | 2962.94 | 10 | 6.9 | 15 |
| 南　　昌 | 2666.10 | 12 | 8.4 | 6 |
| 济　　南 | 2569.22 | 14 | 8.4 | 7 |
| 郑　　州 | 4247.50 | 7 | 7.6 | 9 |
| 长　　沙 | 4998.26 | 4 | 7.7 | 8 |
| 武　　汉 | 5861.35 | 3 | 7.1 | 13 |
| 广　　州 | 6015.29 | 1 | 4.7 | 21 |
| 杭　　州 | 4387.19 | 6 | 5.3 | 18 |
| 南　　京 | 4454.87 | 5 | 5.1 | 19 |
| 哈 尔 滨 | 1820.70 | 17 | 3.6 | 23 |
| 海　　口 | 252.22 | 25 | 5.0 | 20 |

# 22－5　各省会城市工业增加值

单位：亿元

| 城　　市 | 2017年 | 位　次 | 2017年比2016年增长% | 位　次 |
|---|---|---|---|---|
| **呼和浩特** | | | **5.8** | **20** |
| 南　　宁 | 1189.89 | 17 | 9.5 | 3 |
| 乌鲁木齐 | 643.62 | 22 | 8.6 | 10 |
| 银　　川 | 667.59 | 21 | 8.5 | 11 |
| 西　　安 | 1677.48 | 15 | 5.8 | 19 |
| 兰　　州 | 607.13 | 23 | 4.6 | 23 |
| 西　　宁 | 413.34 | 24 | 9.7 | 2 |
| 成　　都 | 5217.20 | 2 | 8.4 | 12 |
| 贵　　阳 | 872.57 | 19 | 9.5 | 4 |
| 昆　　明 | 1159.20 | 18 | 10.1 | 1 |
| 石 家 庄 | 2594.90 | 10 | 3.3 | 25 |
| 太　　原 | 862.33 | 20 | 8.9 | 8 |
| 沈　　阳 | 1819.30 | 14 | 2.5 | 26 |
| 长　　春 | 2677.60 | 9 | 8.6 | 9 |
| 合　　肥 | 2952.20 | 8 | 9.3 | 5 |
| 福　　州 | 2270.92 | 11 | 7.7 | 14 |
| 南　　昌 | 1977.78 | 13 | 9.3 | 6 |
| 济　　南 | 1999.47 | 12 | 8.9 | 7 |
| 郑　　州 | 3683.50 | 7 | 7.4 | 16 |
| 长　　沙 | 4101.47 | 4 | 8.1 | 13 |
| 武　　汉 | 4724.87 | 3 | 7.5 | 15 |
| 广　　州 | 5459.69 | 1 | 5.2 | 21 |
| 杭　　州 | 3982.10 | 5 | 6.5 | 17 |
| 南　　京 | 3853.39 | 6 | 6.0 | 18 |
| 哈 尔 滨 | 1206.70 | 16 | 4.8 | 22 |
| 海　　口 | 142.22 | 25 | 4.3 | 24 |

# 22-6 各省会城市第三产业增加值

单位:亿元

| 城　市 | 2017年 | 位　次 | 2017年比2016年增长% | 位　次 |
|---|---|---|---|---|
| **呼和浩特** | | | **6.1** | **25** |
| 南　宁 | 2115.15 | 18 | 8.4 | 18 |
| 乌鲁木齐 | 1886.56 | 21 | 8.4 | 19 |
| 银　川 | 833.18 | 24 | 10.1 | 8 |
| 西　安 | 4592.65 | 8 | 9.2 | 11 |
| 兰　州 | 1580.34 | 22 | 7.2 | 24 |
| 西　宁 | 686.67 | 25 | 8.7 | 17 |
| 成　都 | 7390.30 | 3 | 8.9 | 15 |
| 贵　阳 | 2015.45 | 20 | 12.6 | 1 |
| 昆　明 | 2781.54 | 16 | 10.5 | 5 |
| 石家庄 | 3066.40 | 14 | 11.6 | 2 |
| 太　原 | 2069.94 | 19 | 7.9 | 23 |
| 沈　阳 | 3335.40 | 12 | 4.0 | 26 |
| 长　春 | 3039.70 | 15 | 9.0 | 14 |
| 合　肥 | 3297.62 | 13 | 8.9 | 16 |
| 福　州 | 3621.60 | 11 | 11.0 | 3 |
| 南　昌 | 2144.96 | 17 | 10.2 | 7 |
| 济　南 | 4315.34 | 9 | 8.2 | 22 |
| 郑　州 | 4724.10 | 7 | 9.0 | 12 |
| 长　沙 | 5157.80 | 6 | 10.9 | 4 |
| 武　汉 | 7140.79 | 4 | 9.2 | 10 |
| 广　州 | 15254.37 | 1 | 8.2 | 21 |
| 杭　州 | 7857.30 | 2 | 10.0 | 9 |
| 南　京 | 6997.22 | 5 | 10.3 | 6 |
| 哈尔滨 | 3845.50 | 10 | 9.0 | 13 |
| 海　口 | 1074.54 | 23 | 8.4 | 20 |

# 22－7　各省会城市规模以上工业增加值

| 城　市 | 2017年比2016年增长% | 位　次 |
|---|---|---|
| **呼和浩特** | **6.1** | **18** |
| 南　宁 | 9.9 | 2 |
| 乌鲁木齐 | 9.5 | 6 |
| 银　川 | 8.5 | 12 |
| 西　安 | 5.8 | 20 |
| 兰　州 | 4.8 | 22 |
| 西　宁 | 9.7 | 4 |
| 成　都 | 9.0 | 9 |
| 贵　阳 | 9.7 | 5 |
| 昆　明 | 10.4 | 1 |
| 石家庄 | 3.6 | 25 |
| 太　原 | 9.0 | 10 |
| 沈　阳 | 2.8 | 26 |
| 长　春 | 9.0 | 11 |
| 合　肥 | 9.4 | 8 |
| 福　州 | 8.2 | 13 |
| 南　昌 | 9.5 | 7 |
| 济　南 | 9.8 | 3 |
| 郑　州 | 7.8 | 14 |
| 长　沙 | 7.7 | 15 |
| 武　汉 | 7.7 | 16 |
| 广　州 | 4.5 | 23 |
| 杭　州 | 7.0 | 17 |
| 南　京 | 6.0 | 19 |
| 哈尔滨 | 5.0 | 21 |
| 海　口 | 4.5 | 24 |

# 22－8 各省会城市固定资产投资

单位:亿元

| 城市 | 2017年 | 位次 | 2017年比2016年增长% | 位次 |
|---|---|---|---|---|
| **呼和浩特** | **1490.78** | **22** | **－19.4** | **26** |
| 南宁 | 4307.95 | 16 | 12.6 | 9 |
| 乌鲁木齐 | 2020.00 | 19 | 25.7 | 2 |
| 银川 | 1719.05 | 20 | 1.4 | 24 |
| 西安 | 7556.47 | 5 | 12.9 | 7 |
| 兰州 | 1315.35 | 25 | 33.9 | 1 |
| 西宁 | 1600.03 | 21 | 14.3 | 4 |
| 成都 | 9404.20 | 1 | 12.3 | 10 |
| 贵阳 | 3850.60 | 18 | 18.1 | 3 |
| 昆明 | 4217.94 | 17 | 7.6 | 17 |
| 石家庄 | 6310.10 | 7 | 6.7 | 20 |
| 太原 | 964.86 | 26 | 6.8 | 19 |
| 沈阳 | 1484.00 | 23 | －9.0 | 25 |
| 长春 | 5194.80 | 13 | 11.5 | 13 |
| 合肥 | 6351.43 | 6 | 5.0 | 22 |
| 福州 | 5823.39 | 11 | 12.3 | 12 |
| 南昌 | 5118.18 | 14 | 12.7 | 8 |
| 济南 | 4363.60 | 15 | 13.5 | 5 |
| 郑州 | 7573.44 | 3 | 8.2 | 16 |
| 长沙 | 7567.77 | 4 | 13.1 | 6 |
| 武汉 | 7871.66 | 2 | 11.0 | 15 |
| 广州 | 5919.83 | 9 | 5.4 | 21 |
| 杭州 | 5856.65 | 10 | 1.4 | 23 |
| 南京 | 6215.20 | 8 | 12.3 | 11 |
| 哈尔滨 | 5395.50 | 12 | 7.1 | 18 |
| 海口 | 1415.50 | 24 | 11.3 | 14 |

# 22－9　各省会城市房地产投资

单位:亿元

| 城　　市 | 2017年 | 位　次 | 2017年比2016年增长% | 位　次 |
|---|---|---|---|---|
| **呼和浩特** | **238.40** | **26** | **-54.2** | **26** |
| 南　　宁 | 958.09 | 15 | 12.2 | 10 |
| 乌鲁木齐 | 428.74 | 23 | 18.3 | 3 |
| 银　　川 | 402.82 | 24 | -15.2 | 24 |
| 西　　安 | 2333.34 | 6 | 15.0 | 8 |
| 兰　　州 | 432.16 | 22 | 10.5 | 13 |
| 西　　宁 | 341.33 | 25 | 11.0 | 11 |
| 成　　都 | 2487.90 | 5 | -5.7 | 23 |
| 贵　　阳 | 1026.43 | 14 | 10.7 | 12 |
| 昆　　明 | 1683.33 | 9 | 10.0 | 14 |
| 石 家 庄 | 1243.60 | 12 | 20.0 | 2 |
| 太　　原 | 478.14 | 21 | -29.9 | 25 |
| 沈　　阳 | 814.20 | 16 | 14.7 | 9 |
| 长　　春 | 573.80 | 19 | -3.8 | 22 |
| 合　　肥 | 1557.41 | 10 | 15.1 | 7 |
| 福　　州 | 1694.18 | 8 | 0.9 | 20 |
| 南　　昌 | 790.69 | 17 | 17.2 | 6 |
| 济　　南 | 1232.60 | 13 | 5.9 | 18 |
| 郑　　州 | 3358.84 | 1 | 20.9 | 1 |
| 长　　沙 | 1489.69 | 11 | 18.2 | 4 |
| 武　　汉 | 2686.34 | 4 | 6.7 | 16 |
| 广　　州 | 2702.89 | 3 | 6.4 | 17 |
| 杭　　州 | 2734.00 | 2 | 4.9 | 19 |
| 南　　京 | 2170.21 | 7 | 17.6 | 5 |
| 哈 尔 滨 | 494.30 | 20 | -3.5 | 21 |
| 海　　口 | 603.25 | 18 | 9.5 | 15 |

# 22－10　各省会城市社会消费品零售总额

单位:亿元

| 城　　市 | 2017 年 | 位　次 | 2017 年比 2016 年增长% | 位　次 |
| --- | --- | --- | --- | --- |
| **呼和浩特** | **1570.95** | **20** | **6.0** | **25** |
| 南　　宁 | 2204.16 | 17 | 11.3 | 7 |
| 乌鲁木齐 | 1317.00 | 23 | 6.5 | 23 |
| 银　　川 | 562.31 | 25 | 9.4 | 17 |
| 西　　安 | 4329.51 | 7 | 10.5 | 13 |
| 兰　　州 | 1358.72 | 21 | 7.6 | 21 |
| 西　　宁 | 560.79 | 26 | 9.3 | 18 |
| 成　　都 | 6403.50 | 2 | 11.5 | 5 |
| 贵　　阳 | 1335.28 | 22 | 11.7 | 4 |
| 昆　　明 | 2590.95 | 15 | 12.2 | 3 |
| 石 家 庄 | 3296.00 | 13 | 10.8 | 9 |
| 太　　原 | 1767.82 | 19 | 6.1 | 24 |
| 沈　　阳 | 3989.80 | 12 | 0.1 | 26 |
| 长　　春 | 2922.80 | 14 | 10.3 | 14 |
| 合　　肥 | 2356.48 | 16 | 12.6 | 1 |
| 福　　州 | 4193.87 | 8 | 11.4 | 6 |
| 南　　昌 | 2096.96 | 18 | 12.3 | 2 |
| 济　　南 | 4146.10 | 9 | 10.1 | 16 |
| 郑　　州 | 4057.22 | 10 | 10.7 | 10 |
| 长　　沙 | 4547.68 | 6 | 10.5 | 12 |
| 武　　汉 | 6196.30 | 3 | 6.7 | 22 |
| 广　　州 | 9402.59 | 1 | 8.0 | 19 |
| 杭　　州 | 5717.43 | 4 | 10.5 | 11 |
| 南　　京 | 5604.66 | 5 | 10.2 | 15 |
| 哈 尔 滨 | 4044.80 | 11 | 8.0 | 20 |
| 海　　口 | 726.12 | 24 | 11.0 | 8 |

# 22－11　各省会城市一般公共预算收入

单位:亿元

| 城　市 | 2017年 | 位　次 | 2017年比2016年增长% | 位　次 |
|---|---|---|---|---|
| **呼和浩特** | **201.50** | **23** | **－23.0** | **26** |
| 南　宁 | 332.15 | 20 | 6.2 | 23 |
| 乌鲁木齐 | 400.78 | 17 | 8.4 | 17 |
| 银　川 | 177.46 | 24 | 9.3 | 16 |
| 西　安 | 654.50 | 11 | 9.8 | 14 |
| 兰　州 | 234.20 | 22 | 11.9 | 6 |
| 西　宁 | 79.16 | 26 | 18.2 | 1 |
| 成　都 | 1275.50 | 4 | 11.3 | 8 |
| 贵　阳 | 377.77 | 18 | 8.0 | 21 |
| 昆　明 | 560.86 | 13 | 8.2 | 20 |
| 石家庄 | 460.70 | 14 | 12.2 | 4 |
| 太　原 | 311.85 | 21 | 10.3 | 13 |
| 沈　阳 | 656.20 | 9 | 5.7 | 24 |
| 长　春 | 450.10 | 15 | 8.3 | 19 |
| 合　肥 | 655.90 | 10 | 6.7 | 22 |
| 福　州 | 634.16 | 12 | 10.4 | 12 |
| 南　昌 | 417.08 | 16 | 3.7 | 25 |
| 济　南 | 677.20 | 8 | 10.5 | 11 |
| 郑　州 | 1056.67 | 6 | 9.6 | 15 |
| 长　沙 | 800.35 | 7 | 11.5 | 7 |
| 武　汉 | 1402.93 | 3 | 11.2 | 9 |
| 广　州 | 1533.06 | 2 | 10.9 | 10 |
| 杭　州 | 1567.42 | 1 | 17.4 | 2 |
| 南　京 | 1271.91 | 5 | 11.9 | 5 |
| 哈尔滨 | 368.10 | 19 | 8.4 | 18 |
| 海　口 | 125.36 | 25 | 12.8 | 3 |

# 22－12 各省会城市金融机构存款余额

单位:亿元

| 城 市 | 2017 年 | 位 次 | 2017 年比 2016 年增长% | 位 次 |
|---|---|---|---|---|
| **呼和浩特** | **6312.61** | **23** | **2.2** | **25** |
| 南 宁 | 9367.53 | 20 | 5.2 | 20 |
| 乌鲁木齐 | 8320.71 | 22 | 12.3 | 1 |
| 银 川 | 3587.23 | 26 | 7.3 | 12 |
| 西 安 | 20047.62 | 7 | 5.1 | 21 |
| 兰 州 | 8513.59 | 21 | -1.3 | 26 |
| 西 宁 | 3883.79 | 25 | 3.3 | 24 |
| 成 都 | 34423.00 | 3 | 7.6 | 10 |
| 贵 阳 | 10814.51 | 17 | 8.9 | 6 |
| 昆 明 | 13492.69 | 12 | 6.4 | 15 |
| 石 家 庄 | 11703.00 | 14 | 5.6 | 18 |
| 太 原 | 11621.28 | 15 | 5.0 | 22 |
| 沈 阳 | 15559.20 | 10 | 9.2 | 5 |
| 长 春 | 11467.60 | 16 | 3.9 | 23 |
| 合 肥 | 14235.41 | 11 | 5.6 | 17 |
| 福 州 | 13136.68 | 13 | 8.8 | 7 |
| 南 昌 | 10011.39 | 19 | 5.3 | 19 |
| 济 南 | 15957.70 | 9 | 6.1 | 16 |
| 郑 州 | 20349.56 | 6 | 7.1 | 14 |
| 长 沙 | 17141.83 | 8 | 10.7 | 2 |
| 武 汉 | 23967.69 | 5 | 10.0 | 3 |
| 广 州 | 49332.53 | 1 | 7.4 | 11 |
| 杭 州 | 35321.94 | 2 | 8.6 | 8 |
| 南 京 | 29944.86 | 4 | 8.4 | 9 |
| 哈 尔 滨 | 10512.60 | 18 | 7.2 | 13 |
| 海 口 | 5318.03 | 24 | 9.6 | 4 |

# 22－13 各省会城市住户储蓄存款余额

单位:亿元

| 城市 | 2017年 | 位次 | 2017年比2016年增长% | 位次 |
|---|---|---|---|---|
| **呼和浩特** | **1953.41** | **23** | **4.7** | **19** |
| 南宁 | 3176.69 | 18 | 8.6 | 3 |
| 乌鲁木齐 | 2600.39 | 22 | 13.3 | 1 |
| 银川 | 1496.94 | 25 | 7.6 | 5 |
| 西安 | 7497.30 | 4 | 6.6 | 9 |
| 兰州 | 2974.22 | 19 | 5.3 | 16 |
| 西宁 | 1339.19 | 26 | 1.6 | 26 |
| 成都 | 11971.00 | 2 | 6.8 | 7 |
| 贵阳 | 2646.09 | 21 | 6.4 | 10 |
| 昆明 | 4431.71 | 14 | 7.4 | 6 |
| 石家庄 | 5641.60 | 9 | 5.5 | 15 |
| 太原 | 4384.88 | 15 | 8.9 | 2 |
| 沈阳 | 6495.30 | 7 | 5.7 | 13 |
| 长春 | 4566.99 | 12 | 3.9 | 22 |
| 合肥 | 3535.20 | 17 | 6.1 | 12 |
| 福州 | 4064.51 | 16 | 5.0 | 18 |
| 南昌 | 2913.24 | 20 | 5.2 | 17 |
| 济南 | 4465.70 | 13 | 4.3 | 21 |
| 郑州 | 6538.23 | 6 | 3.8 | 23 |
| 长沙 | 5203.64 | 10 | 6.8 | 8 |
| 武汉 | 7007.26 | 5 | 6.1 | 11 |
| 广州 | 14625.63 | 1 | 4.5 | 20 |
| 杭州 | 8502.96 | 3 | 2.3 | 24 |
| 南京 | 6019.70 | 8 | 2.1 | 25 |
| 哈尔滨 | 4938.40 | 11 | 5.7 | 14 |
| 海口 | 1555.56 | 24 | 7.6 | 4 |

# 22－14 各省会城市金融机构贷款余额

单位:亿元

| 城 市 | 2017年 | 位 次 | 2017年比2016年增长% | 位 次 |
|---|---|---|---|---|
| **呼和浩特** | **7646.01** | **22** | **8.4** | **24** |
| 南 宁 | 10470.44 | 15 | 11.1 | 16 |
| 乌鲁木齐 | 6235.78 | 23 | 17.9 | 3 |
| 银 川 | 4460.31 | 26 | 9.4 | 22 |
| 西 安 | 16954.81 | 7 | 10.9 | 17 |
| 兰 州 | 9643.55 | 20 | 14.8 | 8 |
| 西 宁 | 5109.15 | 24 | 9.6 | 20 |
| 成 都 | 28359.00 | 3 | 12.4 | 12 |
| 贵 阳 | 10403.12 | 16 | 13.7 | 9 |
| 昆 明 | 14830.89 | 9 | 9.4 | 21 |
| 石家庄 | 8925.00 | 21 | 24.4 | 1 |
| 太 原 | 11340.29 | 14 | 12.2 | 14 |
| 沈 阳 | 12952.50 | 12 | 3.0 | 26 |
| 长 春 | 10341.90 | 17 | 4.2 | 25 |
| 合 肥 | 13401.22 | 10 | 11.1 | 15 |
| 福 州 | 13320.41 | 11 | 9.9 | 19 |
| 南 昌 | 10209.28 | 18 | 18.6 | 2 |
| 济 南 | 12883.70 | 13 | 13.3 | 11 |
| 郑 州 | 17992.36 | 6 | 16.7 | 4 |
| 长 沙 | 16027.07 | 8 | 15.6 | 6 |
| 武 汉 | 22558.03 | 5 | 16.4 | 5 |
| 广 州 | 33312.73 | 1 | 15.3 | 7 |
| 杭 州 | 28573.63 | 2 | 12.2 | 13 |
| 南 京 | 24578.25 | 4 | 13.4 | 10 |
| 哈尔滨 | 9968.30 | 19 | 10.2 | 18 |
| 海 口 | 4538.22 | 25 | 8.6 | 23 |

# 22－15　各省会城市城镇常住居民人均可支配收入

单位:元

| 城　市 | 2017 年 | 位　次 | 2017 年比 2016 年增长% | 位　次 |
|---|---|---|---|---|
| **呼和浩特** | **43518** | **6** | **8.2** | **16** |
| 南　宁 | 33217 | 19 | 8.1 | 20 |
| 乌鲁木齐 | 36993 | 15 | 8.2 | 18 |
| 银　川 | 32981 | 21 | 8.2 | 19 |
| 西　安 | 38536 | 12 | 8.2 | 17 |
| 兰　州 | 32331 | 23 | 9.0 | 6 |
| 西　宁 | 30043 | 26 | 9.1 | 4 |
| 成　都 | 38918 | 11 | 8.4 | 11 |
| 贵　阳 | 32186 | 24 | 9.1 | 3 |
| 昆　明 | 39788 | 10 | 8.3 | 14 |
| 石家庄 | 32929 | 22 | 8.1 | 21 |
| 太　原 | 31469 | 25 | 6.2 | 25 |
| 沈　阳 | 41359 | 8 | 6.1 | 26 |
| 长　春 | 33168 | 20 | 6.8 | 24 |
| 合　肥 | 37972 | 13 | 9.0 | 5 |
| 福　州 | 40973 | 9 | 8.3 | 13 |
| 南　昌 | 37675 | 14 | 8.8 | 8 |
| 济　南 | 46642 | 5 | 8.3 | 12 |
| 郑　州 | 36050 | 16 | 8.5 | 9 |
| 长　沙 | 46948 | 4 | 8.4 | 10 |
| 武　汉 | 43405 | 7 | 9.2 | 1 |
| 广　州 | 55400 | 2 | 8.8 | 7 |
| 杭　州 | 56276 | 1 | 7.8 | 22 |
| 南　京 | 54538 | 3 | 9.1 | 2 |
| 哈尔滨 | 35546 | 17 | 7.1 | 23 |
| 海　口 | 33320 | 18 | 8.3 | 15 |

# 22－16 各省会城市农村常住居民人均可支配收入

单位:元

| 城　市 | 2017 年 | 位　次 | 2017 年比 2016 年增长% | 位　次 |
|---|---|---|---|---|
| **呼和浩特** | **15710** | **14** | **8.2** | **18** |
| 南　宁 | 12515 | 24 | 9.8 | 2 |
| 乌鲁木齐 | 17823 | 10 | 9.0 | 11 |
| 银　川 | 13087 | 23 | 8.2 | 19 |
| 西　安 | 16522 | 12 | 8.8 | 14 |
| 兰　州 | 11305 | 25 | 8.8 | 15 |
| 西　宁 | 10548 | 26 | 9.0 | 12 |
| 成　都 | 20298 | 6 | 9.1 | 8 |
| 贵　阳 | 14264 | 18 | 10.0 | 1 |
| 昆　明 | 13698 | 20 | 9.1 | 9 |
| 石家庄 | 13345 | 22 | 8.1 | 22 |
| 太　原 | 15595 | 16 | 6.9 | 25 |
| 沈　阳 | 15461 | 17 | 7.5 | 24 |
| 长　春 | 13431 | 21 | 6.8 | 26 |
| 合　肥 | 18594 | 8 | 9.0 | 10 |
| 福　州 | 17865 | 9 | 9.3 | 6 |
| 南　昌 | 16363 | 13 | 9.4 | 4 |
| 济　南 | 16594 | 11 | 8.1 | 20 |
| 郑　州 | 19974 | 7 | 8.4 | 17 |
| 长　沙 | 27360 | 2 | 7.5 | 23 |
| 武　汉 | 20887 | 5 | 9.1 | 7 |
| 广　州 | 23484 | 3 | 9.5 | 3 |
| 杭　州 | 30397 | 1 | 8.9 | 13 |
| 南　京 | 23133 | 4 | 9.3 | 5 |
| 哈尔滨 | 15614 | 15 | 8.1 | 21 |
| 海　口 | 13763 | 19 | 8.6 | 16 |

# 第三部分

## 法规与规章

# 呼和浩特市经济适用住房管理办法

（经2005年7月3日市人民政府第16次常务会议审议通过，市人民政府第11号令发布。根据2017年3月4日市人民政府第2次常务会议审议通过《呼和浩特市人民政府关于修改<呼和浩特市经济适用住房管理办法>的决定》修正）

## 第一章　总则

**第一条**　为规范我市经济适用住房建设、交易和管理行为，保护当事人合法权益，根据《经济适用住房管理办法》（建住房[2007]258号）等有关规定，结合本市实际，制定本办法。

**第二条**　本办法所称经济适用住房，是指政府提供政策优惠，限定供应对象和价格，具有保障性质的政策性商品住房。

**第三条**　市房产行政主管部门负责本市行政区域内经济适用住房的实施和管理工作。市发展和改革、规划、国土资源和建设等行政主管部门根据职责分工，负责经济适用住房的有关管理工作。

**第四条**　经济适用住房实行属地管理，驻呼机关、团体、部队、企事业单位及其他经济组织，不论隶属关系，凡申请建设经济适用住房，应向市房产行政主管部门申报，经审核批准后，再按建设程序办理有关手续。凡未列入我市经济适用住房建设计划的项目，不得享受经济适用住房建设的优惠政策。

**第五条**　购买经济适用住房实行申请、审批和公示制度。

## 第二章 优惠政策

**第六条**　经济适用住房建设用地，要按照土地利用规划和城市规划要求，合理布局，实行行政划拨方式供应，免收土地出让金。严禁以经济适用住房名义取得划拨土地后，改变土地用途，变相搞商品房的开发。

**第七条**　经济适用住房建设和经营中的行政事业性收费减半征收；经济适用住房小区外基础设施建设费用由政府负担。

**第八条**　商业银行向购买经济适用住房的家庭发放的个人住房贷款，按照中国人民银行公布的贷款利率执行，不得上浮。经济适用住房项目可以以在建项目作抵押向商业银行申请开发贷款。呼和浩特市住房资金管理中心要向符合贷款条件的购买经济适用住房的家庭优先发放政策性住房贷款。

## 第三章 开发建设

**第九条**　市人民政府根据我市社会经济发展情况和建设用地储备情况，在做好市场需求分析和预测的基础上，负责编制本市经济适用住房发展规划，由市房产行政主管部门具体负责实施。市房产行政主管部门会同发展和改革、规划、国土资源等行政管理部门根据土地利用总体规划，城市总体规划和经济适用住房发展规划做好项目储备，为逐年滚动开发创造条件。

**第十条**　市发展和改革行政主管部门应当会同建设、规划、国土资源等行政主管部门依据经济适用住房发展规划和项目储备情况，编制经济适用住房年度建设投资计划和用地计划，报自治区有关部门批准后，由市房产、发展和改革、国土资源行政主管部门共同下达。经济适用住房建设用地应纳入年度土地供应计划，优先保证供应，项目选址原则上在四类地区以外，对纳入经济适用住房旧城区改造项目可适度倾斜，不受地区类别限制。

**第十一条**　市房产行政主管部门依据下达的年度经济适用住房建设计划，委托负责招标的有关部门对经济适用住房建设项目进行公开招投标，确定开发建设单位，中标单位不得转包。

**第十二条**　参加经济适用住房建设的开发企业必须符合下列条件：

（一）具有四级（包括四级）以上的房地产开发企业资质；

（二）企业自有资金占开发项目投资额的25%以上；

（三）近3年开发的房屋工程一次验收合格率达到100%，其中，优良工程达到30%以上；

（四）社会信誉良好，无重大违规、违纪事件；

（五）主管部门要求的其他条件。

**第十三条**　市房产行政主管部门向中标的开发建设单位核发《呼和浩特市经济适用住房建设项目核准书》。建设单位凭核准书到发展和改革、规划、国土资源、建设等行政主管部门按经济适用住房建设项目办理相关手续享受优惠政策。

**第十四条**　经济适用住房的规划设计应当坚持标准适度、功能齐全、经济适用、便利节能的原则，并结合全面建设小康社会目标，优选规划设计方案，要严格执行国家《城市居住区规划设计规范》和《呼和浩特市城市规划技术规定》（呼政发〔2003〕89 号)的要求,不符合规划及规范要求的,不得开工建设。

**第十五条** 经济适用住房建设要严格执行国家及我市建设标准和技术规范,积极推广先进、成熟、适用的新技术、新工艺、新产品,降低能耗,提高住宅建设的整体水平,经济适用住房逐步实行住宅性能认定。

**第十六条** 开发建设单位对其建设的经济适用住房工程质量负最终责任。实行工程质量保证制度,在销售时,建设单位应向买受人提供《住宅质量保证书》和《住宅使用说明书》,并按质量保证书的承诺承担保修责任。

**第十七条** 凡申请开发建设经济适用住房的企业,应向市房产行政主管部门提出申请并提交下列文件:

(一)取得经济适用住房建设用地情况证明;

(二)经济适用住房建设项目总平面图、户型、面积比例、建设标准;

(三)开发建设计划;

(四)自有资金证明;

(五)企业资质证明、企业营业执照复印件、法人代表证明;

(六)主管部门要求的其他文件。

**第十八条** 经济适用住房应当严格控制在中小套型。小套型单套建筑面积控制在 65 平方米左右,高层、小高层可以适当放宽标准,但每种套型增加的建筑面积不得超过 10 平方米。

**第十九条** 市房产行政主管部门应定期向社会公布经济适用住房建设项目名称、地理位置和建设单位。

## 第四章 价格的确定和公示

**第二十条** 经济适用住房销售价格实行政府限价。经济适用住房的销售价格由以下八项因素构成:

(一)建设用地的征地费用、拆迁补偿费;

(二)勘察设计和前期工程费;

(三)房屋建筑安装工程费;

(四)基础设施建设费(含小区非营业性配套公建费);

(五)本条 1—4 项之和为基数的 2% 的管理费;

(六)法定贷款利息;

(七)税金和行政事业规费;

(八)不超过本条 1 -4 项之和为基数的 3% 的利润。

**第二十一条** 经济适用住房销售基准价格由市发展和改革行政主管部门会同市房产行政主管部门按《经济适用住房价格管理办法》的规定确定,并向社会公布。

**第二十二条** 经济适用住房建设单位应在项目开工前向市价格管理部门申报经济适用住房销售价格和有关资料。市价格管理部门应在接到定价报告的 20 个工作日内会同市房产行政主管部门共同核准销售价格并向社会公布。

**第二十三条** 经济适用住房实行收费卡制度,各有关部门收取费用时,必须填写物价部门核发的收费卡。任何单位不得以押金、保证金名义变相向经济适用住房建设单位收取费用。

**第二十四条** 经济适用住房的基准价格一经核准,建设单位一律不得突破,楼层调节系数代数和必须为零。如因特殊原因,确需重新定价的,要履行报批程序。凡未核准销售价格的经济适用住房,一律不得销售。

## 第五章 交易和售后管理

**第二十五条** 符合下列条件的家庭可以申请购买经济适用住房:

(一)具有本市市区城镇常住户口(含符合当地安置条件的军队人员);

(二)无房户或住房面积未达到上年度市区城镇人均住房建筑面积标准;

(三)人均年收入低于上年度城市居民可支配收入。经济适用住房应当优先出售给符合前款条件的无房户、危房户和城市房屋拆迁中被拆迁人。引进的专业人才购买经济适用住房,经市房产行政主管部门批准可不受本条规定的条件限制。

**第二十六条** 申请购房人应当持户口本、所在单位或区政府、街道办事处出具的家庭人员收入证明和住房证明向市房产行政主管部门提出购房申请。

**第二十七条** 市房产行政主管部门在收到材料后的 10 个工作日内完成核查。对符合条件的,在其所在单位或街道公示。公示后有投诉的,由市房产行政主管部门会同有关部门调查、核实;无异议的,发给《经济适用住房准购证》,《经济适用住房准购证》应当载明申请人可以购买的优惠面积或房价总额标准。

**第二十八条** 《经济适用住房准购证》有效期为 2 年,逾期未购买的,需重新向市房产行政主管部门申请。

**第二十九条** 住房困难户较多的工矿区和困难企业,经市人民政府批准,可以在符合土地利用总体规划、城市规划和单位发展计划的前提下,利用单位自用土地进行集资建房。参加集资建房的对象,必须限定在本单位无房户和符合市人民政府规定的住房困难家庭。

**第三十条** 凡已经享受房改政策购房、购买了经济适用住房或参加了集资建房的家庭,不得再次参加集资建房。严禁任何单位借集资建房名义,变相搞实物分配或商品房开发。

**第三十一条** 经济适用住房预(销)售应当按照下列程序进行:

(一)销售公告。市房产行政主管部门将全部房源信息通过媒体进行预(销)售公告,公告内容包括房源位置、数量、基准价格、开发建设单位、销售方式、售房时间。

(二)入围排序。市房产行政主管部门根据房源数量与申请数量的一定比例和申请人住房困难程度排序确定入围名单并予公示,公示期为20个工作日。选房顺序应当以公开摇号方式确定。排序及公开摇号应当在市监察部门、公证部门及入围市民代表监督下进行,并依法公证。

(三)入围公告。市房产行政主管部门将入围申请人名单及选房顺序在媒体上公告。

(四)公开选房。开发建设单位应当制定公布公开选房方案。申请人按公告的选房顺序到开发建设单位轮候购买。

**第三十二条** 符合条件的家庭限购一套经济适用住房,不得多购、套购。多层限购建筑面积不超过65平方米,高层限购建筑面积不超过75平方米。

实际购买面积在限购标准以内的,按核定的价格购买,购买面积超过限购面积部分,每平方米加收150元的差价款。加收的差价款由购买人在办理房地产交易手续时向市房产行政主管部门交纳后,上缴市财政,专户储存,专项用于经济适用住房的开发建设。

**第三十三条** 政府鼓励房地产开发企业建设用于出租的经济适用住房,其租金标准由价格主管部门会同经济适用住房主管部门在综合考虑建设、管理成本和不高于3%利润的基础上确定,并向符合经济适用住房条件的家庭出租。

**第三十四条** 购买经济适用住房须按规定办理交易手续,交纳有关税费,房屋所有权归购房人所有。房屋、土地登记部门办理经济适用住房权属登记时,应当在《房屋所有权证》和《土地使用证》上分别加盖经济适用住房和划拨土地印记,同时收回《经济适用住房准购证》。没有《经济适用住房准购证》的,不予登记。

**第三十五条** 经济适用住房为有限产权,购房人自取得经济适用住房《房屋所有权证》之日起满5年后方可上市交易,在交易时应当向政府缴纳土地收益补偿金和基础设施配套费等相关价款,其标准是交易时点房屋市场评估价和最初合同价的差价部分的30%。

购房人也可以在取得经济适用住房《房屋所有权证》之日起满五年后按照前款规定的标准,向政府缴纳土地收益补偿金和基础设施配套费等相关价款后取得完全产权。

**第三十六条** 经济适用住房上市交易所缴纳的土地收益补偿金和基础设施配套费等相关价款由住房保障房屋管理部门代收,使用财政专用票据,按照政府非税收入管理规定上缴同级财政。

**第三十七条** 购房人取得经济适用住房《房屋所有权证》未满5年,购房人因特殊原因确需转让经济适用住房的,由市住房保障房屋管理部门按照原价格并考虑折旧和物价水平等因素进行回购,回购的经济适用住房应当办理产权过户手续,相关费用由双方按规定交付,继续向符合条件的家庭出售。

**第三十八条** 经济适用住房所有权人申请上市交易,应当向住房保障房屋管理部门提交下列材料:

(一)经济适用住房上市交易申请表;

(二)房屋所有权证书;

(三)身份证、婚姻关系证明和户口簿;

(四)共同居住的年满十八周岁以上家庭成员同意证明;

(五)房屋买卖的需提交买卖合同,互换的需提交互换合同,赠与的需提交赠与公证书,继承的需提交继承公证书。

经济适用住房所有权人申请取得完全产权的,需提供前款规定的第(一)、(二)、(三)、(四)项材料。

**第三十九条** 经济适用住房所有权人申请上市交易,按照下列程序办理:

(一)住房保障房屋管理部门对经济适用住房上市交易(取得完全产权)申请材料进行审核,自受理申请之日起15日内出具审核意见;

(二)申请人向住房保障房屋管理部门按照本办法第五条规定的标准缴纳土地收益补偿金和基础设施配套费等相关价款;

(三)申请人持上市交易审核意见书和土地收益补偿金、基础设施配套费等相关价款缴纳凭证到市房地产产权交易大厅办理房产交易登记手续,并按规定缴纳相关税费和费用后领取房屋所有权证。

**第四十条** 有下列情形之一的经济适用住房不得上市交易:

(一)无合法权属证书或者权属有争议的;

(二)司法机关、行政机关依法裁定、决定查封或者以其他形式限制房地产权利的;

(三)共有房地产,未经其他共有人书面同意的;

(四)法律、法规规定不得转让的其他情形。

**第四十一条** 经济适用住房上市交易或者取得完全产权后,房屋维修仍按照上市交易前经济适用住房售后维修管理的有关规定执行,个人缴纳的住房公用部位、共用设施设备维修基金的结余部分不予退还,随房屋产权同时过户。

**第四十二条** 经济适用住房所有人将经济适用住房上市交易或者取得完全产权后,不再享受保障性住房优惠政策。

**第四十三条** 新建经济适用住房,应当严格执行《物业管理条例》(国务院令第379号)的规定,推行社会化、专业化、市场化的物业管理。

## 第六章 监督管理

**第四十四条** 各有关部门应当加强对经济适用住房建

设、交易中违法违纪行为的查处;对未经批准、擅自改变经济适用住房或集资建房用地用途的,由国土资源行政主管部门按有关规定处罚。擅自提高经济适用住房或集资建房销售价格等行为,由发展和改革行政主管部门依法进行处罚。擅自向未取得资格的家庭出售经济适用住房或组织未取得资格的家庭集资建房的,由市房产行政主管部门责令建设单位限期收回;不能收回的,由建设单位补缴同地段经济适用住房或集资建房与商品房价格差,并对建设单位的不良行为进行处罚。

**第四十五条** 申请购买经济适用住房的家庭应当如实申报家庭住房情况、收入情况,对虚报、隐瞒有关情况、骗购经济适用住房的,由市房产行政主管部门追回已购住房或者由购买人按市场价补足购房款。

**第四十六条** 取得产权证未满5年,擅自以市场价出售经济适用住房的,产权登记部门不予登记。

**第四十七条** 政府工作人员在经济适用住房购房对象资料审查和监督管理中,有玩忽职守、滥用职权、徇私舞弊行为的,依法追究行政责任;构成犯罪的,依法追究刑事责任。

## 第七章 附则

**第四十八条** 市属各旗县的经济适用住房管理工作由各旗县制定经济适用住房管理办法报市人民政府批准后实施。

**第四十九条** 《经济适用住房价格管理办法》由市发展和改革行政主管部门会同市房产行政主管部门制订后另行颁布。

**第五十条** 本办法由市房产行政主管部门负责解释。

**第五十一条** 本办法自2005年8月1日起施行。

# 呼和浩特市高层建筑消防安全管理办法

## 第一章 总 则

**第一条** 为加强高层建筑消防安全管理,预防和减少火灾危害,保护人身、财产安全,维护公共安全,根据《中华人民共和国消防法》、《内蒙古自治区消防条例》等法律、法规,结合本市实际,制定本办法。

**第二条** 本市行政区域内高层建筑的消防工作适用本办法。

本办法所称高层建筑是指建筑高度大于27米的住宅建筑和建筑高度大于24米的非单层厂房、仓库和其他民用建筑。

高层工业建筑和单层主体建筑超过24米的公共建筑的消防工作按照国家有关规定执行。

**第三条** 高层建筑消防工作实行预防为主、防消结合的方针,按照政府统一领导、部门依法监管、单位全面负责、公民积极参与的原则,实行消防安全责任制。

**第四条** 旗县区人民政府应当加强本行政区域内高层建筑消防工作。

公安机关对本行政区域内高层建筑消防工作实施监督管理,由本级公安机关消防机构负责实施。公安派出所应当按照有关规定负责高层建筑的日常消防监督检查、消防宣传等工作。城乡建设、住房保障、规划、安全监管、水务、城管执法等有关部门应当按照各自职责协同做好高层建筑消防安全的相关工作。

高层建筑的使用管理单位、物业服务企业、消防安全管理组织是高层建筑消防安全责任主体。

## 第二章 消防职责

**第五条** 旗、县、区人民政府在高层建筑消防工作中应当履行下列职责:

(一)协调解决高层建筑消防工作中的重大问题;

(二)组织有关部门开展高层建筑消防安全检查;

(三)建立健全应急救援社会联动机制,组织指挥高层建筑的火灾扑救和应急救援工作;

(四)对本级人民政府有关部门和下级人民政府履行高层建筑消防安全职责情况进行监督检查;

(五)加强高层建筑公共消防设施建设,为本行政区域公安消防队、专职消防队配备举高消防车等特种装备器材;

(六)法律、法规规定的其他消防工作职责。

**第六条** 乡镇人民政府、街道办事处在高层建筑消防工作中应当履行下列职责:

(一)健全消防安全制度,落实消防安全责任;

(二)将高层建筑消防安全纳入基层网格化管理,实行常态化巡查检查,组织开展高层建筑消防安全宣传教育;

(三)指导和支持村(居)民委员会制定防火安全公约、开展防火安全检查等群众性消防工作;

(四)指导高层建筑使用人或者管理人建立消防安全管理组织,落实消防安全责任;

(五)法律、法规规定的其他消防工作职责。

**第七条** 公安机关消防机构在高层建筑消防工作中应当履行下列职责:

(一)依法实施高层建筑工程消防设计审核、消防验收、备案和抽查,以及高层建筑内公众聚集场所投入使用、营业前的消防安全检查;

(二)根据高层建筑的特点,有针对性地开展消防监督检查。对30层以上或者建筑高度超过100米的高层建筑确定为消防安全重点监控对象,督促有关单位落实消防安全责任制,采取消防安全防范措施,加强日常监控,及时消除火灾隐患;

(三)负责高层建筑灭火扑救预案的制订和实施,组织、指导有关单位开展高层建筑火灾预防和应急疏散预案的制订与演练;

(四)建立高层建筑火灾扑救应急反应和处置机制,开展火灾扑救技术战术研究,组织公安消防队开展专业技能训练,承担高层建筑火灾扑救和应急救援工作;

(五)指导专职消防队、志愿消防队等消防组织开展高层建筑火灾扑救和应急救援工作;

(六)开展经常性消防宣传教育,普及防灭火和自救知识,定期对高层建筑的专兼职消防安全管理人员进行培训,定期组织演练,提高应急疏散逃生能力;

(七)法律、法规规定的其他消防工作职责。

**第八条** 高层建筑建设工程设计文件编制单位在编制高层建筑工程设计方案时,应当合理调配高层建筑周边消防车道、消防车登高操作场地与绿化、交通等因素的关系,保障消防车道的宽度、间距、转弯半径及消防车登高操作场地设置等符合国家标准及相关要求。

**第九条** 依法应当经公安机关消防机构进行消防设计审核的高层建筑工程,未经审核或者审核不合格的,城乡建设行政主管部门不得给予施工许可;依法应当进行消防验收或者验收备案的高层建筑工程,未经消防验收或者验收备案以及消防验收不合格、验收备案抽查不合格的,禁止投入使用。

**第十条** 高层建筑内的公众聚集场所在投入使用、营业前,建设单位或者使用单位应当向场所所在地的公安机关消防机构申请消防安全检查。

**第十一条** 城乡建设、住房保障、安全监管、民政、发展改革等行业主管部门建立联合监管运作机制,定期开展联合检查,将消防安全防范服务质量作为对高层建筑的使用管理单位进行行业监督管理的重要内容。

**第十二条** 城市供水单位应当保证高层建筑消防用水,定期维护市政公共消火栓、消防水池等消防供水设施。

单位自行投资建设给水管网的,应当同时建设公共消火栓、消防水池等消防供水设施并负责管理维护。

**第十三条** 高层建筑的使用管理单位、物业服务企业或者消防安全管理组织应当履行下列消防安全职责:

(一)制定消防安全管理制度,落实消防安全管理人员,明确职责任务,组织防火巡查、检查,及时消除火灾隐患;

(二)保障疏散通道、安全出口、消防车通道畅通,在高层建筑每层醒目位置设置安全疏散路线引导图;

(三)指导高层建筑业主使用专项维修资金对物业管理区域内的共用消防设施进行维修、更新和改造,督促、指导业主、使用人做好消防工作,劝阻、制止影响消防安全的行为,对劝阻、制止无效的及时报告当地公安机关消防机构或者公安派出所;

(四)利用广播、电子显示屏、公告栏、社区网络及其他楼宇宣传载体宣传消防安全知识和技能;

(五)多产权、多租户、多家经营的高层建筑,应当建立统一的消防管理组织,定期召开消防工作例会,解决消防安全重点问题。对火灾荷载较大、人员密集的场所,应当确定为火灾高危单位,实行更为严格的消防安全管理;

(六)配备专业电工,加强用电用气用火安全管理,定期委托检测维护电气线路、燃气管线,严格管控电源、气源、火源。委托具有消防设施维保、检测资质的机构定期对共用消防设施、器材进行维护保养,每年至少进行1次消防设施全面检测,保障共用消防设施、器材以及消防安全标志完好有效;

(七)制定火灾预防和应急疏散预案并定期组织演练,提高自防自救能力,在每幢高层公共建筑、每个高层住宅小区建立微型消防站,配齐人员和必要装备器材,做到火灾早预警、早发现、早处置;

(八)其他依法应当履行或者约定履行的消防安全职责。

**第十四条** 高层建筑内的住宅、经营性用房等专有部分的所有权人或者使用人应当履行下列消防安全义务:

(一)遵守公共消防安全管理规约,负责专有部分的消防安全工作;

(二)服从管理单位、物业服务企业或者消防安全管理组织的消防安全管理,及时落实火灾隐患整改措施;

(三)依照相关规定用火用电、使用燃气,爱护共用消防设施、器材,发现违章用火用电、使用燃气或者损坏共用消防设施、器材等行为的,及时举报;

(四)不得违法设置经营性场所或者库房危害公共消防安全;

(五)不得私自改造、拆除燃气设施、管路;

(六)法律、法规规定的其他消防安全义务。

## 第三章 消防管理和火灾预防

**第十五条** 新建、改建、扩建高层建筑的外墙保温材料,应当按照《建筑设计防火规范》的有关规定使用不燃或者难燃材料,不得使用易燃、可燃材料。高层建筑内设置有人员密集场所或者层高建筑超过50米时,与基层墙体、装饰层之间有空腔的外墙保温系统,外墙保温材料必须使用不燃材料。

**第十六条** 建筑高度超过100米且标准层建筑面积超过2000平方米的公共建筑,宜在屋顶设置直升机停机坪或者供直升机救助的设施。

**第十七条** 托儿所、幼儿园的儿童用房、儿童游乐厅等儿童活动场所和老年公寓宜设置在独立的建筑内。确需设在高层建筑内时,应当设在首层或者二、三层,并设置单独出入口和疏散楼梯。

高层建筑内设置公共娱乐场所的,应当设置在首层或者二、三层,并符合国家相关规定;必须设置在其它楼层时,应当保证建筑面积、出口数量、防烟排烟设施、疏散指示标志、应急疏散照明等符合国家相关规定。

**第十八条** 高层建筑内的儿童活动场所、老年公寓、公共娱乐场所、宾馆客房和医院的高层病房楼应当设置应急疏散路线图,配备移动照明灯具、防烟面罩、逃生绳、缓降器等辅助逃生器材,并放置在醒目、便于操作的部位。

**第十九条** 高层建筑外墙装饰、装修及广告牌设置应当符合消防安全技术要求,不得影响高层建筑防火防烟性能和火灾扑救行动。

**第二十条** 高层建筑施工现场消防安全由施工单位负责。施工单位应当按照有关消防技术标准和管理规定,明确施工现场消防安全责任,落实消防安全管理制度和措施。

高层建筑施工现场的外脚手架、支模架的架体应当采用不燃材料搭设,外脚手架的安全防护网应当采用阻燃型安全防护网。

高层建筑施工高度超过24米的,施工单位应当随施工进度保证消防水源。

在建高层建筑内严禁设置员工宿舍以及锅炉房、厨房操作间、可燃物品或者易燃易爆危险品存放库房等火灾危险性较大的临时用房。

**第二十一条** 工程监理单位应当按照有关规定对高层建筑施工现场消防安全进行监理。工程监理单位发现施工现场不符合消防技术标准和管理规定的，应当要求施工单位整改；情况严重的，应当要求施工单位暂时停止施工，并及时报告建设单位。施工单位拒不整改或者不停止施工的，工程监理单位应当及时向当地城乡建设行政主管部门或者公安机关消防机构报告。

**第二十二条** 高层建筑内的住宅、经营性用房等专有部分的所有权人或者使用人对高层建筑进行局部改造或者内部装修的，应当事先告知高层建筑的管理单位、物业服务企业或者消防安全管理组织，并采取必要的安全防范措施。

对高层建筑进行局部改造或者内部装修不得影响其他区域消防设施的使用，施工区域与其他区域之间应当采取可靠的防火分隔措施。

任何单位和个人不得擅自变更高层建筑使用功能，改动防火分区、消防设施等消防设计内容，降低装修材料燃烧性能等级。

**第二十三条** 高层建筑的消防车通道、消防救援场地、消防车取水口、室外消火栓、消防水泵接合器等，应当按照规定设置明显标志，并加强日常管理。

高层建筑周边不得设置妨碍消防车通行或者在高层建筑消防救援场地上空设置妨碍举高消防车作业的建筑物、构筑物和其他有关设施、设备。

**第二十四条** 高层建筑的消防设施、器材，应当按照规定设置消防安全标识，明示使用、维护的方法和要求。

高层建筑的主要出入口、电梯口、防火门等，应当设置明显标志或者警示标语，提示火灾危险性，标明安全逃生路线和安全出口方位。

任何单位和个人不得占用、堵塞、封闭、分隔安全出口、疏散走道、疏散楼梯，不得占用避难层（间）或者改变其使用功能。

**第二十五条** 高层建筑消防控制室应当落实 24 小时专人值班制度。

消防控制室值班人员应当掌握接警处警操作程序和要求，按照有关规定检查自动消防设施、联动控制设备运行情况，确保其处于正确工作状态，并及时处理火警信号。

**第二十六条** 高层建筑应当根据火灾危险性划定禁火、禁烟区域，并设置醒目的警示标志。

在高层建筑内举办大型群众性活动，承办人应当依法向公安机关申请安全许可，制定灭火和应急疏散预案并组织演练，明确消防安全责任分工，确定消防安全管理人员，保持消防设施和消防器材配置齐全、完好有效，保证疏散通道、安全出口、疏散指示标志、应急照明和消防车通道符合消防技术标准和管理规定。

**第二十七条** 任何单位和个人不得在高层建筑内及其地下部分生产、储存、经营易燃易爆危险品。

高层建筑使用燃气应当采用管道供气方式。禁止在高层建筑地下部分使用液化石油气。在高层建筑内使用其他易燃易爆危险品以及设置使用其他易燃易爆危险品的设施、设备，应当符合消防技术标准和管理规定。

**第二十八条** 高层建筑的管理单位、物业服务企业或者消防安全管理组织应当建立并落实消防安全培训制度，对专兼职消防安全管理人员和新上岗的职工进行消防安全培训。

**第二十九条** 高层建筑的管理单位、物业服务企业或者消防安全管理组织应当定期进行防火安全检查，并填写检查记录。

高层建筑内的公众聚集场所在营业期间，应当每 2 小时至少进行 1 次防火安全检查；营业结束时，应当对营业现场进行全面检查，消除遗留火种。

**第三十条** 高层建筑的共用消防设施发生故障或者损坏的，管理单位、物业服务企业或者消防安全管理组织应当及时组织维修。因建筑改造、设备检修等情况需要临时停用消防设施的，应当采取有效措施确保消防安全。

高层建筑的共用消防设施需要维修、更新和改造的，可以依法使用住宅专项维修资金。

## 第四章 火灾救援

**第三十一条** 旗、县、区人民政府应当根据本行政区域火灾扑救和应急救援工作需要，建立消防应急救援调度指挥中心；当高层建筑发生火灾时，应当迅速启动应急救援预案，统一组织指挥火灾扑救和应急救援工作。

**第三十二条** 公安机关消防机构应当掌握执勤辖区内每栋高层建筑的基本情况，有针对性地制订火灾扑救预案，并定期组织演练。火灾扑救预案的主要内容包括：

（一）高层建筑的基本情况；

（二）固定消防设施设备的状况；

（三）外部消防水源的分布和使用方案；

（四）重点部位消防力量部署；

（五）火灾扑救技术战术措施；

（六）应急疏散的组织程序和措施；

（七）通信联络、安全防护救护的程序和措施；

（八）火灾扑救注意事项。

**第三十三条** 高层建筑发生火灾后，发现火灾的人员应当立即拨打 119 报警。任何单位、个人都应当无偿为报警提供便利，不得阻拦报警。严禁谎报火警。

公安机关消防机构接到火警后应当立即出警，迅速、准确、安全地赶赴火灾现场，救助遇险人员，排除险情，扑灭火灾。

**第三十四条** 高层建筑发生火灾时，高层建筑的使用管理单位、物业服务企业或者消防安全管理组织应当立即组织人员疏散，扑救初起火灾，并协助公安消防队、专职消防队做好有关火灾扑救工作。

高层建筑内的公共娱乐场所、宾馆、商场等人员密集场所应当明确疏散引导员，负责在火灾等紧急情况下组织、引导在场人员安全疏散。

**第三十五条** 火灾扑灭后，高层建筑的管理单位、物业服务企业或者消防安全管理组织应当组织保护火灾现场。在火灾调查结束前，未经公安机关消防机构允许，任何单位和个人不得擅自进入、清理火灾现场，移动火灾现场中的任何物品。

## 第五章 法律责任

**第三十六条** 旗、县、区人民政府及其工作部门违反本办法规定，未履行高层建筑消防安全管理职责严重影响消防安全工作，或者未及时组织整改重大火灾隐患的，由上级人民政府责令限期改正；致使本地高层建筑发生重特大火灾的，对直接负责的主管人员和其他直接责任人员，由任免机关或者监察机关依法给予处分；构成犯罪的，依法追究刑事责任。

**第三十七条** 公安机关消防机构及其工作人员在高层建筑消防工作中有下列行为之一的，对直接负责的主管人员和其他直接责任人员，由任免机关或者监察机关依法给予处分；构成犯罪的，依法追究刑事责任：

（一）对不符合消防安全要求的消防设计文件、建设工程、场所准予审核合格、消防验收合格、消防安全检查合格的；

（二）无故拖延消防设计审核、消防验收、消防安全检查，不在法定期限内履行职责的；

（三）发现火灾隐患不及时通知有关单位或者个人整改的；

（四）其他滥用职权、玩忽职守、徇私舞弊的行为。

**第三十八条** 高层建筑的管理单位、物业服务企业或者消防安全管理组织违反本办法规定，未履行消防安全管理职责严重影响消防安全，或者未及时组织整改火灾隐患的，由公安机关消防机构责令限期改正；逾期不改正的，对其直接负责的主管人员和其他直接责任人员，依法给予处分或者给予警告处罚；构成犯罪的，依法追究刑事责任。

**第三十九条** 违反本办法规定，有下列行为之一的，由公安机关消防机构责令限期改正；逾期不改正的，处3000元以上3万元以下罚款：

（一）非人员密集场所的高层建筑外墙装饰、装修及广告牌设置不符合消防安全要求，影响高层建筑防火防烟性能和火灾扑救行动的；

（二）高层建筑施工高度超过24米时，施工单位没有随施工进度保证消防水源的；

（三）高层建筑施工现场的外脚手架、支模架、安全防护网等不符合规定标准的；

（四）大型建设工程和其他特殊建设工程以外的在建高层建筑内设置员工宿舍或者其他火灾危险性较大的临时用房的；

（五）工程监理单位发现影响消防安全的严重问题未履行报告义务的；

（六）高层建筑的管理单位或者使用单位擅自改动防火分区、消防设施等消防设计内容的；

（七）擅自改变高层建筑的避难层（间）使用性质的；

（八）未按照规定对消防设施进行年度全面检测的。

## 第六章 附 则

**第四十条** 本办法自2017年11月1日起施行。

# 呼和浩特市人民政府令

## 第 7 号

《呼和浩特市人民政府关于修改<呼和浩特市质量奖评审办法>的决定》已经 2017 年 12 月 5 日市人民政府第 20 次常务会议审议通过，现予公布，自 2018 年 2 月 1 日起施行。

代市长　冯玉臻

2017 年 12 月 28 日

# 呼和浩特市市长质量奖评审办法

### 第一章　总则

**第一条**　为推进质量强市战略，加强质量管理，依据《中华人民共和国产品质量法》，结合本市实际，制定本办法。

**第二条**　市人民政府设立市长质量奖，授予有广泛社会知名度与影响力的组织或者个人，其产品、服务、经营管理质量、自主创新能力和市场竞争力等在行业内具有标杆示范作用，取得显著经济效益和社会效益。

**第三条**　市长质量奖的评审坚持科学、公开、公平、公正的原则，以单位推荐、专家评议、政府审定为基本程序，以促进组织或者个人取得显著质量、经济和社会效益为宗旨，优化我市经济发展方式和提升经济综合竞争力。

**第四条**　本办法所称组织，是指本市行政区域内登记、注册的各类企业、事业单位和科研机构等；本办法所称个人，是指本市涉及质量工作的自然人，包括企业的员工和从事质量管理、质量教育和培训、质量科研、质量宣传等人员。

**第五条**　市长质量奖为年度奖，包括组织奖和个人奖，有效期限为三年。组织奖每年不超过 3 个，个人奖为 1 个。申报的组织或者个人都达不到奖励条件的，当年奖项空缺。

**第六条**　申报市长质量奖不收取任何费用。奖励和工作经费列入年度财政预算。

### 第二章　组织管理

**第七条**　市人民政府设立市长质量奖审定委员会（以下简称“审委会”）。审委会主任由市长担任，常务副主任由分管质量工作的副市长担任，委员由具有代表性和权威性的知名学者、质量专家、企业管理专家、行业人士和政府有关部门人员组成。

审委会的主要职责是组织市长质量奖评审活动，审定市长质量奖评审标准、实施指南、评审工作程序，研究决定市长质量奖评审过程中的重大事项和审议拟奖励名单。

**第八条**　审委会下设市长质量奖评审办公室，设在市质量技术监督局，负责市长质量奖评审的日常工作。主要职责是：

（一）拟定市长质量奖各奖项的具体评审标准、实施指南、工作程序等工作制度；

（二）拟定评审员管理制度。组建评审员专家库和评审组，考核、监督评审员履行职责情况，建立评审员选用退出机制；

（三）编制市长质量奖年度工作计划，受理市长质量奖的申请和组织评审，总结、宣传、推广典型经验和成果；

（四）汇总并向审委会报告市长质量奖的评审结果，提出获奖候选名单。

**第九条**　市长质量奖实行评审组评审制度，评审组由三至五名评审员组成。根据年度工作计划，按照不同行业，分别组成专项评审组，实行组长负责制。

评审员主要职责是依据评审标准、实施指南，客观公正地进行材料评审和现场评审，保存好评审记录。

**第十条**　市长质量奖评审过程中，应当充分发挥行业部门（协会）、技术机构、社会团体、中介机构和新闻媒体的作用，采取有效方式，广泛征求群众意见。

### 第三章　申报条件

**第十一条**　申报市长质量奖的组织应当具备下列条件：

（一）依法在本市行政区域内登记注册，从事生产经营活动三年以上并依法纳税；

（二）积极采用先进质量管理方法，具有自我完善的持续改进机制。实施卓越绩效模式一年以上并有包含三年数据和信息的自评报告；

（三）具有杰出的经营业绩或者社会贡献。从事生产、经营活动的，其质量水平、主要经济和技术指标位居全市同行业前列；从事非盈利性业务的，其社会贡献位于全市行业前列；

（四）品牌优势突出，具有良好的质量诚信记录和社会声誉；

（五）近三年内无重大质量、安全、环境污染、公共卫生等事故；无因组织责任导致服务对象、用户（顾客）投诉的突出问题；无其他违反法律、法规的行为等。

**第十二条** 申报市长质量奖的个人应当具备下列条件：

（一）从事或者涉及质量工作八年以上；

（二）具有较强的质量意识和创新意识，社会知名度高；

（三）在从事的工作岗位或者从事的质量领域为质量发展作出突出贡献，具有卓有成效的质量管理理论研究成果或者丰富的实际经验；

（四）恪守职业道德和社会公德；

（五）个人所属的组织近三年内无重大质量、环境污染、公共安全等事故。

## 第四章 评审标准

**第十三条** 市长质量奖的评审标准主要依据《卓越绩效评价准则》（GB/T19580）制定。市长质量奖的评审标准由评审委员会发布，分为组织和个人两部分。

**第十四条** 在市长质量奖评审标准的统一规定下，可以按行业类别分别制订评审标准实施指南，以保证在不同行业评审工作中的一致性。实施指南根据各行业的特点，重点在经营规模、质量管理、科技进步、市场占有率、诚信记录和社会贡献等方面确定评审标准。

市长质量奖评审标准应当根据质量管理理论及其实践的发展，适时进行修订。

## 第五章 评审程序及奖励标准

**第十五条** 市长质量奖的评审主要包括申报单位资格审核、材料评审、现场评审和审委会审议。

**第十六条 每年度市长质量奖评审前，由评审委员会办公室在本市主要媒体、网站上发布本年度市长质量奖的评审公告。**

**第十七条** 申报单位应当根据本年度市长质量奖的申报条件，在规定时限内向评审委员会办公室提交申报材料，申报材料包括《市长质量奖申报表》和其他相关材料。

**第十八条** 经评审委员会办公室初审，对符合申报条件的单位分别提交相关专项评审组。各专项评审组根据材料评审、现场评审等情况，形成综合评审报告，综合排序，提出市长质量奖获奖候选名单报评审委员会办公室，由评审委员会办公室提交审委会全体会议审议确定拟奖励的组织和个人，并对其进行考察核实。

**第十九条** 评审委员会办公室对拟奖励名单在本市主要媒体、网站上进行公示，公示期为十个工作日。公示没有异议的，报审委会主任审定后，由市人民政府发文公布，并向获奖组织和个人颁发奖牌（奖杯）、证书和奖金。

**第二十条** 获得市长质量奖的组织奖励人民币100万元，个人奖励人民币10万元。

## 第六章 监督管理

**第二十一条** 建立获奖组织和个人定期巡访及动态管理制度。有关行业监管部门应当及时了解获奖单位的生产经营和质量管理等情况，督促其保持荣誉，不断改进绩效。

**第二十二条** 对在申报市长质量奖过程中弄虚作假，采取不正当手段骗取市长质量奖荣誉的组织或者个人，评审办公室应当提请市人民政府撤销其市长质量奖称号，收回奖牌（奖杯）、证书、奖金，并向社会公布。

**第二十三条** 评审委员会办公室发现获奖组织或者个人在质量方面有较轻的违规现象或者投诉较多时，应当及时告知该组织或者个人，并督促其进行整改。

**第二十四条** 获奖组织或者个人在获奖后有下列情形之一的，由评审委员会办公室调查核实并提交审委会研究后，报请市人民政府撤销其市长质量奖奖项，并向社会公布，五年内不得申报市长质量奖：

（一）发生重大质量责任事故的；

（二）产品质量或者服务质量不稳定，产品经国家或者自治区质量监督抽查判定为不合格的，或出现重大服务质量事故的；

（三）产品、工程、服务质量发生重大问题，被有关方面和群众投诉并查证属实的；

（四）出口产品因质量问题被国外通报或者索赔，造成国家形象和信誉受到较大损害的。

**第二十五条** 获奖组织和个人有义务宣传、交流其质量工作先进经验，可以在有关活动中宣传质量奖荣誉，但必须标明获奖时间。

**第二十六条** 承担市长质量奖评审工作的人员应当依法保守申报组织和个人的商业或者技术秘密，并严格遵守评审有关规定和程序。

**第二十七条** 评审委员会办公室应当切实加强对评审工作的监督，对在评审过程中滥用职权、玩忽职守、徇私舞弊，造成不良后果的人员，取消其评审资格，并提请有关部门依法给予处分；构成犯罪的，依法追究刑事责任。

## 第七章 附则

**第二十八条** 本办法自2013年11月1日起施行。

# 第四部分

## 社会经济大事记

# 呼和浩特2017年大事记

## 1月

3日

◆王恒俊副市长研究乌兰夫纪念馆南广场设计方案。

◆2016年1－12月份，全市一般公共预算收入累计完成269.7亿元，同比增加22.3亿元、增长9%，其中税收收入完成188.02亿元，同比增长0.85%；非税收入完成81.68亿元，同比增长33.98%。

◆2016年1－12月份，我市新建商品房成交面积559.86万$m^2$，同比上涨37.44%；成交套数49397套，同比上涨40.8%；成交金额389.81亿元，同比上涨38.78%；成交均价6963元/m2，同比上涨0.99%。

4日

◆市委副书记、政法委书记、副市长王恒俊赴赛罕区慰问困难群众；参加自治区党委副书记、政法委书记李佳主持召开的专题会议。

◆刘文玉副市长赴玉泉区、和林县慰问困难群众；听取金融投资集团工作汇报。

◆蔡裕东副市长赴武川县与哈乐镇党委、政府相关负责同志就当地精准扶贫工作开展情况进行座谈，并慰问生活困难群众；赴土左旗察素齐镇慰问当地生活困难群众。

◆康存耀副市长研究大青山前坡生态建设实施方案；赴土左旗调研精准扶贫工作并慰问困难群众。

◆毕国臣副市长赴武川县慰问困难群众。

◆赛青克副市长听取城建项目规划设计方案。

◆2016年，白塔机场共完成旅客吞吐量818.5万人次、保障运输起降8.1万架次、货邮吞吐量3.7万吨，与去年同比分别增长9.9%、9.6%和3.8%；全年通航城市80个，较2015年增加16个；吸引中转旅客42.3万人次，同比增长57.1%，占旅客吞吐量的5.2%，较2015年提高1.6%。

5日

◆市委副书记、政法委书记、副市长王恒俊主持召开市委政法委书记办公会议。

◆蔡裕东副市长会见中国对外经济贸易信托有限公司资产管理事业部固定收益部李峰总经理一行。

◆毕国臣副市长研究大青山区域矿山企业关停工作及清水河县非煤矿产资源综合利用、规划建设砂石园区相关事宜。

◆李志斌副市长主持召开疏堵保畅交通秩序大整治工作调度会；赴基层派出所调研。

◆赛青克副市长主持召开河道、水库建设工作调度会；赴土左旗慰问困难群众。

◆2016年，市国税局累计完成税收276.85亿元，同比增收46.85亿元，增长20.4%，完成一般公共预算收入54.07亿元，同比增收19.67亿元，增长57.32%，税收收入总量位居自治区各盟市首位，圆满完成全年组织收入任务。

◆2016年，全市新登记各类市场主体5.09万户，注册资本（金）1551.79亿元，分别同比增长15.95%和83.05%。其中，企业15088户，注册资本（金）1512.90亿元；个体工商户35180户，资金额数24.90亿元；农民专业合作社618户，出资总额13.99亿元。

6日

◆刘文玉副市长听取市财政局工作汇报。

◆蔡裕东副市长陪同国家民委副主任、党组副书记刘慧，调研内蒙古少数民族群众文化体育运动中心一期工程，调研内蒙古天浩纸业有限公司，就基层党建工作进行座谈。

◆康存耀副市长赴武川县调研精准扶贫工作。

◆毕国臣副市长研究众环集团改制和飞鹰集团信访有关事宜。

◆赛青克副市长主持召开土地收储中心、春华水务专题工作会议。

◆市政府党组成员刘敏陪同陕西省政府副秘书长张晓宁一行考察；参加自治区残联工作会议。

◆2016年，交投公司多个基金共计融资到位资金198.5亿元，完成140亿元任务的140%，其中，中信银行“呼和浩特市交通投资建设发展基金”25亿元，华夏银行“呼和浩特市交投产业投资基金”15亿元，平安基金70亿元，平安养老保险38.5亿元，浦银租赁11亿元，华夏金融租赁10亿元，农银租赁10亿元，国开行轨道交通专项债务资金13亿元，呼张客专拆迁专项资金3.5亿元，综合管廊项目基金2.5亿元。

9日

◆市委副书记、政法委书记、副市长王恒俊参加全市平安首府暨全市政法队伍建设工作会议，李志斌副市长一同参加。

◆刘文玉副市长研究全市信用体系建设实施方案。

◆毕国臣副市长主持召开会议研究全市电网建设事宜；协调沃特玛项目基础设施管线穿越铁路、高速公路事宜。

◆李志斌副市长参加第二期全国公安机关规范执法视频演示培训会议。

◆赛青克副市长主持召开综合管廊、绕城线路工程建设尾款清欠会议。

◆市政府党组成员刘敏参加回民区第二届冰雪健身旅游节。

◆1－12月份市发改委共受理和办结各类固定资产投资项目298项，涉及投资金额730.84亿元，其中，政府投资项目108项，新增固定资产投资435.1亿元；企业投资项目核准备案177项，新增固定资产投资279.17亿元。

10日

◆李杰翔市长会见中国建筑第五工程局有限公司党委书记、董事长周勇一行；会见中建国际投资（中国）有限公司副总裁姜绍杰一行；会见天创国际演艺公司总经理曹晓宁一行；会见中车株洲电机有限公司总经理肖安华一行；会见北方稀土生一伦高科技有限公司董事长邱红军一行。

◆市委副书记、政法委书记、副市长王恒俊参加自治区体育工作会议；主持召开维稳重点案件专题会议。

◆刘文玉副市长听取国有企业薪酬制度改革工作汇报。

◆蔡裕东副市长会见港澳传媒集团董事局主席、港澳日报社社长田炳信一行；会见中国电信呼和浩特分公司总经理岳志峰一行。

◆白金祥副市长参加2016年度人民健康状况落实情况考核验收；主持召开全市防治艾滋病工作委员会全体成员会议。

◆康存耀副市长参加全市第三次全国农业普查现场登记工作调度会议；参加全国农村集体产权制度改革工作电视电话会议。

◆毕国臣副市长研究蜂巢航宇无人机项目落地事宜。

◆李志斌副市长主持召开市公安局工作会议；参加自治区两会安保工作动员部署会议；参加金道堂信访事项协调会。

◆赛青克副市长实地视察城市环境综合治理。

◆2016年1－12月份，全市财政专户资金收入完成16.873万元，与上年同期18.773万元，相比减少1.9万元，下降10.12%。其中：市本级收入完成11.465万元，与上年同期12.451万元，相比减少986万元，下降7.92%。旗县区收入完成5.408万元，与上年同期6.322万元相比，减少914万元，下降14.46%。

◆2016年，市公共资源交易中心共完成各类交易事项1859项，同比增长44.4%；交易总额914.66亿元，同比增长208%；节资增收45.58亿元，同比增长308%。自公共资源交易中心成立以来，截至2016年底，进场交易项目总数5261项，交易总额达1990.59亿元，节资增收88.32亿元。

◆2016年我市农民工转移就业完成人数为273589人。其中，转移就业6个月以上的人数为225181人；就近就地转移就业人数为206260人。同比分别增长15.1%、14.9%、14.3%。

11日

◆李杰翔市长参加自治区纪委十届二次全会第一次全体会议，副市长刘文玉、白金祥、康存耀、毕国臣、李志斌、赛青克、市政府党组成员刘敏一同参加；参加全国安全生产工作电视电话会议，副市长刘文玉、毕国臣一同参加。

◆蔡裕东副市长赴深圳市参加2017年中国电信内蒙古分公司云产品推介会。

◆白金祥副市长赴基层慰问一线职工。

◆康存耀副市长参加自治区足球工作会议。

◆李志斌副市长参加全市民族宗教工作会议；参加春暖青城春晚活动。

◆赛青克副市长听取奎素水库、乌素图水库、哈拉更河、扎达盖河规划设计方案汇报。

◆市政府党组成员刘敏赴长沙参加全国旅游工作会议。

◆我市投资85亿元规划建设新机场枢纽互通至荣乌高速公路，起于呼和浩特市新机场高速与呼鄂高速枢纽互通，向南途经和林县，与G209走廊带并行进入清水河境内，到达清水河县城西侧，之后路线向西南方向延伸，止于荣乌高速公路，路线全长约86公里，项目估算总投资85亿元。

12日

◆李杰翔市长研究2017年全市资金计划安排事宜，副市长刘文玉、康存耀、赛青克一同参加；主持召开民营企业座谈会，副市长毕国臣一同参加。

◆刘文玉副市长参加政协第十二届十九次常委会议。

◆白金祥副市长参加自治区工商和市场监管工作会议。

◆康存耀副市长赴伊利集团对接筹建奶牛博物馆相关事宜。

◆赛青克副市长主持召开分质分类供水、供热规划调整及改革、城市燃气相关工作专题会。

13日

◆李杰翔市长主持召开市政府全体议，安排部署安全生产和社会稳定相关工作。副市长刘文玉、毕国臣、李志斌、赛青克、旗县区和政府组成部门负责人参加了会议；参加自治区人民代表大会。

◆刘文玉副市长主持召开市社会信用体系领导小组会议。

◆白金祥副市长参加自治区政协会议。

◆康存耀副市长陪同全国总工会慰问团走访慰问。

◆李志斌副市长赴自治区“两会”现场指导安保工作。

◆2016年，我市地区生产总值达到3280亿元，增长7.7%，总量和增速保持前三位；一般公共预算收入达到269.7亿元，增长9%，总量和增幅全区第三；规模以上工业增加值增长9.3%，增速保持全区前三位；固定资产投资达到1845亿元，增长14%；社会零售品销售总额达到1480亿元，增长9.5%，总量全区第一。

16日

◆王恒俊市委副书记、政法委书记、副市长陪同中国艺术研究院专家赴乌兰夫纪念馆调研。

◆刘文玉副市长参加自治区法制政府检查组工作汇报会。

◆毕国臣副市长参加自治区交通厅关于S27呼和浩特至鄂尔多斯高速公路前期工作协调会。

◆李志斌副市长赴自治区“两会”现场指导安保工作。

◆赛青克副市长参加全国棚改工作电视电话会议。

◆国家节约集约用地专项督查需我市整改闲置土地30宗，总面积248.6881公顷，其中：市本级共有闲置土地7宗，面积24.0713公顷；各旗县共有闲置土地23宗，面积224.6168公顷。截至目前，我市已累计完成处置29宗247.41公顷，宗数完成处置率为96.67%，面积完成处置率为99.49%，1宗闲置土地被法院查封。

17日

◆王恒俊市委副书记、政法委书记、副市长研究乌兰夫纪念馆综合馆设计方案；研究航空航天博物馆选址；督查环境卫生清洁整治工作。

◆刘文玉副市长研究成立行政服务审批局筹备工作。

◆李志斌副市长赴自治区“两会”现场指导安保工作。

19日

◆白金祥副市长主持召开蒙元世界草原文化产业园项目建设及昭君博物院展览陈列工作推进会。

◆毕国臣副市长主持召开安全生产重点工作部署会。

◆李志斌副市长春节前慰问基层所队。

◆赛青克副市长听取城市总体规划实施情况评估成果汇报。

20日

◆李杰翔市长赴科尔沁变电站、富泰热力光明热源厂、供排水公司呼钢水厂、中国电信呼和浩特分公司锡林北路营业厅、新城分局锡林路派出所、车站东街邮政储蓄所慰问一线职工，市人大常委会党组书记云建东、副市长赛青克、市政府秘书长罗琳一同参加；主持召开信访工作会议，李杰翔市长要求：市和旗县区各包案领导要按照自治区党委政府的要求，立即召开会议研究部署信访案件化解处置工作，要迅速制定方案，限时办结。大商城案件由市纪委徐国铭书记和赛青克副市长牵头，迅速成立专案组，制定切实可行方案，加快办理；市政法委要在春节前将金道堂案执行回来的钱发放到位；飞鹰集团的土地变现问题由市国土局牵头，土地收储部门配合，尽快办理；“爱巢”8090案件由赛罕区成立专案组立案侦查，小黑河班定营土地被淹问题，市国土局在20天内办理土地确权问题，春华水务集团公司按照土地确权情况负责相关处置事宜；奈伦二期信访案件由新城区负责完成拆迁工作，资金由市财政筹措。李杰翔市长强调：各旗县区和市有关部门要采取有力措施，确保社会稳定，市委、市政府办公厅要联合下发救助困难群众的紧急通知，民政、工会、妇联、残联、红十字会等部门要共同做好困难群众救助工作，确保困难群众度过一个详和安定的春节，市委副书记、政法委书记、副市长王恒俊，副市长刘文玉、白金祥、毕国臣、李志斌、赛青克，市政府党组成员刘敏、经济技术开发区党工委书记李建平、九个旗县区政府主要负责人和市有关部门负责人参加了会议。

◆刘文玉副市长参加自治区财税工作座谈会。

◆蔡裕东副市长赴2017年第三届呼和浩特年货博览会调研；参加玉泉区政府与软通动力集团签约仪式；慰问少数民族困难群众代表。

◆白金祥副市长参加自治区卫生计生工作会议。

◆康存耀副市长参加蒙牛年会。

◆毕国臣副市长慰问困难职工；主持召开会议，研究设立新能源汽车产业发展基金、沃特玛项目国开行贷款及城发担保等事宜。

◆李志斌副市长赴托县进行春节前慰问；参加自治区公安厅民主生活会。

◆赛青克副市长主持召开城建项目协调会。

22日

◆刘文玉副市长主持召开《政府工作报告》征求意见会，市政府秘书长罗琳、统战部副部长银小平及在呼各民主党派负责人参加会议。

◆白金祥副市长参加自治区新闻出版广播影视工作会议；赴玉泉区实地布署全市环境卫生综合整治专项行动。

◆康存耀副市长、李志斌副市长陪同自治区党委书记李纪恒赴武川县调研。

◆毕国臣副市长参加自治区重大献礼工程项目调度会；赴武川县参加市委书记云光中传达自治区党委书记李纪恒讲话精神会议。

◆赛青克副市长主持召开信访工作会议；调研快速路运行有关情况。

◆2016年，我市进出口总值完成13.09亿美元，占自治区比重为11.2%，同比下降36.7%。其中：出口完成6.82亿美元，同比下降45.2%；进口完成6.27亿美元，同比下降23.8%；贸易顺差0.55亿美元。

23日

◆李杰翔市长主持召开市政府党组会议；主持召开市政府党组民主生活会。

◆蔡裕东副市长赴玉泉区检查西菜园街道环境卫生综合整治情况。

◆白金祥副市长主持召开重走古驼道万人徒步活动暨电

视剧大盛魁开播发布仪式工作协调会；赴玉泉区鄂尔多斯路办事处督导环境卫生工作。

◆康存耀副市长赴土左旗调研并召开大青山前坡生态建设现场办公会；检查森林防火工作，并慰问森警官兵。

◆毕国臣副市长赴玉泉区小黑河镇督导环境卫生工作；参加内蒙古石墨（烯）新材料产学研用创新联盟暨石墨（烯）产业基金成立大会。

◆李志斌副市长参加全区政法工作会议；参加全区公安局长会议。

◆市政府党组成员刘敏赴赛罕区昭乌达路办事处督导环境卫生工作。

◆2017第三届呼和浩特年货博览会在内蒙古国际会展中心成功举办。本届年博会展览面积近3万$m^2$，设置标准展位1000个，参观人数达60万人次。展会特邀来自俄罗斯、蒙古国、韩国、巴基斯坦展团，同时汇聚港澳台及国内南北方知名企业1000余家参展商和特色产品参展，12天展会交易额达6.3亿人民币，目前已成功举办三届。

24日

◆刘文玉副市长参加自治区与中央企业合作恳谈会筹备工作会。

◆李志斌副市长参加自治区消防工作会议；参加公安部电视电话会议。

◆自2016年12月中旬启动洁净城市攻坚行动以来，我市环境卫生取得阶段性成果。市垃圾无害化处理场2016年接收处理生活垃圾47.92万吨，其中处理垃圾渗滤液18274立方米；医废集中处置中心收集、处理处置医疗废物5257.373吨，处理率100%。

25日

◆蔡裕东副市长参加呼和浩特经济技术开发区党工委班子民主生活会。

◆李志斌副市长参加大召除夕安保工作部署会。

◆周强市政府党组成员慰问驻呼部队。

◆王继平市政府党组成员赴自治区旅游局对接工作。

◆2016年，市公共资源交易中心进场交易项目数1878项，累计进场交易项目总数5280项；交易额914.91亿元，累计交易总额达1990.83亿元。工程建设项目交易和政府采购交易共节省资金83.97亿元；国有建设用地使用权出让、采矿权出让和产权交易共增值4.35亿元，合计共增收节支88.32亿元。

26日

◆刘文玉副市长参加赛罕区民主生活会。

◆白金祥副市长赴玉泉区鄂尔多斯社区督导环境卫生整治工作。

◆李志斌副市长慰问基层一线干警；参加自治区党委工作协调会；主持召开工作协调会。

◆周强市政府党组成员督查市四区环境卫生城市综合整治并慰问城管、环卫系统一线干部职工。

◆王继平市政府党组成员主持召开分管部门会议传达市委十二届二次全会精神并听取2017年工作计划汇报。

◆2016年，我市金融机构人民币存款余额达6178.8亿元，比年初增长15.2%。其中，住户存款1866.0亿元，比年初增长10.8%；非金融企业存款2535.8亿元，比年初增长20.3%；广义政府存款1543.0亿元，比年初增长19.6%。金融机构人民币贷款余额达7051.8亿元，比年初增长16.1%。其中住户贷款达997.4亿元，比年初增长6.3%；非金融业企业及机关团体贷款6054.4亿元，比年初增长17.9%。

◆2016年，我市实现保费收入98.6亿元，同比增长20.2%。分险种看，财产险保费收入33.6亿元，增长19.7%；人身险保费收入65.0亿元，增长20.5%。人身险中，寿险保费收入53.0亿元，增长15.1%；意外伤害险2.1亿元，增长14.6%；健康险9.9亿元，增长63.1%。

## 2月

3日

◆刘文玉副市长主持召开会议，听取各部门和旗县区关于市域综合交通规划汇报。

◆李志斌副市长主持召开市公安局党委（扩大）会议。

◆赛青克副市长听取市城建委2017年城市道路建设工作汇报。

◆周强市政府党组成员研究近期环保工作事宜。

◆2016年，我市专利申请量首次达3203件，同比增加589件、增长22.5%。其中，发明专利1022件，实用新型专利1629件，外观设计专利552件。占自治区申请总量10672件的30%。

4日

◆李杰翔市长主持召开2017年市政府第1次常务会议，审议《政府工作报告（讨论稿）》、研究2017年呼和浩特市人民政府为民办实事建议项目；听取《关于呼和浩特市2016年国民经济和社会发展计划执行情况与2017年国民经济和社会发展计划草案的报告（讨论稿）》、《关于呼和浩特市2016年财政预算执行情况和2017年市本级财政预算安排情况》汇报；审议《呼和浩特市推动呼包鄂协同发展实施意见（2016-2020）》、《呼和浩特市人民政府进一步加快我市社会信用体系建设的实施意见》、《呼和浩特市公共信用信息管理办法》、《呼和浩特市失信企业联合惩戒暂行办法》；研究呼和浩特市民政局关于提高2017年社会救助标准有关事宜。市委副书记、副市长罗青、刘文玉、蔡裕东、康存耀、毕国臣、李志斌、赛青克，市政府党组成员王继平、刘敏，市政府秘书长罗琳，各旗县区政府主要负责人及市有关部门负责人参加了会议。

◆2017年春节黄金周期间(1月27日－2月2日),呼和浩特机场保障运输起降飞机1337架次,同比增长13.6%;完成旅客吞吐量12.4万人次,同比增长18.3%;航班平均客座率70.2%。日均旅客吞吐量1.77万人次,2月2日旅客吞吐量2.3万人次,达到今年春节黄金周运输最高点。

◆截至目前,市公交总公司拥有运营车辆2138台,万人拥有公交车12.4标台,公交运营线路111条,营运线路长度2154公里,线网长度707.2公里,公交线网100%覆盖城区主次干道,公交站点500米覆盖率达到77%。

6日

◆刘文玉副市长、毕国臣副市长听取市域铁路规划情况汇报。

◆英国著名品牌评定机构“Brand Frinance”推出2017年度的全球品牌500强榜单,伊利成为唯一入选的中国乳制品企业。2017年全球最具品牌价值500强榜单,仅有55家中国品牌上榜。而食品饮料行业上榜企业中,除了可口可乐、百事可乐、红牛、百威等国际品牌,中国食品饮料品牌仅有伊利、茅台、洋河三家企业。

◆国家科技部公布了2016年度国家国际科技合作基地名单,新认定2016年度示范型国家国际科技合作基地46家,伊利集团国际科技合作基地上榜。

7日

◆李杰翔市长主持召开市长办公会议,研究大庆主会场建设相关事宜。李杰翔市长要求:大庆主会场快速路连接线由市国土局在2月9日前出具土地预审报告,招标公告在2月9日前发布,3月8日开工建设。大庆主会场西广场由市园林局与北京清尚公司对接、沟通,在2月底开工建设,6月底前完成施工任务。市委副书记、政法委书记、副市长王恒俊,副市长赛青克,新城区政府主要负责人和市有关委办局负责人参加了会议。

◆蔡裕东副市长会见蒙牛集团王艳松副总裁一行。

◆毕国臣副市长赴玉泉区小黑河镇督查卫生整治工作。

8日

◆刘文玉副市长听取成立行政服务审批局进展情况汇报。

◆白金祥副市长主持召开全市卫生和计划生育暨蒙中医药工作会议。

◆毕国臣副市长赴玉泉区小黑河镇督查环境卫生综合整治工作落实情况。

◆赛青克副市长研究铁路法院新址选址事宜;研究快速路工程合作及融资模式。

◆周强市政府党组成员赴市土地收储中心调研工作。

9日

◆刘文玉副市长会见蒙牛集团王艳松副总裁一行;督查全市重点项目、重点工作推进情况。

◆蔡裕东副市长与货车帮总裁罗鹏一行会谈。

◆康存耀副市长调研大青山前坡生态建设工作。

◆毕国臣副市长研究5条高等级公路及外环路规划建设事宜,贯彻落实市委常委会和云光中书记重要讲话精神,研究公交车、出租车提升运营管理水平事宜;赴经济技术开发区调研工业项目。

◆李志斌副市长赴回民区钢铁路办事处督导环境卫生综合整治。

◆赛青克副市长研究搅拌站选址事宜和赤峰驻呼办公场所选址事宜。

◆周强市政府党组成员陪同市人大领导调研我市大气污染防治工作;研究部署城市环境卫生综合整治相关事宜。

10日

◆刘文玉副市长参加市人大常委会会议,副市长周强、王继平一同参加。

◆蔡裕东副市长陪同商务部领导调研。

◆白金祥副市长督察重点项目、重点工作推进情况;赴玉泉区鄂尔多斯街道办事处督查环境卫生综合整治工作。

◆康存耀副市长赴蒙牛集团调研。

◆毕国臣副市长研究光伏扶贫事宜;研究汉能集团薄膜光伏发电项目招商落地事宜。

◆李志斌副市长参加公安部电视电话会议;参加全市公安工作会议。

◆周强副市长参加自治区高校思想政治工作会议。

◆1月份,我市新建商品房成交面积44.07万$m^2$,同比增长10.76%,环比下降18.54%;成交套数3903套,同比增长24.18%,环比下降19.77%;成交金额31.3亿元,同比增长14.01%,环比下降14.33%;成交均价7102元/$m^2$,同比增长2.94%。

13日

◆李杰翔市长主持召开市长办公会议,研究全市2017年亿元以上项目、春季集中开工建设重大项目相关事宜。李杰翔市长要求:会议确定的春季开工项目名单要在2月14日上报自治区党委、政府和自治区发改委;要尽快制定项目推进考核和奖惩办法,自筹资金和春季开工的项目要增加考核分值,考核办法要尽快上报市委组织部;新机场和新区要立即启动征拆工作;由市财政局负责与建行等金融机构对接融资贷款相关事宜;土左旗、和林县和开发区要加快新机场快速路征拆工作;由赛青克副市长负责老旧小区提升改造推进工作;由周强副市长统筹协调停车场、餐厨垃圾和垃圾处理场建设相关工作。副市长刘文玉、白金祥、康存耀、赛青克、周强、王继平,经济技术开发区党工委书记李建平、市政府秘书长罗琳,九个旗县区政府主要负责人和市有关部门负责人参加了会议；会见呼和浩特海关、自治区口岸办、中石油呼和浩特石化公司负责人，蔡裕东副市长一同参加。

◆蔡裕东副市长陪同外交部副部长刘振民一行调研。

◆毕国臣副市长在北京参加我市新机场S43高速公路方案专家论证会。

◆李志斌副市长参加自治区公安厅党委会议。

14日

◆刘文玉副市长听取市信访局工作汇报；研究区市两级政务服务中心建设相关工作。

◆蔡裕东副市长参加自治区商务和口岸工作会议。

◆王继平副市长听取市文新广局、旅游局、青山文投公司工作汇报；赴昭君项目指挥部召开项目推进工作现场会。

◆2017年春季将集中开工建设重大项目84个，项目总投资937亿元，2017年计划投资360亿元。其中基础设施及城镇化建设项目35项，总投资651亿元；重大产业项目31项，总投资185亿元；社会事业和民生工程13项，总投资76亿元；农林牧水工程5项，总投资24亿元。

15日

◆李杰翔市长主持召开内蒙古和林格尔新区工作会议。市委副书记、副市长罗青、副市长毕国臣参加了会议。

◆刘文玉副市长研究市域铁路规划相关情况；陪同自治区党委常委、市委书记云光中赴经济技术开发区调研，蔡裕东副市长一同参加。

◆白金祥副市长赴和林县督查食品加工区建设及小餐饮专项整治情况；赴清水河县督查食品加工区建设及小餐饮专项整治情况。

◆康存耀副市长赴清水河县调研十万亩扶贫林果基地建设情况。

◆毕国臣副市长参加自治区工业和信息化暨能源工作会议。

◆李志斌副市长主持召开停车场建设工作会议。

◆赛青克副市长陪同国开行调研组调研棚改项目。

◆周强副市长陪同自治区退役士兵安置和权益保障督查组督查。

◆王继平副市长陪同自治区大数据局领导调研我市大数据发展情况。

16日

◆刘文玉副市长主持召开会议，研究自治区与央企恳谈会我市上报项目事宜。

◆蔡裕东副市长陪同国家能源局规划司何勇健副司长一行调研。

◆白金祥副市长赴托县督查调研食品加工区建设及食品安全监管工作。

◆康存耀副市长参加自治区农村工作会议；参加自治区党委李佳副书记专题办公会议。

◆毕国臣副市长参加自治区工业和信息化暨能源工作会议。

◆李志斌副市长主持召开平安首府视频监控工作推进会。

◆赛青克副市长参加自治区住房城乡建设工作会议。

◆周强副市长听取民政工作汇报。

◆王继平副市长赴金桥开发区督导环境卫生综合整治工作；听取市文新广局关于文化客厅、内蒙古革命历史博物馆、大青山抗日根据地博物馆项目建设推进情况汇报；研究呼和浩特市创建国家公共文化服务体系示范区建设工作。

◆1月份，市国税局共组织税收收入313014万元，同比增收70432万元、增长29%。完成公共财政预算收入81651万元，同比增收37616万元、增长85.4%。

17日

◆李杰翔市长主持召开《呼和浩特城市总体规划》和《内蒙古和林格尔新区总体规划》编制座谈会，赛青克副市长参加会议；会见神华集团副总经理韩建国、珠海银隆新能源公司董事长魏银仓、广东启智生物科技公司董事长刘人怀一行，内蒙古和林格尔新区管委会主任、市委副书记、副市长罗青，内蒙古和林格尔新区管委会副主任郝党政及市有关部门负责人参加了会见；会见九次方大数据信息集团公司总裁王叁寿一行，副市长李志斌、王继平及相关部门负责人参加了会见。

◆蔡裕东副市长赴内蒙古浩源新材料股份有限公司调研。

◆毕国臣副市长陪同自治区党委常委、市委书记云光中赴托清工业园调研。

◆李志斌副市长主持召开全市消防、禁毒、道路交通安全工作会议。

◆周强副市长参加自治区国土资源工作会议。

◆2月16日，2017年呼和浩特全国医药保健品交易会在内蒙古展览馆举行，本届药交会有三九集团、修正药业、利君药业、郑州百消丹，以及乌兰浩特中蒙制药厂等区内外2600余名医药企业代表参加。药交会期间实现成交额9.2亿元，提供临时就业机会1万个。

◆市财政局拨付各旗县区2017年农村牧区中小学校舍维修改造专项资金2242万元，其中，中央资金1121万元，自治区资金1121万元。逐步使我市农村中小学校舍达到国家重点抗震设防标准和防灾要求。

20日

◆国家统计局公布2016年中国城市GDP百强城市，自治区12个盟市中，鄂尔多斯、包头、呼和浩特、通辽4个城市进入全国百强。其中，鄂尔多斯以全国37名排在自治区第一位,生产总值GDP达到4678亿元,同比增长7.3%。包头以全国47名排在自治区第二位,生产总值GDP达到3969亿元,同比增长7.6%。我市以全国63名排在自治区第三位,生产总值GDP达到3319亿元,同比增长7.1%。通辽以全国99名排在自治区第四位,生产总值GDP达到2112亿元,同比增长8%。

◆根据2016年人口变动抽样调查数据推算,2016年我市常住人口为308.87万人,比2015年增加2.91万人,人口数在自治区十二个盟市中居第三位。排在前两位的分别是赤峰市430.52万人,通辽市312.48万人,排第四位的包头市285.75万人。

21日

◆康存耀副市长参加大青山前坡生态建设新闻发布会。

◆李志斌副市长参加公安部党风廉政建设工作电视电话会议。

◆周强副市长参加自治区民政工作会议。

◆王继平副市长参加自治区民族蒙古语文工作会议;研究推进第26届金鸡百花电影节筹备和文化重点项目建设相关工作。

22日

◆刘文玉副市长参加国家发改委调研组座谈会。

◆蔡裕东副市长陪同自治区政府副主席张建民同捷克共和国总统顾问杨·高厚德一行参观伊利实业集团液态奶生产线和内蒙古博物院。

◆李志斌副市长参加自治区公安厅考核大会;主持召开和林格尔新区揭牌仪式安保工作部署会;主持召开会议听取百日攻坚信访问题汇报会。

◆王继平副市长听取全市小剧场建设情况、少数民族文化艺术节筹备情况和贯彻落实自治区旅游发展大会工作情况汇报。

◆1月13日-2月21日春运期间,呼和浩特机场保障运输起降8866架次,同比增长13.6%;完成旅客吞吐量87.96万人次,同比增长20.6%;航班平均客座率80.3%;完成货邮吞吐量3364.7吨,同比增长10.9%。日均旅客吞吐量2.2万人次,同比增长22.2%,2月16日旅客吞吐量达到春运最高点2.5万人次。

23日

◆康存耀副市长主持召开大青山前坡生态建设工作推进会。

◆李志斌副市长陪同自治区党委常委、市委书记云光中调研BRT运营管理工作。

◆赛青克副市长与南宁市人大副主任刘雄一行座谈。

◆周强副市长参加自治区副主席白向群主持召开的招商委员会全体会议;陪同南宁市人大副主任刘雄一行考察市民政儿童福利院。

◆王继平副市长主持召开会议,研究文化客厅等场馆建设情况;督查督办分管领域信访案件化解工作。

◆市政府党组成员刘敏陪同自治区法制办调研我市落实行政执法公示等三项制度试点工作。

◆副市长刘文玉利用全市"两会"间歇主持召开会议,对我市第一季度主要经济指标完成情况进行预测分析,会议要求各部门、各地区要狠抓运行调度,积极向上协调,以月保季,以季保年,确保年度任务目标圆满完成。会议明确了实现2017年首季"开门红"各主要经济指标的努力目标:地区生产总值增速7.2%左右,固定资产投资增速不低于25%,规模以上工业增加值增速不低于9%,一般公共预算收入同口径增长14%左右,社会消费品零售总额增速不低于10%,城乡居民人均可支配收入增速均保持在8%左右。

◆国家质检总局电子商务产品执法打假分中心揭牌仪式在我市举行。这是"北京2016年内蒙古大数据产业推介大会"国家质检总局与自治区的签约项目,是国家质检总局设立的第二个国家级电子商务领域执法打假中心。该项目依托云计算产业,主要承担电子商务产品执法信息的收集、转送、研判等工作,为全国质量监督检验检疫系统开展电子商务产品执法打假工作提供有力支持。

24日

◆康存耀副市长参加自治区考核盟市县域经济和十个全覆盖工作汇报会。

◆赛青克副市长陪同南宁市人大刘雄副主任调研。

◆截至2016年底,我市电力装机容量达1188.73万千瓦,其中,火电装机906万千瓦,水电120万千瓦,风电65万千瓦,光伏发电95.03万千瓦,生物质发电0.9万千瓦,其他发电1.8万千瓦。2016年全年累计发电量437.4亿千瓦时,同比增长3.1%,其中外送电力253.7亿千瓦时;新能源发电83.1亿千瓦时,同比增长47.2%。2016年全社会用电量206.6亿千瓦时,同比增长3.1%,其中工业用电105.1亿千瓦时,同比增长1.7%。

27日

◆蔡裕东副市长赴玉泉区西菜园督查环境卫生综合整治情况。

◆白金祥副市长参加大盛魁电视连续剧开播仪式;赴玉泉区鄂尔多斯路督查环境卫生综合整治情况;督查市四区小餐饮整治情况。

◆康存耀副市长参加自治区防凌工作会议;赴土左旗调研大青山前坡生态建设工作。

◆毕国臣副市长研究托清工业园区建设有关事宜;赴玉泉区督查环境卫生综合整治情况。

◆李志斌副市长赴新城宾馆检查指导安保勤务工作;赴

自治区公安厅参加工作会议；参加自治区党委召开部署全国两会期间信访维稳工作会议。

◆赛青克副市长赴自治区政府协调工作。

◆周强副市长赴玉泉区督查环境卫生综合整治情况；研究城市环境卫生综合整治相关事宜。

◆王继平副市长参加大盛魁电视连续剧开播仪式；赴金桥开发区督导环境卫生综合整治工作。

28 日

◆蔡裕东副市长陪同自治区人大常委会副主任李荣禧一行调研我市环保工作。

◆白金祥副市长督查市四区小餐饮整治情况；赴玉泉区鄂尔多斯路督查环境卫生综合整治情况。

◆康存耀副市长参加我市 2017 年大青山前坡生态建设工程开工仪式；参加自治区人社工作会议。

◆毕国臣副市长赴赛罕区调研工业项目；研究公交总公司改革事宜。

◆李志斌副市长出席全市公安机关党风廉政建设和反腐败工作电视电话会议；参加全市信访维稳暨环境综合整治工作会议。

◆赛青克副市长参加市环境综合整治及园林绿化工作推进会。

◆周强副市长参加全区教育工作会议；参加环境综合整治工作会议。

◆王继平副市长研究推进文化客厅等重点项目建设工作；参加自治区主席办公会议；研究全市全域旅游建设规划发展工作。

## 3 月

1 日

◆白金祥副市长主持召开全市质量技术监督暨党风廉政建设工作会议；赴和林县督查小餐饮“厨房革命”和食品加工园区建设情况。

◆康存耀副市长主持召开大青山前坡生态建设工作协调会；召开无地农民上访工作会议；接受中央电视台采访。

◆毕国臣副市长研究公交公司改革事宜。

◆赛青克副市长主持召开快速路和供电项目建设推进会；会见中铝集团总裁助理张建。

◆周强副市长赴市十四中参加校园足球日活动；听取国土资源局工作汇报。

◆王继平副市长参加呼和浩特科技特派员创新创业培训会；研究全市旅游重点工作。

2 日

◆李杰翔市长赴玉泉区召开市长办公会议，专题研究玉泉区信访积案化解工作。李杰翔市长要求：各地区、各部门一定要高度重视信访工作，严格落实责任，下决心解决信访积案。涉及群众切身利益的房屋产权办理、拆迁补偿、通电、通天然气等相关问题，处理不好，就会造成群体上访事件，玉泉区和市相关部门要本着群众利益无小事的态度，一定要负起责任，加快问题解决；要与企业负责人加强沟通，了解和掌握企业实际经营状况，对无法缴纳罚款和土地出让金的企业，要制定切实可行方案，加快处理。市人大常委会副主任鲁剑钧、孙建国，玉泉区主要领导及相关部门负责人参加了会议。

◆刘文玉副市长听取轨道交通建设进展情况汇报；会见国家开发银行总行评审一局副局长吴迪一行。

◆白金祥副市长主持召开全市工商管理暨党风廉政建设工作会议；赴回民区督查小餐饮专项整治工作。

◆康存耀副市长陪同自治区第一督查组实地督查。

◆毕国臣副市长陪同人大常委会主任云建东赴托清工业园区调研。

◆赛青克副市长研究棚改资金分配和河道治理有关事宜。

◆王继平副市长参加呼和浩特草莓文化节，调研旅游游客集散中心。

◆我市国家级留创园目前入驻企业近 200 家，其中科技孵化型企业占 65%。进入产业化企业 50 余家，已获得自主知识产权 110 项，营业额累计达 21 亿元，创造就业岗位 2300 个。共引进各类型高层次人才 212 名，其中院士 4 名、“千人计划”专家 3 名、博士 118 名。

◆由自治区工商联主办的“2016 内蒙古民营企业 100 强”发布会在鄂尔多斯召开。我市共有 16 户企业入选，入选企业数量居自治区第二位。其中，阜丰生物科技、西蒙集团、蒙羊牧业、金宇生物、正隆谷物等工业企业榜上有名。

4 日

◆李杰翔市长主持召开市政府第 2 次常务会议。会议审议《呼和浩特市人民政府全面贯彻居住证制度的实施办法》，审议《呼和浩特市经济适用住房管理办法》修订案，审议《关于加快食品生产加工园区建设的意见》，审议《呼和浩特市人民政府进一步健全特困人员救助供养制度的实施办法》；研究市公交总公司关于增加政策性亏损补贴及关于拆除什兰岱公交客车维修保养中心相关事宜。会议传达学习了习近平总书记在国家安全工作座谈会上的讲话精神；传达学习了李纪恒书记、李佳副书记关于信访维稳等方面的讲话精神和指示精神；传达学习了李纪恒书记在和林格尔新区揭牌仪式上的讲话精神和刘奇凡书记调研和林格尔新区时的讲话精神。李杰翔市长要求：各级领导干部要认真学习和领会习近平总书记、李纪恒书记、李佳副书记、刘奇凡书记的重要讲话精神，要逐条落实到位。李杰翔市长指出：要认真贯彻落实居住证制度，深入调研、摸清底数，要因地制宜落实到位；经济适用住房管理办法要严格按国家有关文件规定执行，特殊情况由市房管部门提出具体意见报市政府研究解决；符合管理办法的回迁房由各级政府按政策要求补足应交款项，尽快办理房产证。李杰翔市长强调：要加快公交总公司改革步伐，继续做好退休职工养老和医疗保险工作；由周强副市长牵头，市规划和城管配合，积极与住建部沟通和协调，公交维修保养中心是否拆除的问题要在三个工作日内有结果；公交维修保养中心要抓紧重新选址。市委副书记、副市长罗青、副市长白金祥、赛青克、周强、王继平、市政府党组成员刘敏、市政府秘书长罗琳、九个旗县区政府主要负责人和市有关部门负责人参加了会议。

◆白金祥副市长赴清水河督查分管领域信访维稳工作情况、小餐饮“厨房革命”及食品加工园区建设项目进展情况。

◆毕国臣副市长研究众环集团改制重组及职工安置事宜；研究优化工业布局、城区企业搬迁事宜；召开全市工业和信息化、能源、交通运输暨安全生产工作会议。

◆赛青克副市长陪同自治区党委常委、市委书记云光中调研棚改工作。

◆周强副市长陪同自治区党委政府督查组赴清水河督查。

◆王继平副市长参加全市文化新闻出版广电工作会议；研究文化客厅项目建设有关事宜；听取市四区小剧场建设情况和大数据工作汇报；参加自治区大数据工作专题会；听取文化场馆设计方案。

6日

◆李杰翔市长主持召开市长办公会议，研究和林格尔新区征地和年度及近期重点工作等事宜。李杰翔市长指出：宝贝河、什拉乌素河流域范围由市水务局负责落实，宝贝河改造工程的设计、招标、建设由和林格尔新区负责；宝贝河到新机场南边线，向北至什拉乌素河二道洼水库，西至103省道，东至呼朔高速公路，由经济技术开发区和和林县进行地上附着物控制并在三天内对外公示，航拍要在下周完成；土地征拆工作由市委副书记、市长李杰翔任总指挥，副总指挥由经济技术开发区党工委书记李建平和市委副书记、副市长罗青担任，资金组组长由市城市资产经营投资公司董事长刘红梅担任，土地组组长由市国土局局长张瑞新担任；涉及土地征拆的旗县区要尽快成立专门领导班子，经济技术开发区、和林县要制定土地征拆时间表；新机场快速路土地征拆工作由副市长毕国臣负责。李杰翔市长强调：生态用地从什拉乌素河、云计算基地、金海水库由东南向西北推进，由经济技术开发区党工委书记李建平负责，由和林格尔新区副主任史文煜负责设计和施工；市有关委办局要限期完成和林格尔新区规划所需资料的报送工作；和林格尔新区要尽快制定项目目录清单，加快招商引资工作进度；大数据政策出台后的落实情况要加快推进，2017年要召开大数据国际推进大会；世界乳业大会要尽快制定方案并加快落实；第26届金鸡奖颁奖大会按照时间安排加快推进；由市委副书记、副市长罗青牵头加快制定第二届中蒙博览会方案，并成立领导小组；大数据会展中心、交易中心要进行国际招标并于本周内对外公布。市委副书记、副市长罗青，副市长刘文玉、白金祥、康存耀、毕国臣、和林格尔新区管委会副主任朱建国、史文煜、经济技术开发区党工委书记李建平、市政府秘书长罗琳、和林县、土左旗政府负责人和市有关部门负责人参加了会议。

◆刘文玉副市长听取市项目洽谈会筹备情况汇报。

◆白金祥副市长研究白塔、丰泰食品加工园区建设有关事宜。

◆康存耀副市长主持召开专项治理塔利回迁房拖欠农民工工资案件会议。

◆王继平副市长调研我市大数据产业发展情况；赴自治区政府参加主席办公会议。

7日

◆李杰翔市长主持召开食品药品安全委员会2017年第一次全体会议。会议传达习近平总书记、李克强总理、张高丽副总理、李纪恒书记、布小林主席重要指示批示精神；听取自治区对我市2016年度食品药品安全工作考核评价情况、2016年度全市食品药品安全工作情况及2017年重点工作；市食品药品安全委员会成员单位负责人汇报2016年工作情况和2017年重点工作。李杰翔市长强调，作为食品药品安全委员会成员及领导要认真贯彻落实习总书记的讲话精神，要切实加强食品药品安全监管，用最严谨的标准、最严格的监管、最严厉的处罚，最严肃的问责，加快建立科学完善的食品药品安全治理体系，坚持产管并重，严把从农田到餐桌、从实验室到医院的每一道防线。以创建“国家食品安全城市”为目标，市食品药品安全委员会各成员单位要形成合力，尽快研究制订工作方案，成立领导小组，层层落实责任，确保创建工作落到实处。副市长白金祥及相关部门负责同志参加了会议。

◆刘文玉副市长听取相对集中行政许可权改革试点工作汇报；主持召开协调会，研究我市项目洽谈筹备工作；参加市政府办公厅第三支部组织生活会；召开协调会研究民办教师、退伍军人安置工作。

◆白金祥副市长研究食品加工园区专项补助资金管理办法及医养结合项目有关事宜；研究白塔食品加工园区建设有关事宜。

◆康存耀副市长赴大青山前坡督查生态建设工程；赴土左旗督查第三次农业普查工作。

◆毕国臣副市长协调解决京能盛乐热电厂办理电力业务许可证事宜；研究新机场高速开工事宜；研究推进信访积案处理工作；参加市政府办公厅第二支部组织生活会。

◆赛青克副市长调研园林绿化工作；会见中国对外友好

国际交流中心原主任何光瑨一行；调研城建项目；参加市政府办公厅第三党支部民主生活会。

◆周强副市长陪同自治区督导组检查我市地震应急准备工作，市政府党组成员刘敏一同参加；参加第一党支部专题组织生活会。

◆王继平副市长研究我市全域旅游总体规划设计相关事宜；赴自治区参加2017年阿斯塔纳世博会筹备工作会议；参加市政府办公厅第三党支部组织生活会；赴如意开发区调研科创中心项目建设情况。

◆刘敏市政府党组成员陪同自治区编办调研我市综合执法工作。

◆1－2月份，新建商品房成交面积69万 $m^2$，同比上涨21.54%；成交套数6003套，同比上涨34.21%；成交金额48.85亿元，同比上涨24.85%；成交均价7079元/$m^2$，同比上涨2.71%。二手房成交面积21.7万 $m^2$，同比上涨34.87%；成交套数2454套，同比上涨35.96%；成交金额9.69亿元，同比上涨37.14%；成交均价4466元/$m^2$，同比上涨1.68%。

8日

◆李杰翔市长会见富力集团张力总裁一行，副市长赛青克、旗县区及市有关部门负责人参加了会见。

◆蔡裕东副市长赴玉泉区西菜园督查环境卫生综合整治情况。

◆白金祥副市长主持召开2017年全市食品药品安全监管工作会议。

◆康存耀副市长赴包头参加自治区党委组织部专题轮训班。

◆毕国臣副市长研究沃特玛产业园基础设施建设及二期项目落地开工事宜。

◆赛青克副市长研究PPP项目申报入库和基础设施建设项目绿植迁移事宜。

◆周强副市长听取建设项目卫片执法检查情况汇报；研究违法项目查处相关事宜；参加我市第一届文明家庭表彰大会；参加和林格尔新区健康产业园项目洽谈会。

◆刘敏市政府党组成员参加我市纪念"三八"国际妇女节107周年暨市妇联十一届三次执委会议；与市人大对接立法工作。

◆我市电力多边交易实现良好开局，2016年全市纳入自治区电力多边交易市场的企业共39户，比上年增加17户，共交易电量41.37亿千瓦时，为企业节约用电成本2.5亿元以上。截至目前，我市大唐国际、伊利集团、蒙牛乳业等5家大用户企业相继纳入自治区电力多边交易市场，仅这5家企业预计全年用电量达7亿千瓦时以上。

9日

◆蔡裕东副市长赴经济技术开发区召开调度会，研究信访维稳积案化解事宜。

◆毕国臣副市长调度沃特玛产业园基础设施穿越铁路公路事宜；陪同国家能源局电力司副巡视员郭伟调研清洁能源供暖事宜。

◆李志斌副市长参加公安部巡视组电视电话会议；陪同公安部一所所长余兵调研工作；参加市公安局党委中心组学习会；参加所在党支部组织生活会。

◆赛青克副市长与乌兰察布市副市长韩君座谈。

◆周强副市长赴警备区调研；主持召开地震灾害应急指挥部工作会议。

◆我市上报的《呼和浩特市"互联网＋政务服务"示范工程建设方案》和录制的答辩视频顺利通过了国家发展改革委高技术产业司委托的中国国际工程咨询公司的评审，成功入选国家拟支持的16个"互联网＋政务服务"示范工程项目名单。目前，市发改委正按照国家发展改革委高技术产业司有关要求，组织编写项目资金申请报告和落实项目批复有关工作。

◆国家发展改革委、住房城乡建设部近日发布《关于印发气候适应型城市建设试点工作的通知》，公布了包括内蒙古呼和浩特市在内的全国共28个地区作为气候适应型城市建设试点城市。这些地区将在城市规划中充分考虑气候变化因素，针对强降水、高温、干旱、台风、冰冻、雾霾等极端天气气候事件，修改完善城市基础设施设计和建设标准。未来我市应对内涝、高温热浪、强风、冰冻灾害等能力会明显增强。

10日

◆李志斌副市长研究近期重点工作；参加自治区公安厅纪委工作会议。

◆周强副市长赴市国土资源局调研。

◆刘敏市政府党组成员赴市编办调研；赴赛罕区昭乌达路督查环境卫生综合整治情况。

13日

◆刘文玉副市长赴自治区政府参加《内蒙古自治区人民政府关于支持内蒙古和林格尔新区加快发展的若干意见》研究讨论会议。

◆白金祥副市长参加全市档案工作会议；主持召开会议，研究食品加工园区项目建设补助资金管理办法相关事宜。

◆康存耀副市长参加自治区森林草原防火工作会议；听取环境卫生第34督导组工作汇报；听取市农委工作汇报。

◆毕国臣副市长陪同自治区党委常委、市委书记云光中调研实体经济企业。

◆李志斌副市长研究重点案件；赴回民区钢铁路办事处督导环境卫生综合整治工作。

◆周强副市长调研城市公厕规划建设推进工作。

◆王继平副市长陪同自治区粮食安全市长负责制考核组

考核我市粮食工作;赴金桥开发区督导环境综合整治工作。

14 日

◆刘文玉副市长参加市政协常委会议。

◆白金祥副市长赴金川工业园区调研社区卫生服务中心工作;主持召开“3.15”相关工作部署会。

◆康存耀副市长赴大青山前坡督查生态建设工作。

◆李志斌副市长研究公安重点案件;参加全市集中整治“雁过拔毛”式腐败问题工作动员部署会。

◆周强副市长参加自治区党委常委、市委书记云光中主持召开的推动全市教育工作现场会。

◆王继平副市长研究推进文化客厅、内蒙古革命历史博物馆、大青山抗战博物馆、八拜湖公园项目地块手续办理情况;参加自治区足球工作现场会筹备会。

15 日

◆刘文玉副市长会见广州白云集团董事长胡德兆一行;陪同自治区党委副秘书长高志明调研春季重大项目开工仪式筹备情况。

◆白金祥副市长参加 2017 年“3.15”消费者权益保障日相关活动;督察小餐饮“厨房革命”落实情况。

◆康存耀副市长主持召开环境卫生综合整治第三十四督导组工作会议;与自治区林业厅对接大青山生态综合整治工作。

◆李志斌副市长赴北京参加全国“两会”赴京信访维稳工作总结会。

◆周强副市长陪同自治区副主席白向群视察我市校园足球工作。

◆王继平副市长主持召开昭君博物院项目现场办公会议;研究文化客厅、内蒙古革命历史博物馆、大青山抗战纪念博物馆规划设计方案;参加自治区党委常委、市委书记云光中主持召开的非公经济座谈会。

◆刘敏市政府党组成员陪同自治区督查组检查我市消化超编事业单位整改工作落实情况。

16 日

◆蔡裕东副市长参加市政协十二届五次提案交办会议;会见蒙古国乌兰巴托市第一副市长普·巴依日呼一行。

◆白金祥副市长赴鄂尔多斯路办事处督导环境卫生整治工作。

◆康存耀副市长听取大青山生态博物馆规划汇报;参加“中国乳都”称号复评座谈会。

◆李志斌副市长参加自治区公安厅工作会议。

◆周强副市长主持召开全市残疾人工作会议暨市残联主席团六届五次全体会议。

◆王继平副市长参加全市文化体制改革工作会议;听取文化客厅等重点场馆设计方案汇报。

◆刘敏市政府党组成员陪同财政部调研组调研。

17 日

◆刘文玉副市长主持召开 2017 年全市审计工作电视电话会议;参加市人大十四届五次会议代表议案、建议交办会。

◆白金祥副市长赴市四区督查小餐饮“厨房革命”专项整治情况;赴妇幼保健医院调研工作。

◆康存耀副市长赴大青山前坡督查生态建设工作。

◆毕国臣副市长参加自治区交通运输工作会议。

◆李志斌副市长赴新城宾馆调研中央巡视组安保维稳工作;参加研究金道堂、大商城信访维稳专题会议。

◆周强副市长赴青训中心、殡仪馆调研新建项目;听取城管执法局工作汇报。

◆王继平副市长与北京黔龙图视科技公司商谈投资建设有关事宜。

◆刘敏市政府党组成员参加市人大《制定〈呼和浩特市综合管理条例〉定位和路径》主题立法讲座。

20 日

◆刘文玉副市长调研地铁◆2 号线,协调解决农发行站、鼓楼站交通疏导工作;出席“草原雄鹰号”盾构机始发仪式。

◆蔡裕东副市长参加自治区口岸贸易统计有关工作会议。

◆康存耀副市长参加全市农村工作暨脱贫攻坚工作会议。

◆毕国臣副市长参加市道路交通建设工作领导小组会议;召开会议落实云光中书记指示精神,协调中环光伏四期项目建设有关事宜。

◆李志斌副市长主持召开市公安局局务扩大会议,研究部署近期重点工作;参加自治区公安厅党委会议,听取巡视组意见反馈。

◆赛青克副市长参加全市道路交通工作会议。

◆周强副市长听取市教育局工作汇报。

◆王继平副市长赴市商务局调研工作;赴市体育局调研工作。

◆刘敏市政府党组成员研究行政执法公示等三项制度改革事宜。

◆为期 3 天的 2017 年第 20 届内蒙古国际农业博览会 3 月 18 日在我市落幕。该会意向成交额 9.6 亿元,实际成交额达 4.7 亿元。本届展会展出面积 3 万 $m^2$,来自美国、英国、德国等 11 个国家和国内 26 个省市自治区以及宝岛台湾的共计 860 余家涉农企业携新产品、新技术亮相农博会。据不完全统计,展会期间的参观人数达到 6.2 万人,为我市的餐饮、酒店、交通、物流、旅游等行业带来间接经济收入 600 万元以上。

21 日

◆李杰翔市长主持召开市政府党组第 3 次会议,会议学习了《中国共产党党章》,传达学习了全国“两会”精神和李纪恒书记在自治区传达贯彻全国“两会”精神干部大会上的讲话精神,讨论审议了《进一步加强政府党组工作的实施意见》《中共呼和浩特市人民政府党组 2017 年工作要点》《中共呼和浩特市人民政府党组中心组 2017 年度学习安排意见》。副市长罗青、刘文玉、蔡裕东、康存耀、毕国臣、李志斌、赛青克、周强、王继平、市政府党组成员刘敏、市政府秘书长罗琳参加会议,副市长白金祥及市政府办公厅党组成员列席会议。

◆刘文玉副市长主持召开全市财税工作会议,参加市编委第一次会议。

◆白金祥副市长调研我市医疗卫生机构运行情况。

◆康存耀副市长赴赛罕区、新城区督查大青山前坡生态建设工作。

◆毕国臣副市长调度蒙牛公司生产经营事宜。

◆李志斌副市长落实云光中书记批示精神赴伊利调研。

◆赛青克副市长主持召开棚改项目调度会议。

◆周强副市长赴毕克齐机场调研。

◆王继平副市长参加第十一届全国少数民族传统体育运动会马术项目比赛工作座谈会;赴市旅游局调研工作。

◆1－2 月份,我市进出口总值完成 2.72 亿美元,占自治区比重为 13.3%,同比增长 6.7%。其中:出口完成 1.15 亿美元,同比增长 14.9%;进口完成 1.57 亿美元,同比增长 1.4%;贸易逆差 0.42 亿美元。

22 日

◆李杰翔市长调研大庆主会场及周边绿化环境整治情况,副市长赛青克一同参加;参加第 26 届中国金鸡百花电影节动员大会,王继平副市长一同参加。

◆刘文玉副市长参加云光中书记专题会议,副市长李志斌、赛青克一同参加。

◆白金祥副市长参加 2017 年自治区红十字会工作会议;督查市四区小餐饮“厨房革命”落实情况。

◆康存耀副市长赴土左旗督查大青山前坡生态建设工作。

◆毕国臣副市长召开会议调度全市电网建设项目;参加全市春季开工项目调度会;参加市政府办公厅第二党支部党员大会。

◆李志斌副市长参加全市公安机关严厉打击刑事犯罪、禁毒犯罪工作会议;参加自治区公安厅惩治“雁过拔毛”式腐败电视电话会议,安排部署我市公安机关惩治“雁过拔毛”式腐败工作。

◆赛青克副市长与中建三局座谈;参加市政府办公厅第三党支部党员大会。

◆周强副市长听取民政工作汇报;参加市政府办公厅第一党支部党员大会。

◆王继平副市长赴旅游局调研。

◆刘敏市政府党组成员听取昭乌达路办事处城市综合整治工作开展情况汇报。

◆据国家统计局公布的数据显示:2 月份在全国 70 个大中城市中,新建商品住宅环比上涨的城市有 56 个,持平的城市有 2 个,下降的城市有 12 个。环比价格变动的城市中,三亚涨幅最高为 1.3%,深圳最低下降 0.6%。我市上涨 0.3%,按由高到低的排序,在全国 70 个大中城市中的排序位列第 34 位。

23 日

◆刘文玉副市长参加自治区国有资产监督管理工作会议。

◆周强副市长陪同自治区副主席白向群调研教育工作。

24 日

◆李杰翔市长陪同国家教育部领导调研,周强副市长一同参加。

◆刘文玉副市长参加自治区推动呼包鄂协同发展领导小组办公室主任第一次会议。

◆蔡裕东副市长赴玉泉区西菜园督导并参与当地积雪清扫及环境卫生整治工作。

◆白金祥副市长督察环境卫生综合整治工作。

◆康存耀副市长主持召开全市人社工作会议;主持召开我市派驻旗县脱贫攻坚督导组和驻村工作队培训会议。

◆毕国臣副市长参加国务院危化品安全综合治理电视电话会议;与中民新能投资集团董事会秘书、综合管理部总经理赵兴梅会谈。

◆李志斌副市长参加社会治安综合治理集中宣传月全市集中宣传活动;参加全市公安机关惩治“雁过拔毛”式腐败动员部署电视电话会议。

◆王继平副市长赴金桥开发区督导环境卫生综合整治情况。

◆刘敏市政府党组成员督察赛罕区昭乌达路街道清扫积雪情况。

26 日

◆李杰翔市长主持召开市长办公会议,专题研究和林格尔新区规划、征地和生态建设有关事宜。会议听取了中规院关于和林格尔新区总体规划框架性方案、和林格尔新区土地征收范围和生态建设项目实施方案的汇报。李杰翔市长指出:要按照生态产业化、产业生态化的功能布局进一步做好蛮汉山与大黑河区间的生态与文化、生态与生活、生态与产业的规划布局,从规划上体现出空间,从设计上体现出形象,进一步推进主城区与新区、产业和城市一体化发展。按照自治区“先规划后建设”“先生态后业态”的要求,按照既定的建设时序,4 月下旬开始实施生态建设,7 月份开始实施道路和市政基础设施建设。和林格尔新区管委会主任、市委副书记、副市长罗青，和林格尔新区管委会副主任朱建国、郝党政、史文煜及市机铁办、和林县、经济技术开发区、国土局等相关部门负责人参加了会议。

27 日

◆刘文玉副市长赴自治区和市两级政务服务中心、公共资源交易中心调研；主持召开专题会议，研究自治区和市两级政务服务中心、公共资源交易中心建设相关事宜。

◆白金祥副市长研究医养结合项目建设有关事宜；安排部署分管口安全生产工作。

◆康存耀副市长参加全国国土绿化暨森林防火工作电视电话会议。

◆毕国臣副市长赴新机场高速调研踏勘，为交通运输部杨传堂书记来我市调研做准备。

◆李志斌副市长开展处置重点信访案件工作。

◆赛青克副市长主持召开城市快速路网、城市水系建设推进会。

◆周强副市长赴新城区调研，安排部署公厕建设事宜。

◆王继平副市长参加自治区融资对接会。

◆1－2 月份，我市房地产投资累计完成 3.6 亿元，同比下降 8.1%，降幅较去年同期扩大 0.3 个百分点。其中，住宅完成投资 2.8 亿元，同比增长 14.4%。商品房销售面积 3.4 万 $m^2$，同比增长 15.1%；商品房销售额 2.2 亿元，同比增长 11.5%。

28 日

◆蔡裕东副市长赴呼和浩特出口加工区调研，并召开现场办公会，就存在问题研究解决方案。

◆白金祥副市长研究妇幼保健院、中蒙医院土地、消防手续办理有关事宜；参加全国医改工作电视电话会议；督查市四区小餐饮“厨房革命”及分管口安全生产工作。

◆康存耀副市长听取蒙草公司关于大青山前坡生态建设工程规划设计汇报；参加全国医改工作电视电话会议。

◆毕国臣副市长研究安全生产工作；赴小黑河镇督查环境卫生综合整治工作。

◆李志斌副市长研究整顿保安市场、提高保安素质专项整治工作方案；参加 BRT 开通运营工作协调会议。

◆赛青克副市长调研园林绿化工作；主持召开城建项目协调会。

◆周强副市长与国土部北京督察局副专员戴永吉座谈。

◆王继平副市长赴市科技局调研工作，主持召开 2016 年度科学技术奖励委员会评审会；赴市民委调研工作。

29 日

◆李杰翔市长赴 BRT 公交场站、呼南城市中心综合交通枢纽中心、垃圾处理厂、断头路调研。赛青克副市长一同参加。中午，主持召开会议，专题研究工农兵路、丁香路、东影北路立交桥建设推进会议。李杰翔市长强调：由赛青克副市长负责，加快推进丁香路、东影北路立交桥建设工作，4 月 15 日前完成北恒东街道路改线，4 月 18 日前道路南侧开挖，7 月底前完成全部立交工程，施工单位要倒排工期，涉及水、电、燃气等管道拆改的单位，要密切配合，按工期时序完成。副市长赛青克、呼铁局、供电局等相关部门参加了会议；参加中央环保督察反馈意见整改落实动员部署大会，副市长蔡裕东、白金祥、康存耀、毕国臣、李志斌、赛青克、周强、王继平、市政府党组成员刘敏一同参加。

◆蔡裕东副市长会见北京摩拜科技有限公司副总裁杨众杰一行。

◆白金祥副市长陪同自治区副主席刘新乐视察自治区重点卫生建设项目进展情况。

◆康存耀副市长主持召开全市森林防火工作会议；赴赛罕区、新城区督察大青山前坡生态建设工作；赴回民区、土左旗督察大青山前坡生态建设工作。

◆毕国臣副市长陪同云光中书记调研观摩项目；迎接交通部运输部杨传堂书记来呼调研，实地踏勘调研路线及调研点、新机场施工现场。

◆李志斌副市长主持召开全市公安机关电视电话会议。安排部署 70 周年大庆安保、社会稳定、安全大排查工作。

◆周强副市长参加全区土地例行督察工作电视电话会议。

◆王继平副市长赴金融办、内蒙古金融投资集团开展调研。

◆刘敏市政府党组成员参加团市委“迎大庆红领巾在行动小手拉大手创美丽家园”主题活动。

30 日

◆李杰翔市长赴清水河县参加重点项目开工仪式，康存耀副市长一同参加；主持召开全市城建工作会议，副市长赛青克、周强参加了会议。

◆刘文玉副市长赴市发改委调研；陪同财政部和世界银行考察组一行赴和林格尔新机场、机场高速路考察。

◆蔡裕东副市长主持召开会议，研究我市申报中蒙自贸区核心区、申报综合保税区等事宜。

◆白金祥副市长督查市四区小餐饮“厨房革命”落实情况。

◆康存耀副市长督查大青山前坡生态建设情况。

◆毕国臣副市长陪同交通运输部党组书记杨传堂调研。

◆李志斌副市长参加大庆活动场馆安全管理工作专题会议；参加自治区观摩会筹备协调会议；赴自治区公安厅参加会议。

◆周强副市长陪同市委副书记王恒俊赴金山开发区与内师大商讨合作办学事宜。

◆王继平副市长赴内蒙古革命历史博物馆、文化客厅、昭君博物馆扩建项目现场办公；会见中青旅联科公关公司执行总经理葛磊、中广国际传媒董事长王斌、伊利集团副总裁徐克。

◆刘敏市政府党组成员参加市委副书记王恒俊主持召开的办公会议。

◆市财政局财政投资评审中心已完成工程进度评审69项，总报审值6.09亿元，审定值2.61亿元，审减值3.48亿元，总核减率57%。涉及我市老旧小区供排水管网改造、引黄供水扩建、供热管网改造和市重点工程，为工程进度资金划拨提供及时有效的依据，保障我市重点项目全力推进。

31日

◆李杰翔市长赴鄂尔多斯市参加自治区深化医药卫生体制改革工作会议，副市长白金祥一同参加。

◆刘文玉副市长参加财政部与世界银行考察组座谈会；参加自治区成立70周年庆祝活动筹委会（扩大）会议。

◆蔡裕东副市长会见北京交通大学副校长陈峰一行，并洽谈了校地合作有关事宜。

◆康存耀副市长研究解决设施农业存在的问题；参加自治区脱贫攻坚督查组工作汇报会。

◆毕国臣副市长赴沃特玛产业园踏勘观摩点。

◆李志斌副市长赴土左旗调研；参加自治区成立70周年庆祝活动筹委会（扩大）会议。

◆赛青克副市长调研大黑河沿线绿化、和林京能长输供热、三环快速路东线南线建设事宜。

◆周强副市长陪同国务院抗震救灾指挥部副指挥长、中国地震局副局长阴朝民检查2017年地震应急准备工作。

◆王继平副市长赴市发改委（粮食、云计算）调研工作；参加自治区粮食安全盟市长责任制考核情况反馈工作会议。

◆市政府党组成员刘敏参加自治区第六次妇女儿童工作会议；主持召开2017年京津冀蒙工会跨区域促进就业创业系列活动暨呼和浩特大型招聘会协调会议。

◆2016年，伊利股份再次实现营收、净利的双指标增长，稳居行业第一。实现营业总收入606.09亿元，同比增长0.41%，实现净利润56.69亿元，同比增长21.8%。伊利公司在整体乳品市场的零售额份额占20%，位居市场第一；蒙牛乳业2016年营业总收入537.79亿元，同比增加9.7%，纯利由盈转亏，2016年亏损7.51亿元。

## 4月

1日

◆刘文玉副市长主持召开全市政务服务工作会议；主持召开2017年重大项目签约筹备工作协调会；陪同自治区党委秘书长罗永纲调研我市重点项目建设情况。

◆蔡裕东副市长会见中国互联网协会秘书长卢卫一行，洽谈我市与中国互联网协会合作事宜。

◆毕国臣副市长主持召开3月份工业指标运行情况调度会。

◆李志斌副市长检查全市清明节防火工作；陪同自治区政法委副书记陶健视察我市城乡一体化视频监控体系“雪亮工程”建设情况。

◆赛青克副市长主持召开市政道路项目推进会；调研快速路道路改造情况。

◆周强副市长陪同国务院抗震救灾指挥部副指挥长、中国地震局副局长阴朝民检查我市2017年地震应急准备工作；主持召开全市民政工作会议。

◆王继平副市长赴市广播电视台、青山文投公司调研工作；赴金桥开发区督导环境卫生综合整治工作。

◆市政府党组成员刘敏赴托县督查安全生产工作。

◆一季度，我市新建商品房成交面积117.33万$m^2$，同比上涨23.45%；成交套数10055套，同比上涨27.26%；成交金额81.77亿元，同比上涨24.48%；成交均价6968元/$m^2$，同比上涨0.81%。

5日

◆李杰翔市长参加自治区第五次廉政工作电视电话会议。副市长罗青、刘文玉、白金祥、康存耀、赛青克、周强，市政府党组成员刘敏一同参加；参加自治区春季重大项目集中开工建设动员大会。副市长罗青、刘文玉、白金祥、康存耀、李志斌、赛青克、周强，市政府党组成员刘敏一同参加。

◆蔡裕东副市长赴北京参加“航天品质 健康中国”中国航天事业战略合作伙伴授牌暨蒙牛航天品质发布会。

◆李志斌副市长陪同自治区人大常委会立法调研组在我市调研。

◆一季度，我市商品房上市面积54.29万$m^2$，同比下降26.65%。其中商品住房上市面积24.58万$m^2$，同比下降54.06%。3月份，我市商品房上市面积8.41万$m^2$，同比下降11.57%；环比下降44.67%。其中商品住房上市面积5.52万$m^2$，同比下降32.27%；环比上涨308.89%。

6日

◆李杰翔市长参加自治区春季重大项目集中开工建设动员大会。副市长罗青、刘文玉、蔡裕东、白金祥、康存耀、李志斌、赛青克、周强，市政府党组成员刘敏一同参加。

◆刘文玉副市长主持召开自治区成立70周年首府活动组后勤保障组会议。

◆蔡裕东副市长赴市外事办调研。

◆康存耀副市长陪同自治区政协副主席罗志虎调研。

◆赛青克副市长参加自治区成立70周年大庆筹备及系列活动会议。

◆周强副市长参加全市环境保护工作会议。

7 日

◆李杰翔市长调研场馆建设情况。副市长周强一同参加;主持召开市长办公会议,研究蔬菜空棚有关事宜。李杰翔市长要求,要成立李杰翔市长为组长,康存耀副市长为常务副组长,各旗县区政府主要负责人为副组长的领导小组,统筹安排,制定切实可行的方案,分阶段、分类型确保 8 月底前彻底解决蔬菜空棚问题。李杰翔市长强调,凡是已建成的大棚,政策不变,财政要继续给予资金支持,确保我市设施农业稳步发展,切实解决我市蔬菜供应,确保农民收入稳步提高。市农牧业局要与快递公司积极对接,有效解决蔬菜直供,减少中间环节,提高农户种植收益,调动农户种植积极性。市政府督查室要对重点地区跟踪督办,并将空棚问题进展情况及时上报市委、政府。土左旗、赛罕区、和林县要在 4 月 15 日前上报空棚解决方案。市委副书记、政法委书记王恒俊,副市长康存耀、市政府秘书长罗琳、九个旗县区政府主要负责人及市有关部门负责人参加了会议。

◆刘文玉副市长会见中粮集团副总裁邬小蕙一行。

◆白金祥副市长参加市人大常委会《食品安全法》执法检查汇报会。

◆康存耀副市长陪同自治区政协副主席罗志虎调研;赴和林县调研中国奶牛博物馆筹建工作。

◆李志斌副市长参加自治区党委专题会议;参加王恒俊副书记专题会议。

◆赛青克副市长陪同兴安盟考察团调研小黑河街景整治及河道综合整治工作;陪同云光中书记调研绿化工作。

◆周强副市长听取分管口工作汇报。

◆市政府党组成员刘敏赴自治区主会场参加第一次全国可移动文物普查总结电视电话会议。

◆我市春季集中开工重大项目 98 个,总投资 1162 亿元,年内计划投资 403 亿元。其中,“七网”项目 35 个,总投资 445 亿元,年内计划完成投资 206 亿元。“七业”项目 19 个,总投资 143 亿元,年内计划完成投资 36 亿元。

◆2017 年,我市计划实施建设工业项目 106 项,其中续建项目 41 项,新建项目 65 项,总投资 730 亿元,当年计划完成投资 176.4 亿元。一季度,全市已开复工项目 41 项,开复工率 38.7%,同比提高 17.6 个百分点,其中亿元以上新建项目开工 14 项,开工率 35%;亿元以上续建项目复工 16 项,复工率 50%。

10 日

◆李杰翔市长主持召开市政府第五次廉政工作会议。副市长刘文玉、李志斌、赛青克、周强、王继平、市政府党组成员刘敏、市政府秘书长罗琳参加了会议;会见微软(中国)有限公司公共事业部政府事务总经理张实一行。副市长王继平、和林格尔新区管委会副主任郝党政参加了会见。

◆刘文玉副市长研究回民区大商城信访事项。

◆康存耀副市长陪同国家林业总局副局长刘东生调研我市造林绿化,森林防火工作。

◆李志斌副市长主持召开市公安局党委(扩大)会议。

◆赛青克副市长主持召开城市快速路网建设推进会。

◆王继平副市长会见中建三局总经理李兵生一行;会见中建六局董事长吴春军一行;会见北京曙光星云公司总裁张岳平一行。

11 日

◆李杰翔市长接待回民区大商城上访代表,副市长刘文玉、李志斌一同参加。

◆刘文玉副市长赴市信访局调研,并安排部署迎接国务院信访督查相关工作;主持召开全市国有资产监督管理工作会议;主持召开会议,研究解决大黑河奶牛场职工上访、海日毛纺厂资产划转事宜。

◆康存耀副市长赴大青山前坡督查生态建设工作。

◆李志斌副市长参加自治区公安厅工作会议;参加市党政联席会议。

◆赛青克副市长会见中交隧道局副局长刘强一行,调研我市三环西线选线方案。

◆周强副市长参加自治区第 29 个爱国卫生月启动仪式暨深化城市环境综合整治推动活动;陪同南京三胞集团副总裁荆天考察;赴和林县参加华北地区统筹协调推进农村土地制度改革开放试点工作现场会。

◆王继平副市长督查金桥开发区市容市貌综合整治工作;参加守望相助亮丽北疆——呼和浩特市庆祝内蒙古自治区成立 70 周年群众性文化体育活动启动仪式;赴内蒙古银行协调工作;召开第 26 届中国金鸡百花电影节筹备工作调度会。

◆一季度,我市全社会用电量 50.34 亿千瓦时,同比增加 3.52 亿千瓦时、增长 7.52%。这是 2015 年以来八个季度后增速首次破七。

12 日

◆李杰翔市长参加党政军义务植树活动,副市长康存耀、王继平、市政府党组成员刘敏一同参加。

◆刘文玉副市长组织召开呼和浩特火车南站规划方案研讨会;组织召开全市国有资产监督管理工作会议。

◆康存耀副市长参加大青山前坡生态建设大采访暨新闻通报会活动;陪同自治区张华副主席会见正大集团执行副总裁洪波一行。

◆李志斌副市长赴自治区反恐基地调研,并召开现场协调会;参加自治区反恐怖工作视频会议,并召开我市反恐怖工作会议,安排部署相关工作。

◆赛青克副市长主持召开我市重点项目建设推进会;调

研大黑河河堤道路建设情况；会见中铁七局副总经理张跃平一行。

◆周强副市长陪同南京三胞集团副总裁荆天一行考察；研究我市退役士兵安置工作事宜。

13 日

◆李杰翔市长参加第 26 届金鸡百花电影节筹备工作对接会，副市长王继平一同参加。

◆刘文玉副市长听取一季度经济运行情况汇报；研究大商城信访事宜。

◆康存耀副市长主持召开会议，落实李纪恒书记关于自治区各单位开展义务植树活动的指示精神；主持召开市人事考试考务工作领导小组协调会。

◆李志斌副市长现场指导新城宾馆安保勤务工作。

◆赛青克副市长参加自治区人防工作会议；主持召开建设项目规划设计方案论证会。

◆周强副市长陪同自治区政协副主席梁铁城调研；主持召开会议，研究民政和教育工作。

◆王继平副市长陪同中国电影家协会分党组书记、驻会副主席张宏一行考察第 26 届金鸡百花电影节筹备工作。

◆市政府党组成员刘敏参加自治区清理换证工作会议。

◆一季度，我市金融机构人民币各项存款余额 6343.06 亿元，同比增长 10.10%；全市金融机构人民币贷款余额为 7427.68 亿元，同比增长 16.76%。其中年初以来新增人民币贷款 164.23 亿元，同比下降 57.34%。

◆一季度，我市国税收入累计入库 78.04 亿元，同比增收 13.1 亿元，增幅 20.2%。其中，国内增值税入库 39.13 亿元，同比增收 12.02 亿元，增幅 44.3%；国内消费税入库 24.70 亿元，同比增收 0.94 亿元，增幅 4%；企业所得税入库 10.91 亿元，同比减收 0.7 亿元，减幅 6%；利息所得税入库 0.0001 亿元，同比为净增长；车辆购置税入库 3.2 亿元，同比增收 0.81 亿元，增幅 34.1%。

17 日

◆李杰翔市长赴土左旗调研，康存耀副市长一同参加。

◆刘文玉副市长审议向中央巡视组汇报的相关材料；研究大商城信访事宜；电话听取赛罕区信访工作汇报；听取市相对集中行政许可权改革工作汇报；向中央巡视组汇报工作；调研自治区市两级政务中心建设情况。

◆蔡裕东副市长参加中央信访工作联席会议办公室督查组第一小组反馈意见会。

◆康存耀副市长赴土左旗督查设施蔬菜建设工作。

◆李志斌副市长驻守新城宾馆处置信访维稳工作。

◆赛青克副市长参加最严格水资源管理制度考核会议；研究丁香路内蒙古公路工程局地块置换及腾飞路内蒙古建行征拆事宜；主持召开城建重点工作推进会。

◆周强副市长听取分管口工作汇报。

◆王继平副市长参加第 26 届中国金鸡百花电影节北京新闻发布会。

◆刘敏市政府党组成员研究行政执法公示等三项制度试点工作。

18 日

◆李杰翔市长赴土左旗参加双拥活动；会见杉杉集团董事长郑学明一行，副市长赛青克及相关单位负责人参加了会见。

◆刘文玉副市长参加市委常委会；赴市信访局接访中心接访；研究公共资源交易中心改革事宜。

◆白金祥副市长赴和林县督查信访维稳工作。

◆康存耀副市长督查大青山前坡生态建设工作；督查设施蔬菜建设情况。

◆李志斌副市长驻守新城宾馆处置信访维稳工作；参加自治区公安厅党委会。

◆赛青克副市长会见中国一冶集团副总经理黄涛一行；主持召开回迁安置房项目协调会。

◆周强副市长陪同自治区常军政副主席调研环保督查整改工作。

◆王继平副市长主持召开丰州古城遗址公园建设协调会；主持召开公共文化服务体系示范区创建工作调度会；参加支部组织生活会并讲党课；赴新城区督查信访维稳工作。

19 日

◆李杰翔市长主持召开市长办公会议，研究我市 PPP 项目相关事宜。李杰翔市长要求：由刘文玉副市长牵头集中力量办理项目手续相关工作，4 月底前机场高速等 PPP 项目的前期手续必须全部办理完毕，特别是招投标的项目要马上办理；市财政要从全市的角度综合平衡 PPP 项目财政承载能力，尽快制定实施意见，由刘文玉副市长审定；市域铁路、机场高速公路等项目由市机铁办和市交通局办理完前期手续交旗县区组织实施；市土地收储中心从本月开始启动相关土地招拍挂工作，同时要加大土地出让金清缴力度，盘活财政资金；新机场的建设和管理相关事宜由市机铁办提出建议报市委研究审定。自治区财政厅副巡视员包烂漫，副市长刘文玉、赛青克，经济技术开发区党工委书记李建平，市政府秘书长罗琳、市四区政府主要负责人和市有关部门负责人参加了会议；赴武川县调研脱贫攻坚、土地流转等工作，副市长康存耀一同参加。

◆刘文玉副市长听取赛罕区信访工作、环境卫生综合整治情况汇报；赴信访局接访；陪同自治区政府高润喜副秘书长赴市政务服务中心和公共资源交易中心调研。

◆白金祥副市长参加市人大常委会会议，副市长赛青克一同参加；参加全市疾控工作会议。

◆李志斌副市长主持召开会议，听取重点案件进展情况汇报。

◆赛青克副市长主持召开城建工作推进会议。

◆周强副市长研究分管口工作。

◆王继平副市长参加国际大数据博览会、国际草业博览会、和林格尔微电影那达慕筹备工作协调会;陪同自治区张建民副主席调研中蒙博览会会址;主持召开重点项目建设调度会。

◆市政府党组成员刘敏研究社会扶贫工作。

20 日

◆刘文玉副市长参加市域铁路网规划及近期建设方案评估会议;听取相对集中行政服务审批权改革试点工作进展情况汇报。

◆蔡裕东副市长参加自治区社会信用体系建设领导小组第三次工作(扩大)会议。

◆白金祥副市长赴玉泉区鄂尔多斯路街道办事处督查环境卫生综合整治情况。

◆康存耀副市长参加和林县义务植树活动;主持召开大青山前坡生态建设工作协调会议。

◆李志斌副市长驻守新城宾馆处置信访维稳工作。

◆赛青克副市长参加最严格水资源管理制度考核反馈会议;赴新华西街办事处督导环境卫生综合整治工作;调研三环路南北向快速路征拆情况和绿植迁移相关事宜并主持召开相关会议。

◆周强副市长研究教育招生工作。

◆王继平副市长参加自治区知识产权宣传周启动仪式;陪同自治区白向群副主席调研国足训练基地;陪同自治区党委常委、市委书记云光中考察工作。

24 日

◆李杰翔市长会见英国寄宿学校联盟主席、圣特蕾莎学校校长迈克尔·法默一行。和林格尔新区管委会副主任朱建国、市教育局局长吴长春参加了会见;主持召开市政府党组民主生活会,副市长刘文玉、蔡裕东、白金祥、康存耀、李志斌、赛青克、周强、王继平,市政府党组成员刘敏参加会议。

◆刘文玉副市长主持召开会议研究清水河老牛湾通用机场建设事宜;研究地铁◆2 号线草签合同相关事宜。

◆蔡裕东副市长主持召开会议,传达市委常委会关于巡视自查梳理出的 36 项问题的整改落实要求,研究部署分管领域相关问题整改工作。

◆李志斌副市长参加自治区公安厅党委民主生活会。

◆赛青克副市长会见西安建工集团副总经理张效智一行;研究教育厅旧址收购事宜。

◆周强副市长陪同市人大张红霞副主任一行调研我市环境卫生综合整治情况。

◆王继平副市长陪同自治区政协副主席王中和视察大数据发展工作。

◆截至 4 月 21 日,我市商品房上市面积 76.46 万 $m^2$,同比增长 19.9%。其中商品住房上市面积 44.14 万 $m^2$,同比下降 7.99%。新建商品房成交面积 152.32 万 $m^2$,同比增长 16.18%;成交套数 1.34 万套,同比增长 21.92%。

25 日

◆李杰翔市长主持召开市长办公会议,听取市经信委、市交通运输局、和林县、土左旗 4 月份开工重点项目情况及 5 月份拟开工重点项目情况汇报;听取 4、5 月份市政网重点项目情况和棚改四供情况汇报;听取蒙元文化公园和丰州古城遗址公园项目进展情况汇报。李杰翔市长指出,各旗县区及相关部门要加快项目手续办理,全力推进重点项目开复工,对存在的一些问题,要成立专案组,要有监察、财政、审计、国土等部门参加,5 月份开展工作。副市长刘文玉、蔡裕东、康存耀、赛青克、王继平,经济技术开发区党工委书记李建平、市政府秘书长罗琳、各旗县区政府主要负责人及市有关部门负责人参加了会议。

◆刘文玉副市长接受《小康》杂志社采访。

◆蔡裕东副市长督查玉泉区西菜园环境卫生综合整治情况;会见浙江聚贸控股集团有限公司副总裁李勇一行;陪同市人大副主任张红霞一行调研城区环境卫生综合整治情况。

◆毕国臣副市长参观杉杉科技上海动力电池负极材料项目,并与杉杉科技总经理胡博进行了会谈。

◆李志斌副市长驻守新城宾馆处置信访维稳工作;主持召开市公安局党委会议。

◆赛青克副市长主持研究政府购买服务方式解决"两环四线"征拆资金问题。

◆周强副市长陪同市人大副主任张红霞一行调研我市环境卫生综合整治情况。下午,陪同自治区政协主席任亚平视察我市"小饭桌"等托管机构规范管理工作。

◆王继平副市长陪同自治区政协副主席常海调研大青山生态旅游区建设工作。

26 日

◆刘文玉副市长参加全国、自治区和市人大代表工作会议;研究大商城信访事宜;听取市统计局工作汇报。

◆蔡裕东副市长陪同全国、自治区和市人大代表视察我市生态建设、环境综合整治情况。副市长周强一同参加。

◆康存耀副市长督查绕城高速两侧绿化和大青山前坡生态建设工作。

◆毕国臣副市长参观常州新誉集团和今创集团并就投资合作进行会谈。

◆李志斌副市长驻守新城宾馆处置信访维稳工作;主持召开专题会议,研究出租车维稳工作;主持召开市公安局党委中心组学习会议;主持召开会议,安排部署五一假期社会稳定工作。

◆赛青克副市长参加园林绿化工作会议;主持召开供热体制改革专题会议。

◆周强副市长参加大数据知识讲座。副市长王继平、市政府党组成员刘敏一同参加。

◆王继平副市长主持召开全市体育工作会议。

27 日

◆李杰翔市长赴国家发改委对接我市新机场项目,并与基础产业司任虹副司长就新机场可研审批有关事宜进行了会谈;赴民航局对接我市新机场项目审批情况,并与民航局副局长董志毅进行了会谈。

◆蔡裕东副市长会见商务部流通产业促进中心副主任赵箭一行;赴西菜园检查环境卫生整治情况;参加自治区夏季消防检查工作动员部署电视电话会议。

◆康存耀副市长陪同全国、自治区、市人大代表视察。

◆毕国臣副市长考察杭州聚光科技公司,洽谈来呼投资事宜;考察杭州高特电子设备有限公司,洽谈来呼投资事宜。

◆李志斌副市长主持召开会议,研究出租车信访维稳工作;驻守新城宾馆处置信访维稳工作。

◆赛青克副市长会见中交三局总会计师潘学文一行;赴大黑河、哈拉更河调研,解决项目建设存在的问题;听取城区道路交通拥堵点问题汇报;会见“城市治理项目”先遣组自治区外办副巡视员石玉芝一行。

◆周强副市长研究高职园区手续办理事宜。

◆王继平副市长调研全市物流、市场建设发展工作;陪同云光中书记调研。

◆市政府党组成员刘敏赴清水河县城关镇扶贫。

◆我市快递电商产业园区被认定为自治区级服务业集聚区,现已具备使用仓储、物流及相关配套设施合计约 13.8 万 $m^2$。智能立体库作为园区重要的基础设施于 2016 年 11 月竣工,占地面积 4800$m^2$,分为理货和仓储两个区域,仓储区占地 4200$m^2$,总高度 34 米,分为 14 层,共有 2.34 万个托盘,实际使用面积 3 万 $m^2$。

28 日

◆李杰翔市长赴国家发改委对接我市轨道交通建设项目,并与基础产业司司长费志荣、副司长任虹就我市轨道交通第二轮建设规划报批事宜进行了会谈。

◆刘文玉副市长赴赛罕区督导城市环境卫生综合整治工作;参加自治区财政收支工作电视电话会议。

◆蔡裕东副市长会见中国驻印尼大使馆经商参处公使衔参赞王立平一行。

◆白金祥副市长赴玉泉区鄂尔多斯路办事处督导环境卫生综合整治工作。

◆康存耀副市长赴武川县参加全市脱贫攻坚驻村干部现场会。

◆李志斌副市长驻守新城宾馆处置信访维稳工作;主持召开市公安局党委民主生活会。

◆赛青克副市长召开城建项目推进会;赴新华西街街道办事处督导环境卫生综合整治工作。

◆周强副市长研究民政所属福利企业转制信访问题;参加宣传部工作协调工作。

◆王继平副市长赴金桥开发区督导环境卫生综合整治工作;听取内蒙古革命历史博物馆、大青山抗日根据地博物馆、文化客厅设计方案汇报。

◆市政府党组成员刘敏主持召开全市依法行政工作会议;赴赛罕区昭乌达路督导环境卫生综合整治工作。

## 5 月

2 日

◆刘文玉副市长听取市发改委项目库建设工作汇报。

◆蔡裕东副市长赴鄂尔多斯市参加学习贯彻党的十八届六中全会暨自治区第十次党代会精神专题轮训班,副市长李志斌、赛青克、市政府党组成员刘敏一同参加。

◆白金祥副市长赴玉泉区鄂尔多斯路街道办事处督查环境卫生综合整治工作。

◆康存耀副市长赴赛罕区敕勒川街道办事处督查环境卫生综合整治工作。

◆毕国臣副市长参加全市道路交通建设工作领导小组第二次全体会议,副市长赛青克一同参加。

◆赛青克副市长会见林同棪国际集团公司董事长邓文中一行。

◆周强副市长研究分管口相关工作。

◆王继平副市长陪同自治区白向群副主席视察笼式足球场建设工作;主持召开市创新奖励扶持资金联席会议和科创中心建设工作会议;主持召开重点项目建设调度会议。

3 日

◆刘文玉副市长会见中信信托公司副总经理刘小军一行;会见中车株机公司副总经理何思广一行。

◆白金祥副市长赴玉泉区鄂尔多斯路街道办事处督查环境卫生综合整治工作;督查机关企事业单位职工食堂明厨亮灶工程实施情况。

◆康存耀副市长听取中国奶牛博物馆规划汇报;督查大青山前坡生态建设工作。

◆毕国臣副市长赴玉泉区小黑河督查环境卫生综合整治工作。

◆周强副市长陪同国务院消防工作考核组考核检查。

4 日

◆刘文玉副市长陪同自治区副主席张建民调研自治区、

市两级政务中心和公共资源交易中心；会见中车长客副总经理李景义一行。

◆白金祥副市长参加食品安全应急推演培训活动；赴玉泉区鄂尔多斯路街道办事处督查环境卫生综合整治工作。

◆康存耀副市长赴土左旗督查大青山前坡生态建设工作。

◆毕国臣副市长研究我市网约车经营服务管理有关事宜；研究浩源碳纤维项目签约落地事宜。

◆周强副市长参加国土资源部不动产登记局来我市调研座谈会。

◆王继平副市长考察张家港市公共文化服务体系示范区创建和精神文明创建工作。

5 日

◆李杰翔市长参加呼包鄂协同发展市长联席会议，刘文玉副市长一同参加；主持召开市政府第 4 次常务会议，传达自治区副主席张建民在全区促进城乡居民增收工作电视电话会议上的讲话精神；审议《呼和浩特市网络预约出租汽车经营服务管理实施细则（试行）》；研究呼和浩特市公路工程局转制重组事宜；听取关于共享自行车管理有关事宜的报告；研究《呼和浩特众环（集团）有限责任公司深化国有企业改革工作的实施方案》；审议《呼和浩特市农村土地“三权分置”办法试点工作方案》；研究清水河县人民政府成立通航公司有关事宜；研究涉军群体有关事宜；审议《关于贯彻落实〈内蒙古自治区党委 自治区人民政府关于建设内蒙古和林格尔新区决定〉的实施意见》。会议要求：促进城乡居民增收是市委、政府工作的出发点也是落脚点，从今年一季度城乡居民“两个收入”看，增收态势仍显不足，我市要高度重视，每年出台促进城乡居民增收的政策，制定增收目标，积极补齐“两个收入”的短板，在普遍提高城乡居民收入的基础上，缩小城乡收入差距。会议原则同意呼和浩特市公路工程局转制并与内蒙古公路交通投资发展有限公司重组，立即成立公路工程局转制工作领导小组，由毕国臣副市长牵头，市国资委、交通局、人力资源和社会保障局等相关部门配合，做好公路工程局转制工作。原则同意呼和浩特众环（集团）有限责任公司深化国企改革和职工安置方案，按照国家供给侧改革处置“僵尸企业”的政策要求，立即推进此项工作，由刘文玉副市长牵头，市国资委负责，用一周时间核清企业资产。成立以李杰翔市长为组长的深化国有企业改革领导小组，统筹协调指导企业完成国有资产转让及企业重组和职工安置、土地收储、剥离企业办社会职能、解决历史遗留问题等深化国有企业改革事宜。原则同意呼和浩特市农村土地“三权分置”办法试点工作方案，农村土地制度改革，是配合农业供给侧结构性改革的一个重点领域，要吃准中央精神，结合当地实际做好改革工作。改革工作要与精准扶贫、精准脱贫、农民达小康结合起来，要尊重农民意愿，守住政策底线。原则通过《关于贯彻落实〈内蒙古自治区党委 自治区人民政府关于建设内蒙古和林格尔新区决定〉的实施意见》，将根据会议修改意见进一步完善后提交自治区会议研究。副市长罗青、刘文玉、蔡裕东、白金祥、康存耀、毕国臣、李志斌、周强、王继平，市政府党组成员刘敏、市政协副主席陈曼莉、市政府秘书长罗琳，各旗县区政府主要负责人及市有关部门负责人参加了会议。

◆刘文玉副市长参加自治区城乡居民增收工作电视电话会议。

◆白金祥副市长参加自治区地方志工作电视电话会议；主持召开我市“多证合一”改革专题推进会议。

◆毕国臣副市长研究安全生产工作；会见中车长客公司副总经理李景义一行；研究乳业博览会筹备事宜；会见蜂巢航宇科技公司副总经理易晋一行。

◆周强副市长参加全国推进落实中央城市工作会议精神电视电话会议；参加 2017 年全国普通高校招生考试安全工作电视电话会议。

◆一季度，我市一般公共预算收入完成 91.94 亿元，同比增长 8.5%，在 5 个少数民族自治区首府城市中，总量居首位，增速居第 3 位。在西部 11 个省会城市中，总量居第 5 位，增速居第 7 位。在 27 个省会城市中，总量居第 19 位，比前一位哈尔滨市少 1.6 亿元；增速居第 19 位，比前一位石家庄市慢 1.0 个百分点，比后一位太原市快 4.4 个百分点。

6 日

李志斌副市长陪同市委书记云光中调研城市交通拥堵问题。

7 日

◆李志斌副市长赴治安检查站拟选址地点调研并召开办公会议，周强副市长一同参加。

◆毕国臣副市长参加久泰煤化工项目预可研咨询评估会。

8 日

◆李杰翔市长调研河道治理、少数民族运动中心、科尔沁快速路连接线及周边绿化、机场高速 S43 建设情况，并主持召开现场办公会。

◆刘文玉副市长赴重庆考察新机场建设，洽谈成立航空公司事宜。

◆蔡裕东副市长赴玉泉区西菜园督查环境卫生综合整治情况。

◆白金祥副市长调研基层卫生计生工作。

◆康存耀副市长督查呼朔高速和绕城高速两侧绿化工作。

◆毕国臣副市长研究调度光伏指标申请落实事宜；研究国道 110 线呼市至毕克齐段一级公路征拆事宜；研究久泰煤

化工项目审批事宜。

◆李志斌副市长主持召开市公安局党委会议；参加自治区公安厅会议。

◆赛青克副市长调研我市河道整治重点项目建设情况；主持召开城建项目协调会。

◆王继平副市长陪同自治区政协副主席董恒宇调研文化工作；会见美国 Gensler 建筑设计事务所一行；赴大青山文化公园现场办公。

◆截至 4 月底，全市登记各类市场主体 24.4 万户，注册资本金 6330.4 亿元，同比增长 4402.57% 和 6236.49%。其中，内资企业 6.9 万户，注册资本金 6087.7 亿元；外商投资企业 686 户，注册资本金 30.05 亿美元；个体工商户 16.87 万户，注册资本 103.95 亿元；农民专业合作社 5517 户，出资总额 108.7 亿元。

9 日

◆蔡裕东副市长赴内蒙古军区参加会议；会见中企云商科技股份有限公司董事长屠建平一行。

◆白金祥副市长赴新城区调研基层卫生计生工作。

◆毕国臣副市长研究炼油厂生产运行事宜；赴沃特玛新能源汽车产业园调研投产事宜。

◆李志斌副市长参加自治区维稳信访安保工作专题会议暨缉枪治爆和打击黄赌毒违法犯罪专项行动调度会；陪同蒙古国警察局访问团在自治区公安厅访问。

◆赛青克副市长会见中信正业副总裁刘绍纯一行；主持召开乌素图河设计方案汇报会；会见中铁二十三局总经理肖红武一行。

◆周强副市长参加自治区招生考试工作视频会议。

◆王继平副市长陪同自治区党委宣传部副部长、文化厅厅长佟国清考察“两馆一中心”选址；参加市文化体制改革工作领导小组会议。

◆市政府党组成员刘敏参加全国残疾人康复工作电视电话会议。

◆城发、沙良、昌珥冷链等物流园区项目和美通、新畅、九州通、华蒙通等配送中心项目加快推进，通过设立专业网点、智能快递柜，便利店叠加快递功能等，已在全市建成末端配送网点近 800 个、智能快递柜 2.5 万个格口，基本实现城区全覆盖；已建成 5 个县级仓储运营中心和 1000 多个村级配送站，基本打通乡镇到村“最后一公里”。

10 日

◆蔡裕东副市长陪同中国电子商务中心副主任张大明一行调研我市电子商务发展情况。

◆白金祥副市长赴土左旗和托县调研医养结合项目情况。

◆毕国臣副市长参加自治区优化工业发展环境促进工业稳增长电视电话会议；参加自治区清理整顿钢铁电解铝违法违规项目专项行动工作会议。

◆李志斌副市长陪同蒙古国警察局访问团访问我市公安机关。

◆赛青克副市长陪同云光中书记调研老旧小区改造及绿化工作；调研市四区快速路网线迁改及树木移植工作。

◆周强副市长陪同国家土地副总督察严之尧一行督查。

◆王继平副市长主持召开旅游标识标牌、服务设施建设调度会议。

◆市政府党组成员刘敏参加全市妇女儿童工作会议。

11 日

◆毕国臣副市长陪同国土资源部党组成员、国家土地专职副总督察严之尧一行视察我市农村土地制度改革试点工作。

◆赛青克副市长参加自治区住建厅工作会议；主持召开我市“两环四线”项目推进会议。

13 日

◆李杰翔市长会见法国西南系统集成股份有限公司首席执行官阿兰·卡维特和内蒙古勤达科技有限公司董事长王宝刚一行，和林格尔新区管委会副主任郝党政、经济技术开发区党工委书记李建平和市有关部门负责人参加了会见。

◆蔡裕东副市长赴北京参加巴西足球协会亚太训练营落户和林格尔足球小镇新闻发布会。

◆白金祥副市长陪同市人大常委会副主任李博宏视察我市特种设备管理工作；调研玉泉区医养结合项目。

◆毕国臣副市长主持召开迎接国务院安委会安全生产巡查准备工作部署会议。

◆李志斌副市长参加自治区公安厅调度会。

◆赛青克副市长赴自治区财政厅协调 PPP 项目推进事宜。

◆1－4 月份，我市全社会用电量为 66.87 亿千瓦时，同比增长 6.9%，与一季度相比下降 0.62 个百分点。其中，第一产业用电 0.73 亿千瓦时，同比下降 0.76%；第二产业用电 47.95 亿千瓦时，同比增长 6.81%；第三产业用电 10.26 亿千瓦时，同比下降 3.25%；城乡居民生活用电 7.93 亿千瓦时，同比增长 25.44%。

15 日

◆刘文玉副市长主持召开全市安全生产工作会议，毕国臣副市长一同参加；主持召开会议，专题研究部署我市重点信访事项化解工作。

◆蔡裕东副市长赴北京参加陕京四线、中卫—靖边联络线天然气管道项目督办推进会；会见巴西圣保罗市代表团。

◆康存耀副市长陪同全国人大常委会委员、民进中央常委王刚率领的全国人大调研团赴伊利公司考察调研。

◆赛青克副市长陪同全国政协常委、经济委员会副主任彭小枫一行调研我市城市博物馆；陪同云光中书记调研二环快速路两侧项目外立面整治工作。

◆王继平副市长督查金桥开发区环境卫生综合整治工作；会见中建三局副总经理王胜民一行；陪同全国政协经济委员会调研组赴伊利集团调研。

16 日

◆刘文玉副市长参加自治区铁路民航工作会议；参加自治区下岗转业志愿兵、未分配大中专毕业生、民办教师等重点信访群体工作调度会，康存耀副市长一同参加。

◆蔡裕东副市长协调出口加工区转型整改有关事宜；陪同全国政协经济委员会调研组彭小枫一行赴中环光伏和蒙草生态公司调研。

◆康存耀副市长陪同全国人大调研团赴蒙草公司和云计算基地调研。

◆毕国臣副市长参加全国政协经济委员会调研组座谈会；研究众环集团法人变更事宜。

◆李志斌副市长参加自治区刑侦工作电视电话会议；赴回民区钢铁路办事处督导环境卫生综合整治工作。

◆赛青克副市长主持召开"两环四线"项目调度会；陪同自治区环保督查组赴金桥污水处理厂、天野化工、大黑河督查。

◆王继平副市长参加新城区体育运动会开幕式；研究自治区文化厅重点项目选址事宜；研究文化重点项目融资事宜。

◆呼钢东路站至回民区政府站区间左线盾构机"青城1号"顺利始发，这是我市首台盾构机"草原雄鹰号"顺利始发后成功组装始发的第二台盾构机。

17 日

◆刘文玉副市长主持召开会议，研究协调呼张客专征拆工作；参加自治区政府第8次常务会议，王继平副市长一同参加。

◆毕国臣副市长参加市人大视察安全生产工作汇报会；赴赛罕区调研炼油厂安全卫生防护区域拆改工作。

◆赛青克副市长主持召开城建项目规划方案论证会议；调研两环四线十字快速路征拆进展情况。

◆周强副市长主持召开全市普通高考和中考工作会议。

◆王继平副市长会见申万宏源投资公司一行洽谈文化旅游项目；主持召开推进重大项目融资工作银企座谈会议。

◆2017年，我市共计争取中央和自治区预算内资金56523万元，其中争取中央预算内基本建设资金11773万元，争取自治区预算内基本建设资金11750万元，合计23523万元，同比增加11832万元、增长101%；国家北方足球训练基地一期建设争取自治区财政专项资金（地方债券）33000万元。

18 日

◆李杰翔市长陪同自治区党委书记、人大常委会主任李纪恒调研；参加调研工作汇报会，副市长罗青、刘文玉、蔡裕东、康存耀、毕国臣、李志斌、赛青克、周强一同参加。

◆李志斌副市长参加自治区成立70周年庆祝活动筹委会办公室调度会。

◆王继平副市长参加5.18国际博物馆日内蒙古主会场活动。

19 日

◆刘文玉副市长主持召开信用体系建设工作推进会，听取"信用呼和浩特·诚信乳业宣传周"启动仪式筹备工作汇报；研究长输油气管线安全整改工作；研究蒙牛税收结构调整事宜。

◆毕国臣副市长调研我市供电线路入地改造事宜；研究乳业博览会相关事宜；研究环保督查问题整改落实相关事宜。

◆李志斌副市长参加全国公安机关英模表彰电视电话会议；主持召开市公安局党委会议。

◆赛青克副市长参加城市环境卫生综合整治部署会，周强副市长一同参加。

◆全市已开复工工业项目67个，开复工率63.2%。亿元以上项目48项，开复工率66.7%。其中，亿元以上新建项目已开工23项，开工率57.5%；亿元以上续建项目已复工25项，复工率78.1%。我市列入自治区重大项目计划工业项目8项，全部为续建项目，8个续建项目已复工6项，2个项目未开工。

◆1－4月份，全市工业固定资产投资56.1亿元，同比增长12%，平均增速高于自治区8.5个百分点，增速位居第四，总量位居自治区第六。

22 日

◆李杰翔市长主持召开市政府第5次常务会议，审议《第17届中国网络媒体论坛暨国际大数据应用技术博览会工作方案》《2017（呼和浩特）国际草产业创新大会暨全国牧草生产技术交流研讨会、产品展示会筹备方案》《中国－蒙古国博览会2017国际草产业创新联盟高峰论坛筹备方案》《2017首届中国和林格尔国际电影那达慕活动方案》；听取呼和浩特市创建国家公共文化服务体系示范区工作情况汇报；听取呼和浩特市旅游大会情况汇报；听取呼和浩特市保安服务业工作情况汇报；审议《呼和浩特市建设工程消防审批规定》。李杰翔市长要求：市各有关部门要高度重视、通力合作，切实做好国际大数据应用博览会各项工作，市财政要依法依规做好资金保障工作，确保大会圆满召开；呼和浩特国际草业创新大会，要将科技、大数据和文化旅游紧密结合，以推动我市主导产业发展为目标，将国际草业创新大会办成顶级大会、多业融合的大会，推动我市七业同兴快速发展，同时要运用商业化手段，办好办活我市会展经济；呼和浩特创建国家公共文化服务体系示范区要提高认识，要争取上级文化建设资金投入，各级财政要保障资金使用；消防审批要按规定严格执行，建立健全一整套审批手续。李杰翔市长强调：和林格尔国际电影那达慕活动方案要进一步细化和深化，由和林格尔新区承办和林格尔国际电影那达慕活动，和林格尔县和市有关部门要通力配合，切实做好各项工作，确保和林格尔国际电影那达慕活动圆满成功。副市长刘文玉、蔡裕东、白金祥、康存耀、毕国臣、李志斌、周强、王继平，市政协副主席张海生、经济技术开发区党工委书记李建平，市政府秘书长罗琳及各旗县区政府主要负责人参加了会议；会见澳大利亚默沙东制药集团动物保健亚太区企业发展总监斯蒂夫一行，副市长毕国臣、经济技术开发区党工委书记李建平、金宇集团董事长张仲翀和市有关部门负责人参加会见。

◆刘文玉副市长研究市域铁路项目纳入自治区铁路网规划事宜。

◆蔡裕东副市长赴玉泉区西菜园督察环境卫生综合整治情况。

◆毕国臣副市长与乌兰察布市副市长王国相一行座谈。

◆李志斌副市长参加自治区研究近期几起涉民族领域重点隐患问题专题会议。

◆赛青克副市长陪同云光中书记调研小街巷整治情况。

23 日

◆刘文玉副市长研究政府债务事宜；赴自治区巡视组谈话。

◆蔡裕东副市长会见中国电子商务公共服务联盟执行主席叶蓁一行；陪同自治区经信委徐海苹副主任赴航天云网航联公司调研，并与公司总经理王盘喜座谈。

◆白金祥副市长赴玉泉区鄂尔多斯街道办事处督查环境卫生综合整治工作。

◆康存耀副市长参加土左旗把什生态园区开工仪式。

◆毕国臣副市长陪同云光中书记赴和林格尔新区调研；与杉杉科技集团总经理胡博一行会谈。

◆李志斌副市长参加全市公安机关电视电话会议；主持召开市公安局局长办公会议，研究专案。

◆赛青克副市长主持召开城建项目协调会议。

◆周强副市长研究部署地震应急演练事宜；主持召开中央环保督查反馈意见整改落实工作调度会。

◆1－4 月份，我市固定资产投资完成 177.7 亿元，同比增长 19.8%。其中，第一产业完成投资 27.2 亿元，占完成投资总量的 15.3%，同比增长 530.2%；第二产业完成投资 56.2 亿元，占完成投资总量的 31.6%，同比增长 12%；第三产业完成投资 94.3 亿元，占完成投资总量的 53.1%，同期增长 0.5%。

◆中国·内蒙古优品瓜果蔬菜文化节暨 2017 内蒙古设施农业展览会在国际会展中心拉开帷幕。我市“地产大棚蔬菜进社区”活动同时启动，彻底解决了地产大棚蔬菜进社区渠道不畅问题，我市首批 100 台大棚蔬菜进社区直通车试运营，社区大棚蔬菜直销店也将陆续投入使用，并在美通批发交易中心设立当地农产品交易专区。目前，已有昌德和、新集贤、锦绣田园、百岁园、和林绿野农牧业等 80 余家农业合作社、基地积极配合加入地产蔬菜直通车进社区工作。

◆1－4 月份，我市房地产开发投资累计完成 36.9 亿元，同比增加 6.8 亿元、增长 22.7%，投资增速快于固定资产投资增速 2.9 个百分点，对投资增长贡献率 23.3%。其中，商品住宅累计完成投资 29.1 亿元，同比增加 7.3 亿元，增长 33.5%，其中 90 平方米以下住宅完成投资 6.6 亿元，同比增加 1.9 亿元，增长 38.9%；140 平方米以上住宅完成投资 2.7 亿元，同比减少 3.3 亿元，下降 55.0%；别墅、高档公寓完成投资 0.2 亿元，同比减少 3.1 亿元，下降 94.2%，办公楼完成投资 1.1 亿元，同比减少 0.1 亿元，下降 9.5%；商业营业用房完成投资 5.5 亿元，同比增加 0.08 亿元，增长 1.6%；其他用房完成投资 1.2 亿元，同比减少 0.4 亿元，下降 26.6%。

24 日

◆刘文玉副市长主持召开中国政企基金与我市重点项目对接会。

◆蔡裕东副市长赴北京会见美国洛杉矶郡经济发展局局长莱斯金一行，就友好城市交流有关事宜进行洽谈。

◆白金祥副市长陪同自治区副主席常军政调研商事制度改革情况；参加自治区首批二十证合一颁发执照仪式。

◆康存耀副市长参加自治区防汛抗旱与重大动物疫病防控工作电视电话会议；陪同国家最严格水资源管理考核检查组赴托县检查。

◆李志斌副市长赴自治区巡视组谈话；主持召开市公安局党委会议；陪同公安部领导视察我市公安工作。

◆赛青克副市长参加我市道路交通建设工作领导小组第三次全体会议；调研哈拉更河、大黑河、乌素图河、扎达盖河、奎素沟河道治理情况。

◆周强副市长陪同云光中书记调研全市教育工作。

◆王继平副市长赴上海考察黔龙图视科技公司。

◆2016 年，我市土地卫片总体情况：新增建设用地 1772 个图斑，1767 宗地，面积 26683.80 亩，其中耕地 8645.39 亩；合法用地 240 个图斑，240 宗地，面积 5221.3 亩，其中耕地 1390.55 亩；违法用地 1507 个图斑，1502 宗地，面积 21194.80 亩，其中耕地 7125.96 亩。

25 日

◆白金祥副市长，赴乌兰察布市参加自治区健康扶贫工作经验交流现场会议。

◆康存耀副市长赴大青山前坡督查生态建设工作。

◆李志斌副市长赴内蒙古财经大学现场处置信访案件；参加公安厅会议。

◆赛青克副市长赴内蒙古财经大学协调信访工作；主持召开三环快速路融资工作会议；研究街景整治亮化、道路维修改造、机场路桥外立面整治设计方案；主持召开乌素图河综合治理调度会。

◆周强副市长参加市十四届人大五次会议代表建议办理督办情况汇报会议。

26 日

◆蔡裕东副市长参加 2017 呼和浩特·科技特派员科技成果展览会开幕式；会见丹麦驻华大使戴世阁一行。

◆白金祥副市长参加国务院全面推进“多证合一”改革电视电话会议。

◆康存耀副市长参加大青山前坡生态建设基础设施配套工程开工现场会并督查工作。

◆毕国臣副市长主持召开市安委会工作调度会议；主持召开盐业体制改革协调会议。

◆李志斌副市长参加自治区党委副书记李佳召开的专题会议；陪同市人大副主任孙建国调研我市道路交通秩序整治情况。

◆赛青克副市长参加自治区棚改工作会议。

◆周强副市长研究分管口工作。

◆王继平副市长赴贵阳市参加 2017 年国际大数据产业博览会。

◆市工商局在新城区工商分局行政服务大厅举行“二十证合一”颁照仪式，共有 32 家企业领取到“二十证合一”营业执照。“二十证合一、一照一码”营业执照是进一步推动企业登记注册便利化的一项重要举措。

27 日

◆刘文玉副市长研究四类群体信访事件，副市长赛青克一同参加。

◆康存耀副市长参加我市人才交流会，副市长周强一同参加。

◆1－4 月份，全市规模以上工业产值完成 612.8 亿元，同比增长 10.6%；规模以上工业增加值增长 4.7%，位列自治区第七。11 种主要工业品有 7 种产量实现增长，其中单晶硅产量增速达到 76.1%。全市前 20 户大型工业企业产值增长 10.5%，拉动全市工业总产值增长 7.4 个百分点。全市工业用电量 46.8 亿千瓦时，同比增长 7.1%，标志着工业生产更加活跃。一季度全市工业企业主营业务收入同比增长 10.1%，远高于增加值增速；利润增长 6.5%。

31 日

◆刘文玉副市长参加洙洲市党政考察团与我市签约合作项目仪式；听取相对集中行政许可权改革试点工作和公共资源交易改革工作汇报。

◆蔡裕东副市长陪同自治区督查组督查我市“七网”建设、“七业”发展及 2017 年春季开工重大项目推进情况。

◆李志斌副市长赴重点安保维稳单位场所调研了解情况；参加自治区公安厅党委中心组学习。

◆赛青克副市长参加市委副书记、政法委书记王恒俊主持召开的“两环四线”项目推进会议。

◆王继平副市长主持召开第 26 届金鸡百花电影节执委会调度会；主持召开重点项目建设协调会。

◆我市第一处立体停车场预计 8 月 30 日前竣工，占地 2000 多平方米，位于大学东街与长顺路交汇处西北角海景大酒店东墙，主体建筑为 2 至 4 层钢结构。项目 5 月 13 日进场施工，目前已进入桩基混凝土浇筑阶段，6 月上旬进入钢结构安装阶段。该停车场建成后计划设立停车泊位 200 到 220 个，预计在 8 月 30 日前竣工并试运营。

◆端午小长假 3 天假期期间，呼和浩特白塔机场日均架次均在 250 架次以上，其中 28 日达到 267 架次，航班量累计达到 765 架次，同比增长 35%，旅客吞吐量超过 8 万人次，同比增长 40%。

## 6 月

1 日

◆刘文玉副市长主持召开专题会议，研究四个信访群体信访问题化解方案；主持召开安委会专题会议，副市长毕国臣参加会议。

◆蔡裕东副市长会见北京交通大学副校长关忠良一行，并陪同考察我市经济社会发展情况。

◆白金祥副市长陪同国家工商总局局长张茅一行调研；主持召开医养结合项目工作会议。

◆康存耀副市长陪同自治区督查组督查我市“七网”建设、“七业”发展及 2017 年春季开工重大项目；主持召开动物疫情防治工作会议。

◆毕国臣副市长研究企业搬迁事宜。

◆李志斌副市长主持召开专题会议，研究近期重点工作；现场指导安保工作。

◆赛青克副市长研究建设项目规划设计方案。

◆周强副市长参加自治区城市管理执法体制改革工作现场推进会议。

◆王继平副市长会见德国 HPP 公司董事 Jens Kump 一行。

◆根据国家知识产权局、自治区科技厅(知识产权局)关于第十九届中国专利奖评选及推荐的有关通知，市科技局(知识产权局)组织申报 4 件发明、1 件实用新型、1 件外观设计 6 件专利申报第十九届中国专利奖，经自治区评审，我市 2

件发明专利、1件外观设计3件专利被自治区科技厅(知识产权局)推荐参加第十九届中国专利奖评选。

2日

◆刘文玉副市长主持召开会议,研究审计整改工作;参加自治区督查组督查我市“七网”建设“七业”发展及2017年春季开工重大项目工作汇报会;主持召开会议,研究金海高架快速路建设有关事宜。

◆蔡裕东副市长陪同北京交通大学副校长关忠良一行考察我市经济社会发展情况。

◆白金祥副市长主持召开精神卫生综合管理示范创建工作启动会议。

◆康存耀副市长主持召开大青山前坡生态建设领导小组会议。

◆李志斌副市长陪同自治区司法厅党委书记毕力夫调研我市司法行政工作;赴赛罕区公安分局调研。

◆赛青克副市长陪同自治区督查组督查我市“七网”建设“七业”发展及2017年春季开工重大项目。

◆周强副市长陪同自治区督查组督查我市社区建设工作。

◆王继平副市长会见中粮集团副总裁邬小蕙一行;赴大青山红色革命公园工地现场办公;列席自治区党委常委会议。

3日

刘文玉副市长主持召开市政府第6次常务会议,审议《呼和浩特市退役士兵安置遗留问题和部分军队退役人员再就业及社会保障等问题的解决方案》《关于解决“并轨”前部分非师范类普通中等中专学校和技工学校毕业生就业问题的实施方案》;研究《关于解决被辞退民办教师问题暨教师队伍维稳情况的报告》;审议《关于研究解决房地产领域存在问题的实施方案》《呼和浩特市人民政府关于印发网络预约出租汽车经营服务管理实施细则(试行)》签批说明。会议指出:人社、财政、民政等相关部门就退役士兵和部分军队退役人员的具体人数、缓缴、补缴、间断缴费、缴费年限与军龄合并等相关问题做好详细的测算工作;涉及自治区下放企业军队退役人员要与自治区有关部门做好沟通和衔接工作,同时要做好政策宣传工作。会议强调:解决“并轨”前部分非师范类普通中等中专学校和技工学校毕业生就业安置政策,要采取解决部分事业编制,政府购买服务和市属国有企业共同安置的办法分年度逐步安置完毕,同时要明确被安置人员的工资待遇标准。副市长罗青、蔡裕东、市人大副主任孙建国、副市长白金祥、康存耀、毕国臣、赛青克、周强,市政协副主席张海生、市政府秘书长罗琳及各旗县区政府主要负责人参加了会议;主持召开市政府党组中心组2017年第6次学习会议。一是传达学习了中央全面深化改革领导小组第三十次会议精神、习近平总书记在中共中央政治局第四十一次集体学习时的重要讲话精神、习近平总书记对黄大年同志先进事迹的重要批示精神。二是书面学习了中共中央组织部关于2016年“两学一做”学习教育的总结报告、中纪委关于维护好党内政治生态的重要论述选编、市委《关于贯彻落实党的十八届六中全会精神推进全面从严治党的意见》。副市长罗青、蔡裕东、白金祥、康存耀、毕国臣、赛青克、周强、市政府秘书长罗琳参加了会议。

5日

◆刘文玉副市长陪同自治区人大调研组在我市调研。

◆蔡裕东副市长参加第二届中蒙博览会自治区综合协调工作会议。

◆白金祥副市长陪同自治区副主席白向群赴赛罕区调研禽流感防控工作;研究禽流感防控工作。

◆康存耀副市长督查大青山前坡生态建设工作;陪同自治区副主席白向群实地调研动物防疫工作;参加自治区动物防疫工作会议。

◆毕国臣副市长赴清水河县调研工业经济、安全生产及道路交通建设工作。

◆李志斌副市长研究近期重点工作;主持召开市公安局党委中心组学习会议。

◆赛青克副市长主持召开两环四线项目调度会议;互换督导新城区西街办事处;调研乌素图河综合治理工程。

◆周强副市长陪同自治区副主席白向群赴高考考点检查考前准备工作。

◆王继平副市长调研新城区文化旅游发展情况;听取分管部门中蒙博览会筹备情况汇报;研究第26届百花电影节开幕式演出事宜。

6日

◆刘文玉副市长主持召开经济形势分析调度会议;主持召开国务院第四次大督查任务分工会议;参加自治区推进呼准鄂铁路专题会议;会见中交一公司董事长都业洲一行。

◆蔡裕东副市长赴新城区中山东路办事处进行互换督导环境卫生综合整治工作;参加第二届中蒙博览会筹备动员工作会议,副市长李志斌一同参加。

◆白金祥副市长调研网络订餐安全监管工作;陪同自治区副主席刘新乐调研H7N9禽流感防控工作。

◆康存耀副市长参加大青山前坡生态建设北山公园项目开工大会。

◆毕国臣副市长参加市政协“落实公交优先战略促进我市公共交通事业发展”专题协商会议;参加自治区公共安全隐患排查整治工作专题督查汇报会议。

◆李志斌副市长赴新城宾馆检查安保安排部署情况。

◆赛青克副市长参加云光中书记专题研究巴彦路道路改造提升工作会议;陪同云光中书记调研重点出城口环境综合整治工作。

◆周强副市长陪同市人大副主任张红霞调研全市2016年度环境状况和环境保护目标完成情况；督导环境卫生综合整治工作。

◆王继平副市长赴回民区调研文化旅游发展情况；会见美国Gensler公司副总裁Hnsan Syed一行；研究电影公司转制工作。

◆1－5月份，我市房地产开发完成投资33.15亿元，同比增长6.68%，其中商品住宅完成投资21.31亿元，同比增长2.17%。

◆1－5月份，我市公共资源交易项目586项，同比增长6.9%；交易额282.66亿元，同比增长127.55%；节资增收2.76亿元，同比下降26.01%。

7日

◆刘文玉副市长参加国务院安委会第四巡查组巡查自治区安全生产工作动员电视电话会议，副市长毕国臣一同参加。

◆蔡裕东副市长会见伊利集团副总裁徐克一行。

◆白金祥副市长调研网络订餐安全监管工作。

◆康存耀副市长参加自治区家禽H7N9防控工作电视电话会议。

◆毕国臣副市长赴新城区成吉思汗大街办事处进行互换督导环境卫生综合整治工作；研究久泰煤化工审批及新能源发电指标申请事宜。

◆李志斌副市长赴市大庆安保办调研；赴新城宾馆检查维稳安保工作。

◆赛青克副市长陪同云光中书记调研出城口综合整治工作。

◆周强副市长巡查高考考点。

◆王继平副市长参加内蒙古自治区第三届老年人运动会健身气功交流活动；赴玉泉区鄂尔多斯街道办事处进行互换督导环境卫生综合整治工作，督查重点工程。

◆1－5月份，白塔机场累计完成旅客吞吐量366.39万人次、飞机起降3.57万架次、货邮吞吐量1.47万吨，同比分别增长27.8%、19.6%和1.8%。其中，5月份完成旅客吞吐量84.62万人次、飞机起降7955架次、货邮吞吐量3168吨，同比分别增长41.3%、32.1%和12.1%。白塔机场旅客吞吐量今年有望突破1000万大关。

8日

◆刘文玉副市长主持召开会议，研究自治区、市两级政务中心和公共资源交易中心配套工程建设事宜；研究解决公共资源交易中心改革事宜；研究设立金海高架快速路及基础设施建设基金事宜。

◆白金祥副市长赴呼市卫校调研；赴内蒙古医学院附属医院调研H7N9应急防控准备情况。

◆康存耀副市长听取奶牛博物馆规划设计方案。

◆毕国臣副市长研究新能源汽车推广应用事宜。

◆李志斌副市长参加市网络安全和信息化领导小组网络安全专题工作会议；参加市委副书记王恒俊主持召开的专题会议；赴基层所队调研。

◆赛青克副市长主持召开“两环四线”项目融资工作协调会议；互换督导环境综合整治工作、调研丰州南路交通堵点解决方案。

◆周强副市长巡查高考考点；主持召开会议，研究部署中央环保督查反馈意见和土地卫片执法检查整改落实工作。

◆我市第三产业用电量累计消耗12.78亿千瓦时，同比增加0.03亿千瓦时，增长0.19%，实现了正增长。

9日

◆白金祥副市长参加2017年全市特种设备安全宣传活动；主持召开全市质量强市暨标准化工作会议。

◆康存耀副市长陪同云光中书记赴武川县调研异地搬迁扶贫工作。

◆李志斌副市长参加中央政法委电视电话会议专题讲座；参加全市反恐和夏季消防检查工作电视电话会议。

◆赛青克副市长调研“一环四线”项目开工情况。

◆周强副市长陪同阿拉善盟党政考察团考察我市城市管理建设和文化旅游发展情况；参加自治区生态环境保护大检查工作动员电视电话会议。

◆王继平副市长赴将军衙署、昭君博物馆、公主府改扩建工程现场办公；陪同阿拉善盟党政考察团考察我市城市管理建设和文化旅游发展情况。

12日

◆刘文玉副市长主持召开轨道交通建设领导小组会议，听取轨道交通建设进展情况汇报，研究解决建设过程中存在的问题；陪同云光中书记会见内蒙古电力集团董事长王玉成一行，副市长毕国臣一同参加；主持召开专题会议，听取机场建设及配套基础设施进展情况汇报，研究解决存在问题。

◆蔡裕东副市长会见中国电子商务公共服务联盟执行主席叶蓁一行；互换督查赛罕区中专路办事处环境卫生综合整治情况。

◆白金祥副市长研究医疗卫生体制改革工作；互换督查乌兰察布东路社区环境卫生整治情况。

◆康存耀副市长赴土左旗督查设施农业建设工作；陪同云光中书记赴托县调研扶贫工作。

◆李志斌副市长主持召开市公安局党委会议；研究近期重点工作。

◆赛青克副市长调研市区便道铺装、机场进出道路改造提升、乌素图河及哈拉更河治理情况。

◆王继平副市长互换督查回民区海西路办事处环境卫生综合整治情况；参加文化体制改革领导小组会议。

◆1－5月,我市亿元以上重点项目开复工308项,开复工率66%,完成投资232亿元。其中,续建项目复工203项,复工率93%,完成投资149亿元;新开工项目105项,开工率42%,完成投资83亿元。

13日

◆刘文玉副市长参加全国放管服改革电视电话会议,副市长蔡裕东、白金祥一同参加;主持召开专题会议研究财政收入事宜。

◆白金祥副市长督查明厨亮灶工作和环境卫生综合整治情况。

◆康存耀副市长参加自治区防汛抗旱工作培训会议。

◆毕国臣副市长陪同国家专家调研组对我市大青山前坡生态环境修复工程项目考察调研并参加座谈会。

◆李志斌副市长参加公安部督导组工作会议;参加公安厅工作会议。

◆赛青克副市长调研"一环四线"项目开工、机场周边道路改造提升、机场路外立面整治方案设计情况。

◆周强副市长陪同全国城市管理工作部际联席会议第二督查组督查我市城市执法体制改革落实情况。

◆王继平副市长参加迎接自治区成立七十周年群众性活动工作协调会议;研究大青山红色公园建设审批手续;研究第26届金鸡百花电影节招商工作;研究第七届中国·呼和浩特少数民族文化旅游艺术活动;第十八届中国·呼和浩特昭君文化节筹备工作。

14日

◆刘文玉副市长研究公共资源交易中心改革相对集中行政许可权改革试点方案;主持召开研究沃特玛产业园项目专题会议,毕国臣副市长一同参加。

◆蔡裕东副市长会见乌海市考察团,就2017呼包银榆经济区第五届联席会议有关事宜进行座谈;会见北京远翔伟业科技有限公司总经理廖朝金一行。

◆白金祥副市长督查明厨亮灶工作和环境卫生综合整治情况。

◆毕国臣副市长陪同市人大主任云建东赴阜丰科技、三联化工调研。

◆李志斌副市长赴赛罕区公安分局调研;研究涉军群体上访维稳工作。

◆赛青克副市长调研主会场连接线、奎素沟改道、兴安南路、巴彦塔拉路、世纪十八路、白塔机场连接线建设情况;主持召开城建项目协调会。

◆周强副市长陪同自治区法治政府建设推进落实专项督查组督查;研究房地产去库存事宜。

◆王继平副市长会见伊利集团董事长潘刚一行,并考察项目;互换督查回民区海西路办事处环境卫生综合整治情况;赴自治区政府汇报民族舞剧《驼道》演出准备工作。

◆1－5月份,市本级国有建设用地供地量与去年持平,出让金收入同比增长43%。市本级供应建设用地48宗,面积166.08公顷,与去年同期持平,成交款24.14亿元,同比增长43%。其中,供应商服用地3宗,面积6.21公顷,成交价款8.03亿元;普通商品住房用地10宗,面积55.44公顷,成交价款16.11亿元;公共管理与公共设施用地18宗,面积68.66公顷;交通运输用地17宗,面积35.77公顷。

◆1－5月份,我市规模以上发电企业累计发电189.08亿千瓦时,同比增长21.53亿千瓦时,增速达12.85%,扭转了去年发电量整体下降的趋势,表明了我市电力工业生产形势比较乐观,对全市工业经济的向上拉动作用明显。

◆我市公共租赁住房的覆盖范围要扩大到市辖五个旗县,市住建局对各旗县的公共租赁住房保障标准进行了统一,具体规范为:一是收入标准,申请人及家庭成员人均月收入低于上年度当地城镇居民人均可支配收入70%(原则上不高于上年度当地城镇居民最低生活保障的3倍)。二是住房标准,经审核申请人及家庭成员名下无住房(包括住房及商业用房)。

15日

◆刘文玉副市长参加自治区呼包鄂协同发展领导小组第二次会议;参加自治区信访督查组汇报会议;陪同云光中书记会见中建三局董事长陈华元一行。副市长赛青克一同参加。

◆蔡裕东副市长参加呼和浩特国际汽车展览会暨新能源汽车博览会开馆仪式;参加市委向自治区党委第一巡视组汇报会议,副市长白金祥、赛青克、王继平一同参加。

◆白金祥副市长督查明厨亮灶工作和环境卫生综合整治情况。

◆毕国臣副市长赴自治区政府汇报工作;调度110国道呼和浩特至毕克齐段公路征拆事宜。

◆李志斌副市长参加自治区近期重点活动安保工作协调会议;督导检查反恐怖工作。

◆周强副市长参加自治区呼张客专土地报批工作会议;参加爱国卫生运动65周年暨自治区爱国卫生工作电视电话会议。

16日

◆刘文玉副市长参加自治区党委巡视组"回头看"整改动员部署会议,副市长白金祥、毕国臣、李志斌、赛青克、周强、王继平一同参加。

◆蔡裕东副市长会见中亚国信出口有限公司总经理李京凯一行;参加市人大贯彻落实中办发〔2017〕10号文件精神座谈会。

◆白金祥副市长参加自治区全民健康生活方式第二阶段启动仪式。

◆毕国臣副市长赴金川工业园区互换督导环境卫生综合整治情况。

◆李志斌副市长参加自治区副主席、公安厅厅长马明主持召开的党课学习会议。

◆赛青克副市长主持召开"两环四线"项目协调会。

◆周强副市长主持召开国土卫片执法整改工作及重大项目土地手续推进协调会。

◆王继平副市长参加社会市面蒙汉文并用工作会议。

19 日

◆刘文玉副市长听取第 17 届中国网络媒体论坛暨国际大数据应用技术博览会筹备情况汇报。

◆白金祥副市长参加自治区 2016 年质量工作考核汇报会。

◆康存耀副市长参加自治区气象防灾救灾工作会议。

◆毕国臣副市长研究久泰煤化工项目审批事宜。

◆李志斌副市长参加自治区反恐怖工作督导组汇报会；赴市公安局业务支队调研。

◆赛青克副市长参加市委副书记王恒俊主持召开的解决交通拥堵工作会议，副市长李志斌一同参加；调研"一环四线"项目建设情况。

◆周强副市长陪同自治区副主席刘新乐调研民政工作。

◆王继平副市长赴新城区东风路街道办事处互换督导环境卫生综合整治情况。

◆1－5 月份，我市工业固定资产投资完成 93.6 亿元，其中战略性新兴产业投资完成 63 亿元，占比 67.3%，民间投资完成 75.6 亿元，占比 80.8%，产业转型升级和拉动民间投资效果明显。从"七业"产业项目投资来看，新能源产业投资完成 9.4 亿元，新材料产业投资完成 26.5 亿元，高端装备产业投资完成 20.4 亿元，生物化工产业投资完成 6.4 亿元，大健康产业投资完成 1.9 亿元，其他产业投资完成 29 亿元。各旗县区按投资完成额依次为赛罕区 31.4 亿元，土左旗 14.6 亿元，托县 13.4 亿元，开发区 10 亿元，武川县 6.5 亿元，和林县 6.3 亿元，新城区 4.0 亿元，回民区 1.3 亿元，清水河县 1.1 亿元，玉泉区 0.4 亿元。

◆呼张客运专线（呼和浩特东段至乌兰察布）经过一个半月的联调联试，正式进入运行试验阶段。呼张客运专线是内蒙古首条新建高速铁路，设计时速 250 公里/小时，牵引类型为双线电气化牵引，机车类型为动车组。根据规划，2018 年，呼张客运专线将全面建成通车。未来它将会与在建的京张高铁接轨，届时从呼和浩特前往北京，将会从现在的平均 9 小时，缩短到 3 小时以内。

20 日

◆刘文玉副市长主持召开中央预算内资金投资项目、春季集中开工项目和上半年固定资产投资调度会议；会见清华启迪控股集团董事长王济武一行。

◆蔡裕东副市长参加市政协众创空间建设发展情况专项协商会议；赴玉泉区昭君路办事处互换督导环境卫生综合整治情况。

◆康存耀副市长主持召开全市防汛抗旱工作会议，副市长赛青克一同参加。

◆毕国臣副市长赴赛罕区大学西路办事处互换督导环境卫生综合整治情况；会见中环股份公司总经理、中环光伏董事长秦玉茂一行。

◆李志斌副市长参加公安部科技信息化电视电话会议；参加自治区党委副书记李佳主持召开的专题会议。

◆赛青克副市长研究出城口改造提升工作。

◆周强副市长陪同自治区副主席刘新乐调研民政工作。

◆王继平副市长参加自治区文明旅游电视电话会议；主持召开文化重点项目手续办理调度会。

◆1－5 月份，我市进出口总值完成 6.41 亿美元，占自治区进出口总值的 10.6%，同比增长 8.3%。其中，出口完成 3.13 亿美元，同比增长 19.8%；进口完成 3.28 亿美元，同比下降 0.9%；贸易逆差 0.15 亿美元。

21 日

◆刘文玉副市长参加自治区环境保护大检查工作会议。副市长蔡裕东、康存耀、毕国臣、赛青克、周强、王继平一同参加；向央媒记者团汇报我市经济社会发展情况。

◆蔡裕东副市长参加自治区质量工作考核组意见反馈会。

◆康存耀副市长陪同云光中书记调研大青山环保综合整治工作。

◆李志斌副市长参加中央综治办督导组视频建设雪亮工程工作汇报会；赴新城宾馆部署安保工作；主持召开市公安局局务扩大会议。

◆周强副市长陪同自治区环保督查组检查。

◆王继平副市长主持召开弘山文化艺术品交易中心违规交易清理整顿协调会。

◆5 月份，我市共接待游客 403.81 万人次，同比增长 13.26%；实现旅游收入 57.03 亿元，同比增长 23.47%。1－5 月份，我市共接待游客 1081 万人次，实现旅游收入 185 亿元。

22 日

◆刘文玉副市长会见平安资管直投总经理张旭东、中信信托创新业务部总经理薛昊暘一行；赴自治区参加中央巡视组回头看巡视整改任务专题部署会；参加市委第 30 次常委会。

◆蔡裕东副市长参加内蒙古工业云平台上线发布会。

◆康存耀副市长督查大青山前坡生态建设工作。

◆毕国臣副市长赴自治区生态环境保护督查组谈话，周强副市长一同参加；参加内蒙古晶环电子材料有限公司300公斤级超大尺寸蓝宝石晶体新品发布会。

◆李志斌副市长主持召开市公安局70周年庆祝活动安保工作推进会议；参加自治区反恐怖工作督导意见交换会议；赴新城宾馆安排部署安保勤务保障工作。

◆王继平副市长研究八拜湖综合整治工作；主持召开弘山文化艺术品交易中心违规交易清理整顿协调会；参加自治区党代会预备会议。

◆1－5月份我市第三产业完成投资252.8亿元，同比增长11.8%，占投资总额的63.9%。其中，三次产业中的水利、环境和公共设施管理业完成80.1亿元，同比增长43.9%；信息技术服务业和教育业分别完成投资25.1亿元和7.9亿元，同比增长17.1倍和1.5倍；文化、体育和娱乐业完成投资13亿元，同比增长81.9%。

◆1－5月份，我市全社会用电量84.25亿千瓦时，同比增长7.02%。其中工业用电量59.53亿千瓦时，同比增长7.11%，超过全社会用电量增速，是拉动全社会用电量增长的关键因素。我市工业用电量增长速度在自治区排第八位，低于自治区平均水平3.9个百分点，与增速最高的乌兰察布市相差26个百分点。

23日

◆刘文玉副市长参加市委中心组（扩大）会议，毕国臣副市长一同参加；出席市14届人大常委会第81次主任会议；听取“信用宣传周”筹备情况汇报；研究和林格尔新机场试验段开工事宜。

◆毕国臣副市长研究S43机场高速、S27呼鄂高速征拆事宜。

◆李志斌副市长安排自治区党代会安保维稳勤务工作。

◆周强副市长参加自治区党代会。

◆国家质检总局官网公示了第三届中国质量奖受理组织和个人。我市伊利集团、万盛昌水业饮料公司列入受理名单。中国质量奖是国家在质量领域的最高政府性荣誉，授予在中华人民共和国境内质量领先、技术创新、品牌优秀、效益突出的组织和对促进质量发展作出突出贡献的个人。进入第三届中国质量奖受理名单的共有地方和行业516家组织、119名个人，卫生医疗领域的8家医院组织，国防工业领域的49家组织、22名个人，武器装备领域的35家组织和16名个人。

26日

◆刘文玉副市长主持召开市政府党组中心组2017年第7次学习会议。传达学习李克强总理在全国深化简政放权放管结合优化服务改革电视电话会议上的重要讲话精神、国务院常务会议精神；传达学习关于健全人大讨论决定重大事项制度、各级政府重大决策出台前向本级人大报告的实施意见，副市长蔡裕东、康存耀、毕国臣、赛青克、周强、王继平，市政府秘书长罗琳一同参加；主持召开市政府第七次常务会议，审议《呼和浩特市供销合作社综合改革实施方案》；审议《呼和浩特市深化国税、地税征管体制改革工作方案》；审议《呼和浩特市进一步深化公共资源交易体制改革实施方案》；审议《呼和浩特市污水处理收费标准调整方案》；研究呼和浩特新机场试验段工程开工事宜；听取呼和浩特市棚户区改造项目进展汇报，副市长蔡裕东，市人大常委会副主任李博宏，副市长康存耀、毕国臣、赛青克、周强、王继平，市政府秘书长罗琳，九个旗县区政府主要负责人和各委办局负责人一同参加；陪同自治区主席布小林调研蒙羊股份公司。

◆蔡裕东副市长参加市委理论学习中心组第10次集体（扩大）会议，副市长白金祥、康存耀、李志斌、赛青克、王继平一同参加。

◆康存耀副市长检查奎素沟防洪工程建设工作。

◆毕国臣副市长陪同国家烟草专卖局局长凌成兴调研内蒙古昆明卷烟厂有限责任公司。

◆李志斌副市长参加迎接内蒙古草原列禁毒宣传队归来暨呼和浩特纪念6.26国际禁毒日大型集中宣传活动；赴新城区西街办事处互换督导环境卫生综合整治工作。

◆周强副市长赴回民区参加自治区生态环境保护大检查。

◆王继平副市长陪同市委书记云光中视察工作。

27日

◆刘文玉副市长研究市属国有企业“三供一业”分离移交方案。

◆蔡裕东副市长参加市政协十二届二十三次常委会议暨专题协商会议；陪同自治区人大常委会调研组调研我市华侨权益保护情况。

◆白金祥副市长督查明厨亮灶工作和环境卫生综合整治情况。

◆康存耀副市长主持召开大青山前坡生态建设工作推进会议。

◆毕国臣副市长调研公交站点迁移及建设港湾站点事宜。

◆李志斌副市长参加自治区主席布小林主持召开的办公会议；参加自治区公安厅党委会议。

◆赛青克副市长调研“两环四线”项目建设情况；研究建设项目遗留问题。

◆周强副市长参加自治区民族教育发展水平提升工程评估验收汇报会；陪同自治区环保督查组赴新城区督查。

◆王继平副市长赴玉泉区大南街办事处互换督导环境卫生综合整治工作；主持召开金鸡百花电影节工作协调会议；主持召开内蒙古革命历史博物馆项目调度会议。

28日

◆刘文玉副市长列席市十四届人大常委会第38次会议，副市长李志斌、周强、王继平一同列席会议；陪同环保部副部长黄润秋一行调研大青山前坡生态环境综合整治工作，副市长周强一同参加。

◆蔡裕东副市长赴回民区海西路办事处互换督导环境卫生综合整治工作；主持召开《呼和浩特市服务业创新发展纲要（2017－2025）》专家评审会议。

◆白金祥副市长陪同自治区人大教科文卫工作委员会主任博彦检查精神卫生法和健康扶贫工作落实情况；参加自治区精神卫生法和健康扶贫工作落实情况汇报会。

◆毕国臣副市长赴和林县、赛罕区调研工业企业运营情况；赴回民区钢铁路街道办事处互换督导环境卫生综合整治工作。

◆李志斌副市长参加自治区公安厅民主生活会。

◆赛青克副市长赴乌兰察布市参加自治区棚改现场推进会议。

◆王继平副市长主持召开世界柔道大奖赛工作部署会议；听取市体育局关于全市足球工作汇报；主持召开会议，研究群艺馆等项目选址工作有关事宜。

◆1－5月份，我市食品加工、电力能源、石油化工、生物医药、光伏材料、电子信息六大优势产业共完成产值648.4亿元，同比增长10.5%，占全市工业总量的82.9%。

29日

◆刘文玉副市长听取新机场试验段开工筹备、轨道交通建设进展情况汇报；列席市十四届人大常委会第38次会议第三次全体会议，副市长李志斌、赛青克、周强、王继平一同参加。

◆白金祥副市长与自治区质监局研究国家技术标准创新基地申报事宜；研究明厨亮灶工作。

◆康存耀副市长实地督查奎素沟改道工程；参加和林格尔新区规划水资源论证征求意见协调会议。

◆李志斌副市长参加全市公安机关庆祝建党96周年暨“两优一先”表彰大会；主持召开对道路交通消防危爆物品等安全管理工作再动员再部署会议。

◆王继平副市长参加“一节一活动”新闻发布会；向自治区汇报“一节一活动”筹备情况；为所在党支部讲授党课。

◆1－5月份，我市规模以上工业产值完成782.9亿元，同比增长10.6%，环比上月持平；规模以上工业增加值同比增长5.4%，环比增长0.7个百分点。从自治区情况来看，各盟市规模以上工业增速均有所回落，除乌海市、包头市、兴安盟分别增长8.7%、8.3%、7.2%外，其余九个盟市增速都在7%以下。由于受炼油行业价格指数上调、炼油厂4月份停产等客观因素影响，我市规模以上工业增加值增长5.4%，比自治区平均水平低1个百分点，位列自治区第9位，仅高于呼伦贝尔市、赤峰市、阿拉善盟。

30日

◆刘文玉副市长参加市政府党组第8次会议，副市长康存耀、李志斌、赛青克、王继平，市政府党组成员刘敏一同参加；研究巡视整改方案。

◆白金祥副市长参加2017年自治区食品安全宣传周活动启动仪式；督导环境卫生综合整治和明厨亮灶工作。

◆康存耀副市长检查防汛工作。

◆毕国臣副市长陪同国务院安委会巡查组赴新城区巡查；陪同国务院安委会巡查组赴回民区巡查。

◆李志斌副市长主持召开局长办公会，研究安保誓师大会事宜；主持召开市公安局党委会议。

◆赛青克副市长主持召开会议贯彻自治区棚改现场会议精神，听取全市棚改、保障性住房建设情况，研究房地产项目遗留问题；讲党课。

◆周强副市长参加儿童博物馆教育专题会议；听取市城管执法局近期有关工作汇报，安排部署庆典活动前环境综合整治实地检查工作。

◆白塔国际机场快件截至6月24日，国际快件清关58.4万件，1365.4吨，同比增加38.8%。3月13日单日进港量达到70.9吨，创国际快件监管中心近两年来的单日进港量的新高。目前，平均每天国际快件通关量可达10吨，产品主要来自美国、澳大利亚、日本、香港等9个国家和地区，进境物品主要以奶粉、化妆品、鞋靴为主。

## 7月

3日

◆刘文玉副市长参加自治区生态文明宣传周启动仪式；陪同日本冈崎市友好城市代表团并出席冈崎市赠送和平鸽雕像揭幕仪式，副市长蔡裕东一同参加。

◆白金祥副市长赴北京参加国家民委举办的城市民族工作专题研究班。

◆康存耀副市长参加自治区生态文明建设宣传周启动仪式；参加中纪委扶贫领域监督执纪问责工作电视电话会议；赴赛罕区督查大青山前坡生态建设工作。

◆李志斌副市长主持召开自治区公安机关迎接十九大胜利召开暨庆祝自治区成立70周年安保决战誓师大会筹备汇报会议。

◆周强副市长实地视察全市环境卫生综合整治工作。

◆王继平副市长视察门头牌匾整治工作；参加第九届少数民族传统体育运动会动员大会；陪同云光中书记视察昭君博物院工程建设情况。

◆2017年上半年，白塔机场累计完成旅客吞吐量454.09万人次、飞机起降4.36万架次、货邮吞吐量1.78万吨，同比分别增长28.9%、20.2%和3.5%。其中,6月完成旅客吞吐量87.7万人次、飞机起降7912架次、货邮吞吐量3164吨,同比分别增长33.4%、23.8%和11.2%。

4日

◆冯玉臻代市长参加第十四届人大第39次会议。

◆罗青副市长会见内蒙古金彩实业集团董事长陈小荣一行。

◆刘文玉副市长参加自治区成立70周年庆祝活动筹委办调度会议。

◆蔡裕东副市长陪同日本冈崎市友好城市代表团参观考察。

◆康存耀副市长赴大青山前坡督查生态建设工作。

◆毕国臣副市长赴北京参加工信部召开的推进新能源汽车推广应用座谈会。

◆李志斌副市长指挥自治区公安机关迎接十九大胜利召开暨庆祝自治区成立70周年安保决战誓师大会演练工作。

◆赛青克副市长调研"一环四线"项目开工情况。

◆周强副市长参加自治区外事筹备工作会议;参加自治区战略环评调研会议;实地视察全市环境卫生综合整治情况。

◆王继平副市长互换督导玉泉区兴隆巷办事处环境卫生综合整治情况;督查昭君路上跨南二环路工程交通堵点治理情况。

◆1-6月份,我市新建商品房成交面积270.53万㎡,同比增长5.35%;成交套数2.65万套,同比增长18.63%;成交金额189.36亿元,同比增长5.76%。其中,新建商品住宅成交面积227.89万㎡,同比增长3.46%;成交套数1.91万套,同比增长2.52%;成交金额130.13亿元,同比增长4.36%。二手房成交面积100.57万㎡,同比增长41.53%;成交套数1.12万套,同比增长42.86%;成交金额45.46亿元,同比增长44.72%。其中,二手住宅成交面积97.09万$m^2$,同比增长41.22%;成交套数1.08万套,同比增长43.03%;成交金额39.24亿元,同比增长46.69%。

5日

◆冯玉臻代市长参加自治区公安机关迎接十九大胜利召开庆祝自治区成立70周年安保决战誓师大会,副市长李志斌一同参加。

◆刘文玉副市长参加驻呼部队全面停止有偿服务工作军地协调领导小组第一次(扩大)会议,副市长李志斌一同参加。

◆蔡裕东副市长赴新城区东风路办事处互换督导环境卫生综合整治情况;赴乌海市参加2017年呼包银榆经济区第五届联席会。

◆康存耀副市长互换督导环境卫生综合整治情况。

◆赛青克副市长调研街景整治亮化工作。

◆周强副市长实地视察全市环境卫生综合整治情况。

◆王继平副市长会见国银金融租赁股份有限公司范珣副董事长、总裁一行。

◆2017年上半年,我市完成客运量190.44万人次,同比下降9.57%;客运周转量5.25亿人公里,同比下降10.18%;完成货运量8850.5万吨,同比增长10.42%;货物运输周转量174.5亿吨公里,同比增长10.03%。受理各类行政许可事项2851件,从业人员继续教育4074人次,有序推进出租车更新工作。6月25日正式实施《呼和浩特市网络预约出租汽车经营服务管理实施细则(试行)》。

6日

◆冯玉臻代市长参加自治区党委第一巡视组专题工作会议,副市长罗青、刘文玉、毕国臣、李志斌、赛青克、市政府党组成员刘敏一同参加。

◆罗青副市长研究和林格尔新区选聘工作人员方案。

◆刘文玉副市长陪同朔州市代市长陈振亮一行考察。

◆蔡裕东副市长赴乌海市参加呼包银榆经济区第五届联席会议暨黄河金岸蒙西四盟市区域协同发展会议。

◆康存耀副市长主持召开大青山前坡生态建设工作PPP项目推进会。

◆李志斌副市长主持召开市公安局党委民主生活会。

◆周强副市长实地视察全市环境卫生综合整治情况。

◆王继平副市长陪同文化部、财政部第三批创建国家公共服务体系示范区中期督查组考察并汇报工作。

◆我市在淘系平台上有网店数量5万家,在营业店铺1万家,有日常经营活动的店铺1500家。其中,零食特产占30%,羊绒羊毛围巾披肩帽子等服饰配件占12%,奶茶、奶酒等冲饮占4%,粮食米面、调味品占2%,男女羊毛羊绒衫等服装类占15%,剩余品类占36%。

7日

◆冯玉臻代市长主持召开市长办公会议,听取各旗县区、经济技术开发区信访工作情况汇报;听取信访局工作情况汇报。市委副书记王恒俊、副市长李志斌、市政府秘书长罗琳、各旗县区主要负责人及市有关部门负责人参加了会议;与朔州市市长陈振亮一行会谈;赴新城区调研呼和塔拉草原建设情况、内蒙古少数民族群众文化体育运动中心项目建设情况、国家北方足球训练基地项目、佳地公园建设情况,并主持召开座谈会。副市长周强,新城区及市有关部门负责人参加了调研;赴南二环看望慰问老干部。

◆罗青副市长听取和林格尔新区基础设施项目工作进展情况汇报;听取和林格尔新区专项规划编制情况汇报。

◆刘文玉副市长参加全国户籍制度改革推进电视电话会议;研究新机场试验段开工事宜。

◆康存耀副市长参加自治区承担行政职能事业单位改革

试点和从事生产经营活动事业单位改革动员部署电视电话会议。

◆毕国臣副市长研究中环四期供电问题;互换督导新城区迎新路街道办事处环境卫生综合整治工作;实地督查包片堵点治理工作。

◆李志斌副市长参加全国高层建筑消防安全管理综合治理电视电话会议。

◆赛青克副市长会见朔州市政府考察团,并陪同考察。

◆王继平副市长陪同文化部、财政部第三批创建国家公共服务体系示范区中期督查组实地考察;参加自治区政府互联网政务服务和公共资源交易管理工作新闻发布会。

◆市政府党组成员刘敏参加自治区承担行政职能事业单位改革试点和从事生产经营活动事业单位改革动员部署电视电话会议。

◆全市机动车辆保有量达107.21万辆,比年初增加8.49万辆,月均增加1.42万辆。尤以个人拥有机动车增加较多,达84.14万辆,比年初增加8.04万辆,占机动车增量的94.7%。从机动车辆类型看,汽车98.17万辆,比年初增加8.48万辆;摩托车7.23万辆,同比增加0.03万辆;挂车1.81万辆,减少0.02万辆。

10日

◆冯玉臻代市长陪同自治区副主席张建民赴北京协调相关工作;与和平会公司、新松机器人投资有限公司、辰运集团、大运集团等洽谈合作事宜。

◆罗青副市长研究金盛路、快速路(大黑河南岸到绕城高速)高架桥改造事宜,听取新区北翼启动区土地征收进展情况,研究金盛路、快速路南段(南绕城至北环路)两侧辅道土地征收事宜;陪同自治区党委常委、秘书长罗永纲,自治区党委常委、市委书记云光中调研新区迎庆活动路线安排。

◆刘文玉副市长听取迎庆首府活动组后勤保障组工作汇报;参加华金证券内蒙古分公司与赛罕区政府签约仪式,王继平副市长一同参加。

◆康存耀副市长督查大青山环保整治和防汛工作;陪同全国人大环境与资源保护委员会副主任委员夏宝龙一行调研大青山前坡生态建设工作。

◆毕国臣副市长参加全球乳业论坛组织(GDP)第四届亚太乳业峰会;实地调研国道110线、209线征拆相关事宜。

◆赛青克副市长与中机集团座谈;调研城区防汛和河道治理情况。

◆周强副市长实地视察全市环境卫生综合整治情况。

◆王继平副市长赴将军衙署博物院改扩建、昭君博物院改扩建项目工地调研工程进展情况;赴大青山红色公园工地现场办公。

11日

◆冯玉臻代市长主持召开会议,研究我市老旧小区加建电梯试点工作。主持召开市长办公会议,研究“放管服”相关工作。

◆罗青副市长赴广州与白云电气集团公司对接工作。

◆刘文玉副市长主持召开会议,研究S43机场高速路建设相关事宜,毕国臣副市长一同参加;参加第二届中蒙博览会呼包鄂协同发展展示区筹备工作会议。

◆毕国臣副市长参加国务院安委会检查大庆活动安全生产工作意见交流会。

◆李志斌副市长参加全国公安厅局长座谈视频会;实地指导庆祝活动安保演练工作。

◆赛青克副市长陪同焦作市政府考察团一行考察。

◆周强副市长实地视察全市环境卫生综合整治工作情况。

◆1-6月份,呼和浩特航空口岸国际快件清关量60.7万件,货物吞吐量1417.4吨,同比增加36.7%。其中航班快件595.8吨,同比增加75.3%,卡车航班快件806吨,同比增加15.7%。国际快件货物主要是化妆品、食品、保健品等。其中衣服、鞋、包类物品最多,占总货物种类的65%。

12日

◆冯玉臻代市长赴内蒙古党政机关、自治区发改委、成吉思汗大街、新华广场、大召、内蒙古电视台、新华东街、中山路、鼓楼立交桥、万达广场等地调研我市街景亮化工作,副市长赛青克、市政府秘书长罗琳、市四区主要领导及相关部门负责人参加调研。

◆罗青副市长赴广州与白云电气集团对接工作。

◆刘文玉副市长陪同全国人大台湾省代表团在我市考察。

◆李志斌副市长参加公安部科技信息化局工作座谈会;参加自治区政法委书记李佳召开的重点群体信访维稳工作会议。

◆赛青克副市长陪同焦作市政府考察团考察;主持召开城建项目协调会议。

13日

◆冯玉臻代市长陪同国家工信部副部长辛国斌调研我市新能源汽车项目,副市长毕国臣一同参加;主持召开迎庆工作协调会,听取市体育局关于迎庆自治区成立70周年筹备工作进展情况及各项活动经费支出情况汇报。

◆罗青副市长会见清华同方人工环境有限公司工程技术总监赵健康一行;会见太平洋建设中山集团主席张陆春、北方稀土生一伦高科技有限公司董事长邱红军一行。

◆刘文玉副市长主持召开放管服工作会议。

◆李志斌副市长陪同公安部副部长傅政华考察自治区成立70周年庆祝活动安保工作。

◆赛青克副市长主持召开城建项目协调会。

◆周强副市长陪同上海合作组织成员紧急救灾部门领导顾朝曦一行视察。

◆市政府党组成员刘敏参加自治区总工会和市总工会联合开展的“情系职工、服务职工、以实际行动迎接自治区成立70周年”送清凉慰问活动。

◆1－6月份，我市亿元以上重点项目开复工336项，开复工率为72%，完成投资441亿元。其中，续建项目复工210项，复工率96%，完成投资203亿元；新开工项目126项，开工率为51%，完成投资238亿元。

14日

◆冯玉臻代市长调研内蒙古博物院、乌兰夫纪念馆、赛罕区人民路街道兴康社区、内蒙古赛科星生命科学与生物技术研究院和蒙草生态环境（集团）股份有限公司周边环境综合整治情况。副市长赛青克、周强，市政府秘书长罗琳，新城区、赛罕区区长和市有关部门负责人参加了调研。

◆罗青副市长会见中民投资集团副总裁白锐平一行。

◆刘文玉副市长听取中国民航设计院、华东院关于新机场建设总规情况汇报；参加市工商联第十四次代表大会。

◆蔡裕东副市长陪同中国五矿化工进出口商会副会长刘中慧调研；参加市工商联第十四次代表大会。

◆白金祥副市长督查食品药品安全工作。

◆康存耀副市长参加第五届“草原英才”高层次人才合作交流会暨呼包鄂创新创业周活动呼市分会场活动，副市长王继平一同参加；督查奎素沟防汛工程建设工作。

◆毕国臣副市长研究国道110线毕克齐至协力气段公路规划选址事宜。

◆李志斌副市长参加自治区公安厅电视电话会议。

◆周强副市长陪同自治区关于未分配大中专毕业生、退役士兵安置等问题专项督查组督查。

◆王继平副市长主持召开旅游标识标牌建设工作协调会；主持召开市区蒙汉并用牌匾整治工作调度会。

◆1－6月份，我市食药监督部门共完成食品监督抽检任务2159批次，其中14批次不合格，已全部处理。监督抽检药品527批次，抽样工作正在进行。全市共上报药品不良反应监测报告338份，医疗器械不良反应监测报告66份，药物滥用监测报告158份。为25所学校、16家食品经营单位配备了食品快检设备。上半年完成快检任务15149批次。

15日

◆冯玉臻代市长赴土左旗、回民区调研工作。副市长赛青克、周强、市有关部门负责人参加了调研。

17日

◆冯玉臻代市长赴托县调研工作，冯玉臻代市长视察了久泰集团煤制烯烃项目基地、大唐托电五期项目、大唐国际再生资源公司、金河污水处理厂建设情况。

◆罗青副市长研究和林格尔新区参加自治区深入学习贯彻习近平总书记考察内蒙古重要讲话精神工作汇报交流会的汇报视频片；陪同云光中书记会见兴业银行总行副行长薛鹤峰一行。副市长王继平一同参加。

◆蔡裕东副市长参加国务院督查组“放管服”专项组对接会议。

◆白金祥副市长参加自治区政协中国经济理事会特色农产品调研座谈会。

◆康存耀副市长参加市委副书记、政法委书记王恒俊主持召开的大庆前信访维稳专题协调会。副市长李志斌、周强一同参加。

◆赛青克副市长参加自治区城乡规划委员会会议。

◆王继平副市长陪同中国电影家协会书记张宏一行视察金鸡百花电影节场地。

18日

◆冯玉臻代市长赴和林县、赛罕区调研工作。参加深入学习习近平总书记考察内蒙古重要讲话精神工作汇报交流会，副市长罗青一同参加；与国务院督查组组长张通一行座谈。

◆罗青副市长陪同“辉煌七十年·倾听内蒙古—中国广播联盟走基层、转作风、改文风大型主题采访活动”采访组采访新区；参加新区与兴业银行签约仪式；与财政厅对接工作；听取新区科技园设计方案汇报。

◆蔡裕东副市长陪同国务院“放管服”专项组实地走访；陪同商务部投资促进事务局局长刘殿勋一行赴经济技术开发区考察；会见蒙古国乌兰巴托市青少年代表团。

◆康存耀副市长参加全国留学人员回国创业高级研修班开班仪式。

◆毕国臣副市长研究国道110线毕克齐至协力气段公路规划选址事宜；陪同国务院督查组“降成本”专项组在我市实地走访。

◆李志斌副市长陪同云光中书记调研；参加全国“易制爆”危险化学品和寄递物流安全管理专项整治行动部署电视电话会议。

◆王继平副市长听取美国Genseler设计公司设计方案汇报。

◆市政府党组成员刘敏参加国务院督查组重点文件落实责任部门座谈会；参加全总文工团来我市慰问演出活动。

19日

◆冯玉臻代市长陪同国务院第四督查组组长张通一行赴市政务服务中心视察工作；参加自治区“深入学习贯彻习近平总书记考察内蒙古重要讲话精神工作汇报交流会”，副市长罗青、蔡裕东、毕国臣、李志斌、周强、市政府党组成员刘敏一同参加。

◆蔡裕东副市长参加商务部投资促进事务局考察组在我市开展投资促进及产业对接座谈会；陪同国务院督查组“放管服”专项组赴永泰城·汇景、伊利食品科研与发展中心建设项目视察。

◆白金祥副市长陪同国务院督查组“医疗养老”专项组在我市视察。

◆毕国臣副市长研究飞鹰集团信访问题。

◆李志斌副市长参加市委“心连心”艺术团慰问演出主会场安保工作部署会议。副市长王继平一同参加；研究大商城相关事宜。

◆赛青克副市长陪同市人大常委会副主任张红霞一行视察城区河道治理工作；主持召开公租房建设现场办公会议。

◆周强副市长参加2017中国海创英才（呼和浩特）科技交流洽谈会。

◆王继平副市长视察我市重点建设项目。

◆市政府党组成员刘敏陪同国家事务管理局副局长陈建平一行在我市调研。

◆2017年全市共68个项目列入自治区级重点项目，其中工业重点项目8项。总投资467.8亿元，2017年计划投资43.2亿元。按项目行业分为：生物医药1项（金宇保灵）、农副食品加工1项（麒麟胶原蛋白肠衣）、能源2项（大唐托电五期、和林电厂）、光伏2项（爱迩、中环四期）、新材料2项（勤达碳纤维、晶环蓝宝石）。截至目前，我市列入自治区级重点工业项目已全部复工，已完成投资38.7亿元。

20日

◆冯玉臻代市长主持召开市政府党组第6次（扩大）会议。副市长罗青、蔡裕东、毕国臣、赛青克、周强、王继平、市政府党组成员刘敏一同参加。

◆罗青副市长与呼和浩特供电局、自治区编办对接工作；听取新区基础设施建设项目开工相关情况汇报。

◆毕国臣副市长参加全国安全生产电视电话会议和自治区安全生产电视电话会议。

◆李志斌副市长参加自治区重点消防安全标准化管理暨“消防应急疏散演练年”活动集中观摩会；陪同全国公安情报会议代表赴市公安局观摩；参加自治区党政干部消防安全培训。

◆赛青克副市长参加自治区工作会议。

◆周强副市长陪同国务院督查组“放管服”专项组在我市实地走访。

◆王继平副市长主持召开“心连心”艺术团慰问演出后勤保障组工作协调会；实地视察重点项目建设情况。

21日

◆罗青副市长主持召开新区基础设施开工项目协调会；会见自治区卫生厅副厅长伏瑞峰。

◆蔡裕东副市长陪同国务院督查组“放管服”专项组核查简政放权相关材料。

◆白金祥副市长督查重点单位食品药品安全保障工作；落实医养结合项目。

◆李志斌副市长现场指导自治区成立70周年庆祝活动安保合成演练活动。

◆赛青克副市长主持召开城市规划建设工作会议；陪同国务院督查组督查公租房建设情况。

◆周强副市长研究解决退役士兵安置遗留问题事宜；参加市委研究农大教职工住宅楼土地事宜专题会；陪同国家土地总督察办公室主任马毅调研和林县农村土地制度改革情况。

◆王继平副市长主持召开民族团结表彰评比工作协调会；听取金鸡百花电影节执委会各部门工作汇报。

◆市政府党组成员刘敏参加自治区纪委深入整治“雁过拔毛”式腐败严查扶贫领域腐败问题电视电话会议；参加自治区征兵工作电视电话会议。

24日

◆冯玉臻代市长主持召开市长办公会议，听取市财政局、公共资源交易中心工作汇报。

◆蔡裕东副市长参加2017第三届“未来杯”和林格尔国际青少年足球邀请赛暨首届巴西足协亚太官方青训营开幕式。

◆康存耀副市长督查大青山前坡生态建设工作和奎素沟防汛工程建设工作。

◆李志斌副市长赴和林县实地指导70周年庆祝活动安保工作，并解决演练发现的问题。

◆周强副市长会见永泰集团总裁薛敏勇一行。

25日

◆冯玉臻代市长参加自治区党员领导干部警示教育电视电话会议，副市长罗青、刘文玉、蔡裕东、康存耀、李志斌、赛青克、周强、市政府党组成员刘敏一同参加；参加市安委会全体（扩大）会议并作重要讲话，副市长罗青、刘文玉、蔡裕东、白金祥、毕国臣、李志斌、赛青克，经济技术开发区，九个旗县区及相关部门负责人参加了会议；陪同中铁总局副总经理黄民一行视察沙良物流园区。

◆罗青副市长主持召开会议，研究国开行贷款事宜；会见中国交建集团东北区域总部党工委书记杨毅一行。

◆康存耀副市长实地督查三环路建设工作；督查防汛工作。

◆毕国臣副市长参加全市出租车汽车行业2016年度优秀企业、文明车和星级驾驶员暨第二届最美的哥的姐表彰会。

◆李志斌副市长参加自治区筹委办协调会议。

◆周强副市长参加全市征兵工作会议。

◆王继平副市长赴乌兰察布市参加自治区科技创新驱动现代农牧业发展助推脱贫攻坚现场会。

◆市政府党组成员刘敏陪同国务院督查组"双创"专项督查组在我市实地走访。

◆上半年我市进出口总值完成7.88亿美元，同比增长15.8%，占自治区比重10.9%。其中：出口完成3.74亿美元，同比增长17.8%；进口完成4.14亿美元，同比增长14.1%；贸易逆差0.4亿美元。

◆上半年市财政局向自治区争取教育科技体育上级专项资金7.02亿元，同比增加6860.44万元、增长10.83%。其中，申报中央文化产业项目12个，自治区文化产业项目63个，申报2017年中央集中彩票公益金支持体育事业专项资金项目18个，申报2017年公共体育场馆免费低收费开放补助资金项目3个，申报教育类项目32个。

◆上半年我市经济继续保持平稳增长态势，地区生产总值完成1373.9亿元，同比增长7.3%。增速在自治区十二个盟市中居第三位，较自治区平均水平高0.7个百分点。其中，一产完成增加值32.5亿元，同比增长2.5%；二产完成增加值385.9亿元，同比增长5.7%。其中工业完成增加值325.2亿元，同比增长5.2%；三产完成增加值955.5亿元，同比增长8.2%。一、二、三产对经济增长的贡献率分别为0.9%、21.3%、77.8%，分别拉动经济增长0.1个百分点、1.5个百分点、5.7个百分点。

26日

◆冯玉臻代市长赴市公安局、消防支队调研，并听取了市公安局、消防支队工作汇报。副市长李志斌、市政府副秘书长邢俊平及相关部门负责人参加调研。

◆罗青副市长会见内蒙古交投现代之路公司总经理李劲松一行，研究金融小镇政策相关事宜；参加呼和浩特新机场总体规划和航站楼方案审查会。

◆刘文玉副市长参加呼和浩特新机场飞行区试验段开工奠基仪式。

◆蔡裕东副市长参加自治区成立70周年庆祝活动安全监督工作情况汇报；参加第二届中蒙博览会筹备工作汇报会，副市长康存耀一同参加；参加呼和浩特出口加工区整改转型升级综合保税区协调会。

◆白金祥副市长参加市人大关于我市协调推动三医联动情况汇报会并调研工作；参加自治区重大活动食品药品安全保障暨下半年工作部署电视电话会议；主持召开全市多证合一工作会议；赴自治区成立70周年庆祝活动主会场视察卫生应急救治保障工作；赴呼市职业学院视察食品安全工作。

◆康存耀副市长主持召开解决大中专毕业生和国有企业退休教师群体上访事件协调会；主持召开奶牛博物馆建设工作推进会议。

◆毕国臣副市长与乌海市委常委、副市长刘俊山一行座谈；陪同国家安全监督组督导我市迎接自治区成立70周年庆祝活动安全生产工作。

◆李志斌副市长参加公安厅监管场所安全管理视频会；参加市公安局党委中心组学习会；主持召开70周年勤务演练部署会议。

◆赛青克副市长调研重点道路两侧街景整治、道路维修改造、便道铺装、园林绿化工作；陪同云光中书记调研街景亮化工作。

◆周强副市长"八一"建军节前夕赴回民区慰问；研究解决退役士兵安置遗留问题。

◆王继平副市长督查昭君路南二环高架桥建设工作；督导金桥开发区市容市貌整治工作。

27日

◆冯玉臻代市长赴食品药品监督管理局调研，并实地查看了讨号板北路食品安全示范街、市食药监管局举报投诉受理中心、食品药品案件调查询问室、食品药品监管信息化平台建设情况。赴中燃公司、供排水公司调研，并实地查看了中燃公司燃气生产调度中心、呼叫中心，供水生产调度中心建设情况。

◆罗青副市长听取产业项目进展情况汇报。

◆刘文玉副市长听取机铁办工作汇报；参加国家发改委呼包鄂榆调研组座谈会。

◆蔡裕东副市长实地调研云中路站（南二环节点）至新机场高速路北端（世纪十八路）高架路工程；会见全国城市外事服务系统协作会议理事长温巨星一行。

◆白金祥副市长检查自治区成立70周年庆祝活动主要接待场所食品安全保障工作。

◆康存耀副市长陪同云光中书记赴武川县调研扶贫工作；主持召开大青山前坡生态建设工程PPP项目政银企座谈会。

◆毕国臣副市长陪同国家安全监督组检查危化品行业安全生产工作。

◆李志斌副市长参加自治区公安厅党委（扩大）会议；实地指导迎接自治区成立70周年庆祝活动勤务演练工作。

◆周强副市长实地视察全市环境卫生综合整治情况；赴呼和浩特职业学院调研。

◆王继平副市长主持召开重点文化场馆建设项目协调会；与自治区文化厅厅长佟国清座谈；实地督查重点文化项目建设。

28日

◆冯玉臻代市长会见工商银行内蒙古分行行长赵贵德一行，副市长罗青一同参加；参加自治区安全生产电视电话会议;会见广州白云电气集团公司董事长胡德良一行,副市长罗青一同参加;听取市土地收储中心工作汇报。

◆刘文玉副市长慰问空军某部;参加国务院安全生产委员会第四巡视组对内蒙古自治区安全生产工作巡查情况反馈电视电话会议。

◆白金祥副市长检查大型活动医疗应急救治保障工作。

◆李志斌副市长实地指导70周年勤务演练工作。

◆周强副市长听取昭乌达路哲里木路改造提升工程进展情况汇报。

◆王继平副市长视察昭君博物院等重点项目建设情况;与内蒙古民航机场集团公司总经理邱蕴琦一行座谈;与央视主持人纳森等人商讨“马上出发”第一季相关活动合作事宜。

◆上半年我市累计完成基础设施投资480.7亿元,6月净增319.3亿元,同比增长70.1%,对全市投资增长的贡献率达146.7%,拉动全市投资增长24.2个百分点。在基础设施投资中,水利环境公共设施管理业和信息传输、软件和信息业投资成倍增长,分别完成投资340.7亿元和37.3亿元,分别增长1.3倍和4.2倍。

31日

◆冯玉臻代市长主持召开房地产遗留问题工作部署会议;主持召开和林格尔新区全体党员大会。副市长罗青一同参加;赴市供电局调研。

◆罗青副市长听取新区财政金融局、基础设施建设投资公司项目进展情况汇报;会见内蒙古奥捷集团董事长霍灵生一行。

◆刘文玉副市长调研大学路改造提升工程并主持召开协调会。

◆白金祥副市长检查大型活动医疗应急救治和食品药品安全保障工作。

◆康存耀副市长督查大青山前坡生态建设及沟系治理工作;督查防汛工作;主持召开外三环建委承建段工作推进会议;参加奎素沟防汛工程主体竣工现场会。

◆毕国臣副市长研究中环光伏四期项目供电事宜。

◆李志斌副市长主持召开市公安局党委会议,研究安保工作;参加自治区公安厅工作协调会议。

◆赛青克副市长主持召开城建项目协调会。

◆周强副市长参加全市驻军部队环境综合整治义务劳动;实地视察全市环境卫生综合整治情况;参加办公厅第一党支部全体党员学习会。

◆王继平副市长视察重点项目建设情况;实地视察心连心慰问演出场地;审查第26届金鸡百花电影节开幕式晚会。

## 8月

1日

◆冯玉臻代市长赴玉泉区参加软通动力大数据应用启动仪式。副市长周强一同参加;陪同自治区副主席刘新乐视察大型活动医疗应急救治和食品药品安全保障工作,副市长白金祥一同参加;陪同自治区主席布小林审查舞台剧《驼道》;参加自治区党委副书记李佳主持召开的迎庆有关工作部署会议。

◆罗青副市长会见国银金融租赁股份有限公司副总裁黄敏一行;会见中交第四公路工程局有限公司总裁赵云一行。

◆刘文玉副市长参加全市信访工作会议;研究巡视整改任务;参加自治区国有企业领导小组2017年第一次会议。

◆白金祥副市长检查大型活动医疗应急救治和食品药品安全保障工作。

◆毕国臣副市长主持召开“7.31”污水检查井有害气体窒息死亡事故调查处理和善后工作领导小组全体会议。副市长赛青克一同参加。

◆李志斌副市长陪同自治区党委副书记李佳实地踏查中央代表总团在呼行经路线;参加自治区缉枪治爆打击黄赌毒专项行动电视电话会议,并主持召开安排部署会。

◆赛青克副市长研究三环快速路赛罕区段建设情况。

◆周强副市长研究中央巡视“回头看”反馈意见国土资源开发领域整改事宜;实地视察全市环境卫生综合整治情况。

◆王继平副市长参加心连心艺术团慰问演出筹备工作调度会;研究昭君路跨二环路高架桥建设工程相关事宜;赴内蒙古少数民族群众文化体育运动中心现场办公。

2日

◆冯玉臻代市长主持召开市长办公会议,研究70周年庆祝大会行进表演有关事宜。

◆罗青副市长陪同公安部一所所长仇保利一行考察我市“平安首府”视频监控建设联网应用项目推进情况。副市长李志斌一同参加。

◆刘文玉副市长参加城市轨道交通建设规划专家评估会;陪同云光中书记会见中国农业银行副行长康义一行。

◆蔡裕东副市长陪同自治区人大常委会督查组赴回民区、土左旗、武川县开展对《内蒙古大青山国家级自然保护区条例》落实情况执法检查。

◆康存耀副市长参加全市推进深度贫困地区脱贫攻坚现场观摩会。

◆毕国臣副市长陪同自治区安监局局长王俊峰检查我市安全生产工作。

◆李志斌副市长陪同公安部一所所长仇保利一行考察自治区成立70周年庆祝活动安保信息化保障情况。

◆赛青克副市长与国开行总行住宅评审局副局长吴振程一行座谈;陪同自治区水利厅厅长付万惠一行调研城市防洪工作。

◆周强副市长听取市土地收储中心工作汇报。

◆王继平副市长听取设计单位规划设计方案汇报。

3 日

◆冯玉臻代市长参加庆祝自治区成立 70 周年中央电视台“心连心”艺术团慰问演出活动；陪同国土资源部副部长曹卫星一行在我市调研，副市长周强一同参加；陪同自治区副主席张建民一行赴和林格尔新区调研，副市长罗青一同参加调研。

◆罗青副市长听取和林格尔新区对接自治区委办厅局进展情况汇报。

◆刘文玉副市长参加呼张客专呼市至乌兰察布段开通暨高铁列车首发活动；参加城市轨道交通建设规划专家评估会；检查轨道交通建设及安全生产工作。

◆蔡裕东副市长、康存耀副市长陪同自治区人大督查组开展对落实《内蒙古自治区大青山国家级自然保护区条例》情况执法检查。

◆白金祥副市长检查大型活动医疗应急救治和食品药品安全保障工作。

◆毕国臣副市长主持召开三环快速路北线工程征拆等前期工作调度会；参加中国首届高岭土产业发展与合作高峰论坛筹备会议。

◆李志斌副市长实地指导中央电视台“心连心”艺术团安全保卫工作；陪同公安部消防局局长于建华一行考察自治区成立 70 周年主会场消防管理工作。

◆周强副市长实地视察全市环境卫生综合整治情况。

◆王继平副市长协调自治区成立 70 周年庆祝活动群众行进表演相关事宜；听取丰州古城遗址保护工作汇报。

◆市政府党组成员刘敏参加自治区应急管理工作座谈会。

◆1 - 7 月份，我市一般公共预算收入累计完成 169. 72 亿元，同比减少 11. 49 亿元、下降 6. 34%。其中税收收入完成 140. 67 亿元，增长 22. 02%；非税收入完成 29. 06 亿元，下降 55. 93%。一般公共预算支出累计完成 233. 41 亿元，同比增加 16. 65 亿元、增长 7. 68%。

4 日

◆冯玉臻代市长陪同自治区主席布小林、自治区政协主席任亚平、市委书记云光中、自治区党委宣传部部长白玉刚参加内蒙古美术馆开馆活动；主持召开首府活动领导小组调度会议。副市长蔡裕东、白金祥、李志斌、周强参加会议；赴回民区调研重点信访问题。

◆罗青副市长会见东方国信副总裁吴国庆、内蒙古低碳发展研究院教授许柏年一行；主持召开金盛快速路管道改迁协调会。

◆刘文玉副市长参加与中国政企基金对接会；听取首府活动组后勤保障组工作汇报。

◆蔡裕东副市长陪同自治区国税局局长谭珩一行调研新城区国地税联合办税服务厅；赴玉泉区西菜园调研环境卫生综合整治情况。

◆白金祥副市长协调医养结合项目。

◆毕国臣副市长研究增量配电业务试点项目申报工作；研究沃特玛新能源汽车产业园正极材料项目投产仪式筹备工作。

◆李志斌副市长参加自治区成立 70 周年庆祝活动信访维稳领导小组工作会议。

◆赛青克副市长参加自治区防汛抗洪工作紧急动员会；主持召开重点道路建设项目推进会。

◆周强副市长主持召开昭乌达路哲里木路改造提升工程协调推进会；参加全市人大代表迎接自治区成立 70 周年座谈会。

◆王继平副市长协调庆祝活动群众行进表演相关事宜；视察重点项目建设。

7 日

◆冯玉臻代市长参加自治区成立 70 周年随团活动。

◆罗青副市长研究新区“七网”基础设施项目列入自治区“七网”规划相关事宜；听取宝贝河河道治理土地征收进展情况汇报；研究新区社会事业类项目有关事宜；会见内蒙古银行副行长田跃勇一行。

◆刘文玉副市长赴信访局检查自治区成立 70 周年庆祝活动期间信访工作；赴赛罕区督查信访化解工作。

◆蔡裕东副市长主持召开会议，研究筹办 2017 中国(呼和浩特)美食餐饮展览会事宜；陪同八省区蒙古族自治县代表团，参观内蒙古博物院和内蒙古展览馆。

◆白金祥副市长庆祝自治区成立 70 周年活动期间市政府总值班带班。

◆康存耀副市长听取大青山前坡七条沟系生态综合治理规划设计汇报。

◆毕国臣副市长赴清水河窑沟乡景区调研。

◆李志斌副市长检查指导庆祝自治区成立 70 周年活动安保工作。

◆周强副市长实地检查庆祝活动重点路线和重点场所环境综合整治情况。

◆王继平副市长视察千人群众行进表演；参加大型主题绘画长卷《敕勒青城图》捐赠仪式。

◆1 - 7 月份，呼和浩特白塔机场累计完成旅客吞吐量 568. 52 万人次、飞机起降 5. 39 万架次、货邮吞吐量 2. 11 万吨，同比分别增长 27. 8%、19. 2%和 6. 2%。其中，7 月份完成旅客吞吐量 114. 43 万人次、飞机起降 1. 03 万架次、货邮吞吐量 3285 吨，同比分别增长 23. 7%、15%和 23. 8%。

8日

◆冯玉臻代市长参加庆祝自治区成立70周年活动。

◆罗青副市长研究新区PPP项目相关事宜。

◆蔡裕东副市长主持召开会议，研究云中路新机场连接线工程建设事宜。

◆李志斌副市长检查指导庆祝自治区成立70周年活动安保工作。

◆周强副市长实地视察庆祝活动重点路线和重点场馆环境综合整治情况。

◆王继平副市长视察千人群众行进表演；听取昭君路跨二环路高架桥规划设计汇报。

◆1－7月份，我市公共资源交易项目749项，同比减少16.87%；交易额357.98亿元，同比减少19.51%。节资增收9.14亿元，同比增加78.96%。

◆1－7月份，我市共接待国内外旅游者1490.5万人次，同比增长13.44%；实现旅游收入243.12亿元，同比增长23.64%。

9日

◆冯玉臻代市长参加呼和浩特市各族各界代表座谈会。副市长罗青、刘文玉、白金祥、康存耀、毕国臣、赛青克、周强、王继平、市政府党组成员刘敏一同参加；参加庆祝自治区成立70周年活动。副市长罗青一同参加。

◆刘文玉副市长研究新机场周边区域征拆事宜。

◆李志斌副市长检查指导庆祝自治区成立70周年活动安保工作。

◆1－7月份，全市非税收入累计完成61.22亿元，同比减少15.42亿元，下降20.12%。其中一般公共预算非税收入完成29.06亿元，同比减少36.87亿元，下降55.93%；政府性基金预算收入完成31.54亿元，同比增加21.82亿元，增长224.38%；国有资本经营预算收入完成1376万元，同比减少3203万元，下降69.95%；缴入财政专户的政府非税收入完成4897万元，同比减少432万元，下降8.11%。

10日

◆罗青副市长与自治区财政厅、自治区编办对接工作；参加和林格尔新区党工委第一支部会议。

◆刘文玉副市长听取中蒙博览会呼包鄂协同发展展区筹备情况汇报；听取全市重大项目建设进展情况汇报。

◆白金祥副市长主持召开落实市人大常委会关于食品安全法执法检查审议意见工作部署会。

◆康存耀副市长督查防汛工作和哈素海清淤工作；听取引哈素海水入金山开发区和引前夭子水库水入和林格尔新区调水工程规划设计汇报。

◆毕国臣副市长参加内蒙古欧晶科技股份有限公司石英坩埚二期项目开工奠基活动；主持召开会议，研究大青山自然保护区工矿企业退出方案。副市长周强一同参加。

◆李志斌副市长主持召开公安局党委（扩大）会议。

◆王继平副市长研究重点文化项目建设；主持召开文化剧场建设协调会；会见中央电视台电影频道田波导演一行。

11日

◆罗青副市长参加和林格尔新区学习习近平总书记“7.26”重要讲话精神专题研讨会；会见金谷银行董事长刘建强一行。

◆刘文玉副市长听取全市信用体系建设工作汇报；研究相对集中行政许可权试点方案。

◆康存耀副市长督查外三环路玉泉区段工作；督查大青山前坡生态建设工作。

◆毕国臣副市长参加市委三环快速路北线工程专题推进会。副市长周强一同参加；与中国科学院胡文瑞院士一行座谈。

◆李志斌副市长实地考察市公安局巡特警训练基地建设情况；研究近期重点工作。

◆周强副市长陪同云光中书记调研重点场馆建设情况。副市长王继平一同参加；实地督查全市环境卫生综合整治情况。

◆1－7月份，我市新建商品房成交面积313.48万平方米，同比下降1.59%；成交套数30204套，同比增长8.01%；成交金额226.3亿元，同比增长1.45%。其中：新建商品住宅成交面积262.18万平方米，同比下降4.25%；成交套数21953套，同比下降5.22%；成交金额152.07亿元，同比下降1.99%。商品住房成交均价5800元/平方米，同比上涨2.36%。

◆2017年，我市计划实施亿元以上项目468个，总投资7600亿元。截至7月底，我市开复工项目总数343个，开复工率73%，完成投资579亿元。新建项目133个，开工率53%，完成投资309亿元。续建项目210个，复工率96%，完成投资270亿元。

14日

◆冯玉臻代市长赴南浦商业街E、F商业楼项目、蔚蓝家园项目、青橙紫苑项目、内大翡翠城项目、大台西区回迁房项目调研，市四区政府主要负责人及市有关部门负责人参加了调研；参加自治区主席布小林听取我市重点场馆建设情况汇报会，副市长刘文玉、王继平一同参加；赴呼和浩特博物馆参观习近平总书记对自治区成立七十周年的重要题词。副市长白金祥、毕国臣、李志斌一同参加。

◆罗青副市长赴北京与国家信息中心对接工作。

◆刘文玉副市长陪同云光中书记调研地铁◆2号线建设进展情况。

◆白金祥副市长参加巴彦路改造提升工程项目推进会；

研究医养结合工作。

◆康存耀副市长督查奎素沟防汛工程和大青山前坡生态建设工程。

◆毕国臣副市长参加自治区安全生产督查意见交流会；研究神舟硅业技改扩能事宜。

◆李志斌副市长参加自治区公安厅工作会议；主持召开市公安局局务（扩大）会议。

◆周强副市长参加土左旗创建国家卫生县城授牌及先进集体、先进工作者表彰会议；赴自治区教育厅研究教育厅旧址征收事宜。

◆王继平副市长赴巴彦淖尔市参加电子商务进农村现场会。

◆市政府党组成员刘敏参加自治区工会“金秋助学”启动仪式。

15 日

◆冯玉臻代市长赴武川县调研。主持召开市政府党组中心组 2017 年第 8 次学习会议。

◆刘文玉副市长主持召开轨道交通◆2 号线重点任务部署会议；主持召开加快剥离国有企业办社会职能工作领导小组会议。

◆白金祥副市长参加市政协十二届五次会议提案督办会议；主持召开巴彦路改造提升项目管线迁改工作协调会。

◆康存耀副市长陪同自治区副主席常军政调研。

◆毕国臣副市长研究二砖厂生活区向赛罕区移交事宜；研究国务院安委办第四督导组来我市督导安全生产工作准备事宜。

◆李志斌副市长主持召开会议向公安部督查组汇报我市公安工作。

◆市政府党组成员刘敏参加呼和浩特满族文化博物馆开馆庆典仪式。

16 日

◆冯玉臻代市长参加国务院安委办督导组督导检查我市安全生产检查工作汇报会，副市长刘文玉、毕国臣一同参加；会见国开行内蒙古分行行长王琳一行，市政府秘书长罗琳及市相关部门负责人参加了会见；参加自治区年度考核工作电视电话会议，副市长罗青、刘文玉一同参加。

◆罗青副市长会见亿邦通信科技股份有限公司副总经理彭春娟一行；会见工信部信息中心主任孙蔚敏一行。

◆白金祥副市长实地调研巴彦淖尔路改造提升工程项目管线改迁工作；研究食品药品安全信息化建设事宜。

◆康存耀副市长参加大青山前坡生态建设工程界苑公园项目建设现场会；督查奎素沟防汛工作。

◆毕国臣副市长陪同国务院安委办督导组检查我市企业安全生产情况。

◆李志斌副市长参加自治区党委网络安全和信息化工作推进会暨网络领导小组第四次会议；陪同公安部督查组督导我市公安工作。

◆王继平副市长赴北京参加第 26 届中国金鸡百花电影节（2017 中国 · 呼和浩特）新闻发布会。

◆市政府党组成员刘敏陪同自治区督察组督察我市《法制政府建设实施纲要》贯彻落实情况。

◆1 - 7 月份，我市进出口总值完成 9.21 亿美元，同比增长 19.4%，占自治区比重为 11.1%。其中：出口完成 4.41 亿美元，同比增长 16.3%；进口完成 4.8 亿美元，同比增长 22.4%；贸易逆差 0.39 亿美元。

17 日

◆冯玉臻代市长赴土左旗参加浩普瑞投产仪式，副市长毕国臣、市政府秘书长罗琳及市有关部门负责人一同参加；赴伊利集团调研。

◆罗青副市长参加与白云电气集团战略合作框架协议签约仪式，副市长刘文玉一同参加；会见浙江泛城设计公司总经理李一飞一行；会见中交四公局总经理韩威一行。

◆刘文玉副市长陪同自治区副主席张建民赴市地税局调研工作；研究中信信托与我市棚改项目政府购买服务资金合作事宜。

◆蔡裕东副市长主持召开专题办公会议，研究参加第 25 届广州博览会有关事宜。

◆白金祥副市长研究食品药品安全监管信息化建设事宜；研究呼和浩特健康管理中心建设事宜。

◆康存耀副市长陪同云光中书记调研大青山前坡生态建设工作。

◆毕国臣副市长研究和林电厂建设有关事宜。

◆李志斌副市长主持召开市公安局局长办公会议。

18 日

◆冯玉臻代市长听取和林格尔新区各项工作进展情况汇报，副市长罗青一同参加；会见沃特玛集团总裁李金林一行，副市长毕国臣、土左旗及市有关部门负责人参加了会见。

◆刘文玉副市长听取中蒙博览会呼包鄂协同发展展区筹备情况汇报；听取全市信用体系建设情况汇报；研究高架快速路等重点道路建设项目列入国家 PPP 示范库有关事宜；研究相对集中行政许可权试点方案。

◆蔡裕东副市长参加“服务实体经济、防控金融风险、深化金融改革”三项任务座谈会。

◆白金祥副市长协调呼和浩特健康管理中心筹建工作。

◆毕国臣副市长研究市公路工程局重组事宜。

◆李志斌副市长参加“丝路行 · 咸阳走进内蒙古”主题展会。

◆赛青克副市长研究高架快速路等重点道路建设项目列

入国家 PPP 示范库有关事宜；陪同自治区住建厅厅长魏国楠调研房地产和住房保障工作。

◆市政府党组成员刘敏陪同厅级离退休干部参观考察首府建设活动。

20 日

冯玉臻代市长主持召开市长办公会议，听取第 26 届中国金鸡百花电影节（2017 中国 · 呼和浩特）总体筹备工作进展情况汇报。

21 日

◆冯玉臻代市长赴经济技术开发区调研。副市长毕国臣和市有关部门负责人参加了调研；主持召开市政府第 9 次常务会议，研究新机场航站区规划设计方案调整有关事宜、审议《呼和浩特市航空市场开发专项资金使用管理暂行办法》、研究关于呼和浩特机场年旅客吞吐量冲击一千万人次相关事宜、听取中国 PPP 基金投资我市城市轨道交通◆2 号线一期工程 PPP 项目有关情况汇报、听取关于落实外派监事会制度相关情况汇报、研究市教育局关于向和林格尔新区和经济技术开发区授予教育管理权限事宜、研究市卫计委关于向和林格尔新区和经济技术开发区授予卫生管理权限事宜、听取呼和浩特市 2017 年棚户区改造项目政府购买服务资金推进情况工作汇报、研究呼和浩特市 2017 年棚户区改造项目（自加压力第二批）政府购买服务相关事宜、研究高架快速路网等工程申报国家 PPP 项目库有关事宜。

◆罗青副市长研究新区用地指标分配事宜。

◆刘文玉副市长协调对接 2017 年棚户区改造项目政府购买服务资金与中信信托、平安资产管理合作事宜。

◆蔡裕东副市长参加自治区副主席白向群主持召开的会议，研究北方足球训练基地建设事宜。

◆康存耀副市长主持召开随军家属安置工作协调会议；主持召开 2017 年教师招考工作协调会。

◆李志斌副市长研究近期重点工作；参加自治区公安厅工作会议。

◆周强副市长现场踏勘昭乌达路、哲里木路改造工程提升工作。

22 日

◆冯玉臻代市长参加国务院督察组督查我市《法治政府建设实施纲要》贯彻落实情况汇报会议，市政府党组成员刘敏一同参加；会见包钢（集团）公司党委书记、董事长魏栓师一行。副市长罗青、赛青克、市政府秘书长罗琳及市有关部门负责人一同参加；参加自治区生态环境保护大检查督察反馈意见会议，副市长罗青、刘文玉、康存耀、毕国臣、赛青克、周强一同参加。

◆罗青副市长陪同自治区副主席常军政赴和林格尔新区调研；听取和林格尔新区基础设施建设及规划进展情况汇报。

◆刘文玉副市长参加市人大常委会 85 次主任会议；参加云光中书记办公会议。

◆蔡裕东副市长会见呼和浩特边检站站长王国华一行。

◆白金祥副市长调研个体私营企业协会人员及经费有关事宜。

◆康存耀副市长主持召开三环路建委承建段工作推进会；走访专家学者。

◆李志斌副市长参加自治区公安厅党委会议；陪同国务院法制办副主任甘藏春督查我市公安机关执法工作开展情况，市政府党组成员刘敏一同参加。

◆赛青克副市长陪同云光中书记赴我市环城水系、鄂尔多斯大街调研。

◆周强副市长研究深入扎实推进城市环境综合整治行动实施方案；赴呼和浩特铁路局沟通对接昭乌达路、哲里木路京包铁路公铁立交事宜；研究学校建设事宜。

◆1 – 7 月份，全市社会消费品零售总额完成 860.5 亿元，同比增长 8.3%，环比增长 17.1%。其中乡村限额以上实现零售额 5.7 亿元，同比增长 21.2%；城镇实现 376.5 亿元，同比增长 3.5%，农村消费增长速度快于城市消费，消费经济运行水平表现良好。

23 日

◆冯玉臻代市长会见国家农发行副行长林立一行，副市长罗青、赛青克一同参加。

◆罗青副市长陪同自治区国防科工办主任文民一行在新区调研；陪同国家农发行副行长林立一行调研。

◆刘文玉副市长参加市十四届人大常委会第四十次会议。副市长白金祥、赛青克一同参加；参加人代会联组会议。

◆蔡裕东副市长参加自治区投资工作会议；参加全国贸联会第 43 次高层论坛峰会；陪同自治区副主席艾丽华赴国际会展中心调研。

◆白金祥副市长督导巴彦淖尔路改造提升和东影南路下穿农大地道工程项目推进工作。

◆康存耀副市长参加全市精准扶贫精准脱贫业务培训班开班仪式；陪同云光中书记赴和林县调研；主持召开“2017 中国乳业一带一路峰会”调度会议；实地调研三环路市建委承建段工程进展情况。

◆毕国臣副市长研究我市大青山自然保护区内工矿企业退出方案。

◆李志斌副市长赴鄂尔多斯参加自治区公安机关迎接党的十九大和《联合国防治沙漠化公约》第十三次缔约方大会安保誓师会议。

◆周强副市长主持召开昭乌达路哲里木路改造提升工程协调推进会；研究关于新城区范围内政府主导项目土地违法处罚事宜。

◆2017 年以来,我市房地产市场受全国房地产市场影响持续升温价格稳步上涨。1 月份我市新建商品住宅网签 2907 套,成交单价 5567 元;2 月网签 1653 套,成交单价 5554 元;3 月网签 3525 套,成交单价 5566 元;4 月网签 4109 套,成交单价 5625 元;5 月网签 3940 套,成交单价 5710 元;6 月网签 3088 套,成交单价 5710 元;7 月网签 2903 套,成交单价 5800 元。随着库存量和上市面积的减少,以及地价的上涨,预计未来一段时间我市新建商品房市场将会保持量稳价升的态势。

◆呼和浩特—台北地区航班顺利完成通关,宣告呼和浩特白塔航空口岸至 1991 年国务院批准成立以来,出入境旅客吞吐量突破 100 万人次,国际地区航线和出入境旅客大幅增加。截至目前,白塔国际机场共计开通了 8 个国家和地区的 19 条国际、地区航线。

24 日

◆冯玉臻代市长赴自治区水利厅对接工作,副市长罗青、康存耀一同参加。

◆罗青副市长会见上海数字产业集团有限公司总经理宋凯敏一行;会见杭州暾澜投资管理有限公司董事长姚勇杰一行;会见国网信通产业集团国电通公司副总经理杨强一行。

◆刘文玉副市长研究轨道交通◆2 号线财务管理模式相关事宜;主持召开鄂尔多斯大街改造提升工程推进会;参加市十四届人大四十次会议闭幕式,白金祥副市长一同参加。

◆白金祥副市长主持召开健康管理中心筹建对接会。

◆康存耀副市长主持召开三环快速路市建委承建段现场办公会议。

◆毕国臣副市长研究调度三环快速路北线工程暨国道 110 线呼和浩特市至毕克齐段公路工程征拆等前期工作。

◆李志斌副市长陪同市委副书记、政法委书记王恒俊赴市公安局调研;观看公安部"公安文化基层行"文艺小分队慰问演出。

◆赛青克副市长赴地铁 2 号线喇嘛营站导改道路路面塌陷现场指导抢险处置工作;研究农发行贷款额度分配事宜。

◆周强副市长督导检查玉泉区兴隆巷办事处环境综合整治情况;听取中央环保督查反馈意见整改落实情况调度会。

25 日

◆冯玉臻代市长参加在我市举办的第十七届中国网络媒体论坛,副市长罗青一同参加;参加财政部调研组工作汇报会议,副市长刘文玉一同参加;赴蒙牛集团调研。

◆罗青副市长听取新区 PPP 项目进展情况汇报;赴农发行内蒙古分行对接工作。

◆刘文玉副市长研究国开发展基金增资扩股事宜。

◆白金祥副市长参加巴彦淖尔路改造提升项目管线导改工作会议;协调解决呼和浩特健康管理中心筹建有关问题。

◆康存耀副市长参加中国乳业协会第 17 次乳品技术精品展开幕式。

◆毕国臣副市长研究沃特玛新能源汽车产业园建设和新能源汽车推广应用事宜。

◆李志斌副市长陪同司法部副部长王双全一行在我市调研;参加自治区公安厅工作会议。

◆王继平副市长主持召开第 26 届金鸡百花电影节协调会议;主持召开重点文化场馆建设调度会议。

26 日

冯玉臻代市长主持召开市长办公会议,安排部署防范金融风险工作。冯玉臻代市长传达了《自治区党委政府关于坚决贯彻落实习近平总书记重要批示精神,全面做好防范金融风险工作的督办通知》,并就做好我市防范金融风险相关工作进行了安排部署。

27 日

冯玉臻代市长赴呼和浩特职业学院调研,并听取职业学院工作开展情况汇报。

28 日

◆冯玉臻代市长参加自治区党委第一巡视组呼和浩特市情况反馈会议;主持召开市政府 10 次常务会议,研究关于小微企业创业创新基地城市示范预选项目和资金分配有关事宜,研究《首届中国(呼和浩特)国际美食节总体方案》,审议《呼和浩特市小旅店经营服务规范》《呼和浩特市农家乐经营服务规范》,研究内蒙古革命历史博物馆等重大公共文化项目建设事宜,审议《呼和浩特市公共供水水质信息公布工作管理办法》,研究在乡老复员军人遗孀(配偶)享受定期生活补助事宜,研究安排全市高龄津贴普惠制新增人员补助资金相关事宜,研究创建"全国义务教育发展基本均衡县(区)"评估认定所需经费相关事宜,研究提高民族学校教师绩效工资相关事宜,研究《关于呼和浩特市敕勒川实验中学引进优秀教师工作实施方案》,研究呼和浩特市城市地下综合管廊建设方案调整事宜,研究城发公司亚行贷款项目辛家营、毫沁营集中供热工程确定施工单位有关事宜。

◆罗青副市长参加自治区党委组织部谈话会议。

◆蔡裕东副市长陪同我国驻外使节团赴和林县调研;会见大连出口时代电子商务有限公司 CEO 徐延峰一行。

◆李志斌副市长主持召开金鸡百花奖安保工作协调部署会;参加自治区公安厅党委会议;主持召开市公安局会议。

29 日

◆冯玉臻代市长参加全国五个少数民族地区首府城市人大座谈会议,副市长刘文玉一同参加;主持召开市长办公会议,听取我市高架快速路网工程建设进展情况汇报。会见中国影协分党组书记张宏一行,副市长王继平参加会见。

◆罗青副市长会见中国铁塔内蒙古分公司党委书记旭光一行;研究和林格尔新区金融小镇优惠政策制定事宜。

◆刘文玉副市长研究地铁建设工作;研究上报自治区党委专项汇报材料。

◆蔡裕东副市长参加首届(2017)中国·呼和浩特创新创业创意大赛电视总决赛。

◆毕国臣副市长赴西郊电厂调研。

◆李志斌副市长参加自治区迎接党的十九大再动员再部署电视电话会议。

◆周强副市长赴收储中心研究滨河新区土地事宜。

◆王继平副市长主持召开文化重点项目协调会;陪同国家旅游局副局长王晓峰一行调研。

30 日

◆罗青副市长会见首钢集团副总经理苏宝珍一行;主持召开新区2017年统计监测工作预备会议;研究新区财税制度工作进展情况。

◆刘文玉副市长研究统计工作;参加自治区政府专题工作会议。

◆蔡裕东副市长调研西菜园环境卫生综合整治情况;调研云中路新机场连接线工程进展情况。

◆白金祥副市长研究呼和浩特健康管理中心建设事宜。

◆毕国臣副市长研究国务院安委会安全生产巡查整改事宜。

◆赛青克副市长研究我市供热等重点项目工作;研究农发行贷款额度分配事宜。

◆周强副市长陪同自治区义务教育均衡发展评估组调研;主持召开推进昭乌达路、哲里木路改造提升工程协调会议。

◆王继平副市长赴金鸡百花电影节现场办公;主持召开昭君路跨南二环高架桥建设调度会议。

◆市政府党组成员刘敏参加百色市考察团考察自治区成立70周年庆祝活动座谈会议。

31 日

◆冯玉臻代市长陪同自治区党委书记李纪恒调研并参加调研工作汇报会,副市长罗青、刘文玉、蔡裕东、白金祥、康存耀、毕国臣、李志斌、赛青克、周强,市政府党组成员刘敏一同参加;赴市第二医院、西菜园社区卫生服务中心、市第一医院、市口腔医院、市蒙中医院调研。

◆罗青副市长研究和林格尔新区棚改工作计划;研究“和林格尔国际电影那达慕”活动方案相关事宜。

◆刘文玉副市长研究地铁项目建设事宜。

◆蔡裕东副市长主持召开会议,研究电子商务进农村有关事宜。

◆白金祥副市长参加自治区标准化三年行动计划第三年度工作完成情况考核汇报会议。

◆毕国臣副市长研究石墨烯应用研究院建设项目有关事宜。

◆李志斌副市长赴南地公安分局调研指导工作。

◆周强副市长主持召开教育均衡发展督导评估反馈会议;慰问自治区成立70周年庆祝活动优扶对象。

◆王继平副市长参加中华民族大赛马2017传统耐力赛(和林格尔站)暨首届和林格尔“蒙草情”欢乐那达慕开幕式;陪同自治区副主席白向群调研我市足球场馆建设工作;赴文化重点项目现场办公。

◆2017年上半年,伊利集团实现营业收入334.94亿元,同比增长11.32%;净利润33.68亿元,同比增长4.52%。蒙牛乳业实现营业收入294.66亿元,同比增长8.1%;净利润11.28亿元,同比增长4.7%。

## 9 月

1 日

◆冯玉臻代市长主持召开市长办公会议,研究政府投资类项目相关事宜,冯玉臻代市长强调:要提高政治站位,充分认识化解地方政府债务的重大意义,不折不扣地贯彻习近平总书记的重要批示精神和自治区党委、政府关于规范地方政府债务管理防范金融风险的有关精神,同时要统筹兼顾,确保我市经济健康发展;要把项目梳理和债务化解工作紧密结合起来,与年初确定的目标任务结合起来,与经济社会长远发展规划结合起来;既要考虑经济承受能力,也要考虑我市经济的健康发展。赴市二中、苏虎街小学、市蒙古族学校、市蒙古族幼儿园(南区)调研。冯玉臻代市长指出:首府的教育发展要与我市经济发展水平、首府地位和人民群众的需要相适应,要以办成一流教育为目标,为全市乃至自治区教育发展做贡献;要千方百计解决教育资源不足问题,尽快完成幼儿园、小学发展规划,同时各级政府要分年度加大建设力度,确保适龄儿童和学生就近上学;要鼓励、支持社会力量参与办学,同时要从严要求、从严管理,确保教育质量稳步提高;要采取切实可行的措施,努力实现教育均衡发展;要加强职业教育工作,深化职业教育改革;市教育局要尽快制定职业教育改革方案,加快推进职业教育发展。

◆罗青副市长听取新区规划及基础设施建设项目进展情况汇报。

◆刘文玉副市长部署防范金融风险工作。

◆蔡裕东副市长参加民革呼和浩特市第七次代表大会。

◆白金祥副市长参加自治区标准化三年行动计划第三年度考核意见反馈会议。

◆康存耀副市长参加自治区对我市关于深入推进农牧业供给侧结构性改革督查汇报会议。

◆李志斌副市长赴自治区党委参加会议。

◆王继平副市长主持召开第26届金鸡百花电影节协调

会议。

4日

◆冯玉臻代市长陪同上级领导调研；主持召开市政府党组第7次（扩大）会议。传达学习近习平总书记在全国金融工作会议上的重要讲话精神、李克强总理在全国金融工作会议上的重要讲话精神、《被巡视党组织配合中央巡视工作规定》《关于进一步加强和改进年度考核工作的意见》、传达自治区党委第一巡视组巡视反馈意见、研究市政府党组落实整改任务方案。冯玉臻代市长指出：要充分认清当前全国金融工作面临的新形势、新任务、新挑战、新机遇，认真落实好党中央、自治区党委和市委对当前规范地方政府债务管理，有效防范化解金融风险的新部署新要求。各部门要认真学习领会，全面抓好贯彻落实。一是要准确把握防控金融风险这个核心目标。坚决守住不发生系统性区域性金融风险这条“底线”，全力保障我市金融安全高效稳健运行。二是要准确把握服务实体经济这个根本目的。全面提高金融服务实体经济的效率和水平，促进金融和实体经济良性互动，双赢发展。三是要准确把握深化金融改革这个根本动力。加快建立与改革发展相适应的金融监管体系。积极稳妥推进各项金融改革，以改革的思维和办法做好我市金融工作；自治区党委巡视反馈意见的整改方案，一是认识上再深化。对自治区党委巡视反馈意见，我们必须坚决执行、坚决照办、坚决整改。二是责任上再实化。市委、市政府制定了自治区党委巡视反馈意见整改方案，要切实承担起主体责任，各司其职、各尽其责，做到守土有责、守土尽责，做到任务到人、责任到岗、要求到位，确保每项整改任务都按时按质按量完成。三是措施上再细化。要定期听取汇报、定期调度情况、定期督促检查，挂图作战、对账销号、跟踪问效，突出“严”的尺子、“实”的标准、“长”的效果，四是信息沟通再强化。要加强与自治区党委巡视办和市委整改领导小组的联络对接，每周定期报送整改工作进展情况，自觉接受干部群众监督，调动各方面力量共同推进整改落实工作。

◆刘文玉副市长参加自治区十个全覆盖过度举债督查汇报会。

◆蔡裕东副市长参加自治区深入推进农牧业供给侧结构性改革培育农牧业农村牧区发展新动能情况督查反馈意见会；参加自治区副主席艾丽华主持召开的第二届中蒙博览会工作会议。

◆毕国臣副市长研究拜访内蒙古电力公司需对接沟通的事宜。

◆李志斌副市长在新城宾馆指挥安保勤务工作。

◆周强副市长实地踏查昭乌达路、哲里木路改造提升工程进展情况；研究前巧报信访问题。

◆王继平副市长协调第26届金鸡百花电影节相关事宜。

◆8月份，全市一般公共预算收入累计完成181.38亿元，同比减少10.49亿元，下降5.47%。其中税收收入完成149.98亿元，增长20.33%；非税收入完成31.4亿元，下降53.29%。

5日

◆冯玉臻代市长参加全国人大检查自治区网络信息安全工作会议，副市长李志斌一同参加；主持召开物业公司、家政公司座谈会。冯玉臻代市长指出：政府有关部门要加快制定切实可行的政策扶持物业公司、家政公司做大做强，提升服务和管理水平；要尽快建立制约、监督和考核机制，促进物业和家政管理真正走上法制化轨道；物业和家政公司要适应市场需求，不断拓展服务领域，不断提升企业发展潜力；政府有关部门要加大人才培养力度，为物业和家政健康发展创造条件；政府有关部门要权力下放，优化体制、机制和流程，为物业和家政发展奠定坚实基础。

◆刘文玉副市长参加全市信访维稳工作推进会议；听取市行政服务审批局工作汇报。

◆蔡裕东副市长参加自治区中蒙博览会组委会综合协调部工作会议。

◆白金祥副市长赴和林县调研食药监管工作。

◆毕国臣副市长实地督查三环快速路北线工程暨国道110线市区至毕克齐段改造工程征拆工作；研究拜访内蒙古电力公司对接洽谈议题。

◆李志斌副市长参加自治区公安厅工作会议。

◆赛青克副市长陪同云光中书记调研公铁立交桥建设情况；主持召开自治区巡视反馈问题整改工作推进会议。

◆王继平副市长研究大青山文化公园纪念设施审批事宜；参加自治区粮食产销协作洽谈会；协调第26届金鸡百花电影节筹备事宜。

6日

◆冯玉臻代市长会见云南水务投资股份公司总经理于龙一行，副市长罗青、赛青克一同会见；赴内蒙古电力公司对接工作，副市长罗青、毕国臣、赛青克一同参加。

◆刘文玉副市长研究金融防风险工作；参加金砖银行专家座谈会。

◆蔡裕东副市长参加市人大常委会关于全市林业产业发展调研会议；陪同交通部总工程师周伟一行开展平安交通专项整治行动督察。

◆白金祥副市长研究健康管理中心建设事宜。

◆李志斌副市长主持召开市公安局党委（扩大）会议；主持召开全市公安机关“迎接十九大忠诚保平安”主题教育活动推进会议。

◆周强副市长讨论《深入扎实推进环境综合整治专项行动实施方案》；研究“名都和景”项目相关事宜。

◆王继平副市长赴重点文化建设项目现场办公。

7 日

◆冯玉臻代市长参加内蒙古大学建校 60 周年庆祝活动。

◆罗青副市长听取宝贝河、什拉乌素河绿化招标工作进展情况汇报。

◆刘文玉副市长研究市司法局固定资产处置事宜；研究万亩草场建设费用分配事宜。

◆白金祥副市长研究国务院食品安全督察组督查有关工作；参加国务院食品安全督察组督查考核汇报会议。

◆毕国臣副市长实地督查三环快速路北线工程暨国道 110 线市区至毕克齐段改造工程征拆工作；研究破产转制企业原厂级领导和留守人员托管费用事宜。

◆李志斌副市长安排部署内蒙古大学建校 60 周年安全保卫工作；慰问自治区成立 70 周年庆祝活动贡献突出公安民警代表。

◆赛青克副市长研究解决在建公铁立交桥存在的问题。

◆周强副市长赴市关心下一代工委调研；检查玉泉区、回民区创城工作。

◆王继平副市长视察第 26 届金鸡百花电影节重要活动场所筹备工作；视察重点文化项目建设情况。

8 日

◆冯玉臻代市长参加各盟市规范政府债务管理防范财政金融风险工作汇报会议。

◆罗青副市长主持召开和林格尔新区第 17 次主任办公会议；听取新区基础设施建设工作进展情况汇报；听取微软孵化园项目进展情况汇报；会见和平集团副总裁李洋、中兴投资董事长张德芳一行。

◆白金祥副市长陪同国务院食品安全督察组督查我市食品安全工作；参加国务院食品安全督察组督查意见反馈会议。

◆毕国臣副市长参加自治区人大调研我市贯彻落实《中华人民共和国公路法》等“一法三条例”情况汇报会议；研究中环产业园项目建设事宜。

◆周强副市长参加我市教育系统 2017 年教师节表彰大会；出席新城区庆祝第 33 个教师节表彰大会。

◆王继平副市长视察第 26 届金鸡百花电影节活动场所筹备工作；视察重点文化项目建设情况；陪同云光中书记调研大青山文化公园项目建设。

◆1 – 8 月份，全市财政非税收入累计完成 67. 37 亿元，与上年同期 79. 88 亿元相比减少 12. 51 亿元，下降 15. 67% 。其中，一般公共预算非税收入完成 31. 39 万元，比上年同期 67. 22 亿元相比减少 35. 83 亿元，下降 53. 29% ；政府性基金预算收入完成 35. 28 亿元，与上年同期 11. 62 亿元相比增加 23. 66 亿元，增长 203. 66% ；国有资本经营预算收入完成 1443 万元，与上年同期 4595 万元相比减少 3152 万元，下降 68. 6% ；缴入财政专户的政府非税收入完成 5435 万元，与上年同期 5814 万元相比减少 379 万元，下降 6. 52% 。

11 日

◆冯玉臻代市长调研轨道交通◆2 号线一期工程建设进展情况，副市长刘文玉一同参加；主持召开市政府党组中心组学习会；听取电影节工作筹备情况汇报。

◆罗青副市长听取和林格尔新区招商引资项目、产业基金工作进展情况汇报；会见广州酣客公社董事长王为一行；主持召开和林格尔新区建设用地土地征收协调会；参加市委巡视整改领导小组会。

◆李志斌副市长主持召开“创城”工作部署推进会；赴市交管支队就“创城”工作重点内容进行安排部署。

◆周强副市长参加纪念市关工委成立 30 周年大会；研究昭乌达路、哲里木路提升改造管线迁改事宜。

◆王继平副市长会见浙商银行呼和浩特分行筹备组负责人王君双一行；协调金鸡百花电影节筹备工作；主持召开昭君路跨二环高架桥建设调度会。

12 日

◆冯玉臻代市长参加云光中书记办公会议，副市长康存耀、毕国臣一同参加；调研创城工作。

◆罗青副市长听取金盛路快速路前期手续办理情况汇报；听取金盛路快速路提升改造项目入财政厅 PPP 项目库进展情况汇报。

◆刘文玉副市长研究地铁◆2 号线建设事宜；听取中蒙博览会呼包鄂协同发展展区布展情况汇报；参加国家督察组公平竞争审查机制汇报会，并安排部署我市相关工作。

◆白金祥副市长赴深圳参加国务院医改办全国医疗联合体建设培训班。

◆康存耀副市长参加贵州铜仁市农牧产品招商引资推介会。

◆毕国臣副市长参加托清经济技术开发区项目建设协调会议。

◆李志斌副市长实地指导金鸡百花电影节安保应急演练工作；赴自治区纪委参加会议。

◆周强副市长参加自治区政府工作会议；研究职业学院西校区移交民族学院事宜。

◆王继平副市长参加第 26 届金鸡百花电影节扩大会议；主持召开第 26 届金鸡百花电影节开幕式演练工作会议；参加国产电影新片展开幕式；视察开幕式彩排现场。

13 日

◆冯玉臻代市长陪同国家反恐联合督导检查组赴呼和塔拉会议中心和内蒙古少数民族群众文化体育运动中心检查反恐工作，副市长李志斌一同参加；调研我市创城工作，副市长周强一同参加；参加第 26 届金鸡百花电影节开幕式，副市长罗青、刘文玉、王继平一同参加。

◆罗青副市长听取新区产业项目用地指标汇总、经济技术开发区关于新区土地征收进展情况汇报；参加全市干部大会。

◆刘文玉副市长赴新机场调研征拆工作；赴国开行协调国开基金使用有关事宜。

◆康存耀副市长陪同贵州省铜仁市考察团赴和林县考察。

◆毕国臣副市长主持召开电网建设协调会议。

◆李志斌副市长参加自治区公安厅工作会议。

◆周强副市长研究支持自持自营商业发展政策措施。

◆王继平副市长参加第26届金鸡百花电影节新闻发布会。

◆1－8月份，我市亿元以上重点项目开、复工349项，开复工率为75%，完成投资634亿元。其中，续建项目复工211项，复工率96%，完成投资305亿元；新开工项目138项，开工率为55%，完成投资329亿元。

◆我市2017年回迁安置房项目回迁安置任务为13207套，市四区分别为：新城区3768套、回民区2889套、玉泉区2600套、赛罕区3950套。住房保障中心对各区回迁安置情况进行实时督促跟进，截至目前，共计完成回迁安置任务13768套，完成率为104%。各区完成情况分别为：新城区2228套、回民区1799套、玉泉区2190套、赛罕区7551套。

14日

◆冯玉臻代市长参加市委常委会，副市长罗青、刘文玉一同参加；参加市委常委第40次会议及参加市党风廉政建设和惩治预防腐败体系建设工作领导小组会议，副市长罗青、李志斌一同参加。

◆罗青副市长参加大数据高峰论坛；会见博奥颐和健康科学技术（北京）有限公司董事长、北京博奥检验所有限公司总裁王国青一行。

◆刘文玉副市长研究我市重点信访问题化解事宜。

◆毕国臣副市长参加自治区安全生产综合督查工作汇报会议。

◆李志斌副市长研究近期重点工作。

◆周强副市长参加金鸡百花电影节相关活动。

◆刘敏市政府党组成员参加自治区文物普查电视电话会议。

15日

◆冯玉臻代市长赴赛罕区、玉泉区、回民区调研创城工作。冯玉臻代市长强调：各区政府要立即清理城郊结合部的建筑垃圾，市城管执法局要会同市四区尽快研究建立长效管理机制，确保城郊结合部环境卫生干净、有序；老旧小区改造要加快进度，要加强对施工队伍的规范管理，确保老百姓出行安全。副市长周强一同参加；会见开沃汽车集团董事长黄宏生一行，副市长毕国臣一同参加；参加全市扶贫开发领导小组工作会议；参加市委常委班子专题民主生活会。

◆罗青副市长听取新区招商引资优惠政策情况汇报；会见公安部一所副所长余兵一行。

◆刘文玉副市长参加自治区审计厅进点工作会议。

◆白金祥副市长督查分管部门创城任务落实情况。

◆康存耀副市长参加全市扶贫开发领导小组工作会议。

◆毕国臣副市长陪同自治区安全生产综合督查组组长、自治区人大常委会副主任杭桂林检查我市安全生产工作。

◆李志斌副市长主持召开第26届金鸡百花节安保工作部署会议；赴来宾驻地指导安全保卫工作。

◆周强副市长对接职业学院西校区搬迁事宜；研究支持自持自营商业运营政策。

◆王继平副市长参加金鸡百花电影节相关活动。

18日

◆冯玉臻代市长赴金川实验学校视察工作；主持召开市政府党组2017年第8次（扩大）会议，研究审议《市政府党组巡视反馈意见整改专题民主生活会对照检查材料》；听取全市扶贫工作进展情况汇报。冯玉臻代市长指出，我市脱贫工作进入攻坚阶段，我们要正视问题，将各项工作抓的更细、更到位。要建立信息化扶贫平台，安排专项资金建设，将脱贫人员信息与人社、医疗、养老等部门互通。要加强乡镇干部管理，要教育指导扶贫干部负起责任，想办法调动广大百姓参与脱贫，激发百姓脱贫的积极性、主动性，为全面打赢脱贫攻坚战奠定坚实基础，副市长刘文玉、蔡裕东、康存耀、毕国臣、李志斌、周强、市政府党组成员刘敏、市政府秘书长罗琳、市四区政府及市有关部门负责人参加了会议；主持召开市政府第11次常务会议，原则通过《呼和浩特市落实自治区生态环保督察反馈意见整改方案》《呼和浩特市全面推行河长制工作方案》《呼和浩特市高层建筑消防安全管理办法（草案）》。冯玉臻代市长指出，环保方面需要整治问题很多，涉及多个部门，要加大整治力度，细化分工、摆上议事日程，按时限要求完成整改。陪同自治区主席布小林会见世界能源论坛组织成员。

◆罗青副市长主持召开和林格尔新区招商引资基础材料汇总协调会议；研究公安部一所数据库落地新区相关事宜。

◆刘文玉副市长研究审定中蒙博览会呼包鄂协同发展展区宣传片。

◆康存耀副市长听取三环路建委承建段工作汇报；督查奎素沟防汛工作。

◆李志斌副市长参加2017年自治区国家网络安全宣传周开幕式；参加公安部一所和三大运营商数据库架设相关事宜沟通协调会。

◆王继平副市长视察昭君路跨二环高架桥工程建设情况；赴大青山红色文化公园视察。

19 日

◆冯玉臻代市长主持召开市政府第 11 次常务会议，传达了自治区主席布小林关于规范政府债务管理防范金融风险领导小组会议精神，并就我市规范政府债务管理防范金融风险工作进行安排部署；审议《呼和浩特市农业水价综合改革实施方案》、研究闲置空棚相关事宜、研究 2017 年公开招聘教师有关事宜、研究市城管执法局关于申请无偿划拨爱民街城环环卫作业场站及便民综合服务建设项目用地事宜、研究关于呼和浩特市区新建扩建道路拟命名更名事宜、研究中蒙博览会会议中心及周边道路灯项目用地新增建设用地有偿使用费及补充耕地费事宜。

◆刘文玉副市长研究贯彻落实自治区规范债务管理防范金融风险领导小组第一次会议精神事宜；研究区市两级政务中心、公共资源交易中心建设事宜；研究讨论地铁一、二号线自查报告。

◆蔡裕东副市长会见内蒙古机场集团公司姜春阳副总经理一行；陪同自治区副主席艾丽华实地调研国际会展中心布展情况和呼和塔拉会场筹备情况；会见自治区出入境检验检疫局副局长孙志一行；参加自治区第二届中蒙博览会筹备工作会议。

◆白金祥副市长研究分管口工作。

◆康存耀副市长参加自治区军队转业干部安置工作电视电话会议。

◆毕国臣副市长陪同国安委综合督查组检查我市企业。

◆李志斌副市长参加全国综合治理表彰工作电视电话会议；陪同公安部高层建筑消防安全综合治理督查组及公安部保密工作督查组检查我市相关工作。

◆周强副市长参加内蒙古大学艺术学院校庆活动；赴金川学校主持召开座谈会。

◆王继平副市长视察大青山红色文化公园建设；主持召开重点项目建设调度会议；陪同自治区副主席艾丽华赴中蒙博览会呼和塔拉会场调研筹备情况；参加中影电影数字制作基地有限公司座谈会。

20 日

◆冯玉臻代市长陪同自治区副主席张建民调研；主持召开市政府党组巡视反馈意见整改专题民主生活会。

◆罗青副市长陪同中国信息通信研究院产业与规划研究所所长胡坚波一行赴和林格尔新区调研。

◆刘文玉副市长研究中蒙博览会签约项目事宜。

◆白金祥副市长陪同国家卫计委安全生产第十四督导组赴和林县督导安全生产工作。

◆康存耀副市长主持召开教师招聘工作会议。

◆毕国臣副市长陪同国安委综合督查组检查我市企业安全生产情况。

◆李志斌副市长参加全国综合治理表彰工作电视电话会议；参加全国公安机关“迎接十九大，忠诚保平安”主题活动推进会。

◆周强副市长陪同住建部副巡视员韩煜一行在我市调研。

◆王继平副市长视察大青山红色文化公园建设情况。

21 日

◆冯玉臻代市长会见北控集团副董事长徐波一行；调研三环快速路建设情况。

◆刘文玉副市长研究推进地铁◆2 号线建设进度事宜；研究审议防风险综合工作汇报；研究国有企业改革工作。

◆白金祥副市长陪同国家卫计委安全生产第十四督导组督导我市安全生产工作。

◆毕国臣副市长参加自治区安全生产电视电话会议；主持召开三环快速路北线工程暨国道 110 线市区至毕克齐段改造工程专题协调推进会议；研究 TCL 光电电视机制造项目事宜。

◆李志斌副市长主持召开市公安局党委会议。

◆王继平副市长主持召开自治区重点文化场馆建设协调会议；参加自治区重点文化场馆建设调度会议；会见平安养老保险内蒙古分公司总经理郭松杰一行；主持召开第 26 届金鸡百花电影节收尾工作部署会议；会见百盛中国津冀蒙新市场公共事务与政府关系总监李忠民一行；赴大青山红色文化公园现场办公。

22 日

◆冯玉臻代市长参加自治区、市迎接党的十九大安全稳定工作会议。副市长刘文玉、白金祥、毕国臣、李志斌一同参加；参加市政府办公厅第二党支部学习会议。副市长毕国臣一同参加；调研市区路网改造提升工程。调研昭乌达路 - 哲理木路桩基施工情况及管线迁改情况，调研巴彦路玉泉区段征拆情况，调研巴彦路回民区段征拆情况及管线迁改情况，调研海拉尔东、西街 - 金海路与巴彦路互通立交节点。

◆刘文玉副市长主持召开分管部门党建工作会议；主持召开会议，研究调度 9 月份经济形势；研究地铁◆2 号线建设事宜。

◆康存耀副市长赴托县参加壮大农村集体经济现场会。

◆毕国臣副市长研究《关于加快乳产业升级的若干意见》；实地踏勘中环四期项目供电线路。

◆李志斌副市长参加自治区公安厅党委会议；主持召开“中共政法委全国综合治理表彰大会会议精神”学习会。

◆王继平副市长参加市人大全市旅游总体规划编制及旅游市场规范管理工作会议；赴大青山红色文化公园现场办公。

◆市政府党组成员刘敏参加新城区满族小学建校 60 周年庆祝活动。

23 日

冯玉臻代市长主持召开市长办公会议，研究内蒙古大商城土地收购事宜；研究巴彦淖尔路改造提升工程 PPP 财政项目承受能力报告有关问题。

24 日

冯玉臻代市长主持召开市政府党组 2017 年第 9 次（扩大）会议，传达学习李纪恒书记，自治区党委常委、统战部部长王莉霞，自治区党委常委、组织部部长曾一春，自治区党委常委、纪委书记刘奇凡在全区市、旗县（市、区）、苏木乡镇人大、政府和盟市、旗县（市、区）政协换届工作会议上的讲话精神；听取市政府分管领导承担中央巡视“回头看”反馈意见、自治区党委巡视反馈意见整改落实情况和履行“一岗双责”抓党风廉政建设情况汇报；主持召开市政府第 12 次常务会议，研究《中共呼和浩特市委员会、呼和浩特市人民政府关于坚决贯彻落实习近平总书记重要指示精神，进一步做好规范政府债务管理防范财政金融风险工作的意见》、研究《内蒙古奈伦集团原国营回民奶牛场职工安置方案》、审议《呼和浩特市旅游奖励暂行办法》、研究《呼和浩特国家西部康复辅助器具产业园区招商引资扶持政策措施》。

25 日

◆罗青副市长参加自治区“两个责任”督导组督导工作汇报会议，副市长蔡裕东一同参加；参加自治区“一岗双责”督导组谈话；听取和林格尔新区社会事业项目、产业项目选址相关情况汇报。

◆刘文玉副市长参加自治区主席办公会；主持召开迎接中财办调研组协调会。

◆蔡裕东副市长参加自治区外国驻华使节团座谈会。

◆康存耀副市长陪同云光中书记调研金山学校并参加教育扶贫座谈会。副市长周强一同参加。

◆毕国臣副市长研究市区客运班车公交化改造事宜。

◆李志斌副市长主持召开市公安局党委（扩大）会议，专题部署中蒙博览会安保工作；陪同自治区副主席、公安厅厅长马明现场视察中蒙博览会安保情况。

◆周强副市长研究蒙古语学校建设、殡仪馆和民政福利企业转制相关事宜。

26 日

◆罗青副市长会见银帝集团副总裁侯迅一行；听取和林格尔新区副主任史文煜分管口工作进展情况汇报；听取《内蒙古和林尔新区招商引资优惠政策》《内蒙古和林格尔新区金融小镇优惠政策》编制情况汇报。

◆刘文玉副市长研究审议中财办调研组汇报材料；主持召开企业座谈会。

◆蔡裕东副市长参加第二届中蒙博览会开幕式暨中蒙俄合作高层论坛及巡馆活动；陪同商务部部长助理李成刚一行参加第二届中蒙博览会相关活动。

◆白金祥副市长赴鄂尔多斯路街道办事处督查环境整治、安全生产、一岗双责等工作开展情况。

◆康存耀副市长参加自治区自然保护区专项督查汇报会议；参加安康市政府招商推介会议。

◆毕国臣副市长陪同国家烟草专卖局副局长段铁力一行调研蒙昆卷烟公司。

◆李志斌副市长现场指导中蒙博览会安保工作；参加党风廉政建设督导组谈话。

◆赛青克副市长研究中央巡视“回头看”整改工作；研究自治区党委巡视反馈意见整改工作。

◆周强副市长主持召开昭乌达路、哲里木路改造提升工程协调推进会议；听取市城管执法局近期工作进展情况汇报。

◆王继平副市长赴大青山红色文化公园现场办公。

27 日

◆冯玉臻代市长参加全市金融工作会议；参加全市旅游发展大会。

◆罗青副市长参加内蒙古、香港和蒙古国经贸合作洽谈会议；参加市委常委会议；参加内蒙古和林格尔新区 BIM 专业人才培训基地揭牌仪式。

◆蔡裕东副市长会见蒙古国乌兰巴托市、美国加州洛杉矶郡、韩国首尔特别市冠岳区代表团相关人员。

◆白金祥副市长主持召开分管部门党风廉政建设工作及国庆、中秋，十九大召开期间安全生产，节日保障工作部署会议；赴鄂尔多斯路街道办事处督查环境整治、安全生产、信访维稳、一岗双责等工作开展情况。

◆康存耀副市长主持中蒙博览会草业论坛；参加与蒙古国农业交流活动。

◆毕国臣副市长参加全市安全生产工作会议。

◆李志斌副市长参加自治区维护党的十九大安全稳定工作部署会议。

◆周强副市长赴自治区爱卫办对接工作。

◆王继平副市长参加市政协十二届二十次常委会议暨专题协商会议。

28 日

◆冯玉臻代市长赴和林县指导督查换届工作；赴清水河县调研安全稳定工作。

◆罗青副市长会见新松机器人董事长贾瑞强一行；听取新区“多规合一”工作情况汇报；听取新区招商引资优惠政策和金融小镇优惠政策编制情况汇报。

◆刘文玉副市长参加呼和浩特机场 2017 年应急救援综合演练；安排部署信访维稳重点工作。

◆蔡裕东副市长带领第八督导组赴经济技术开发区督导落实“两个责任”推进党风廉政建设情况；落实市委要求与党

外人士联谊精神，与党外人士座谈。

◆白金祥副市长陪同云光中书记调研便民市场食品安全状况；赴分管部门调研督导履行“一岗双责”、安全生产、信访维稳工作。

◆康存耀副市长赴敕勒川街道办事处督查环境整治、安全生产、信访维稳、一岗双责等工作开展情况。

◆毕国臣副市长赴玉泉区小黑河镇督导安全稳定工作；主持召开中环四期项目供电建设协调会议。

◆李志斌副市长陪同云光中书记调研；参加中央政法委视频讲座、自治区科技信息化工作电视电话会议。

◆赛青克副市长督导新华西街办事处环境卫生综合整治、社会稳定、党建工作。

◆周强副市长陪同王恒俊副书记实地踏查公共卫生间和专业市场建设进展情况；赴玉泉区兴隆巷街道办事处督导安全维稳工作。

◆王继平副市长督查金桥开发区环境卫生整治和信访维稳工作；主持召开分管部门履行“一岗双责”、安全生产、信访维稳工作调度会议；赴大青山红色文化公园现场办公。

◆市政府党组成员刘敏听取分管部门党风廉政建设情况汇报。

29 日

◆冯玉臻代市长主持召开市长办公会议，听取地铁控制中心设计方案汇报。副市长刘文玉和市有关部门负责人参加了会议；赴托清工业园区参加久泰公司年产 100 万吨乙二醇项目启动仪式。副市长毕国臣一同参加；会见沃特玛产业联盟理事长李瑶一行。

◆罗青副市长主持召开和林格尔新区“多规合一”对接会议。

◆刘文玉副市长参加全市财政系统“庆祝建国68周年喜迎党的十九大”主题活动。

◆康存耀副市长督查大青山前坡生态建设工作；督查三环路建委承建段项目建设工作。

◆毕国臣副市长研究三环路北线工程电力设施拆改事宜。

◆李志斌副市长主持召开市公安局党委民主生活会；主持召开十九大安保工作再部署再强调工作推进会议。

◆周强副市长听取教育部门工作汇报；听取分管部门单位党建工作和党风廉政建设工作汇报。

◆王继平副市长主持召开金鸡百花电影节总结大会；视察昭君路跨二环路高架桥工程和大青山红色文化公园项目。

◆市政府党组成员刘敏赴赛罕区昭乌达路街道办事处督导安全稳定工作。

30 日

◆冯玉臻代市长参加烈士纪念日向人民英雄敬献花篮仪式。主持召开市政府第 13 次常务会议。会议听取了全市信访工作汇报；听取了自治区党委巡视反馈意见整改进展情况汇报；审议《关于调整呼和浩特市城市规划建设管理委员会组织构成并明确其职责和制度的通知》。会议指出：各地区和市有关部门要进一步认清形势，提高认识，采取切实有效措施，认真研究解决信访问题，各地区和市有关部门要在会议结束后立即深入基层，组织精干力量，逐个研究，加快解决。各地区和有关部门要切实负起责任，要工作到位、措施到位、稳控到位。经济技术开发区要充分认识存在问题的严重性，要采取有力措施，确保整改到位；房地产项目完善手续解决群众办证难问题整改领导小组要下设工作组，按照“四个一批”（强拆一批、没收一批、处罚一批、处理一批）的原则，尽快分类出台政策，加快解决，各旗县区都要成立领导小组，项目所在地政府主要领导是第一责任人，要按照方案加快解决。

◆罗青副市长听取和林格尔新区招商引资项目线索进展情况汇报。

◆李志斌副市长参加市委副书记、政法委书记王恒俊专题会议；主持召开市公安局党委会议；参加公安部双节期间加强安全保卫工作视频会议。

◆王继平副市长主持召开革命历史博物馆、文化客厅方案设计汇报会议。

◆市政府党组成员刘敏参加全市行政执法单位法律知识竞赛决赛。

## 10 月

9 日

◆冯玉臻代市长主持召开市政府第 14 次常务会议，研究《关于改组组建呼和浩特市国有资本运营有限公司的工作方案》、关于我市高架快速路网 PPP 项目《实施方案》的事宜、解决赤峰驻呼办事处遗留问题、关于有偿收回 2006010 号地块部分国有建设用地使用权相关事宜。

◆毕国臣副市长赴自治区交通运输厅对接三环路北线工程互通方案审批事宜。

◆李志斌副市长督导检查十九大维稳安保工作；主持召开十九大期间信访维稳工作再强调再部署会议。

◆周强副市长赴昭乌达路现场研究解决有关建设问题；参加环保部涉环项目“邻避”问题防范与化解工作电视电话会议。

◆1 – 9 月份，呼和浩特白塔航空口岸共执行国际及港台地区航线 1215 架次，同比下降 11.8%；出入境旅客 15.26 万人次，同比下降 14.3%。保障港台地区航线 319 架次，同比下降 50.5%；出入境旅客 43712 人次，同比下降 52.2%。保障国际航线 896 架次，同比增长 22.4%；出入境旅客 10.89 万人次，同比增长 25.6%。白塔航空口岸国际快件清关量 95.1 万件,2170.8 吨,同比增长 22.7%,其中航班清关量 1040.8 吨,同比增长 100.3%;卡车清关量 1130 吨,同比减少 9.5%。

10 日

◆冯玉臻代市长参加云光中书记办公会议。副市长罗青一同参加;参加市委常委会议;参加市委全面深化改革领导小组会议。副市长罗青、刘文玉、蔡裕东、白金祥、康存耀、毕国臣、李志斌、市政府党组成员刘敏、市重大项目办主任张国平一同参加;主持召开全市经济运行调度会。

◆罗青副市长赴自治区通信管理局对接工作。

◆康存耀副市长陪同国家林业总局副局长李树铭一行调研大青山前坡生态建设工程。

◆毕国臣副市长参加自治区节能降碳工作会议。

◆李志斌副市长陪同云光中书记调研信访维稳工作。

◆周强副市长研究信访工作。

◆1-9 月份,我市一般公共预算收入累计完成 191.91 亿元,同比下降 5.56%。其中税收收入完成 158.42 亿元,同比增长 18.29%;非税收入完成 33.49 亿元,同比下降 51.66%。我市一般公共预算支出累计 306.75 亿元,同比增长 5.99%。

11 日

◆冯玉臻代市长参加自治区党委第一巡视组见面会议;陪同自治区副主席张建民一行调研。

◆罗青副市长听取和林格尔新区史文煜副主任分管口工作进展情况汇报;研究社会事宜项目及兴业银行棚改项目工作进展情况。

◆刘文玉副市长陪同云光中书记检查轨道交通◆2 号线建设进展及安全生产工作。

◆蔡裕东副市长参加呼和浩特市 2017 年第三季度国家重大政策措施落实情况跟踪审计会议;参加自治区 2017 年土地例行督查整改工作电视电话会议;主持召开专题会议,研究首届呼和浩特国际美食节筹办有关事宜。

◆白金祥副市长研究分管口工作。

◆康存耀副市长调研三环路建设进展情况。

◆毕国臣副市长研究近期重点工作。

◆李志斌副市长督导十九大维稳安保工作;主持召开市公安局党委扩大会议,传达云光中书记视察市公安局的讲话精神。

◆周强副市长赴通辽市参加自治区爱国卫生工作现场会议。

◆王继平副市长赴阿拉善盟参加自治区文化与旅游融合发展推进会现场观摩会议。

◆1-9 月份,我市二手房成交面积 164.6 万㎡,同比增长 36.39%;成交套数 18489 套,同比增长 37.24%;成交金额 77.93 亿元,同比增长 45.91%。其中:二手住宅成交面积 159.17 万㎡,同比增长 36.18%;成交套数 17851 套,同比增长 36.95%;成交金额 68.24 亿元,同比增长 49.43%。根据算术平均法计算,二手房成交均价 4735 元/㎡,同比上涨 6.98%。二手住房成交均价 4287 元/㎡,同比上涨 9.73%。

12 日

◆冯玉臻代市长参加云光中书记专题会议;赴赛罕区白塔食品加工园区调研。陪同云光中书记调研重点道路改造提升工程建设情况。

◆罗青副市长主持召开人工智能交通项目所需材料协调会议;听取金盛快速路征地进展情况汇报;赴昭君路办事处督查环境卫生和维稳工作。

◆蔡裕东副市长会见商务部流通产业促进中心会展服务业促进处副处长张哲一行;研究首届呼和浩特国际美食节筹办事宜;陪同市人大常委会主任云建东赴自治区政府协调久泰 100 万吨乙二醇项目申报有关事宜。

◆康存耀副市长参加自治区推进河长制工作现场会议。

◆李志斌副市长参加十九大期间安保维稳信访工作推进会议。市政府党组成员刘敏一同参加;督导十九大维稳安保工作。

◆王继平副市长赴阿拉善盟参加自治区文化与旅游融合发展暨旅游推进工作会议。

◆张国平市重大项目办主任赴和林盛乐园区调研。

13 日

◆冯玉臻代市长参加云光中书记专题会议;会见北京交通大学副校长关忠良一行;陪同自治区人大常委会副主任呼尔查一行调研;主持召开市长办公会议,听取城乡建设委关于我市当前供热情况工作汇报。主持召开市长办公会议,听取市规划局、市城乡建设委、市交警支队、市公交总公司有关交通治堵方案情况汇报。冯玉臻代市长指出,各部门对我市交通规划引导、基础设施建设、交通管理、公交运营、站点设置、线路优化等方面提出的整治措施和建议,有一定的针对性,市规划局将各部门提出的措施和建议综合编制形成《呼和浩特市解决交通拥堵工作方案》的报告,提交市政府常务会研究审议;调研我市锅炉房改造、“煤改气”、“煤改电”工程进展及全市供热工作情况。

◆罗青副市长参加呼和浩特铁路总图枢纽和新机场航站楼方案汇报会议;参加和林格尔新区与北京交通大学战略合作框架协议签约仪式;主持召开和林格尔新区主任办公会议;实地查看和林格尔新区项目建设进展情况。

◆蔡裕东副市长陪同自治区党委常委、秘书长罗永纲一行赴清水河县调研。

◆白金祥副市长参加巴彦路改造提升项目推进会议;研究工商网络服务监管与服务示范区建设事宜。

◆李志斌副市长督导十九大维稳安保工作;参加自治区

党委督导十九大信访维稳工作汇报会议。

◆张国平市重大项目办主任参加自治区重大项目调度推进工作会议。

◆2017年,我市亿元以上项目468个,总投资7600亿元,2017年计划投资1481亿元。其中,续建项目219项,计划投资487亿元,新建项目249项,计划投资994亿元。截至9月底,我市亿元以上项目开复工351个,开复工率75%,累计完成投资720.7亿元。其中,续建项目复工211个,复工率96%,完成投资337.4亿元;新建项目开工140个,开工率56%,完成投资383.2亿元。

16日

◆冯玉臻代市长陪同自治区副主席艾丽华一行赴玉泉区调研工作。主持召开和林格尔新区党工委会议。调研和林格尔新区项目建设进展情况。

◆刘文玉副市长研究成立国有资本运营公司事宜;研究大黑河奶牛场职工安置事宜;研究自治区、市两级政务服务中心和公共资源交易中心建设事宜。

◆蔡裕东副市长陪同云光中书记赴商务部协调项目审批有关事宜。

◆李志斌副市长参加自治区公安厅工作会议;督导十九大维稳安保工作。

◆市政府党组成员刘敏主持召开"三项制度"改革试点工作推进协调会议;陪同自治区人大常委会副主任杭桂林赴和林县督查安全生产工作。

17日

◆冯玉臻代市长调研市区道路拥堵节点;主持召开市长办公会议,听取关于道路交通治堵情况汇报。

◆罗青副市长会见武汉当代集团总经理余磊一行;会见苏商集团董事局副主席赵琦一行。

◆蔡裕东副市长赴玉泉区西菜园督查环境卫生综合整治、安全生产和信访维稳工作。

◆康存耀副市长主持召开全市河长制工作推进会议。

◆李志斌副市长赴环城治安检查站实地检查指导进京车辆安检工作;主持召开市公安局党委(扩大)会议;赴全市重点场所检查指导十九大期间安保工作。

◆周强副市长参加自治区空气质量保障工作调度视频会议;陪同自治区副主席常军政一行督查空气质量保障工作。

◆王继平副市长会见北京首创旅游发展有限公司总裁王振一行;研究丰州故城遗址保护工作;赴大青山红色文化公园现场办公。

◆市重大项目办主任张国平赴北京国家相关部委协调项目相关事宜。

18日

◆冯玉臻代市长收看党的十九大开幕式直播。副市长刘文玉、蔡裕东、康存耀、李志斌、市党组成员刘敏、市重大项目办主任张国平一同参加;参加市政府办公厅第二党支部学习会议,蔡裕东副市长一同参加;会见中国远大置业集团总裁赵嵬一行,并举行签约仪式。

◆刘文玉副市长参加自治区巡视整改见面会,副市长康存耀一同参加;听取统计局工作汇报。

◆康存耀副市长听取三环路建委承建段工程进展情况汇报并实地督查。

◆毕国臣副市长赴国家能源局对接光伏指标事宜。

◆李志斌副市长赴全市重点场所检查指导十九大期间安保工作。

◆我市供热面积13002.3万㎡,开栓率99.74%。目前,由于拆并和清洁能源改造等因素影响,我市还有5座锅炉房33.3万㎡(占总供热面积的0.26%)需延迟供热。其中,城发拆并榕达房地产锅炉房预计延期供热7天,涉及3.3万㎡;城发拆并二毛东小区锅炉房预计延期供热7天,涉及11万㎡;城发拆并内蒙古商品交易中心锅炉房预计延期供热10天,涉及3万㎡;实建信热力公司丁香路锅炉房"煤改气"工程预计延期供热5天,涉及11万㎡;科林供热公司拆并工艺品厂锅炉房预计延期供热20天,涉及5万㎡。

19日

◆冯玉臻代市长赴清水河县调研扶贫工作,副市长康存耀一同参加;赴托县调研扶贫工作,副市长康存耀一同参加。

◆罗青副市长听取和林格尔新区开工项目进展情况汇报。

◆刘文玉副市长陪同自治区信访局局长邱成刚一行在我市调研。

◆蔡裕东副市长参加呼和浩特城市轨道交通项目全国挂牌督办预防职务犯罪工作推进会议。

◆毕国臣副市长陪同自治区交通厅厅长白智一行调研我市交通运输工作。

◆李志斌副市长参加维稳工作协调调度会议;赴信访局实地稳控信访隐患群众。

◆周强副市长赴乌海市参加自治区学校美育工作现场会议。

◆市政府党组成员刘敏陪同国家体育总局党组成员王庆云一行调研我市足球工作。

◆市重大项目办主任张国平赴自治区财政厅协调相关工作。

20日

◆冯玉臻代市长参加自治区重大决策部署落实情况督查汇报会议,副市长刘文玉一同参加;陪同国家发改委基础产业司副司长任虹一行在我市调研,副市长刘文玉一同参加。

◆罗青副市长参加自治区大数据与中国银行、腾讯公司等企业座谈会议；陪同自治区人大常委会副主任呼尔查一行在和林格尔新区调研。

◆蔡裕东副市长参加自治区重大决策部署落实情况督查组第二组座谈会议。

◆白金祥副市长参加自治区电线电缆专题整治督查汇报会议。

◆康存耀副市长督查大青山前坡生态建设工作。

◆毕国臣副市长研究重点企业运行情况；陪同海南省文昌市党政考察团赴伊利集团考察。

◆李志斌副市长参加公安厅十九大安保维稳工作调度会；检查指导十九大期间安保维稳工作；主持召开局长碰头会，研究重点工程项目。

◆市政府党组成员刘敏陪同国家体育总局党组成员王庆云一行调研我市足球工作。

◆市重大项目办主任张国平参加自治区重大决策部署落实情况督查工作组第一组座谈会议。

21 日

冯玉臻代市长陪同海南省文昌市市委书记刘登山一行在我市调研。

22 日

◆冯玉臻代市长调研我市道路交通拥堵情况。

◆毕国臣副市长主持召开会议，研究南京日托公司光伏材料项目落地事宜。

23 日

◆冯玉臻代市长参加全市脱贫攻坚工作推进暨交叉检查工作动员会议。参加全市党员领导干部警示教育大会。参加自治区督查组反馈意见座谈会。主持召开市政府党组第 11 次会议。审议《市政府班子成员落实党风廉政建设“一岗双责”的实施意见》《中共呼和浩特市人民政府党组关于进一步贯彻落实“三重一大”事项集体决策制度的实施意见》《呼和浩特市工程建设项目审批管理制度》《关于进一步规范工程建设项目办理招标申请的通知》《关于加快传统产业绿色化改造的实施意见（2017－2020）》和《呼和浩特关于加快发展工业循环经济的实施意见》。审议《呼和浩特市自然保护区内工矿企业退出方案》《呼和浩特市七大战略性新兴产业“十三五”发展规划（2017－2020 年）》《呼和浩特市“七网”规划》《贯彻落实〈内蒙古关于着力转变经济发展方式推动落实“五个结合”的指导意见〉的实施方案》《政府投资项目审批管理办法》，审议了《呼和浩特市关于深入实施开放带动战略全面提升开放发展水平的实施意见》。审议《关于进一步加强政府债务管理的实施意见》《市本级地方政府性债务风险应急处置预案》《呼和浩特市地方政府债务风险评估和预警暂行办法》《经济技术开发区全面深化体制机制改革总体方案》。

◆罗青副市长主持召开和林格尔新区招商引资优惠政策和金融小镇优惠政策征求意见会议。

◆蔡裕东副市长陪同自治区人大常委会副主任吴英团一行调研我市民族文化强区建设情况。

◆白金祥副市长赴乌海市参加自治区公立医院综合改革经验交流会议。

◆毕国臣副市长主持召开会议研究沃新能源汽车项目投资合作框架协议。

◆李志斌副市长参加公安厅工作调度会议；督导检查十九大安保维稳工作。

24 日

◆冯玉臻代市长主持召开呼和浩特市城市规划建设管理委员会主任办公会议 2017 年度第一次会议，研究呼和浩特市昭乌达路哲里木路改造提升工程优化方案。主持召开市政府第 15 次常务会议，研究《关于进一步加大脱贫攻坚力度的十二项措施》《内蒙古和林格尔新区招商引资优惠政策（试行）》《内蒙古和林格尔新区金融小镇招商引资优惠政策（试行）》《关于优化工业布局促进工业经济健康发展的意见》和《呼和浩特市调整产业布局实施企业搬迁工作方案》；研究《呼和浩特市人民政府关于加快乳业产业升级的若干意见》。原则通过《呼和浩特消防事业发展三年规划（2017－2019）》、市公安局采购执法记录仪和执法记录采集站、市公安局招聘 350 名辅警、市司法局成立呼和浩特市恒信实业有限责任公司等事宜；同意安排部分资金解决城东派出所建设事宜。

◆罗青副市长听取和林格尔新区“多规合一”方案编制情况汇报，研究和林格尔新区核心区规划。

◆刘文玉副市长参加自治区人大常委会立法调研座谈会。

◆蔡裕东副市长会见机场集团公司副总经理姜春阳一行。

◆白金祥副市长赴乌海市参加自治区公立医院综合改革经验交流会。

◆康存耀副市长主持召开全市“菜篮子工程”整改和草原确权工作调度会议。

◆毕国臣副市长赴沃特玛产业园调研。

◆李志斌副市长检查指导十九大安保维稳工作；参加公安厅工作调度会；督导检查十九大安保维稳工作。

25 日

◆冯玉臻代市长赴市地税局、市国税局调研。冯玉臻代市长指出：税务干部要深入学习贯彻十九大精神，要以十九大精神为指引，紧密结合我市实际，全力做好税务征收工作；要强化征管，切实做到应收尽收，积极培植税源，确保各项目标任务圆满完成。赴玉泉区调研荣康小区和昭君小区加装电梯试点工作情况。

◆罗青副市长会见国家发改委信息中心主任杜平一行；

研究和林格尔新区云谷片区规划情况。

◆毕国臣副市长陪同国务院安委办第29检查组在我市开展安全生产大检查“回头看”工作。

◆李志斌副市长参加自治区公安厅工作会议;赴基层派出所调研指导工作。

◆王继平副市长视察丰州故城遗址公园项目;调研雕塑公园选址事宜。

26日

◆冯玉臻代市长参加自治区副主席白向群主持召开的专题会议,副市长周强一同参加;主持召开市政府第16次常务会议,审议《呼和浩特服务业创业发展纲要(2017-2025)》;研究《呼和浩特市电动汽车充换电服务收费标准的方案》、修订《呼和浩特市推广应用新能源汽车专项资金管理办法》相关事宜;研究关于核销内蒙古亚华水泥有限公司暂付款事宜、提高全市城乡居民基本养老保险基础养老金标准相关事宜;研究《2017年呼和浩特市军人随军家属就业安置实施方案》《呼和浩特市盐业体制改革实施方案》《内蒙古少数民族群众文化体育运动中心(体育文化旅游产业集团公司)管理运营方案》;研究市司法局申请拨付购置办公楼资金事宜和市公安局关于申请清查核实旧办公楼资产事宜。

◆罗青副市长听取和林格尔新区招商引资、项目落地、资金筹措等工作进展情况汇报;赴金盛快速路、石嘴子水库调研项目进展情况。

◆白金祥副市长研究食品流通追溯体系监管事宜;研究市蒙中医院项目遗留问题。

◆康存耀副市长实地督查旗县区扶贫交叉检查工作。

◆毕国臣副市长研究炼油厂500万吨炼油扩能项目环保验收方案;研究中环四期项目建设事宜;研究神舟硅业债务重组涉税事宜。

◆李志斌副市长参加自治区公安厅党委会议。

◆周强副市长陪同“县域义务教育均衡发展”国家督导组在我市检查工作。

◆王继平副市长赴新城区调研项目选址工作;研究昭君路跨二环高架桥建设工程;赴自治区党委宣传部对接内蒙古革命历史博物馆展陈事宜。

◆1-9月份,我市库存商品房171.4万㎡,从库存种类上看,库存面积中非住宅类商品房面积49.8万㎡,占库存面积总量的29%。其中,商业营业用房库存33.4万㎡,办公楼库存13.5万㎡,其他非住宅商品房库存10.4万㎡。住宅类商品房面积库存121.6万㎡,占库存总量的71%。其中,别墅高档住宅库存10.8万㎡,但是从销售情况来看,1-9月份非住宅类商品房销售面积为41万㎡,占销售面积的17.6%,而住宅类商品房中别墅高档住宅销售面积仅为4.5万㎡。由此可见,非住宅类商品房的去库存压力较大,特别是办公楼、和其他商品房的去库存压力更大,而住宅类商品房中别墅、高档住宅去库存压力相对较大些。

27日

◆冯玉臻代市长参加自治区传达贯彻十九大精神干部大会。参加市委常委会第46次会议。参加市委常委会第47次会议。参加市政府党组2017年第12次(扩大)会议。传达贯彻党的十九大会议精神,安排部署市政府党组及市直各部门学习宣传贯彻工作。参加市委传达十九大精神会议;参加市委常委会议;主持召开市政府党组传达十九大精神会议;调研昭乌达路改造提升工程;主持召开编委会;参加市委常委会议;主持召开和林格尔新区党工委传达十九大精神会议。

◆罗青副市长会见微软集团大中华区副总裁腾文一行。

◆王继平副市长参加文化雕塑公园建设专家论证会议。

◆1-9月份,全市工业固定资产投资247.7亿元,投资总量位居全区第六。从增速来看,仅土左旗、武川县、玉泉区仍保持正增长,其余旗县区投资增速持续放缓。各旗县区投资总量按本年度累计投资完成额排名依次为赛罕区63.1亿元,土左旗47.9亿元,开发区39.5亿元,托县38.5亿元,和林县14亿元,武川县13.3亿元,新城区5.5亿元,清水河4.5亿元,玉泉区3亿元,回民区2.2亿元。

30日

◆冯玉臻代市长听取市旅发委关于全市旅游总体规划汇报。

◆罗青副市长听取和林格尔新区副主任史文煜分管口工作进展情况汇报;会见兴业银行内蒙古分行行长马德全一行。

◆刘文玉副市长研究我市节能降碳事宜;研究地铁建设运营事宜;参加党委换届谈话;研究成立国有资本运营公司事宜。

◆毕国臣副市长调度三环快速路北线工程暨国道110线市区至毕克齐段公路改造工程征拆等前期工作;研究市盐务局体制改革事宜。

◆李志斌副市长主持召开专题会议研究筹备全市“全力推进缉枪治爆和打击黄赌毒专项行动、禁毒大决战”动员大会相关事宜;主持召开市局中心组(扩大)学习十九大精神会议。

◆赛青克副市长研究自治区党委巡视反馈问题整改工作。

◆周强副市长研究赛罕区滨河新区土地整理信访事宜;听取民政工作汇报。

31日

◆冯玉臻代市长赴市属媒体调研。主持召开市长办公会议,听取科技创新相关工作汇报。

◆罗青副市长听取和林格尔新区生态绿化设计工作汇报;会见龙信政服科技有限公司副总经理黄华一行;主持召开

新型工业化产业示范基地申报工作协调会议。

◆刘文玉副市长参加市人大常委会会议，副市长康存耀、赛青克一同参加；研究我市四季度主要经济指标运行情况。

◆蔡裕东副市长会见呼和浩特海关副关长田新强一行。

◆康存耀副市长参加自治区对贫困县水利资金使用情况专项督查汇报会议；参加市政协工作会议。

◆毕国臣副市长赴东客站公交场站调研充电桩建设项目推进情况并现场解决存在的问题；研究乳产业升级若干意见。

◆李志斌副市长参加"金道堂"信访案件专题协调会议；陪同自治区政协副主席常海督导检查我市重点提案落实情况；陪同公安部技侦局观摩团观摩考察我市技侦工作开展情况。

◆周强副市长赴清水河县帮扶和调研。

◆1－9月份，伊利实现总营收524.71亿元，同比增长13.64%；实现净利润49.39亿元，同比增长12.12%。伊利股份继续强势领跑行业。今年上半年，伊利电商天猫旗舰店同期增速超过300%，在京东超市牛奶品类销售额占比由2013年13%升至21%。中国乳制品市场的需求五年后预计将增长37%，达到760亿美元，将超越美国成为全球最大乳制品市场。伊利"全球智慧链"工程，在亚洲、欧洲、美洲、大洋洲铺设了全球资源体系、创新体系及市场体系"三张大网"，整合全球优势资源，抢占先机，更好的服务消费者，实现营业收入持续快速增长。

大事记

## 11月

1日

◆冯玉臻代市长参加市委理论中心组第15次集体学习会议。副市长罗青、刘文玉、蔡裕东、白金祥、康存耀、毕国臣、李志斌、赛青克、周强、市政府党组成员刘敏一同参加。

◆刘文玉副市长参加自治区发改委副主任张钢主持召开的专题会议。

◆赛青克副市长参加市人大常委会专项询问。

◆周强副市长参加自治区大气污染防治工作调度会议。

◆市政府党组成员刘敏陪同自治区法制办副主任乔欣督导我市"三项制度"改革试点工作。

2日

◆冯玉臻代市长主持召开市长办公会议。副市长赛青克参加会议；参加市委常委会议；参加市委全委会议。副市长毕国臣、李志斌、赛青克、周强、市重大项目办主任张国平一同参加。

◆刘文玉副市长参加市人大常委会闭幕会议。副市长周强一同参加；陪同自治区国税局局长谭衍一行调研。

◆蔡裕东副市长会见蒙古国百名师生冬令营代表。

◆康存耀副市长主持召开全市人事考试考务工作领导小组协调会议。

◆毕国臣副市长研究开沃新能源汽车项目投资框架协议。

◆李志斌副市长参加自治区公安厅全区公安机关学习十九大精神视频会议。

◆赛青克副市长研究供热、棚改、公租房建设工作。

◆周强副市长研究讨论《呼和浩特市创建国家卫生城市实施方案(送审稿)》。

3日

◆冯玉臻代市长参加第三届中国西部国际艺术双年展开幕式。副市长白金祥一同参加；主持召开市长办公会议。听取市交警支队、公交总公司、市教育局、市城管执法局关于近期治理城区交通拥堵工作情况汇报；听取市城乡建设委关于昭乌达路和哲里木路改造提升工程交通整治方案、市发展改革委关于制定《呼和浩特市机动车停放服务收费实施细则》情况汇报。

◆刘文玉副市长主持召开信用体系建设领导小组会议；研究我市固定资产投资事宜；研究新机场建设事宜。

◆蔡裕东副市长参加全国冬春农田水利基本建设电视电话会议；研究2017内蒙古现代服务业推介会暨呼和浩特市和林格尔新区现代服务业(北京)项目洽谈会筹备事宜。

◆康存耀副市长陪同市委书记云光中赴武川县调研；参加自治区脱贫攻坚交叉检查提醒谈话会议。

◆毕国臣副市长研究开沃新能源汽车项目合作框架协议。

◆李志斌副市长主持召开市公安局党委(扩大)会议。

◆周强副市长研究我市失地农民入社保遗留相关问题。

4日

冯玉臻代市长主持召开市政府党组理论学习中心组2017年第11次集体学习会议，传达学习《中国共产党党章(修正案)》决议并进行了交流发言。

5日

冯玉臻代市长赴和林县宣讲党的十九大精神。冯玉臻代市长实地走访了和林县盛乐镇哈拉沁村产业发展带头人、党员代表，慰问了贫困群众。听取了和林县、盛乐镇关于学习贯彻落实党的十九大精神，推动农业农村发展工作情况汇报。主持召开呼和浩特市规划建设管理委员会2017年第二次主任办公会议。审议《呼和浩特市城市雕塑专项规划方案》《呼和浩特市历史文化名城保护规划》，研究呼和浩特市总体规划修编事宜。

6日

◆冯玉臻代市长参加自治区党的十九大精神宣讲报告电视电话会议。副市长罗青、刘文玉、蔡裕东、康存耀、毕国臣、赛青克、市政府党组成员刘敏、市重大项目办主任张国平一同参加。

◆罗青副市长会见北京赛伯乐绿科集团董事合伙人黄昭鸣一行。

◆蔡裕东副市长陪同商务部电子商务和信息化司司长骞芳莉一行调研我市电子商务发展情况。

◆李志斌副市长参加自治区公安厅党委会议;赴刑侦、治安、禁毒等部门调研近期重点工作。

◆周强副市长参加"绿盾 2017"国家级自然保护区监督检查汇报会议;陪同"绿盾 2017"国家级自然保护区监督检查巡查组核查。

7 日

◆罗青副市长研究和林格尔新区招商引资优惠政策和金融小镇优惠政策相关事宜;听取和林格尔新区基础设施建设、征地进展情况汇报。

◆刘文玉副市长研究审议地铁一 、二号线项目建设自查报告;研究我市充电桩建设规划;研究自治区、市两级政务中心建设项目招投标事宜。

◆蔡裕东副市长参加自治区电子商务和信息化培训班开幕式;陪同商务部电子商务和信息化司司长骞芳莉一行调研我市电子商务发展情况。

◆康存耀副市长督查三环路建委承建段建设工作;陪同人社部副部长汤涛一行赴和林县调研。

◆毕国臣副市长主持召开众环集团深化改革、职工安置工作专题推进会议。

◆周强副市长陪同"绿盾 2017"国家级自然保护区监督检查巡查组核查。

◆市政府党组成员刘敏参加全国小微企业金融服务电视电话会议。

◆1 - 10 月份,呼和浩特机场共保障运输飞行 81921 架次,完成旅客吞吐量 884.18 万人次,同比分别增长 18.6% 和 26.6%。目前已完成"冲千万"计划的 88.4%,预计全年吞吐量有望达到 1030 万人次。

8 日

◆冯玉臻代市长参加新城区第 77 选区第十七届人大代表选举大会。副市长周强、市政府党组成员刘敏一同参加;主持召开市长办公会议,研究改组组建呼和浩特市国有资本运营公司相关事宜。会见蒙牛集团总裁卢敏放一行。副市长罗青一同参加。

◆罗青副市长赴住建厅对接工作。

◆刘文玉副市长研究我市四季度主要经济指标运行情况。

◆康存耀副市长陪同人社部副部长汤涛一行调研;主持召开扶贫工作协调会议。

◆毕国臣副市长研究三环路北线科尔沁、乌素图互通立交工程建设有关事宜;研究开沃新能源汽车项目合作框架协议。

◆李志斌副市长参加自治区今冬明春火灾防控电视电话会议。

◆赛青克副市长陪同住建部评审组评审我市国家历史文化名城保护工作;研究新华广场南侧项目建设有关事宜。

◆周强副市长主持召开大气污染防治领导小组会议。

9 日

◆冯玉臻代市长参加中国共产党内蒙古自治区第十届委员会第四次全体会议。副市长罗青一同参加。

◆刘文玉副市长研究市工商局车改事宜;赴玉泉区宣讲党的十九大精神。

◆毕国臣副市长研究开沃新能源汽车项目合作框架协议;研究创维工厂搬迁改造事宜;赴众环集团调研;研究创维工厂搬迁改造事宜。

◆李志斌副市长督导检查自治区全委会安保工作。

◆周强副市长调研便民市场和停车场;研究国土资源卫片执法整改相关事宜。

10 日

◆冯玉臻代市长参加中国共产党内蒙古自治区第十届委员会第四次全体会议;参加自治区领导干部大会。会见赛尔教育技术公司总经理祝懿东一行,副市长罗青、市政府秘书长罗琳及市有关部门负责人参加会见。

◆罗青副市长主持召开和林格尔新区十九大精神宣讲会议和中心组学习会议。

◆刘文玉副市长主持召开分管部门党建工作会议,宣讲党的十九大精神。

◆毕国臣副市长研究创维电子搬迁改造事宜。

◆赛青克副市长陪同中国农业发展银行董事长解学智一行调研;主持召开城建项目协调会议。

◆周强副市长主持召开创建国家卫生城市培训会议;参加关于修改我市城市综合管理条例座谈会议。市政府党组成员刘敏一同参加。

◆王继平副市长会见内蒙古交投集团董事长杨茂盛一行;参加自治区秋粮收购工作电视电话会议;赴昭君路跨二环路高架桥工程建设现场办公。

◆市重大项目办主任张国平赴托县宣讲党的十九大精神。

◆1 - 10 月份,我市房地产开发完成投资 152.22 亿元,同比增长 10.13%,其中,商品住宅完成投资 102.72 亿元,同比增长 3.31%。全市房地产开发企业资金到位总额 285.54 亿元,同比增长 14.69%,其中上年末结转资金 87.58 亿元,本年来源资金 197.95 亿元,同比增长 25.2%。

12 日

冯玉臻代市长主持召开市长办公会议，研究全市环保工作相关事宜，听取各有关单位关于我市大气污染防治工作和中央、自治区环保督查承担任务整改推进情况汇报。

13 日

◆冯玉臻代市长参加自治区学习宣传贯彻党的十九大精神宣讲团报告会。

◆罗青副市长主持召开和林格尔新区主任办公会议；主持召开和林格尔新区党工委会议；听取 2018 年和林格尔新区基础设施建设计划。

◆蔡裕东副市长赴经济技术开发区宣讲党的十九大精神。

◆李志斌副市长参加自治区公安厅会议。

◆王继平副市长赴金桥开发区宣讲党的十九大精神；主持召开处置非法集资工作协调会议。

◆1－10 月份，我市商品房上市面积 346.99 万㎡，同比增长 36.58%。其中商品住房上市面积 241.55 万㎡，同比增长 27.87%。10 月份，我市商品房上市面积 90.98 万㎡，同比增长 305.98%，环比增长 128.82%。其中商品住房上市面积 59.49 万㎡，同比增长 187.67%，环比增长 73.9%。

14 日

◆冯玉臻代市长调研交通拥堵整治及道路提升改造工作。主持召开市政府第 17 次常务会议。研究《呼和浩特市人民政府办公厅关于加强旅游市场综合监管工作的实施意见》，研究呼和浩特市健康管理中心筹建事宜，研究《关于政府规章和规范性文件清理项目》《关于 2018 年地方性法规和政府规章立法计划建议项目及 2018－2022 年地方性法规五年立法规划建议项目》，审议《呼和浩特市行政执法公示办法》《呼和浩特市行政执法全过程记录实施办法》《呼和浩特市重大行政执法决定法制审核办法》，研究关于采购执法办案移动终端申请预算相关事宜，审议《呼和浩特市守信激励与失信惩戒管理办法（暂行）》，研究呼准鄂铁路开行动车组所需新增投资资金相关事宜，研究关于解决火车东客站（第三公交汽车公司）公交场站建设经费相关事宜，研究关于呼和浩特市成立监察委员会办公场所选址相关事宜，研究棚改贷款有关事宜。

◆刘文玉副市长研究地铁一二号线建设运营事宜；研究青城国有资本运营公司组建事宜。

◆蔡裕东副市长赴玉泉区西菜园办事处宣讲党的十九大精神。

◆康存耀副市长陪同自治区林业厅厅长牧远一行赴大青山国家级自然保护区督查调研。

◆李志斌副市长参加自治区公安厅会议。

◆王继平副市长赴自治区政府汇报重点文化场馆建设情况。

15 日

◆冯玉臻代市长会见久泰集团董事长崔连国一行，副市长毕国臣、市重大项目办主任张国平一同参加；陪同自治区科技厅厅长李秉荣一行在我市调研科技工作，副市长王继平一同参加。

◆刘文玉副市长研究国开基金股权变更事宜；研究成立青城国有资本运营公司事宜。

◆白金祥副市长赴武川县主持召开全市健康扶贫工作现场经验交流会。

◆康存耀副市长陪同自治区党委秘书长罗永纲一行赴清水河县调研并宣讲党的十九大精神。

◆毕国臣副市长研究我市交通运输相关事宜；研究神舟光伏电站土地使用税有关事宜。

◆李志斌副市长参加自治区党委组织部保密学习培训班；陪同中央督导检查组督导检查我市打黑除恶工作。

◆赛青克副市长赴新华西街办事处宣讲党的十九大精神。

◆市政府党组成员刘敏赴赛罕区昭乌达路办事处宣讲党的十九大精神。

◆1－10 月份，我市进出口总值完成 13.65 亿美元，占自治区比重 11.8%，同比增长 23.4%。其中，出口完成 6.28 亿美元，同比增长 9.6%；进口完成 7.37 亿美元，同比增长 38.1%；贸易逆差 1.09 亿美元。

16 日

◆冯玉臻代市长参加自治区盟市厅局级领导干部学习贯彻党的十九大精神专题轮训班；参加自治区主席办公会议。

◆罗青副市长会见自治区党委网信办主任张佰成；听取微软项目进展、和林格尔新区财政预算相关事宜。

◆刘文玉副市长研究地铁一、二号线运营人才引进事宜。

◆蔡裕东副市长陪同国际商业机器（中国）公司技术总经理刘咏梅一行调研我市电子商务发展情况。

◆康存耀副市长督查教师招考工作准备情况。

◆毕国臣副市长会见银隆汽车公司营销中心副总裁张吉成一行并进行座谈。

◆李志斌副市长陪同中央督导检查组督导检查我市打黑除恶工作；主持召开市公安局会议宣讲党的十九大精神。

◆赛青克副市长主持召开城建项目协调会议。

◆王继平副市长主持召开内蒙古革命历史博物馆建设协调会议。

17 日

◆刘文玉副市长研究信用体系平台建设工作；赴自治区、市两级政务中心建设现场调研。

◆白金祥副市长陪同自治区党委书记李纪恒在我市调

研。

◆康存耀副市长赴赛罕区巴彦镇罗家营村宣讲党的十九大精神。

◆毕国臣副市长研究公交票价调整事宜；与沃特玛联盟理事长李瑶一行会谈。

◆李志斌副市长指导警卫勤务工作。

◆王继平副市长听取分管部门近五年工作总结和2018年重点工作安排汇报；听取分管部门2018年财政预算安排汇报。

◆市重大项目办主任张国平陪同《经济日报》总编辑傅华一行调研沃特玛新能源汽车产业园和伊利集团液态奶生产线项目。

18日

冯玉臻代市长主持召开市政府第18次常务会议，研究关于申请拨付众环集团安置职工历年欠缴养老保险费相关事宜、研究调整全市公益性岗位聘用人员岗位补贴标准相关事宜、研究向第26届中国金鸡百花电影节承办单位内蒙古青山文化旅游投资公司拨付注册资金事宜、研究关于明确内蒙古青城国有资本运营有限公司注册资本出资方式、审议《呼和浩特市公共租赁住房出售管理办法(草案)》。

20日

◆冯玉臻代市长，参加自治区盟市厅局级领导干部学习贯彻党的十九大精神专题轮训班。

◆罗青副市长会见内蒙古电信副总经理武权一行；听取和林格尔新区招商推荐方案编制情况汇报。

◆刘文玉副市长研究我市主要经济指标运行情况；研究新机场建设事宜。

◆蔡裕东副市长赴市外事办宣讲党的十九大精神。

◆康存耀副市长主持召开三环路建委承建段工作协调会议。

◆毕国臣副市长研究我市重点项目推进情况；研究交通运输重点工作；赴玉泉区小黑河镇宣讲党的十九大精神；赴分管部门宣讲党的十九大精神。

◆李志斌副市长主持召开公安局党委中心组学习会，学习党的十九大精神；参加公安厅工作会议。

◆周强副市长研究解决大气污染环境治理问题有关事宜。

◆1－10月份，我市食品加工、电力能源、石油化工、生物医药、光伏材料、电子信息六大优势产业共完成产值890.4亿元，同比增长5.7%，占全市工业总值的80.3%。

21日

冯玉臻代市长参加中国共产党呼和浩特市第十二届委员会第四次全体会议。副市长罗青、刘文玉、蔡裕东、白金祥、康存耀、毕国臣、李志斌、赛青克、周强、王继平、市政府党组成员刘敏、市重大项目办主任张国平一同参加。

22日

◆冯玉臻代市长陪同自治区政协主席任亚平一行在和林格尔新区调研。副市长罗青一同参加；会见中国国新控股集团总经理莫德旺一行，副市长罗青一同参加。

◆白金祥副市长研究我市医疗卫生建设工作；赴回民区调研医疗卫生建设工作。

◆康存耀副市长主持召开今冬明春全市森林草原防火工作会议。

◆毕国臣副市长陪同中国国新控股集团公司莫德旺总经理一行赴神舟硅业考察。

◆周强副市长研究部署全市大气污染防治工作；主持召开昭乌达路改造提升工程协调推进会议。

23日

◆罗青副市长听取和林格尔新区“多规合一”工作进展情况汇报；会见中交第四公路工程局有限公司董事长许宝忠一行。

◆白金祥副市长调研我市医疗卫生建设情况。

◆康存耀副市长听取市人力资源和社会保障局汇报养老保险工作。

◆李志斌副市长调研我市城市轨道交通◆2号线一期工程交通疏解工作；赴自治区政府参加蒙古族服装服饰艺术节协调会议；参加公安部电视电话会议。

◆周强副市长陪同市委书记云光中赴呼和浩特职业学院宣讲党的十九大精神。

◆市重大项目办主任张国平赴新城区“双创”园区调研；主持召开承接北京产业园项目转移座谈会议。

24日

◆白金祥副市长参加自治区2017年度盟市食品药品安全考核汇报会议；陪同自治区食品药品安全考核组实地检查。

◆李志斌副市长赴自治区公安厅参加公安部党的十九大宣讲团宣讲报告会议。

◆市重大项目办主任张国平赴内蒙古交通投资有限责任公司协调工作。

27日

◆罗青副市长听取中国电信云计算内蒙古信息园A7数据中心供电问题情况汇报；听取和林格尔新区重点项目招商进展情况汇报；听取2018年和林格尔新区重点项目计划投资情况汇报；听取和林格尔新区管委会副主任朱建国分管口工作汇报。

◆刘文玉副市长参加自治区党的十九大精神专题培训班；主持召开会议，研究部署政府债务化解工作。

◆康存耀副市长主持召开会议，研究我市养老保险相关工作。

◆李志斌副市长赴乌兰恰特检查第14届蒙古族服饰大赛开幕式安保工作；研究近期重点工作。

28日

◆罗青副市长赴自治区经信委对接工作；会见武汉当代人福药业副总裁李前伦一行。

◆刘文玉副市长参加自治区党的十九大专题培训班。

◆毕国臣副市长主持召开会议，研究久泰项目建设协议书；参加S43呼和浩特机场高速公路PPP项目谈判。

◆李志斌副市长赴公安监管场所检查指导工作。

29日

◆罗青副市长听取和林格尔新区城市资产经营投资有限公司申请偿债资金事宜汇报；陪同北京对口支援办常务副主任房晓一行在和林格尔新区调研。

◆刘文玉副市长参加自治区党的十九大专题培训班。

◆毕国臣副市长研究2018年我市工业总体发展规划。

◆李志斌副市长参加市公安局老干部处活动。

30日

◆冯玉臻代市长赴我市2017年第四次拟挂牌土地现场调研。主持召开市长办公会议，听取2018年农业重点工作安排情况汇报、2018年工业重点项目和产业安排情况汇报，听取2018年项目投资和重点项目安排及服务业情况汇报，听取市建委2018年重点建设工作情况汇报。

◆李志斌副市长陪同自治区党建督导检查组检查市公安局党建工作；检查指导第14届蒙古族服装服饰艺术节闭幕式安保工作；参加市委副书记王恒俊办公协调会。

◆周强副市长陪同市委书记云光中拜访包钢集团。

◆市政府党组成员刘敏参加自治区第二次全国污染源普查工作视频会议。

◆市重大项目办主任张国平陪同自治区城市管理执法体制改革专项督查组督查新城区和玉泉区。

## 12月

1日

◆冯玉臻代市长主持召开市长办公会议，听取有关部门2018年重点工作安排。参加市委常委会议。副市长罗青一同参加。

◆罗青副市长研究和林格尔新区企业入驻用房事宜；赴中国联通呼和浩特数据中心调研。

◆刘文玉副市长参加自治区党的十九大专题培训班。

◆白金祥副市长参加自治区计划生育目标管理责任制考核工作会议；听取有关部门2018年重点工作汇报。

◆李志斌副市长陪同自治区纪委书记刘奇凡一行赴公安监管支队调研指导工作；主持召开市公安局党委（扩大）会议。

◆周强副市长陪同自治区城市管理执法体制改革专项督查组赴清水河县督查。

◆市政府党组成员刘敏主持召开2017年依法行政工作考核协调部署会议。

◆市重大项目办主任张国平赴自治区政府参加研究协调加快推进新华大街71号院回购工作会议。

3日

冯玉臻代市长主持召开市政府第19次常务会议，研究和林格尔新区棚户区改造有关事宜，研究关于申请拨付市城乡建设投资有限公司垫付贷款利息相关事宜，研究关于解决市四区失地农民参保或续保相关事宜，研究关于政府主导建设的14个回迁安置房项目投资建设使用等相关事宜，研究关于申请土地储备项目资金相关事宜，研究呼和浩特市居民取暖清洁化替换方案。

4日

◆冯玉臻代市长参加自治区乌兰牧骑工作会议暨乌兰牧骑建立60周年表彰大会；赴和林县参加县人大、县政协临时党委会。

◆罗青副市长听取和林格尔新区基础设施建设、土地征收、青苗补偿等工作进展情况汇报；主持召开和林格尔新区主任办公会议；主持召开和林格尔新区土地管理委员会会议。

◆刘文玉副市长研究我市设立产业发展基金事宜；研究我市防范债务风险工作；参加自治区国有企业转型升级基金协调推进会议。

◆白金祥副市长参加自治区对我市计划生育工作考核反馈意见会议；参加自治区对我市食药工作考核反馈意见会议。

◆毕国臣副市长研究久泰项目投资协议。市重大项目办主任张国平一同参加；研究开沃新能源汽车项目落地事宜。

◆李志斌副市长研究部署我市信访维稳工作。

◆赛青克副市长赴自治区住建厅参加房地产市场形势座谈会议。

◆周强副市长听取昭乌达路和哲里木路提升改造工程进展情况汇报；参加市委副书记王恒俊主持召开的招商对接会议。

◆市重大项目办主任张国平主持召开北京产业转移对接协调会议。

5日

◆冯玉臻代市长调研大青山工矿企业清退情况。副市长周强一同参加；主持召开市政府第20次常务会议。审议修订《呼和浩特市质量评审办法》，研究《呼和浩特市创建国家卫生城市方案》，审议《呼和浩特市管理辅助人员管理实施细则》《呼和浩特市本级城市管理辅助人员薪酬管理办法》，听取农民工工资问题情况，研究《创维搬迁升级改造项目合作协议书》及《开沃新能源汽车项目框架协议》。主持召开市政府党组第13次(扩大)会议。听取十个全覆盖工程债务情况汇报;2017年第二季度、第三季度国家重大政策措施落实跟踪审计整改情况汇报;传达学习习近平总书记署名文章《中共中央政治局关于加强和维护党中央集中统一领导的若干规定》《中共中央政治局贯彻落实中央八项规定的实施细则》;传达学习习近平总书记在中国共产党与世界政党高层对话上的讲话精神和关于厕所革命的批示精神;传达学习中央政治局会议精神、中央深改组第一次会议精神和国务院常务会议精神;传达学习中央、自治区关于学习宣传贯彻党的十九大精神的决定,研究市政府党组落实意见。

◆罗青副市长听取国新基金上报财政厅相关事宜汇报;听取和林格尔新区招商引资、产业基金等工作进展情况汇报。

◆刘文玉副市长参加玉泉区第十七届人民代表大会开幕式。

◆蔡裕东副市长会见呼和浩特海关机场海关驻白塔机场办事处主任白乙拉一行。

◆康存耀副市长赴托县和清水河县检查防凌工作。

◆李志斌副市长参加自治区公安厅工作会议;参加自治区公安厅党委会议。

6日

◆冯玉臻代市长主持召开《政府工作报告》征求意见座谈会议。参加市委理论学习中心组第16次集体学习会。副市长罗青、刘文玉、蔡裕东、康存耀、毕国臣、李志斌、赛青克、王继平,市政府党组成员刘敏、市重大项目办主任张国平一同参加;调研联合清欠农牧民工资服务大厅。副市长康存耀一同参加;参加全市副厅级以上领导干部大会。副市长罗青、刘文玉、蔡裕东、康存耀、毕国臣、李志斌、赛青克、周强、王继平,市政府党组成员刘敏、市重大项目办主任张国平一同参加。

◆罗青副市长参加和林格尔新区与中建环球投资控股集团有限公司、苏商建设集团就新区建设的三方框架协议的签约仪式。

◆刘文玉副市长参加全市安全维稳信访工作会议。副市长康存耀、毕国臣、李志斌一同参加。

◆康存耀副市长参加自治区关于清欠农牧民工工资电视电话会议。

◆李志斌副市长主持召开市公安局局务(扩大)会议,部署"保平安、促稳定"百日会战专项行动。

◆周强副市长听取市城管执法局关于环境综合整治等近期重点工作情况汇报;研究内蒙古大商城业主信访事宜。

◆王继平副市长研究名雄汇商务公司非法集资处置工作;研究我市电影发行放映公司转制工作。

◆市重大项目办主任张国平主持召开赴北京承接产业转移工作协调会议。

7日

◆冯玉臻代市长参加和林格尔新区全域旅游发展总体规划专家论证会议。副市长王继平一同参加;会见北京金隅集团副总经理姜长禄一行。副市长毕国臣一同参加;主持召开老干部、老领导、劳模代表、基层代表《政府工作报告》征求意见座谈会议。市政府秘书长罗琳参加会议。

◆罗青副市长赴自治区财政厅对接工作;听取航天投资基金工作进展情况汇报。

◆刘文玉副市长研究注资自治区国有企业转型升级基金事宜;研究国有资本运营公司事宜;主持召开《政府工作报告》征求意见会议。

◆康存耀副市长陪同自治区副主席常军政调研全面治理拖欠农牧民工工资问题。

◆毕国臣副市长研究三环北路乌素图、科尔沁互通工程建设事宜;研究久泰项目协议书。

◆周强副市长听取大青山自然保护区工矿企业清退情况汇报;陪同自治区党委常委、市委书记云光中调研南门外小学教学活动开展暨学生公交专线运行情况。

◆王继平副市长实地暗访名雄汇商贸有限公司非法集资现场和考察平安普惠办公现场。

◆市重大项目办主任张国平调研托清经济技术开发区建设推进情况。

◆1-11月份,我市新建商品房成交面积491.84万㎡,同比下降2.75%;成交套数46081套,同比增长3.48%;成交金额370.82亿元,同比增长4.97%。其中,新建商品住宅成交面积408.65万㎡,成交套数34058套,成交金额251.03亿元。商品房成交均价7539元/㎡,同比上涨7.93%;商品住房成交均价6143元/㎡,同比上涨8.11%。我市二手房成交面积200.97万㎡,同比增长29.49%;成交套数22575套,同比增长29.53%;成交金额97.84亿元,同比增长42.34%。其中,二手住宅成交面积194.32万㎡,成交套数21775套,成交金额86.49亿元。二手房成交均价4868元/㎡,同比上涨9.91%;二手住房成交均价4451元/㎡,同比上涨13.4%。

8日

◆冯玉臻代市长主持召开呼和浩特市规划建设管理委员会2017年度第四次主任办公会议,研究巴彦淖尔路和海拉尔东街-海拉尔西街-金海路改造提升工程设计方案。

◆刘文玉副市长赴地铁一、二号线调研冬季施工情况。

◆蔡裕东副市长主持召开专题会议,研究自治区检验检疫局综合技术用房有关事宜。

◆康存耀副市长参加呼和浩特市第二届创新创业大赛决赛暨颁奖仪式。

◆毕国臣副市长参加云光中书记专题办公会议;研究供电工程电缆入地改造事宜。

◆周强副市长陪同自治区大气、水污染防治工作领导小组一行在我市督查大气、水污染防治情况。

◆王继平副市长研究关于加快推进我市乌兰牧骑事业发展的实施意见；参加市文化体制改革领导小组工作会议；主持召开金融支付便民示范工程协调会议。

◆市重大项目办主任张国平研究承接北京产业转移相关工作。

9日

冯玉臻代市长赴我市三环快速路西线和110国道、绕城高速互通节点调研。

11日

◆冯玉臻代市长赴自治区财政厅对接工作。罗青副市长一同参加；主持召开市政府第21次常务会议，审议《政府工作报告（讨论稿）》，听取《关于呼和浩特市2017年国民经济和社会发展计划执行情况与2018年国民经济和社会发展计划草案的报告（讨论稿）》《关于呼和浩特市2017年财政预算执行情况和2018年预算（草案）的报告》汇报，研究《城发公司收购中燃城市燃气发展有限公司股权资金尾款支付有关事宜》。

◆刘文玉副市长参加自治区重点工作督查督办汇报会。副市长康存耀一同参加。

◆毕国臣副市长听取土左旗新能源汽车产业园建设相关情况汇报。

◆李志斌副市长主持召开市公安局党委会议；参加自治区公安厅工作会议。

◆赛青克副市长研究解决城市供热存在问题、房地产项目遗留问题。

◆王继平副市长听取昭君路跨二环高架桥设计汇报；召开内蒙古革命历史博物馆展陈设计专家评审会。

◆市重大项目办主任张国平赴北京对接招商引资工作。

12日

◆冯玉臻代市长参加市委常委会议。副市长刘文玉、康存耀、毕国臣、李志斌、周强、王继平，市政府党组成员刘敏一同参加；赴市四区居民取暖清洁化替换工作现场调研。副市长周强、市政府秘书长罗琳，市四区政府及有关部门负责人一同参加。

◆罗青副市长向自治区副主席张建民汇报和林格尔新区总体规划。副市长赛青克一同参加；会见颐高集团董事长翁南道一行。

◆刘文玉副市长参加自治区蒙文网站建设督查汇报会议。

◆毕国臣副市长主持召开会议，研究开沃新能源汽车投资协议签订事宜。

◆李志斌副市长主持召开市公安局党委会议；参加研究处理餐厨垃圾相关事宜工作会议。

◆王继平副市长会见平安银行股份有限公司副总裁王涛一行。

◆市重大项目办主任张国平赴北京对接招商引资工作。

13日

◆冯玉臻代市长参加市委书记云光中听取和林格尔新区总体规划汇报会。副市长罗青一同参加；主持召开市长办公会议，听取呼和浩特科技城（新城区东河区域）规划设计方案汇报。会见中铁十六局集团董事长孔令健一行。

◆罗青副市长会见北京供销大数据集团总裁特别助理黄崇超一行。

◆刘文玉副市长研究地铁◆2号线PPP项目合同签订事宜。

◆康存耀副市长参加人社部关于做好2018年春节前保障农牧民工工资支付工作电视电话会议。

◆毕国臣副市长参加市人大常委会主任云建东会见美国空气产品公司中国区副总裁胡静及久泰集团董事长崔连国一行。

◆李志斌副市长主持召开全市今冬明春火灾防控工作推进会暨督导检查动员部署会议；参加自治区公安厅工作会议。

◆周强副市长主持召开会议，研究失地农民养老保险参保事宜。

◆王继平副市长赴招商银行呼和浩特分行调研；参加国家加快内贸流通创新推动供给侧结构性改革扩大消费专项行动督查工作座谈会；赴金谷农商银行调研。

◆市政府党组成员刘敏陪同自治区督查组实地督查我市鼓励和支持非公有制经济加快决策部署落实情况。

◆市重大项目办主任张国平赴北京对接招商引资工作。

14日

◆冯玉臻代市长会见公安部消防局副局长罗永强一行；赴北京会见中石油天然气销售分公司副总经理赵永起。副市长刘文玉参加会见。

◆罗青副市长主持召开和林格尔新区与和林县对接工作协调会议；听取和林格尔新区社会事业项目进展情况汇报；主持召开海虹控股集团落地和林格尔新区推进会议。

◆刘文玉副市长参加市十四届人大常委会第四十三次会议；研究市国税局协税员缴纳养老保险事宜；参加全国推进主体功能区建设电视电话会议；赴北京出差。

◆康存耀副市长主持召开大青山生态建设工程2017年度基础设施竣工验收总结现场会议；检查我市森林防火工作。

◆李志斌副市长陪同公安部消防局督查组督查我市消防工作。

◆周强副市长主持召开环境综合整治调度会议；研究内蒙古大商城信访事宜。

◆王继平副市长；参加玉泉区美术品联展；赴中国民生银

行呼和浩特分行调研。

◆市重大项目办主任张国平协调北京招商引资相关工作;赴北京出差。

15 日

◆罗青副市长听取和林格尔新区迎接自治区考核准备工作情况汇报;赴自治区党委组织部、自治区国资委对接工作。

◆白金祥副市长参加自治区对鼓励和支持非公有制经济加快决策部署落实情况意见反馈会议;主持召开健康扶贫工作考核部署会议。

◆毕国臣副市长会见 TCL 多媒体科技控股有限公司首席财务官王轶一行;会见开沃集团副总裁金晓辉一行。

◆李志斌副市长参加公安部推进执法规范化视频会议;赴自治区参加第二届中蒙博览会总结通报会议。副市长王继平一同参加。

◆赛青克副市长参加自治区传达落实国务院冬季供气供煤会议精神工作会议。

◆周强副市长参加市十四届人大常委会第四十三次会议;听取新华广场地下空间开发规划方案汇报;听取市城管局关于制定"创建国家卫生城市实施方案"及"促进物业管理和家政服务健康发展若干政策"工作进展情况汇报。

◆市政府党组成员刘敏主持召开呼和浩特市推行行政执法"三项制度"试点工作暨行政执法监督平台启动大会。

17 日

◆冯玉臻代市长赴水岸小镇燃气供热站、公交五公司加气站、中燃公司、电机小区燃气供热站、公交三公司加气站调研我市燃气供应情况。副市长赛青克,市政府秘书长罗琳,新城区及市有关部门负责人参加调研。

◆康存耀副市长赴北京参加呼市驻北京人才工作站挂牌仪式。

◆毕国臣副市长出席民兵保障卡发放仪式并讲话。

18 日

◆冯玉臻代市长调研我市交通拥堵整治情况。主持召开市政府第 22 次常务会议,审议《呼和浩特市生态环境保护"十三五"规划》,研究《呼和浩特市人民政府关于土壤污染防治工作方案》,审议《呼和浩特市促进物业管理和家政服务健康发展的若干政策》,研究关于四家福利企业转制职工安置相关事宜,研究《呼和浩特市"关爱老人、贫困人光明行"项目实施方案》,研究《呼和浩特市原物资集团哈素海索道办职工安置方案》,研究呼市电影发行放映公司欠缴社会保险、医疗保险等费用相关事宜,研究国税局关于协税员缴纳养老保险工作情况,研究关于解决 1998 年 6 月 1 日以后形成的粮食财务挂账贷款利息相关事宜,研究《呼和浩特市城区道路疏堵保畅三年(2018 – 2020 年)行动计划》,研究《呼和浩特市机动车停车场管理办法(草案)》,听取政务微信平台市民留言办理情况工作汇报;传达自治区相关文件精神。

◆罗青副市长听取和林格尔新区基础设施建设进展情况汇报;会见北京博奥医学检验所总裁王国青一行;参加蒙医药作用机理研究项目座谈会。

◆康存耀副市长听取市人社局关于军转干部安置工作、农民工工资清欠工作、企业职工养老保险补缴工作情况汇报;主持召开脱贫攻坚工作协调会议;陪同市委书记云光中调研农民工工资清欠工作。

◆李志斌副市长主持召开市公安局党委会议;主持召开加快推进"平安首府"视频联网应用项目与城市环境卫生综合整治视频监控共享共用调度会议。

◆周强副市长主持召开会议,研究部署机动车乱停乱放整治管理有关事宜;主持召开会议,研究收储中心使用政府置换债偿还兴业银行贷款相关事宜。

◆王继平副市长陪同自治区副主席艾丽华调研蒙亮集团运营建设工作。

◆市重大项目办主任张国平听取北京招商引资会议准备情况汇报。

19 日

◆冯玉臻代市长赴自治区交通厅对接工作。副市长毕国臣一同参加;听取和林格尔新区项目规划汇报。副市长罗青一同参加;参加市委书记云光中主持召开的美食节、乌兰牧骑调演活动调度会议。副市长白金祥、李志斌、王继平一同参加。

◆罗青副市长主持召开和林格尔新区与和林县工作对接会议;会见北京合创新业科技服务有限公司董事长殷斌一行。

◆白金祥副市长参加城市环境卫生综合整治工作调度会议。副市长康存耀、李志斌、周强,市政府党组成员刘敏一同参加;赴鄂尔多斯路街道办事处督查环境卫生综合整治工作。

◆徐睿霞副市长赴玉泉区调研重点工作。

◆赛青克副市长赴自治区协调增加我市天然气供应有关事宜。

◆周强副市长研究市区污水外溢点管理整治有关事宜。

◆王继平副市长参加自治区国资委关于组建内蒙古旅游集团公司有关工作调研座谈会;主持召开昭君路跨二环高架桥工程建设调度会议;主持召开环境综合治理督导组调度会议。

◆市政府党组成员刘敏赴赛罕区昭乌达路街道督导城市环境卫生综合整治工作。

◆市重大项目办主任张国平协调北京招商引资相关工作。

◆呼和浩特白塔国际机场共完成旅客吞吐量 1001.25 万人次,同比增长 26.6%,成为自治区首个千万级机场,全国第 32 家千万级机场。运输起降 9.31 万架次,同比增长 18.7%。

目前,白塔机场通航点82个,通达国内外城市80个,共开通航线171条,其中国际及地区航线10条。参与呼和浩特航空市场运营的航空公司42家,基地航空公司3家。

20日

◆冯玉臻代市长主持召开市长办公会议。听取新华广场周边打造地下互联互通、地上高层标志性建筑群商业综合服务核心区规划汇报;听取呼和浩特市停车场(充电桩)建设专项规划汇报;听取呼和浩特市便民设施规划汇报。会见北京清华赛尔网络公司技术总监杨林一行。副市长罗青一同参加。

◆罗青副市长参加和林格尔新区学习贯彻党的十九大精神干部专题培训班;会见腾讯金融云总经理胡利明一行;听取和林格尔新区智能制造峰会筹备情况及重点项目进展情况汇报。

◆蔡裕东副市长赴商务部流通产业促进中心对接我市美食博览会筹备有关事宜;赴中央外事办公室拜访主要领导。

◆徐睿霞副市长赴赛罕区调研重点工作。

◆毕国臣副市长研究呼和浩特众环集团烟台地区职工欠缴社保资金事宜;陪同市委书记云光中调研我市实体经济发展情况。

◆周强副市长陪同环保部在我市督导环保宣传教育工作;主持召开"2018年招收攻读硕士学位研究生入学考试"考点考务工作会议。

◆王继平副市长主持召开丰州故城遗址公园建设调度会议;主持召开首届呼和浩特国际美食博览会暨呼和塔拉冰雪节调度会议;赴金桥开发区督导环境卫生综合整治工作。

◆市政府党组成员刘敏赴昭乌达路街道办事处督导环境卫生综合整治工作。

◆市重大项目办主任张国平参加市政协十二届二十五次常委会议。

21日

◆罗青副市长会见中交二公局内蒙古办事处总经理赵海龙一行;会见海虹控股集团首席运营官刘英杰一行。

◆刘文玉副市长参加市委常委会议。

◆蔡裕东副市长赴全国对外友好协会拜访主要领导;赴北京市商务委员会拜访主要领导。

◆康存耀副市长主持召开我市军转干部安置协调会议;赴赛罕区敕勒川街道办事处督导环境卫生综合整治工作。

◆周强副市长现场督查土左旗、赛罕区清洁能源替换工作;参加自治区副主席白向群主持召开的办公会议,研究北方足球训练基地建设事宜。

◆王继平副市长主持召开我市公共文化服务示范区建设调度会议;检查全市文物场所安全工作。

22日

◆刘文玉副市长参加自治区信访维稳工作专题会议暨缉枪治爆专项行动调度会议。副市长康存耀、李志斌一同参加;主持召开会议,研究人民路办事处城市环境综合整治工作。

◆蔡裕东副市长在北京参加京蒙(呼和浩特)高端产业对接大会。

◆康存耀副市长陪同市委书记云光中赴武川县调研。

◆李志斌副市长主持召开市公安局党委中心组(扩大)理论学习会议。

◆周强副市长赴兴隆巷督导城市环境卫生综合整治工作;主持召开办好"青城眼",推进城市环境综合整治座谈会议。

◆王继平副市长主持召开首届呼和浩特国际美食博览会暨呼和浩特冰雪节调度会议。

23日

李志斌副市长赴回民区钢铁路街道办事处督导环境卫生综合整治工作。

24日

冯玉臻代市长主持召开市长办公会议,听取首届呼和浩特国际美食博览会暨呼和浩特冰雪旅游文化活动筹备工作情况汇报。主持召开市长办公会议,研究银帝集团投资我市人工智能交通治理项目有关事宜。

25日

◆冯玉臻代市长参加自治区党委李纪恒书记专题会议;参加自治区三项重点工作督查反馈意见会议。副市长刘文玉、康存耀一同参加;会见中铁投资集团总经理刘少魏一行。副市长刘文玉,市政府秘书长罗琳一同参加。

◆罗青副市长主持召开和林格尔新区主任办公会议;听取和林格尔新区行政审批平台建设方案进展情况汇报。

◆徐睿霞副市长赴新城区调研重点工作。

◆康存耀副市长赴回民区督查"治欠保支"工作;主持召开大青山前坡生态建设工作推进会议。

◆毕国臣副市长赴小黑河镇督导环境卫生综合整治工作。

◆周强副市长研究城市环境综合整治工作;研究我市社区养老事宜。

◆王继平副市长赴自治区银监局协调工作。

◆市重大项目办主任张国平研究招商引资工作。

26日

◆冯玉臻代市长主持召开市长办公会议,研究化债清欠维稳专项工作。副市长刘文玉、康存耀,市政府秘书长罗琳,九个旗县区政府及市有关部门主要负责人参加会议。冯玉臻代市长传达了自治区主要领导重要讲话精神,听取市信访局关于全市信访、市委政法委维稳问题、市财政局政府债务化解、市人力资源社会保障局及农村工作委员会全市清欠农民工工资问题;主持召开市长办公会议,研究公租房租售并举、问题楼盘解决进展情况等事宜。

◆罗青副市长主持召开和林格尔新区智慧产业峰会协调会议;参加和林格尔新区"多规合一"数字化信息平台搭建技术方案研讨会议。

◆刘文玉副市长研究人民日报内蒙古分社办公用房产权置换事宜。

◆蔡裕东副市长参加全市落实自治区非公经济督查反馈意见整改工作会议;赴玉泉区西菜园督导冬季环境卫生综合整治情况。

◆徐睿霞副市长赴回民区、和林县调研重点工作。

◆康存耀副市长主持召开全市国土绿化表彰大会。

◆毕国臣副市长研究众环集团改制相关事宜。

◆李志斌副市长主持召开市公安局党委会议;参加公安厅全区公安机关缉枪治爆专项工作推进电视电话会议;主持召开全市公安机关缉枪治爆专项工作推进会议。

◆王继平副市长赴市四区美食一条街及美食博览会会场视察。

◆市重大项目办主任张国平听取与我市签约企业协议落实情况汇报。

◆市公交总公司在我市东北片区开通了9号、10号学生公交专线,服务更多学生及家长。学生9号专线呼市实验中学—察哈尔中学,单程9.9公里,途经丁香路小学、城建职工中专。学生10号专线公交总公司—三十九中,单程6.7公里,途经呼哈路小学、工业大学东门、十九中、十四中。

27日

◆冯玉臻代市长主持召开市政府党组(扩大)会议。副市长刘文玉、蔡裕东、徐睿霞、康存耀、毕国臣、赛青克、周强,市政府党组成员刘敏,市重大项目办主任张国平和市有关部门负责人一同参加;参加市委常委会议。副市长刘文玉、蔡裕东参加会议;主持召开市长办公会议,听取改组组建内蒙古青城国有资本运营有限公司工作进展情况汇报。

◆罗青副市长参加和林格尔新区"多规合一"数字化信息平台搭建技术方案研讨会;赴自治区组织部对接工作。

◆蔡裕东副市长王继平副市长视察美食节开幕式筹备情况。

◆徐睿霞副市长赴土左旗调研重点工作。

◆康存耀副市长主持召开全市脱贫攻坚推进会议。

◆毕国臣副市长赴经济技术开发区调研爱迩光伏材料、金宇保灵项目建设情况。

◆李志斌副市长参加自治区公安厅党委会议;视察美食节开幕式安保工作。

◆周强副市长研究分管口工作;陪同环保部华北督察局督察。

◆市重大项目办主任张国平对接北京招商大会签约企业;参加美食节开幕式。

28日

◆冯玉臻代市长参加首届呼和浩特国际美食博览会展览展示巡馆活动。副市长蔡裕东、王继平一同参加;主持召开市长办公会议,听取各旗县区、经济技术开发区及有关部门清欠农民工工资工作进展情况汇报。

◆刘文玉副市长主持召开政府债务审计部署会议。

◆蔡裕东副市长参加中国国际餐饮业发展高峰论坛;研究全市口岸建设相关工作;参加八大菜系+蒙餐品鉴会。

◆徐睿霞副市长赴武川县、托县调研重点工作。

◆毕国臣副市长研究安全生产工作;研究工业重点项目运行情况。

◆李志斌副市长赴内蒙古会展中心检查美食节安保工作;主持召开市公安局党委会议;会见武警呼和浩特支队主要领导;赴美食节现场指导安保工作。

◆王继平副市长参加中国呼和浩特乡村旅游发展高峰论坛;主持召开美食节期间消防安全工作协调会议。

◆市重大项目办主任张国平出席申万宏源集团股份有限公司与内蒙古大学蒙古学院投资项目研讨会议。

29日

◆冯玉臻代市长主持召开市政府第23次常务会议。研究《呼和浩特市深化科技体制改革实施方案》,研究呼和浩特市广播电视台关于申请新建蒙古语电视频道和升级电视高清系统专项资金有关事宜,研究《春华水务集团公司辛辛板和章盖营污水处理厂深度处理工程PPP项目实施方案》,审议《呼和浩特市人民政府关于促进城乡居民增收的实施意见》,研究《关于推进国有企业发展混合所有制经济的实施意见》,研究《关于加强和改进企业国有资产监督防止国有资产流失的实施意见》,研究《呼和浩特市公共交通总公司改制方案》,研究关于呼和浩特铁路枢纽总图规划呼太高铁相关事宜,研究《呼和浩特市人民政府关于积极稳妥化解政府债务的意见》,研究关于对内蒙古少数民族体育文化运动中心等三项政府性资产进行有偿划拨给内蒙古青城国有资本运营有限公司相关事宜,研究关于申请注册成立科技创新基金合伙企业相关事宜。

◆罗青副市长赴自治区住建厅对接工作。

◆刘文玉副市长主持召开专题会议研究地铁一二号线PPP合同事宜;赴市地税局调研重点工作。

◆徐睿霞副市长赴清水河县调研重点工作。

◆李志斌副市长观摩武警兵力对接指挥演练活动;赴自治区公安厅参加会议;赴市公安消防支队一中队宣讲党的十九大精神。

◆王继平副市长主持召开分管部门学习贯彻党的十九大精神宣讲会议。